:derlagen — 10.800 Gefallene — je
ein Toter!
:nde des Opferganges der 4. Gebirgs-
sion.

# R ENZIAN-DIVISION

*Karl Egelseer – der „Vater" der 4. Gebirgs-Division, porträtiert von einem Divisionsangehörigen*

Kaltenegger / Gebirgssoldaten unter dem Zeichen des „Enzian“

*Roland Kaltenegger*

# *Gebirgssoldaten unter dem Zeichen des „Enzian"*

## *Schicksalsweg und Kampf der 4. Gebirgs-Division 1940–1945*

**Leopold Stocker Verlag**
Graz — Stuttgart

Umschlaggestaltung: Atelier Geyer, Albersdorf
Abbildungsnachweis:
Die Fotos sowie die Textskizzen stammen von den Herren Breith, Büchner, Gämmerler, Hörl, Juen, Kainz, Kempter, Müller-Hahl, Tuider, Wagner sowie aus dem Bundesarchiv Koblenz (RH 28-1) und dem Archiv des Autors.

**CIP-Kurztitelaufnahme der Deutschen Bibliothek**
**Kaltenegger, Roland:**
Gebirgssoldaten unter dem Zeichen des „Enzian"
Schicksalsweg und Kampf der 4. Gebirgs-Division 1940—1945/Roland Kaltenegger. — Graz; Stuttgart: Stocker, 1983.
ISBN 3-7020-0453-X

ISBN 3-7020-0453-X

Printed in Austria
Gesamtherstellung: Theissdruck Wolfsberg

# Zum Geleit

Die 4. Gebirgs-Division war die einzige Gebirgsdivision der Deutschen Wehrmacht, die, abgesehen von einem Zwischenspiel auf dem Balkan in der ersten Jahreshälfte 1941, vom ersten bis zum letzten Tag ihres Bestehens ausschließlich im Ostfeldzug, vom Beginn des Unternehmens „Barbarossa" bis zu den schweren Rückzugskämpfen im Süden Rußlands, in Rumänien, Ungarn, in der Slowakei und Oberschlesien eingesetzt war. In ihren Reihen standen Schulter an Schulter Württemberger, Badener, Bayern, Österreicher und Südtiroler.

Erster Divisionskommandeur der 4. Gebirgs-Division war der Österreicher Karl Eglseer, zuletzt General der Gebirgstruppen, der gemeinsam mit Generaloberst Eduard Dietl im Juni 1944 bei einem Flugzeugabsturz am Wechsel in der Steiermark ums Leben kam.

Zu den markantesten Daten im Gefechtskalender der „Enzian"-Division zählen: Lemberg, Uman, der Mius, der Hoch- und Waldkaukasus, Noworossijsk und der Myschako-Berg am Schwarzen Meer, der Kuban-Brückenkopf, die Halbinsel Krim und die Nogaische Steppe, Chersson, Dnjepr und Dnjestr, Winniza, die Karpaten und die Hohe Tatra, Ungvar und der letzte Marsch nach Troppau und Olmütz — und für viele der bittere Weg in jahrelange russische Kriegsgefangenschaft.

Möge dieses Buch, das die ausgezeichnete Reihe „Gebirgsdivisionen" des Leopold Stocker Verlags vervollständigt, von vielen ehemaligen Gebirgsjägern und ihren Angehörigen gelesen werden — aber auch von der Jugend, damit sie die Pflichterfüllung, das Kämpfen und Sterben ihrer Väter und Brüder besser zu begreifen vermag.

Friedrich B r e i t h
Generalleutnant a. D.
Letzter Kommandeur der 4. Gebirgs-Division

## In memoriam

Ende Januar 1982, als ich das Manuskript zu diesem Gedenkbuch über die 4. Gebirgs-Division fast schon fertiggestellt hatte, übergab mir der letzte Kommandeur der „Enzian"-Division, Generalleutnant a. D. Friedrich Breith, das Geleitwort zu diesem Buch mit dem Wunsch, daß es ein Erfolg werden möge. Dieser Vertrauensvorschuß war mir Ansporn und Verpflichtung zugleich.

So schrieb ich dem hochbetagten General im Februar 1982, daß es *mein* innigster Wunsch sei, daß er die Herausgabe des Buches noch erleben möge!

Dieser Herzenswunsch ist mir nun leider versagt geblieben. Generalleutnant a. D. Breith ist am 9. Juli 1982, sechs Wochen nach seinem 90. Geburtstag, den er noch in erstaunlich guter geistiger und körperlicher Verfassung begehen konnte, zur Großen Armee abberufen worden.

Der Autor dieses Gedenkbuches wird — wie alle Angehörigen der ehemaligen 4. Gebirgs-Division — dieses großen Generals der deutschen Gebirgstruppe stets in tiefer Verehrung und Dankbarkeit gedenken.

# Vorwort

Die allseitige Anerkennung, die meine militärhistorischen Schriften über die deutschsprachige Gebirgstruppe, insbesondere aber mein letztes Gebirgsjägerbuch, „Die Stammdivision der deutschen Gebirgstruppe — Weg und Kampf der 1. Gebirgs-Division 1935—1945", das 1981 in der Reihe „Gebirgsdivisionen" des Leopold Stocker Verlags erschienen ist, gefunden haben, ermutigten Verlag und Autor, ein weiteres Gedenkbuch über die Soldaten mit dem Edelweiß herauszugeben, um diese erfolgreiche Reihe zu vervollständigen. So entstand zwei Jahre nach der Divisionsgeschichte der „Ersten" das Buch der „Vierten".

Wenn man die 1. Gebirgs-Division mit Recht als „Stammdivision der deutschen Gebirgstruppe" bezeichnet, so war die 4. Gebirgs-Division die Schwesterdivision der „Ersten". Beide Gebirgsdivisionen waren sowohl durch die gleiche engere Heimat als auch durch ihre oft gemeinsamen Schicksalswege im Zweiten Weltkrieg auf das engste miteinander verbunden: Lemberg, die Stalin-Linie, Winniza, Uman, die Nogaische Steppe, das Donezgebiet, der Mius, der Hoch- und Waldkaukasus sowie der Kuban-Brückenkopf waren die gemeinsamen Kriegsschauplätze. Dann trennten sich die Wege dieser beiden Eliteverbände: Die „Edelweiß"-Division wurde auf den Balkan verlegt, die „Enzian"-Division hatte verlustreiche Rückzugs- und Verzögerungskämpfe in Südrußland zu bestehen, wobei wiederholt Orte, Städte und Flüsse umkämpft wurden, die man bereits schon einmal, auf dem siegreichen Vormarsch des Jahres 1941, eingenommen hatte. Die Auszeichnung von 35 Soldaten der 4. Gebirgs-Division mit dem Ritterkreuz des Eisernen Kreuzes, darunter zwei mit dem „Eichenlaub", dokumentiert auch nach außen den harten Einsatz der „Vierten" in den Kriegsjahren 1940 bis 1945.

Hatte General Braun, der vorletzte Kommandeur der 4. Gebirgs-Division, in seiner bereits 1955 herausgegebenen Divisionsgeschichte im Nachwort geschrieben, daß die „geschilderten Ereignisse und Erlebnisse keinen Anspruch auf Vollständigkeit erheben, da die Einbußen an kriegsgeschichtlichen Aufzeichnungen zu groß sind"[1]), so war ich meinerseits bemüht, in mühevoller Kleinarbeit, unter Befragung zahlreicher Angehöriger der „Enzian"-Division und Auswertung wiederentdeckter Dokumente und Originalakten der ehemaligen Deutschen Wehrmacht, die von den USA an die Bundesrepublik Deutschland zurückgegeben wurden, eine möglichst lückenlose Geschichte der 4. Gebirgs-Division von ihrer Aufstellung bis zu ihrer Auflösung zusammenzustellen. Dabei bediente ich mich wieder folgender bewährter Stoffaufbereitung: Die bereits erschienenen sowie die erst freigegebenen Publikationen und Archivalien — wie Kriegstagebücher und Gefechtsberichte — wurden da, wo es sinnvoll erschien, zusammengefaßt und in die großen militärpolitischen Zusammenhänge gestellt, um den seinerzeit im Fronteinsatz gestandenen Gebirgsjägern im nachhinein die Zusammenhänge zwischen ihrem begrenzten Auftrag und der „Großen Lage“ zu verdeutlichen.

In dieser Divisionsgeschichte wird nichts glorifiziert; Objektivität war oberster Leitsatz meiner Arbeit. Wiederum ließ ich zahlreiche Historiker und Gebirgssoldaten aller Dienstgrade — vom General bis zum Jäger — zu Worte kommen und mittels Zitaten alle Handelnden, ihre Eindrücke, Erlebnisse und Taten in die Erinnerung zurückrufen. Vieles von dem, was bekannt ist, habe ich weggelassen; einiges, das zum Verständnis der historischen Vorgänge absolut notwendig ist, wurde ausführlicher wiedergegeben — falsche Darstellungen korrigiert. Wegen des naturgegeben beschränkten Buchumfanges konnten nicht alle Gefechtsberichte und Kriegsepisoden der „Enzian“-Division berücksichtigt werden. Aus diesem Grunde sei jedem Leser dieser Divisionschronik auch das Gedenkbuch der 1. Gebirgs-Division empfohlen. So wie sich einst die beiden Schwesterdivisionen im Felde gegenseitig am wirkungsvollsten ergänzt haben, so ergänzen sich die Divisionsgeschichten der „Ersten“ und der „Vierten“ in idealer Weise.[2])

An dieser Stelle danke ich wieder allen, die meine militärhistorischen Studien durch wertvolles Quellenmaterial in Form von Kriegstagebüchern, Gefechtsberichten, Aufzeichnungen von Kampfhandlungen, Skizzen, Bildern und dergleichen bereichert haben. Vom Divisionskommandeur bis zum Spähtruppführer, vom General bis zum Gebirgsjäger der 4. Gebirgs-Division haben auf diese Weise zahlreiche ehemalige Angehörige der „Enzian“-Division am Entstehen dieses Buches mitgewirkt. Mein besonderer Dank gebührt dabei insbesondere folgenden Herren:

Generalleutnant a. D. Friedrich Breith, München; Generalmajor a. D. Hans Buchner, Garmisch-Partenkirchen; Brigadegeneral a. D. Dr. Herbert Fritz, Oberammergau; Oberst a. D. Ludwig Hörl, Innsbruck; Landrat Bernhard Müller-Hahl, Landsberg/Lech; Kommerzialrat Ernst Juen, St. Gallenkirch/Vorarlberg; Hofrat Dr. Othmar Tuider, Wien; Hauptmann a. D. Hans Essig, Bruchsal; Hauptmann a. D. Ludwig Kainz, Ludwigsburg; Leutnant d. R. Helmut Wagner, Balingen/Württemberg; und Herrn Brün Meyer, Bundesarchiv/Militärarchiv, Freiburg i. Br.

Abschließend möchte ich meinen tiefen Dank noch zwei Damen aussprechen, und zwar Frau Hilde Wittmann für die zahlreichen, wertvollen militärhistorischen Unterlagen und Fotoalben ihres hochgeehrten Gatten, Generalleutnant a. D. August Wittmann, letzter Kommandeur der 1. (Volks-)Gebirgs-Division; Frau Ella Gämmerler für die Überlassung wichtiger Schrift- und Bilddokumente ihres Gatten, Hauptmann a. D. Max Gämmerler, bergsteigerischer Führer der kombinierten Elbrus-Kompanie (1. und 4. Gebirgs-Division) im Kriegsjahr 1942.

Zuletzt danke ich an dieser Stelle besonders meiner verehrten Verlegerin, Frau Dr. Ilse Dvorak-Stocker, ohne deren ideelles und finanzielles Engagement dieses Buch nicht veröffentlicht worden wäre.

Oberammergau — Kolbermoor/Obb.
Im Sommer 1983 *Roland Kaltenegger*

# Prolog

Ein naßkalter Westwind stob über die Schwäbische Alb, über das Bauernland mit seinen fruchtbaren Ackerfluren, seinen herrlichen Wäldern und weiten Heideflächen. Der Wind zerrte an den Wipfeln der Bäume und Wacholderbüsche, als wollte er sie wachrütteln, ehe er weiterrauschte — in Richtung Osten. Kräftig zerrte eine Fahne mit dem Edelweiß-Emblem an einem Fahnenmast, der sich auf dem landschaftlich reizvollen Bergplateau des Lochenhörnle wie ein mahnender Zeigefinger in den regenverhangenen Himmel streckte.

Den herrlichen Rundblick, den man bei Schönwetter von hier oben genießt, konnte man an jenem Tage aber nur erahnen: den Blick vom 956 Meter hohen Hörnle über die herb-schöne Landschaft der Schwäbischen Alb, die in den Wintermonaten oft eine beachtliche Schneedecke aufweist, den Blick über die Täler und Höhen mit den lieblichen alemannischen Einzelhöfen, Weilern und Haufendörfern.

Doch von alledem sah man heute, da die dunklen Regenwolken über das Plateau des Lochenhörnle fegten, nur wenig. Die Natur war traurig gestimmt. Und dennoch — oder gerade wegen dieser melancholischen Stimmung, die über der Alb lastete — waren zwei Veteranen der ehemaligen deutschen Gebirgstruppe hier heraufgestiegen, um ihre gefallenen Kameraden zu ehren. Sie standen allein vor dem mächtigen Gedenkstein, der von Angehörigen der 4. Gebirgs-Division für die Gefallenen, Vermißten und Verstorbenen der „Enzian"-Division gestiftet und im Sommer 1971 im Rahmen einer eindrucksvollen Feier eingeweiht worden war. Kränze und Ehrenschleifen lagen vor dem 70 Tonnen schweren Findling. Die beiden alten Gebirgsjäger traten näher und lasen die schlichten Worte auf der großen bronzenen Gedenktafel, die in den Stein eingelassen ist:

DIE 4. GEBIRGSDIVISION

GEBIRGSJÄGER-REGIMENT 13
GEBIRGSJÄGER-REGIMENT 91
GEBIRGS-ARTILLERIE-REGIMENT 94
GEBIRGS-AUFKLÄRUNGS-ABTEILUNG 94
GEBIRGS-PANZERJÄGER-ABTEILUNG 94
GEBIRGS-PIONIER-BATAILLON 94
GEBIRGS-NACHRICHTEN-ABTEILUNG 94
GEBIRGS-JÄGER-BATAILLON (FELD-ERSATZ-BATAILLON) 94
DIVISIONS-NACHSCH.-TR. 94
WURDE VOM 25. 10. 1940 BIS 20. 3. 1941 IM RAUME BALINGEN—EBINGEN—TAILFINGEN-TRUPPENÜBUNGSPLATZ HEUBERG AUFGESTELLT.

SIE KÄMPFTE IN JUGOSLAWIEN UND IN SÜD-RUSSLAND.
SIE STAND AM 21. 8. 1942 AUF DEM 5633 m HOHEN ELBRUS
IM KAUKASUS. SIE KÄMPFTE AM KUBAN UND AUF DER KRIM,
IN RUMÄNIEN, UNGARN UND IN DER SLOWAKEI.

10.800 km IST DIE ENZIAN-DIVISION MARSCHIERT,
10.800 GEFALLENE UND 2452 VERMISSTE KAMERADEN AUS
WÜRTTEMBERG, BADEN, BAYERN, ÖSTERREICH UND SÜDTIROL
MUSSTE SIE AUF IHREM MARSCHWEG ZURÜCKLASSEN.

Die Kriegsveteranen vermochten, als sie diese Zeilen gelesen hatten, nur mühsam ihre Erschütterung zu verbergen. Allzu deutlich tauchte jetzt die Erinnerung an den Zweiten Weltkrieg, in dem so viele Kameraden ihr Leben gelassen hatten, vor ihnen wieder aus ihrem Unterbewußtsein auf...

Die Konturen des Gedenksteines auf dem Lochenhörnle verschwammen immer mehr... Die Gedanken wanderten zurück: Weit, immer weiter — bis in die Jahre 1940/41, als die 4. Gebirgs-Division im Raum Balingen, Ebingen, Tailfingen und auf dem Truppenübungsplatz Heuberg aufgestellt wurde...

# Erster Teil

# Kriegsjahr 1940

## Die militärpolitische Lage 1940

Um die Zufuhr des schwedischen Erzes, das für die deutsche Kriegswirtschaft von vitaler Bedeutung war, zu sichern und einer geplanten Landung der Engländer zuvorzukommen, befahl Hitler im April 1940 den Angriff auf Norwegen. Die Besetzung Dänemarks (9. April) war hierzu Voraussetzung. Schon am ersten Angriffstag gelang es den deutschen Truppen, alle militärisch wichtigen Stützpunkte in Norwegen und Dänemark — Schweden hatte sich für neutral erklärt — in die Hand zu bekommen.

Im Skandinavienfeldzug zeichneten sich besonders die 2. Gebirgs-Division (General Feurstein) und die 3. Gebirgs-Division (General Dietl), die ihre motorisierten Teile für diese Operationen zurückgelassen hatten, aus. Britische Versuche, über Narvik in Nordnorwegen Fuß zu fassen, scheiterten an der Tapferkeit der legendären „Narvik-Kämpfer". Am 21. April gelang es den Gebirgsjägern sogar, die Landverbindung von Oslo über Kristiansand mit Stavanger herzustellen.

Noch während des Unternehmens „Weserübung", wie der Feldzug im hohen Norden Europas genannt wurde, begann auch der Westfeldzug (10. Mai bis 25. Juni 1940), in dem von den Gebirgstruppen vorerst nur die 1. Gebirgs-Division (General Kübler) im Operationsgebiet der Heeresgruppe Mitte = A (Generaloberst von Rundstedt) eingesetzt worden war. Holland, Belgien und Luxemburg kapitulierten rasch, Frankreich nach sechs Wochen. Gegen Ende des Frankreichfeldzuges griff auch die in Innsbruck aufgestellte 6. Gebirgs-Division (General Schörner) an der Rheinfront bei der Heeresgruppe Süd = C (Generaloberst Ritter von Leeb) erfolgreich in die Kämpfe ein. Holland, Belgien, Luxemburg und Nordfrankreich wurden besetzt.

Doch England erwies sich weiterhin als der unangreifbare Gegner, nachdem Hitler dem britischen Expeditionskorps durch seinen rätselhaften Haltebefehl die Evakuierung bei Dünkirchen (Operation „Dynamo") ermöglicht hatte und nachdem man auch das Unternehmen „Seelöwe", die Landung der Deutschen auf den britischen Inseln, auf Grund der nicht erreichten Luftherrschaft über dem Kanal aufgeben hatte müssen. Und das, obwohl die Deutsche Wehrmacht die europäische Atlantikküste vom Nordkap bis zu den Pyrenäen in ihre Gewalt gebracht hatte. Solange Großbritannien, das sich in jener Zeit an der Zähigkeit und Standhaftigkeit seines Regierungschefs Sir Winston Churchill aufrichtete, aber keinen Verständigungsfrieden mit dem Deutschen Reich signalisierte, ging der Krieg weiter; ein Krieg, der immer größere Anstrengungen und immer mehr Divisionen forderte. Und hier beginnt nun auch die Kriegschronik der 4. Gebirgs-Division.

# Aufstellung und Gliederung der 4. Gebirgs-Division

Die 5. Gebirgs-Division (General Ringel), die sich als Divisionsabzeichen „Die Gams“, und die 4. Gebirgs-Division (General Eglseer), die als Zeichen den „Gelben Enzian“* gewählt hatte, haben eines gemeinsam: zwei Geburtstage; das heißt, sie wurden gleich zweimal geplant bzw. waren im Begriff, aufgestellt zu werden. Als erste Aufstellungstermine der 4. und 5. Gebirgs-Division waren die Monate April und Mai des Jahres 1940 vorgesehen, die Aufstellung beider Gebirgsdivisionen erfolgte dann aber erst endgültig im Oktober 1940. Doch forschen wir noch etwas weiter zurück, um an die historischen Wurzeln der „Vierten“ zu gelangen.

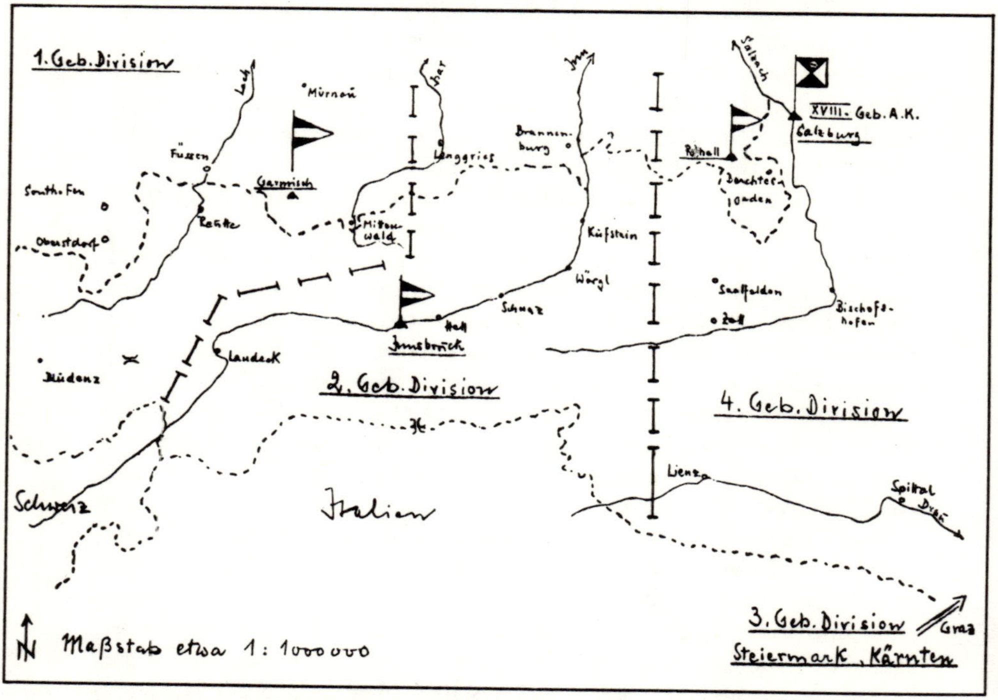


So war es im Frieden geplant: Standorte der 1., 2., 3. und 4. Gebirgs-Division im deutsch-österreichischen Alpenraum

*Erinnerungstafel auf dem Gedenkstein der 4. Gebirgs-Division*

*) *Wenn man auch nach und nach dazu übergegangen ist, als Divisionszeichen den „Blauen Enzian“ hervorzuheben, so weist Brigadegeneral a. D. Herbert Fritz zu Recht darauf hin, daß das allererste Zeichen der 4. Gebirgs-Division der „Gelbe Enzian“ war.*

DIE 4. GEBIRGSDIVISION
SERBIEN-RUSSLAND
ENZIAN DIVISION
GEBIRGSJÄGER-REGIMENT 13
GEBIRGSJÄGER-REGIMENT 91
GEBIRGS-ARTILLERIE-REGIMENT 94
GEBIRGS-AUFKLÄRUNGS-ABTEILUNG 94
GEBIRGS-PANZERJÄGER-ABTEILUNG 94
GEBIRGS-PIONIER-ABTEILUNG 94
GEBIRGS-NACHRICHTEN-ABTEILUNG 94
GEBIRGS-JÄGER-BATAILLON (FELD-ERSATZ-
BATAILLON 94) DIVISIONS-NACHSCH.-TR. 94
WURDEN VOM 25.10.1940 BIS 20.3.1941 IM RAUME BALINGEN-
EBINGEN-TAILFINGEN-TRUPPENÜBUNGSPLATZ HEUBERG
AUFGESTELLT.
SIE KÄMPFTE IN JUGOSLAWIEN UND IN SÜD-RUSSLAND.
SIE STAND AM 21.8.1942 AUF DEM 5633 m HOHEN ELBRUS
IM KAUKASUS. SIE KÄMPFTE AM KUBAN UND AUF DER KRIM,
IN RUMÄNIEN, UNGARN UND IN DER SLOWAKEI.
10 800 km IST DIE ENZIAN-DIVISION MARSCHIERT.
10 800 GEFALLENE UND 2452 VERMISSTE KAMERADEN AUS
WÜRTTEMBERG, BADEN, BAYERN, ÖSTERREICH U. SÜDTIROL
MUSSTE SIE AUF IHREM MARSCHWEG ZURÜCKLASSEN.
FURCHTLOS UND TREW
DIE TOTEN VERPFLICHTEN DIE LEBENDEN!
DIE HEIMGEKEHRTEN KAMERADEN DER
ENZIAN-DIVISION

Aus den heute zur Verfügung stehenden Akten und Unterlagen läßt sich ersehen, daß die 4. Gebirgs-Division bereits im Herbst 1939 aufgestellt worden wäre, wenn nicht der Zweite Weltkrieg, an dessen Anfang der Polenfeldzug stand, ausgebrochen wäre. Zu diesem Termin sollte die „Vierte" aus Abgaben der 1. und 2. Gebirgs-Division gebildet werden. Als Standort des Divisionsstabes, zu dessen Aufstellung mit 1. September 1939 bereits Versetzungen durch das OKH ausgesprochen worden waren, die aber durch den Kriegsausbruch wieder rückgängig gemacht wurden, war Bad Reichenhall, die alte Salzstadt im Berchtesgadener Land, vorgesehen. Die Stellenbesetzung und Gliederung dieser 4. „Friedens"-Gebirgsdivision sah damals folgendermaßen aus:[3])

Für die Stelle des Divisionskommandeurs war der damalige Generalmajor und spätere Generaloberst und Chef des Wehrmachtführungsstabes im OKW, Alfred Jodl, vorgesehen; Hauptmann i. G. Sittmann als Ia; Hauptmann i. G. Agt als Ib; Hauptmann Frosch als Divisionsadjutant. Als erste Gruppe wären das II. und III. Bataillon des Gebirgs-Jäger-Regiments 100 (Rgt.-Stab in Bad Reichenhall) mit dem I./Gebirgs-Jäger-Regiment 137 und dem I./Gebirgs-Artillerie-Regiment 79 in den herrlich gelegenen Gebirgsstandorten Salzburg, Berchtesgaden und Bad Reichenhall zusammengefaßt worden. Obwohl die zweite Divisionsgruppe — Gebirgs-Jäger-Regiment 137 mit I./Gebirgs-Artillerie-Regiment 113 — in der Osttiroler Gebirgsgarnison Lienz (Regimentsstab) und im kärntnerischen Gebirgsstandort Spittal a. d. Drau lag, betrachtete man die Großglockner-Hochalpenstraße und die Hohen Tauern nicht als raumtrennende Naturhindernisse. Für die weiteren Truppenteile der 4.Gebirgs-Division waren daher unter anderem Gebirgsstandorte wie Saalfelden, St. Johann im Pongau und Schwarzach/St. Veit eingeplant.

Nach diesem Rückblick in die Uranfänge der 4. Gebirgs-Division wenden wir uns nun dem eigentlichen Geburtstag der „Enzian"-Division zu, der, wie schon erwähnt, mit dem der „Gams"-Division im April und Mai des Kriegsjahres 1940 zusammenfiel. Ausgelöst durch den Norwegeneinsatz der 2. und 3. Gebirgs-Division und durch die Verluste, die beide Divisionen während des ungewohnten Seetransports und bei den schweren Einsätzen und Gefechten erlitten hatten, wurde zunächst — beginnend mit dem 24. April 1940 — die Aufstellung folgender weiterer Gebirgsverbände im Rahmen der 10. Welle anbefohlen:[4])

*Oben: Gedenkstein für die 10.800 gefallenen und 2452 vermißten Kameraden der 4. Gebirgs-Division auf dem Lochenhörnle bei Balingen (Zollernalbkreis)*

*Unten: Lochenstein und Lochenhörnle in der Schwäbischen Alb, dem Aufstellungsraum der 4. Gebirgs-Division*

1. Aufstellung des Gebirgs-Jäger-Regiments 141 und der l. Gebirgs-Artillerie-Abteilung II./113 durch Wehrkreis III (Berlin) aus den von der 3. Gebirgs-Division im Raum um Berlin zurückgelassenen Teilen des Gebirgs-Jäger-Regiments 139, des II./Artillerie-Regiments 118, und den Feld-Ersatz-Bataillonen 68 und 67 der 2. Gebirgs-Division. Dieses verstärkte Regiment, das ursprünglich als drittes Gebirgsjägerregiment der 3. Gebirgs-Division gedacht war, wurde Anfang Mai vorübergehend als Heerestruppe geführt,[5]) dann aber zur Aufstellung der 6. Gebirgs-Division verwendet.[6])

2. Aufstellung einer 4. Gebirgs-Division im Rahmen der Ersatzdivisionen der 10. Welle durch Wehrkreis XVIII (Salzburg)[7]) mit folgenden Einheiten:

Gebirgs-Jäger-Regiment 142 I.—III. durch WK VII (München) (III. durch WK XVIII [Salzburg]); Gebirgs-Jäger-Regiment 143 I.—III. durch WK XVIII; Gebirgs-Artillerie-Abteilung 94 sowie Divisionseinheiten 94 (dabei Pz.-Jg.-Kp., Geb.-Pi.-Kp.).

Die Wehen, hervorgerufen durch die Aufstellungsplanung vom Frühjahr 1940, hatten zwar wieder einmal eingesetzt, aber die Geburt der 4. Gebirgs-Division verschob sich abermals. Die Aufstellung, die zum 20. Juli 1940 abgeschlossen sein sollte, wurde nicht zu Ende geführt. Der Divisionsstab, das Gebirgs-Jäger-Regiment 142, die Gebirgs-Artillerie-Abteilung 94, die Panzerjäger-Kompanie und die Gebirgs-Pionier-Kompanie wurden in der Feldpostübersicht mit den übrigen Divisionen der 10. Welle nach dem Frankreichfeldzug gelöscht.

Anders waren jedoch die Weichen für das Gebirgs-Jäger-Regiment 143 gestellt. Es wurde tatsächlich aufgestellt — aber für die 6. Gebirgs-Division, die am 3. Juni 1940 unter der energischen Führung von Oberst Ferdinand Schörner in Innsbruck aus der Taufe gehoben wurde.[8]) In Schörners 6. Gebirgs-Division bewährte sich dieses ursprünglich der „Enzian"-Division zugedachte Gebirgs-Jäger-Regiment 143 das erste Mal im Rahmen der Heeresgruppe Süd = C an der Rheinfront, wo es erfolgreich in die Kämpfe in den Vogesen und bei St. Dié eingriff.

Endlich, im Herbst des Kriegsjahres 1940, nachdem der Westfeldzug abgeschlossen, Frankreich, Belgien, Holland und Luxemburg besetzt worden waren und die operativen Planungen für den sich bei der obersten Führung bereits abzeichnenden Rußlandfeldzug begonnen hatten, war es dann soweit: Die Geburtsstunde der 4. Gebirgs-Division war unwiderruflich angebrochen.

Im Zuge der Vorbereitungen für den Rußlandfeldzug wurde im Oktober 1940 die Aufstellung der 4. und 5. Gebirgs-Division fortgesetzt. Beide Divisionen sollten ursprünglich nicht nur für den Gebirgskrieg sondern auch für Luftlandungen geeignet sein und daher eine z. T.

abweichende Gliederung und Waffenausstattung erhalten. Um diese Doppelfunktion auch optisch herauszustreichen, führten sie, nach der Kriegsgliederung vom 15. November 1940, hinter der Divisionsnummer den Zusatz (LL)[9]). Diese Absicht wurde jedoch bald wieder fallengelassen. Für die Aufstellung der 4. Gebirgs-Division wurden schließlich in erster Linie die dritten Infanterieregimenter, einzelne Artillerieabteilungen und überzähliges Personal der in mot. Divisionen umzubildenden Infanteriedivisionen herangezogen. Hinzu kamen Teile von Heerestruppen und vereinzelte Neuaufstellungen.

Ein rauher Wind wehte über die von Wacholderbüschen bewachsenen Heideflächen der Schwäbischen Alb, als zwischen dem 23. und 25. Oktober 1940 auf dem Truppenübungsplatz Heuberg und in den umliegenden Städten und Gemeinden mit der Aufstellung der 4. Gebirgs-Division begonnen wurde. Besonders hektisch ging es in Ebingen — einem Wirtschaftszentrum der Südwestalb — zu, wo sich das Divisionskommando der „Enzian"-Division, das aus dem Divisionsstab z. b. V. 412 hervorgegangen war, befand. Fahrzeuge fuhren vor und wieder weg. Offiziere und deren Helfer kamen und gingen, um die Befehle des Divisionskommandeurs Generalmajor Eglseer und seines Generalstabsoffiziers (Ia), Major i. G. Schaefer, entgegenzunehmen und sie schließlich an die unterstellten Truppenteile weiterzugeben. Um den Divisionsstab herum wuchs die „Vierte" trotz aller Widrigkeiten zusehends zur Gebirgsdivision heran.

Das Gebirgs-Jäger-Regiment 13 wurde aus dem I.—III. Bataillon des Infanterie-Regiments 13 (Ludwigsburg), das, so sah es wenigstens Oberst Willy Seeger — letzter Kommandeur des Infanterie-Regiments 13 und erster Kommandeur des Gebirgs-Jäger-Regiments 13 —, der traditionsreichen Infanteriedivision (Divisionsstab in Ludwigsburg) entrissen wurde, gebildet. „Als im Herbst 1940 die 25. I. D. in eine motorisierte Division zu zwei Infanterieregimentern umgewandelt wurde", so der erboste Oberst, „habe ich es für falsch gehalten, daß ausgerechnet das I. R. 13 aus dem Verbande der 25. Infanterie-Division ausgeschieden und zum Gebirgsjägerregiment umgebildet wurde. Das I. R. 13 als Stammutter der Regimenter 35, 55, 56, 111, 119 hätte aus Gründen der Tradition erhalten werden müssen."[10])

Das Gebirgs-Jäger-Regiment 91, die zweite Säule der 4. Gebirgs-Division, entstand aus dem I.—III. Bataillon des Infanterie-Regiments 91 (Kempten und Lindau) der 27. Infanterie-Division (Divisionsstab in Augsburg).

Das Gebirgs-Artillerie-Regiment 94 wurde in vier Abteilungen I.—IV. gegliedert, wobei die I. Abteilung/Geb.-Art.-Rgt. 94 aus dem I./Artillerie-Regiment 25 (Ludwigsburg), die III./Geb.-Art.-Rgt. 94 aus dem III./Artillerie-Regiment 27 (Kempten) entstand.

# Unterbringungsraum der 4. Geb. Div. (Stand am 1.12.1940)

4. Geb. Div. — Ebingen

| | | | |
|---|---|---|---|
| Geb. Jäg. Rgt. 13 | Balingen | III./13 | Margrethausen |
| I./13 | Tailfingen | 11./13 | Pfeffingen |
| 1.-5./13 | Tailfingen | 12./13 | Dürrwangen |
| II./13 | Balingen | 13. u. 14./13 | Onstmettingen |
| 6. u. 10./13 | Balingen | 15./13 | Laufen/Lautlingen |
| 7./13 | Frommern | 16./13 | Haigerloch |
| 8./13 | Geislingen | LJK. 13 | Endingen/Erzingen |
| 9./13 | Engstlatt | | |
| Geb. Jäg. Rgt. 91 | Tr. Üb. Pl. Heuberg | I., II. u. III./91 | Tr. Üb. Pl. Heuberg |
| | | LJK. 91 | Stetten a. k. M. |
| Geb. Art. Rgt. 94 | Tr. Üb. Pl. Heuberg | II./94 | Meßstetten/Hossingen |
| I./94 | Werenwag/Irrendorf | 4./94 | Meßstetten |
| 1./94 | Schwenningen (Heuberg) | 5./94 | Oberdigisheim |
| 2./94 | Hartheim/Heinstetten | III. u. IV./94 | Tr. Üb. Pl. Heuberg |
| Geb. Nachr. Abt. 94 | Truchtelfingen | Geb. Jäg. Btl. 94 | bis 1942 Feld-Ers. Btl. 94 |
| Geb. Aufkl. Abt. 94 | Sigmaringen | Geb. Pz. Jäg. Abt. 94 | |
| Geb. Pion. Btl. 94 | Ulm/Donau | | |
| Div. Nachsch. Fhr. 94 | Gammertingen | 94 | Gammertingen |
| 1./94 | Hettingen | 94 | Neufra |
| 2./94 | Veringenstadt | 94 | Ebingen |
| 3./94 | Veringendorf | 1. u. 2./94 | Ebingen |
| 4./94 | Jungnau | 1. u. 2./94 | Ebingen |
| 5./94 | Bronnen | 94 | Krauchenwies |
| 6./94 | Hermentingen | 94 | Ebingen |
| 7./94 | Gammertingen | 94 | Schwenningen/Neckar |
| | | 94 | Ebingen |

Um diese drei Regimentssäulen der „Vierten“, die Gebirgs-Jäger-Regimenter 13 und 91 und das Gebirgs-Artillerie-Regiment 94, gruppierten sich dann die anderen Divisionseinheiten, die Gebirgs-Aufklärungs-Abteilung 94, die Gebirgs-Panzerjäger-Abteilung 94, das Gebirgs-Pionier-Bataillon 94, die Gebirgs-Nachrichten-Abteilung 94 und das Feld-Ersatz-Bataillon 94, das während des Krieges „auf kaltem Wege“ in ein Kampfbataillon (Gebirgs-Jäger-Bataillon 94) umgegliedert wurde, sowie die Divisions- und Versorgungseinheiten, die ebenso die Nummer 94 trugen. Es waren dies: Nachschub-Bataillon, Divisions-Nachschubtrupp, Fahrkolonne, Kraftwagenkolonne, Kraftfahrkompanie, Kw.-Werkstattkompanie, Feldzeugkompanie, Verpflegungsamt, Bäckerei-Kompanie, Schlächterei, Feldpostamt, Kr.-Kw.-Zug, Sanitätskompanie und Feldlazarett. (Im Herbst 1943 wurde vorübergehend ein Krim-Bataillon der 4. Gebirgs-Division gebildet. 1945 wurde das III./Gebirgs-Artillerie-Regiment 94 aufgelöst und in der Feldpostübersicht gelöscht.[11])

Es ist auch für den in militärischen Dingen weniger Bewanderten leicht zu erkennen, daß die auf eine lange und stolze Tradition zurückblickenden Regimenter Nr. 13, 91 und 94 das Kernstück der 4. Gebirgs-Division bildeten. Da sie sich bereits mit ihren Führern und Unterführern in der Friedenszeit wie auch in den Kriegsjahren 1939/40 — vor allem im Frankreichfeldzug — hervorragend bewährt hatten, wollen wir uns, um die Leistungen dieser „Kern-Mannschaften“ der „Vierten“ gebührend zu würdigen, abschließend die Stellenbesetzung und Gliederung der Infanterie-Regimenter 13 und 91, sowie die der Artillerie-Regimenter 25 und 27 nach dem Stand vom 3. Januar 1939 ansehen:[12])

## Infanterie-Regiment 13

H. Gr. 2, V. A.K., 25. Div. — Ludwigsburg

Kommandeur: Oberst **Müller-Gebhard** 1. 4. 36
Obstlt. **Schmidt** (I. R. 83) 1. 1. 37 11
Obstlt. **Casper** 1. 10. 37 1
Obstlt. (E) **Gleis** 1. 10. 38 E
Major **Weiß** 1. 3. 36 111
Major **Stroh** 1. 4. 37 R-Adj.

Hptm. (E) **Kromer** 1. 11. 33 1 (E)
Hptm. (E) **Zorn** 1. 11. 33 4 EMG
Hptm. **Baur** 1. 1. 34 5
Hptm. **Reichert** 1. 2. 34 2
Hptm. **Bossert** 1. 4. 34 13 (IG)
Hptm. **Dr. Schütz** 1. 6. 34 15 (EIG)
Hptm. **Koschella** 1. 6. 34 4 (MG)
Hptm. **Sontag** 1. 6. 34 7
Hptm. **Krüger** 1. 4. 35 8 (MG)
Hptm. **Biehler** 1. 10. 35 RSt
Hptm. **Niethammer** 1. 8. 36 9
Hptm. **Kölle** 1. 3. 38 1
Hptm. **Schlüter** 1. 3. 38 14 PzAbw)
Hptm. **Simeon** 1. 8. 38 6
Oblt. Dr. **Gebhardt** 1. 10. 35 2 (E)
Oblt. **Burger** 1. 8. 37 3
Oblt. **Schall** 1. 6. 38 11
Oblt. **Rouff** 1. 6. 38 10
Lt. **Laber** 1. 4. 36 RSt
Lt. **Eberhard** 1. 4. 36 12 (MG)
Lt. **Muff** 1. 8. 36 Adj II
Lt. **Haenle** 1. 4. 37 Adj I
Lt. **Kruse** 1. 4. 37 Adj E
Lt. **Roos** 1. 4. 37 St 11
Lt. **Schaßner** 1. 4. 37 RSt
Lt. **Fiebig** 1. 4. 37 Adj 111
Lt. **Blum** 1. 4. 37 12 (MG)
Lt. **Bauckhauß** 1. 4. 37 ST 1
Lt. **Kretschmar** 1. 4. 37 4 (MG)
Lt. **Kraft** 1. 4. 37 14 (PzAbw)
Lt. **Schiele** 1. 4. 37 13 (IG)
Lt. **Genser** 1. 4. 37 8 (MG)
Lt. **Ruoff** (Eberh.) 1. 1. 38 13 (IG)
Lt. **Klaiber** 1. 1. 38 2
Lt. Dr. **Hübinger** 1. 1. 38 1
Lt. **Nocke** 1. 1. 38 5
Lt. **Glück** 1. 1. 38 6
Lt. **Nenninger** 1. 1. 38 6
Lt. **Wetzlar** Ern. 1. 9. 38 10
Lt. **Burger** Ern. 1. 9. 38 9
Lt. **Klein** Ern. 1. 9. 38 3
Lt. **Rouff** (Wer.) Ern. 1. 9. 38 5
Lt. **Krieg** Ern. 1. 9. 38 7
Lt. **v. Chaulin** Ern. 1. 9. 38 7

Rgt. Vet.: St. Vet. Dr. **Bruns** 1. 7. 36 (2) RSt

## Infanterie-Regiment 91

H. Gr. 3, VII. A. K., 27. Div.
R. St., I. Btl., 13. (JG) Kp. u. 14. (PzAbw) Kp.: Kempten (Allgäu), III. Btl.: Lindau (Bodensee)

Kommandeur: Oberst **Hagl** 1. 1. 37
Obstlt. **Lechner** (Geb.-Jg.-R. 136) 1. 8. 34 RSt
Obstlt. **Deboi** 1. 8. 36 I
Major **Hafner** (I. R. 40) 1. 8. 36 III

Hptm. **Getzner** (I. R. 135) 1. 6. 34 1
Hptm. **Wetzel** 1. 10. 34 13 (IG)
Hptm. **Schneider** 1. 10. 35 14 (PzAbw)
Hptm. **Heilmann** 1. 12. 35 4 (MG)
Hptm. **Weyrauther** 1. 1. 36 12 (MG)
Hptm. **Hölscher** 1. 3. 38 9
Oblt. **Städtler** 1. 10. 38 2
Lt. **Gaisbauer** 1. 4. 36 3
Lt. **Möller** 1. 4. 36 RSt
Lt. **Kaltenbach** 1. 4. 36 RAdj
Lt. **Roth** 1. 4. 36 10
Lt. **Raß** 1. 4. 37 St III
Lt. **Rössert**, Kdt. Wach-Rgt. Berlin 1. 4. 37 4 (MG)
Lt. **Sengmüller** 1. 4. 37 Adj III
Lt. **Koch** 1. 4. 37 RSt
Lt. **Starjakob** 1. 4. 37 2
Lt. **Sternbach** 1. 4. 37 9
Lt. **Leitner** 1. 4. 37 11
Lt. **Wolferseder** 1. 1. 38 13 (IG)
Lt. **Weinzierl** 1. 1. 38 11
Lt. **Zutter** 1. 1. 38 10
Lt. **Menzel** 1. 1. 38 Adj I
Lt. **Hopf** 1. 1. 38 4 (MG)
Lt. **Nymeth** Ern. 1. 9. 38 3

Rgt. Vet.: Ob. St. Vet. Dr. **Schulte-Bisping** 1. 6. 38 RSt

## Artillerie-Regiment 25

H. Gr. 2, V. A. K., 25. Div.
R. St., I. u. III. Abt. m. 10. (E). Battr.: Ludwigsburg

Dem Regiment unterstellt:

**I. Abt. Art. Rgt. 61**
Reutlingen

**II. Abt. m. 7. (E) Battr. Art. Rgt. 61**
Schwäbisch Gmünd

Kommandeur: Oberst **Kruse** 1. 3. 37
Obstlt. **Pamperl** (A. K. 98) 1. 4. 36 RSt
Obstlt. **Tornier** 1. 4. 37 III
Obstlt. **Baer** 1. 8. 38 I
Major **Schenk** 1. 8. 38 1

Hptm. **Würker** 1. 6. 34 10 (E)
Hptm. **Walther** 1. 4. 37 8
Hptm. **Borchert** 1. 10. 38 2
Oblt. **Hornig** 1. 12. 34 RAdj
Hptm. **Schrode** 1. 6. 38 7
Lt. **Wagner** 1. 4. 36 3
Lt. **Conrad** 1. 4. 36 9
Lt. **Schumm** 1. 4. 37 Adj I
Lt. **Freiherr von Schönau-Wehr** 1. 4. 37 RSt
Lt. **Richter** 1. 4. 37 St I
Lt. **Wachter** 1. 4. 37 Adj III
Lt. **Woeste,** kdt. H. Reit- u. Fahrschule 1. 4. 37 7

Lt. **Ehrlich** 1. 1. 38 10 (E)
Lt. **Harpprecht** 1. 1. 38 2
Lt. **Schmidt** 1. 1. 38 10 (E)
Lt. **Sandel** 1. 1. 38 7
Lt. **Freiherr von Gleichenstein** 1. 1. 38 St III
Lt. **Kinzinger** 1. 1. 38 3
Lt. **Seewald** Ern. 1. 9. 38 3
Lt. **Ginstl** Ern. 1. 9. 38 7
Lt. **Steudel** Ern. 1. 9. 38 9
Lt. **Horn** Ern. 1. 9. 38 2
Lt. **Freyburg** Ern. 1. 9. 38 8

## I. u. II. Abt. m. 7. (E) Battr. Art.-Rgt. 61

Major **Wößner** 1. 1. 36 I
Major **Bruer** (II. A. R. 71) 1. 4. 36 II
Major **Bickel** (II. A. R. 59) 1. 1. 37 5
Major Dr. **Weissenbruch** I./A. R. 61) 1. 8. 37 4
Major **Heyn** (A. R. 41) 1. 1. 38 6

Hptm. **v. Sonntag** (A. R. 25) 1. 5. 34 3
Hptm. **Grimm** 1. 2. 38 7 (E)
Oblt. **Gamer** 1. 6. 38 2
Oblt. **Scholz** 1. 8. 38 1
Lt. **Kirschey** 1. 4. 36 St I
Lt. **Böckler** (A.R.25) 1. 4. 37 Adj II
Lt. **Klausing** (I. A. R. 61) 1. 4. 37 7 (E)
Lt. **von Bültzingslöwen** (A. R. 25) 1. 4. 37 St II

Lt. **Brockhoff** 1. 4. 37 2
Lt. **Kull** (A.R.25) 1. 1. 38 1
Lt. **Braun** (A.R.25) 1. 1. 38 5
Lt. **Schwiebert** (II./A. R. 59) 1. 1. 38 5
Lt. **Knapp** 1. 1. 38 3
Lt. **Eckert** (A. R. 41) Ern. 1. 9. 38 4
Lt. **Anschütz** Ern. 1. 9. 38 2
Lt. **Rosenberger** Ern. 1. 9. 38 1
Lt. **Haager** (A.R. 77) 1. 3. 38 III

Rgt.-Vet.: Ob.-St.-Vet. Dr. **Laun** **1. 2. 35 RSt**
**St. Vet. Köhler (Hans) 1. 8. 37 I**
**Ob.-Vet. Dr. Seifriz** 1. 10. 37 I./A. R. 61

Ob.-Vet. **Streit** (J. R. 77) **1. 3. 38 III**

# Artillerie-Regiment 27

H. Gr. 3, VII. A. K., 27. Div.
R. St., II. Abt. m. 11. (E) Battr. u. III. Abt. m. 10. (E) Battr.: Augsburg, I. Abt.: Kempten (Allgäu)

Dem Regiment unterstellt:
**I. u. II. Abt. m. 7. (E) Battr. Art. Rgt. 63**
Landsberg (Lech)

Kommandeur: Oberst **Prager**
Obstlt. **Wißmath**
Obstlt. **Walzer**
Major **Seekirchner**
Major **von Gropper**
Hptm. **Fleischmann** 1. 1. 34 3
Hptm. **Vogt** 1. 2. 34 III
Hptm. **Wagner**
(Gen. St. V.A.K.) 1. 7. 34 9
Hptm. **Kaupert** 1. 3. 38 8
Hptm. **Eisentraut** 1. 6. 38 1
Oblt. **Düttchen** 1. 12. 34 5
Oblt. **Zintner** 1. 10. 35 4
Oblt. **Baudler** 1. 6. 38 RAdj
Oblt. **Bertram** 1. 8. 38 6
Oblt. **Thomschke** 1. 10. 38 7
Lt. **Mayerhofer** 1. 4. 36 2
Lt. **Lutz** 1. 4. 36 Adj II
Lt. **Zirngibl** 1. 5. 36 1
Lt. **Emslander** 1. 4. 37 Adj III
Lt. **Geble** 1. 4. 37 RSt
Lt. **Bartsch** 1. 4. 37 6
Lt. **Dittmar** 1. 4. 37 St II
Lt. **Bötsch** 1. 4. 37 St III
Lt. **Wagner** 1. 4. 37 Adj I
Lt. **Drießen** 1. 4. 37 St I
Lt. **Kleiber** 1. 4. 37 11 (E)

1. 4. 36
1. 3. 37 I
1. 8. 38 RSt
1. 10. 36 II
1. 8. 37 RSt
Lt. **Proebst** 1. 1. 38 RSt
Lt. **Thorbecke** 1. 1. 38 10 (E)
Lt. **Meiler** 1. 1. 38 7
Lt. **Bertsch** 1. 1. 38 4
Lt. **Kalbfuß** 1. 1. 38 2
Lt. **Widmann** 1. 1. 387 3
Lt. **Hecking** 1. 1. 38 3
Lt. **Mayr**, kdt. H. Reit-
u. Fahrschule 1. 1. 38 1
Lt. **Schmid** 1. 1. 38 5
Lt. **Fürnrohr** 1. 1. 38 9
Lt. **Hertstein** 1. 10. 38 5
Lt. **Lörzel** 1. 10. 38 8
Lt. **Hofmann** Ern. 1. 9. 38 1
Lt. **Tülff von
Tscheppe und
Weidenbach** Ern. 1. 9. 38 7
Lt. **Thier** Ern. 1. 9. 38 9
Lt. **Ottmann** Ern. 1. 9. 38 6
Lt. **Gagg** Ern. 1. 9. 38 2
Lt. **Menninger** Ern. 1. 9. 38 4

## I. u. II. Abt. m. 7. (E) Battr. Art. Rgt. 63

Obstlt. **Welcker**
Obstlt. **Fürguth**
Major **Broeren**
Hptm. Dr. **Bor-
kowsky** 1. 1. 34 1
Hptm. (E) **Siemann**
W. W. St. Augsburg 1. 4. 34 7 (E)
Hptm. **Flachsmeyer** 1. 4. 36 2
Oblt. **Steinhart-
Hantken** 1. 3. 36 4
Oblt. **Staubwasser** 1. 8. 38 3
Oblt. **Gruber** 1. 8. 38 6
Lt. **Woesch** (I./A.R.) 1. 4. 36 4
Lt. **Pérignon,**
kdt. Aufkl. Fl.Schule
Braunschweig 1. 4. 36 1
Lt. **Rudolph** 1. 4. 37 Adj I
Lt. **Altmeyer**
(II./A. R. 63) 1. 4. 37 Adj II

1. 3. 37 11
1. 8. 38 1
1. 1. 37 5
Lt. **Adolph** 1. 4. 37 St I
Lt. **Hewel** 1. 4. 37 St II
Lt. **Lex** 1. 1. 38 5
Lt. **Recht** 1. 1. 38 2
Lt. **Rumpelt** (A.K.27) 1. 1. 38 1
Lt. **Freiherr
Löffelholz von
Colberg** 1. 1. 38 3
Lt. **Bußjäger** 1. 1. 38 6
Lt. **Cramer** 1. 10. 387 1
Lt. **Münnich** 1. 10. 38 7(E)
Lt. **Pfeiffer** Ern. 1. 9. 38 4
Lt. **Hoppe** Ern. 1. 9. 38 2
Lt. **Barth** Ern. 1. 9. 38 6
Lt. **Baumbach** Ern. 1. 9. 38 3

Rgt. Vet.: Ob. St. Vet. Dr. **Flachs** 1. 10. 26 RSt

Ob. Vet. Dr. **Leschin** 1. 3. 37 I./A.R. 63
Ob Vet. **Lauten-
bacher** 1. 10. 37 I

Vet. Dr. **Gokenbach**
(J. R. 34) 1. 9. 38 III

Doch kehren wir nach diesem Exkurs hinsichtlich der Gliederung und Stellenbesetzung der Stammregimenter der 4. Gebirgs-Division auf den Truppenübungsplatz Heuberg und in den Raum Balingen, Ebingen und Tailfingen zurück, wo die Jäger von ihren Einheitsführern das Edelweißabzeichen, die Bergmütze und die Nagelschuhe ausgehändigt bekamen. Das stimmte sogar die Angehörigen der traditionsreichen Infanterieregimenter versöhnlich. Und es ist, wenn man nur die Chronik des Infanterie-Regiments 13 betrachtet, nicht übertrieben zu sagen, daß die soldatischen Tugenden und Traditionen vom InfanterieRegiment Nr. 121 „Alt-Württemberg“ (3. Württembergisches) über die im Jahr 1915 aufgestellten württembergischen Gebirgstruppen, so z. B. die württembergische Schneeschuhkompanie Nr. 1 als Vorläufer des württembergischen Gebirgsbataillons und des Infanterieregiments 13, auf die 4. Gebirgs-Division der Deutschen Wehrmacht übertragen wurden. Besonders stolz war man in Kempten, der alten Reichs- und Garnisonsstadt, daß ihr Hausregiment in die Gebirgstruppe eingegliedert wurde — gilt die Stadt im Allgäu doch als Wiege der deutschen Gebirgstruppe (III. [Geb.-Jg.]/Inf.-Rgt. 19 mit Stab und 2 Kp.).

Die überaus hohe Kampfmoral der „Enzian“-Division während ihres über vierjährigen Einsatzes im Zweiten Weltkrieg hat eindrucksvoll bewiesen, daß Verbände und Soldaten, die auf eine gesunde Tradition zurückblicken können, zu besonderen Opfern bereit sind.

Während aus den immer brauner werdenden Grasfluren der Schwäbischen Alb die Silberdisteln leuchteten — und dann, als es über Nacht plötzlich Winter geworden war und eine kristallfunkelnde weiße Schneedecke die herbe Landschaft wie in einem Wintermärchen verzaubert hatte —, während sich die Natur grundlegend verwandelte, zeichneten sich bereits die Konturen der 4. Gebirgs-Division eindrucksvoll ab, worüber die Offiziersstellenbesetzung aus jenen Tagen deutlich Auskunft gibt.

## Stellenbesetzung der 4. Gebirgs-Division[13])

| | |
|---|---|
| *Divisionskommandeur:* | Generalmajor Eglseer |
| Ia (1. Generalstabsoffizier): | Major i. G. Schaefer |
| Ib (2. Generalstabsoffizier): | Hauptmann i. G. Bickel |
| *Gebirgs-Jäger-Regiment 13:* | Oberst Sorko |
| I. Batl./Geb.-Jg.-Rgt. 13: | Major Sonntag |
| II. Btl./Geb.-Jg.-Rgt. 13: | Major Ott |
| III. Btl./Geb.-Jg.-Rgt. 13: | Major Krüger |

| | |
|---|---|
| *Gebirgs-Jäger-Regiment 91:* | Oberst von Stettner |
| I. Btl./Geb.-Jg.-Rgt. 91: | Major Schneider |
| II. Btl./Geb.-Jg.-Rgt. 91: | Major Türler |
| III. Btl./Geb.-Jg.-Rgt. 91: | Major Hafner |
| *Gebirgs-Artillerie-Regiment 94:* | Oberst Strohmaier |
| I. Abt./Geb.-Art.-Rgt. 94: | Oberstleutnant Schenck |
| II. Abt./Geb.-Art.-Rgt. 94: | Major Eder |
| III. Abt./Geb.-Art.-Rgt. 94: | Hauptmann Kaupert |
| IV. Abt./Geb.-Art.-Rgt. 94: | Major Eisele |
| *Gebirgs-Aufklärungs-Abteilung 94:* | Rittmeister Fürst von Urach |
| *Gebirgs-Panzerjäger-Abteilung 94:* | Major Kallfaß |
| *Gebirgs-Pionier-Bataillon 94:* | Major Oberndorfer |
| *Gebirgs-Nachrichten-Abteilung 94:* | Major Brunner |
| *Feld-Ersatz-Bataillon 94:* | Major Schulze |
| *Divisions-Nachschubtrupp 94:* | Major Gottbrecht |

Nach diesem Blick auf die Stellenbesetzung der „Vierten" liegt es nahe, einiges auch über die Gliederung und Bewaffnung der Division, ihre Regimenter, Abteilungen, Bataillone, Kompanien und Züge erfahren zu wollen. Dazu eine grundlegende Bemerkung vorweg: Die Gebirgsdivisionen der Deutschen Wehrmacht waren ähnlich wie die Infanterie- und Jägerdivisionen gegliedert. Da sie jedoch für den Einsatz im Mittel- und Hochgebirge bestimmt waren, besaßen sie zugunsten größerer Beweglichkeit eine geringere personelle Stärke und eine leichtere Ausstattung und Ausrüstung an Waffen und Gerät. Bei Beginn des folgenschweren Rußlandfeldzuges, im Juni 1941, sah die Gliederung einer Gebirgsdivision folgendermaßen aus:[14])

**Divisionsstab**
mit Kartenstelle (mot) (2 s.MG);

**2 Gebirgs-Jäger-Regimenter** jeweils mit
- Stab mit Stabskompanie, mit
  Gebirgs-Nachrichtenzug,
  Gebirgs-Radfahrzug (3 l.MG),
  Musikkorps;
- 3 Gebirgs-Jäger-Bataillone, jeweils mit
  Stab,
  3 Gebirgs-Jäger-Kompanien (12 l.MG, 3 l. u. 3 m. GrW),
  1 Gebirgs-Jäger-MG-Kompanie (12 s.MG),
  1 schwere Gebirgs-Jäger-Kompanie, mit

Gebirgs-Pionierzug (4 l.MG),
Gebirgs-Nachrichtenzug,
l. Geb.-Inf.-Geschützzug (mot. Z) (2 l. I.G. [mot. Z]),
— Gebirgs-Panzerjäger-Kompanie (mot. Z) (9 Pak 3,7 cm u. 3 Pak 4,7 cm (mot. Z), 4 l.MG),
s. Geb.-Inf.-Geschützzug (mot. Z) (2 s. I.G. [mot. Z]),
l. Gebirgsjägerkolonne;

1 **Gebirgs-Artillerie-Regiment** mit
— Stab, Nachrichtenzug, Wettertrupp (mot.), Drucktrupp (mot.),
— 2 l. Gebirgs-Artillerie-Abteilungen jeweils mit
Stab, Nachrichtenzug und Art.-Verm.-Trupp,
2 l. Gebirgs-Batterien (je 4 GebGesch 7,5 cm, 2 l. MG),
— l. Artillerie-Abteilung mit
Stab, Nachrichtenzug und Art.-Verm.-Trupp,
3 l. FH-Batterien (je 4 l. FH 10,5 cm, 2 l.MG),
— schwere Artillerie-Abteilung (mot.) mit
Stab, Nachrichtenzug und Art.-Verm.-Trupp (mot.),
2 s.FH-Batterien (mot. Z) (je 4 s.FH 15 cm (mot. Z), 2 l.MG);

1 **Gebirgs-Aufklärungs-Abteilung** (teilmotorisiert) mit
— Stab,
— 2 Radfahrschwadronen (9 l.MG, 2 s.MG, 2 l.GrW),
— schwere Schwadron (mot.) mit Nachrichtenzug, Pionierzug, Pakzug (6 m.Gr.W; 3 Pak 3,7 cm; 1 l.MG);

1 **Gebirgs-Pionier-Bataillon** (teilmotorisiert) mit
— Stab und Nachrichtenzug,
— 2 Gebirgs-Pionier-Kompanien (9 l.MG),
— l. Pionier-Kompanie (mot.) (9 l.MG),
— Brüko B (mot.) und l. PiKol (mot.);

1 **Gebirgs-Nachrichten-Abteilung** (teilmotorisiert) mit
— Stab,
— Gebirgs-Fernsprechkompanie (teilmotorisiert),
— Gebirgs-Funkkompanie (teilmotorisiert),
— leichte Gebirgs-Nachrichtenkolonne (mot.);

1 **Gebirgs-Panzerjäger-Abteilung** (motorisiert) mit
— Stab und Nachrichtenzug (mot.),
— 2 Panzerjägerkompanien (mot. Z) (je 12 Pak 3,7 cm; 6 l.MG);

**1 Feld-Ersatz-Bataillon** (zu Fuß und bespannt) mit

— Stab,
— 3 bzw. 5 Kompanien (Waffenausstattung wie Geb.-Jg.-Kp.);

**1 Gebirgs-Sanitäts-Abteilung** (teilmotorisiert) mit

— 2 Sanitätskompanien (bespannt),
— 2 Krankenkraftwagen-Kolonnen (mot.),
— Feldlazarett (z. T. bespannt, z. T. mot.);

**Nachschub- oder Versorgungsdienste** mit

— Stab Gebirgs-Divisions-Nachschubführer (t mot.),
— 1—4 Gebirgsfahrkolonnen oder kleine Fahrkolonnen (bespannt),
— 2—7 kleine Kraftwagenkolonnen (30 to),
— 1—2 kleine Kraftwagenkolonnen für Betriebstoff (25 cbm),
— Werkstattkompanie (mot.),
— Gebirgs-Nachschubkompanie;

**Verwaltungsdienste** (motorisiert) mit

— Divisionsverpflegungsamt,
— Bäckereikompanie (mot.),
— Schlächtereikompanie (mot.),
— Veterinärkompanie (bespannt),
— Feldgendarmerietrupp (mot.),
— Feldpostamt (mot.).

Um die 4. Gebirgs-Division auf volle Kriegsstärke zu bringen, wurde folgender Sollbestand angestrebt:

| | | |
|---|---|---|
| 1. an Soldaten: | 14.000 | Mann, |
| 2. an Tieren | 6.300 | (davon 1500 Pferde, 4800 Tragtiere), |
| 3. an Fahrzeugen: | 1.400 | Kraftfahrzeuge (einschließlich PKW und Kräder), |
| | 660 | bespannte Fahrzeuge, |
| 4. an Waffen: | 13.000 | Gewehre, |
| | 2.200 | Pistolen, |
| | 500 | Maschinenpistolen, |
| | 416 | leichte Maschinengewehre, |
| | 80 | schwere Maschinengewehre, |
| | 66 | leichte Granatwerfer, |
| | 44 | mittlere Granatwerfer, |
| | 75 | Panzerbüchsen, |
| | 16 | leichte Infanteriegeschütze, |
| | 4 | schwere Infanteriegeschütze, |

39 Pak,
12 leichte Flak,
24 leichte Gebirgsgeschütze,
12 leichte Feldhaubitzen bzw. Gebirgshaubitzen,
12 schwere Feldhaubitzen.

Das alles sah auf dem Papier sehr eindrucksvoll aus — aber Papier ist bekanntlich auch geduldig. Und Geduld war bei der Divisionsführung mehr als erforderlich, um das gesteckte Ziel zu erreichen. Die Schwierigkeiten, vor denen man sich sah, begannen schon damit, daß die „Vierte" voll gebirgstauglich zu sein hatte. Das setzte — notabene — gebirgserfahrene oder zumindest mit dem Gebirge und seinen Tücken vertraute Dienstgrade und Mannschaften voraus. Doch der überwiegende Teil des Personals der übernommenen Regimenter und anderen Truppenteile, insbesondere aber die in Aufstellung begriffenen Bataillone, Abteilungen und Kompanien setzten sich aus Soldaten zusammen, die wenig oder — was noch schlimmer war — überhaupt keine Beziehung zu den Bergen hatten.

„Daher war es von Anfang an das Bemühen der Division", schrieb General Braun in seiner Divisionsgeschichte, „ihre notwendige Auffüllung und den Ersatz grundsätzlich aus den Ersatztruppenteilen der Gebirgstruppen zu erhalten. Etwa 4/5 der Division bestanden aus Bayern und Schwaben, dazu kam ein größerer Prozentsatz Österreicher, der Rest aus fast allen Teilen Deutschlands. Der Wunsch der Division ging deshalb auch dahin, auf Ersatztruppenteile der 1. Gebirgs-Division im Wehrkreis VII (München) angewiesen zu werden. Leider bedurfte es erheblicher Kämpfe und ebenso vieler Geduld, bis dieses Ziel erreicht wurde. Dann erst, nachdem der Bedarf der ebenfalls neu aufgestellten 97. leichten Division (später 97. Jg.-Div.) befriedigt worden war, öffneten sich die Tore der Gebirgs-Ersatztruppenteile des Wehrkreises VII auch für uns, mit der Aufgabe, den restlichen Fehlbestand zu decken, den der Wehrkreis V noch nicht gestellt hatte. Auch aus den Führerreserven der Wehrkreise VII und XVIII (Salzburg) strömten wertvolle Kräfte in die Reihen der Division."[15])

Kaum hatte man diese personellen Probleme gelöst, kamen bereits neue auf die „Vierte" zu. Die Bekleidung, Ausrüstung, Waffen und Gerät kamen anfangs nur sehr schleppend zu den jeweiligen Divisionseinheiten und verzögerten damit teilweise die Ausbildung. Es ist bezeichnend, daß ein nicht unerheblicher Bestand an Waffen, Gerät und Ersatzteilen erst bei der 4. Gebirgs-Division eintraf, als diese bereits für den Abtransport zum unruhig gewordenen Balkan verladen wurde. Das allein war schon ärgerlich — geradezu verhängnisvoll aber wirkten sich allerdings später jene materiellen Lücken, die erst gar nicht mehr geschlossen wurden, aus. Wie gut, daß wenigstens die Tragtiere — die treuen Helfer, Begleiter und zuweilen auch stummen „Beichtväter" der Jäger — noch rechtzeitig eintrafen. Ihnen konnte mancher Gebirgsjäger in den Tagen der Improvisation sein Leid klagen, ohne daß er deshalb von seinen Vorgesetzten für nicht druckreife Aussprüche und ketzerische Gedanken gemaßregelt worden wäre.

## Ausbildung und Truppenführung

Nun galt es, nachdem die Korsettstangen der 4. Gebirgs-Division, die Regimenter, Abteilungen und Bataillone weitgehend personell und materiell aufgefüllt worden waren, die Ausbildung zu intensivieren und die Divisionseinheiten aufeinander einzuspielen, um aus der „Vierten" eine schlagkräftige Gebirgsdivision zu formen.

Lenken wir hier aber zunächst unsere Aufmerksamkeit auf den österreichischen General Karl Eglseer, den „Gründer" und ersten Kommandeur der „Enzian"-Division, denn auch er war dem alten Grundsatz unterworfen: „Wie der Herr, so das Gscherr!" — Was besagt, daß die Truppe nur so gut sein kann, wie die Offiziere, von denen sie geführt und ausgebildet wird.

Karl Eglseer wurde am 5. Juli 1890 in Ischl geboren. Sechzehn Tage später, am 21. Juli 1890, erblickte Eduard Dietl, der spätere „Held von Narvik", im oberbayerischen Bad Aibling das Licht der Welt. Obwohl sich Eglseer und Dietl in ihrer Kindheit und Jugend nie kennengelernt und damit keine gemeinsamen Interessen einander mitgeteilt hatten, mündete ihr militärischer Lebenslauf in die Gebirgstruppe der Deutschen Wehrmacht — und wurde auch dort beendet: Sie kamen beide gemeinsam am 23. Juni 1944 bei einem Flugzeugabsturz am Wechsel in der Steiermark ums Leben.

Karl Eglseer trat schon frühzeitig seinen Dienst bei der altösterreichischen Gebirgstruppe an. Nach dem Ersten Weltkrieg aus russischer Kriegsgefangenschaft zurückgekehrt, hatte der damalige Hauptmann maßgeblichen Anteil an der Organisation des Kärntner Heimatschutzes und nahm an führender Stelle an den Kärntner Abwehrkämpfen teil. Als sich ihm die Gelegenheit bot, trat er in das österreichische Bundesheer ein. 1938 war Oberst (seit 17. 6. 1935) Eglseer Generalstabschef der 6. Division; später wurde er Chef des Generalstabes des Stellvertretenden Generalkommandos XVIII. A.K. in Salzburg, bis er im Oktober 1940 zum ersten Kommandeur der neu aufzustellenden 4. Gebirgs-Division ernannt wurde. Am 1. November 1940 erfolgte die Beförderung zum Generalmajor.

General Eglseer führte dann diese unvergleichliche schwäbisch-bayerisch-österreichische „Enzian"-Division nach ihrer Aufstellung 1941 im Balkanfeldzug und 1941/42 im Rußlandfeldzug von Erfolg zu Erfolg: durch die Ukraine und Nogaische Steppe, über den Mius, Don und Kuban bis über den Hauptkamm des Zentralkaukasus. Am 22. Oktober 1942 wurde Eglseer zur Führerreserve versetzt, am 1. Februar 1943 zum Generalleutnant befördert und am 20. Februar 1943 Kommandeur der 714. Infanterie-Division. Später übernahm General der Gebirgstruppen Eglseer als Kommandierender General das altvertraute XVIII. Gebirgs-Armeekorps im nördlichen Finnland. Am 23. Juni 1944 verunglückte er bekanntlich zusammen mit seinem Armeeoberbefehlshaber, Generaloberst Eduard Dietl, durch Flugzeugabsturz tödlich.

„General Eglseer war", so charakterisierte ihn sein langjähriger 1. Generalstabsoffizier (Ia), Otto Schaefer, „ein soldatischer Führer von hoher Qualität, erfüllt von hohen vaterländischen Idealen, ausgestattet mit überdurchschnittlichem militärischen Wissen und Können."[16])

Er, Eglseer, gab durch seine Gesamtpersönlichkeit der 4. Gebirgs-Division das Gepräge. Er war, nach dem einhelligen Urteil seiner unmittelbaren Vorgesetzten, Mitarbeiter und Untergebenen, ein Mensch von hervorragendem Charakter, erfüllt von hohem sittlichen Verantwortungsbewußtsein und lauterem, edelmütigem Streben. Bei ihm ergänzten sich die ihm eigenen, überzeugenden Kräfte des Herzens wie des Verstandes in harmonischer Weise und formten sich zu jener stillen menschlichen Größe, die einen General und Offizier der alten Schule auszeichneten. Mit heiterer Gelassenheit und unerschütterlichem Gleichmut — auch in schwierigsten Lagen — ging er in Friedens- und Kriegszeiten geradlinig, selbstlos und selbstbeherrscht den Weg vorbildlicher Pflichterfüllung. In seiner ausgeglichenen Beständigkeit zeigte er sich stets maßvoll, ausgenommen im Fleiß bei der Arbeit und in der Hingabe an eine Sache, die er dann mit seiner ganzen Person vehement vertrat. So gesehen, verkörperte Eglseer in geradezu idealer Weise den Typ des altösterreichischen Offiziers: gebildet, fachlich hervorragend geschult, dabei persönlich ausgesprochen bescheiden und zurückhaltend.

Die ausgezeichneten Kenntnisse, die General der Gebirgstruppen Karl Eglseer über das Gebirge und den Karst, die er ferner auf dem Gebiet der Truppenführung im Gebirgskrieg sowie in der serbischen Geschichte und der slawischen Mentalität besaß, prädestinierten ihn geradezu für die Führung der 4. Gebirgs-Division im karstigen Jugoslawien, in den weiten Ebenen Rußlands und im Gebirgskrieg um den unwegsamen Hochkaukasus.

„Sein unermüdliches Denken und Handeln", so formulierte es sein ehemaliger Ia Otto Schaefer, mit dem ihn ein ganz besonders glückliches Vertrauensverhältnis verband, „galt vor allem der Fürsorge für seine

Truppe und der besonnenen, sicheren Führung. Er hatte Herz und Handschlag für jeden seiner Soldaten, hing an ihnen wie sie an ihm. Und in diesem Vertrauensverhältnis zwischen Führer und Truppe sah er die beste Verwirklichung gesamtdeutschen soldatischen Gedankengutes. Mit seinem österreichischen, liebenswürdig-gewinnenden Wesen verband sich eine altpreußische, einfache, anspruchslose Lebensart zu seltener Einheit. Bei aller gutmütigen Herzlichkeit war er in entscheidenden Lagen von der erforderlichen Härte gegen sich, seine Truppe und den Feind. Dem geschulten Taktiker waren klarer Blick und sicherer Instinkt für das Nötige und Mögliche zu eigen; sie wiesen ihm Mittel und Wege zum Erfolg. Im Kampfe tapfer und treu wie in seiner ganzen Lebensführung, sah ihn die Truppe in kritischen Lagen stets vorn bei sich. Seine echt ritterliche Gesinnung und Haltung, voll Fairneß und Toleranz, gewannen ihm die menschliche Ergebenheit seiner Mitarbeiter und Mitkämpfer aller Grade, die in ihm mehr den älteren, erfahrenen Kameraden als den Vorgesetzten sahen.“[17])

Generalmajor Eglseer stand nun mit seinen Offizieren und Unterführern vor der Aufgabe, aus der eilig aufgestellten „Enzian“-Division eine schlagkräftige und leistungsfähige Gebirgsdivision zu formen, die sich schon in naher Zukunft im Kriege bewähren sollte. Neben der Einzel- und Gefechtsausbildung, neben häufigen Planspielen und Übungen wurde dabei das Hauptaugenmerk auf die „Truppenführung“ gelegt, die in der überaus bedeutungsvollen H.Dv. 300/1 schriftlich festgelegt war. In der Einleitung der „TF“ — auf Grund der Abkürzung nicht selten scherzhaft „Tante Frieda“ genannt — lesen wir folgende richtungweisende Maximen und Gedanken, die seinerzeit Generaloberst Ludwig Beck, der Chef des Truppenamtes bzw. des Generalstabes des Heeres von 1933 bis 1938, federführend formuliert hatte:

„1. Die Kriegführung ist eine Kunst, eine auf wissenschaftlicher Grundlage beruhende freie, schöpferische Tätigkeit. An die Persönlichkeit stellt sie die höchsten Anforderungen.

*Oben: Das 13. (württembergische) Infanterie-Regiment Ludwigsburg um 1928 auf einem Schikurs auf dem Oberjoch*

*Unten: Fahnenkompanie 2./13. (württ.) Infanterie-Regiment um etwa 1927 auf dem Hof der Stuttgarter Bergkaserne. Kompaniechef war Hauptmann Paulus, der spätere Oberbefehlshaber der in Stalingrad vernichteten 6. Armee*

2. Das kriegerische Handeln unterliegt steter Fortentwicklung. Neue Kriegsmittel geben ihm immer wieder veränderte Formen. Ihr Aufkommen muß rechtzeitig vorausgesehen, ihr Einfluß richtig eingeschätzt und rasch verwertet werden.

3. Die Lagen im Kriege sind von unbegrenzter Mannigfaltigkeit. Sie wechseln oft und plötzlich und lassen sich nur selten von vornherein übersehen. Unberechenbare Größen haben oft maßgebenden Einfluß. Dem eigenen Willen begegnet der unabhängige Wille des Feindes. Reibungen und Fehler sind alltägliche Erscheinungen.

4. Die Lehren der Kriegführung lassen sich nicht in Vorschriften erschöpfend zusammenfassen. Die Grundsätze, welche diese geben, müssen den Umständen entsprechend zur Anwendung gelangen.

Einfaches Handeln, folgerecht durchgeführt, wird am sichersten zum Ziele führen.

5. Der Krieg stellt den einzelnen auf die härteste Probe seiner seelischen und körperlichen Widerstandskraft. Daher wiegen im Kriege die Eigenschaften des Charakters schwerer als die des Verstandes, mancher tritt auf dem Schlachtfelde hervor, der im Frieden übersehen wurde.

6. Heer- wie Truppenführung erfordern urteilsfähige, klarblickende und vorausdenkende Führerpersönlichkeiten von Selbständigkeit und Festigkeit im Entschluß, Beharrlichkeit und Tatkraft bei seiner Durchführung, Unempfindlichkeit gegen die Schwankungen des Kriegsglückes und einem ausgeprägten Gefühl für die auf ihnen ruhende hohe Verantwortung.

7. Der Offizier ist auf allen Gebieten Führer und Erzieher. Neben Menschenkenntnis und Gerechtigkeitssinn muß ihn Überlegenheit an Kenntnissen und Erfahrungen, sittlicher Ernst, Selbstbeherrschung und hoher Mut auszeichnen.

8. Das Beispiel und die persönliche Haltung des Offiziers und der in Führerstellen verwendeten Soldaten sind von bestimmendem Einfluß auf die Truppe. Der Offizier, der vor dem Feinde Kaltblütigkeit, Entschlossenheit und Wagemut zeigt, reißt die Truppe mit sich fort. Er muß auch den Weg zum Herzen seiner Untergebenen finden und ihr Vertrauen durch Verständnis für ihr Fühlen und Denken sowie durch nie rastende Fürsorge erwerben.

Das gegenseitige Vertrauen ist die sicherste Grundlage der Manneszucht in Not und Gefahr.

*Stuttgart 1933: Fahnen und Standarten des XIII. (württ.) A. K. bei den Feierlichkeiten anläßlich des Volkstrauertages auf dem Schloßplatz*

9. Jeder Führer soll in allen Lagen ohne Scheu vor Verantwortung seine ganze Persönlichkeit einsetzen. Verantwortungsfreudigkeit ist die vornehmste Führereigenschaft. Sie darf jedoch nicht darin gesucht werden, eigenmächtige Entschlüsse ohne Rücksicht auf das Ganze zu fassen oder Befehle nicht peinlich zu befolgen und ein Besserwissen an Stelle des Gehorsams treten zu lassen. Selbständigkeit darf nicht zur Willkür werden. Selbsttätigkeit, die sich in richtigen Grenzen geltend macht, ist dagegen die Grundlage großer Erfolge.

10. Der Wert des Mannes bleibt trotz der Technik entscheidend; seine Bedeutung ist durch das zerstreute Kämpfen gewachsen.

Die Leere des Schlachtfeldes verlangt selbständig denkende und handelnde Kämpfer, die jede Lage überlegt, entschlossen und kühn ausnutzen, von der Überzeugung durchdrungen, daß es zum Gelingen auf jeden ankommt.

Gewöhnung an körperliche Leistungen, Rücksichtslosigkeit gegenüber sich selbst, Willenskraft, Selbstvertrauen und Wagemut befähigen den Mann, die schwersten Lagen zu meistern.

11. Der Wert des Führers und des Mannes bestimmt den Gefechtswert der Truppe, der in der Güte, Pflege und Erhaltung von Bewaffnung und Ausrüstung seine notwendige Ergänzung finden muß.

Überlegener Gefechtswert kann zahlenmäßige Unterlegenheit ausgleichen. Je höher der Gefechtswert ist, desto kraftvoller und beweglicher kann die Kriegführung gestaltet werden.

Überlegene Führung und überlegener Gefechtswert der Truppe sind zuverlässige Grundlagen für den Sieg.

12. Die Führer müssen mit der Truppe leben und mit ihr Gefahren und Entbehrungen, Freud und Leid teilen. Nur dann gewinnen sie aus eigener Anschauung ein Urteil über den Gefechtswert und die Bedürfnisse der Truppe.

Der Mann ist nicht nur für sich selbst, sondern auch für seine Kameraden verantwortlich. Wer mehr kann, wer leistungsfähiger ist, muß den Unerfahrenen und Schwachen anleiten und führen.

Auf solcher Grundlage erwächst das Gefühl echter Kameradschaft, die ebenso wichtig ist zwischen Führer und Mann wie innerhalb der Mannschaft.

13. Eine nur äußerlich, nicht durch längere Erziehungs- und Ausbildungsarbeit zusammengefügte Truppe versagt leicht in ernsten Augenblicken und unter dem Eindruck unerwarteter Ereignisse. Daher kommt von Anbeginn des Krieges an die Förderung und Erhaltung der inneren Festigkeit und der Manneszucht der Truppe sowie ihrer Ausbildung ausschlaggebende Bedeutung zu.

Jeder Führer ist verpflichtet, gegen Nachlassen der Manneszucht, Ausschreitungen, Plünderungen, Paniken und sonstige schädliche

Einflüsse unverzüglich mit allen, selbst den schärfsten Mitteln einzuschreiten.

Die Manneszucht ist der Grundpfeiler des Heeres und ihre strenge Aufrechterhaltung eine Wohltat für alle.

14. Die Kräfte der Truppe müssen für höchste Anforderungen in entscheidenden Augenblicken frisch erhalten werden. Wer die Truppe unnütz anstrengt, versündigt sich am Erfolg.

Der Kräfteverbrauch im Gefecht muß im Verhältnis zum erstrebten Ziel stehen. Unerfüllbare Anforderungen schädigen das Vertrauen zur Führung und den Geist der Truppe.

15. Vom jüngsten Soldaten aufwärts muß überall selbsttätiges Einsetzen der ganzen seelischen, geistigen und körperlichen Kraft gefordert werden. Nur so wird die volle Leistungsfähigkeit der Truppe in übereinstimmendem Handeln zur Geltung gebracht. Nur dann erwachsen Männer, die auch in der Stunde der Gefahr Mut und Entschlußkraft bewahren und den schwächeren Kameraden zu kühner Tat mit fortreißen.

So bleibt entschlossenes Handeln das erste Erfordernis im Kriege. Ein jeder, der höchste Führer wie der jüngste Soldat, muß sich stets bewußt sein, daß Unterlassen und Versäumnis ihn schwerer belasten als Fehlgreifen in der Wahl der Mittel."[18])

Wie aber sah nun die Ausbildung, die, vor allem an den künftigen Gebirgssoldaten, hohe Anforderungen stellte, aus? Der Einzelausbildung folgten die Gruppen- und Zugausbildung im Gefechtsdienst sowie die Übungen im Bataillons- und Regimentsrahmen. Im Mittelpunkt der Gebirgsjägerausbildung stand dabei die gründliche Einzel- und Gruppenausbildung, ergänzt durch Leistungsmärsche, die unabhängig von der Witterung durchzuführen waren, denn Gebirgsjäger kämpfen überwiegend zu Fuß und müssen mit dem Gelände besonders vertraut sein. Ihnen wurden bereits während der Ausbildung hohe physische und psychische Leistungen abverlangt, um sie für die differenzierten Aufgaben des Einsatzes im Gebirge gründlich vorzubereiten.

Nun, von einer Hochgebirgsausbildung, wie sie für Gebirgstruppen zwingend gefordert wurde, konnte man bei den Soldaten der „Vierten" allerdings nicht sprechen, denn die Erhebungen der Schwäbischen Alb ließen sich bei bestem Willen und lebhaftester Phantasie nicht mit den Hochgebirgsregionen der Alpen vergleichen, wo man eine gezielte und intensive Hochgebirgsausbildung (hochalpine Leistungsmärsche und Hochgebirgstouren) betreiben konnte. Dafür fehlte — nicht zuletzt auch auf Grund der geographischen Lage des Aufstellungsraumes und der kurzen Aufstellungsperiode — einfach die Zeit.

So wurde das, was man Gebirgsausbildung bei der „Enzian"-Division nannte, auf den Mittelgebirgscharakter des südlichen Schwarzwaldes und der Rauen Alb zugeschnitten, wo man die Truppe auf jenen Ausbildungsstand brachte, mit dem sie später — während des Balkan- und Rußlandfeldzuges — in so hervorragender Weise bestehen sollte. Daß dieses gewiß nicht leichte Ziel trotz nicht zu übersehender personeller und materieller Mängel in der ersten Aufstellungsphase dennoch erreicht werden konnte, das lag einerseits an dem Schwung und der Begeisterung, mit dem Offiziere und Unterführer an die ihnen gestellte Aufgabe herangingen, andererseits an der Pflichterfüllung und Leistungsbereitschaft der Truppe, ohne deren Idealismus das kurzfristig gesteckte Ziel, nämlich die Einsatzbereitschaft der 4. Gebirgs-Division für das Kriegsjahr 1941, nicht so reibungslos zu erreichen gewesen wäre! Dieses ausgezeichnete Zusammenwirken aller Divisionsangehörigen — vom General über die Kommandeure und Zugführer bis zu den Mannschaften — war letztlich der Garant für den später so oft gerühmten Kampfgeist der „Enzian"-Division.

Informieren wir uns im folgenden einmal kurz über die Ausbildungsziele der 4. Gebirgs-Division, die neben der Truppenführung im Gebirge vor allem den infanteristischen Kampf im Mittelgebirge und im Flachland zu berücksichtigen hatten. Denn es war ja gar nicht gesagt, daß die „Vierte" im Verlauf des Zweiten Weltkrieges nur in den Gebirgs- oder gar in den Hochgebirgsregionen des südosteuropäischen oder des europäisch-asiatischen Raumes (hier mit Blick auf den Kaukasus) eingesetzt werden würde. Wer wagte es, schon damals, als die Ausbildung der Division bereits erste Erfolge verzeichnete, an einen Einsatz im Hochkaukasus zu denken? Vielleicht die überall anzutreffenden Phantasten, die man nicht selten als „Spinner" apostrophierte — und belächelte.

Neben der allgemeinen infanteristischen Ausbildung — hier stand selbstverständlich der Gefechts-, Sicherungs- und Aufklärungsdienst im Vordergrund —, die jeder Gebirgssoldat zu durchlaufen hatte, und dem theoretischen Unterricht über die Gefahren der Berge, den Kampf und das Leben im gebirgigen, unübersichtlichen und stark bewaldeten Gelände, neben der Pflege von Waffen, Gerät und Ausrüstung wurden die Soldaten in ihren jeweiligen Einheiten den Truppengattungen entsprechend geschult.

Die Gebirgsartilleristen erhielten eine spezielle Ausbildung als Beobachter, Funker oder Fernsprecher, um eine sichere Feuerleitung zu gewährleisten. Zu den Höhepunkten zählten dabei stets die Übungen, in denen man das Erlernte endlich in die Praxis umsetzen konnte. Die „schießende Gebirgsartillerie" war mit ihren Haubitzen und Kanonen der wesentliche Träger der Feuerkämpfe. Die „aufklärende Artillerie" klärte mit optischen oder akustischen Spezialgeräten feindliche Stellungen und Truppenbewegungen auf und lenkte das Feuer der eigenen Artillerie auf die erkannten Ziele des Gegners. Unterschiede bestanden ferner in der bespannten Artillerie, einer leichten und mittleren Artillerie, deren Wirkung sich auf flache Täler beschränkte, und der motorisierten Artillerie, deren mittleres und schweres Kaliber weitreichend eingesetzt werden konnte.

Die Soldaten der Gebirgs-Nachrichtentruppe lernten, mit ihren Funkstellen Verbindungen zu übergeordneten Kommandostellen und zu den Regimentern und Abteilungen der eigenen Division oder fremder Divisionen herzustellen. Die Geräte der Gebirgs-Nachrichtenabteilung (Fernsprech-, Funk- und Blinkgeräte) waren auf dem damaligen Stand der Zeit. Mit ihnen und dem ausgesuchten Personal konnten selbst weitreichende Verbindungsaufgaben bewältigt werden. In zahlreichen Übungen haben die „Nachrichtler", wie sie kurz genannt wurden, ihre Tornisterfunkgeräte umhergeschleppt, um die nötige Funkverbindung herzustellen: zwischen Jägern und Artillerie, zwischen Beobachtern und Feuerstellung, zwischen Spähtrupp und Bataillon.

Nicht zuletzt auf den Erfahrungen der Pioniertruppen des Ersten Weltkrieges, die neben den großen körperlichen und technischen Anforderungen ihres Dienstes auch noch den Tücken und Gefahren des Hochgebirgskrieges widerstehen mußten, baute die Ausbildung der Gebirgspioniere der Deutschen Wehrmacht auf. Neben der speziellen Gebirgsausbildung wurde die des Kampfpioniers bewußt in den Vordergrund gestellt. Er war hiefür bestimmt, im Angriff mit dem Gebirgsjäger die Gasse durch die feindlichen Linien zu bahnen und ihn in der Verteidigung durch den Bau von Hindernissen und Sperriegeln zu unterstützen. Aus diesem Auftrag heraus resultierten die Schwerpunkte der Pionierausbildung: Minenkampf, Sprengdienst, Fahren auf dem Wasser, Bau von behelfsmäßigen Übersetzmitteln, Fähren und Kriegsbrücken, Behelfswege- und Straßenbau, Anlegen von Sperren u. a. m. Neben den Infanteriewaffen waren die Gebirgspioniere mit allen modernen Kampfmitteln der damaligen Zeit, mit einem entsprechenden Maschinenpark und einer Brückenkolonne mit B-Gerät ausgestattet, die den Bau von 8- und 16 to-Kriegsbrücken und von 8-, 16- und 24 to-Fähren ermöglichte.

Bei den Fußkompanien wurden Munition, Werkzeug und Sprengstoff in Körben verpackt und auf Tragtieren verlastet. Die motorisierte Kompanie war für den Einsatz im Tal mit geländegängigen Fahrzeugen ausgestattet. Der Maschinen- und Munitionspark wurde durch eine motorisierte Pionierkolonne nachgeführt. Die geländegängigen Zugmaschinen der Brückenkolonne dienten auch dem Mannschaftstransport. Derart ausgerüstet, konnte das Gebirgs-Pionierbataillon innerhalb der Division auch als selbständiger Kampfverband eingesetzt werden.

Nachdem der 4. Gebirgs-Division die Tragtiere zugewiesen worden waren, wurde sofort mit der Ausbildung der Tragtierführer und der

Tragtiere begonnen. Dabei lernten die angehenden „Mulitreiber" von den altgedienten Tragtierführern zuerst — und das war mehr als im Soldatenhumor gemeint! —, daß man ein Muli nicht mit dem Zündschlüssel startet, daß es statt der Zündkerzen Hufe und Nase zu reinigen gilt und daß das Tragtier statt nach einem Ölwechsel mehr nach liebevoller Pflege verlangt. Doch Soldatenhumor hin, Soldatenhumor her, es war schon etwas dran an diesen Sprüchen — sagten sie doch vieles aus über das besondere Verhältnis zwischen Muli und Treiber.

Für die Tragtierführer und die Fahrer vom Bock — obwohl in keinem Wehrmachtsbericht jemals erwähnt, wäre ohne sie jeder Feldzug im Zweiten Weltkrieg schier unmöglich gewesen — war der Satz: „Zuerst das Tragtier oder die Pferde und dann erst der Mann!" oberstes Gebot. Bei Rasten von mehr als einer Stunde wurden die Tiere ganz abgesattelt, damit sie sich besser erholen konnten. Wenn nach dem Einrücken in die Unterkunft die Jäger nach dem Waffenreinigen und dem Bekleidungsappell bereits fertig waren, mußten die Tragtierführer zuerst ihre Muli und die Fahrer ihre Pferde versorgen, Sattel und Geschirr in Ordnung bringen, bevor sie an sich und ihre persönliche Ausrüstung denken konnten.

Zum Schluß dieser Ausführungen sei noch daran erinnert, daß die Kampfeinheiten auf dem Schlachtfeld nur dann entsprechende Leistungen vollbringen konnten, wenn die Versorgung mit Waffen und Gerät reibungslos lief und sichergestellt war. Daraus ergab sich eine differenzierte Ausbildung für Dienstgrade und Mannschaften, die den Versorgungsdiensten zugeteilt wurden. Hierzu zählten die Funktionen beim Nachschub, im Kraftfahrzeugpark, im Feldzeugtrupp, im Verwaltungstrupp, bei den Sanitätern, im Veterinärtrupp, beim Transportwesen und bei der Feldpost.

Daß es trotz der festumrissenen Ausbildungsziele dennoch nicht immer so tierisch ernst zuging, das beweisen die zahlreichen Anekdoten, die man sich noch heute bei Kameradschaftsabenden und Großveranstaltungen der ehemaligen 4. Gebirgs-Division erzählt. Auch von ihnen soll hier — um auch das Allzumenschliche zu Wort kommen zu lassen — kurz berichtet werden:

Eine Kompanie hatte Unterricht in Strategie und Taktik.

„Was versteht man unter Kriegslist?" frug der Hauptmann.

„Kriegslist", antwortete der Gebirgsjäger, „ist, wenn man den Gegner nicht anmerken läßt, daß die Munition alle geworden ist — und einfach weiterschießt."

Ein Ausbildner sagte zum Gefreiten: „Mensch, sie stehen ja da wie der schiefe Turm von Pisa! Woher kommen sie eigentlich?"

Der Gefreite: „Aus Baden-Baden."

Darauf der Ausbildner entnervt: „Mein Gott, stottern tut der Kerl auch noch!“

Während der Schießausbildung schoß ein Gebirgsjäger ganz miserabel. „Ich kann das Gewehr halten wie ich will“, jammerte er, „ich treffe die Scheibe einfach nicht. Am liebsten würde ich mir eine Kugel in den Kopf jagen!“

Da bemerkte, so erzählt man sich, der Unteroffizier grinsend: „Da würde ich an ihrer Stelle aber mindestens zwei Patronen mitnehmen!“

Eine letzte Anekdote soll hier noch aus der Ausbildungszeit der 4. Gebirgs-Division wiedergegeben werden:

Der Feldwebel — ein Schwabe — kontrollierte beim Waffenappell den Karabinerlauf eines Gefreiten aus Berlin.

„Habe Se scho gelade?“ erkundigte sich der Vorgesetzte.

„Nee, Herr Feldwebel, tut ma leid“, antwortete der Berliner, der selbst nicht sagen konnte, warum und weshalb gerade er, der Preuße, zu den Gebirgsjägern eingezogen wurde, „ick habe keene Schokolade!“

Als Abschluß der verschiedenen Ausbildungsstationen und als Nachweis des Ausbildungsstandes der Truppe wurden größere Übungen durchgeführt, die dem Divisionskommandeur, den Offizieren und den Unteroffizieren wichtige Hinweise und Aufschlüsse über die Kampfkraft ihrer Division, Regimenter, Abteilungen, Bataillone, Kompanien und Züge gaben. Über das Verhältnis von Führern und Geführten berichtet folgende Anekdote:

Vor dem entscheidenden Gefecht sagte der Hauptmann zu seinen Soldaten: „Jetzt reißt euch zusammen, Leute! Der große Augenblick der Bewährung ist gekommen — Mann gegen Mann.“

Der Gefreite Maier trat einen Schritt vor: „Könnten sie mir nicht meinen Mann zeigen, Herr Hauptmann? Vielleicht ist die Sache gütig zu regeln!“

Nach einer Übung soll ein Hauptmann seinem Kommandeur gemeldet haben: „Es hat alles glänzend funktioniert. Wir haben gewonnen, Herr Oberst!“

„Nichts hat glänzend funktioniert“, schimpfte der Oberst, „während des ganzen Gefechtes war mein Telefon kaputt, konnte keine Anweisungen geben.“

„Deshalb“, so die respektlose Pointe dieses Soldatenwitzes, „haben wir wahrscheinlich gewonnen.“

Doch diese heiteren Seiten des Soldatenlebens konnten nicht darüber hinwegtäuschen, daß all das, was jetzt noch ausbildungsmäßig — wenn auch bereits im Hinblick auf einen absehbaren Fronteinsatz — praktiziert wurde, für den entscheidenden Kampf bestimmt gewesen war. So manch einer, der versuchte, den Krieg und seine Grausamkeiten beiseite zu drängen, wurde spätestens dann wieder in die rauhe Wirklichkeit zurückversetzt, wenn er lesen oder hören mußte, daß auch das zu Ende gehende Kriegsjahr 1940 nicht den erhofften Frieden gebracht hatte. Vielmehr drohte sich der Zweite Weltkrieg, als der er schon zu bezeichnen war, wie eine vielköpfige Hydra auszubreiten. Aus einem abgeschlagenen Kopf schienen über Nacht mehrere herauszuwachsen — aus einem Kriegsschauplatz waren plötzlich zahlreiche geworden: im Westen, im hohen Norden, zur See, in Nordafrika und — ausgelöst durch den italienischen Einmarsch in Griechenland — auf dem Balkan. Sorgenvoll vernahmen nicht wenige Gebirgsjäger — vom General bis zum Mann —zur Jahreswende 1940/41 Hitlers „Tagesbefehl an die Wehrmacht":

„Soldaten!

Im Kriegsjahr 1940 hat die nationalsozialistische Wehrmacht des Großdeutschen Reiches glorreiche Siege von einmaliger Größe errungen. Mit beispielloser Kühnheit hat sie den Feind zu Lande, zur See und in der Luft geschlagen. Alle Aufgaben, die ich Euch zu stellen gezwungen war, wurden durch Euren Heldenmut und Euer soldatisches Können gelöst. Ihr habt die kämpfenden Kräfte unserer Gegner durch die Gewalt der Waffen besiegt, die von Euch in Besitz genommenen Gebiete aber moralisch erobert durch Eure stolze Haltung und vorbildliche Disziplin.

So ist es dank Eurem hohen Soldatentum gelungen, in wenigen Monaten weltgeschichtlichen Ringens dem vergeblichen Heldenkampf der deutschen Wehrmacht im Weltkrieg den nachträglichen Erfolg zu verleihen, die Schande der damaligen Unterwerfung aber im Walde von Compiègne endgültig zu beseitigen.

Ich danke Euch, meine Soldaten des Heeres, der Kriegsmarine und der Luftwaffe, als Euer Oberster Befehlshaber für Eure unvergleichlichen Leistungen.

Ich danke Euch aber auch im Namen des ganzen deutschen Volkes.

Wir gedenken der Kameraden, die für die Zukunft unseres Volkes in diesem Ringen ihr Leben geben mußten. Wir gedenken ebenso der tapferen Soldaten des uns verbündeten faschistischen Italiens.

Nach dem Willen der demokratischen Kriegshetzer und ihrer jüdisch-kapitalistischen Hintermänner muß dieser Krieg weitergeführt werden. Die Repräsentanten einer zerbrechenden Welt glauben, im Jahre 1941 vielleicht doch noch erreichen zu können, was ihnen in der Vergangenheit mißlang.

Wir sind bereit.

Gerüstet wie nie zuvor stehen wir an der Schwelle des neuen Jahres.

Ich weiß: Jeder von Euch wird seine Pflicht tun...

Das Jahr 1941 wird die Vollendung des größten Sieges unserer Geschichte bringen!"[19])

Würde diese Prophezeihung in Erfüllung gehen?

Die Gebirgsjäger hofften es.

# Zweiter Teil

# Kriegsjahr 1941

## Die militärpolitische Lage 1941

Die Hoffnungen Hitlers, den Krieg 1940 durch einen Sieg über England im Westen zu beenden, hatten sich nicht erfüllt. Schon zogen neue, schwere Gewitterwolken am europäischen Himmel auf — dieses Mal im Südosten —, die auf eine Ausweitung des Kriegstheaters hindeuteten.

Während Hitler noch im Herbst 1940 nach politischen und militärischen Verbündeten Ausschau gehalten hatte, eröffnete Italien auf eigene Faust von Albanien aus einen Angriff auf Griechenland, was keineswegs den Wünschen und Plänen Hitlers entsprach. Vielmehr versuchte der gekränkte Mussolini, sein bereits arg angekratztes Prestige mit einem siegreich geführten Feldzug auf dem südosteuropäischen Kriegsschauplatz aufzupolieren, denn die deutschen Erfolge in Polen, Frankreich und Norwegen sowie die militärische und wirtschaftliche Durchdringung Rumäniens durch Deutschland ließen ihn nicht ruhen.

Er, Benito Mussolini, der das Mittelmeer als „mare nostrum", als sein Meer, betrachtete, strebte für Italien eine Art Mittelmeerhegemonialmacht nach dem Vorbild des Römischen Reiches an. Doch die Italiener konnten sich gegen die Griechen nicht durchsetzen. Vielmehr drangen diese im Winter 1940/41 siegreich in das italienisch besetzte Albanien vor. Als es dann noch in Jugoslawien zu einem Sturz der deutschfreundlichen Regierung kam, griffen die Deutschen Jugoslawien und Griechenland an. In einem „Blitzkrieg" à la West- oder Skandinavienfeldzug, der mit einer „Präzision und Sicherheit ohnegleichen abrollte"[20]), wurden beide Länder besiegt und besetzt.

Durch die eigenmächtige italienische Mittelmeerpolitik, die nicht den erwünschten Erfolg gebracht hatte, sah sich Hitler nun ebenfalls gezwungen, in Nordafrika einzugreifen. Hierzu wurde im Februar 1941 das Deutsche Afrikakorps (2 Divisionen) unter General Rommel, dem ehemaligen württembergischen Gebirgssoldaten des Ersten Weltkrieges, aufgestellt. Rommel gelang es, mit seinem Afrikakorps und italienischen Streitkräften die Cyrenaika für Mussolinis Traum vom römischen Imperium zurückzuerobern. Tobruk wurde eingeschlossen. Bald stand der „Wüstenfuchs" an der ägyptischen Grenze mit den Engländern im Kampf. Doch die britische Flotte beherrschte weiterhin das Mittelmeer.

Im Gegensatz dazu war die Schlacht im Atlantik für die deutsche Kriegsmarine gut verlaufen. In der ersten Phase der Seekriegführung wurden über 3 Millionen Tonnen versenkt. 35 U-Boote gingen verloren, 30 standen in See.

Das Kriegsjahr 1941 brachte aber auch den Angriff Hitlers auf die Sowjetunion. Hier stießen die Deutschen nach all den bisher erfolgreich zu Ende geführten „Blitzkriegen" — Polen, Frankreich, Skandinavien und Balkan — jedoch auf einen übermächtigen Gegner, dessen militärisches und kriegswirtschaftliches Potential — wie wir noch erfahren werden — die deutsche Führung falsch eingeschätzt, das heißt in diesem Fall unterschätzt hatte. Denn auch die Sowjetunion sollte in einem Blitzfeldzug niedergeworfen und auf der Linie Wolga — Archangelsk ein Sperrgürtel gegen dessen asiatische Gebiete gezogen werden. Von dieser Linie aus hätte die deutsche Luftwaffe die noch übriggebliebenen Industriegebiete im Ural zerstören sollen. Die eroberten Gebiete im Osten sollten wirtschaftlich ausgebeutet werden. (Ein wichtiger Aspekt der Blitzkriegsstrategie zeigte sich in einer Weisung Hitlers, die er schon vor Beginn des Feldzuges erteilt hatte: er befahl, die Rüstungsproduktion für das Heer zu drosseln und alle Anstrengungen auf die Rüstung der Kriegsmarine und der Luftwaffe zum Zweck der künftigen Operationen gegen England zu richten.)[21])

Am 12. August 1941 trafen sich der amerikanische Präsident Roosevelt und der britische Premierminister Churchill an Bord der Kriegsschiffe „Augusta" und „Prince of Wales" im Nordatlantik. Bei diesem Treffen wurden die Kriegsziele der Alliierten in der sogenannten „Atlantikcharta" vom 14. August 1941 festgelegt: Ablehnung von Gebietserweiterungen; freie Entscheidung der Völker über ihre Regierungsformen; Freiheit der Meere und freier Handel für alle Völker; Ablehnung des Krieges als Mittel internationaler Politik. Als Pendant zur „Atlantikcharta" der Alliierten formulierte Hitler die „Neuordnung Europas".

Der Kriegseintritt Japans im Fernen Osten im Dezember 1941 brachte für Deutschland — wie sich bald herausstellen sollte — keine Hilfe. Für die deutsche Kriegführung gegen Rußland wäre es vorteilhafter gewesen, wenn Japan gegenüber Moskau eine nicht-neutrale Haltung eingenommen hätte, denn dann hätten die Russen es nicht so ohne weiteres riskieren können, ihre sibirischen Fernostdivisionen von Asien abzuziehen und an der Westfront gegen die Deutschen einzusetzen. Doch nunmehr wirkte sich die Hybris aus, mit der sich Hitler die japanische Einmischung gegen die Sowjetunion verbeten hatte. Der japanische Außenminister Matsuoka hatte aus Hitlers Wunsch seine Nutzanwendung gezogen und auf dem Rückweg von seiner Reise nach Berlin im April 1940 in aller Eile einen Nichtangriffspakt mit Moskau geschlossen. Dabei hatte der Verrat des deutschen Presseattachés in Tokio, Richard Sorge, eine schicklsalhafte Rolle gespielt.[22])

Folgenschwerer und letztendlich kriegsentscheidend waren zweifellos die Kriegserklärungen der Achsenmächte Deutschland und Italien am 11. Dezember 1941 an die USA und der Kriegseintritt der US-Amerikaner auf seiten der deutschen Kriegsgegner. Mit dieser militärpolitischen Konstellation — hier der Dreimächtepakt (am 27. September 1940 in Berlin unterzeichnet) zwischen Deutschland, Italien und Japan, dort die Allianz zwischen den westlichen Demokratien und dem kommunistischen Ruß-

Ausmarsch ins Feld im März 1941

land — war der europäische Krieg endgültig zum Weltkrieg geworden. Der Einfrontenkrieg, den die Deutschen bis zum Beginn des Rußlandfeldzuges so erfolgreich geführt hatten, war nun zum nicht mehr eingeplanten Mehrfrontenkrieg, der mit seinen ungeheuren Forderungen an Menschen und Material bei weitem die Kraft des deutschen Volkes überstieg, ausgeufert.

## Von Südwestdeutschland nach Südosteuropa

Wie einst die Gebirgssoldaten der württembergischen Schneeschuh-Kompanie Nr. 1 (Vorläufer des späteren württembergischen Gebirgsbataillons), so hatten auch die Gebirgsjäger der 4. Gebirgs-Division in den langen Wintermonaten die Gelegenheit zu ausgedehnten Schneeschuhwanderungen in die Raue Alb wahrgenommen. Den letzten Schliff — gewissermaßen als Krönung der Ausbildung — sollten die Jäger der „Vierten" allerdings im südlichen Schwarzwald erhalten. Anfang März, es war der 5. März 1941, war das „vorausbeförderte Personal" (VP) der „Enzian"-Division unter Major i. G. Schaefer nach Badenweiler gefahren, um die Unterbringung der einzelnen Truppenteile vorzubereiten. Als gerade die Arbeiten abgeschlossen waren, wurde es durch Telegramm wieder nach Ebingen zurückgerufen — um dort gleich in einen anderen Transportzug zu steigen.[23])

Der Grund für diese eilig getroffene Maßnahme: Die militärpolitische Lage hatte sich auf dem Balkan und im Mittelmeerraum in den letzten Monaten des Kriegsjahres 1940 und in den ersten des neuen Jahres dramatisch zugespitzt. Eine Ausweitung des Krieges in dieser äußerst labilen Region drohte, neben Nordafrika — wo ein neuer Kriegsschauplatz aufgrund der expansiven italienischen Mittelmeerpolitik entstanden war — auch den Balkan vollends wie eine Feuersbrunst zu erfassen. So war es

*Bild rechts: Ludwigsburg – im Bild ein Teil des großen Barockgartens mit dem Schloß – war die Garnison des traditionsreichen Infanterie-Regiments 13*

*Bilder umseitig – Oben: Ludwigsburg im November 1937: Vereidigung von Rekruten des Infanterie-Regiments 13*

*Unten: Manöver des V. A. K. im September 1936 in Hessen: Vorbeimarsch des II./Inf.-Rgt. 13 an Adolf Hitler und Generaloberst Freiherr von Fritsch, dem Oberbefehlshaber des Heeres*

Hitzkirchen 27 Km

nicht allzu verwunderlich, daß die Aufstellungs- und Ausbildungsphase der 4. Gebirgs-Division wegen der sich zusehends verfinsternden politischen Großwetterlage auf dem Balkan kurzfristig beendet und die „Vierte“ auf Anweisung des OKH für den sich bereits deutlich abzeichnenden Balkanfeldzug eingeplant wurde.

Es war zwischen dem 20. und 25. März 1941, als die einzelnen Truppenteile der 4. Gebirgs-Division mit insgesamt ca. 70 Zügen von der Schwäbischen Alb auf den Balkan verlegt wurden. Damit hieß es nach einer mehr als halbjährigen Aufstellungs- und Ausbildungszeit Abschied nehmen von einer Landschaft und von Menschen, die den Gebirgsjägern ans Herz gewachsen waren. Sehnsüchtig sahen sie, nachdem sie Ausrüstung, Waffen und Gerät verladen hatten, aus den Fenstern der Eisenbahnabteile: Die vertraut gewordenen Ortschaften und Städte, in denen sie ihr Quartier bezogen hatten, wurden, als sich der Zug in Bewegung setzte, immer kleiner — bis sie den Blicken der Jäger entschwanden.

Die junge Donau, der sie nun von der Quelle bis dicht an ihre Mündung folgen sollten, begleitete die suchenden und fragenden Augen der Gebirgsjäger.

Auf einem steilen Felsen, fast wie ein Adlerhorst thronend, grüßte das stattliche Fürstenschloß von Sigmaringen herab. Im Schloß der Hohenzollern hatte so mancher Jäger die Waffen- und Rüstungssammlungen, eine der größten Deutschlands, bewundert. Jetzt wurden sie selbst zu den Waffen gerufen ...

Weiter ging die Fahrt — eingerahmt von den steilen Felstälern der Schwäbischen Alb —, dem gewundenen Lauf der Donau folgend, über Blaubeuren mit dem sagenumwobenen Blautopf in das abendliche Ulm. Über den Dächern der alten freien Reichsstadt erstrahlte der majestätische, 161 Meter hohe Turm des gotischen Münsters in der untergehenden Sonne.

In Ulm teilten sich die Truppentransporte der 4. Gebirgs-Division. Die einen fuhren von hier aus über Ingolstadt, die alte Festungsstadt, und Passau, die Drei-Flüsse-Stadt, nach Linz an der Donau; die anderen über Augsburg, München und Salzburg in Richtung Wien. Folgen wir den Kameraden der letztgenannten Eisenbahnstrecke.

*Bild umseitig: Karl Eglseer, zuletzt General der Gebirgstruppen, der erste Kommandeur der 4. Gebirgs-Division*

*Bilder links – Oben: Umschulung von Infanteristen zu Gebirgsjägern. Oberleutnant Muff 1941 beim Muli-Appell des 6./Geb.-Jäg.-Rgt. 13 in Balingen*

*Unten: Gebirgsjäger der 4. Gebirgs-Division auf der westlichen Karwendelspitze*

Es war Nacht geworden, als der Zug durch das Donaumoos in Richtung Augsburg, die Stadt der Fugger und Welser, rollte. In den Abteilen hatten es sich die Jäger, so gut es eben ging, gemütlich gemacht. Die Kartenspieler mischten, verteilten und spielten die Karten, von denen sie meinten, daß sie stachen. Die Sangesfreudigen scharten sich um die Kameraden, die ein Musikinstrument spielen konnten, und stimmten Lieder an, die die Furcht vor der ungewissen Zukunft vertreiben sollten. Sie sangen Lieder, die der Heimat und den Bergen, der Kameradschaft und den Mädchen gewidmet waren. Und auch das Westerwaldlied war, wie sollte es anders sein, darunter:

„Heute wollen wir marschiern ..."

Vorüber ging die Fahrt am nächtlichen Augsburg, der alten Römergründung und ehemals freien Reichsstadt, das so viel Sehenswertes in seinem mittelalterlichen Stadtkern birgt; vorüber auch an München, von dem der bayerische König Ludwig I. sagte, daß keiner Deutschland kenne, wenn er nicht München gesehen habe: Schloß Nymphenburg, den Königsplatz, die Feldherrnhalle und die Residenz, Schwabing und den Englischen Garten, die Alte Pinakothek, das Haus der Kunst, das Bayerische Nationalmuseum und das Deutsche Museum, das Karlstor, den Stachus und das Isartor, die Frauenkirche, das Wahrzeichen der Stadt, St. Peter und die Michael-Kirche, das Alte und das Neue Rathaus, den Viktualienmarkt, die Theresienwiese, das Oktoberfest und das Hofbräuhaus. Manch einer, den die monotone Nachtfahrt mit dem Zug in den Schlaf gerattert hatte, mag von diesem berühmtesten Wirtshaus der Welt geträumt haben ...

Wie Goethe's Erlkönig huschten die Morgennebel an den Abteilfenstern vorbei. Verschlafen sahen die Gebirgsjäger die Bayerischen Alpen, die sich als gewaltige Gebirgssilhouette vom Himmel abzeichneten. Dort droben, dachte sich mancher, dort droben blühen das Edelweiß und der Enzian, die beiden Bergblumen, die zu Leitsternen der 4. Gebirgs-Division geworden waren: das Edelweiß auf der Bergmütze und auf dem rechten Oberarm der Uniform, der Enzian als Divisionsabzeichen.

Angesichts der majestätischen Bergwelt der Chiemgauer- und Berchtesgadener Alpen meldeten sich auch wieder die Sänger zu Wort. Stimmgewaltig besangen sie die Schönheit und Kameradschaft der Berge:

„Pulverschnee und Gipfelwind
immer gute Freunde sind,
kommt die Sonne hervor,
steigen wir empor,
über uns das blaue Himmelszelt:
Höher, Kameraden, auf den Gipfeln gehört uns die Welt!"

Draußen schlitterte das oberbayerische Alpenland mit seinen markantesten Gipfeln vorbei: Wendelstein, Kampenwand, Hochstaufen und Untersberg.

Salzburg, die Mozartstadt, die Erinnerungen an weltberühmte Melodien ihres großen Meisters weckte, war die nächste Etappe der „Vierten" auf ihrer Fahrt zum Balkan; wehrhaft überragt von der Festung, an die sich die Altstadt mit ihren engen Gassen und dem wuchtigen Dom schutzsuchend anlehnt.

Das Salzkammergut weckte bei manchen Urlaubserinnerungen. Das so oft besungene „Weiße Rößl am Wolfgangsee" wartete jedoch vergebens auf die Jäger der „Vierten". Dafür erreichten sie Linz, die drittgrößte Stadt der Ostmark, deren alter Stadtkern überwiegend vom Barockstil geprägt ist — wenn auch Gebäude aus der Gotik und Renaissance erhalten geblieben sind.

Bei Linz kamen die Gebirgssoldaten auf den alten, sagenumwobenen Nibelungenweg. Donauabwärts berührten sie St. Florian, wo Anton Bruckner, einer der größten Symphoniker und Schöpfer mehrerer Messen, seine Hauptwerke schuf, sowie das prächtige Stift Melk, eines der großartigsten sakralen Barockbauwerke des Abendlandes, das sich 60 Meter hoch über dem Donautal erhebt.

Dann endlich, von nicht wenigen herbeigesehnt, kam Wien, das jahrhundertealte Bollwerk gegen die osmanischen Heerscharen. Wien ist aber auch die Stadt des österreichischen Charmes, der Musik und der herrlichen Bauten — wie des weltberühmten Stephansdomes und der Karlskirche, des Praters und des Riesenrades, der Hofburg, von Schloß Schönbrunn und Belvedere sowie der Kapuzinerkirche mit der Kaisergruft — der Gedenk- und Begräbnisstätte der Habsburger.

Von Wien aus rollten die Transportzüge der 4. Gebirgs-Division durch die ungarische Pußta mit ihren typischen Ziehbrunnen nach Budapest, der prunkvollen Hauptstadt und Königin der Donaustädte, die sich in ihrer ganzen Schönheit vor den staunenden Edelweißsoldaten ausbreitete.

Weit dehnte sich die Pußta, durch die die Jäger dann wieder ihrem Ziel entgegenfuhren, mit ihren Viehherden aus. Eine Herde feuriger Pferde brauste wie eine osmanische Reiterschar über die Ebene — geschickt gelenkt von Pferdeknechten, die ihre malerische Tracht anhatten. Skurrile Gestalten führten den Gebirgsjägern auf den Bahnstationen den Csárdas vor; Zigeuner tanzten — alles für ein paar „Singaräád — Singarädd!"

Hinter Arad, der ersten rumänischen Bahnstation, durchfuhren die Jäger bereits die Weinbaugebiete des rumänischen Banat mit ihren reichen Bauernhöfen. Jetzt, mit dem Eintritt ins Marostal, wurde die Gegend gebirgig; die Bahnlinie war nur mehr eingleisig. Zwischen dem Siebenbürgischen Erzgebirge und dem Banater Bergland verengt sich das Tal zusehends. Deva, das alte Diemrich, ein vielumkämpftes Tor nach Siebenbürgen, erschien mit seiner hohen, stolzen Burg.

Bald stießen die Truppenteile der 4. Gebirgs-Division auf die ersten Siedlungen der Siebenbürger Sachsen. An der Anlage und den Gebäudeformen konnten die Jäger die deutsch-geprägten Dörfer leicht erkennen.

Hermannstadt ist der Mittelpunkt dieser deutschen Siedlungskolonie. Jahrhundertelang war es den Siebenbürger Deutschen gelungen, Sprache, Sitten und Brauchtum zu erhalten.

Vom gastlichen Siebenbürgen bog die „Enzian"-Division südwärts ab, hinein in die Bergwelt um den Roten-Turm-Paß. Hier erfochten im Herbst 1916 die Angehörigen der württembergischen Gebirgstruppe im Verband des Deutschen Alpenkorps in harten Kämpfen einen entscheidenden Sieg.

Jenseits der engen Schlucht des Alttales ging es dann in die fruchtbare Ebene der Walachei. Dennoch, die Häuser und Hütten der Bewohner zeigten sich hier ärmlich. Reformbestrebungen der rumänischen Regierung scheiterten an der auch für einen Fremden nicht zu übersehenden passiven Haltung der Bevölkerung, die vom Erfolgsstreben nicht viel hielt. Statt fleißig zu arbeiten, handelte man viel lieber — und das stundenlang und mit sichtlichem Vergnügen. Auf diese neuen Lebensgewohnheiten mußten die Gebirgsjäger sich erst einstellen.

Die Quartiersuche war nicht immer leicht, die Wohnräume waren beschränkt — und der zahlreichen streunenden und heimtückischen Hunde mußte man sich stets mit einem hiebfesten Stock erwehren. Nachdem die meisten Truppenteile der 4. Gebirgs-Division — sechs Tage nach der Abfahrt — entladen worden waren, aber noch bevor die letzten Transporte den Ausladeraum von Rosiori de Vede erreicht hatten, eilten sie in Tagesmärschen von etwa 35 Kilometern in Richtung Donau.

Bei Turnu Magurele (Turn Margurele), einer echten Stadt der unteren Donau, um deren Kern ein Kranz elender Hütten mit zerlumpten Zigeunern und armen Bauern lag, überschritt die 4. Gebirgs-Division am 2. April 1941 eine 800 Meter lange Brücke, die deutsche Pioniere in den Wintermonaten 1940/41 trotz Schnees, Eisgangs und bitterer Kälte über die weit über die Ufer getretene Donau geschlagen hatten.

Von den wenigsten war die Herzlichkeit erwartet worden, mit der die Jäger von der bulgarischen Bevölkerung aufgenommen und mit allerhand Gaben geradezu überschüttet wurden. Wer in der Geschichte des Ersten Weltkrieges etwas bewandert war, der feierte die Erneuerung der alten Waffenbrüderschaft — auch damals hatten deutsche Gebirgssoldaten (u. a. das Deutsche Alpenkorps) Schulter an Schulter mit Bulgaren gegen englische und französische Truppen gekämpft, die unter General Sarrail im neutralen Griechenland gelandet waren und dann von Saloniki aus eine neue Front in Mazedonien errichtet hatten.[24]) Ist es nicht seltsam,

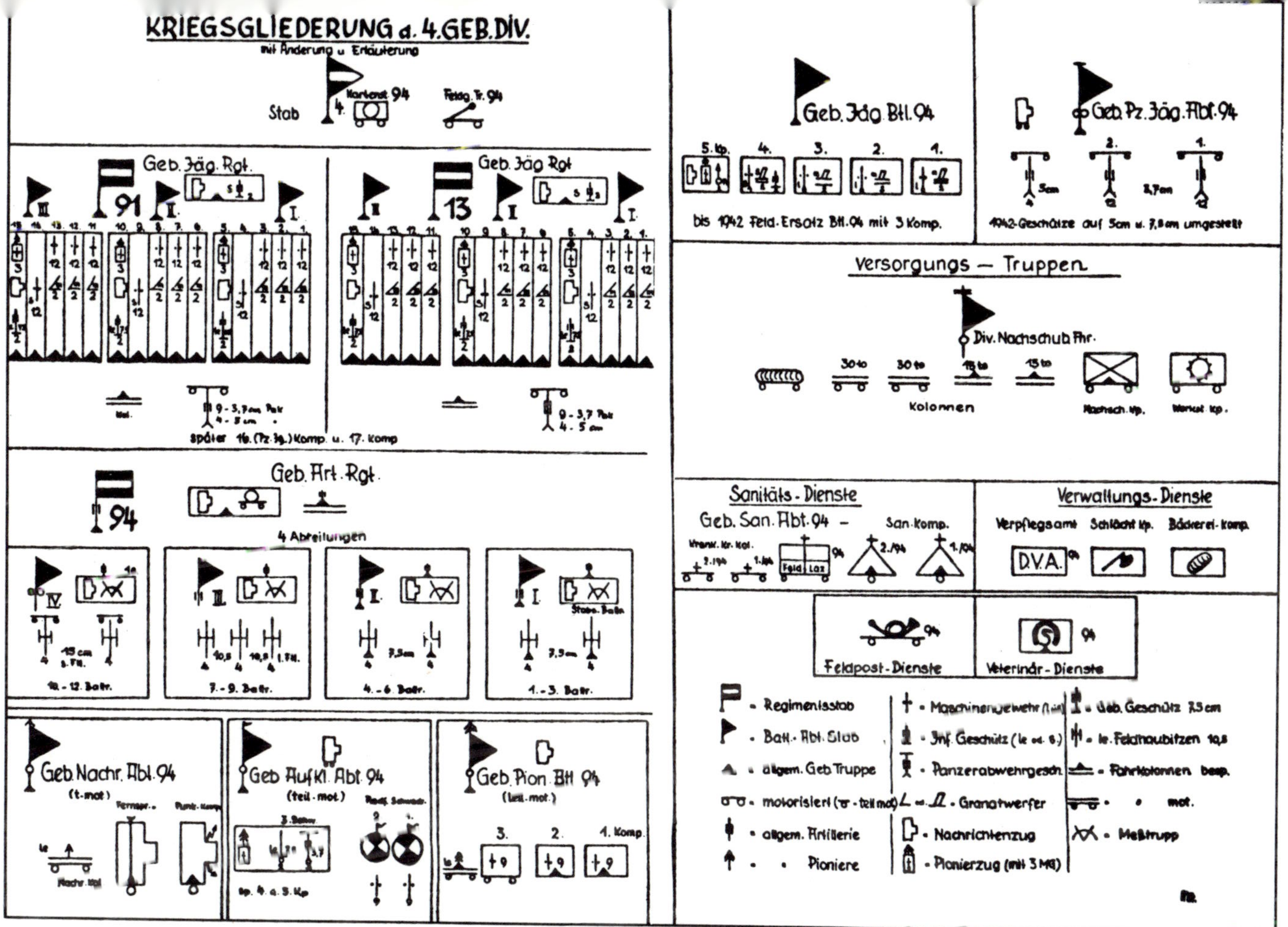
KRIEGSGLIEDERUNG d. 4.GEB.DIV.
mit Änderung u. Erläuterung
Stab
Kartenst. 94
Feldg. Tr. 94
Geb. Jäg. Rgt.
91
Geb. Jäg. Rgt
13
später 16. (Pz. Jg.) Komp. u. 17. Komp
9 - 3,7 cm Pak
4 - 5 cm
Geb. Art. Rgt.
94
4 Abteilungen
10. - 12. Battr.
7. - 9. Battr.
4. - 6. Battr.
1. - 3. Battr.
Stabs. Battr.
Geb. Nachr. Abt. 94
(t. mot.)
Geb. Aufkl. Abt. 94
(teil. mot.)
Geb. Pion. Btl 94
3.
2.
1. Komp.
Geb. Jäg. Btl. 94
5. kp.
4.
3.
2.
1.
bis 1942 Feld. Ersatz Btl. 94 mit 3 Komp.
Geb. Pz. Jäg. Abt. 94
1942 Geschütze auf 5 cm u. 7,5 cm umgestellt
Versorgungs – Truppen
Div. Nachschub Fhr.
30 to
30 to
15 to
15 to
Kolonnen
Nachsch. kp.
Werkst. kp.
Sanitäts - Dienste
Geb. San. Abt. 94 –
San. Komp.
2./94
1./94
Feld
Laz
Verwaltungs - Dienste
Verpflegsamt
Schlächt. kp.
Bäckerei - komp.
D.V.A.
Feldpost - Dienste
Veterinär - Dienste
- Regimentsstab
- Batl.- Abt. Stab
- allgem. Geb Truppe
- motorisiert (- teil mot)
- allgem. Artillerie
- Pioniere
- Maschinengewehr (l. u. s.)
- Inf. Geschütz (le. od. s.)
- Panzerabwehrgesch.
- Granatwerfer
- Nachrichtenzug
- Pionierzug (mit 3 MG)
- Geb. Geschütz 7,5 cm
- le. Feldhaubitzen 10,5
- Fahrkolonnen besp.
- mot.
- Meßtrupp

daß sich im Lauf der Geschichte Auseinandersetzungen zwischen den Völkern unter gleichen Vorzeichen wiederholen? Auch jetzt standen wieder deutsche Gebirgsjäger, wie schon einmal im Ersten Weltkrieg, auf dem Balkan, um die gelandeten Briten aus Griechenland zu vertreiben.

Unvergeßlich wird allen der Frühlingszauber, den sie während ihres Marsches durch die blühende Landschaft Bulgariens erlebten, in Erinnerung bleiben. Aber auch auf kulturhistorischem und ethnologischem Gebiet strömten viele neue Eindrücke auf die Gebirgsjäger von der „Vierten" ein. Aus der Türkenzeit sind im ganzen Lande mohammedanische Bevölkerungsteile zurückgeblieben, die von den Jägern genauso mit offenen Augen bestaunt wurden wie z. B. das Minarett der Moschee oder die Nicolaikirche in Wratza, die wertvolle Kunstschätze und Kleinodien birgt. Die Gegend, in der sich die „Enzian"-Division jetzt befand, war — an den wirtschaftlichen Verhältnissen des Balkans gemessen — reich. Überall sah man auf den Hängen und Wiesen langzottige Schafe weiden. Besonders fielen den Tragtierführern die Esel auf, die hier den Schäferhund vielfach ersetzten.

Dieser natürliche Reichtum des Landes wirkte sich selbstverständlich auch auf die Verpflegung aus. Die Kameraden von der Feldküche ernteten stets dickes Lob, wenn sie saftige Hammelkeulen zubereiteten. Zuweilen fühlten sich die Gebirgsjäger — die Landschaft war ja entsprechend —in jene Gestalten und Lebensumstände zurückversetzt, die Karl May in seinem Buch „In den Schluchten des Balkans" so eindrucksvoll geschildert hat. Doch der Jugendtraum, den manch einer träumte, war zu schön, um wahr zu sein. Die Wirklichkeit sah plötzlich ganz, ganz anders aus, als die Spannungen auf dem schon lange unruhigen Balkan von Tag zu Tag größer wurden. In den Sog der politischen und militärischen Ereignisse wurde auch die 4. Gebirgs-Division unausweichlich hineingezogen...

Was war geschehen? Was hatte sich auf dem Balkan ereignet?

## Der Jugoslawienfeldzug

Bekanntlich hatten die italienischen Truppen am 28. Oktober 1940 Griechenland ohne Einverständnis mit dem deutschen Bundesgenossen angegriffen — und sich dabei keineswegs gerade mit Ruhm bedeckt. Vielmehr leisteten die Griechen erfolgreichen Widerstand. Ja, es gelang ihnen sogar, im Winterfeldzug 1940/41 einen Teil von Albanien, das die Italiener bereits 1939 annektiert hatten, zu erobern. Gleichzeitig landeten britische Truppen auf Kreta und auf dem griechischen Festland. Durch den unglückseligen italienischen Angriff auf die Hellenenhalbinsel und durch die britischen Truppenanlandungen war die gesamte Mächtekonstellation auf dem Balkan aus dem Gleichgewicht geraten.

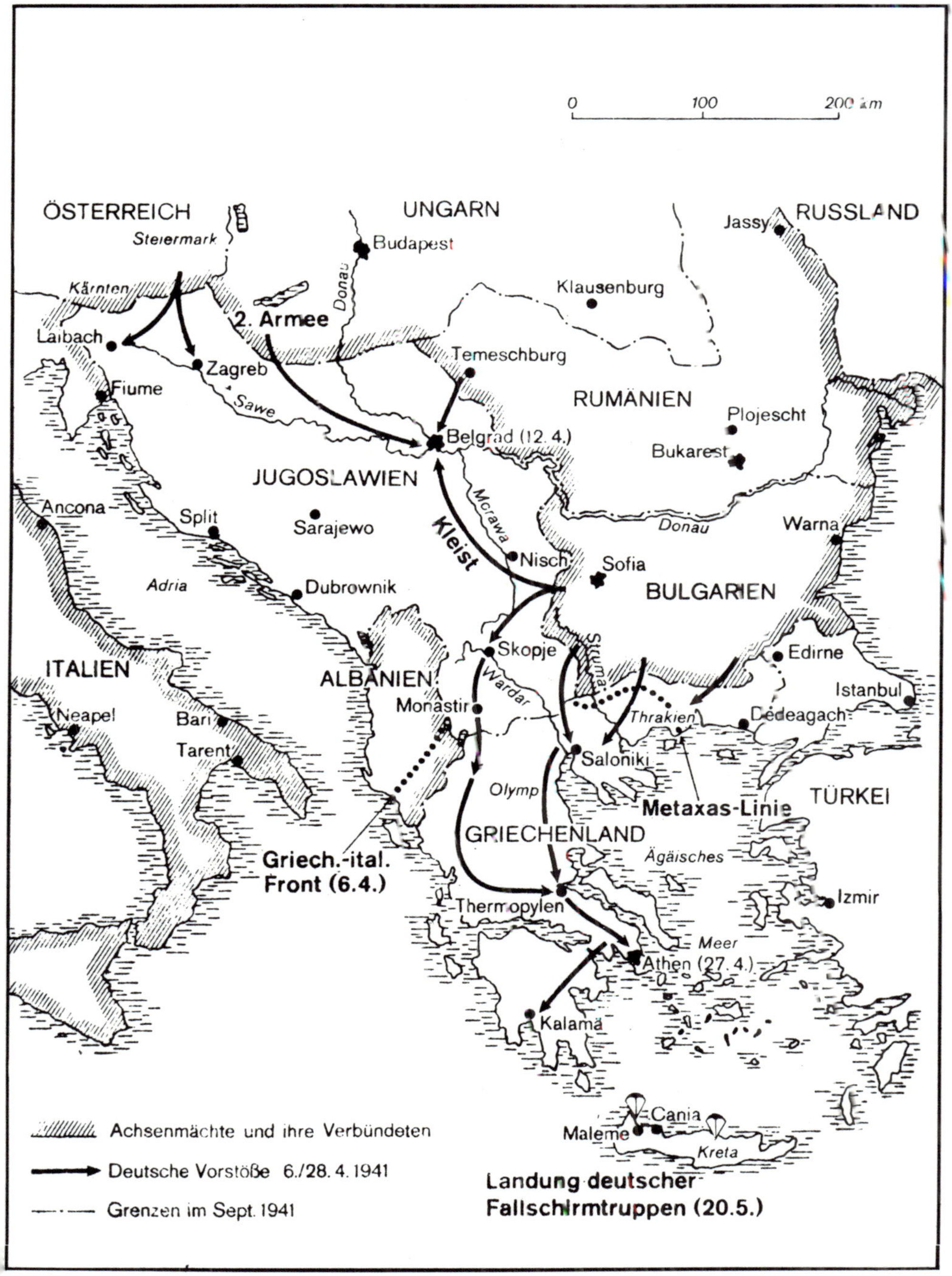


Kriegsschauplatz Balkan 1941 — Operationsübersicht

Die deutsche Position wurde so in politischer, wirtschaftlicher wie auch in militärischer Hinsicht vom Südosten her plötzlich empfindlich bedroht. Aus diesem Grunde entschloß sich Hitler zu einem raschen Eingreifen: Mit Bulgarien und Jugoslawien wurde Ende März 1941 ein Vertrag abgeschlossen, der dem Deutschen Reich das Recht einräumte, seine Truppen im Spannungsfall durch das Gebiet dieser beiden Balkanstaaten durchmarschieren zu lassen.

Doch unmittelbar darauf, am 27. März 1941, wurde die achsenfreundliche Regierung Jugoslawiens durch einen Putsch englandhöriger Offiziere gestürzt, der deutschfreundliche Prinzregent Paul, der für den unmündigen jugoslawischen König Peter II. die Regierung führte, zur Abdankung gezwungen und der Beitritt zum Dreimächtepakt, dem auch Ungarn, Rumänien, Bulgarien und die Slowakei beigetreten waren, widerrufen. Das dramatische Geschehen jener Tage kennzeichnet eine Eintragung im „Kriegstagebuch des Oberkommandos der Wehrmacht" vom 28. März 1941 recht anschaulich. Dort ist zu lesen:

„Militärputsch in Jugoslawien gegen Dreimächtepakt, besonders gegen Deutschland, gerichtet; Träger Narodna Odbrana. Prinz Paul in Sonderzug nach Griechenland. Neue Regierung deutschfeindlich. Mobilmachung in Jugoslawien. Sperrmaßnahmen an den Grenzen; diplomatischer Verkehr nicht abgebrochen. Gestern Unterredung des Gesandten Heeren mit dem neuen Außenminister. Versuch, Freundschaftspolitik gegenüber Deutschland fortzusetzen. Im Widerspruch dazu Aufrufe an Wehrmacht und Bevölkerung. In Agram keine Demonstrationen gegen Deutschland, aber in Belgrad. Rede Churchills. Japanischer Außenminister Matsuoka am 26. März eingetroffen und am 27. März nachmittags vom Führer empfangen."[25])

Der Umsturz in Jugoslawien hatte bei den Westmächten eine Welle der Begeisterung ausgelöst. Allgemein betrachtete man den Sturz der deutschfreundlichen Regierung als eine Niederlage der Achsenmächte Deutschland und Italien und als einen Sieg der Alliierten. Und wieder bemühten sich England und die USA, die Jugoslawen für eine Balkanfront zu gewinnen und jede Zusammenarbeit mit dem Deutschen Reich strikt abzulehnen. Doch Hitler war nicht gewillt, die deutschen Positionen auf dem Balkan ganz zu verspielen. Vor vollendete Tatsachen gestellt, entschloß er sich daher zum gleichzeitigen Angriff auf Griechenland und Jugoslawien. Das militärpolitische Gleichgewicht auf dem Balkan sollte durch die Operation „Marita", die die Besetzung Jugoslawiens und die Schaffung eines unabhängigen kroatischen Staates zum Ziele hatte, wiederhergestellt werden. Die Lage auf dem Balkan charakterisiert die hier im Auszug wiedergegebene „Weisung Nr. 25" vom 27. März 1941 wie folgt:

„... Der Militärputsch in Jugoslawien hat die politische Lage auf dem

Balkan geändert. Jugoslawien muß auch dann, wenn es zunächst Loyalitätserklärungen abgibt, als Feind betrachtet und daher so rasch als möglich zerschlagen werden...

... Meine Absicht ist, durch eine konzentrische Operation aus dem Raum Fiume — Graz einerseits und dem Raum um Sofia andererseits in allgemeiner Richtung Belgrad und südlich in Jugoslawien einzubrechen und die jugoslawische Wehrmacht vernichtend zu schlagen, außerdem den äußersten Südteil Jugoslawiens vom übrigen Land abzutrennen und als Basis für die Fortführung der deutsch-italienischen Offensive gegen Griechenland in die Hand zu nehmen.

Die baldige Öffnung des Donauverkehrs und die Besitznahme der Kupfergruben von Bor sind aus wirtschaftlichen Gründen wichtig.

Durch die Aussicht auf Zurückgewinnung des Banats und von Mazedonien wird versucht, Ungarn und Bulgarien für die Teilnahme an den Operationen zu gewinnen.

Die innerpolitische Spannung in Jugoslawien wird durch politische Zusicherung an die Kroaten verschärft werden...

... Im einzelnen befehle ich folgendes:

a) Sobald ausreichende Kräfte bereitstehen und die Wetterlage es zuläßt, sind die jugoslawische Fliegerbodenorganisation und Belgrad durch fortgesetzte Tag- und Nachtangriffe durch die Luftwaffe zu zerstören.

b) Möglichst gleichzeitig — keinesfalls früher — ist die Operation Marita zu beginnen, vorläufig mit dem beschränkten Ziel, das Becken von Saloniki in Besitz zu nehmen...

d) Der aus allgemeiner Richtung Graz nach Südosten zielende Stoß ist zu führen, sobald die hierfür erforderlichen Kräfte versammelt sind. Ob zur Öffnung der Grenze über ungarisches Gebiet ausgeholt werden soll, bleibt dem Heer überlassen...

   ... Ebenso wie an der bulgarischen Grenze können wichtige Objekte schon vor dem allgemeinen Angriff gleichzeitig mit dem Luftangriff auf Belgrad in Besitz genommen werden.

e) Die Luftwaffe hat mit 2 Angriffsgruppen die Operationen der 12. Armee und die der neu zu bildenden Stoßgruppe im Raum um Graz zu unterstützen und bildet hierzu Schwerpunkte entsprechend „dem zeitlichen Ablauf der Operationen des Heeres..."[26])

Die deutschen Kriegsziele auf dem Balkan waren mit dieser Führerweisung eindeutig fixiert. Das „Unternehmen 25" konnte beginnen.

Am 5. und 6. April waren die Gebirgsjäger der „Enzian"-Division mit Hilfe von 600 durch Vermittlung eines bulgarischen Divisionskommandeurs gestellten Zugochsen und unter Heranziehung der eigenen Zugmaschinen zum Schleppen der Bespannfahrzeuge[27]) über Kneza und Vraca über den Petrohan-Paß (1438 m) marschiert und sollten gegen die griechische Metaxaslinie antreten. Der Angriff wurde für die 4. Gebirgs-Division jedoch plötzlich abgeblasen. Das I./Geb.-Jäg.-Rgt. 91 war bereits verlastet worden und der Division vorausmarschiert. Nun aber ging es gegen Jugoslawien.

Spannungsgeladen harrten die Gebirgsjäger, die Gebirgsartilleristen, die Gebirgspioniere, die Nachrichtler, Panzerjäger und all die anderen Soldaten der „Vierten" in ihren Bereitstellungsräumen ihres ersten Angriffsbefehles und warteten die weiteren Anweisungen ihrer Offiziere und Unterführer ab. Einer dieser Befehle — es handelt sich hier um den Bataillonsbefehl des II./Geb.-Jäg.-Rgt. 13 — aus dieser Zeit ist noch erhalten geblieben. Er soll hier, nicht zuletzt deshalb, weil er auch einen interessanten Einblick in die Angriffsvorbereitungen gewährt, stellvertretend für zahlreiche ähnliche Bataillonsbefehle der 4. Gebirgs-Division zitiert werden:

„Gruppe Ott — Btl.-Gef.-Stand, den 7. April 1941
Ia

Bataillonsbefehl für den Angriff am 8. April 1941

1. Feind:
Mit dem Einsatz von Grenzwachtruppen ist zu rechnen. Feldbefestigungen sind festgestellt: 500 m südwestlich Pkt. 736 sowie auf Höhenrücken 2 km südostw. Pkt. 736. (Einfache Schützenlöcher und MG-Löcher.)

2. XIV. A.K.
tritt am 8. April 1941 mit 11. Pz.-Div. durch Nisavatal zum Angriff über die jugoslawische Grenze an und stößt über Pirot in Richtung Niš vor.

3. II./Geb.-Jäg.-Rgt. 13
mit unterstellter 1./Geb.-Art.-Rgt. 94 stößt, dem Gen.-Kdo. XIV. A.K. unmittelbar unterstellt, aus dem Raum westlich Nesla über die Linie 736 — 840 vorgehend auf 1032 vor, setzt sich sodann in Besitz der Höhen ostwärts des Jerma-Tales (Bublijak-Höhen und südlich davon) und säubert südlich den Höhenrücken des Nisavatales bis Rasnika.

4. Bereitstellungsräume der Kp.
nach mündlicher Anweisung der 1./Geb.-Art.-Rgt. 94 südwestl. Nesla. Die Kp. rücken 00.00 Uhr mit 8. Kp. beginnend in der Reihenfolge 8 — 7 — 6 — 9 und 10. Kp. von Nedelischte, 1./Geb.-Art.Rgt. 94 von Gabern um 0.30 Uhr in den Bereitstellungsraum ab. Völlige Ruhe, kein klapperndes Gerät. Kein Licht!

5. Sicherung der Bereitstellung
durch 6., 7. und 8. Kp. ab 7. April 1941, 20.00 Uhr.

6. Aufklärung
nach mündlicher Anweisung

7. Es werden unterstellt:
der 6. und 8. Kp. je 1 s.MG-Gruppe der 9. Kp., die bis 20.00 Uhr den Kp. zugeführt werden.

8. Angriffsführung:
6. und 7. Kp. treten am 8. April 1941, 5.30 Uhr zum Angriff an. 6. Kp. geht hierzu über das Grenzhaus vor und nimmt baldmöglichst den Anstieg auf die 3-Dörferhöhe. 7. Kp. gewinnt als erstes Angriffsziel die Höhe 736. 8. Kp. übernimmt den Schutz der linken Flanke des Btl. und nimmt am 8. April 1941 durch Handstreich die Grenzhäuser auf der Höhe 840. Hierzu tritt 8. Kp. mit entladenem Gewehr 4.45 Uhr gem. mündlicher Anweisung an. Die Kp. geht sodann, 5.30 Uhr antretend, über 841 westl. an der Höhe 1032 vorbei und nimmt die Höhe 968.

9. Feuerunterstützung:
a) Artl.-Kdr. unterstützt mit Art.-Abt. 844 (2 s.F.H.-Battr.) und mit II./A.R. 60 (3 10 cm Kan. Battr.) den Angriff des Btl. bis zur Wegnahme von 1032. A.V. Kdo. Art.-Abtl. 844 beim Btl.-Stab. Vorgeschobene Beobachter bei 7. und 8. Kp. II./A.R. 60 unterstützt den Angriff insbesondere gegen 736 und gegen die Höhen südostw. 1032. Vorgeschobene Beobachter bei 6. Kp. Artl.-Kdr. 612 wird gebeten, daß die V.B. sich bis 4.00 Uhr bei den Kp. melden.
b) 9. Kp. unterstützt mit 1 Zug von der Karsthöhe aus das Vorgehen der 7. Kp. bis zur Wegnahme der Höhe 736.

10. Hauptmann Simeon wird mit der weiteren Regelung der Feuerunterstützung während des ganzen Angriffs beauftragt.

11. Pi-Zug
schafft in der Nacht vom 7./8. April 1941 einen Übergang über den Grenzbach für Fahrzeuge und tritt sodann zur Btl.-Res. hinter den Btl.-Gef.-Stand. Einweisungsposten ist an der Übergangsstelle zu belassen.

12. Btl.-Res.
2 volle Gruppen der 7. Kp. unter Führung eines Port.-Trägers zur Verfügung des Btl. meldet sich bis 23.00 Uhr bei 10. Stabs.-Kp. I.G.-Zug zur Verfügung des Btl. gem. mündlicher Anweisung.
1./Geb.-Art.-Rgt. 94 verbleibt zunächst in ihrem Bereitstellungsraum und wird nach Wegnahme von 736 auf meinen Befehl nachgezogen.

13. Nachr.-Verbindungen
Funk zur 6. und 8. Kp. Blink zur 8. Kp.

14. Truppenverbandsplatz
in der Häusergruppe 200 Meter südlich des Btl.-Gef.-St. (auf der Karte nicht verzeichnet). Die 3. kalte Portion wird durch Lt. Blechen am 8. April 1941 vormittags in Nesla auf die Tragtiere für Verpflegung und Futter umgeladen. Eine kalte Portion wird am 7. April 1941 abends ausgegeben.

20. Leuchtzeichen:
weiß = wir sind hier, grün = wir greifen an. Art.-Feuer vorlegen!, rot = Feind greift an. Btl.-Erkennungsruf = Uhu.

Aus dem Flugzeug abgegeben:
weiß = Erdtruppe wird aufgefordert Sichtzeichen auszulegen; grün = Beobachter will Meldung abwerfen; blau oder violett= Achtung! Feindl. Pz.-Wagen.

21. Gefangene
sind nach Nesla abzuschieben und der Art. zu übergeben.

15. Pferdeverbandsplatz:
Nesla.

16. Tragtiere,
die für das Gefecht nicht unmittelbar benötigt werden, verbleiben bis zur Wegnahme von 736 in Nesla und können dann außer den Mun.-Tragtieren (gem. Sonderbefehl) von den Kp. nachgezogen werden. Tragtiere der 8. Kp. hängen sich der 10. Kp. an.

17. Mot. Fahrzeuge und Bespannfahrzeuge des Btl.
verbleiben zunächst in Nedelischte und werden auf Befehl des Btl. später an den bulgarischen Grenzort nachgezogen. Lt. Diener (Führer sämtlicher Mot.-Fahrzeuge) schiebt eine Melderstaffel (4 Kräder) bis in Gegend Hängsbrücke vor. Führer der Bespannfahrzeuge: Obj. Wayhs, 10. StabsKp.

18. Mun.-Ergänzung
siehe Sonderbefehl.

19. Verpflegung:
Beim Mann 2 volle kalte Portionen...

22. Btl.-Gef.-St.
bis 23.00 Uhr Nedelischte, sodann 2 km südl. 736.

gez. Ott“

Die Nacht vom 7. zum 8. April 1941 hatte anfangs Regen, dann leichten Frost gebracht. Die Motoren der Kraftfahrzeuge wurden ein letztes Mal überprüft. Die Tragtiere wurden gesattelt und eine Anzahl Büffel, die man von den Bulgaren organisiert hatte, vor die schweren Fahrzeuge gespannt. Dann war es endlich soweit. Am Morgen des 8. April 1941 überschritten die Soldaten der 4. Gebirgs-Division (XIV. Armeekorps, im Rahmen der Panzergruppe 1 — Generaloberst von Kleist) aus dem Raum Grodes heraus die bulgarisch-jugoslawische Grenze. Der Auftrag für die „Enzian“-Division lautete: „... das beiderseits der Straße Sofia — Pirot — Niš —Belgrad gelegene Gebirgsgelände ist zu durchstoßen, um damit die bergigen Flanken für die im Zuge des Vormarsches auf der Straße einge-

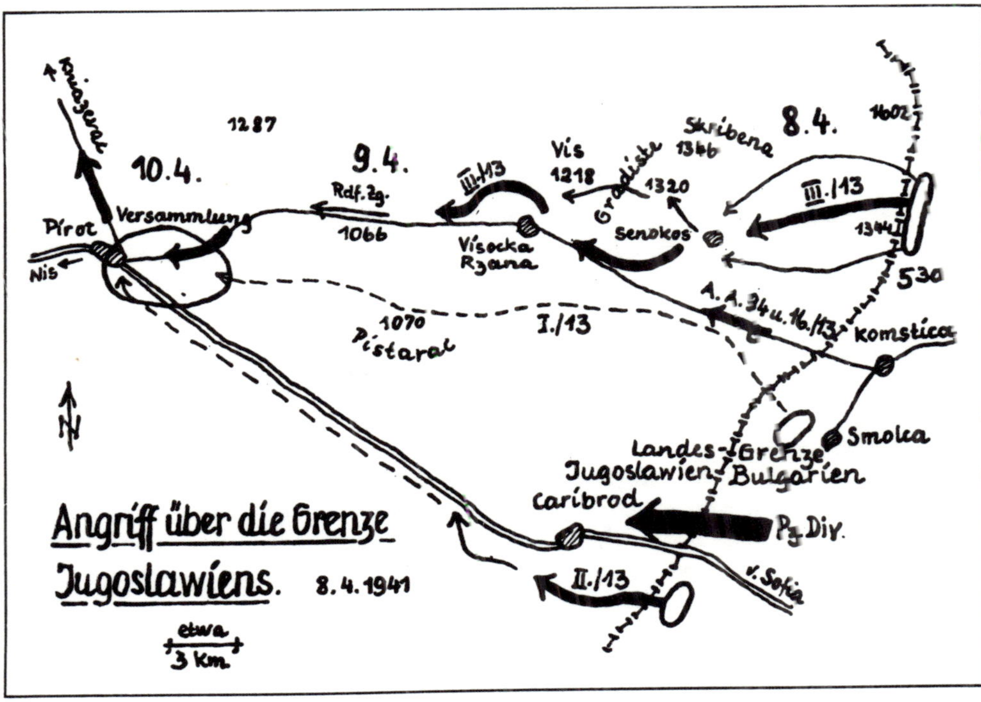


Angriff der Gebirgsjäger über die Grenze von Bulgarien nach Jugoslawien am 8. 4. 1941

setzten gepanzerten Kräfte der Panzer- und motorisierten Infanteriedivisionen des XIV. A.K. freizukämpfen ..."

Im weiteren Verlauf der Operation war das vereiste Höhengelände bei Pirot zu überschreiten. Das II./Geb.-Jäg.-Rgt. 13, das am 4. April vorübergehend aus dem Gebirgs-Jäger-Regiment 13 ausgeschieden und unmittelbar dem XIV. Armeekorps unterstellt worden war (es sollte ursprünglich der 6. Gebirgs-Division unterstellt und im Griechenlandfeldzug eingesetzt werden)[28]), wurde auf die Höhen, die sich südlich der Straße erstrecken, angesetzt, während die Masse der Division das Gelände nördlich der Straße, ein zerklüftetes Gebirge, zu öffnen hatte. H. Klotz, ein Angehöriger des II./Geb.-Jäg.-Rgt. 13, hat in einem Erlebnisbericht recht anschaulich die ersten Kampfhandlungen der Gebirgsjäger im Jugoslawienfeldzug festgehalten. Hören wir, was er uns davon zu berichten weiß:

„Der Angriff ist auf den 8. April 1941, 5.30 Uhr, befohlen. Die vordersten Teile der Jägerkompanien treten pünktlich an. Rechts die 6. Kp., in der Mitte die 7. Kp., links die 8. Kp., welche in der Nacht schon die Höhe 840 im Handstreich in ihren Besitz gebracht hat. Das erste Angriffsziel für die Kompanie ist der Punkt 813, genannt ‚Drei-Häuser-Höhe', für die 7. Kompanie die Höhe 736. Noch rührt sich nichts beim Gegner, man könnte fast glauben, er hätte sich in der Nacht zurückgezogen.

Aber jetzt ist auch er aufgewacht und empfängt unsere Jäger mit MG- und Gewehrfeuer. Unser Angriff wird durch Artillerie unterstützt. Der Gegner zieht sich kämpfend zurück. Das Hauptangriffsziel ist die Höhe 1032, genannt der ‚Hohenstaufen'.

Der IG-Zug, bis jetzt noch zurückgehalten, erhält vom Btl. den Befehl zum Nachziehen. Die ersten Anmarschwege und das Feindgelände sind erkundet. Ich marschiere nun tiefgegliedert auf der linken Talseite über einige Gebirgsbäche und eine zersprengte Grenzbrücke. Die Hindernisse werden leicht überwunden, und ich komme rasch vorwärts. Nach steilem Anstieg erreiche ich den Südosthang der ‚Drei-Häuser-Höhe'. Oben in den Dörfern wird noch gekämpft, ich höre Pistolen- und Gewehrfeuer. Es geht nun weiter vor. Wir sind bereit zum sofortigen Einsatz. Da stoße ich auf Hauptmann Simeon, der mir sofort Ziele zuweist... Die Geschütze werden in Stellung gebracht. Mit einigen Schüssen ist der Widerstand gebrochen.

Fünf Gefangene", so fährt der Bericht fort, „schließen sich meinem Zuge an, der Rest hat sich schleunigst zurückgezogen. Mit geschützweisem Stellungswechsel wird nachgezogen bis zur Höhe 895, mit dem Auftrag: Unterstützung des Btl., bis Höhe 1032 genommen ist. Die Teile des Btl. gehen rechts und links am halben Hang der Höhe vorbei und entschwinden meinen Blicken. Die Höhe ist anscheinend feindfrei. Verbindung zum Btl. ist durch meinen Zugtrupp hergestellt. Stärkerer Gefechtslärm ist in nordwestlicher Richtung hörbar, also Stellungswechsel mit dem ganzen Zuge nach vorn. Die Höhe links liegen lassend, geht es über freie Flächen und schroffe Felsen vor. Wir kommen an einem See vorbei. Die Gelegenheit wird zum Tränken unserer treuen Kameraden, der ‚Mulis', ausgenützt. Jeder bekommt einen Freßbeutel, gefüllt mit Wasser, den er gierig aussäuft, trotz der Querschläger, die vorne, rechts und links einschlagen. Es ist eine Lust zu sehen, wie jeder einzelne Mann, die Gefahr nicht scheuend, seine Pflicht erfüllt. In wenigen Minuten ist getränkt, und es geht weiter auf die vor uns liegende Höhe 968. Oben wird noch gekämpft, der Gefechtslärm ist von weitem hörbar. Wir ziehen gedeckt am Hang entlang bis zum linken Flügel des Btl., bei dem eine Stunde später auch die 8. Kompanie eintrifft. Jetzt beginnt eigentlich der Hauptkampf, denn wir sind auf die Hauptkampflinie des Feindes gestoßen. Die Feuerstellung ist erkundet und von Schützen, die hinter einzelnen herumliegenden Felsblöcken Deckung gefunden haben, werden die

Teile des Geschützes noch 100 Meter nach vorne geschleppt, um dort von denselben zusammengesetzt zu werden.

Der Weg ist beschwerlich", heißt es in dem Erlebnisbericht weiter, „stellungsweise sind wir eingesehen. Rasendes MG-Feuer pfeift über uns hinweg. In 20 Minuten ist der Zug feuerbereit. Mit meinem Zugtrupp arbeite ich mich auf einem felsigen Kamm nach vorn. Unterwegs treffe ich den Kompaniechef der 7. Kompanie mit seinem Kompanietrupp. Er zeigt mir einige Ziele, die ich sofort unter Feuer nehme. Auf einer weiter vorn gelegenen Felskuppe finde ich eine geeignete B-Stelle, von der ich das gesamte Feindgelände einsehen kann, ebenso die rechts von uns kämpfenden Teile des Bataillons. Unsere Vorwärtsbewegungen werden vom Gegner erkannt, und schon peitschen die ersten MG-Garben dicht über uns hinweg. Noch einige Sprünge von Fels zu Fels, und wir sind in Deckung. Die Schießgrundlagen werden ermittelt und schon fegen weitere Granaten zu dem sich zäh verteidigenden Gegner hinüber.

Hauptmann Simeon kommt vom Btl. zurück und trifft in der Feuerstellung des Geschützzuges ein. Er übernimmt die Gesamtleitung über die schweren Infanteriewaffen. Es ist jetzt 11.40 Uhr, ich werde von Hauptmann Simeon am Fernsprecher verlangt. Er unterrichtet mich über die allgemeine Lage. Die Fortsetzung des Angriffs ist auf 13.15 Uhr festgelegt. Der IG-Zug eröffnet wieder sein Feuer unmittelbar nach dem Einsetzen des MG-Feuers der 9. Kompanie. Der Verlauf der feindlichen Stellungen wird von der B-Stelle aus weiterhin scharf beobachtet. Die dort gut getarnten MGs, von denen wir nur ihr Verderben bringendes, kurzes Aufpeitschen hören, sind nicht zu erkennen. Es ist eine ausgesprochene Vorderhangstellung, welche etwa 50—100 Meter vor dem Kamm im Zickzack mit einer Länge von 1100 Meter verläuft. Die Zeit der Pause wird ausgenützt, um Munition zu ergänzen, Winkel und Entfernungen genau festzulegen. Kommandos werden festgelegt und an die Feuerstellung durchgegeben. Um 12.35 Uhr schießt sich unsere Artillerie auf den linken Kampfabschnitt des Gegners ein.

Es ist jetzt 13.15 Uhr. Schon jagen die ersten Granaten des I-Zuges auf den rechten feindlichen Flügel. Einschlag auf Einschlag folgt. Die Gruppen sitzen teilweise mitten im Graben, also Volltreffer. Meterhohe Dreckfontänen spritzen hoch. Im Qualm der Granateinschläge türmen die Serben teilweise aus ihren Stellungen und flüchten über den Kamm zurück an den Hinterhang. Die Einschläge verfolgen sie wie eine unsichtbare Hand. Von unseren Höhen peitschen erste Granaten des IG-Zuges auf den suchenden Feind hinein.

Um 16 Uhr bekomme ich den Befehl zum Stellungswechsel, um die Teile, die zum umfassenden Angriff rechts angesetzt waren, zu unterstützen. Mit einer Gebirgsbatterie, die in der Zwischenzeit auch eingetroffen ist, wird der Stellungswechsel durchgeführt. Zu einem weiteren Einsatz", so schließt Zugführer Klotz seinen interessanten Bericht vom ersten Kriegseinsatz der 4. Gebirgs-Division, „kommt es nicht mehr, da in der Zwischenzeit die Dunkelheit hereingebrochen ist."[29])

Obwohl Heckenschützen immer wieder die Gebirgsjäger zu größter Wachsamkeit zwangen, ging der Vormarsch gut voran. Dabei wurden alle Transportmöglichkeiten, welche die Straßen zuließen, ausgenutzt: von den Kettenfahrzeugen über die Kraftfahrzeuge und Fahrräder bis hin zu den Tragtieren.

In einer wahren Blitzoperation — Parallelen zu den Feldzügen in Polen, Frankreich und Skandinavien drängten sich auf — durchbrachen die Gebirgs-Jäger-Regimenter 13 und 91 und die Gebirgs-Aufklärungs-Abteilung 94, unterstützt durch eine Panzerkompanie, nach kurzem Feuerüberfall die feindlichen Grenzlinien. Slatina und der 1900 Meter hohe Dobrojutro, der von der „Kampfgruppe Stettner" erobert wurde, befanden sich bald in der Hand der Gebirgsjäger, die jetzt, da die Fahrzeuge in dem unwegsamen Gelände nicht folgen konnten, nur noch von den Tragtierstaffeln unterstützt, den langsam aber unaufhaltsam zurückweichenden Feind überall dort warfen, wo sie auf ihn stießen.

Zottelig und unermüdlich stapften die Mulis schwerbepackt durch Täler und über Berge. Im Gebirge wehte zwar ein eisiger Schneesturm, aber auch er konnte die Jäger nicht davon abhalten, hinab nach Pirot zu stürmen, das durch seine buntfarbigen, stilisierten Teppiche berühmt geworden ist. Aber hierfür hatten die Jäger, dem Feind dicht auf den Fersen bleibend, keinen Blick. Dafür bemerkten die Gebirgsjäger aber etwas anderes umso aufmerksamer. Sie sahen, wie die ersten Flüchtlinge, die den deutschen Vormarsch mißtrauisch beobachteten, in ihre Dörfer zurückkehrten.

Obwohl die Heckenschützen die Jäger der „Vierten" mehrfach in arge Bedrängnis brachten, zogen sie ungestüm weiter — in Richtung Niš, das sich in einem von Neuschnee bedeckten Bergkranz zeigte. Doch dieses Wintermärchen trog. Am Stadtrand von Niš sah man noch unverwischte Spuren des Kampfes, der hier stattgefunden hatte. Wo der arg angeschlagene Gegner noch Widerstand geleistet hatte, waren nur mehr Trümmer zurückgeblieben.

*Oben: General Eglseer (links) und Oberst Sorko (rechts), der Kommandeur des Gebirgs-Jäger-Regiments 13, bei einer Bataillonsübung im Winter 1940/41 im Raum Tailfingen*

*Unten: Lehrgang von Offiziersanwärtern der Gebirgstruppe in der Kriegsschule in Wiener Neustadt. Inspektions-Chef Hauptmann Kainz.*

Der Gründerin
der
Militär Akademie
Kaiserin
Maria Theresia.
Dankbare Zöglinge
1862.

Balingen (Württ.)

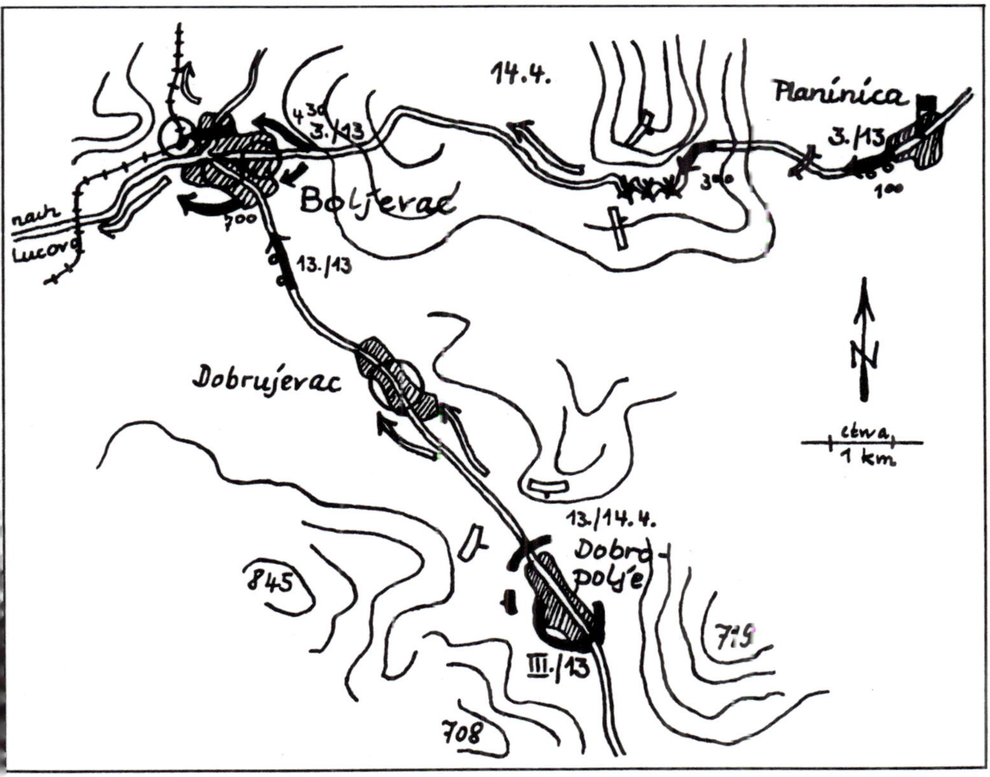


Vorstoß des Gebirgs-Jäger-Regiments 13 am 14. April 1941 auf Boljevac

Knjazevac schlummerte bereits in der Abenddämmerung, als die Verfolgung des Gegners von hier aus auf Krusevac, Zajecar und über Boljevac im Moravatal fortgesetzt wurde.

„Verlassene Geschützstellungen und eine Unzahl ochsenbespannter Trosse zeigten, daß sich der noch vor dem Regiment befindliche Feind in aufgelöster Flucht befand", liest man in einem Bericht vom Einsatz der „Enzian"-Division in Jugoslawien. „Innerhalb kurzer Zeit wurden ohne besondere Gegenwehr über 1000 Gefangene eingebracht. Etwa 3000 serbische Soldaten wurden meist unter Zurücklassung ihrer Waffen durch den Druck des Regiments nach Nordwesten in Richtung Cuprija abgedrängt, wo sie in die Arme einer deutschen Nachbartruppe liefen. Ein serbischer

*Verladung der Truppe . . . einem ungewissen Schicksal entgegen . . .*

Kommandeur übergab dem Regiment seine geschlossene Art.-Abteilung und die Reste eines Infanteriebataillons. Die Beute des Regiments war kaum zu übersehen: Hunderte von Ochsen mit beladenen Fahrzeugen, zahlreiche Pferde, mehrere Feindbatterien und Flakgeschütze fielen in die Hände des Regiments. Die seit Tagen gejagte Krajinska-Division bestand nicht mehr."[30])

Es war am 17. April — man begann gerade, den Raum Paracin zu säubern —, als die Gebirgsjäger das Waffenstillstandsangebot der serbischen Armee aus den Funkwagen erfuhren. Die Kampfhandlungen in Serbien waren beendet. Über die letzten Kämpfe der 4. Gebirgs-Division wird in dem Buch „Panzer am Balkan" berichtet:

„Der Serbe wehrt sich bis zum Äußersten. Der Division steht eine vielfache Übermacht gegenüber. Es gibt harte Gefechte. Aber unsere Gebirgsjäger erweisen sich auch in dem schwierigsten Gelände als überlegen. Eine harte, gründliche Ausbildung, hervorragende Kampfmoral, kühnes Draufgängertum, Eigenschaften, die zur Tradition unserer Gebirgstruppe gehören, vereinigen sich mit einer glänzenden Führung zu einem raschen Sieg. Der Feind im Raume nordostwärts der großen Straße Sofia — Belgrad ist vernichtet. Was unsere Panzer begonnen haben, ist von den Gebirgsjägern vollendet worden. Am Tage, als der Rundfunk die Nachricht vom Waffenstillstand verbreitet, ist der Feind in Altserbiens Bergen niedergekämpft. Die Gebirgstruppe hat neuen Lorbeer an ihre Fahnen geheftet."[31])

An jenem denkwürdigen 17. April 1941 wurde in der jugoslawischen Hauptstadt Belgrad die bedingungslose Kapitulation der gesamten jugoslawischen Armee unterzeichnet. Nicht weniger als 344.000 Jugoslawen marschierten in die Gefangenschaft. Im „Kriegstagebuch des Oberkommandos der Wehrmacht" findet man unter dem 17. April 1941 folgende Eintragung über die Lage auf dem Balkan:

„Kapitulation 2. jugoslawische Armee. Anhalten II. und IL. Armeekorps. Zusammendrängen der serbischen Reste im Raum um Ragusa. Einrücken der Bulgaren. Nach 36stündigen Kämpfen Panzerdurchbruch bei Kojani, Griechen im Zurückgehen."[32])

Bereits zwölf Tage nach Beginn des gemeinsamen deutsch-ungarisch-italienischen Angriffs auf dem Balkan war der Kampf gegen Jugoslawien beendet. Und weitere zwölf Tage später, am 30. April, wurden die letzten griechischen und englischen Truppen auf dem griechischen Festland vertrieben oder gefangengenommen. Aber ein Ende des Krieges war dennoch nicht in Sicht. Kreta und Nordafrika waren weitere Kriegsschauplätze, die Friedensgedanken nicht aufkommen ließen.

Die geschlagenen Armeen des Gegners zogen in die Gefangenschaft. Resigniert nahmen die serbischen Offiziere ihr Schicksal hin, während sich die Soldaten freuten, daß der Krieg für sie zu Ende war. Das war das Bild der vernichteten jugoslawischen Armee. Kreuz und quer lagen die weggeworfenen Gewehre zwischen Geschützen, die keinen Schuß mehr von sich gaben.

Das Leben der „Vierer“ normalisierte sich wieder. Die Gebirgsjäger konnten die längst fällige Körperpflege nachholen. Ausrüstung und Waffen wurden gereinigt. In den Flüssen erfolgte eine Fahrzeuge- und Gerätereinigung, um für kommende Aufgaben einsatzbereit zu sein. Sogar die Ausbildung kam nicht zu kurz.

Jetzt blieb auch endlich Zeit, den Zauber der landschaftlichen und kulturellen Sehenswürdigkeiten auf sich einwirken zu lassen — wie die Sumpfniederungen bei Knjazevac, die orthodoxen Kirchen des Landes oder die Grabmale vornehmer Serben auf dem Höhenfriedhof von Knjazevac.

Während die Bauern in gewohnter Weise ihre Äcker bestellten und sorgfältig die Rebstöcke behackten, bezogen die Gebirgsjäger als Besatzungstruppe ihr Quartier im reizvollen Moravatal, in Kragujevac, Jagodina, Paracin, Smederovo, Arandjelovac und anderen Orten. Der Divisionsstab hatte sich im Landschloß des Königs von Jugoslawien in Topola einquartiert. Die Kommandanten der von den Kompanien besetzten Ortschaften setzten vorläufige Bürgermeister ein, um das zivile Leben der Einwohner wieder zu normalisieren. Dank des reibungslosen Einvernehmens zwischen den Gebirgsjägern und der Zivilbevölkerung gab es keine nennenswerten Schwierigkeiten während der Besatzungszeit. Die Serben profitierten von dem Ordnungswillen der deutschen Truppen mehr als sie es sich erwartet hatten.

Es war Anfang Juni. Schon reiften die Kirschen auf den Bäumen, doch aus der erhofften Ernte wurde nichts mehr. Die Weichen für die 4. Gebirgs-Division waren bereits gestellt. Sie rückte ab, nachdem Vorkommandos der 714. Infanterie-Division die Sicherungsaufgaben der „Vierten“ in ihren Besatzungsräumen übernommen hatten. Auf ihrem Marschweg berührte die „Enzian“-Division auch Belgrad, die Hauptstadt Serbiens.

Viele nutzten noch die Gelegenheit, die Stadt zu besichtigen. Sie kauften Geschenke und Andenken für die Frau, die Braut oder die Eltern, hoffte doch ein jeder, daß die Fahrt in die Heimat zurückginge und er dann seinen verdienten Urlaub antreten könne. Die Hoffnungen der Gebirgsjäger sollten sich aber nicht erfüllen …

Belgrad selbst hinterließ einen trostlosen Eindruck. Deutsche Stukas hatten die Stadt in einer Operation, die den Decknamen „Vergeltung“ trug, zwischen dem 6. und 8. April 1941 teilweise schwer zerstört. Die Fabriken der Rüstungsindustrie waren planmäßig von den deutschen Bombern getroffen worden. Ganze Häuserblocks waren den Fliegerangriffen zum Opfer gefallen. Rund 17.000 Einwohner Belgrads lagen tot unter den Trümmern begraben. Kirchen lagen in Schutt und Asche. Mit diesen Eindrücken der Zerstörung passierten die Edelweißsoldaten die Donau-Kriegsbrücke und fuhren einem neuen Ziel entgegen. Gespannt verfolgten sie die Richtung der Fahrt. Wurde ein Bahnhof passiert, dann drückten sich auch die eifrigsten Kartenspieler ans Fenster, um den Namen der Station zu erfahren.

Und wie immer, wenn Soldaten verlegt werden, gingen die „Latrinenparolen" in der Truppe um. Was lag bei den meisten näher, nachdem der Jugoslawienfeldzug beendet worden war, als der verlockende Gedanke: Es geht heim!

Doch Recht sollten letztlich wieder einmal die Skeptiker behalten. Als nämlich die Fahrt nordwärts ging, wurden die Mienen derjenigen, die im Geiste bereits Urlaubspläne mit den Lieben geschmiedet hatten, immer sorgenvoller.

Bei Arad kreuzte die „Enzian"-Division wieder den alten Marschweg und rollte, nachdem sie das rumänische Gebiet verlassen hatte, längere Zeit durch Ungarn. Humenné, im östlichen Teil der Slowakei gelegen, war das Ziel des Bahntransports der Division. Von hier sollte es im Fußmarsch ins damalige Generalgouvernement gehen. Die reizvolle, leicht hügelige Landschaft weckte bei vielen der „Vierten" Erinnerungen an die Schwäbische Alb. Obwohl sich die Gebirgsjäger, unterstützt von der freundlichen Bevölkerung, schnell in den Quartieren eingelebt hatten, blieb die Stimmung dennoch ernst und gespannt. Zu hektisch und auffällig waren auch die Aktivitäten um sie herum. Die Kradfahrer fuhren auf den slowakischen Straßen hin und her. Bei den Stäben herrschte rege Betriebsamkeit; eine Meldung jagte die andere. Gerüchte verbreiteten sich in Windeseile. Es mußte, so orakelten viele, etwas Gewaltiges im Gange sein. Denn vor einem kleinen Auftritt macht man keinen so großen Theaterdonner!

## Das Unternehmen „Barbarossa"

Kaiser Friedrich I., den die Italiener wegen seines roten Bartes „Barbarossa" nannten, war der mächtigste Herrscher der Hohenstaufer, die aus Schwaben stammten. Als im Jahre 1184 in Mainz das prunkvolle Reichsfest gefeiert wurde, standen der Kaiser und das Stauferreich, das von der Ostsee bis nach Mittelitalien reichte, auf der Höhe der Macht. Doch sechs Jahre später, 1190, ertrank Friedrich Barbarossa während des 3. Kreuzzuges in Kleinasien in den reißenden Fluten des Saleph. Als die Kunde von seinem Tode in das Reich drang, war die Trauer im Volk so groß, daß sich schon bald Sagen, Legenden und Lieder um ihn rankten, die den Kaiser mit dem langen roten Bart unsterblich machten. Einer dieser Sagen zufolge soll der Kaiser nicht im fernen Orient ertrunken sein, sondern im Kyffhäuser ruhen und auf bessere Zeiten für Volk und Reich warten. Einer anderen Legende nach schläft Kaiser Rotbart im Untersberg der Berchtesgadener Alpen der Stunde entgegen, in der das Stauferreich im alten Glanz wieder auferstehen soll.

War es nun diese örtliche Nähe zwischen dem Obersalzberg, auf dem Hitler wichtige Entscheidungen fällte, und dem Untersberg, in dem der sagenumwobene Barbarossa ruhen soll, oder war es einfach nur die mythische Gestalt des unvergessenen Stauferkaisers, die Hitler dazu bewogen hatte, den gewaltigen „Kreuzzug“ gegen das sowjetrussische Reich Unternehmen „Barbarossa“ zu nennen? Beides, der weltliche Messias des Kyffhäuser und der Barbarossa-Mythos des Untersberg, mag beim Ostfeldzug Pate gestanden haben.

„Wenn Barbarossa steigt“, so hatte Hitler am 3. Februar 1941 verkündet, „hält die Welt den Atem an ...“

Doch wie, so fragten sich nicht wenige Soldaten, die im Osten eingesetzt wurden, konnte es dazu kommen, daß Hitler sich scheinbar wider alle rationalen Gründe dazu entschließen konnte, die Sowjetunion anzugreifen?

Es gab dafür verschiedene Gründe. Wollen wir im folgenden kurz die wichtigsten nennen: Großbritannien blieb für Hitler auch nach dem siegreichen Abschluß des Balkanfeldzuges der größte Gegner. Solange das britische Weltreich nicht niedergerungen war, konnte es nach Ansicht des deutschen Führers keinen Frieden geben. Churchills unnachgiebige Haltung und die Sorge vor einem späteren Zusammengehen der Sowjetunion mit England verleiteten Hitler schließlich zum Präventivkrieg gegen Rußland. Selbst Generaloberst Halder, der später auch als „Widerständler“ gegen Hitler von sich reden gemacht hatte, bestätigte, daß Hitler auf Grund von Stalins wahren Kriegszielen und der Gefahr eines Zweifrontenkrieges durch den befürchteten Kriegseintritt der USA zum Präventivkrieg gegen Rußland gezwungen gewesen sei.[33])

Andererseits spielten beim Rußlandfeldzug noch ideologisch-weltanschauliche Gründe, wie die Vernichtung des Sowjetkommunismus, eine wichtige Rolle. Die im „Kreuzzug gegen den Bolschewismus“ zu erobernden weiten russischen Gebiete mit den gewaltigen Rohstoffvorkommen waren auf lange Sicht dazu bestimmt, der Erweiterung des „germanischen Lebensraumes“ —vom Großdeutschen zum Großgermanischen Reich — zu dienen.

In diesem Zusammenhang darf aber auch nicht übersehen werden, daß es seit dem Sommer 1940 zwischen Deutschland und der UdSSR zahlreiche „diplomatische Verstimmungen“ gegeben hatte und daß Stalins steigende Forderungen im Jahre 1941 zu einer dramatischen Verschärfung der politischen Lage geführt hatten, so daß sich schließlich beide Seiten — das nationalsozialistische Großdeutsche Reich und die kommunistische

Sowjetunion — zur Entscheidungsschlacht gegenüberstanden. Wie war es dazu gekommen?

Bereits seit dem Hochsommer 1940 bestand für Deutschland ständig die Gefahr, auf Grund der russischen Expansionspolitik auf dem Balkan — noch während des Westfeldzuges hatte Stalin Rumänien ultimativ zur Herausgabe der Nordbukowina und Bessarabiens genötigt — von den rumänischen Erdöllieferungen aus Ploesti abgeschnitten zu werden. Ende 1940 wurden die baltischen Länder Estland, Lettland und Litauen entgegen dem Freundschafts- und Nichtangriffspakt vom 23. August 1939 als Sowjetrepubliken der UdSSR angegliedert. Das Deutsche Reich sandte nun seinerseits „Lehrtruppen" nach Rumänien, um weiteren sowjetischen Annexionsgelüsten einen Riegel vorzuschieben. Mit Finnland, das nach dem sowjetisch-finnischen Krieg 1939/40 die Karelische Landenge und Teile von Ostkarelien an die UdSSR abtreten und den strategisch bedeutsamen Flottenstützpunkt Hangö verpachten mußte, schloß Hitler ein Bündnis.

Nachdem sich die unüberbrückbaren Gegensätze zwischen Deutschland und Rußland schon seit geraumer Zeit abgezeichnet hatten und schließlich immer stärker zutage getreten waren, lag nichts näher, als daß sich die deutsche Führung immer intensiver damit befaßte, einen Operationsplan für einen Feldzug gegen die UdSSR auszuarbeiten. Studien, Pläne und erste Operationsentwürfe wurden unter anderem von den Generalstabsoffizieren Oberst Hans von Greiffenberg, Oberstleutnant Gerhard Feyerabend, Oberstleutnant Bernhard von Loßberg (OKW) nach den Richtlinien von General Erich Marcks (OKH) und General Friedrich Paulus (OKH) erarbeitet. Wie die Generale von Brauchitsch, Halder, Keitel, Jodl, Göring und der Admiral Raeder spekulierten auch sie mit einem „Blitzkrieg" im Osten. Dementsprechend knapp war auch die Zeit bis zum Erreichen der äußersten Linie des deutschen Vordringens in Rußland bemessen. Das sollte sich später verhängnisvoll, ja kriegsentscheidend auswirken.

Zunächst wurde der junge Generalmajor Marcks, Chef des Generalstabes der 18. Armee, der „Sohn eines großen Gelehrten, der in der strengen Schule des Generalstabs die großen Vorbilder der Kriegsgeschichte nie vergaß,"[34]) von Generaloberst Halder mit der Ausarbeitung einer Studie über den Rußlandfeldzug beauftragt. Dieser Operationsentwurf, der mit dem 5. August 1940 datiert ist, stellt ein bedeutendes zeitgeschichtliches Dokument dar.

„Zweck des Feldzuges ist", so heißt es unter anderem in der Marcks-Studie, „die russische Wehrmacht zu schlagen und Rußland unfähig zu machen, in absehbarer Zeit als Gegner Deutschlands aufzutreten. Zum Schutz Deutschlands gegen russische Bomber soll Rußland bis zur Linie unterer Don — mittlere Wolga — nördlich Dvina besetzt werden. Rußlands kriegswirtschaftliche Hauptgebiete liegen in dem Lebensmittel-und Rohstoffgebiet der Ukraine und des Donezbeckens und in den Rüstungszentren um Moskau und Leningrad. Die östlichen Industriegebiete sind noch nicht leistungsfähig genug...

Feind:

Die Russen werden uns nicht den Liebesdienst eines Angriffs erweisen. Wir müssen damit rechnen, daß das russische Heer uns gegenüber in der Abwehr bleibt und nur die Luftwaffe und die Marine, namentlich die U-Boote, offensiv wirken.

Rußlands Kriegsführung wird darin bestehen, daß es sich der Blockade anschließt. Zu diesem Zweck ist ein russischer Einbruch nach Rumänien wahrscheinlich, um uns das Öl zu nehmen. Zum mindesten ist mit starken Luftangriffen auf das rumänische Ölgebiet zu rechnen.

Andererseits kann sich der Russe nicht wie 1812 jeder Entscheidung entziehen. Eine moderne Wehrmacht von 100 Divisionen kann ihre Kraftquellen nicht preisgeben. Eine gute Verteidigungsstellung wird es in der Linie Düna bis Polozk — Beresina — Tiefe der Pripjetsümpfe —Zbrutsch — Pruth oder Dnjestr finden. Diese Linie besitzt von früher her Befestigungen. Auch ein Zurückweichen bis zum Dnjepr ist möglich.

Vor dieser Linie wird der Russe voraussichtlich nur hinhaltend kämpfen...

Führung des Feldzuges:

Bei der Größe des Kriegsgebietes und seiner Teilung durch die Pripjetsümpfe kann die Entscheidung gegen das russische Heer nicht in einer einzigen Kampfhandlung herbeigeführt werden. Man wird anfangs gegen die beiden Hauptteile des russischen Heeres getrennt vorgehen müssen, mit dem Ziel, später zu einer einheitlichen Operation jenseits der großen Wälder zu kommen.

Operationsabsicht:

Das deutsche Heer schlägt mit seinen Hauptkräften den in Nordrußland stehenden Teil des russischen Heeres und nimmt Moskau.

Es geht hierzu mit Schwerpunkt aus der Linie Brest — Insterburg gegen die Linie Rogatschew — Witebsk vor. Südlich der Pripjetsümpfe verhindern schwächere Kräfte durch Angriff aus der Linie Jassy — Ussok — Przemysl — Hrubieszow auf Kiew und den mittleren Dnjepr ein Vorgehen der feindlichen Südgruppe gegen Rumänien und bereiten ein späteres Zusammenwirken mit den Hauptkräften ostwärts des Dnjepr vor.“

Nach dem Operationsentwurf General Marcks lag der Schwerpunkt eines Waffengangs gegen Rußland eindeutig in Nordrußland, mit Hauptziel Moskau! Später wurde der Marcks-Plan jedoch in wesentlichen Punkten abgeändert. Eine weitere Studie stammt von General Paulus, einem der besten deutschen militärischen Führer, der später als Generalfeldmarschall mit seiner legendären 6. Armee im Kessel von Stalingrad in aussichtsloser Lage gegenüber einer erdrückenden russischen Übermacht kapitulieren mußte. Auf diesen beiden Studien, vor allem aber auf dem „Operationsentwurf Ost" des Generalmajors Marcks fußend, entstand der endgültige Feldzugsplan gegen die Sowjetunion, dessen Entwurf der Chef des Generalstabes des Heeres, Halder, am 5. Dezember Hitler überreichte. Zur Vorbereitung des Angriffs auf die Sowjetunion erließ Hitler dann am 18. Dezember 1940, einen Tag nach der Verkündigung von Roosevelts Englandhilfe, die schicksalsschwere „Weisung Nr. 21 Fall Barbarossa", die schließlich Ausgangspunkt unserer heutigen zweigeteilten Welt werden sollte.

„Die Deutsche Wehrmacht", so heißt es in den wesentlichen Punkten, „muß darauf vorbereitet sein, auch vor Beendigung des Krieges gegen England **Sowjetrußland in einem schnellen Feldzug niederzuwerfen** (Fall Barbarossa)..."

I. Allgemeine Absicht:

Die im westlichen Rußland stehende Masse des russischen Heeres soll in kühnen Operationen unter weitem Vortreiben von Panzerkeilen vernichtet, der Abzug kampfkräftiger Teile in die Weite des russischen Raumes verhindert werden.

In rascher Verfolgung ist dann eine Linie zu erreichen, aus der die russische Luftwaffe reichsdeutsches Gebiet nicht mehr angreifen kann. Das Endziel der Operation ist die Abschirmung gegen das asiatische Rußland aus der allgemeinen Linie Wolga — Archangelsk. So kann erforderlichenfalls das letzte Rußland verbleibende Industriegebiet am Ural durch die Luftwaffe ausgeschaltet werden...

II. Voraussichtliche Verbündete und deren Aufgaben:

1.) Auf den Flügeln unserer Operation ist mit der aktiven Teilnahme Rumäniens und Finnlands am Kriege gegen Sowjetrußland zu rechnen...

2.) Rumäniens Aufgabe wird es sein, den Angriff des deutschen Südflügels, wenigstens in seinen Anfängen, mit ausgesuchten Kräften zu unterstützen, den Gegner dort, wo deutsche Kräfte nicht angesetzt sind, zu fesseln und im übrigen Hilfsdienste im rückwärtigen Gebiet zu leisten...

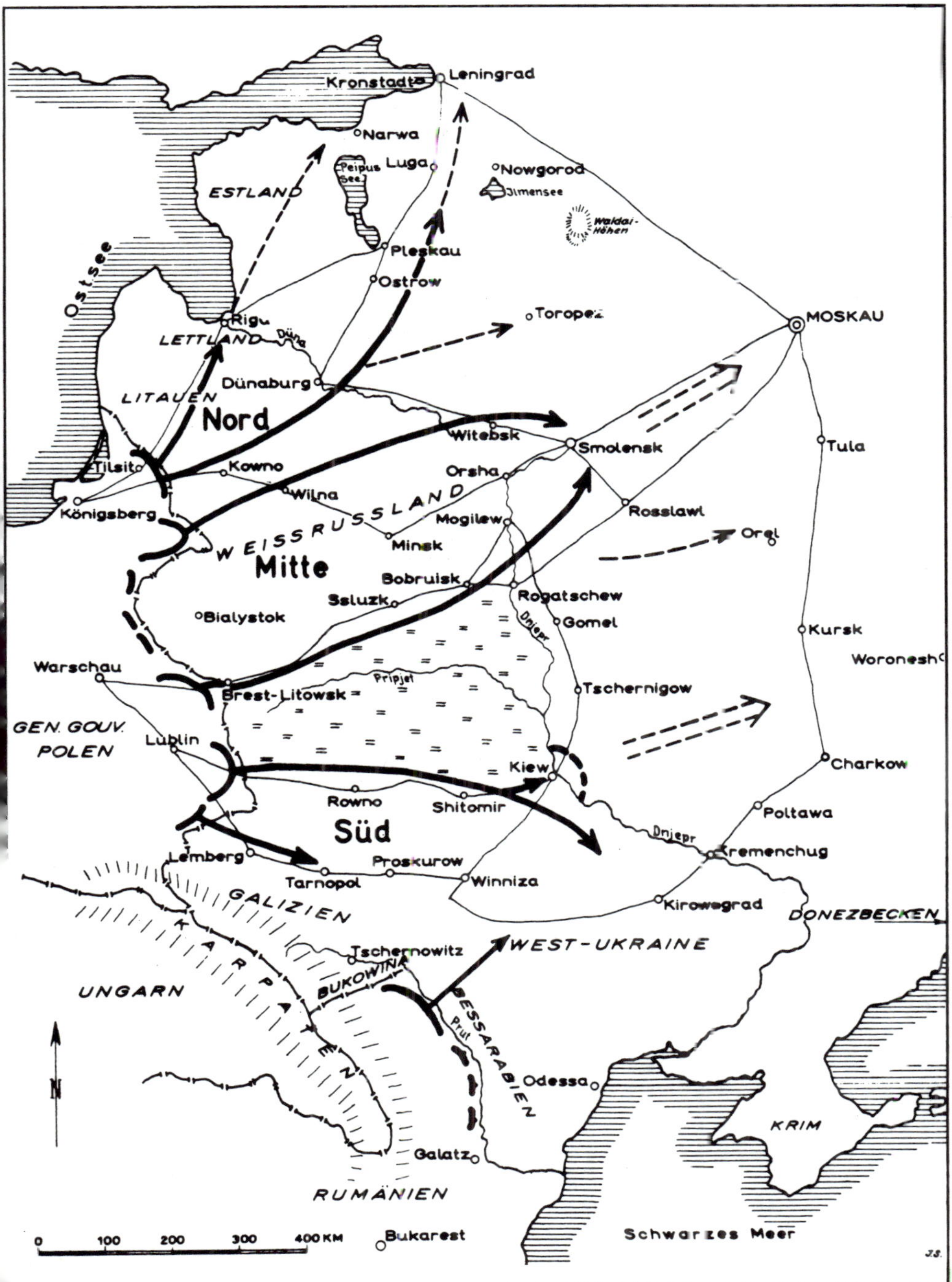


Der Operationsplan „Barbarossa" des Oberkommandos des Heeres (OKH)

III. Die Führung der Operationen:

A.) Heer (in Genehmigung der mir vorgetragenen Absichten):

In dem durch die Pripjetsümpfe in eine südliche und eine nördliche Hälfte getrennten Operationsraum ist der Schwerpunkt nördlich dieses Gebietes zu bilden. Hier sind 2 Heeresgruppen vorzusehen.

Der südlichen dieser beiden Heeresgruppen — Mitte der Gesamtfront — fällt die Aufgabe zu, mit besonders starken Panzer- und mot. Verbänden aus dem Raum um und nördlich Warschau vorbrechend die feindlichen Kräfte in Weißrußland zu zersprengen...

Auch bei der südlich der Pripjetsümpfe angesetzten Heeresgruppe ist in konzentrischer Operation und mit starken Flügeln die vollständige Vernichtung der in der Ukraine stehenden russischen Kräfte noch westlich des Dnjepr anzustreben. Hierzu ist der Schwerpunkt aus dem Raum von Lublin in allgemeiner Richtung Kiew zu bilden, während die in Rumänien befindlichen Kräfte über den unteren Pruth hinweg einen weit abgesetzten Umfassungsarm bilden. Der rumänischen Armee wird die Fesselung der dazwischen befindlichen russischen Kräfte zufallen...

B.) Luftwaffe:

Ihre Aufgabe wird es sein, die Einwirkung der russischen Luftwaffe soweit wie möglich zu lähmen und auszuschalten sowie die Operationen des Heeres in ihren Schwerpunkten, namentlich bei der mittleren Heeresgruppe und auf dem Schwerpunktflügel der südlichen Heeresgruppe zu unterstützen..."[35])

Mit der „Weisung Nr. 21 Fall Barbarossa" war der Befehl zum Rußlandfeldzug gegeben. In seinem „unerschütterlichen Glauben" an die Schlagkraft der Deutschen Wehrmacht und an die Richtigkeit seiner Entscheidung befahl Hitler am 30. April 1941 den Angriff auf die Sowjetunion zum 22. Juni 1941, um 3.15 Uhr früh.

Vor Beginn dieser größten militärischen Auseinandersetzung der Weltgeschichte sah das deutsch-russische Kräftepotential folgendermaßen aus:

Deutsche Truppen und Verbündete:

1) Deutsches Ost-Heer: 145 Divisionen (110 Infanterie-, 19 Panzer-und 15 motorisierte Divisionen sowie 1 Kavalleriedivision), zusammen rund 3 Millionen Mann;

2) Rumänien: 12 Infanteriedivisionen, 10 Brigaden (darunter 3 Gebirgsbrigaden);

3) Italien: 3 Infanteriedivisionen;

4) Finnland: 11 Infanteriedivisionen und 5 Gebirgsbrigaden (Ski);

5) Ungarn: 2 Infanteriedivisionen und 1 Kavalleriebrigade;

6) Slowakei: 2 Infanteriedivisionen.

Im einzelnen vollzog sich der deutsche Aufmarsch im Osten, in den auch die 4. Gebirgs-Division einbezogen wurde, in folgenden Etappen: Bis zum 20. Juli 1940 waren im Osten 23 Divisionen vorhanden; am 7. Oktober waren es 30 Divisionen. Am 26. Oktober erfolgte die Neugliederung des Heeres. Am 21. Dezember waren im Osten 34 Divisionen einsatzbereit; im Februar/April 1941 (1.—2. Aufmarschstaffel) 103 Divisionen und bis zum 20. 5. 1941 (3. Aufmarschstaffel) 120 Divisionen. Mitte Mai begann die Verlegung der deutschen Luftstreitkräfte vom Westen nach dem Osten. Bis zum 2. Juni 1941 waren im Osten 129 Divisionen aufmarschiert. Vom 3. bis 23. Juni 41 erfolgte die Zuführung von 12 Panzer- und 12 motorisierten Divisionen — das entsprach 75% des Feldheeres.

Sowjetische Truppen:

185 Divisionen — davon 133 Schützen-, 10 Panzer-, 24 Kavalleriedivisionen sowie 36 Panzer- und motorisierte Brigaden — mit zusammen rund 4,2 Millionen Mann. Waffen und Material waren reichlich vorhanden, aber vielfach veraltet. Die Rote Armee befand sich in einer Reorganisationsphase. Sie besaß etwa 24.000 Panzer, davon $^1/_3$ modernen Typs; zahlreiche und gute Artillerie; große Menschenreserven, darunter über 12 Millionen ausgebildete Reservisten.

Drei Verteidigungslinien — von unterschiedlichem militärischen Wert — sollten einen deutschen Angriff in Rußland aufhalten: die erste entlang der „Demarkationslinie", die zweite an der „Stalin-Linie", entlang der alten russisch-polnischen Grenze, und die dritte hinter dem Dnjepr und der Düna.

Doch die Sowjetunion stand nicht lange allein in ihrem Kampf gegen das Großdeutsche Reich. Bereits am 23. Juni 1941, einen Tag nach dem deutschen Überraschungsangriff auf die UdSSR, hatte die amerikanische Regierung den Russen jede mögliche Hilfe zugesagt. So wurde Rußland von den USA — aber auch von Großbritannien — mit gewaltigen Mengen an kriegswichtigem Material beliefert: unter anderem mit 21.866 Flugzeugen, 12.218 Panzern, 5035 Panzerabwehrkanonen, 8200 Flakgeschützen, 135.000 Maschinengewehren, 343.000 Tonnen Sprengladungen, 2.680.000 Tonnen Stahl, 3.000.000 Tonnen Erdölprodukten, 3.786.000 Autoreifen, 461.780 Motorfahrzeugen, 1981 Eisenbahnlokomotiven, 11.155 Eisenbahngüterwagen, 90 Frachtschiffen, 5.000.000 Tonnen Nahrungsmittel, 57.509.000 Meter Wolltuch, 97.841.000 Meter Baumwolltuch, 15.417.000 Paar Schuhen und 49.000 Tonnen Leder.[36])

Wie ging nun der Aufmarsch vor sich, und welche Operationsziele verfolgten beide Seiten? Im Rahmen dieser Divisionsgeschichte über die 4. Gebirgs-Division interessiert vor allem der Aufmarsch der deutschen und russischen Truppen im Südabschnitt der Ostfront, wo die „Vierte" während des gesamten Rußlandfeldzuges — vom siegreichen Vormarsch bis zu den verlustreichen Rückzugsgefechten und dem bitteren Ende in Böhmen und Mähren — eingesetzt gewesen war.

Die deutsche Heeresgruppe Süd stand unter dem Oberbefehl von Generalfeldmarschall von Rundstedt — und zwar mit der 11., 17. und 6. Armee; der Panzergruppe 1, der 3. und 4. rumänischen Armee, mit 32 Infanterie-, 5 Panzer- und 4 motorisierten deutschen Divisionen, dazu 16 rumänischen Divisionen. Die Heeresgruppe Süd, die durch die Luftflotte 4 (Löhr) unterstützt wurde, hatte den Auftrag, den Schutz der rechten Heeresflanke mit der 11. Armee und rumänischen Truppen sicherzustellen und den Angriff aus dem Raum Lublin in Richtung Kiew mit der 17. und 6. Armee vorzutragen. Dabei sollten Panzerkeile der Panzergruppe 1 vorauseilen, um den Feind abzuschneiden, einzukesseln und entlang des Dnjepr aufzurollen.

Die russische Heeresfront „Südwest" stand unter dem Oberbefehl von Marschall Budjonny mit einer Gruppe von 11 Schützen-, 1 Kavallerie-, 2 Panzer- und 7 mot. Divisionen zwischen Pruth und Dnjestr; mit einer zweiten Gruppe von 27 Schützen-, 17 Kavallerie-, 3 Panzer- und 4 mot. Divisionen dahinter bis zum Slutsch; und mit einer dritten Gruppe von 12 Schützen-, 3 Kavallerie-, 1 Panzer- und 3 motorisierten Divisionen zwischen Slutsch und Bug. Der Auftrag für die Heeresfront „Südwest" lautete: zunächst Abwehr. Weitere Maßnahmen waren entsprechend der sich ergebenden militärischen Situation zu treffen.

Die Rote Armee sollte sich also zunächst defensiv verhalten. Das Prinzip der russischen Verteidigung bestand darin, Raum aufzugeben, um Zeit zu gewinnen und um gleichzeitig die deutschen Truppen immer tiefer in den gewaltigen russischen Raum hineinzuziehen. Die Weite und Tiefe des Raumes sollte (wie einst die Franzosen im Napoleonischen Rußlandfeldzug!) die Deutschen zermürben, aufsaugen und schließlich verschlingen.

Endziel des deutschen Angriffsplanes war es dagegen, „Sowjetrußland in einem schnellen Feldzug niederzuwerfen" (allgemein rechnete die deutsche Wehrmachtführung mit einem Feldzug von drei bis fünf Monaten)[37]), um den Krieg noch vor Einbruch des russischen Winters und vor dem Wirksamwerden der umfangreichen alliierten Pacht- und Leihgesetz-Lieferungen zugunsten des Großdeutschen Reiches zu beenden.

## Die ersten Kämpfe der 4. Gebirgs-Division in Rußland

Die Einheiten der 4. Gebirgs-Division — noch dem Generalkommando XXXXIV. Armeekorps unterstellt — lagen in ihren Bereitstellungsräumen, nachdem sie in mühevollen Tag- und Nachtmärschen vom Ausladebahnhof Humenné über den Dukla-Paß in die Gegend von Rzeszow marschiert waren. Das geschah teilweise in vier Fuß- und drei motorisierten Marschkolonnen, die der 100. leichten Infanterie-Division[38]) in Richtung deutsch-sowjetischer Demarkationslinie folgten. Zur Verstärkung der Grenzsicherung wurde das IV./Gebirgs-Artillerie-Regiment 94 und die Gebirgs-Panzerjäger-Abteilung 94 vorübergehend dem Generalkommando LII. Armeekorps unterstellt.

Angespannt lagen die Soldaten der „Enzian"-Division in ihren Bereitstellungsräumen und harrten der Dinge, die da kommen sollten. Und wie immer, wenn Landser einem ungewissen Einsatz entgegensehen, liefen schon bald die absonderlichsten „Latrinengerüchte".

„Nur Grenzsicherung", meinten die unverbesserlichen Optimisten und spielten weiter Karten, als ginge sie der ganze unheimliche Aufmarsch, der sich da vollzog, nichts an.

„Krieg gegen Stalin", raunten die anderen, die ewigen Pessimisten, hinter vorgehaltener Hand.

„Warum ausgerechnet gegen Rußland?" warfen die politisch Interessierten ein. „Deutschland und Rußland haben doch im August 1939 einen Nichtangriffspakt, den sogenannten Hitler-Stalin-Pakt, abgeschlossen. Wer wird denn wort- und vertragsbrüchig werden?"

„Das ganze ist als Ablenkungsmanöver für eine bevorstehende Landung auf den britischen Inseln gedacht", dozierte ein Oberjäger, der bei den seinerzeitigen Vorbereitungen für das dann wieder abgebrochene Unternehmen „Seelöwe" dabeigewesen war.

„Vielleicht geht es nach Indien", meldete sich jemand zu Wort.

„Wieso nach Indien?"

„Um das britische Weltreich von Rußland aus im Nahen Osten oder auf dem indischen Subkontinent zu schlagen", kam die nicht ganz abwegige Antwort.

Doch allzu lange brauchten die Gebirgsjäger sich nicht mehr den Kopf zu zerbrechen, wohin sie das Soldatenschicksal nun bringen würde. Die militärische Geschäftigkeit steigerte sich so sehr, daß auch der Letzte sah, daß ein neuer Waffengang bevorstand. Karten und Merkblätter, die sich ausschließlich mit Rußland befaßten, wurden an die Truppe ausgegeben.

Es war am Nachmittag des 21. Juni 1941, als der Ia des XXXXIV. Armeekorps an die 4. Gebirgs-Division durchgab, daß der Angriff gegen Rußland am kommenden Tag, es war ein Sonntag, um 3.30 Uhr beginnen werde.

Damit hatte sich der Schleier des streng gehüteten Geheimnisses endgültig gelüftet. Das Unternehmen „Barbarossa" nahm seinen verhängnisvollen Lauf.

Unter dem 21. Juni 1941 finden wir im „Kriegstagebuch des Oberkommandos der Wehrmacht" folgende Eintragung:

„OKW gibt in der Nacht 20./21. Juni das Stichwort ‚Dortmund' durch.

Damit ist der Angriffsbeginn endgültig für den 22. Juni befohlen. Der Befehl wird an die Heeresgruppen weitergeleitet.

Das Aufschließen in die Bereitstellungsräume verläuft planmäßig."[39])

Mit geröteten Augen starrten die deutschen Soldaten in Richtung Osten, als jener unvergeßliche Sonntagmorgen des 22. Juni 1941 blutrot heraufdämmerte. Da und dort zogen noch Frühnebel über die feuchte Erde und umhüllten Bäume und Sträucher, Menschen und Tiere. Dann zerriß Geschützdonner die Stille des jungen Tages. Der Angriff, der sich von der Ostsee im Norden bis zu den Karpaten im Süden vollzog, hatte begonnen.

„Auf geht's — packen wir's an!" lautete die Parole für die Gebirgsjäger der „Enzian"-Division, die am 23. Juni marschtechnisch und ab 25. Juni 1941 endgültig für über 1 ½ Jahre dem Generalkommando des XXXXIX. Gebirgs-Armeekorps (General der Gebirgstruppen Ludwig Kübler) unterstellt wurde. Von nun an marschierte die „Vierte" neben ihrer Schwesterdivision, der „Edelweiß"-Division, über Monate hinweg — von Lemberg durch Südrußland bis zum Kaukasus und in den Kuban-Brückenkopf — gemeinsam in Richtung Osten.

Da sich die 4. Gebirgs-Division vor Beginn des Rußlandfeldzuges als OKH-Reserve weitab hinter dem eigentlichen Aufmarschraum befand, stand sie am ersten Tag des Unternehmens „Barbarossa" auch nicht gleich im Brennpunkt der Einleitungskämpfe. So verblieb den Gebirgsjägern noch Zeit, Hitlers „Tagesbefehl an die Soldaten der Ostfront", den der Führer und Oberste Befehlshaber der Wehrmacht am 22. Juni 1941 erlassen hatte, zu lesen. Dieser Befehl endete mit den Worten:

„Deutsche Soldaten!

Damit tretet ihr in einen harten und verantwortungsschweren Kampf ein. Denn: Das Schicksal Europas, die Zukunft des Deutschen Reiches, das Dasein unseres Volkes liegen nunmehr allein in eurer Hand.

Möge uns allen in diesem Kampf der Herrgott helfen!"[40])

Wer dachte angesichts dieser schwerwiegenden Worte nicht an den Herrgott — und daß er ihm, gerade ihm in seiner ganzen Einsamkeit helfen möge? Es gab Stunden im Kriege, wo auch die beste Kameradschaft nicht den Glauben an den Herrgott, der nicht selten wahre Wunder wirkte, ersetzen konnte.

Der Rußlandfeldzug hatte begonnen. Der deutsche Vormarsch lief mit der sprichwörtlichen Präzision eines Uhrwerkes ab. Davon berichtet auch das „Kriegstagebuch des Oberkommandos der Wehrmacht" vom 22. Juni 1941:

„Zwischen 3.05 Uhr und 3.30 Uhr treten die Heeresgruppen Süd (ohne

11. Armee), Mitte und Nord planmäßig zum überraschenden Angriff gegen Rußland an. Im Laufe des Vormittags verstärkt sich der Eindruck, daß die Überraschung in allen Abschnitten gelungen ist. Der Gegner setzt dem Angriff zunächst nur schwachen Widerstand entgegen. An der ganzen Front gelingt es, schon in den Morgenstunden 4—5 Kilometer tief vorzustoßen und in die feindliche Grenzverteidigung einzubrechen.

Vor der 11. Armee, die ihre Bereitstellung beendet hat, ist der Gegner untätig, eigene Stoßtrupptätigkeit beginnt planmäßig.

Bei der 17. Armee gelingt es, alle Brücken im Grenzabschnitt unzerstört in Besitz zu nehmen.

Bei der 6. und 4. Armee fallen die Solokija- und Bug-Brücken unversehrt in eigene Hand, um die Zitadelle Brest wird hartnäckig gekämpft...

Die im Lauf des Tages eintreffenden Meldungen ergeben bei OKH den Eindruck", heißt es weiter in der Eintragung im KTB des OKW vom 22. Juni 1941, „daß die örtliche Überraschung überall gelungen ist und der Feind erst beginnt, seinen Widerstand zu organisieren. Größere feindliche Truppenbewegungen sind noch nicht festzustellen. Der Meldung über feindliche Marschkolonnen aus dem Raum um Drohobycz gegen die ungarische Grenze kann keine besondere Bedeutung zugemessen werden, da sich etwaige Bewegungen dieser Art für die eigene Operationsabsicht nur günstig auswirken können.

Da vor der Gesamtfront rückläufige Bewegungen größeren Ausmaßes noch nicht festzustellen sind, besteht die Möglichkeit, daß der Gegner nach Überwindung der ersten Überraschung sich — besonders vor H.Gr. Süd — zum Kampf zu stellen beabsichtigt. Ein Urteil hierüber wird sich jedoch frühestens am 23. Juni nach Eintreffen genauerer Aufklärungsergebnisse bilden lassen."[41])

Der Heeresgruppe Süd war bekanntlich auch die 4. Gebirgs-Division im Verband der 17. Armee (General der Infanterie von Stülpnagel) unterstellt. Hier bewegte sie sich im Rahmen des XXXXIX. Gebirgs-Armeekorps mit der 1. Gebirgs-Division und der 68. und 257. Infanterie-Division in Richtung Lemberg. Es war am 26. Juni, als die „Vierte" vom Korps den Befehl erhielt, die bereits stark angeschlagene 68. Infanterie-Division, die in den ersten Angriffstagen die ganze Wucht des russischen Gegners voll zu spüren bekommen hatte, in ihrer vorderen Linie im Raum um Jaworow abzulösen. General Kübler wollte die frische 4. Gebirgs-Division in die erste Angriffslinie vorziehen. Sie sollte zusammen mit der 257. Infanterie-Division den Schutz der tiefen Südflanke der „Enzian"-Division übernehmen und dann die Seenenge bei Dobrostany und Kamienobrod durchbrechen. Die Ablösung der beiden Divisionen verlief reibungslos und vom Feind, der sich nun unter dem Schutze starker Nachhuten ostwärts zurückzog, unbemerkt.

„Dann sahen wir den ersten Russen", berichtet Werner Schneider von dem 7./Geb.-Jäg.-Rgt. 91: „Klein und krumm lag er im Straßengraben, bartlos das Gesicht, in guter Uniform und festen Stiefeln. Es folgten mehr und mehr, lauter junge Kerle, kaum 20 Jahre mochten sie zählen, karmesinrot der Rand ihrer Mützen. Gefallene lagen überall im Getreide. Einzelne waren von unseren Soldaten bereits bestattet, ein in den Boden gestecktes Gewehr und die Mütze darauf zeigten ihre Gräber. Wir marschierten weiter, gleichmäßig trappten die Füße. Jeder war schweigsam geworden und versuchte, mit seinen Gedanken fertigzuwerden. Wieder wurde es Abend. Gegen Mitternacht erreichten wir einen Wald. An seinem Ostrand war unser Bereitstellungsraum. Nun waren wir vorn. Wo stand der Feind?"[42])

Dieser Feind stand, wie die Aufklärung ergeben hatte, in der Seenenge von Grodek und Kamienobrod — einer Schlüsselstellung der Russen, da sie als natürliches Hindernis den Zugang in die alte galizische Hauptstadt Lemberg, die die Gebirgsjäger der 1. Gebirgs-Division bereits im Polenfeldzug eingenommen hatten und dann den Sowjets auf Grund der seinerzeitigen deutsch-russischen Vereinbarungen hatten überlassen müssen, versperrt. Jetzt standen Gebirgsjäger der Deutschen Wehrmacht abermals vor der leidgeprüften Stadt. Rasch wurde eine bewährte Speerspitze der Division, wie sich noch des öfteren zeigen sollte, zusammengestellt.

Fast ausnahmslos alle Truppengattungen waren in den Vorausabteilungen vertreten. Da fuhr der Sturmgeschützführer neben dem Funkoffizier, der Kradschütze neben dem Stabsarzt, der Panzerjäger neben dem Flak-Kanonier, die Gebirgs-Aufklärungs-Abteilung 94 neben dem IV./Gebirgs-Artillerie-Regiment 94, das 3. (mot.)/Gebirgs-Pionier-Bataillon 94 neben der 1./Gebirgs-Panzerjäger-Abteilung 94.

Jetzt, wo sich die Gebirgsjäger Lemberg näherten, zeigte der russische Bär zum ersten Male den Edelweiß-Soldaten der „Vierten" seine starken Tatzen. Nachdem sie es gerade noch geschafft hatten, bis in die Seenenge von Kamienobrod vorzudringen, lief sich der Angriff der Voraussabteilung fest. Erst als der Divisionskommandeur, Generalmajor Eglseer, am frühen Morgen die beiden Gebirgs-Jäger-Regimenter 13 und 91 ins Gefecht schickte, konnte der hartnäckige Widerstand der Russen gebrochen werden. Rasch nahmen die Gebirgsjäger die Verfolgung des geworfenen Feindes auf. Nun galt es, Lemberg von Süden her einzuschließen — und zur Übergabe zu zwingen.

*Oben: Auf der Fahrt zum jugoslawischen Kriegsschauplatz 1941. Rast auf einer ungarischen Station*

*Unten: Gebirgsjäger auf einer Donaubrücke in Bulgarien*

BEOGRAD

Major Schneider, der Kommandeur des I./Geb.-Jäg.-Rgt. 91, war mit einer Vorausabteilung zum Angriff auf der großen Straße, die von Grodek nach Lemberg führt, angetreten und traf bei Kaltwasser auf außerordentlich zähen Widerstand der Russen. Besonders zu schaffen machten ihm dabei die gegnerischen Panzer; vor allem die überschweren Kolosse, die den Gebirgsjägern auf dem russischen Kriegsschauplatz zum ersten Male in solchen Ausmaßen begegneten. Aber auch sie, die Russenpanzer, wurden schließlich von den tapferen Jägern zerstört.

Der Russe gab sich dennoch nicht geschlagen. Vielfach versuchte er, die erledigten Panzer im Schutze der Nacht abzuschleppen. Doch die Jäger hatten das meist vereitelt. Wie mächtige Ungetüme blieben die sowjetischen Panzer so, wie sie im Gefecht gerade abgeschossen wurden, auf der Straße oder in den Gräben liegen.

Nachdem das Gebirgs-Jäger-Regiment 13 nach harten Kämpfen mit feindlichen Panzern die Verbindung mit der benachbarten 257. Infanterie-Division (Generalleutnant Sachs) hergestellt und nachdem die Gebirgsartillerie der „Vierten" die West- und Südwestausgänge von Lemberg mit Störfeuer belegt und damit die Russen zermürbt hatte, war die Stadt praktisch sturmreif geschossen. Für die entscheidende Nacht vom 29. auf den 30. Juni kam vom Gebirgs-Jäger-Regiment 13 folgender Befehl:

„1. Der durch erfolgreichen Angriff der 1. und 4. Geb.-Div. in Lemberg zusammengeballte Feind versucht durch Gegenangriffe mit schweren und schwersten Panzern, seinen Kräften den Abzug nach Osten zu ermöglichen. Die Angriffe sind von Teilen der russ. 8. Pz.-Div. und Restteilen der 37. und 173. Div. durchgeführt.

2. Rgt. stellt Angriff wie befohlen ein und gliedert sich in der erreichten Linie für die Nacht zur Abwehr.

3. Es verbleibt in vorderer Linie eingesetzt: I./13 igelartig gegliedert in dem Raum hart westlich Basiowka. III./13 an den Nordosträndern der Waldstücke nördlich Basiowka, II./13 hält sich zur Verfügung im Raum um Straßengabel südlich Suchowola und sichert in südlicher und südwestlicher Richtung . . .

. . . 6. Rgt. wird mit Dämmerung in der Frühe des 30. Juni in ostsüdostwärtiger Richtung abgedreht."

*Oben: Auf dem Vormarsch in Jugoslawien*

*Unten: Übergang über die Pionierbrücke in Belgrad*

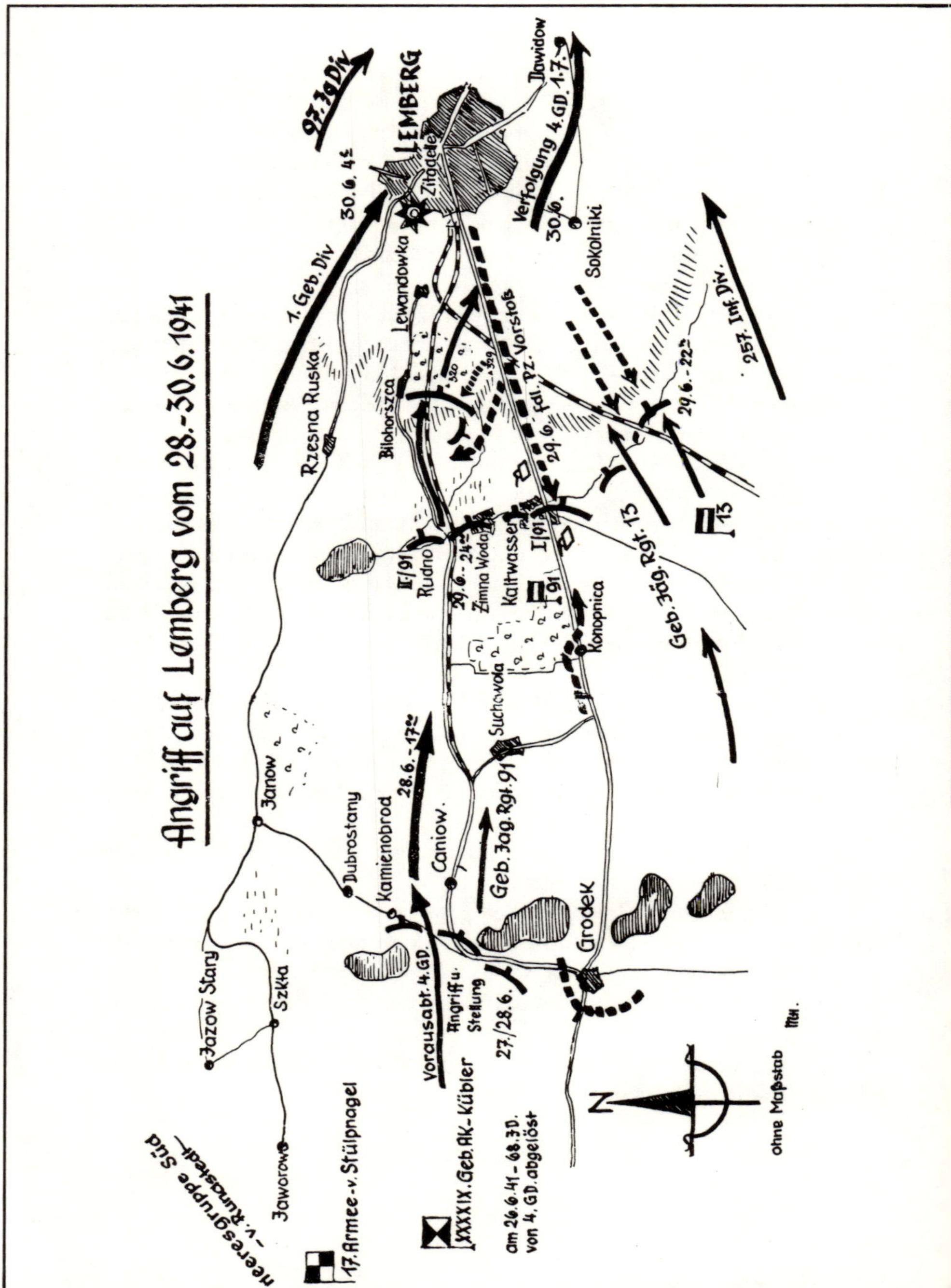


Der Angriff der Gebirgsjäger auf Lemberg vom 28. bis 30. Juni 1941

Und so geschah es dann auch: Die 4. Gebirgs-Division schwenkte südlich an Lemberg vorbei und verfolgte in anstrengenden Märschen den nach Osten ausweichenden Feind. Der 1. Gebirgs-Division, der Schwesterdivision der „Vierten", deren Name mit Lemberg geradezu mythisch verbunden ist, blieb es jedoch vorbehalten, am 30. Juni 1941, um 4.20 Uhr, so berichtet das Kriegstagebuch der „Ersten", „die Reichskriegsflagge auf der alten Zitadelle"[43]) zu hissen, nachdem der Russe die Stadt unerwartet in der Nacht zum 30. Juni geräumt hatte. Und weiter heißt es im Kriegstagebuch der 1. Gebirgs-Division:

„Die Regimentskommandeure rückten mit je einem Bataillon an der Spitze ihrer Truppen auf beide Zitadellen vor ... Artilleriefeuer auf Lemberg unterbleibt."[44])

Obwohl die 4. Gebirgs-Division im Süden von Lemberg harte Kämpfe ausgefochten hatte, war es ihr versagt geblieben, in die alte Universitätsstadt, in der auch heute noch der altösterreichische Einfluß unverkennbar ist, einzuziehen. Gewiß, für manche Gebirgsjäger der „Enzian"-Division eine herbe Enttäuschung.

Wenn man im nachhinein die Dinge nüchtern betrachtet, dann kommt man jedoch zu dem Schluß, daß die 4. Gebirgs-Division den entgangenen Einmarsch nach Lemberg nicht zu bereuen brauchte. Denn was sich vor dem Einmarsch der Deutschen in der Stadt ereignet hatte, all diese Grausamkeiten minuziös zu schildern, dagegen sträubt sich die Feder des Chronisten.

Nach dem Polenterror war es zu fürchterlichen Ausschreitungen der G.P.U. gegen die deutschfreundliche ukrainische Bevölkerung gekommen. Vor ihrem Abzug wurden Tausende von Volksdeutschen und Ukrainern zusammengeschleppt und in den düsteren Kellern der Gefängnisse auf bestialische Weise hingemordet. Ein Schauplatz dieses Massakers war der Hof des G.P.U.-Gefängnisses, in dem die scheußlichsten Verbrechen verübt worden waren.

Am 1. Juli kam es in Lemberg schließlich zu einem regelrechten Judenund Russenpogrom. Juden mußten die ermordeten Ukrainer zum Teil mit bloßen Händen ausgraben oder aus den Kellern, die mit dem Blut unschuldiger Männer, Frauen und Kinder besudelt waren, hervorholen, damit sie von ihren Angehörigen identifiziert werden konnten.

Die „Vierte" marschierte weiter, an der Stadt Lemberg, durch die Leichengeruch zog, vorbei: Richtung Südosten. Sie war dazu bestimmt, mit ihrem linken Nachbarn, der 97. leichten Infanterie-Division (Generalmajor Fretter-Pico), die Verfolgung von etwa zwei Restdivisionen des zurückweichenden Feindes aufzunehmen.

Häufig sahen die Jäger bei ihrem Vormarsch, daß die Ukrainer, die sich von einem ungeheuren psychischen Druck befreit fühlten, Triumphpforten für die Deutschen errichteten, auf denen sogar Hakenkreuzfahnen und

Inschriften wie „Heil dem Führer" oder „Wir begrüßen die Befreier" angebracht waren.

„Leider", so schrieb Generaloberst Heinz Guderian, der berühmte Panzergeneral, später in seinen Memoiren, „hielt diese günstige Stimmung der Bevölkerung gegenüber den Deutschen nur solange an, wie die wohlwollende Militärverwaltung regierte. Die sogenannten Reichskommissare haben es dann in kurzer Zeit verstanden, jede Sympathie für die Deutschen abzutöten und damit dem Partisanenunwesen den Boden zu bereiten."

Brzeczany, an der Zlota Lipa gelegen, hieß die Ortschaft, wo es der 4. Gebirgs-Division — sie war zu diesem Zeitpunkt der 1. Gebirgs-Division 50 Kilometer voraus — gelang, den zurückflutenden Feind zu stellen. Hören wir den Bericht von Leutnant Ludwig Kainz vom Gebirgs-Jäger-Regiment 13, der allgemein auch für das Gros der „Enzian"-Division gelten darf:

„Am späten Nachmittag des 3. Juli 1941 marschierten Teile des Gebirgs-Jäger-Regiments 13 durch den Ort Brzeczany, um ihre Biwakräume zu beziehen. Seit den Kämpfen um Lemberg war das Regiment nicht mehr zur Ruhe gekommen. Immer wieder hieß es, den kämpfend ausweichenden Feind zu stellen und ihm den Rückweg zu verlegen. Auch heute war es dem Regiment gelungen, eine Feindkolonne in der nördlichen Flanke einzuholen und ihr die Rückzugsstraße zu sperren.

Auf einer mit Obstbäumen bestandenen Wiese wurden Nachrichten- und Radfahrzeuge und die dem Regiment unterstellten Teile der Geb.-Nachr.-Abt. 94 unter Leutnant Ott eingewiesen. Tragtiere, Fahrzeuge, Karretten und Lasten fanden unter den Bäumen gute Deckung gegen Fliegersicht. Dazwischen wurden die Zelte gebaut — ein fast friedensmäßiges Bild wie aus guten Manöverzeiten. Ringsum herrschte weit und breit Ruhe.

Ungefähr einen Kilometer weiter südlich hatten Heerespioniere und Pak die Sicherung übernommen, rechts, an einen Bahndamm angelehnt, lag der Radfahrzug. In ein bis zwei Kilometer Entfernung nach Westen hatte das I. Bataillon seinen Gefechtsstand auf der die Stadt überragenden Höhe. Während ich noch mit der Einteilung der Wachen beschäftigt war, kam der Befehl zur Herstellung einer Nachrichtenverbindung zum I. Bataillon. Da die Möglichkeit dafür geradezu ideal war, wurde eine Blinkvorrichtung eingerichtet. Als die Station mit guter Sichtverbindung zur hochgelegenen Kirche funktionierte, gingen wir zwei Offiziere in unser gemeinsames Quartier, das bei den Fernsprech- und Funktrupps in der erhöht liegenden Häuserzeile entlang der Straße lag...

... Noch waren wir nicht fest eingeschlafen", schreibt Leutnant Kainz weiter, „als ich ein menschliches Rühren verspürte, das mich eilends nach draußen trieb. Aber wenn ich geglaubt hatte, allein und ungestört zu sein, dann irrte ich mich gewaltig. Auf der nahen Straße war es mehr als lebendig. Motorengeräusch wechselte mit dem dumpfen Poltern von Gespannfahrzeugen. Doch, was war das — bewegte sich der Lärm denn nicht in rückwärtiger Richtung? Mit einem Sprung war ich auf der Straße und erhielt von einer langsam vorbeirollenden Pakbedienung die Auskunft, daß sie Befehl hätte, sich vor gemeldeten Feindkolonnen und Kavallerie abzusetzen. Dabei lag unsere Stabskompanie in seliger Ruhe! Mit ein paar Sätzen war ich wieder im Quartier, und in wenigen Minuten war die Kompanie alarmiert.

Nicht zu früh, denn in der Ferne war bereits Gefechtslärm zu hören. Es mußte beim I. Bataillon sein. Leuchtzeichen stiegen hoch. Niemand wußte, ob die eigenen südlichen Sicherungen noch standen. Eine letzte vorbeirollende Heerespak wurde angehalten und unterstellt, sie verstärkte so die Abwehrkraft der Stabskompanie. Die Blinkverbindung klappte vorzüglich und meldete starke Angriffe beim I. Bataillon. Bald kam die Nachricht: ‚Durchbruch starker pferdebespannter Kolonnen und Reiter auf der Straße in Richtung Regimentsgefechtsstand'.

Noch waren sie nicht da, doch ein Brausen und Rasseln auf der Straße ließ die wilde, verwegene Jagd ahnen. Urrä-Geschrei, MG-Geknatter, Leuchtspurgeschoße, Räderrollen und Pferdegetrampel im nächtlichen Dunkel — eine schaurige Nacht! Nun waren sie heran, stauten sich einen Augenblick an einer Eisenbahnunterführung — ein Teil brach durch auf unsere Abwehr zu. Sprenggranaten der Pak knallten an die Mauern der Unterführung und rissen mit ihrer furchtbaren Splitterwirkung Tod und Verderben in die heranbrausende Kolonne. Fahrzeuge und Reiter, die vordersten bis auf fünf Meter herangekommen, blieben in wirrem Knäuel liegen und wirkten so als Sperre für die folgenden. Von der aufprallenden Masse sprangen Fahrer und Reiter von den Pferden, gingen in Stellung und erwiderten das Feuer. Bei uns traten die ersten Ausfälle ein und mehrten sich in kurzer Zeit. Verwundete riefen nach dem Sanitäter, der inmitten seiner Hilfeleistung für die Kameraden tot zusammenbrach.

Langsam, viel zu langsam wich die Nacht und gab endlich richtiges Schußlicht. Immer wieder versuchten die abgesessenen Reiter, mit Urrä-Gebrüll Boden zu gewinnen. Aber die Jäger und Nachrichtenmänner hielten unerschüttert stand. Die ersten Gefangenen wurden eingebracht und zum Regiment weitergeleitet.

In der Stadt selbst schien ein tolles Durcheinander zu herrschen. Fast ununterbrochen detonierten die Handgranaten, mit denen die Häuser gesäubert wurden. Endlich erlosch mit dem Hellwerden der Kampflärm, knallten nur noch ab und zu einige Pistolenschüsse. Schritt für Schritt kämmten die Jägerzüge die Straßen ab, die verstopft waren mit umgeworfenen Fahrzeugen und Panjewagen. In dichten Haufen lagen die Toten, hingen die Pferde noch in Geschirren und Strängen. Wirr ringelten sich die

Drähte der Leitungen und vervollständigten das Bild der Verwüstung und Zerstörung.

Vor den offenen Gräbern nahmen die Männer des Rgt.-Nachr.-Zuges und der Nachr.-Abt. Abschied von ihren toten Kameraden. Es waren die ersten Lücken", schließt Leutnant Kainz seinen Bericht, „die der Krieg in ihre Reihen gerissen hatte. Dann befand sich das Regiment wieder auf dem Marsch durch die Getreidefelder von Uwsie ..."[45])

Nachdem sich die „Enzian"-Division in den Kämpfen um Brzeczany hervorragend bewährt hatte, folgte sie in rastlosen Märschen und teils erbitterten Kämpfen dem Feind: Am 5. Juli setzte sie, nachdem sie mehrere Brückenköpfe gebildet hatte, über den Serethfluß; am 7. Juli, bereits drei Tagesmärsche von Brzeczany entfernt, wurde die alte polnisch-russische Grenze überschritten. Der Zbrucz bildete seinerzeit den Grenzfluß.

Der Russe schien plötzlich einen Verbündeten bekommen zu haben: Es begann zu regnen, und zwar mit einer solchen Regelmäßigkeit — meistens zwischen 16.00 und 18.00 Uhr —, daß die wenigen befahrbaren Wege und Straßen sich bald in den berühmten russischen Schlamm auflösten und damit für die motorisierten Truppenteile unpassierbar wurden. Zu guter Letzt, um das Chaos perfekt zu machen, blockierte die SS-Division „Wiking" mit zahllosen Kolonnen tagelang die Vormarschstraße der Gebirgsjäger. General Kübler, Kommandierender General des XXXXIX. Gebirgs-Armeekorps, unterrichtete hierüber seinen Armeeführer:

„Ich melde, daß durch die Vorkommnisse ... die Verfolgung meines Korps mindestens um 48 Stunden verzögert worden ist. Durch das Stocken der Verfolgung ist es starken Feindkräften gelungen, nach Osten hinter die Stalin-Linie zu entkommen."

Unter diesen ungünstigen Vorzeichen — zudem noch zeitweise in drei Teile gespalten, was die Versorgungslage erschwerte — bewegte sich die 4. Gebirgs-Division, angeführt von den verstärkten Gebirgs-Jäger-Regimentern mit ihren Tragtieren, denen die bespannten Teile der „Enzian"-Division und in weitem Abstand schließlich die durch den Schlamm fast unbeweglich gewordenen motorisierten Truppenteile folgten, in Richtung Stalin-Linie.

In den Soldbüchern der Gebirgsjäger wurden die bisherigen Einsätze als „Grenzschlachten in Galizien" eingetragen: 22. — 30. Juni 1941 Schlacht um Lemberg; 1. Juli — 11. Juli 1941 Durchstoß auf Proskurow und Verfolgung zur Stalin-Linie.

## Durchbruch durch die Stalin-Linie

Das XXXXIX. Gebirgs-Armeekorps, dem unter anderem die 4. und die 1. Gebirgs-Division unterstellt waren, hatte in tagelangen Gewaltmärschen den Feind, der sich immer wieder geschickt abzusetzen vermocht hatte, verfolgt. Rund 250 Kilometer waren die Gebirgsjäger von Lemberg aus in Richtung Osten marschiert. Am Morgen des 12. Juli 1941 standen die Spitzen der „Enzian"-Division nordostwärts von Proskurow im Vorfeld der zweiten russischen Verteidigungslinie und erwarteten, daß sich der Gegner zumindest hier zum Kampf stellen würde, um dem Namen des Mannes, nach dem sie benannt wurde, alle Ehre zu machen: die Stalin-Linie, die „Maginot-Linie" der Russen, die besonders stark am Wolk- und Bohabschnitt befestigt war.

Aber weit gefehlt — kein Widerstand des Feindes! Der Russe hatte es auch hier vorgezogen, sich zurückzuziehen und in seinem Bollwerk aus Stahl, Beton, Stacheldrahtverhauen, Felsstellungen, weit verzweigten Grabensystemen und Minensperren zu verbarrikadieren. Die Erkundungen, die von den Gebirgsjägern in den nächsten Tagen durchgeführt wurden, um sich ein genaues Bild von diesem Befestigungswerk zu machen — Einzelheiten über den genauen Verlauf der Stalin-Linie, über die Tiefe und Stärke der Anlagen sowie über die Stärke der Feindbesetzung selbst waren nicht bekannt und mußten durch Gefechtsaufklärung erst erbracht werden —, ergaben folgendes Bild:

„Die Stalin-Linie", so faßte Major Hörl seine Erkenntnisse zusammen, „verlief vom Wolk an und vor der 1. und 4. Gebirgs-Division etwa in südostwärtiger Richtung. Sie war eine ausgebaute, befestigte Stellung mit zahlreichen Betonbunkern, mit Hindernissen und ergänzenden Feldstellungen.

Eine große Anzahl von Bunkern konnte, obwohl gut getarnt, durch sorgfältige Beobachtung und Erkundung ausgemacht werden. Doch mußte damit gerechnet werden, daß die Anzahl noch versteckt in Mulden und Senken lag, die erst im Verlaufe des Angriffs, vor allem durch ihr flankierendes Feuer, in Erscheinung trat. Es mußte außerdem damit gerechnet werden, daß die in die Befestigungslinie einbezogenen Ortschaften zu starken Stützpunkten ausgebaut waren. Nach Fliegermeldungen und vorhandenen Stellungskarten hatte die Stalin-Linie eine Tiefe von 3 — 5 Kilometern. Bei der Annäherung ergab das Feindbild, daß der Russe zur nachhaltigen Verteidigung entschlossen war. Bei dem Vorfühlen der Gebirgsdivision verhielt sich der Feind jedoch abwehrmäßig auffallend ruhig, ja fast sorglos."[46])

Die Aufklärung der 4. Gebirgs-Division hatte ergeben, daß ausgerech-

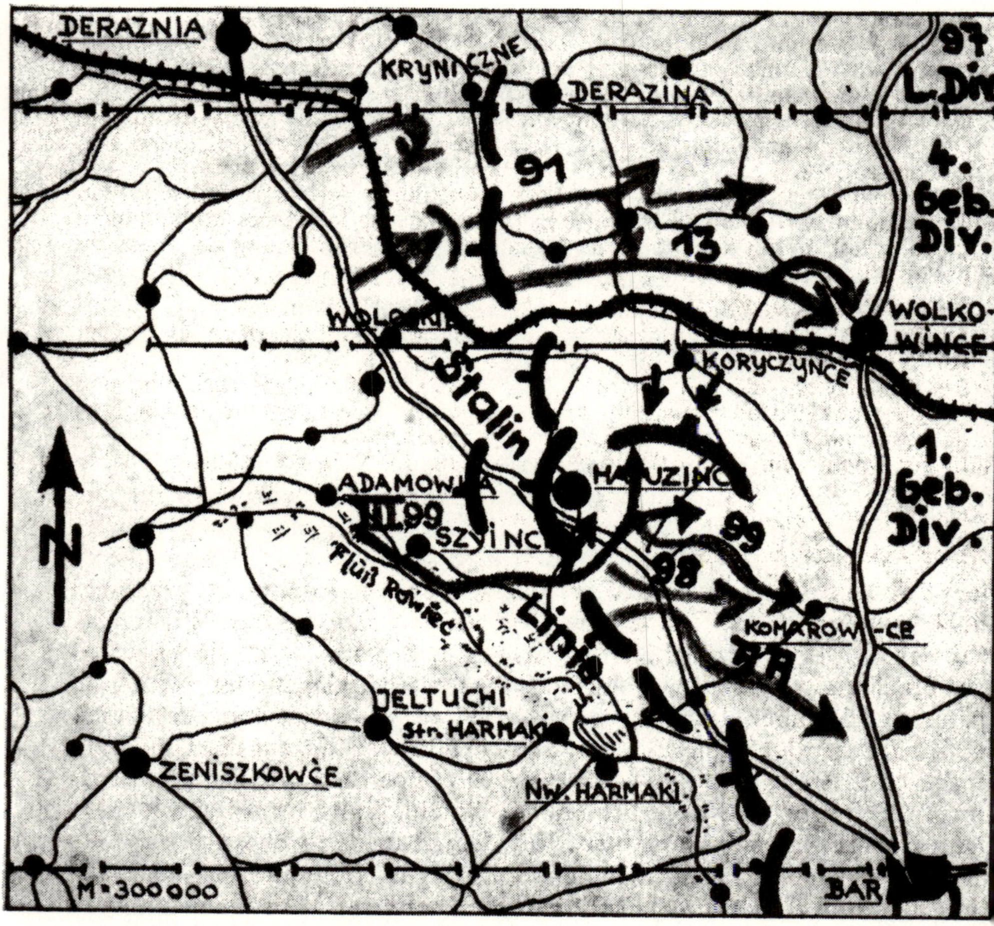


Der Durchbruch der 4. Gebirgs-Division durch die Stalin-Linie. Rechts von ihr die 1. Gebirgs-Division, links die 97. leichte Infanterie-Division

net in ihrem Angriffsstreifen, zwischen den Ortschaften Karitschinzy und Derashuje, ein Schwerpunkt der Stalin-Linie mit besonders vielen und geschickt angelegten Befestigungswerken, starken Draht- und Eisenpfostensperren, mit gut getarnten Betonbunkern lag. Die Gebirgsjäger und Gebirgspioniere, denen die Hauptlast des bevorstehenden Angriffs zufallen sollte, waren also gewarnt. Manch einer dachte an die Kämpfe um die französische Maginot-Linie oder um die griechische Metaxas-Linie und suchte nach Parallelen. In jedem Fall beflügelte nun die Stalin-Linie die Phantasie der Soldaten der Angriffsbataillone und -regimenter.

Es war am 13. Juli 1941, Punkt acht Uhr morgens, als der Kommandierende General des XXXXIX. Gebirgs-Armeekorps, General Kübler, die Kommandeure seiner Divisionen auf dem Gefechtsstand der 4. Gebirgs-Division in Michalpol zu einer Besprechung empfing.

„Mein Korps", begann Kübler seine Ausführungen, „hat einen Angriffsstreifen gegen eine befestigte Stellung von 60 Kilometern vor sich. Zum Angriff stehen drei Divisionen zur Verfügung. Das sind in vorderster Linie die beiden Gebirgsdivisonen und die 97. leichte Jäger-Division.*) Die 125. Infanterie-Division folgt in zweiter Linie. Sie wird voraussichtlich für den Angriff gegen die Stalin-Linie nicht verfügbar sein. Im Korpsabschnitt sind geländemäßig zwei Abschnitte deutlich erkennbar. In der Mitte des Korpsabschnittes und weiter nach Norden verläuft die Stalin-Linie hinter den natürlichen Hindernissen der Flüsse Wolk und Boh. Beide Flüsse sind als absolute Hindernisse anzusprechen. Ihre Bedeutung wächst dadurch, daß sie sich in zahlreiche Weiher und Teiche erweitern. Letztere sind seit langem angestaut. Luftbildaufnahmen lassen erkennen, daß nur an ganz wenigen Stellen an einen Angriff gedacht werden kann. Das rechte Drittel des Korpsabschnitts weist kein Hindernis vor der Stalin-Linie auf. Zum Ausgleich ist dieses Drittel — der Angriffsstreifen der beiden Gebirgsdivisionen — besonders mit Betonbunkern und Feldstellungen ausgebaut. Das Dorf Galusinzy scheint das Herzstück zu sein.

Ich habe mich daher entschlossen", fuhr der Kommandierende General fort, „die beiden Gebirgsdivisionen zu einem einheitlichen Durchbruch zusammenzufassen. Der leichten Jägerdivision ist die Aufgabe zugedacht, durch Einzelunternehmungen gemischter Gefechtsgruppen den Feind in der Mitte zu fesseln und Angriffsabsichten vorzutäuschen. Mir kommt es darauf an, daß beide Gebirgsdivisionen dicht südlich und nördlich der Eisenbahnlinie derart nebeneinander angreifen, daß die Korpsartillerie sowohl bei der einen oder anderen Division wirksam eingreifen kann. Sie haben noch Zeit für weitere Erkundungen. Ich setze den Angriff auf den 15. Juli fest."[47])

„Der Angriff", so fügte General Kübler später hinzu, „wird für 10.00 Uhr befohlen — und zwar so, daß der Schwerpunkt auf den inneren Flügeln der beiden Gebirgsdivisionen, der ‚Enzian'- und der ‚Edelweiß'-Division, zu liegen hat".

Als Tagesziel wurde die Nordsüd-Straße, die von Warinka über Wolkowinzy nach Bar führt, befohlen.

Generalmajor Eglseer, der Kommandeur der „Vierten", war auf Grund der Ergebnisse der sorgfältig durchgeführten Aufklärung und Beobach-

*) Richtig: Leichte Infanterie-Division. Am 10. Dezember 1940 als 97. leichte Infanterie-Division aufgestellt. Am 6. Juli 1942 in 97. Jäger-Division umbenannt und umgegliedert.

tung der Stalin-Linie zu dem Ergebnis gekommen, daß es für seine Division das beste sei, diese zweite russische Verteidigungslinie mit allen Kräften auf der gesamten Breite des Angriffstreifens gleichzeitig anzugreifen und zu nehmen. Wir werden im folgenden sehen, ob und inwieweit das den Gebirgsjägern und den Gebirgspionieren gelungen ist.

Nach der Bereitstellung der einzelnen Truppenteile der Division am 13. und 14. Juli erfolgte am sonnigen, leicht windigen 15. Juli, um 10.00 Uhr, mittels Stoßtrupps der Angriff gegen die Stalin-Linie. Zuvor hatte die Artillerie, den dichten Frühnebel ausnützend, in dreistündigem Feuer, das immer wieder verlegt wurde, sowie mit 8,8 cm-Flak-Geschützen, die zum Schartenbeschuß eingesetzt wurden, die russischen Verteidigungsanlagen sturmreif geschossen, während die Gebirgspioniere Sturmgassen für die Gebirgsjäger in die Drahtverhaue geschnitten hatten. Leichter als allgemein erwartet, gelang den Jägern und Sturmpionieren der Einbruch in das feindliche Hauptkampffeld, ja er führte relativ rasch zum Durchbruch der Befestigungslinie.

Nacheinander wurden Bunker um Bunker genommen, Draht- und Eisenhöckersperren gesprengt, Minengassen durch die dichten Minensperren geschlagen und so die Befestigungslinie aufgerissen. Es wurde schon im ersten Ansturm ein tiefer Einbruch erzielt, in den laufend weitere Kräfte und vor allem auch schwere Waffen übergesetzt wurden.[48]) Allein im rechten Schwerpunktstreifen des Gebirgs-Jäger-Regiments 13 wurden 16 Bunker eingenommen, etwa 35 Gefangene gemacht und sieben Geschütze erbeutet.

Im weiteren Angriffsverlauf gelang den 13ern gar noch am selben Tag der Vorstoß bis in die Waldstücke kurz vor Wolkowinzy. Damit hatten die Jäger und Pioniere die Stalin-Linie in einer Tiefe von etwa 15 Kilometern durchbrochen. Aber nicht nur das Gebirgs-Jäger-Regiment 13 hatte die befohlenen Ziele erreicht, auch das Gebirgs-Jäger-Regiment 91, das um 21.30 Uhr zum Nachbarregiment aufgeschlossen hatte, konnte der Division melden, daß es das vom XXXXIX. Gebirgs-Armeekorps gesteckte Tagesziel erreicht hatte: die Straße Wolkowinzy — Warnyka.

Zufrieden sah Generalmajor Eglseer auf die Karte, in die der 1. Generalstabsoffizier die Angriffsbewegungen seiner Division eintrug. Den Linienführungen seiner Truppenteile und denen des geworfenen Gegners konnte er entnehmen, daß seine Jäger insgesamt rund 15 Kilometer tief durchgestoßen waren und dabei Schützenstellungen, Minensperren, MG-Nester und nicht weniger als 72 Bunker außer Gefecht gesetzt und erobert hatten. Groß war der Kampferfolg. Neben 600 Toten und 450 Gefangenen hatte der Russe 23 Geschütze und 220 Maschinengewehre im Angriffsstreifen der 4. Gebirgs-Division verloren. Demgegenüber waren die Verluste der „Vierten" relativ gering: 30 Gebirgsjäger, davon 1 Offizier, 29 Unteroffiziere und Mannschaftsdienstgrade waren gefallen, 6 wurden vermißt und 2 Offiziere und 123 Unteroffiziere und Mannschaftsdienstgrade waren verwundet.

Obwohl der Angriff und der Durchbruch des XXXXIX. Gebirgs-Armeekorps und seiner unterstellten Divisionen durch die sowjetischen Verteidigungsanlagen ein großer Erfolg war, der dazu noch an einem einzigen Tage erzielt worden war, wollte bei den verantwortlichen Kommandeuren keine rechte Freude aufkommen, denn der Masse des Feindes, die von Marschall Semjon Budjonny befehligt wurde, war es abermals gelungen, sich geschickt in Richtung Osten abzusetzen.

„Wie lange", so fragte man sich, „soll dieses Katz-und-Maus-Spiel noch weitergehen?"

Niemand konnte darauf eine Antwort geben.

So mußten die Gebirgsjäger der „Enzian"-Division — und mit ihnen die Soldaten von nicht weniger als drei Korps (rechts vom XXXXIX. Gebirgs-Armeekorps das LII. Armeekorps und links das IV. Armeekorps) — Kilometer um Kilometer weitermarschieren, um dem weichenden Feind auf den Fersen zu bleiben. Unterwegs wurde, als Aufmunterung gewissermaßen, der Tagesbefehl des Oberbefehlshabers der 17. Armee, General von Stülpnagel, verlesen:

„Meine Soldaten!

Die Armee hat in achttägigen schweren Kämpfen unter schwierigsten Geländeverhältnissen eine neuzeitlich ausgebaute, tiefgegliederte Bunkerstellung nach Art des Westwalls durchbrochen. Sie hat immer wiederkehrende verzweifelte Angriffe starker feindlicher Panzerkräfte und Infanterieteile abgeschlagen und dem Feind schwerste blutige und Geräteverluste zugefügt. Es wurden rund 12.000 Gefangene, 113 Geschütze eingebracht und 269 Kampfwagen vernichtet. Dieser Erfolg beweist die Überlegenheit, die Moral, die Ausbildung und die Hingabe des deutschen Soldaten. In treuer und dankbarer Kameradschaft gedenken wir der Opfer, entschlossen, diesen Kampf mit aller Härte zu einem siegreichen Ende zu führen. Dazu ist rastlose Verfolgung notwendig, um den Feind weiter zum Kampf zu stellen und zu vernichten, wo wir ihn treffen können."

## Der Kampf um Winniza

„Marschieren, marschieren — dem Feind auf den Fersen bleiben; ihn nicht zur Ruhe kommen lassen; ihn stellen und schlagen, wo sich die Gelegenheit dazu bietet", so lautete die Parole für die vorwärtsstürmenden Regimenter der 4. Gebirgs-Division , denen bereits eine Abteilung unter Oberst Prybill vom Divisionskommando vorauseilte.

Durch ährenschwere Getreidefelder zogen die Gebirgsjäger südostwärts, in Richtung Winniza, der Hauptstadt des ukrainischen Podolien, wo der Feind, etwa 50.000 Soldaten der sowjetischen 6. und 12. Armee, vor dem Überqueren der Wasserbarriere des Bug endgültig geschlagen werden sollte. Zahlreiche, von beiden Seiten mit aller Härte geführte Kämpfe auf dem Weg zum Strom deuteten bereits an, was die Jäger erwartete. Neben der Vormarschstraße der „Enzian"-Division lagen zerschossene und teilweise noch qualmende Russenpanzer. Noch einmal versuchte die Rote Armee, den Siegeslauf der deutschen Gebirgsjäger zu stoppen. Die Stellungen der Jäger wurden mit schwerem Artilleriefeuer belegt, um die Kampfkraft der Angreifer zu zermürben.

Drei volle Tage lang dauerten in den Wäldern bei Ludawka, Jozwin und Lityn die verlustreichen Kämpfe mit den russischen Nachhuten. Eine völlig neue Schützendivision sollte den Deutschen den Weg nach Winniza versperren. Es half den Russen jedoch nicht mehr allzu viel. Die Schützendivision wurde in dreitägigen harten Kämpfen nahezu aufgerieben. Bei diesen auch für die Gebirgsjäger verlustreichen Kampfhandlungen fiel am 19. Juli 1941 der Kommandeur des Gebirgs-Jäger-Regiments 13, Oberst August Sorko, bei Machnowka. Hauptmann Franz Türk, mit dem Sorko seit dem Ersten Weltkrieg eng befreundet war, erinnert sich an den Soldatentod des Österreichers, der bereits mit seiner Freiwilligenkompanie im Kärntner Freiheitskampf von 1920 hervorgetreten war:

„Ein Mannesschicksal erfüllt sich. Irgendwo eine Lehmhütte, strohbedeckt, vor ihr ein kleiner Wiesengrund und nahe ein Waldrand. Es ist der Gefechtsstand des Regiments. Eine Granate schlägt ein, nichts ist geschehen. Eine zweite, alles stutzt und wird vorsichtig. In seiner gewohnten Gemütsruhe meint der Kommandeur: ‚Fehlt nur noch die Gabel'. In dem gleichen Augenblick zischt eine Baumkrone, ein Krachen und Bersten, es war der dritte Einschlag, seine Opfer Oberst Sorko und sein getreuer Gefechtsschreiber. Ein Held ist gefallen, wie lähmendes Entsetzen legt sich das Ereignis für eine geraume Weile auf alle jene, die es erlebten. Ein Kamerad drückt seinem heißgeliebten Oberst das gebrochene Auge zu, ein letzter Liebesdienst. Eine Leier ist verstummt, ein Lied ist verklungen und ein Speer ist zerbrochen ..."[49])

Nachfolger von Oberst Sorko, im wahrsten Sinne des Wortes ein alter Haudegen, der bereits im Norwegenfeldzug als Kommandeur des II./Gebirgs-Jäger-Regiments 137 das Ritterkreuz des Eisernen Kreuzes erworben hatte, wurde Oberst von Thaysen. Es war, als wollten die Angehörigen des Gebirgs-Jäger-Regiment 13, nachdem sie ihren gefalle-

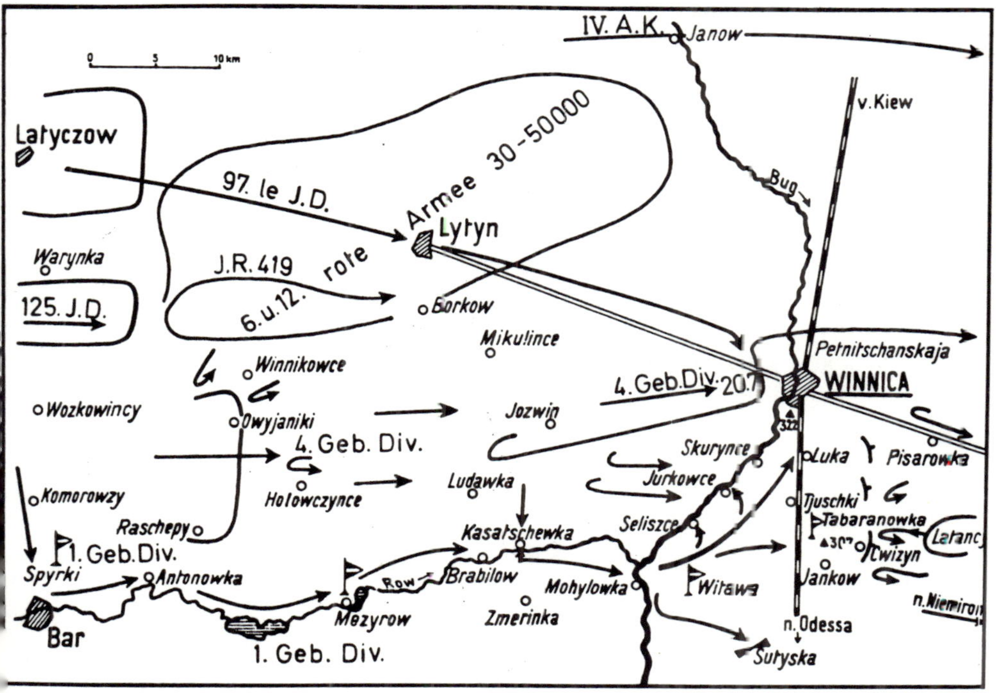


Vorstoß der 4. Gebirgs-Division auf Winniza und Einschließungsoperation am 16./20. Juli 1941

nen Kommandeur auf dem Soldatenfriedhof in Machnowka in die heißumkämpfte Erde zur letzten Ruhe gebettet hatten, den Russen den Soldatentod Sorkos heimzahlen. Stumm und verbissen rangen sie die feindlichen Stellungen der russischen Nachhuten am Ostrand von Machnowka nieder und öffneten damit die Straße nach Winniza.

Man schrieb den 20. Juli 1941, als die 4. Gebirgs-Division, nachdem sie den Schwerpunkt des feindlichen Widerstandes nach harten Kämpfen in den großen Wäldern westlich von Winniza zerschlagen hatte, am Vormittag in die Stadt einrückte.

Winniza befand sich nun zwar in deutscher Hand, aber die Brücken über den Bug waren zerstört und der Sieg, den man in den Kämpfen um die Stadt errungen hatte — über 10.000 Gefangene waren eingebracht worden — erwies sich als Pyrrhussieg. Dem Feind war zwar der Rückzug durch Winniza nicht gelungen, er hatte es aber geschafft, sich mit der Masse seiner bereits umzingelten Kräfte nördlich davon — durch den Uferwechsel über den Bug in der Nacht vom 19. zum 20. Juli — noch einmal der südlichen deutschen Zange, die sich nicht rechtzeitig schloß, zu entziehen. Etwa 30.000 Soldaten der sowjetischen 6. und 12. Armee, die sich zwischen der Stalin-Linie und dem Bug auf dem Rückzug befanden, konnten somit aus der drohenden deutschen Umklammerung nach Nordosten entfliehen. Wieder einmal war von den deutschen Gebirgsjägern eine bedeutende Schlacht geschlagen worden, aber der Gegner war dennoch nicht entscheidend geschwächt.

Selbstkritisch schrieb Ludwig Kübler, damals Kommandierender General des XXXXIX. Gebirgs-Armeekorps, in sein Kriegstagebuch:

„Der Abschluß der Schlacht von Winniza hat nicht den großen operativen Erfolg gebracht, der zum Greifen nahe lag. Zwar hat das Gebirgskorps einen Sieg errungen, aber der linke Zangenarm hat sich nicht geschlossen. Der ersehnte Vorstoß der Gruppe Schwedler von Norden auf Winniza ist ausgeblieben. So war dem Feind ein Ausweg gelassen, den er geschickt zu nutzen verstand."

Am 21. Juli 1941 wurde die 4. Gebirgs-Division Armeereserve. Damit erhielt sie einige Ruhetage in Winniza.

„Wann wird der Russe endgültig am Boden liegen?" fragten sich die Gebirgsjäger, die des tage- und wochenlangen Hinterherlaufens bereits überdrüssig zu werden begannen.

„Wie und in welcher Richtung", so rätselten die Kommandeure, „sollte es weitergehen?"

Die „Weisung Nr. 33" vom 19. Juli 1941 zur „Fortführung des Krieges im Osten" war da schon deutlicher:

„1.) Die zweite Schlachtenfolge im Osten hat auf der ganzen Front mit dem Durchbruch durch die Stalin-Linie und weitem Vortreiben der Panzertruppen geendet. Bei der Heeresgruppe Mitte wird die Beseitigung der zwischen den schnellen Verbänden verbliebenen starken feindlichen Kampfgruppen noch geraume Zeit in Anspruch nehmen.

Der Nordflügel der Heeresgruppe Süd ist durch die Festung Kiew und die sowjetische 5. Armee im Rücken in seiner Wirkung und Bewegungsfreiheit gehemmt.

2.) Ziel der nächsten Operation muß es sein, weitere starke Teile des Feindes am Ausweichen in die Weite des russischen Raumes zu verhindern und sie zu vernichten. Hierzu sind die Vorbereitungen in folgender Richtung einzuleiten:

a) Südostfront:

Das wichtigste Ziel ist, die feindliche 12. und 6. Armee durch konzentrischen Angriff noch westlich des Dnjepr zu vernichten. Den rumänischen Hauptkräften wird der Schutz dieser Operation im Süden zufallen.

Auch die feindliche 5. Armee wird am ehesten durch Zusammenwirken von Kräften des Südflügels der Heeresgruppe Mitte und des Nordflügels der Heeresgruppe Süd vernichtend geschlagen werden können.

Neben Eindrehen von Infanteriedivisionen der Heeresgruppe Mitte nach Süden werden auch weitere, vor allem Schnelle Kräfte nach Erledigung ihrer jetzigen Aufgabe und Sicherung ihrer Versorgung sowie Abschirmung Richtung Moskau in südostwärtiger Richtung anzusetzen sein, um dem auf das jenseitige Dnjeprufer übergetretenen Feind das Entkommen in die Weite des russischen Raumes abzuschneiden und ihn zu vernichten ...“[50])

Da stand es also schwarz auf weiß: „Das wichtigste Ziel ist, die feindliche 12. und 6. Armee durch konzentrischen Angriff noch westlich des Dnjepr zu vernichten.“

Das bedeutete für die Gebirgsjäger: marschieren, marschieren, marschieren ...

Und das Kriegsrad drehte sich weiter — immer weiter Knapp drei Ruhetage waren der 4. Gebirgs-Division in und um Winniza vergönnt, dann trat sie wieder die Verfolgung des zurückweichenden Gegners an. Immer in der Hoffnung, ihn in der nächsten Schlacht endgültig zu schlagen.

Träge zog der Bug, wie die meisten russischen Flüsse, durch die endlose Weite des Landes, an Städten und ärmlichen Dörfern vorüber.

Am 23. Juli 1941 überschritten die Truppenteile der „Enzian“-Division auf einer von deutschen Pionieren erbauten Brücke den Bug — und zwar zur Verfolgung des Gegners in Richtung Südosten. Die „Vierte“ hatte den Auftrag, an der großen, sich bereits abzeichnenden Umfassungsschlacht bei Uman — Podwyssokoje teilzunehmen. An jenem Tag, als die Division Winniza verließ, sandte Generalmajor Eglseer folgenden Tagesbefehl an seine brave Truppe:

„Soldaten der 4. Gebirgs-Division!

Der Oberbefehlshaber der Armee, General der Infanterie v. Stülpnagel, und vor allem der Kommandierende General des XXXXIX. (Geb.)A.K., Gen. der Infanterie Kübler,* haben mich beauftragt, allen Angehörigen der Divison und vor allem der Kampftruppe die vollste Anerkennung und das uneingeschränkte Lob für die Taten und Leistungen im bisherigen Feldzug gegen Rußland, insbesondere beim Durchbruch durch die Stalin-Linie und in der Schlacht um Winniza, zu übermitteln.

* Richtig: General der Gebirgstruppen. Da die Gebirgsjäger, die Jäger und Skijäger zur Infanterie gezählt wurden, erhielten die Generale der Gebirgstruppe in den Anfangsjahren, als die Gebirgstruppe der Deutschen Wehrmacht noch im Aufbau war, den Zusatz General der Infanterie; entsprechend dem General der Artillerie.

Weder Hitze noch Staub noch Regen und Schlamm oder zähester Widerstand des Feindes haben je Euren Vorwärtsdrang aufhalten können. Die Division hat nach den Worten des Kommandierenden Generals alles geleistet, was man überhaupt verlangen und erwarten kann.

Ich schließe mich aus vollem Herzen dieser Anerkennung unseres Vorgesetzten an und füge meinen Dank bei.

Ich bin stolz auf Euch!“

## Die Umfassungsschlacht bei Podwyssokoje und Kopjenkowata

Bereits am 19. Juli 1941, als sich die Kämpfe um Winniza ihrem Ende näherten, hatte die 17. Armee folgenden Befehl herausgegeben:

„XXXXIX. (Geb.)A.K. ordnet nach Abschluß der Schlacht von Winniza baldmöglichst seine Verbände zum weiteren Vorgehen mit rechtem Flügel auf Nemirow, mit linkem Flügel auf Ilince.“

Dieser Befehl leitete den Vorstoß des XXXXIX. Gebirgs-Armeekorps — ihm gehörte seinerzeit neben der 1. und 4. Gebirgs-Division die 125. Infanterie-Division und die 97. leichte Infanterie-Division, zeitweise aber auch die 295. Infanterie-Division, die 100. leichte Infanterie-Division und die schnelle slowakische Brigade des Obersten Pilvousek an — von Winniza auf Uman ein. Die 4. Gebirgs-Division, die mit der Brigade Pilvousek als Korpsreserve im Raum um Winniza rastete, erreichte vor ihrem Aufbruch in Richtung Südosten am 23. Juli, 15.00 Uhr, folgender Befehl:

„4. Gebirgs-Division tritt in der Nacht 23./24. Juli den Weitermarsch auf Obodne an.“

Damit waren die Ruhetage für die „Vierte“ endgültig vorbei. Die Verfolgung des zurückweichenden Gegners zielte unter anderem über Gaissin, Rossoscha, Pogoreloje und Maxinowka auf Ropotucha. Während die 1. Gebirgs-Division bei Brazlaw sicherte und rastetete, marschierte die Schwesterdivison, der 97. leichten Infanterie-Division folgend, in den Raum von Wolodowka — Michajlowka, der bereits 20 Kilometer südostwärts von Winniza lag. Der Auftrag des XXXXIX. Gebirgs-Armeekorps an die 4. Gebirgs-Division lautete, daß sie sich mit der „Ersten“ zu neuen

*Oben: Wegweiser in einer serbischen Ortschaft in Richtung Heimat . . .*

*Unten: . . . stattdessen ging der Krieg weiter. Am frühen Morgen des 22. Juni 1941 hören die Gebirgsjäger aus dem Radio die Sondermeldung über die deutsche Kriegserklärung an Rußland*

Nach Balingen
1843,7 km
Belgrad 60 km
Vreoci 6,7 km

Einsätzen bereitzuhalten habe. Diesem Befehl lag folgende Weisung für den 25. Juli zugrunde:

„XXXXIX. (Geb.)A.K. setzt unter Zurückwerfen der feindlichen Nachhuten die Verfolgung Richtung Uman fort."

Und so geschah es dann auch. Obwohl Regen und Gewittergüsse die Wege grundlos gemacht und die Bewegung der deutschen Divisionen schwer gehemmt hatten, erhielten die Gebirgsjäger bald wieder Fühlung mit dem zurückweichenden Feind, der in der Weite des Landes, aber auch in den nicht selten von großen Baumplantagen umgebenen Ortschaften der Ukraine zähen, meist hinterhältigen Widerstand leistete.

Am 25. Juli erging an die 4. Gebirgs-Division ein weiterer Befehl. Er besagte, daß die Division am 26. Juli Nemirow zu erreichen habe. An jenem 26. Juli setzte sich die Masse des Feindes weiter in Richtung Uman ab, während seine Nachhuten nur schrittweise und unter hartnäckigem Widerstand nach Osten auswichen. Dennoch erreichte die „Vierte" planmäßig als Korpsreserve Nemirow. Noch in der Nacht sollte sie auf Grund der allgemeinen Lage Brazlaw erreichen und damit zur 1. Gebirgs-Division aufschließen. Nun galt es, dem Gegner zu folgen. Im Nachtmarsch wurde die „Enzian"-Division auf Gaissin, später auf Kublitsch angesetzt, während die „Erste" den Auftrag erhielt, Dubowo am Rewucha-Abschnitt, 20 Kilometer südostwärts von Uman gelegen, zu erreichen. Mit dieser Stoßrichtung zeichnete sich bereits deutlich eine überholende Verfolgung der Russen durch das XXXXIX. Gebirgs-Armeekorps ab.

Wie sah nun die Lage in der Ukraine um den 28. Juli 1941 aus? Lesen wir im folgenden, wie sie der Kommandierende General des XXXXIX. (Geb.)A.K., Kübler, beurteilte:

„Auf dem rechten Flügel der Heeresgruppe nähert sich die 11. Armee südlich des Bug der Linie Balta — Berschad. Eine Vorausabteilung ist weit nach Osten bis Kriwoje Osero vorgestoßen. Der Feind vor der Front der Armee weicht nach Südosten aus und sucht das Tempo der Verfolgung auch durch Vorstöße auf die Südflanke der Armee zu verzögern.

Weiter nördlich ist der rechte Flügel der 17. Armee im Vordringen gegen die Linie Wojtowka — Teplik. Auch hier ist der Feind unter Nachhutwiderstand im Rückzug.

*Oben: Gebirgsjäger auf der großen Vormarschstraße nach Lemberg im Sommer 1941*

*Unten: General Eglseer und Oberst Sorko beim Kartenstudium während des Vormarsches im Raume Lemberg*

Die Lage beim XXXXIX. (Geb.)A.K. ist bekannt. Besonders bedeutungsvoll ist der kühne Vorstoß der 1. Geb.Div. bis Antonowka. Hervorzuheben ist ferner der starke Feindwiderstand vor der 125. Inf.Div. bei Krassnopolka und das rasche Vordringen der 295. Inf.Div. auf Granow zur Entlastung der 125. Inf.Div. Links gestaffelt schließt die Gruppe von Kleist mit der Untergruppe Schwedler beiderseits Balabanowka an, Front nach Süden. Ostwärts der Gruppe Schwedler stand das XXXXVIII. Pz.Korps viele Tage lang mit dem rechten Flügel, Front nach Süden, bei Lukaschewka, mit der Mitte, Front nach Westen, bei Zybulew, mit dem linken Flügel zuerst im Anschluß südlich davon bis Uman. Dann mußte der linke Flügel unter übermächtigem Feinddruck auf Zybermanowka, nunmehr Front nach Süden, zurückgenommen werden. So verwehrte das Korps unter schweren Kämpfen dem vor der Gruppe Schwedler ausweichenden Feind den Rückzug nach Norden und Osten.

Das XXXXVIII. Pz.Korps", so erfahren wir von General Kübler weiter, „ist nunmehr unter Sicherung nach Westen aus dem Raum westlich Buki zum Vorstoß in südostwärtiger Richtung auf Nowo Archangelsk angesetzt.

Etwa 50 Kilometer nordostwärts des XXXXVIII. Pz.Korps ist das XIV. Pz.-Korps von Bojarka in Richtung Jurkowka im Vorgehen. Nördlich davon greift das III. Pz.Korps über Boguslaw auf Korsum an.

Westlich Kiew stehen starke deutsche Sicherungen vor dem russischen Brückenkopf vor Kiew. Nordwestlich von Kiew ist die 6. Armee über die Linie Teterew (70 km nordwestlich von Kiew) — Korosten (150 km nordwestlich von Kiew) in der Verfolgung nach Nordosten.

In dem von der Gruppe Schwedler und der Pz.Gruppe von Kleist auf drei Seiten umschlossenen und immer mehr verengten Raum waren die Trümmer von mindestens 15 Infanterie-, Panzer- und mot. Divisionen des Feindes zusammengedrängt. Dem Gros dieser Kräfte ist es zwar gelungen, unter verzweifelten Nachhutkämpfen durch das noch offene Loch im Süden des Sacks abzufließen, aber die Gefechtskraft dieser Verbände ist zerschlagen. Von geschlossenen Divisionsverbänden und planmäßiger Führung kann keine Rede mehr sein. Die Regimenter sind nur mehr 300 bis 400 Mann stark und völlig übermüdet. Geregelter Nachschub an Verpflegung, Munition und Betriebsstoff ist ausgeschlossen. Die Disziplin der Truppe wird durch drakonische Maßnahmen der politischen Kommissare, die wieder voll in ihre Rechte eingesetzt sind, nur zur Not noch aufrechterhalten.

Die derzeitige Hauptrückzugsrichtung des Gegners", werden die Gebirgsjäger abschließend belehrt, „geht über Uman und nördlich nach Osten auf Kirowograd und weiter auf Krementschug am Dnjepr. Der Ansatz der deutschen Panzerkorps zielt offenbar darauf ab, dem Feind den Rückzug auf Krementschug abzuschneiden. Gelingt dies, und daran ist nicht zu zweifeln, so werden die abgeschnittenen Feindteile von Osten her umfaßt oder wenigstens auf den brückenlosen Unterlauf des Dnjepr abgedrängt werden.

Je stärker der Feind von 11. Armee, 17. Armee und der Gruppe Schwedler in der Front bedrängt wird, desto leichter und rascher werden die Panzerkorps ihre entscheidende Aufgabe erfüllen.

Unsere erste Pflicht ist es daher, nicht müde zu werden und nicht nachzulassen an Schwung, Kühnheit und Todesverachtung ..."[51])

Es war, als wollten die Gebirgsjäger die Erwartungen ihres Kommandierenden Generals nicht enttäuschen. Der Armeefront weit vorausgeeilt, schloß das XXXXIX. Gebirgs-Armeekorps unter General Kübler mit deutschen Panzerkräften und anderen Verbänden im Osten und Süden von Uman den Ring um die russische 6. und 12. Armee wie eine tödliche Schlinge immer enger zusammen. So schreibt General Braun später einmal über den Aufmarsch und die Einkreisung der russischen Truppen durch die 4. Gebirgs-Division:

„Nur im Süden zwischen Ssinjucha und Jatrany war noch eine Lücke von etwa 15 Kilometer Breite. Diese Lücke durch Angriff zu schließen, war Aufgabe der Division. Die Frontalangriffe des Geb.Jäg.Rgt. hatten nur noch geringe Erfolge. Da meldete die Vorausabteilung, die südlich ausholend auf Podwyssokoje angesetzt worden war, daß es ihr gelungen sei, nach Brechung schwachen Feindwiderstandes den Jatrany-Übergang bei Polonistoje in die Hand zu nehmen. Diese Meldung erreichte in kurzen Zeitabständen den Div.Kdr. im Gelände, den Ia auf dem Div.Gef.Stand und den Kdr. des Geb.Jäg.Rgt. 91, das am Südflügel eingesetzt war. Alle drei Offiziere faßten den gleichen Entschluß, das ganze Geb.Jäg.Rgt. 91 nach Süden abzudrehen und der Vorausabteilung nachzuführen. Überraschend erreichte die Vorausabteilung noch am Vormittag das Straßenkreuz 5 Kilometer südwestlich Podwyssokoje. Um 13.00 Uhr war die Spitze des Geb.Jäg.Rgt. 91 nach 28 Kilometer Marsch an der Brücke über den Jatrany bei Polonistoje. Nach einer Rast wieder antretend, geriet die Marschkolonne in einen Wolkenbruch. Der Weg wurde grundlos, Muli versanken, Fahrzeuge blieben hoffnungslos stecken. Trotzdem ging das Regiment unaufhaltsam weiter. Nach insgesamt 50 Kilometer Marsch trafen die Anfänge stark erschöpft bei der Vorausabteilung ein. Eine bewundernswerte Leistung!"[52])

Wie reagierte nun der Russe auf die drohende Einkreisung durch die Deutschen? Aus jenen Tagen liegt uns die Übersetzung eines Beutebefehls, der mit 26. Juli 1941, 22.00 Uhr, datiert ist, vor. Hier sein aufschlußreicher Inhalt:

„An die
Kommandeure der 6. und 12. Armee.

1. Die Besichtigung unserer Armee zeigte die völlige teilnahmslose Aktivität.

2. Die Angriffe werden gewöhnlich nur frontal, an der Stirne des feindlichen Feuers gemacht.

3. Zu dieser Zeit fehlt jede Initiative, den Feind von der Flanke und von rückwärts anzugreifen.

4. Im Angriff wie in der Verteidigung bemühen sich die Kommandanten nicht, den Feind in kleinen Gruppen, wie in Kompanien und Bataillonen, zu vernichten...

5. In der Nacht fehlt jede Aktivität...

6. Bei feindlichen Angriffen strömen die Truppen zurück, statt sich zu sammeln. Es gibt Fälle, wo man sogar die Artillerie im Stiche läßt.

7. Besonders schwach zeigen sich die Minenwerfer; man sieht, daß die Kommandanten mit dieser Waffe nicht vertraut sind.

8. Beim Einsatz frischer Truppenteile treffen die Kommandanten und Kommissare nicht die nötigen Schritte, um dieselben entsprechend auszunützen.

Ich befehle Ihnen, meine Beanstandungen allen Regimentskommandeuren bekanntzugeben und von den Offizieren zu verlangen, daß die Truppenteile belehrt werden, den Feind zu vernichten. Über alle Episoden, wo die nötige Findigkeit sich zeigte und gute Resultate brachte, ist mir Meldung zu machen und die sich auszeichnenden Kommandanten und Krieger zu nennen.

gez. Budjenni."

In der Gluthitze des Tages und im aufgewühlten Staub der Fahrzeugkolonnen drängten die Gebirgsjäger dem abziehenden Gegner, der sich im Raum um Uman zusammenzog, nach. Die Sonnenblumenfelder, die sich rechts und links der Vormarschstraße der Jäger ausbreiteten, standen in voller, goldener Blüte. Das Getreide war bereits schnittreif. Inmitten dieser üppigen, gesegneten Natur sollte nun eine der großen Umfassungs- und Vernichtungsschlachten des Rußlandfeldzuges stattfinden.

General Kübler faßte den Entschluß, die 4. Gebirgs-Division zwischen die 1. Gebirgs-Division und die 125. Infanterie-Division einzuschieben. Damit wurde eine gefährliche Lücke im Korpsbereich geschlossen. Schon bekam die „Enzian"-Division mit ihren vordersten Truppenteilen, nachdem sie in die Linie Ossitna — Ssiniza — Wald von Palanka vorgestoßen war, Feindberührung.

Nach der Abwehr eines russischen Gegenstoßes, der am 31. Juli bei Psiarowka erfolgt war, ging es über Korschewaja und Olschanka zum Angriff auf Dubowo. Er führte am 1. August zum Gewinn des Übergangs

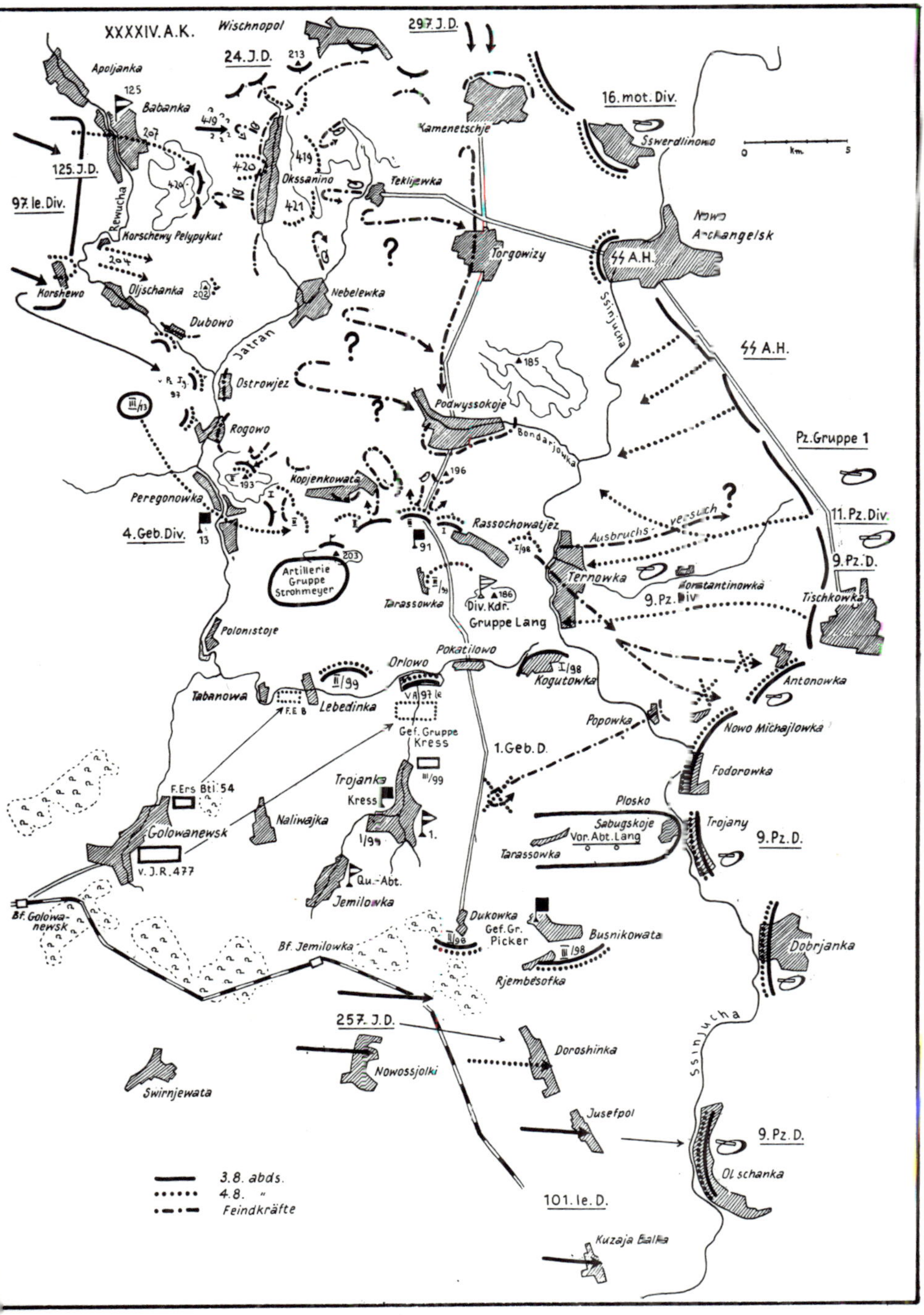


Die Lage im Südabschnitt der Ostfront am 3./4. August 1941

über den Jatran. Der Widerstand des Feindes versteifte sich nun allerdings zusehends. Die 4. Gebirgs-Division war auf den Südflügel starker um Uman stehender russischer Kräfte gestoßen, die nun durch das Eindrehen der Panzergruppe 1 (Generaloberst von Kleist) von Kiew aus nach Südosten allmählich im Rücken umfaßt wurden. Im Rahmen dieser großartig angelegten Operation sollte die „Enzian"-Division Ende Juli/Anfang August 1941 ein Ausbrechen der eingekreisten russischen Divisionen verhindern. Die für Russen wie für Deutsche schicksalhafte Umfassungsschlacht von Uman bahnte sich an. Der Wettlauf nach Osten hatte zunächst sein Ziel — es lag zwischen Uman und Nowo Archangelsk und grenzte im Süden an ein wie von der Natur geschaffenes offenes Viereck des Jatran- und Ssinjucha-Abschnittes — gefunden. Ob es allerdings bereits das langersehnte Endziel oder nur eine Etappe dahin sein würde, das sollte sich erst später herausstellen.

Am 2. August gelang der 4. Gebirgs-Division der südlich ausholende Stoß über den Fluß bei Peregonowka, von wo aus am folgenden Tag der Angriff und die Inbesitznahme der weitum beherrschenden Höhe 193 durch das II./Gebirgs-Jäger-Regiment 13 erfolgte. Damit war dem gefährlich wachsenden Feinddruck nach Süden ein erster Riegel vorgeschoben und dem Russen der wichtige Einblick in den sich schließenden Ring nach Süden genommen.

Am 2. August 1941 stießen Teile der 4. Gebirgs-Division — während die Vorausabteilung unter Oberst Pribyl die Nordflanke der 1. Gebirgs-Division bei Dubowo sicherte — bei dem Ort Rochowo auf die Nachhut eines großen russischen Verbandes. Trotz heftigsten Artilleriefeuers, teilweise in direktem Beschuß, warfen die Jäger den Feind über den Bug zurück und gingen in der Nacht zum 3. August in der Flußniederung zur Verteidigung über. Im Morgengrauen des 4. August lösten sie sich unbemerkt von den Russen.

Die Entscheidung stand nun unmittelbar bevor. Zu einem heißumkämpften Brennpunkt wurde dabei der scheinbar unbedeutende Ort Kopjenkowata; von vielen als Schicksalsort der 4. Gebirgs-Division — im besonderen aber des Gebirgs-Jäger-Regiments 13 — bezeichnet. Die Gebirgsjäger näherten sich von Westen her der Ortschaft, die, wie sie rasch erkannten, voller Feinde steckte. Rechts vom III./Gebirgs-Jäger-Regiment 13 bestand noch eine Lücke zum Gebirgs-Jäger-Regiment 91. Kein Schuß fiel, Ruhe, die doch keine war, lag in der mondhellen Nacht. Tags darauf sollte der Angriff gegen Kopjenkowata, in dem der Gegner massiert eingeschlossen war, stattfinden. Der Angriff auf Kopjenkowata und Podwyssokoje, um nur die beiden für die 4. Gebirgs-Division bedeutendsten Ortschaften der Umfassungsschlacht bei Uman zu nennen, wurde im „Korpsbefehl Nr. 69" mit 5. August 1941 festgelegt:

„1. Der Feind", heißt es darin, „hat auch heute noch an seiner verbissenen Abwehr festgehalten. Gegen Abend konzentrische Rückzugsbewegungen auf Podwyssokoje durch Luftbeobachtung festgestellt. Es ist gelungen, ihm Okssanino und die Höhen ostwärts davon zu entreißen. Der Feind führte in der Nacht und in den frühen Morgenstunden des 4. August verzweifelte Angriffe aus Gegend Podwyssokoje nach Süden und aus Gegend ostwärts Rogowo gegen die Höhe 193. Diese Durchbruchsversuche wurden abgewiesen. In den Nachmittagsstunden führte er Gegenangriffe mit einzelnen Panzern gegen die Flügel der 125 Inf.Div. aus Richtung Nebelewka und Wald, 3 Kilometer nordwestlich Teklijewka.

Dem Feinde ist es nirgends gelungen, sich der Umklammerung zu entziehen. Es sind somit nach wie vor starke Feindkräfte im Raume westlich Nowo Archangelsk — Teklijewka — Korschewi, Pelypij Kut — Rogowo — Kopjenkowata — Ternowka zusammengedrängt. Der Feind versucht, diese eingeschlossene Gruppe auf dem Luftwege zu versorgen.

2. Die Lage des XXXXIX. (Geb.)A.K. hat sich gegenüber dem Vortage nur wenig verändert.

1. Geb.Div. hat sich mit durch zwei Bataillone verstärkter Kampfgruppe Lang in den Besitz des Höhenrückens 186 westlich Ternowka gesetzt. Die Masse der Division hat in dem befohlenen Raum die Verbände geordnet.

4. Geb.Div. hat mit verstärktem Geb.Jäg.Rgt. 91 in der Linie Rassaochowatjez — Straßengabel, südostwärts Kopjenkowata —Punkt 203, mit verstärktem Geb.Jäg.Rgt. 13 auf den Höhen dicht ostwärts Peregonowka zahlreiche Durchbruchsversuche, teilweise im erbitterten Nahkampf, abgewehrt.

Verst.A.A. 97, der Division unterstellt, sicherte am Jatranabschnitt Rogowo — Dubowo.

Verst.Inf.Rgt. 477 (257. Inf.Div. wurde in den Vormittagsstunden der 4. Geb.Div. unterstellt und von Golowanewsk nach Orlowo zugeführt.

125. Inf.Div. hat Okssanino und die Höhen 2 Kilometer nordostwärts dieses Ortes im Kampf genommen.

97. le. Div. im Vormarsch mit je einer Regimentsgruppe von Ssuschkowka auf Oljschanka und von Grodsewo auf Babanka.

Die Division beabsichtigt, noch heute auf dem Ostufer des Jatran einen Brückenkopf nordwestlich Punkt 202 (5 km westlich Nebelewka) zu gewinnen.

Rechts vom XXXXIX. (Geb.)A.K. schließt 257. Div. (ohne ein verst. Inf.Rgt.) bei Doroshinka auf.

Links vom XXXXIX. (Geb.)A.K. liegt 24. Div. in der Linie Wäldchen 1 Kilometer nördlich Okssanino — südlich 213 — Höhen 1 Kilometer südlich Wischnopolj.

9. Pz.Div. ist von Osten und Südosten in Ternowka eingedrungen.

3. XXXXIX. (Geb.)A.K. gibt am 5. August in einheitlichem und konzentrisch geführten Angriff aller Divisionen dem eingeschlossenen Feinde den Todesstoß.

Die Schlacht des morgigen Tages *muß* mit der endgültigen Vernichtung des Feindes enden.

Zu einem zweiten Großangriff fehlt die Munition und ist nicht zu beschaffen ...

5. Das Korps stellt sich zum Angriff bereit. Die Bereitstellung muß um 9.00 Uhr beendet sein. Um 10.00 Uhr treten die Divisionen zum Angriff an.

6. Für den Angriff gelten folgende Grenzen der Gefechtsstreifen:

1. Geb.Div. Rechts: Lauf der Ssinjucha. Links: Pokatilowo (Mitte) — Kirche Rassochowatjez — Bachgabel im Ostteil Podwyssokoje — 185 — Bachgabel in Topolja.

4. Geb.Div. Rechts: siehe oben. Links: Hfe. Michalowskoje — Bachgabel im Nordteil Ostrowjez — Straßenkreuz 4 Kilometer westlich Podwyssokoje — Straße nach Podwyssokoje.

97. le. Div. Rechts: siehe oben. Links: Südrand Okssanino — Straßengabel in Podwyssokoje — Bachgabel im Ostteil Podwyssokoje.

125. Inf.Div. Rechts: siehe oben. Links: Okssanino (125.) —Teklijewka (125.) — Torgowizy (24.) — Ljewkowka (24.)

7. Angriffsziele: 1. Geb.Div.: Höhen nördlich des Bondarjowka-Abschnitts. 4. Geb.Div.: Für die von Süden angreifende Gefechtsgruppe Podwyssokoje. Für die von Westen angreifende Gefechtsgruppe Ostrand des Waldes ostwärts Kopjenkowata. 97. le. Div.: Ostrand des Waldes westlich Podwyssokoje. 125. Inf.Div.: Ostrand des Waldes ostwärts Nebelewka — Torgowizy-Süd.

8. Besondere Anordnungen für die Gefechtsführung:

a) 1. Geb.Div. beteiligt sich mit möglichst starken Kräften am Angriff. Sie verlegt ihren Schwerpunkt an den rechten Flügel. Die Division hält Verbindung mit den deutschen Panzerkräften bei Ternowka.

b) 4. Geb.Div. bildet den Schwerpunkt bei der von Süden angreifenden Gefechtsgruppe.

c) 97. le. Div. und 125. Inf.Div. bilden den Schwerpunkt auf ihren inneren Flügeln. Der vordere Rand der Bereitstellung ist der von Teklijewka nach Ostrowjez verlaufende Bachgrund. 125. Inf.Div. sichert sich hinreichend in der linken Flanke, bis 24. Div. heran ist.

d) Zur Vermeidung gegenseitiger Gefährdung bei der konzentrischen Angriffsführung wird befohlen:

... bb) Die von Westen angreifende Gefechtsgruppe der 4. Geb.-Div. und die 97. le. Div. dürfen unter keinen Umständen Feuer irgendwelcher Art in den Raum ostwärts der ihnen in Ziffer 7 gesetzten Angriffsziele verlegen.

9. XXXXIX. A.K. ist dringend gebeten worden, sich dem Angriff des Korps anzuschließen ...

11. Regelung der Unterstellungsverhältnisse:

a) Verst. A.A. 97 wieder der 97. le. Div. unterstellt.

b) Verst. Inf.Rgt. 477 der 4. Geb.-Div. unterstellt.

c) Art.Abt. 851 der 4. Geb.Div. unterstellt ...

15. Korpsgefechtsstand Uman ..."

Nach diesen generalstabsmäßigen Aufzeichnungen, die der „Korpsbefehl Nr. 69" des XXXXIX. Gebirgs-Armeekorps für die entscheidenden Kämpfe in der Umfassungsschlacht bei Uman zum Inhalt hat, wenden wir uns wieder dem Kampfgeschehen bei der 4. Gebirgs-Division zu. Sie war in den Bereitstellungsräumen zum Angriff aufmarschiert. Tropische Hitze flimmerte über dem weithin offenen Gelände, das mit großen Sonnenblumen- und Getreidefeldern bedeckt war. Die Artillerien beider Seiten hatten bisher hüben wie drüben schwere Verluste verursacht.

Am 5. August erfolgte von Seiten der Deutschen der entscheidende Stoß nach Norden. Doch gelang es der 4. Gebirgs-Division nicht, Kopjenkowata im ersten Angriff zu nehmen. Dort saßen die Russen bis zum Halse eingegraben und wehrten sich erbittert. Mit gewaltigen Menschenmassen — etwa 6000 Russen wurden später als tot oder gefangengenommen gezählt — rannten die Sowjets, unterstützt von Panzern und Panzerspähwagen, an einigen Stellen gegen den Rand des Kessels, in dem sie saßen, an, um auszubrechen. Lange konnte es aber nicht mehr dauern, bis der russische Überdruck diesen Kessel sprengen würde. Vorsorglich wurde daher hinter der deutschen Front eine Auffangstellung errichtet und die Artillerie nach der Tiefe gestaffelt. In einem Gefechtsbericht über die Einkesselung des Feindes und die schweren Kämpfe der 4. Gebirgs-Division bei Kopjenkowata ist zu lesen:

„Am 5. August, gegen 10.00 Uhr, trat unsere Kompanie mit Stoßrichtung auf den Südeingang von Kopjenkowata an. Wir waren noch nicht ganz 500 Meter vorgestoßen, als von rechts eine Unzahl Russen, die von unserem Nachbarregiment bei ihrem versuchten Ausbruch zurückgeschlagen wurde, sich wieder in das Dorf zurückziehen wollte. Wir kamen ihnen genau in die Flanke und faßten einen großen Teil ab. Zwei Geschütze, die gegen uns in Stellung gehen wollten, wurden noch vor dem Abprotzen daran gehindert. Unser Angriff lief planmäßig und in gehobener Stimmung; unseres Sieges gewiß, setzten wir hinter der Höhe den zurückflutenden Russen nach. Wir umgingen zunächst das links von uns vor dem Ortseingang liegende Sonnenblumenfeld und kamen auf dem zum Dorf abfallenden Hang bis auf 100 Meter an den Ortseingang heran. Es setzte nun ein heftiges Feuer ein, das uns auf den Boden und in die von den

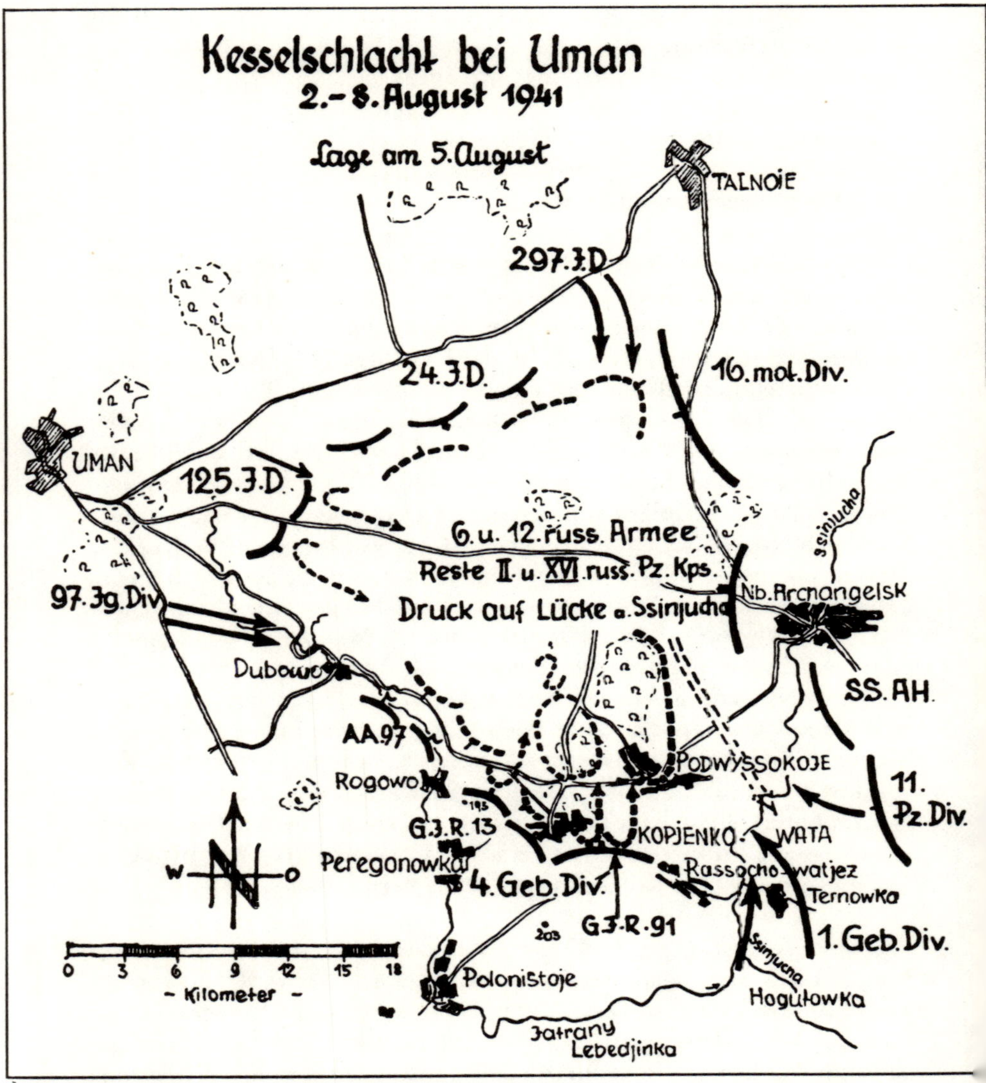


Kesselschlacht bei Uman vom 2. bis 8. August 1941

Russen bereits geräumten Panzerdeckungslöcher zwang. Der links der Straße liegende 3. Zug unter Führung des Leutnants Kopfmann erhielt den Befehl, unter dem Feuerschutz der beiden anderen Züge den Ortsrand anzugreifen und zu besetzen. Wenn wir glaubten, eine Steigerung des Infernos sei unmöglich, so stellten wir bald fest, daß dies eine Täuschung war.

Artilleriefeuer aus dem hinter dem Dorf sich in 2 Kilometer Breite ausdehnenden Wald, Feuer aus Pak- und Flakgeschützen, die am Dorfrand in 100 Meter Entfernung von uns aufgestellt waren, MG-Feuer und Scharfschützen, kurzum alles, was zum Abwehren eines Angriffes aufgebaut werden kann, schlug uns entgegen. Die Rufe nach den Sanitätern gingen in dem Krachen und Bersten der Granaten unter. Ein Vorwärtskommen war unmöglich, und so entschloß sich unser bereits leicht verwundeter Kompaniechef, die Kompanie zurückzuziehen. Was noch irgendwie kriechen und gleiten konnte, versuchte das unmöglich Erscheinende. Die meisten Kameraden mußten wegen ihrer bereits erhaltenen Verwundungen in den Löchern liegenbleiben, um dann zu versuchen, im Schutze der Nacht zurückzukommen. Was noch zurückkam, sammelte unter Führung des Zugführers vom 2. Zug, Leutnant Karl, hinter der Höhe bei dem dort liegenden schweren Granatwerfer unserer Kompanie. Nach kurzer Gliederung, mittlerweile war es 17 Uhr geworden, zogen wir uns an die Höhe zur Sicherung heran, besetzten die Höhe zur Verteidigung.

Mit dem Einbruch der Dunkelheit begannen wir, nach den ausgebliebenen Kameraden zu suchen. Wir fanden noch unseren schwerverwundeten Hauptfeldwebel, einen Oberjäger und einige Mannschaften. Nach der Ersten Hilfe durch unseren Arzt konnten wir die verwundeten Kameraden auf einem Z.K.W. der 16. Kompanie zurücktransportieren. Außer den 28 verwundeten Kameraden, die zurückgebracht werden konnten, fehlten noch 45, darunter unser Kompaniechef und die Zugführer vom 1. und 3. Zug.

Auf Befehl des Bataillons zogen wir von dieser exponierten Stellung in die Verteidigungslinie des Bataillons, ostwärts des Dorfes Kopjenkowata, und richteten uns hier in der Nacht zur Verteidigung ein."[53])

In der Nacht vom 6. zum 7. August brachen etwa 4000 Russen in dicht massierten Haufen, angeführt von Panzern, in denen sich der Stab der eingeschlossenen 6. Armee befand, an der Naht zwischen der 1. und 4. Gebirgs-Division nach Süden aus. Vor der Front der „Enzian"-Division blieben Hunderte von toten Russen liegen.

Groß waren aber auch die Verluste der Gebirgs-Jäger-Regimenter 13 und 91, über die der russische Sturm aus wütend kämpfenden Menschenleibern hinweggebraust war, erheblich die Ausfälle und der Munitionsverbrauch bei der dritten Säule der „Enzian"-Division, beim Gebirgs-Artil-

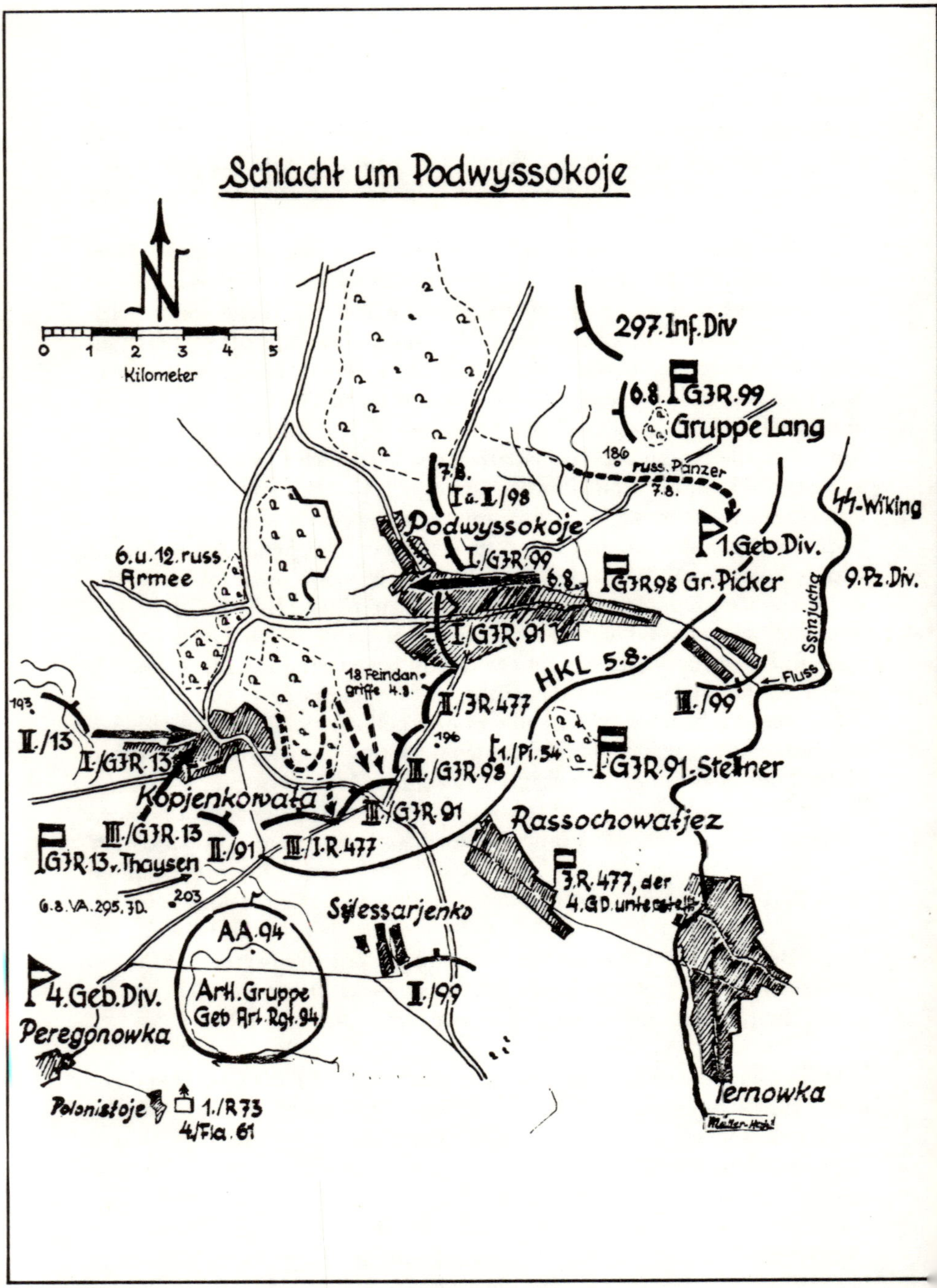


Schlacht um Podwyssokoje, Lage am 7. 8. 1941

lerie-Regiment 94. Allein die vier Geschütze der 9. Batterie dieses Regiments hatten während der Umfassungsschlacht von Podwyssokoje und Kopjenkowata in nur vier Tagen nicht weniger als 1150 Granaten verschossen. Doch lesen wir, wie General Braun den weiteren Verlauf der Schlacht bei Uman aus der Sicht der 4. Gebirgs-Division dargestellt hat:

„Die Nacht war vorerst totenstill, kein Schuß fiel. Der Lautsprecherwagen kam um 1.40 Uhr vom Einsatz bei Kopjenkowata zurück. Er hatte die Russen zur Aufgabe des aussichtslosen Widerstandes aufgefordert. Der Führer des Wagens meldete Motorengeräusch in Kopjenkowata. Dasselbe meldete auch das Geb.Jäg.Rgt. 13. Das war aber nichts Außergewöhnliches. Seit dem Erreichen des Wegekreuzes 5 km südwestlich Podwyssokoje durch die V.A. am 2. August war jede Nacht eine Zeit des Wartens und der Nervenanspannung gewesen. War der Feind wirklich so stark? 60.000 Mann? Und wo? Wird die dünne und lange Front der Gebirgsjäger halten? Das waren die Fragen, die sich die Führung allabendlich vorlegte. Und jedesmal wurden alle Angriffe abgeschlagen und die Stellung von den Bataillonen gehalten, die seit 6 Tagen wieder ununterbrochen marschierten, kämpften und seit 4 Tagen und Nächten, den starken Wolkenbrüchen ausgesetzt, in ihren schlammigen Löchern lagen. Wenn auch diese Nacht gut vorübergeht, sind wir über den Berg. Das ist die feste Ansicht aller.

Da, gegen 2.00 Uhr, aufflammendes Gewehr- und MG-Feuer, vermischt mit einzelnen Pak-Schüssen. Leuchtkugeln gehen hoch, der Gefechtslärm wird stärker, die Artillerie greift ein. Die Anfrage bei den Regimentern ergibt noch nichts. ‚Anscheinend die übliche örtliche Schießerei!‘ Doch das Feuer läßt nicht nach. Die ganze Front scheint erwacht zu sein. Am Horizont sieht man vom Div.Gef.Stand aus die Leuchtspurgeschosse der Pak. Der Gefechtslärm scheint nach Süden zu wandern. Eben ist der Divisionsbefehl fertig, doch erscheint es nicht ratsam, jetzt die Melder nach vorn zu schicken. Der Fernsprecher klingelt. Es meldet der Adjutant Geb.Art.Rgt. 94: ‚Geräusch von Gleiskettenfahrzeugen hörbar. Gefechtslärm kommt näher. Stab macht sich abwehrbereit!‘ ‚Alarmieren Sie die A.A.!‘ ‚Jawohl! Ich rufe wieder an!‘ Es ist 2.45 Uhr. Das Geb.-Jäg.-Rgt. 13 meldet lediglich: ‚Feindlicher Angriff aus Kopjenkowata gegen III./13 im Gange‘. Die Leitung zum Geb.Art.Rgt. ist gestört. Um 3.00 Uhr kommt noch ein offener Funkspruch von dort: ‚Panzer‘. Dann meldet sich das Regiment nicht mehr.“[54])

Was war geschehen?

Der Gefechtsbericht von der Einkesselung des Feindes bei Kopjenkowata gibt darüber Auskunft:

„Gegen 3 Uhr morgens verstärkte sich das die ganze Nacht anhaltende

Motorengeräusch, und wir sahen auf der südlichen Ausfallstraße beim Morgengrauen eine nicht abbrechende Kolonne fahrender Autos, die sich am Horizont gut abhoben. Gegen 5 Uhr gelang es unserem Nachbarregiment, den Ausbruch abzustoppen und einige Panzerwagen, die die Kolonne begleiteten, abzuschießen. Bald loderten unzählige LKWs, und ein dichter Rauchschleier legte sich über die Höhe südlich von Kopjenkowata, an den trigonometrischen Punkt. Auf der Ausfallstraße standen die nicht weiter vorkommenden LKWs in Sechser- und Achterreihe nebeneinander. Der Ausfall war vereitelt. Die durchgekommenen Wagen wurden mit den sie begleitenden Panzern in der Ortschaft Peregonowka abgefangen und die Russen gefangengenommen."[55])

General Eglseer sah auf dem Gefechtsstand in den frühen Morgenstunden die eingegangenen Meldungen durch und machte sich daraus ein Bild von der Lage seiner Division. Dieses sah in groben Zügen folgendermaßen aus:

„Infanteristische Angriffe mit Panzern am Wegekreuz 5 Kilometer südwestlich Podwyssokoje sind blutig zusammengebrochen. Motorisierte Teile sind in die Lücke zwischen III./Inf.Rgt. 477 und III./Geb.Jäg.Rgt. 91 eingebrochen. Vor dem Inf.Rgt. 477 anscheinend nur geringere Gefechtstätigkeit. Von der Geb.A.A. 94 und dem Geb.Art.Rgt. 94 liegen keine Meldungen vor. Beim Geb.Jäg.Rgt. 13 Ausbruchsversuche mit Panzern und mot. Inf. unter starken Verlusten für den Feind abgewiesen. Auch bei Peregonowka erfolgreiche Abwehr. Bei Polonistoje noch Kampf. Die Eckpfeiler stehen also noch fest. In der Mitte ist die Lage völlig ungeklärt. Dort scheint dem Feind der Einbruch, vielleicht sogar der Durchbruch, gelungen zu sein."[56])

Doch lassen wir nochmals den unbekannten Verfasser des Gefechtsberichts von der Einkesselung des Feindes bei Kopjenkowata zu Wort kommen, der uns die Kampfhandlungen der Gebirgsjäger mit den Russen aus der Sicht des einfachen Frontsoldaten anschaulich vor Augen führt. Er, der so oft zitierte Landser, war es letztlich, der es mit seinem ungebrochenen Leistungswillen und mit seiner schier unerschöpflichen Opferbereitschaft ermöglicht hat, daß die großartigen Anfangserfolge der Deutschen Wehrmacht überhaupt erzielt werden konnten. Dieser Bericht sei daher für viele hervorragende Kampfhandlungen aller Truppenteile der „Enzian"-Division — ob es sich nun um die besonders herausragenden Leistungen des II. und III./Geb.Jäg.Rgt. 91 im Kampf um die Höhe 196, südlich von Podwyssokoje, und um das Wegekreuz, 3 Kilometer südostwärts von Kopjenkowata, um den Kampf der Gebirgs-Aufklärungs-

Abteilung 94 um die Höhe 203 oder um die Eroberung der Höhe 193 bei Peregonowka durch das II./Geb.Jäg.Rgt. 13 handelt — angeführt:

„Bisher war es auf der Straße, die von Kopjenkowata nach Osten führte und die wir besetzt hielten, noch ruhig geblieben. Gegen 7 Uhr ging es nun auch bei uns los. Neben dem auf der Höhe liegenden Sonnenblumenfeld tauchten zwei Panzer auf und dahinter, dicht aufgeschlossen, ein LKW hinter dem anderen, so breit die Straße war. Unsere Pak hatte bald die Panzer ins Visier genommen und einen 200 Meter und den anderen 20 Meter vor unseren Stellungen außer Gefecht gesetzt. Unsere MGs hämmerten auf die LKWs ein, nahmen die abspringenden Schützen und Fahrer aufs Korn, so daß es nur ganz wenigen gelang, schützende Deckung zu erreichen. Nach einer halben Stunde war der Ausfall abgeschlagen.

Auf der Straße nach dem Ort Kopjenkowata standen nun leer und verlassen, brennend und schwelend fünf Panzerkampfwagen und über 200 LKWs. Die Russen, die in Deckung vor unserem Abwehrfeuer lagen, sahen das Aussichtslose ihrer Lage ein und ergaben sich langsam im Laufe des Morgens. Groß war unser Erstaunen, unter den Gefangenen eine Anzahl Frauen zu finden. Allmählich wurde es uns klar, warum die Russen sich so verzweifelt wehrten. Unter dem Einfluß der Kommissare und dieser Flintenweiber kämpften die Russen bis zuletzt, auch dann noch, wenn sie selbst das Unnütze ihres Kampfes einsehen mußten.

Wir blieben in unserer Verteidigungsstellung weiterhin liegen. Heiß brannte die Sonne, und wir litten in dem schattenlosen Kornfeld sehr unter dem sich einstellenden Durst. Die Spannung, die den ganzen Morgen noch anhielt, legte sich allmählich. Mittlerweile war es 15 Uhr geworden. Nur unsere Beobachter waren auf den Posten. Ein plötzlicher Ruf riß uns aus dem Hindösen, und sofort waren wir in unseren Stellungen. Ein erneuter Ausbruch der Russen, vorauf wieder zwei Panzerkraftwagen. Es gelang den Pakschützen, einen der unbeirrt auf sie zufahrenden stählernen Kolosse zu treffen. Er fing sofort Feuer und mit brennenden Kleidern stürzten Fahrer und Schütze in den Straßengraben. Der erste Panzer war mittlerweile auf das hinterste, ihm am gefährlichsten erscheinende Pakgeschütz zugefahren und nicht ganz 5 Meter vor dem Geschütz schoß der Panzer und konnte zunächst weiterfahren. Unsere beiden anderen Pakgeschütze schossen ihm noch ein paarmal nach, mußten sich dann aber den neuen Aufgaben nach vorn zuwenden. Später hörten wir, daß auch dieser zähe, überschwere Panzer durch eine geballte Ladung von unseren Pionieren in dem Dorf Peregonowka erledigt wurde. In dem auf die anstürmenden LKW zusammengefaßten sMG- und MG-Feuer, dem Feuer der Schützen und der l. und s. Granatwerfer brach auch dieser zweite Ausbruchsversuch mit blutigen Verlusten für die Russen zusammen. Man sah von unserer Stellung bis hinauf an das Sonnenblumenfeld eine ununterbrochene Kette von Fahrzeugen, sowohl auf der Straße als auch auf dem abgeernteten Kornfeld rechts und links der Straße.

Auch diesmal ergaben sich die vom LKW gesprungenen und noch lebenden Russen. Gegen Abend kam der Befehl zum Angriff auf den Ort. Links von uns war am späten Nachmittag das I. Bataillon gut vorgekommen, und wir sahen seine vordersten Teile in das Dorf vorstürmen. Um 21 Uhr traten wir an. Wir machten noch eine Reihe Gefangene, die sich verborgen hielten und aus Angst vor den Kommissaren und den imaginären Greueln, die sie von den Deutschen erwarteten, absolut nicht ergeben wollten. Wir kamen auch an diesem Abend noch nicht ganz in das Dorf Kopjenkowata, sondern mußten uns damit begnügen, das Sonnenblumenfeld durchzukämmen und den vorderen Rand zu besetzen. In der Nacht wurden wir wieder herausgezogen und legten uns jetzt an die Straße, ostwärts des Sonnenblumenfeldes. Gegen 10 Uhr versuchten die Russen unter heiserem Urrääà-Gebrüll im Raume der 11. Kp. anzugreifen, gegen 2 Uhr im Raume des II. Bataillons vom Jäg.-Rgt. 91, und beide Male blieb der Angriff unter blutigen Verlusten der Russen stecken. In der Nacht arbeitete sich das I. Bataillon unseres Regiments weiter in das Dorf hinein, und am Morgen des 8. August gelang es auch uns, in das Dorf Kopjenkowata einzudringen und die Verbindung mit dem I. Bataillon und dem II. Bataillon der 91er aufzunehmen. Alle Straßen des Ortes waren vollkommen mit LKWs verstopft, unzählige Russen, Opfer unserer Artillerie und Granatwerfer, lagen neben den verendeten Pferden. Ein wüstes Bild.

Nach der Sicherung des Ortes bekam unsere Kompanie den Befehl, die bei dem Angriff am 5. August 1941 zurückgelassenen Toten zu bergen. Mehr als einmal traten jedem von uns, die noch übriggeblieben sind, die Tränen in die Augen, als wir einen um den anderen zusammentrugen, um ihnen an dem schicksalhaften Sonnenblumenfeld, ostwärts von Kopjenkowata, eine würdige Ruhestätte zu bereiten. Wir haben am 8. August insgesamt 41 Kameraden unserer 13. Kompanie zur letzten Ruhe bestattet.

Aber für uns gab es noch keine Ruhe; der in dem Wald nördlich Kopjenkowata sitzende Feind mußte erst vernichtet werden. So traten wir dann am Mittag des 8. August 1941 wieder zum Angriff an und stießen durch den Wald. Eine Unzahl Gefangener wurde eingebracht. Auf dem Wege nach Kopjenkowata zurück kämmten wir den Wald nochmals durch und brachten wiederum viele Gefangene ein. Leider hatten wir auch an diesem Tage wieder einige Ausfälle.

*Oben: Vormarsch in Rußland . . .*

*Unten: . . . unter steten Fliegerangriffen*

Am 9. August", so endet der Gefechtsbericht, „nahm das Schießen aus dem Walde nicht ab. Es mußten sich noch immer einige verwegene Russen dort aufhalten. Das I. Btl. durchkämmte am 10. und 11. nochmals den Wald und brachte jedesmal eine Anzahl Gefangener mit. Immer noch wurden wir, die wir nun in diesem Ort zur Ruhe übergegangen waren, angeschossen und so entschloß sich unser Regimentskommandeur am 14., das ganze Regiment gegen den Wald anzusetzen und sauber auskämmen zu lassen. Es wurden neben den vielen Toten und Verwundeten noch etwa 600 Russen aus dem Walde gebracht..."[57])

Insgesamt hatte das XXXXIX. Gebirgs-Armeekorps in der Kesselschlacht von Uman, Podwyssokoje und Kopjenkowata etwa 60.000 sowjetische Gefangene, darunter die Oberbefehlshaber der russischen 6. und 12. Armee, eingebracht. Entscheidenden Anteil hatten die Soldaten der 1. und 4. Gebirgs-Division sowie die „Spielhahnjäger" der 97. leichten Infanterie-Division, die sich auf Grund ihrer zahlreichen gebirgserfahrenen Soldaten und der geographischen Lage ihres Aufstellungsraumes zwischen Murnau und Rosenheim seit eh und je zu den Gebirgstruppen rechneten.[58])

Den Gebirgsjägern bot sich auf dem Schlachtfeld bei Uman ein Bild des Grauens und der Vernichtung. Im Kriegstagebuch des XXXXIX. Gebirgs-Armeekorps liest man darüber:

„Auf den Straßen von Podwyssokoje bis zum Walde liegen unabsehbar Hunderte von gefallenen Russen, die immer wieder in neuen Wellen bis in die Stellungen der Jäger gestürmt waren. Zerschossene Kampfwagen und Lastkraftwagen stehen ringsum in den Feldern, die Reste der zerschlagenen Ausbruchsversuche in der Nacht vom 5. auf 6. August. In Kopjenkowata stehen Massen von Geschützen aller Art, Kampfwagen und Fahrzeuge. An der Straße südwestlich Kopjenkowata stehen etwa 40 russische Lastkraftwagen zusammengeschossen. Die verbrannten und verstümmelten Leichen der Besatzungen liegen zwischen den Trümmern, ein grausames Bild völliger Vernichtung. Auf der Höhe 203 und vielen anderen Stellen des Schlachtfeldes bieten sich ähnliche Bilder. Auf der Fahrt nach Podwyssokoje begegnet dem Kommandierenden General der Zug der Gefangenen. Es ist ein unabsehbarer Strom, der in dem flachwelligen Gelände von Horizont zu Horizont reicht. Sie marschieren zu sechs bis

*Oben: Durchbruch durch die Stalin-Linie. Vorbei an einer Panzerkuppel ...*

*Unten: ... und an einem geknackten Bunker*

acht nebeneinander in einer Kolonne von etwa zehn Kilometern Länge. Es ist das eindrucksvollste Bild des Schlachtfeldes."

Zum Gefangenenproblem eine von zahlreichen Begebenheiten: Ungefähr 50 russische Offiziere, darunter höhere Chargen, wurden von den Gebirgsjägern eingebracht, abgezählt und in ein größeres Bauernhaus eingesperrt. Eine Jägergruppe übernahm die Bewachung. Am Abend sollten die Gefangenen nach hinten abtransportiert werden. Es fehlten aber plötzlich zwei Rotarmisten. Was war geschehen? Bei Nachforschungen stellte sich heraus, daß zwei Frauen mit Wassereimern das Haus verlassen hatten und nicht mehr zurückgekehrt waren. Im Täuschen und Tarnen waren die Russen wahrlich meisterhaft.

Der Sieg der Umfassungsschlacht von Uman — Podwyssokoje, die Generaloberst Halder als „klassische Korpsschlacht" bezeichnet hat, mußte vom XXXXIX. Gebirgs-Armeekorps jedoch teuer bezahlt werden. Vom Beginn der Verfolgung ab Winniza bis zur Bereinigung des Kessels von Uman beliefen sich die Verluste auf 157 Offiziere und 4861 Unteroffiziere und Mannschaften. Die 4. Gebirgs-Division hatte dabei den höchsten Blutzoll zu entrichten: 52 Offiziere und 1726 Unteroffiziere und Mannschaften; davon 47 Offiziere und 1516 Unteroffiziere und Mannschaften allein während der Schlacht um Podwyssokoje und Kopjenkowata. Angesichts dieser schrecklichen Gefallenenstatistik gedachte der Kommandierende General des XXXXIX. Gebirgs-Armeekorps in einem Abschlußbefehl über die Umfassungsschlacht bei Uman auch der zahlreichen Toten und Verwundeten:

„Die Schlacht von Podwyssokoje ist siegreich beendet. Der Feind ist vernichtet. Ich danke Euch allein. Wir neigen uns in Ehrerbietung vor unseren Toten und grüßen unsere Verwundeten ..."

Als äußeres Zeichen des Sieges trugen die Soldaten des XXXXIX. Gebirgs-Armeekorps drei Tage lang, vom 9. bis zum 11. August 1941, den grünen Bruch. Der grüne Bruch ist, so wurde es den Unwissenden erläutert, ein kleiner Eichenzweig, der am metallenen Edelweiß-Abzeichen der Bergmütze getragen wird. Und um die Freude für seine Jäger, die sich so tapfer geschlagen hatten, komplett zu machen, erließ Generalmajor Eglseer am 8. August 1941 einen „Divisions-Sonderbefehl", in dem er die bisherigen Leistungen seiner stolzen „Enzian"-Division im Rußlandfeldzug würdigte:

„... Nach dem schwierigen Durchbruch durch die Grodeker Seenlinie bei Kamienobrod und dem kühnen Vorstoß auf Lemberg mit über 30 Kilometer tiefer offener rechter Flanke, in der Hunderte feindlicher Panzerwagen [Anm. d. Verf.: aufgefahren waren]; nach den schwierigen Kämpfen mit Panzern und feindlichen Widerstandsnestern südlich von Lemberg, den opferreichen Kämpfen um Bobrka und Brzezany mit beiderseits offenen Flanken; nach dem Durchbruch durch die Stalin-Linie in einem ihrer stärksten Abschnitte an der Spitze des Korps, ebenfalls mit offenen Flanken; nach der infolge starker russischer Gegenangriffe und des mehrtägigen rollenden Einsatzes zweier feindlicher Fliegerstaffeln besonders verlustreichen Schlacht um Winniza habt Ihr Euch nun im großen Kriegsgeschehen im Osten neuerdings siegreich geschlagen.

Im Raume Podwyssokoje und Kopjenkowata wurden die Reste zweier feindlicher Armeen vollkommen vernichtet. Die Division hatte sowohl in der Einleitung wie auch bei der Durchführung und beim Abschluß dieser Vernichtung führenden Anteil. Durch raschen Angriff südlich an Uman vorbei und durch schnelles Zupacken unserer improvisierten schwachen Vorausabteilung Oberst Pribyl am 2. August gelang es, über Polonjstoje ausholend, den Raum südlich Kopjenkowata und das Straßenkreuz südostwärts davon zu erreichen. Der durch diesen den Gegner vollkommen überraschenden Vorstoß gewonnene entscheidende Raum wurde gegen alle Angriffe solange gehalten, bis das Geb.Jäg.Rgt. 91 herangekommen war. Trotz grundloser Wege kam 91 in einem Gewaltmarsch von über 50 Kilometer der bedrohten Vorausabteilung noch am selben Tage rechtzeitig zur Hilfe.

Dem Geb.Jäg.Rgt. 13 gelang es, bei Peregonowka über den Jatranjfluß zu gehen und zur Entlastung des schwer bedrohten Gebirgsjägerregiments 91 und der Vorausabteilung den Ort Kopjenkowata von Westen anzugreifen. Hierbei wurde 13 selbst aus Rogowo und über den Punkt 193 von russischen Gegenangriffen stark flankiert und bedroht.

Der Gegner, der über große Munitionsmengen verfügte (während unser Muitionsnachschub infolge der häufigen Regengüsse und daher grundlosen Wege besonders stark gehemmt war), fügte uns schon durch sein Feuer größere Verluste bei. Dazu kam noch, daß er sich, obwohl seine Angriffe immer wieder mit blutigen Verlusten für ihn abgewiesen wurden, stets mehr und mehr durch Zuzug von Norden her verstärkte, da seinen Kolonnen Kopjenkowata und Podwyssokoje mit den umgebenden großen Waldzonen als Marschziele gegeben worden waren. So kam es, daß gerade die 4. Geb.Div., die in einem Raum von etwa 15 Kilometer Frontbreite kämpfte, um Kopjenkowata und das Straßenkreuz südostwärts davon die schwersten Angriffe zu führen, aber ebenso die wütendsten Gegenangriffe der Russen auszuhalten hatte. Sammelte doch der Gegner seine Stoßmassen in und um Kopjenkowata, um in der Nacht vom 5./6. August nach Süden durchzubrechen. Seine Verluste nicht achtend und von Verzweiflung getrieben, stürzte sich der Gegner auf unsere Front. Infanterie, Panzer,

Artillerie, Panzerjäger, Kavallerie und mot. Teile, sie alle versuchten unser Feuer zu durchlaufen, was aber doch nur Bruchteilen gelang.

Ich danke Euch, Soldaten der 4. Geb.Div., daß Ihr in dieser kritischen Nacht und an diesem Morgen des 6. August durchgehalten habt. Unabsehbar wären die Folgen gewesen, wäre es dem Gegner gelungen, die Division zu überrennen, zu vernichten und mit seiner Masse nach Süden durchzubrechen. Auf diese jüngste Bewährungsprobe hin bin ich überzeugt, daß Ihr jeder künftigen, wenn auch noch so schwierigen Lage gewachsen sein werdet.

Alle bisherigen Leistungen der Division, besonders aber auch die Tage von Kopjenkowata, geben der Division das Anrecht, zu den besten und bewährtesten des Heeres gezählt zu werden..."

In der Anlage zu diesem Sonderbefehl heißt es hingegen nur noch lapidar:

„Der Kessel von Uman wurde vernichtet. In ihm befanden sich nach bisherigem Überblick die Reste von 2 Armee-Oberkommandos, 7 Schützen- und mech. Korps und mindestens 16 Div. Mit versprengten schwächeren Feindteilen noch Kämpfe vor Mitte und linkem Flügel der Armee.

7. 8. Gefangene: 29.000, damit wurden seit 29. 7. aus dem Kessel nach vorläufigen Meldungen bei A.O.K. 17 52.800 Gefangene eingebracht, dazu kommen noch äußerst starke, blutige Verluste des Gegners..."

Voller Stolz vernahmen die Gebirgssoldaten der „Vierten" aber auch den „Armeetagesbefehl" vom 9. August, den der Oberbefehlshaber der 17. Armee, General von Stülpnagel, an die ihm unterstellten Armeekorps, Divisionen und Regimenter gerichtet hatte:

„... Die Armee hat im Zusammenwirken mit der Panzergruppe 1 den bisher vor ihrer Front befindlichen Feind, die russische 6. und 12. Armee, in den Kämpfen um Uman eingeschlossen und vernichtet.

Die Zahl der Gefangenen beträgt über 100.000 Mann. Hiervon sind über 62.000 Mann bei der 17. Armee eingebracht, darunter der Oberbefehlshaber der 6. russischen Armee. Die blutigen Verluste des Gegners sind überaus hoch. Über 100 Kampfwagen, 450 Geschütze und unzähliges Kriegsgerät sind in die Hand der Armee gefallen.

Die bisherigen Erfolge der Armee haben damit einen für die gesamten Operationen entscheidenden siegreichen Abschluß gefunden.

Die Opfer und Anstrengungen sind nicht umsonst gewesen. Im ganzen hat die 17. Armee seit Kriegsbeginn 90.000 Gefangene eingebracht und 780 Panzerkampfwagen und 950 Geschütze erbeutet.

Voll Stolz dürfen alle Führer und Truppen auf ihre Leistungen zurückblicken. Ihnen allen gilt mein wärmster Dank und meine vollste Anerkennung..."

Mit Lob wurden die Gebirgsjäger, die sich in der Tat überaus tapfer geschlagen hatten, förmlich überschüttet, aber eine Verschnaufpause, die sie nach den zurückliegenden Gewaltmärschen und den harten Kämpfen gegen die sich zäh schlagenden Russen so dringend benötigt hätten, wurde ihnen nicht gewährt.

Kaum hatten sie nämlich das Schlachtfeld um Uman geräumt, da ereilten sie bereits neue Befehle, die sie in Richtung Südosten, immer tiefer in die Weite des südrussischen Raumes, führen sollten. Im KTB des OKW findet sich darüber unter dem 9. August 1941 folgende Eintragung:

„Die Heeresgruppe Süd setzt mit der 11. Armee die Verfolgung des in Richtung Nikolajew ausweichenden Gegners fort und säubert mit der 17. Armee das Schlachtfeld um Uman von versprengten Feindresten."[59])

Wie hoch war nun der „große, in der Ukraine errungene Erfolg"[60]), wie es weiter im KTB des OKW heißt, wirklich einzuschätzen?

Was war der Sieg bei Uman wirklich wert gewesen?

Warum, wenn der Sieg wirklich so großartig war, fragten sich nicht wenige, mußte man immer und immer wieder einem Feind hinterherlaufen, der sich allem Anschein nach wie eine vielköpfige Hydra unheilvoll vermehrte?

Waren die bisherigen Siege im Rußlandfeldzug nicht schon zu teuer erkauft worden — weit teurer als in allen bisherigen „Blitzfeldzügen"?

Welche Hiobsbotschaft hatte doch Generaloberst Halder, der Chef des Generalstabes des Heeres, seinem Kriegstagebuch am 11. August 1941 anvertraut?

„In der gesamten Lage", so Halders Tagebucheintragung am 51. Tag des Ostfeldzuges, „hebt sich immer deutlicher ab, daß der Koloß Rußland, der sich bewußt auf den Krieg vorbereitet hat, mit der ganzen Hemmungslosigkeit, die totalitären Staaten eigen ist, von uns unterschätzt worden ist. Diese Feststellung bezieht sich ebenso auf die organisatorischen wie auf die wirtschaftlichen Kräfte, auf das Verkehrswesen, vor allem aber auf rein militärische Leistungsfähigkeit. Wir haben bei Kriegsbeginn mit etwa 200 feindlichen Divisionen gerechnet. Jetzt zählen wir bereits 360. Diese Divisionen sind sicherlich nicht in unserem Sinne bewaffnet und ausgerüstet, sie sind taktisch vielfach ungenügend geführt. Aber sie sind da. Und wenn ein Dutzend davon zerschlagen wird, dann stellt der Russe ein neues Dutzend hin. Die Zeit gewinnt er dadurch, daß er nah an seinen Kraftquellen sitzt, wir immer weiter von ihnen abrücken."

Nach seinem anfänglichen Optimismus hatte Generaloberst Halder alsbald erkennen müssen, daß die Sowjetunion in einem „Blitzkrieg" nicht besiegt werden konnte. Die Zeichen standen daher auch für die Gebirgsjäger weiter auf Sturm.

„Die Weite des Raumes und die Hartnäckigkeit des mit allen Mitteln geführten Widerstandes werden uns noch viele Wochen beanspruchen", hatte Halder, noch voller Zuversicht, am 12. Tag des Unternehmens „Barbarossa" in sein berühmtes Kriegstagebuch geschrieben, nachdem er zuvor noch orakelt hatte: „Es ist also wohl nicht zuviel gesagt, wenn ich behaupte, daß der Feldzug gegen Rußland innerhalb 14 Tagen gewonnen wurde. Natürlich ist er damit noch nicht beendet."[61])

Halders Irrtum war auch eine der Ursachen, die zur Unterschätzung der russischen Widerstandskraft geführt hatten. Die Gebirgsjäger bekamen das jetzt bitter am eigenen Leib zu spüren.

Der Ostfeldzug, so zeichnete sich bald ab, würde noch Monate, ja gar Jahre dauern. Die Übernahme des Oberbefehls über die Rote Armee durch Stalin und die Proklamation des „Großen Vaterländischen Krieges" spornten die Russen nun zu äußersten Kriegsanstrengugen an.

## Kämpfe in der Nogaischen Steppe

Unter der Nogaischen Steppe — einer heute nur noch selten gebrauchten Bezeichnung — versteht man geographisch das natürliche Steppenland der Südrussischen Schwelle, das sich südlich des unteren Dnjepr ausbreitet. Dieses ausgedehnte Gebiet stand nun in den Spätsommerwochen des Jahres 1941 im Brennpunkt zahlreicher Kampftätigkeiten der 4. Gebirgs-Division. Es war ein vielfacher Kampf, den die deutschen Gebirgsjäger hier in der russischen Weite und Einsamkeit zu bestehen hatten: einerseits gegen einen immer fanatischer kämpfenden Gegner, andererseits gegen eine Natur, die den Lebensgewohnheiten zivilisierter Menschen feindlich gesinnt war.

Immer weiter zogen die Jäger mit dem Edelweiß an der Bergmütze in die Nogaische Steppe hinein — allen voran die Vorausabteilung der Gebirgs-Aufklärungs-Abteilung 94. Die Gliederung der neu zusammengestellten Vorausabteilung (V.A.), die von dem tatkräftigen Major Wolfmeyer geführt und nach ihm benannt wurde, sah folgendermaßen aus:

„Der Stab Aufklärungsabteilung wird zum Stab Vorausabteilung erweitert", lautete das Ergebnis einer Offiziersbesprechung am Sonntag, dem 17. August 1941, als die ersten Einzelheiten über die neue Vorausabteilung der Gebirgs-Aufklärungs-Abteilung 94 bekanntgegeben wurden. Neben den Schwadronen wurden dieser an Truppen zugeteilt: jeweils die 12.

Kompanie der beiden Jägerregimenter, die 9. Batterie des Artillerieregiments, eine Kompanie Panzerjäger, ein Nachrichtenzug sowie ein Feldgendarmerietrupp. Die Jägerkompanien wurden auf Beute-LKW verlastet. Auch die Batterie mußte ihre Gespanne abgeben und wurde durch Anhängen der Geschütze an Beutefahrzeuge mot-beweglich gemacht...

Der General rechnete damit, daß auf diese Weise eine durchschnittliche Marschgeschwindigkeit von 12 Stundenkilometern für die Batterie erreicht werden könnte. Da die Gespanne seit dem Ausladen in Rumänien 1600 Kilometer gelaufen waren und Erschöpfungserscheinungen immer häufiger wurden, legte er besonderen Wert auf diese Lösung. Selbst die Radfahrer erhielten für jede Gruppe einen LKW. Nur noch in Feindnähe sollten sie den Krieg per Stahlesel fortsetzen. Das ganze Programm war mit 37 — 40 Beutefahrzeugen zu bewältigen. Abzuwarten blieb, was die Russen-Ford leisten würden."[62])

In dieser Formation zog die Vorausabteilung Wolfmeyer — gefolgt vom Gros der 4. Gebirgs-Division — dann durch die Nogaische Steppe ans Asowsche Meer. Die aus Lehm gebauten Hütten schienen wie von selbst aus der Vegetation der Steppe herausgewachsen zu sein. Die Brennstoffzubereitung war geradezu archaisch: Mist und Stroh wurden von den armen Steppenbewohnern geknetet, in Platten gepreßt und an der Sonne getrocknet. Wolkenberge türmten sich häufig zu einem Unwetter am Horizont übereinander. Plötzlich kam ein Sturm auf und wirbelte den Sand durch die Luft, schüttelte die wenigen Bäume, daß die Blätter und Zweige meterweit flogen. Dann brach das Gewitter mit Blitz und Donner und einem kurzen aber umso heftigeren Regenguß über die Marschkolonnen der Gebirgsjäger herein. Doch ebenso schnell wie das Unwetter heraufgezogen war, verzog es sich auch wieder über der weiten Ebene. Die Sonne brach durch und malte zauberhaft schöne Regenbogen in den Himmel. Das ist das Gesicht der wilden Nogaischen Steppe, das die Gebirgsjäger während ihres Vormarsches Anno 1941 zu sehen bekamen.

Nach der Umfassungsschlacht von Uman erhielt das XXXXIX. Gebirgs-Armeekorps den Befehl, den Gegner weiter in südostwärtiger Richtung zu verfolgen, ihn zu stellen und zu bekämpfen. An diesen Auftrag hatte sich selbstverständlich auch die 4. Gebirgs-Division zu halten. Ursprünglich auf Jampol angesetzt, erhielt sie aus dem oben genannten Grunde schon bald Befehl, am 16. August in Richtung Nowo-Ukrainka weiterzumarschieren.

Marschieren — marschieren — marschieren — das Los der Infanterie aller Heere dieser Welt. Die Gebirgsdivisionen der Deutschen Wehrmacht waren da nicht ausgenommen. Wie lautete doch Hitlers Devise im Sommer 1941: Alles Bewegliche in Richtung Süden. Das bedeutete Ukraine,

Donezbecken und Rostow. Die Grundzüge für diese neuen operativen Ziele wurden am 21. August 1941 festgelegt:

„Entsprechend der Auffassung“, so hieß es darin „die der Führer von Anfang an gehabt hat, daß nämlich die Inbesitznahme Leningrads und die Eroberung der ukrainischen Rohstoff- und Industriegebiete der Wegnahme des Gebietes um Moskau vorauszugehen habe, sieht er jetzt als das wichtigste, noch vor Einbruch des Winters zu erreichende Ziel in der Wegnahme der Krim und des Kohlengebietes am Donez sowie die Abschnürung der russischen Ölzufuhr aus dem Kaukasus und im Norden die Abschneidung Leningrads und die Vereinigung mit den Finnen...

Durch die Vernichtung der im Raum Ovrutsch stehenden feindlichen 5. Armee wird die linke Flanke der Heeresgruppe Süd gesichert, um ihre Operationen gegen Rostow und Charkow durchführen zu können.

Der Führer befiehlt deshalb folgendes (Auszug):

1. Das wichtigste, noch vor Einbruch des Winters zu erreichende Ziel ist nicht die Wegnahme von Moskau, sondern die Wegnahme der Krim! Gleichzeitig die Eroberung des Industrie- und Kohlegebietes am Donez, die Abschnürung der russischen Ölzufuhr aus dem Kaukasus, die Abschließung Leningrads und die Vereinigung mit den Finnen...

4. Die Wegnahme der Halbinsel Krim ist von allergrößter Bedeutung für unsere Ölversorgung aus Rumänien!...“[63])

Mit dieser „Führerweisung“ waren die Schwerpunkte der Operation im Rußlandfeldzug jetzt eindeutig nach dem Süden und Südosten der Ostfront verlegt worden. Die Rohstofffrage stand dabei im Vordergrund. Die Soldaten der 4. Gebirgs-Division sollten das schon bald zu spüren bekommen.

Am 5. September überschritten die Jäger, nachdem sie in kräftezehrenden Verfolgungsmärschen durch die südliche Ukraine gehetzt waren, den Ingulez. Was dann folgte, war ein Gewaltmarsch durch eine öde, baumlose Ebene, die ihr vorläufiges Ende erst an den Ufern des gewaltigen Dnjepr nehmen wollte und sollte. Josef Martin Bauer, der bekannte Schriftsteller, der selbst Gebirgsjäger gewesen war, widmete jenen Jägern der Gebirgstruppe, die während des Rußlandfeldzuges im Rahmen der Heeresgruppe Süd eingesetzt gewesen waren, folgende Worte über die Steppe, die sie durchschritten, und über den Strom, den sie schließlich bezwangen:

„Der Strom“, so erzählt Bauer, „wälzt seine steingrauen Wasser dahin zwischen der lehmigen Steilwand und dem anderen, grenzenlos verrinnenden Ufer. Im hohen Sommer, sagen die Menschen, können Fuhrwerke auf steinbelegten Furten das kilometerbreite Wasser durchqueren; doch wenn bei Sommeranfang die Hochwasser gehen, überschwemmt er die Flachufer weit hinaus und ersäuft die Strunkweiden, die wie ein breiter Gürtel unberührten Waldes sonst seine Ufer säumen, soweit das Auge schaut. Der Strom ist Herr. Er beherrscht seine Landschaft, er prägt sie, er verändert sie und gibt ihr das Gesicht, daß die Menschen es nicht anders zu gestalten wagen. Herden brauner Rinder gehen zwischen Altwassern, weiden und schlafen dort unbehütet, wie wenn es Recht und Unrecht noch nicht gäbe. Die kleinen, zähen Pferde jagen zur Schwemme, und nur ein schriller Ruf des Vorreiters in der Urweltstille kündet davon, daß es Menschen gibt. In den weiten Tümpeln aber stehen zwischen den weißen Sternen von Seerosen schlanke Hechte und alte Karpfen, auf deren Rücken das Moos des Alters wächst.

Dies ist der Strom.

Die Steppe aber ist die Weite und die Endlosigkeit. Alles Kraut wächst, das ohne Regen auskommen mag, doch die Bäume bleiben Busch und Kuscheln, weil der Wind sie austrocknet, wenn sie aus so viel Flachheit hochzuragen versuchen. Noch tief in die Weite hinein greift die Macht des Dnjepr, wo von Regenströmen tiefe Schrunden gerissen wurden zu Hochwasserzeiten, tief genug, um Häuser darin zu bauen, abenteuerlich und bizarr genug, um der Endlosigkeit einen Halt zu geben, nach dem der richtungslos gewordene Mensch sich richten kann. Zwischen dürrem Krautwuchs stehen Gerstenschober inmitten riesenhafter Felder, Tomaten zeichnen blutrote Vierecke mit Feldern ohne Ende, Trauben reifen, Melonen saugen Wasser aus der Dürre und speichern es für den durstigen Menschen, und zum erstenmal in Europa wächst, unwillig zwar, Baumwolle hier.

Ohne Halt und Ziel und Richtung ist die Steppe. Achtung vor dem Unerlebten, Scheu vor der Raumlosigkeit, Abscheu vor dem Ausdrucksarmen und Unterschiedslosen bedrängt unsere Männer der Berge, wenn sie hier gehen auf dem Weg des Krieges. Nur der Himmel über Steppe und Menschen ist von tausendfältigem Gesicht mit seinen nirgends sonst erlebten Wolkenbildungen und dem berückenden Zauberspiel, wenn der Tag zur Nacht wechselt. Das Land aber ist sich gleich, wo immer man geht; und der Wind zieht ohne Ende über die Steppe."[64])

Wie eine unüberwindliche Wasserbarriere lag der zweitgrößte Strom des europäischen Rußland, der Dnjepr, vor den Deutschen, die den Strom überschreiten mußten, wenn sie erfolgreich mit ihren Truppen in den Rücken des Feindes, der bei Kiew eingeschlossen war, stoßen wollten. Voraussetzung hiefür war ein Dnjepr-Brückenschlag zum jenseitigen Ufer. Das XXX. Armeekorps erhielt den Auftrag, den Übergang über den Strom zu erzwingen. Die Vorbereitung und Planung lagen allerdings beim Gebirgs-Pionier-Regiments-Stab 620. Pionierführer des XXXXIX. Gebirgs-Armeekorps war Oberst Zimmer, ein erfahrener Pionieroffizier. Der schwere Brückendienst — ständig im Bewußtsein, den russischen

Luftangriffen ausgesetzt zu sein — und der Kampf um die Erhaltung der rund 480 Meter langen Pontonbrücke, die aus 116 Pontons zu 58 Fähren bestand und in einer einzigen Nacht zusammengefahren wurde, oblag den Gebirgspionierbataillonen der 1. und 4. Gebirgs-Division. Viele Pioniere der „Enzian"-Division fielen im harten Brückeneinsatz. Der einmalige Brückenschlag über den Dnjepr bei Berislawl war während des Zweiten Weltkriegs absolute Spitzenleistung pioniermäßiger Schulung und Ausbildung. Zuversichtlich überschritten am 14. September die fechtenden Truppenteile der 4. Gebirgs-Division die Pontonbrücke über den mächtigen Strom. Voller Stolz und Genugtuung zollte der Oberbefehlshaber der 11. Armee den Pionieren seine Anerkennung:

„Pioniere der 11. Armee!

Als Übersetzpioniere unter Führung des Oberstleutnant Ritter von Heigl habt Ihr im Feindfeuer in Euren Sturmbooten und Floßsäcken in kühnem Schwung den Angriff über den Dnjepr vorgetragen. Im entscheidenden Augenblick seid Ihr ungeachtet starker Fliegerangriffe, Artillerie- und MG-Feuer zum Fährenbau geschritten. So erhielt die Infanterie rechtzeitig die dringende Unterstützung ihrer Sturmartillerie.

Am Ostufer des Dnjepr habt Ihr als Sturmpioniere im Ortskampf, Waldgefecht und im Kampf um Feldstellungen den Euren Stoßtrupps gegenüberstehenden Feind in erbitterten Einzelkämpfen zurückgedrängt.

Als Brückenpioniere habt Ihr unter Führung des Oberst Zimmer Schulter an Schulter mit den tapferen rumänischen Pionieren im Streufeuer der Artillerie Eure Brücke geschlagen. Im zähen Kampf gegen Bordwaffen und rollende Bombenangriffe mit Volltreffern auf die Brücke, im Kampf gegen Sturm und hohen Wellengang habt Ihr Eure große Brücke gehalten.

Die Brückenkolonnen haben sich durch rücksichtsloses Durchfahren der unter Artillerie- und MG-Feuer liegenden Strecken ausgezeichnet.

Für Euren zähen Willen und für den tapferen Einsatz jedes einzelnen von Euch spreche ich Euch deutschen und rumänischen Pionieren meine volle Anerkennung aus.

Euer Stolz sei", so schloß der Oberbefehlshaber der 11. Armee seinen Dank an die Pioniere, „daß Ihr in treuer Waffenbrüderschaft diesen gewaltigen Strom bezwungen habt und daß zwei Armeen, eine deutsche und eine rumänische, diesen Fluß auf Euren Booten, Fähren und Eurer Brücke überschritten haben."

Nach dem erzwungenen Stromübergang bog die 4. Gebirgs-Division scharf nach Nordosten ab, um den am Dnjepr angeschlagenen Gegner in Richtung der Linie Melitopol — Dnjeprknie zu verfolgen. Dabei setzte die

Division anfangs das Gebirgs-Jäger-Regiment 13 entlang des Dnjepr an, während die verstärkte Gruppe des Gebirgs-Jäger-Regimentes 91 den Angriff in Richtung Werchnij Rogatschik vorzutragen hatte. Ihre Vorausabteilung löste die Gruppe Lang der 1. Gebirgs-Division ab. Sie hatte nun das weiträumige Gebiet der Dnjeprniederung von Feindresten zu säubern.

Für den 16. September ordnete das XXXXIX. Gebirgs-Armeekorps die Fortsetzung des Angriffs in nordostwärtiger Richtung an. Die 4. Gebirgs-Division hatte dabei nach besten Kräften die feindliche Dnjeprverteidigung in Richtung Boljschaja Lepiticha, das dann in der Tat in die Hand des Gebirgs-Jäger-Regimentes 13 fiel, aufzurollen. Das Gebirgs-Jäger-Regiment 91 erreichte währenddessen im entfalteten Vorgehen die Straße Rubanowka — Boljschaja Lepiticha.

Im großen und ganzen gesehen, hatte die „Vierte" allerdings weiterhin den Auftrag, die Dnjeprverteidigung der Russen aufzurollen und dabei möglichst weit Raum nach Nordosten zu gewinnen.

In einer Zeit, in der die Rote Armee auf der gesamten Front des XXXXIX. Gebirgs-Armeekorps (1. und 4. Gebirgs-Division sowie 170. Infanterie-Division) keinen stärkeren Widerstand leistete, übernahm General von Manstein, den der englische Militärschriftsteller Liddell Hart als den „gefährlichsten Gegner der Alliierten", als einen „Mann, der die moderne Auffassung der Beweglichkeit mit einem klassischen Verständnis für die Kunst des Manövrierens", der „die Meisterung der Details mit großer Führungskraft vereinigte", bezeichnete, den Oberbefehl über zwei Armeen; nämlich über die 11. deutsche und die 3. rumänische Armee.[65]) Der alte Oberbefehlshaber der 11. Armee, Generaloberst Ritter von Schobert, war mit seinem Fieseler Storch am 12. September 1941 in einem russischen Minenfeld auf dem Schlachtfeld von Antonowka gelandet. Das Flugzeug brannte aus. Der OB war tot.

Ab 17. September 1941, als General von Manstein, einer der bedeutendsten Strategen des Zweiten Weltkrieges, in seinem Armeehauptquartier in Nikolajew eingetroffen war, stand nun der Feldzug der 11. Armee — und damit auch der des unterstellten XXXXIX. Gebirgs-Armeekorps — unter dem unbeugsamen Willen dieser markanten Führerpersönlichkeit.

Die ersten harten Kämpfe, die die „Enzian"-Division unter der Führung Mansteins zu bestehen hatte, erfolgten am russischen Panzerabwehrgraben von Timoschewka — das Werk eines gigantischen sowjetischen Menscheneinsatzes.

Generalmajor Eglseer entschloß sich erst nach eingehender Erkundung und gründlicher Vorbereitung zum Angriff gegen dieses Bollwerk. Oberst Ritter von Stettner, der Kommandeur des Gebirgs-Jäger-Regiments 91, hatte hierbei mit seinen Gebirgsjägern hervorragende Aufklärungsarbeit geleistet. Ihm wurde auch die Angriffsführung mit dem verstärkten Gebirgs-Jäger-Regiment 91 anvertraut.

Wie der Angriff auf Timoschewka vor sich gehen sollte, ist aus dem Regimentsbefehl Stettners für den Angriff am 21. September 1941 zu ersehen:

„... Feind hat eine Stellung an und hinter dem Panzerabwehrgraben besetzt und leistet dort zähen Widerstand in Feldstellungen in einer Tiefe bis 800 Meter...

1. Geb.Div. ist am 20. September in zähem Angriff 4 Kilometer nordostwärts Mogila Dolgaja in das feindliche Hauptkampffeld eingedrungen und setzt 21. September ab 9 Uhr Angriff auf Timoschewka fort...

... 2. Verstärktes Geb.Jäg.Rgt. 91 stellt sich im Ortsteil Malaja Belosjorka so zum Angriff bereit, daß es um 10 Uhr die feindliche Stellung tiefgegliedert durchbrechen und längs der Balka Belosjorka in Richtung Michajlowka Nordteil vorstoßen kann...

... a) Hierzu stellen sich bis 9.45 Uhr bereit: Angriffsgruppe Schulze (III./91, 6. Kp., Pi.-Zug 10./91, 2 Pakzüge 16./91) als Angriffskeil des Regiments am Ostrand von Malaja Belosjorka. Unterstützungsgruppe Braun (9./91, Inf.-Pi.-Züge 5. und 10./91) am Nordostrand Malaja Belosjorka.

Säuberungsgruppe Pi.-Zug 5./91, Sicherungsgruppe Wolferseder mit Regiments-Reiter- und Radfahrzug, Reservegruppe Schneider: Führung Major Schneider, Rest II./91 ohne 6. Kp., Rest I./91, Rest 16./91 im Ostteil Malaja Belosjorka auf angewiesenen Plätzen.

b) Aufträge zur Durchführung des Angriffs:

Angriffsgruppe Schulze durchbricht das feindliche Hauptkampffeld an und südlich der Straße Malaja Belosjorka — Michajlowka und stößt unter Ausnützung der Balka Belosjorka auf das Angriffsziel durch. Erstes Ziel: Gewinnen der Horizontlinien. Angriffsbeginn um 10 Uhr. Unterstützungsgruppe Braun unterstützt den Angriff der Gruppe Schulze und schaltet flankierende Wirkung vom Nord- und Nordostrand der Balka Belosjorka aus. Säuberungsgruppe Kurz säubert den Ostteil von Malaja Belosjorka und im weiteren Verlauf des Angriffs den Angriffsweg des Regiments, besonders die Balka Belosjorka, von Minen. Sicherungsgruppe Wolferseder sichert die Bereitstellung des Regiments und der Trosse im Raum Kirche Malaja Belosjorka. Reservegruppe Schneider hält sich bereit, um den Durchbruch der Angriffsgruppe Schulze zu erweitern, feindliche Gegenstöße zurückzuwerfen oder hinter der Angriffsgruppe Schulze zu folgen.

3. Artillerie: Der Angriff des Regiments wird unterstützt durch II., III. und IV./Geb.Art.Rgt. 94."[66])

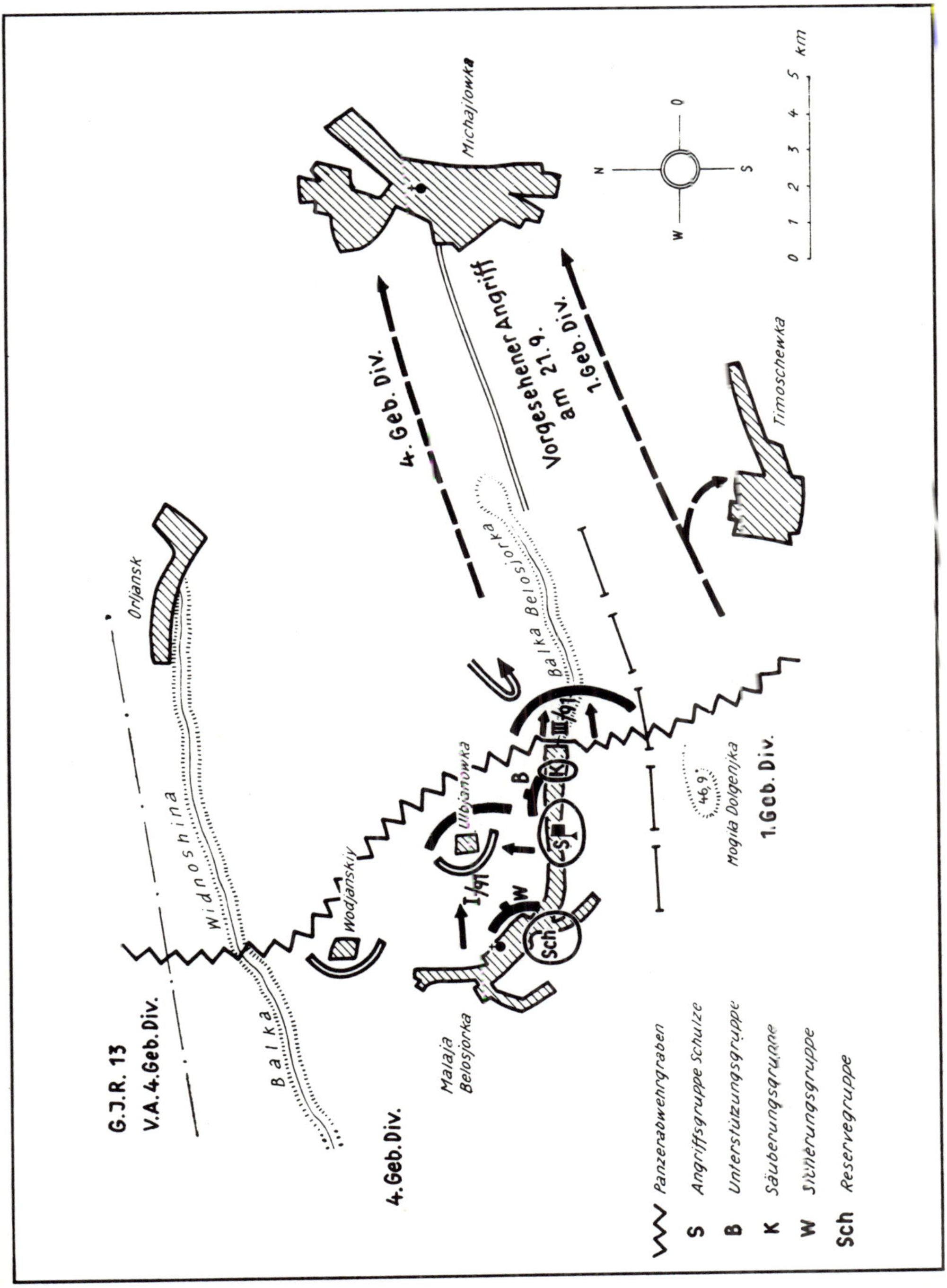


Der Angriff des Gebirgs-Jäger-Regiments 91 am 21. und 22. September 1941 auf den Panzerabwehrgraben nordwestlich von Timoschewka

Ein klarer Befehl. Blieb nur die Frage offen, ob die 4. Gebirgs-Division, im besonderen aber das verstärkte Gebirgs-Jäger-Regiment 91 diese schwierige Aufgabe auch würde lösen können?

Zunächst wurde die „Enzian“-Division mit der „Edelweiß“-Division — beide Schwesterdivisionen kämpften hier wieder in treuer Waffenbrüderschaft Schulter an Schulter — auf das rund 18 Kilometer vom Panzergraben entfernt gelegene Dorf Michajlowka angesetzt.

Dieser Aktion lag ein Befehl des XXXXIX. Gebirgs-Armeekorps zugrunde, der besagte, daß das „Geb.-A.K.... am 21. September den Angriff über den Panzerabwehrgraben fortsetzt, um in allgemeiner Richtung (auf) Michajlowka durchzustoßen.“ In dieser Zielsetzung sollte sich General der Gebirgstruppen Kübler, der das XXXXIX. Gebirgs-Armeekorps nach wie vor mit sicherer Hand führte, aber bald enttäuscht sehen, denn die Angriffskraft der deutschen Gebirgsjäger schien nahezu erschöpft. Die 1. Gebirgs-Division griff überhaupt nicht an, die 4. Gebirgs-Division bloß mit einem verstärkten Bataillon. Und auch der Russe war nicht bereit, das Spiel der Deutschen mitzumachen. In der Nacht vom 20. auf den 21. September stürmte er an manchen Abschnitten nicht weniger als dreimal gegen die Stellungen der Deutschen an. Doch wurden schließlich alle Versuche des Gegners, auf den Panzerabwehrgraben vorzustoßen, unter blutigen Verlusten abgeschlagen. Das gab den deutschen Truppen wieder Mut.

Das verstärkte Gebirgs-Jäger-Regiment 91 stellte sich nun im Ostteil von Malaja Belosjorka zum Angriff bereit, während das Gebirgs-Jäger-Regiment 13 auf breiter Front einen Angriff in Richtung Balki vortäuschen sollte, um dem verstärkten Gebirgs-Jäger-Regiment 91, das die Hauptlast des Angriffs zu tragen hatte, mehr Handlungsfreiheit zu gewähren. Obwohl die Russen während des ganzen 22. September das Feuer mit allen ihnen zur Verfügung stehenden Waffen auf die angreifenden Gebirgsjäger lenkten, um diese zu zermürben, und obwohl die Flanke des verstärkten Gebirgs-Jäger-Regiments 91 nördlich von Malaja Belosjorka teilweise zehn Kilometer offen lag, endeten die verlustreichen Kämpfe um den Panzerabwehrgraben von Timoschewka schließlich doch mit einem Sieg der Gebirgsjäger. Es war allerdings wieder einmal ein Sieg, der teuer bezahlt werden mußte: Zwischen 17. und 23. September 1941 hatte allein das verstärkte Gebirgs-Jäger-Regiment 91 nicht weniger als 16 Offiziere, 417 Oberjäger und Jäger verloren. Sechs Offiziere, 72 Unteroffiziere und Mannschaften waren gefallen.

Im abschließenden Gefechtsbericht des Gebirgs-Jäger-Regiments heißt es: „Das Regiment stand in dieser Zeit einem Feind gegenüber, der mit äußerster Erbitterung kämpfte. Dabei unterstützte ihn eine zahlenmäßig überlegene, sehr bewegliche Artillerie, deren Munitionsmenge unerschöpfh schien. Auch die russische Luftwaffe griff wiederholt in den Endkmpf ein. Benzin- und Munitionsmangel lähmten andererseits in diesen Tagen die Tätigkeit der eigenen Artillerie und der schweren Waffen, so daß die Infanterie die Hauptlast der Kämpfe zu tragen hatte."

Es schien, eine kurze Zeit wenigstens, als sollten die braven Gebirgsjäger für ihren vorbildlichen Einsatz in Südrußland mit einem Kampfabschnitt ganz besonderer Art entschädigt werden. Am 22./23. September erreichte die 4. Gebirgs-Division der Befehl, daß sie in ihren Stellungen von der rumänischen 1., 2. und 4. Gebirgsbrigade abgelöst werde und sich für einen Abmarsch auf die sonnenüberflutete Halbinsel Krim bereitzuhalten habe. Doch die Ablösung der deutschen Gebirgsjägerverbände durch die verbündeten rumänischen Truppen sollte sich bei der verstärkten Aktivität der Russen als ein unkalkuliertes Risiko erweisen.

Man schrieb den 24. September 1941 in die Kriegstagebücher der Divisionen und Regimenter, als das rumänische Gebirgskorps den Befehl über den bisherigen Frontabschnitt der 1. Gebirgs-Division und des verstärkten Gebirgs-Jäger-Regiments 91 andererseits übernommen hatte. Auch die Ablösung des Gebirgs-Jäger-Regiments 13 zwischen Malaja Belosjorka und Balki ging in der Nacht vom 24. auf den 25. September ohne Zwischenfälle vonstatten. Der Stab der 4. Gebirgs-Division blieb allerdings mit dem Gebirgs-Jäger-Regiment 13 und dem I./Gebirgs-Artillerie-Regiment 94 — als hätten sie bereits eine dunkle Vorahnung, was auf die „Enzian"-Division zukommen sollte — bis auf weiteres in Boljschaja Belosjorka.

Und in der Tat, wie aus heiterem Himmel begann der Russe, als hätte er den rumänischen Braten gerochen, am 25. September 1941 seine Offensive am Panzerabwehrgraben von Timoschewka. Währenddessen aber marschierten die abgelösten Teile der 4. Gebirgs-Division bereits in Richtung Südosten — beseelt von dem Gedanken, bald auf der sonnigen Krim eingesetzt zu werden. Umso härter traf sie der Befehl zur Umkehr in den alten, verhaßten Kampfabschnitt auf Grund der veränderten Lage, die eindeutig auf ein Zerschlagen der Front durch die Russen bei den rumänischen Verbänden abzielte. Um das zu verhindern, traf das XXXXIX. Gebirgs-Armeekorps alsbald die entsprechenden Gegenmaßnahmen:

„... 1. Feind in Stärke etwa einer Division mit einem Tankbataillon hat am 28. September mit Schwerpunkt zwischen Malaja und Boljschaja Belosjorka hindurch nach Südwesten angegriffen. Es ist ihm gelungen, in Richtung Mogila Kuljbatschina Raum zu gewinnen. Nördlich Mogila Kuljbatschina griff er gegen 11 Uhr noch an.

Die Angriffe gegen die 4. deutsche Gebirgsdivision wurden ostwärts und nordwärts Boljschaja Belosjorka zum Stehen gebracht. Bei Punkt 78 (10 Kilometer nordwestlich Kirche Boljschaja Belosjorka) wurde der Feind auf Dnjeprowka zurückgeworfen.

Lage um Dnjeprowka noch ungeklärt.

2. 2. rumänische Gebirgsbrigade ist mit dem unterstellten Jäg.Rgt. 401 gegen 11 Uhr in Malaja Belosjorka wieder eingedrungen. Um Mogila Kuljbatschina hält das ebenfalls der 2. rum. Geb.-Brig. unterstellte rum. Kav.-Rgt. 2. 4. deutsche Geb.-Div. hält mit 4. rum. Geb.-Brig., verst. Geb.-Jäg.-Rgt. 13 und der Vorausabteilung die allgemeine Linie Punkt 42,3 (9 km Ostwärts Kirche Boljschaja Belosjorka) — Mogila Iwantschina — Zwetkowo — Punkt 78 (10 km nordwestlich Kirche Boljschaja Belosjorka).

1. deutsche Geb.Div. hat den Raum Mentschekur — Gawrilowka — Jelissawetowka erreicht.

Verst. Geb.-Jäg.-Rgt. 91 (zur Verfügung der 4. deutschen Geb.-Div.) ist seit 13 Uhr im Vormarsch von Kolonie Pokrowka auf Boljschaja Belosjorka. Eine SS-Kompanie der Gruppe von Roques ist von Nikopol auf das Südufer des Dnjepr übergegangen und steht in Kamenka.

Rechts neben XXXXIX. (Geb.)A.K. hält die 1. rum. Geb.-Brig. (der 3. rumänischen Armee unmittelbar unterstellt) die allgemeine Linie des Panzerabwehrgrabens westlich von Timoschewka.

3. XXXXIX. (Geb.)A.K. bereitet heute am 28. September nachmittags und am 29. September vormittags den Angriff vor. Das Ziel des Angriffs ist Durchbruch in Richtung Balki, um die Lage im Abschnitt zwischen Malaja Belosjorka und Balki wiederherzustellen und die Feindkräfte im Raume nördlich und nordostwärts Boljschaja Belosjorka abzuschneiden und zu vernichten.

4. Angriffsplan:

... b) Den Angriff führen 1. und 4. deutsche Geb.-Div. Grenzen der Gefechtsstreifen: zwischen rum. Geb.-Korps und der 1. deutschen Geb.-Div.: Mogila Orlowy (10 km südlich Kirche Boljechaja — Belosjorka) —Mogila Blisnezy — Hf. Widnoshin, zwischen 1. und 4. deutscher Geb.-Div.: Südrand Gjunewka — Punkt 42,3 8 Kilometer ostwärts Kirche Boljschaja Belosjorka) — Westrand Balki.

Die Divisionen bilden den Schwerpunkt auf ihren inneren Flügeln entlang der Grenzen der Gefechtsstreifen. Die Divisionen stellen sich ab Tagesanbruch des 29. September bereit:

4. deutsche Geb.-Div. in und westlich ihrer derzeitigen vorderen Linie, 1. deutsche Geb.-Div. unmittelbar rechts im Anschluß an 4. deutsche

*Oben: Vormarsch in Richtung Uman. Schweres Maschinengewehr gibt Feuerschutz*

*Unten: Die „Todesstraße“ nach der Umfassungsschlacht von Uman-Podwyssokoje*

Geb.-Div. Vordere Linie entsprechend der (zur Zeit ungenügend geklärten) eigenen und Feindlage in ihrem Angriffsstreifen.

Die Bereitstellung muß bis 29. September, 9.30 Uhr, beendet sein.

Feuervorbereitung des Angriffs durch Artillerie und schwere Waffen von 10 bis 11 Uhr.

Angriffsbeginn 11 Uhr.

1. Angriffsziel ist die Wegnahme der feindlichen Artillerie. Dann ist der Angriff in Richtung Balki fortzusetzen.

c) Rum. Geb.-Korps übernimmt den Schutz der rechten Flanke der 1. deutschen Geb.-Div. Das Korps schließt sich hierzu vom linken Flügel, dem Angriff der 1. deutschen Geb.-Div. entsprechend, seinem Forschreiten so an, daß die unmittelbare Verbindung mit dem rechten Flügel der 1. deutschen Geb.-Div. aufrechterhalten bleibt.

d) 4. deutsche Geb.-Div. sichert sich hinreichend gegen Umfassung von Norden.

5. 1. deutsche Geb.-Div. klärt heute nachmittags (28. September) im Benehmen mit 2. rum. Geb.-Brig. und 4. deutscher Geb.-Div. die Feindlage und die Lage bei den eigenen Truppen in ihrem Bereitstellungsraum und Angriffsstreifen. Die Division ist im Laufe des heutigen Nachmittags so in den Raum südlich Boljschaja Belosjorka vorzuführen, daß am 29. September ab Tagesanbruch die Bereitstellung zum Angriff mit möglichst wenig Zeitaufwand eingenommen werden kann...

7. Korpsgefechtsstand: Führungsabteilung bleibt zunächst in Hf. Reinefeld..."

Eilig, ja geradezu hastig, wertete General Eglseer mit seinem bewährten 1. Generalstabsoffizier diesen „Korpsbefehl Nr. 125 für die Vorbereitung des Angriffs am 29. September" aus und erteilte seinerseits der 4. Gebirgs-Division für den 29. September 1941 folgenden Befehl:

„...1. Feind hat am 28. September mit überlegenen Kräften gegen Front und Flanke der durch 4. rum. Geb.Brigade verst. 4. Geb.Div. angegriffen. Seine Angriffe wurden von Geb.Jäg.Rgt. 13 abgewiesen. Zwetkowo ging verloren. Vorausabteilung mußte von Höhe 78 südlich Dnjeprowka nach Gegend Mogila Rjadowyja ausweichen. Mit Beginn der Dunkelheit stellte der Feind seine Angriffe ein. Mit der Fortsetzung am 29. September vor

*Oben: In der Ukraine 1941: Entlang der weiten Vormarschstraße . . .*

*Unten: . . . müde Gebirgsjäger*

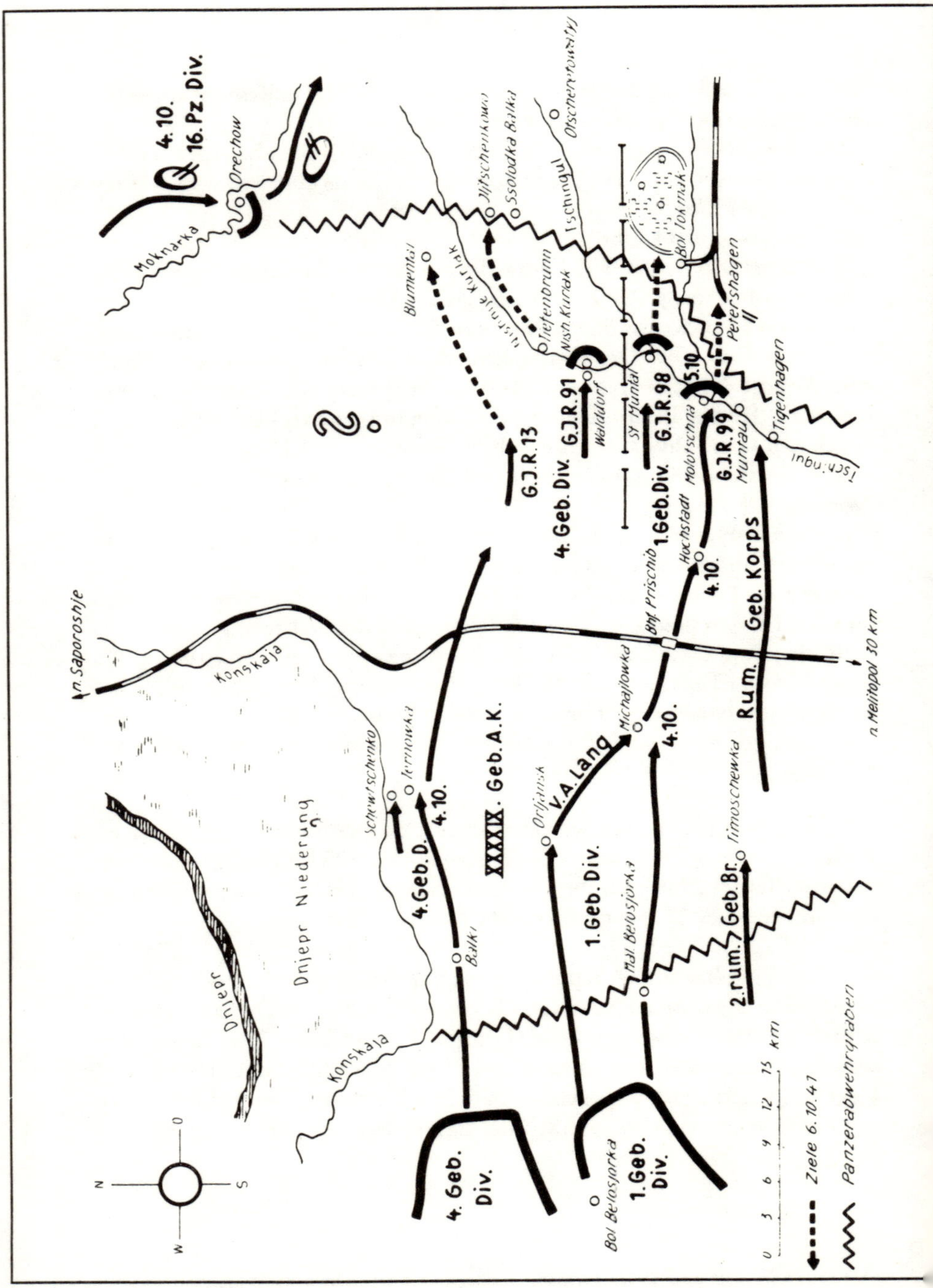


Lage des XXXXIX. Gebirgs-Armeekorps mit seinen unterstellten Gebirgsverbänden am 4. und 5. Oktober 1941 in der Nogaischen Steppe

allem vor II./Geb.Jäg.Rgt. 13 und längs der Straße Dnjeprowka — Boljschaja Belosjorka muß gerechnet werden.

2. 4. Geb.Div. wehrt mit Geb.Jäg.Rgt. 13 und 4. rum. Geb.Brig. weitere Angriffe ab und greift mit Geb.Jäg.Rgt. 91 nach Bereitstellung über Gurtowoj auf Elisawetowka an. Rechts von der Division greift 1. Geb.Div. Richtung Balki, links SS-Leibstandarte auf Nowo Dnjeprowka an.

Trennungslinie zur 1. Geb.Div.: Gjunewka — 42,3 — Westrand Balki.

3. Kampfaufträge:

a) Geb.Jäg.Rgt. 13 (ohne II.) verhindert feindlichen Durchbruch von Osten nach Boljschaja Belosjorka. Es unterstützt durch Feuer den Angriff seiner beiden Nachbarn und schließt sich entsprechend der Entwicklung der Lage dem Angriff an.

b) 4. rum. Geb.Brigade hält ihre Stellungen. Die Teile, über die der Angriff hinweg gerollt ist, sind zu sammeln und als Reserve nachzuführen. Der Angriff des Geb.Jäg.Rgt. 91 ist durch flankierendes Feuer zu unterstützen.

c) II./Geb.Jäg.Rgt. 13 hält feindlichen Angriff beiderseits der Straße Dnjeprowka — Boljschaja Belosjorka auf und schließt sich je nach Entwicklung der Lage rückwärts gestaffelt dem Angriff des Geb.Jäg. Rgt. 91 an.

d) Geb.Jäg.Rgt. 91 stellt sich in Anlehnung an Nordwestteil von Boljschaja Belosjorka zum Angriff bereit. Um 11 Uhr tritt das Regiment zum Angriff an und stößt über Gut Gurtowoj auf Jelissawetowka vor. Ab 10 Uhr beginnt die Bekämpfung des Feindes mit Artillerie und schweren Infanteriewaffen.

e) Geb.Art.Rgt. 94 (ohne I.) unterstützt den Angriff des Geb.Jäg. Rgt. 91. Von 10 bis 11 Uhr sind erkannte B-Stellen und Feindbatterien zu bekämpfen. Das Regiment muß in der Lage sein, mit Teilen starke feindliche Angriffe aus der Nordflanke abzuwehren. I./Geb.Art.Rgt. 94 bleibt Geb.Jäg.Rgt. 13 unterstellt. 3./Flak 14 und 2./Flak 501 sind vornehmlich gegen Erdziele einzusetzen.

f) Vorausabteilung unterstützt das II./Geb.Jäg.Rgt. 13 in der Abwehr feindlicher Angriffe durch flankierendes Feuer. Mit Antreten der SS ist es Aufgabe der Vorausabteilung, die Lücke zwischen der Division und der SS zu überwachen.

g) Radfahr-Schwadron Metzger sammelt nach Durchrollen des Angriffs zur Verfügung der Division in Boljschaja Belosjorka ...

6. Div.Gef.Stand Boljschaja Belosjorka Krankenhaus ..."

Der Gegenangriff des XXXXIX. Gebirgs-Armeekorps und seiner stellten Divisionen konnte beginnen, nachdem es den Gebirgsjägern noch am 28. September gelungen war, alle Feindangriffe in der Front und an der verwundbaren Flanke abzuwehren. Absicht der wiedervereinigten

4. Gebirgs-Division war es nun, zunächst mit dem Gebirgs-Jäger-Regiment 13 in der Abwehr zu verbleiben und den entlastenden Gegenangriff mit dem Gebirgs-Jäger-Regiment 91 über das Schwesterregiment hinweg zu führen.

Obwohl der Russe gegen die 4. Gebirgs-Division massiert mit Panzern und starker Artillerie angriff, gelang es der Division nach harten Kämpfen schließlich doch, sich zu behaupten. Aber auch dieser Erfolg mußte wieder mit hohen Verlusten bezahlt werden. Allein die Regimentsgruppe von Stettner — verst. Geb.-Jäg.-Rgt. 91 —, die einmal mehr im Brennpunkt heftiger Gefechte gestanden war, verlor zwischen dem 29. September und 4. Oktober 7 Offiziere, 293 Oberjäger und Jäger. Drei Offiziere, 55 Unteroffiziere und Mannschaften waren dabei gefallen. Eine wahrhaft traurige Zwischenbilanz der Kämpfe der „Enzian"-Division.

4. Oktober 1941. Die eigene Aufklärung hatte ergeben, daß der Russe in der Nacht den Graben wie auch den Ort Timoschewka geräumt hatte. Das kam auch in einer Meldung des Kommandeurs des II./Gebirgs-Jäger-Regiments 91 zum Ausdruck, in der es hieß:

„Panzergraben feindfrei. Stoße nach."

Und so geschah es dann auch. Die 4. Gebirgs-Division setzte am 5. Oktober, um 7 Uhr, es war ein herbstlich schöner Tag, zusammen mit der 1. Gebirgs-Division die Verfolgung des Gegners, der sich noch immer nicht geschlagen geben wollte, fort. In dieser nachbarlichen Formation bewegten sich beide Schwesterdivisionen auch weiter in Richtung Asowsches Meer: Kompanien, die im bisherigen Verlauf des Ostfeldzuges rund hundert Mann verloren hatten; Züge, die oft nur noch 15 Gewehre besaßen; Tragtierführer, die statt eines Muli, das bereits irgendwo in einer Schlacht getötet worden war, jetzt ein Kamel hinter sich herführten.

## Die Eroberung des Donezbeckens

Die 4. Gebirgs-Division hatte im Rahmen der sich abzeichnenden Vernichtungsschlacht von Mogila Tokmak Anfang Oktober 1941 den Westrand des Donezgebietes erreicht. Dieses bildet neben der Ukraine und Krim das Sammelbecken einer außergewöhnlichen Rassenmischung, die sich im Laufe vieler Jahrhunderte hier vollzogen hat. Unter anderem hatten die Goten ein stattliches Reich errichtet, nachdem zuvor schon die Griechen Kolonien angelegt hatten, die allerdings später wiederum von den machthungrigen Römern erobert und besetzt wurden. Nordische Völkerstämme, die sich ebenfalls im Donezgebiet niedergelassen hatten, wichen schließlich dem Druck der asiatsichen Nomadenhorden, von denen noch heute die Tataren einen wesentlichen Bevölkerungsteil bilden. Lange Zeit hatten hier die Tataren ein eigenes Fürstentum unterhalten. Ab und zu stießen die Gebirgsjäger bei ihrem Vormarsch auf seltsame figürliche Steingebilde, die die Bevölkerung als Kamenaja-Papas oder -Mamas bezeichnete. Es handelte sich hierbei um tatarische Gottheiten.

Im Herbst 1941 begann nun der Angriff auf das Donezbecken, der das südrussische Industriegebiet in deutschen Besitz bringen sollte. Vorausgegangen war wieder einmal der Streit um den Schwerpunkt der weiteren deutschen Operationen im Osten. Gegen den Willen und Vorschlag des Oberbefehlshabers des Heeres, Generalfeldmarschall von Brauchitsch, und des Chefs des Generalstabes des Heeres, Generaloberst Halder, die beide zuerst den sowjetischen Gegner vor seiner Hauptstadt, also vor Moskau, zur Entscheidungsschlacht zwingen wollten, befahl Hitler zuerst den Angriff auf das Industriegebiet des Donez. Die Rohstofffrage bildete nunmehr den entscheidenden Faktor in Hitlers militärisch-strategischen Zielsetzungen.

Die Panzergruppe 1* des Generaloberst von Kleist, mit dem III. und XIV. Panzerkorps, das später durch das XXXXIX. Gebirgs-Armeekorps und die Leibstandarte Adolf Hitler verstärkt wurde, hatte Anfang Oktober 1941 den Befehl erhalten, das Industriegebiet am Donez, das man zurecht als das „Ruhrgebiet der Sowjetunion" bezeichnet, so bald als möglich in Besitz zu nehmen und alsdann auf Rostow vorzugehen, um dort eine günstige Ausgangsstellung für einen Vorstoß gegen den Kaukasus zur Abschnürung der russischen Ölzufuhr zu schaffen. Um dieses weitgesteckte Ziel zu erreichen, galt es erst einmal, den Widerstand der sowjetischen 9. und 18. Armee am Asowschen Meer zu brechen.

„Der Ring um den Feind", so stellt General Kübler in einem Tagesbefehl die Ausgangslage dar, „ist geschlossen. Zwei deutsche Panzerkorps sind tief in den Rücken und die Flanke des Feindes vorgestoßen. Im Süden gibt es für den Feind über das Asowsche Meer keinen Ausweg. Von Westen sitzt ihm die 11. deutsche Armee im Nacken. Noch einmal muß ich von Euch Äußerstes fordern. In einigen Tagen werden die 9. und 18. rote Armee vernichtet sein ..."

Wechseln wir für kurze Zeit die Fronten und sehen wir uns einmal beim Russen um, was er zu unternehmen gedachte, um der deutschen Einkreisung am Mogila Tokmak, einem markanten Hügel, der in der Mitte des Abschnittes des XXXXIX. Gebirgs-Armeekorps aufragte, zu entkommen. Die Übersetzung eines Beutebefehls gewährt uns den Blick in das feindliche Lager:

* Wurde um den 10. Oktober in „1. Panzer-Armee" umbenannt.

„Befehl Nr. 0046
Div.-Stab 164
0.30 Uhr
7. 10. 1941.

Serie ‚G‘.
Streng geheim.
Exemplar Nr....
Westausgang Tschernigowka.

1. Tiefe Umfassung der Armee nach Besetzung von Popowka, Andrejewka schreitet fort. Gleichzeitig Angriffe an der Front von Westen.

2. Die 164. Inf.-Div. beginnt am 8. Oktober 1941, 1 Uhr, mit dem Rückzug und besetzt den Verteidigungsabschnitt Höhe 307,2 Kilometer östlich Nowo Poltawka,*) N. Tokmak, Sobowa, Punkt 212 unter wirksamer Sicherung der Straße von Grigorjewka nach Aleksejewka, hält den eingenommenen Abschnitt, verhindert einen Durchbruch des Gegners in südöstlicher und östlicher Richtung. Vordere Verteidigungslinie Punkt 275, westlicher Abhang der Höhe 307, Eisenbahnlinie Westrand N. Tokmak, Subowa, Punkt 212.

3. Inf.-Rgt. 371 beginnt sofort mit dem Rückzug und konzentriert sich im Gebiet 1 Kilometer östlich des mittleren Ausganges des Dorfes W. Tokmak, sichert die Straße W. Tokmak nach Aleksejewka in Bereitschaft zum Gegenangriff in Richtung Sarja, Bhf. W. Tokmak und in Richtung Punkt 212. Marschweg Wesseloje, Tschernigowka, W. Tokmak und nach dem Versammlungsraum. Gefechtsstand östlicher Rand W. Tokmak, 2. Vorsprung von Süden.

4. Das Inf.-Rgt. 620 mit dem Art.-Rgt. 494 beginnt am 8. Oktober 1941, 1 Uhr, mit den Hauptkräften des Regiments den Rückzug unter Hinterlassung einer starken Nachhut in Stärke eines Bataillons und bezieht Stellung im Abschnitt Punkt 275, westlicher Abhang der Höhe 307, längs der Eisenbahn, linker Flügel Eisenbahnschleife. Marschweg: Michailowka, Krissina, Balka Kaikuly, Nowo Poltawka und Verteidigungsgebiet. Auf dem Marsch muß eine starke Vorausabteilung in Bataillonsstärke und Flankensicherung im Norden vorhanden sein.

Befehlsstelle Ostrand W. Tokmak, 1. Vorsprung nach Norden.

5. Das Inf.-Rgt. 513 mit 473. Art.-Rgt. (Haubitzen) zieht sich am 8. Oktober 1941, 1 Uhr, auf dem Weg Stulnjewka, Tschernigowka, Tokmatschansk, W. Tokmak zurück und bezieht gegen Morgen Verteidigungsstellung im Abschnitt Bhf. W. Tokmak, Westrand W. Tokmak, Subowa, Punkt 212. Grenze rechts: Gefechtsstand Ostrand W. Tokmak, 1. Vorsprung von Süden.

6. Spezialeinheiten konzentrieren sich im Gebiet Alexejewka, Ziegelei. Marschweg: Tschernigowka, W. Tokmak, Aleksejewka. Beginn des Rückzuges auf besonderen Befehl.

*) Nowo Poltawka ist gleichbedeutend mit dem Mogila Tokmak.

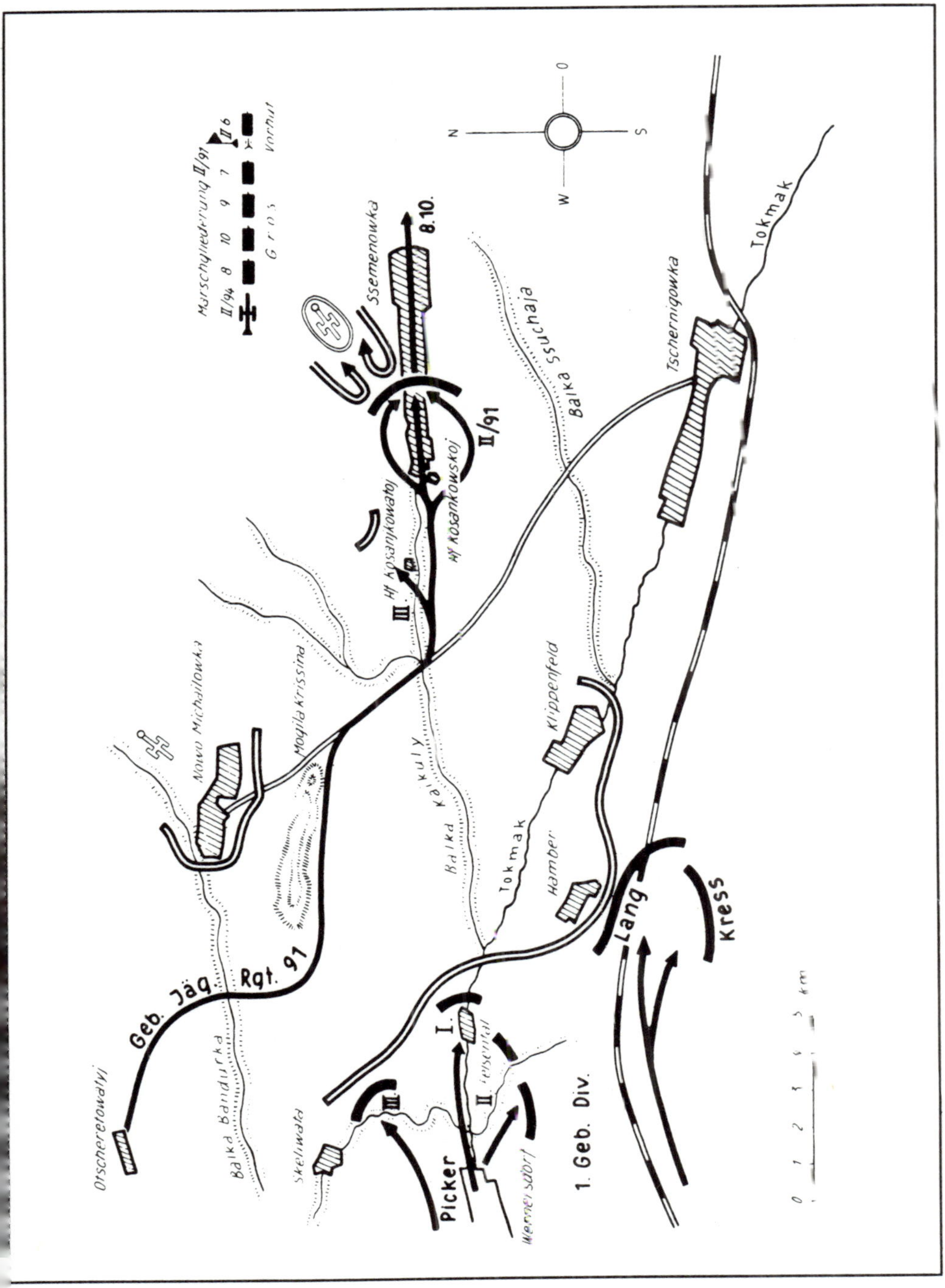


Nachtangriff des Gebirgs-Jäger-Regiments 91 vom 7. auf den 8. Oktober 1941 in der Nogaischen Steppe

7. Befehlsstelle am 8. Oktober 1941, 5 Uhr, Nordwestrand Aleksejewka.

gez.: Wladimiroff
Oberstleutnant und Kommandeur 164. Inf.-Div.
gez.: Matjewew
Hauptmann und Chef des Stabes.
gez.:Lutschkow
Kommisar 164. Inf.-Div.
Regimentskommandeur."

Was geschah nun wirklich am Mogila Tokmak?

Am 8. Oktober drängte der Russe bei Ssemjonowka gegen die 4. Gebirgs-Division , die ihm seine Abmarschwege versperrte. Es war Punkt 9.10 Uhr, als er mit zwei Bataillonen, unterstützt von massierter Artillerie, das Gebirgs-Jäger-Regiment 91 in Ssemenowka angriff. Dabei brachte er besonders das II./Gebirgs-Jäger-Regiment 91 in arge Bedrängnis. Doch konnte der eingebrochene Gegner unter dem letzten Einsatz geworfen werden. Nun ergriffen die Gebirgsjäger ihrerseits die Initiative. Am Nachmittag traten das I. und II. Bataillon des Gebirgs-Jäger-Regiments 91 gegenden Ostteil von Ssemenowka an und säuberten den Ort, nachdem sie ihn eingenommen hatten, vom Feind.

Währenddessen schloß das Gebirgs-Jäger-Regiment 13 im Raum Nowo Michailowka — Balka — Kaikulka auf; den Gebirgsjägern war die Einkreisung des Gegners am Mogila Tokmak gelungen. Von diesem alles überragenden Hügel bot sich den verantwortlichen Kommandeuren ein einzigartiges Bild des Gefechtsfeldes.

„Ohne Ziel", schreibt General Steets, „ziehen die feindlichen Infanterietruppen, geführt von Offizieren zu Pferde, auf dem Gefechtsfelde hin und her. Sie finden keine Deckung. Auf- und abfahrende Feindbatterien werden von eigenen Pak- und Gebirgsgeschützen zusammengeschossen. Herrenlose Pferde galoppieren durcheinander. Fahrkolonnen preschen über das Gefechtsfeld. Der Wirrwarr im Kessel steigert sich. Allenthalben rauchen brennende Fahrzeuge. Den Gebirgsjägern bietet sich das Bild der Vernichtung eines tapfer kämpfenden Gegners."[67])

Die 4. Gebirgs-Division zog von Westen her den Ring um die eingeschlossenen Russen enger und enger — so eng, daß sie schier erdrückt wurden. Der Raum um Ssemjenowka wurde von den Gebirgs-Jäger-Regimentern 13 und 91 anschließend von Resten des zersprengten Feindes gesäubert. Am 10. Oktober waren die letzten gegnerischen Einheiten vernichtet. Nach der Schlacht am Asowschen Meer, bei der unter anderem 212 Panzer und 672 Geschütze erbeutet wurden, erließ General der Gebirgstruppen Kübler einen Tagesbefehl, in dem er die vergangenen Kämpfe noch einmal Revue passieren ließ:

„Meine Soldaten!

Der Feldzug am Dnjepr ist siegreich beendet. Die 9. und 18. russische Armee sind vernichtet. In dieser Schlacht der fünf Wochen habt Ihr in Angriff, Abwehr und Verfolgung schier Unmenschliches geleistet. Bei Antonowka habt Ihr den Ring des Feindes um den Brückenkopf gesprengt. Bei Timoschewka habt Ihr seine Angriffsvorbereitungen im Sturm zerschlagen. Bei Belosjorka habt Ihr ungezählte wütende Angriffe abgeschlagen und im Gegenangriff den Feind geworfen, als höchste Gefahr für die Armee drohte und der Feind schon triumphierte. Bei Mogila Tokmak endlich habt Ihr den fliehenden Feind gestellt und endgültig vernichtet. Der 100.000. Gefangene des Korps im Ostfeldzug wurde eingebracht.

Ich danke Euch allen von ganzem Herzen. Ihr habt Euch selbst übertroffen. Nur mit schweren Opfern konnte der vielfache Sieg errungen werden ..."

Und diese Opfer waren wieder einmal erschreckend hoch ausgefallen. In der Zeit vom 6. September bis 10. Oktober 1941 hatte allein das Gebirgs-Jäger-Regiment 91 — um diese Verluste noch einmal vor Augen zu führen — 664 Offiziere, Unteroffiziere und Jäger verloren. Davon waren 12 Offiziere, 148 Unteroffiziere und Mannschaften gefallen!

Am 11. Oktober 1941 schrieb Udo von Alvensleben in sein „Tagebuch im Kriege":

„Die wellige riesenräumige Landschaft bis zum Asowschen Meer breitet sich leer und still aus, als sei nichts geschehen. Doch in allen Schluchten liegen, wie von einer Dampfwalze niedergewalzt, zehntausend tote Russen, unheimliche Massen in Amerika hergestellter Geschütze, Panzer, Kraftfahrzeuge, plattgewalzt, zerschmettert, verbrannt. Dieser ganze Vernichtungsapparat war gegen uns gerichtet ... Der Weg für den Weitermarsch ist frei. Nun irren die Pferde der vernichteten russischen Kavallerie um Leichen und Trümmer. Geschlachtet sind sie die Hauptenährung unserer Gefangenen. Hier im Ort stehen, seit Tagen im Freien zusammengetrieben, in zwei Gruppen 13.500 Mann, tagsüber in Staubstürmen, nachts im Regen. Ein dreckiger Bach fließt vorbei, das einzige, was sie zu trinken haben. Was Bauersfrauen anbringen, reicht für ein Dutzend. Mit der Pflege der Verwundeten sieht es trotz aller Bemühungen nicht besser aus. Kein Laut dringt aus dieser Masse gepeinigter Kreatur.

Unsere Gedanken bringen noch keine Ordnung in das Chaos. Was Menschen erarbeiten, wird weiter der Vernichtung dienen. An der Größe des Scheiterhaufens, in dem die alte Welt aufbrennt, ist zu erkennen, wie es um sie bestellt war."[68])

Wieder war eine Schlacht von den Deutschen geschlagen, wieder ein Sieg von den Gebirgsjägern errungen worden — aber der Rußlandfeldzug ging dennoch weiter. Nach dem Abschluß der Kesselschlacht am Asowschen Meer wurde dem XXXXIX. Gebirgs-Armeekorps eine neue, interessante Aufgabe gestellt: Zusammen mit der 1. Panzer-Armee sollte der Vorstoß auf Rostow geführt werden. Panzerverbände wurden wieder mit Gebirgsjägern und Infanterie gekoppelt. Das Gebirgskorps, dem die 1. und 4. Gebirgs-Division sowie die 198. Infanterie-Divison unterstellt waren, hatte von der Armee den Auftrag erhalten, das Industriegebiet von Stalino — Makejewka zu besetzen und die Nordflanke des Panzervorstoßes zu decken. Der Ablauf dieser Operation führte, wie wir noch sehen werden, zu dramatischen Höhepunkten.

Die Verfolgung des schwer angeschlagenen Gegners wurde im weiteren Verlauf des Ostfeldzuges 1941 nicht so sehr durch den Widerstand der Sowjets als vielmehr durch die dem deutschen Soldaten bisher unbekannte, berüchtigte russische herbstliche Schlammperiode aufgehalten. Umso erstaunlicher, daß es den Gebirgsjägern dennoch gelang, weiter in das Industriegebiet des Donez vorzudringen.

Der 10. Oktober 1941 war für die 1. wie für die 4. Gebirgs-Division in zweierlei Hinsicht ein bedeutungsvoller Tag. Zum einen leitete er eine Operation ein, in deren späteren Verlauf Teile beider Divisionen im Kaukasus zum Einsatz kommen sollten, zum anderen wurde das XXXXIX. Gebirgs-Armeekorps der 1. Panzer-Armee des Generaloberst von Kleist, mit der die „Enzian“-Division bereits auf dem Balkan gesiegt hatte, unterstellt. In einem Tagesbefehl begrüßte der neue Oberbefehlshaber die Gebirgsjäger:

„XXXXIX. Gebirgs-Armeekorps wird der 1. Panzer-Armee unterstellt. Ich begrüße das tapfere Gebirgskorps und freue mich, daß es den nächsten Feldzugsabschnitt mit der Panzerarmee mitmacht.“

Schneller als erwartet stellten sich die ersten Schwierigkeiten ein. Das Wetter ließ die Deutschen nun endgültig im Stich. Es verbündete sich mit den Russen. Auf Grund der Schlechtwetterlage, die die Bewegungen der 1. Panzer-Armee entscheidend hemmte, erließ Generaloberst von Kleist folgende Weisung:

„Für die Kampfführung der Panzerarmee stehen voraussichtlich nur noch wenige schöne und brauchbare Wochen vor Winterbeginn zur Verfügung. Die Aufgaben der Panzerarmee sind groß und weiträumig. Das verlangt restlose Ausnutzung der wenigen Tage und Wochen und vorausschauende Arbeit. Ich verstehe darunter folgendes: Bei regenlosem Wetter und guten Wegen doppelte Marschleistung, auch nachts. Die notwendige Ruhe bringen die Regentage zwangsläufig. Keine guten Tage für Organisation und Umgliederung verschenken. Weit vorausschauen und vorausdenken. Erkennt der Führer am Mittag eines Tages, daß der angesetzte

Angriff keinen Erfolg verspricht, so muß er schon an demselben Tage Umgruppierungen und Vorbereitungen vornehmen, um am nächsten Tag früh sofort mit allen Mitteln angreifen zu können. Wartet er damit und will er erst am nächsten Tag umgruppieren, so ist der Tag verschenkt. Klärt ein Regentag am Nachmittag auf und sind die Wege am Spätnachmittag wieder benutzbar, so noch denselben Tag ausnutzen und nicht bis zum nächsten Morgen warten.

Diese Grundsätze, mögen sie für die Truppe noch so unbequem sein, müssen Allgemeingut aller Führer werden und sind rücksichtslos anzuwenden. Die Aufgabe der Panzer und die wenige zur Verfügung stehende Zeit verlangen dies."

Der mit aller Macht hereinbrechende Herbst brachte in der Tat starke Regengüsse mit sich, die die Marschwege im Donezgebiet fast grundlos aufweichten. Der Kampf mit dem Schlamm überstieg fast jedes menschliche Maß. Aber trotz der widrigen Wetterbedingungen gelang der 4. Gebirgs-Division, die sich zur Zeit in die Gefechtsgruppen der verstärkten Gebirgs-Jäger-Regimenter 13 und 91 unter Oberst von Thayssen bzw. Ritter von Stettner gliederte, im Verband des XXXXIX. Gebirgs-Armeekorps ein verhältnismäßig zügiger Vormarsch auf das ukrainische Industriegebiet von Stalino — Makejewka, der allerdings mehrfach durch russische Gegenangriffe gehemmt wurde. Der Regimentsbefehl des verstärkten Gebirgs-Jäger-Regiments 91 vom 15. Oktober 1941 gewährt uns einen Einblick in die allgemeine Lage und in die Angriffsvorbereitungen während ihres Vormarsches im Donezgebiet:

„1. Feind:

a) Große Lage:

Die deutsche Angriffsspitze befindet sich 90 Kilometer südwestlich Moskau: Orel und Kaluga sind genommen. In Kalinin, 160 Kilometer nordwestlich Moskaus Häuserkämpfe. Die Schlacht bei Wjasma und Brjansk ist beendet. Über 500.000 Gefangene fielen in unsere Hand. Damit ist die Gesamtzahl von im Ostfeldzug gefangenen Russen auf mehr als 3.000.000 gestiegen.

Im Norden haben die Finnen den Swir an allen Stellen erreicht und ostwärts des Ladogasees einen Brückenkopf gebildet. Im Finnischen Meerbusen ist ein Vorstoß auf Dagö im Gange.

b) Lage in der Ukraine:

Feind im vollen Rückzug nach Osten, vermutlich hinter den Donez. Sumy (100 km südwestlich Kursk) ist genommen, deutsche Truppen stehen 30 Kilometer südwestlich Charkow. Angriff auf Rostow ist im Gange. Dort zähe Gegenwehr und sehr starke Fliegerangriffe. Bei Staroje

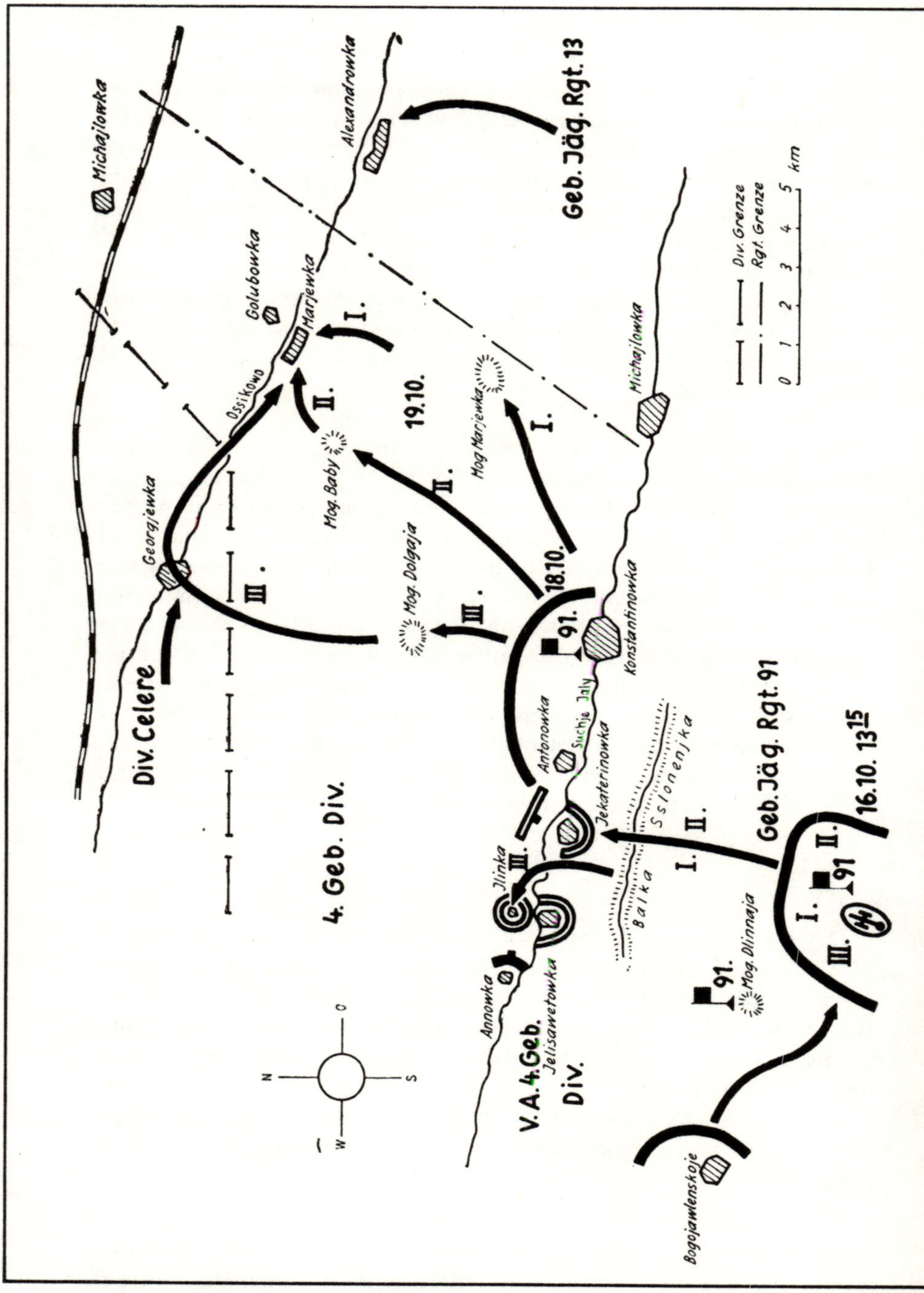


Lage des Gebirgs-Jäger-Regiments 91 zwischen 16. und 19. Oktober 1941 im Donezbecken

Karanj haben unsere Panzertruppen einen Brückenkopf über den Fluß Kalmius gebildet.

c) Lage vor der Front:

Ital. Exp.-Korps soll heute Bol. Janissalj erreichen. V.A. 4. Geb.-Div. hat 15. Oktober 1941 Jelissawetowka und Annowka genommen und 100 Gefangene gemacht.

2. Verst. Geb.-Jäg.-Rgt. 91 setzt 16. Oktober 1941 den Vormarsch mit Marschsicherung und Aufklärung fort und setzt sich in den Besitz der Ortschaften Jekaterinowka, Konstantinowka und Michailowka. Hierzu marschiert das Regiment in nebenstehender Marschgliederung:

Voraus: A.A. Wolferseder: Reiterzug, 1 Pakzug, 1 Fu.-Trupp.

Vorhut: 1 verst. Jäg.-Kp. II./91, 1 Pakzug.

Marschgruppe I: Führer: Major Stendebach, II./91 (ohne Vorhut-Kp.).

Marschgruppe II: Führer: Major Schneider, I./91, Rgt.-Unterstab, 17. Kp., II./Geb.-Art.-Rgt. 94.

Marschgruppe III: Führer: Hptm. Dr. Schulze, III./91 (ohne 12. Kp.)

Marschgruppe IV: Führer: Stabsarzt Dr. Neuhöffer, San.-Kp. 2./94 le. Kol./91.

V.A. Wolferseder: tritt 5 Uhr von Wßeswjatskaja aus über Bogojawlenskoje auf Jelisawetowka an, nimmt dort frühzeitig Verbindung mit V.A. Wolfmeier auf und klärt in das Fl. Suchije Jaly Tal und südlich davon nach Osten auf. Erreichen von Jekaterinowka, Konstantinowka und Michailowka ist zu melden. Der Weg Wßeswjatskaja über Bogojawlenskoje nach Jelisawetowka ist zu erkunden und zu markieren (St.) Vorhut: Tritt 6 Uhr von Wßeswjatskaja-Ost aus über Bogojawlenskoje auf Jelisawetowka an.

Marschgruppe I folgt der Vorhut mit 500 Meter Abstand und tritt hierzu 6.20 Uhr von Wßeswjatskaja-Ost aus den Vormarsch an.

Marschgruppe II folgt Marschgruppe I mit 500 Meter Abstand. Sie tritt hierzu 7 Uhr von Wßeswjatskaja-Ost aus an. II./94 muß bis zu diesem Zeitpunkt auf I./91 aufgeschlossen haben.

Marschgruppe III folgt Marschgruppe II mit 500 Meter Abstand und überschreitet den Ostrand von Wßeswjatskaja um 7.45 Uhr.

Marschgruppe IV marschiert 6 Uhr in Bol. Janissalj ab und erreicht zunächst Wßeswjatskaja und rastet dort bis auf weiteren Befehl.

3. Mot. Trosse verbleiben und sammeln am 16. Oktober 1941 in Wßeswjatskaja und fahren auf Befehl des Regiments in die neue Unterkunft nach. Führer sämtlicher mot. Trosse: Stabsfeldwebel Fichter, der seinen Standpunkt im derzeitigen Regimentsstabsgebäude nimmt.

4. Pakschutz: 16. Kp. (ohne 2 Züge) sichert den Marsch des Regiments gegen feindliche Panzer aus Osten und Norden.

5. Luftschutz: 2./le. Flak 86 schützt das Regiment gegen feindliche

Luftangriffe. Der aktive Luftschutz durch die Truppe ist dadurch nicht überflüssig.

6. Rgt.-Gef.-Stand: Am 16. Oktober 1941 bis 6 Uhr in Wßeswjatskaja, Kdr. fährt dann vor nach Jelisawetowka. Kommandeure jeweils eine Stunde vor Eintreffen ihrer Truppen in Jelisawetowka dorthin voraus. Kdr. II./94 und III./94 werden gebeten, schon 6 Uhr mit mir vorauszufahren ..."

Die Schilderung der Großen Lage im Osten sollte den Gebirgsjägern neuen Mut machen und ihren Angriffsschwung bestärken. Was folgte, das waren wiederum Marschleistungen von 30 bis 40 Kilometern am Tag und Kämpfe — wie etwa um die Ortschaften Jelisawetowka und Annowka am Suchije Jaly —, die an der Substanz der 4. Gebirgs-Division zehrten, wenn auch nicht in dem Maße wie bei den vorausgegangenen Kampfhandlungen in der Nogaischen Steppe. Nachdem sich die Jäger erfolgreich mit den Russen geschlagen hatten, konnte man stolz in das Kriegstagebuch des Gebirgs-Jäger-Regiments 91 eintragen:

„Mit der Brechnung des Widerstandes am Suchije-Jaly-Abschnitt und Ossikowo-Grund ist der Weg in das Industriegebiet von Stalino frei. Der Einmarsch geht nun ungehindert vor sich."

Im Morgennebel des 20. Oktober lag das große Industriegebiet von Stalino und Makejewka unmittelbar vor den Gebirgsjägern. Schlackenhalden kennzeichneten die Industrielandschaft. Geradezu riesenhaft überragten die Kirowo-Werke in Makejewka, rund 12 Kilometer ostwärts von Stalino, die Umgebung. Vor der russischen Zerstörung zählte ihre Belegschaft 46.000 Mann. Wie einst um Lemberg, so erwarteten die Gebirgssoldaten auch um Stalino einen heftigen Kampf. Nicht zuletzt deshalb, weil die Stadt einerseits inmitten großer Kohlevorkommen und Industrieanlagen liegt, andererseits den Namen Stalins trug. Wider Erwarten kam es aber nicht zum großen Kampf.

Bereits am gleichen Tag wurde die Stadt von den Gebirgsjägern eingenommen. Damit fiel eines der größten und bedeutendsten Rüstungszentren der Sowjetunion in die Hand der Deutschen — aber der russische Widerstand war damit noch lange nicht gebrochen.

„Deutsche und italienische Verbände", so meldete der deutsche Wehrmachtsbericht am 21. Oktober 1941, „nahmen gestern das Gebiet von Stalino, eines der wichtigsten Rüstungszentren im Donezgebiet, in Besitz. Stalino selbst wurde durch Gebirgsjäger genommen. Auf einem bedeutenden Industriewerk dieser Stadt weht die Reichskriegsflagge."

Und im „Kriegstagebuch des Oberkommandos der Wehrmacht" finden wir unter dem 21. Oktober 1941 folgende Eintragung:

„Das XXXXIX. Geb.Korps (Kübler) erobert die von der neuformierten 12. sowjetischen Armee (Korotejew) verteidigte Stadt Stalino."[69])

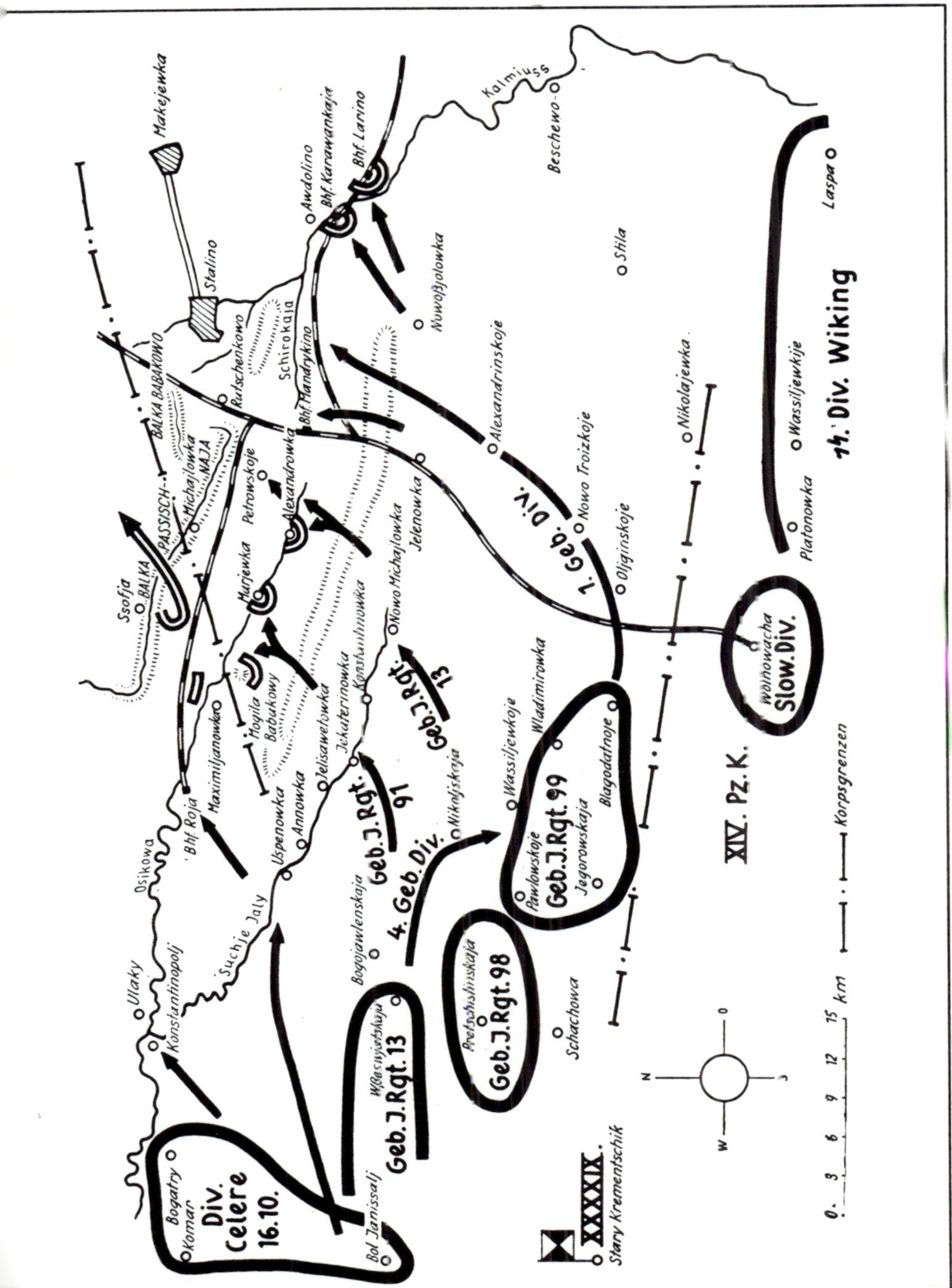


Lage des Gebirgs-Jäger-Regiments 91 zwischen 31. 10. und 2. 11. 1941 am Brückenkopf von Kijaginewka

Eines der Ziele der deutschen Führung, die kriegswirtschaftlich wichtigen russischen Kohlevorkommen und Industriegebiete des Donezbeckens noch vor dem Einbruch des Winters 1941/42 zu erobern, wurde zwar unter Aufbietung aller Kräfte erreicht, aber die Industrieanlagen selbst hatten die Russen überall gründlich zerstört, so daß sie der deutschen Kriegswirtschaft sobald nicht zur Verfügung standen. Die Russen hatten auch hier, wie anderswo, durch systematische Zerstörungen die Taktik der „verbrannten Erde" angewandt. So gesehen erwies sich auch die gewonnene Schlacht um das Donezgebiet für die Deutschen als Pyrrhussieg.

Wieviele derartige Siege mußten noch von der braven Truppe erfochten werden? Diese bange Frage beschäftigte die verantwortlichen Kommandeure angesichts des rasch näherkommenden Winters immer mehr.

Auch nach der Eroberung von Stalino gab es für die Gebirgsjäger kein Verschnaufen. Bereits am 21. Oktober befahl die 1. Panzer-Armee dem unterstellten Gebirgskorps des Generals Kübler:

„Die Aufgaben der Armee sind seit Beginn der Operationen unverändert die gleichen geblieben: Eroberung Rostows und Bildung eines Brückenkopfes über den Don. XXXXIX. (Geb.) A.K. führt die Besetzung des Industriegebietes Stalino — Makejewka durch und macht sich fertig, am 23. Oktober nach Osten auf Dmitrijewka anzutreten..."

Dieses Dmitrijewka liegt etwa 80 Kilometer ostwärts von Stalino am Fluß Mius und etwa 100 Kilometer nordwestlich von Rostow. Unter günstigen Wetterverhältnissen bedeutete diese Entfernung einen Tagesmarsch. Nicht jedoch zu dieser fortgeschrittenen Jahreszeit, da das Wetter und die angespannte Betriebsstofflage ein schnelleres Vorwärtskommen der deutschen Truppen um viele Tage verzögerten. So gewann der Russe wertvolle Zeit, um Verstärkungen heranzuführen. Das Wetter brachte, wie aus einer Meldung des Gebirgskorps an das Panzer-Armee-Oberkommando vom 20. Oktober 1941 hervorgeht, die deutschen Operationen förmlich zum Erliegen:

„Wolkenbruchartiger Regen im Korpsbereich. Versorgungslage gespannt. Verpflegung einschließlich eiserner Portion nur noch bis zum 25. Oktober vorhanden. Betriebsstoff nur noch 0,1 bis 0,3 Verbrauchssätze. Kolonnen mit etwa 1,7 Verbrauchssätzen liegen auf dem Wege von Dnjepropetrowsk nach St. Krementschik seit Tagen fest. Betriebsstofflage erlaubt gerade noch notwendigste Versorgungsfahrten. Versorgung

*Oben: Einzug von Teilen der 4. Gebirgs-Division in Stalino am 21. Oktober 1941*

*Unten: Stalino: Zerstörte „Giganten" der russischen Industrieanlagen des Donezgebietes*

nur mit Zugkraftwagen durchführbar. Erhebliche Kraftfahrzeugausfälle. Keine Aussicht auf Abtrocknen der Wege innerhalb der nächsten drei Tage auch bei Wetterbesserung. Gesamtlage macht zur Zeit jede Vorwärtsbewegung des Korps unmöglich."

Trotz all dieser Schwierigkeiten leistete die Truppe das Menschenmögliche. In ständiger Fühlung mit den Panzerdivisionen der 1. Panzer-Armee rückte die 4. Gebirgs-Division Ende Oktober 1941 über Makejewka, Grigorjewkoj, Alexandrowka, Sugres, Remowka, Tschistjakowo und Nowo Pawlowka zum Mius vor.

Die 4. Gebirgs-Division hatte den Auftrag, auf dem Ostufer des Mius bei Nowo Pawlowka Brückenköpfe zu bilden. Das war jedoch leichter befohlen als getan, denn der Fluß selbst bildete dort einen tiefen Geländeeinschnitt mit zum Teil sehr beachtlichen Uferhöhen. Dieses Hindernis war für die Russen auch die letzte günstige Verteidigungsstellung vor dem Donez. Das alles in Betracht ziehend, stellten sich die Gebirgsjäger auf einen entsprechend schwierigen Uferwechsel ein.

Und in der Tat verteidigte sich der Gegner am Mius, nicht zuletzt auch deshalb, weil das Wetter als Verbündeter immer mehr in Erscheinung trat, mit unwahrscheinlicher Verbissenheit. Die „Enzian"-Division stieß zwar noch in der Nacht vom 31. Oktober auf den 1. November 1941 mit ihren beiden Gebirgsjägerregimentern dem Feinde nach, jedoch ohne nennenswerten Erfolg. Der Russe verteidigte sich nicht nur mit äußerster Zähigkeit, sondern ging selbst zum Gegenangriff über, doch scheiterten seine Aktionen am Widerstand der Jäger, vor allem am Gebirgs-Jäger-Regiment 91, das den Brückenkopf von Jelissawetowskij hielt.

Kaum war diese Situation von den deutschen Gebirgsjägern bereinigt worden , da drohte eine neue Gefahr. Dieses Mal bei den Italienern, die in der linken Flanke der Miusfront weit zurückhingen. Auf Grund der undurchsichtigen Feindlage befahl das XXXXIX. Gebirgs-Armeekorps daher der 4. Gebirgs-Division, den Angriff einzustellen und zur Verteidigung überzugehen. Voller Bitterkeit ist ein Gefechtsbericht des Gebirgs-Jäger-Regiments 13, das den Brückenkopf von Kijaginewka unbedingt erweitern wollte:

*Oben: Es ist Winter geworden im Donezgebiet*

*Unten: Der Regimentsstab des Gebirgs-Jäger-Regiments 13 mit den Bataillonskommandeuren im Winter 1941. Von links nach rechts: Major Schlüter, Major Sonntag, Hauptmann Roos, Oberst von Thaysen, davor Oberleutnant Dietrich, Oberstleutnant Ott, Stabsarzt Dr. Seidel und Major Simeon*

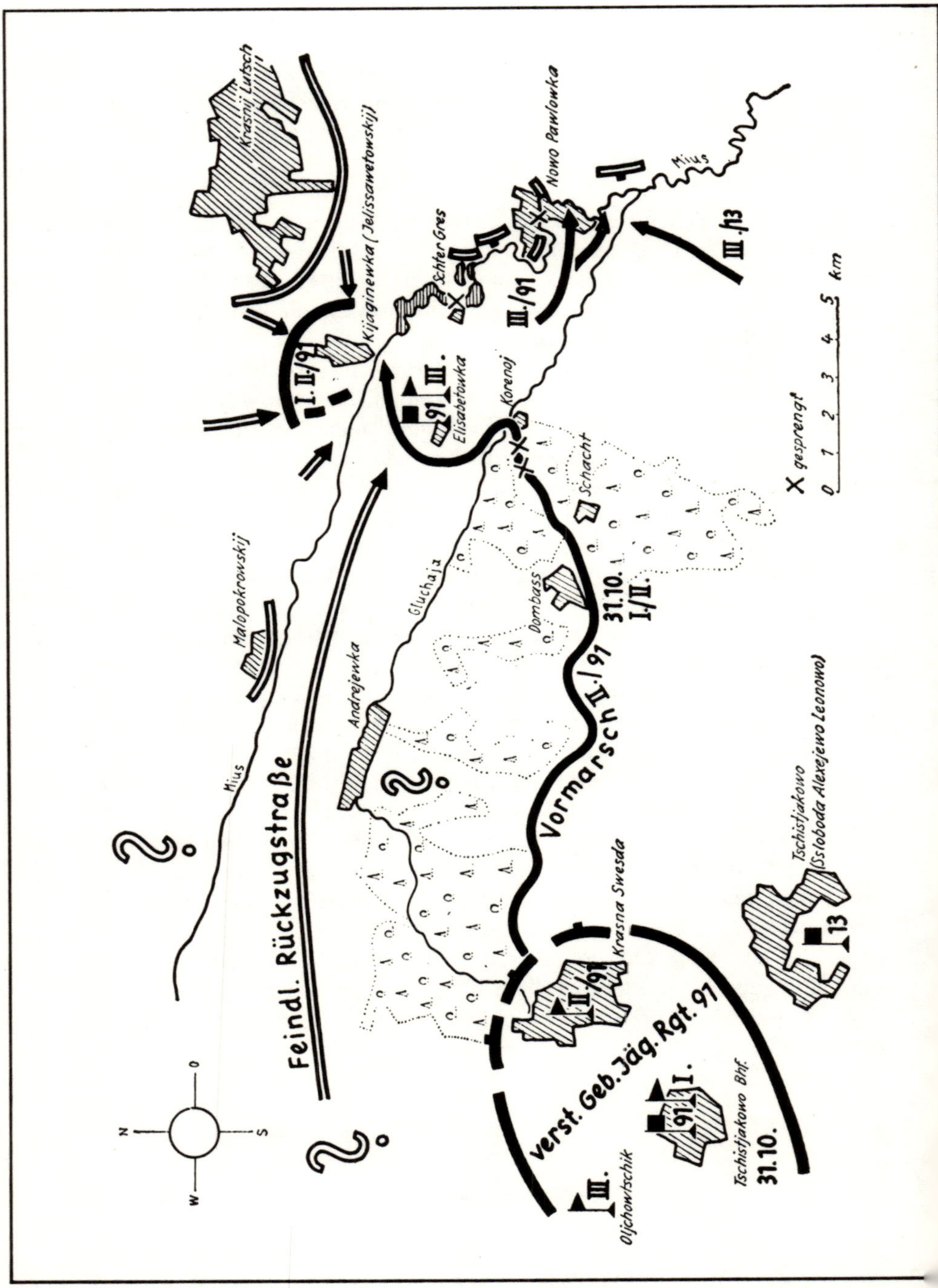


Lage des Gebirgs-Jäger-Regiments 91 zwischen 31. 10. und 2. 11. 1941 am Brückenkopf von Kijaginewka

„So bleibt dem durch Umsicht, Kühnheit und unerschütterlichen Siegeswillen jedes einzelnen Gebirgsjägers errungene Brückenkopf von Kijaginewka über den Mius der große Erfolg versagt."

Nach Ansicht der Divisionsführung der 4. Gebirgs-Division nutzte das XXXXIX. Gebirgs-Armeekorps die günstige taktische Lage, die bestanden hatte, nicht nachhaltig genug aus. Jedoch muß gesagt werden, daß die operativen Gedanken auf den Raum um Djakowo ausgerichtet waren.

Empfindlich waren die Verluste des Gebirgs-Jäger-Regiments 13 zufolge der starken feindlichen Artillerie: 3 Offiziere, 204 Unteroffiziere und Mannschaften waren zu beklagen, 39 Jäger und Oberjäger gefallen.

Jäh brach der Winter herein, früher als sonst, so vermerkten die Deutschen voller Bitterkeit, und brachte empfindliche Kälte, scharfe Ostwinde und viel Schnee. Über das weite Land brauste der alles erstarrende, eisige „Buran", der sich nicht selten zum wütenden Orkan steigerte. Eine winterliche Hülle verformte die Landschaft. Oft verwischten sich die Konturen. Die Landschaft uniformierte sich, wurde einheitlicher und klarer. Dürftige Hütten gaben den Gebirgsjägern Unterkunft — solange sie nicht draußen auf Posten stehen oder Spähtrupp laufen mußten. Währenddessen sicherten die Kameraden von der Flak den Luftraum gegen feindliche Flieger.

## Winterkämpfe am Mius 1941

Zwar verzeichneten die Gebirgsjäger am Mius hier und da noch kleinere örtliche Erfolge, aber im großen und ganzen hatte sich der Angriff der Deutschen festgefahren. Wie war es dazu gekommen?

Kaum hatten die Gebirgsjäger den Russen den Miusabschnitt in dramatisch verlaufenden und verlustreich geführten Kämpfen entrissen, da bahnte sich eine unvorhergesehene Krise an, in die auch die 4. Gebirgs-Division hineingerissen werden sollte. Bereits am 17. Oktober war das XIV. Panzerkorps mit vier Divisionen zum Stoß auf Rostow angetreten und hatte die Stadt samt der 300 Meter langen Eisenbahnbrücke, die über den Don führte und den deutschen Vormarsch in den Kaukasus beschleunigen sollte, erobert. Doch da kam die Wende. Mit frisch herangeführten Truppen gelang es den Russen, Rostow zurückzuerobern. Mehr noch: die deutschen Panzerverbände mußten sich auf Grund der massiert vorgetragenen russischen Gegenangriffe vom Don zurückziehen, wollten sie nicht Gefahr laufen, zerschlagen zu werden. Was das bedeutete war klar: Das sieggewohnte deutsche Ostheer mußte im Südostabschnitt den ersten Rückzug antreten. Der generalstabsmäßig abgelaufene Bewegungskrieg wurde im Winter 1941/42 zum unkalkulierten Stellungskrieg.

Auf Grund des militärischen Rückschlages bei Rostow und wegen der Mißachtung von Hitlers „Durchhalte-Theorie", die besagte, daß jede einmal besetzte Stellung unter allen Umständen zu halten sei, enthob Hitler Generalfeldmarschall von Rundstedt, der allgemein von allen hohen Truppenführern als der operativ fähigste galt, als Oberbefehlshaber der Heeresgruppe Süd und ersetzte ihn durch Generalfeldmarschall von Reichenau. Aber auch er konnte infolge der fortgeschrittenen Jahreszeit an der ins Wanken geratenen Front nicht mehr viel ändern.

Am 19. Dezember 1941 wurde Generalfeldmarschall von Brauchitsch „aus Gesundheitsgründen" verabschiedet. Hitler übernahm von nun an selbst den Oberbefehl über das Heer.[70])

Rückzug in gesicherte Linien und Stellungen, lautete die einzig richtige Parole in dieser kritischen Lage.

Nach diesem kleinen Exkurs über den deutschen Vor- und Rückmarsch bei Rostow und seine Auswirkungen auf die oberste militärische Führung kehren wir wieder zur „Enzian"-Division zurück.

Die bisherigen Kampfhandlungen hatten unbeschreibliche Anforderungen an die Jäger gestellt und zu empfindlichen Verlusten geführt. Als Beispiel sei hier einmal der Bericht des III./Gebirgs-Jäger-Regiments 91 vom 9. November 1941 wiedergegeben, der ein allgemeingültiges, ungeschminktes Bild über den Zustand der Truppen im Miusabschnitt vermittelt:

„1. Ausbildungsstand

Das gesamte Ausbildungsniveau hat sich infolge der zahlreichen Abgänge an Kranken, Verwundeten und Toten nicht mehr gehoben. Der Nachersatz war nur zum geringen Teil voll felddiensstverwendungsfähig ausgebildet. Infolge mangelnder Ausbildungs- und Ruhezeit konnte der Ausbildungsgrad dieser Ersatzmannschaften nicht mehr gehoben werden. Sie waren und sind zum großen Teil nur Mitläufer im Gefecht, füllen nur quantitativ aber nicht qualitativ die Lücken, so daß die Hauptarbeit im Gefecht von den immer weniger werdenden alten Stammannschaften geleistet werden muß. Dies kommt auch in den Erkundungs- und Aufklärungsergebnissen zum Ausdruck, die immer unklarer und undeutlicher werden.

Eine selbständig eingeleitete und durchgeführte, nicht befohlene Gefechtsaufklärung wird selten aus eigenem Antrieb mehr durchgeführt.

Infolge der Länge des Einsatzes treten immer mehr und mehr Ermüdungserscheinungen auf, man kann fast sagen herabsinkende Kampfbegeisterung; dazu trägt ferner bei, daß die Leute selten mehr Gelegenheit hatten, aus dem Gepäcktroß frische und intakte Wäschestücke zu entnehmen.

Die Kampfbegeisterung bei der jungen Mannschaft ist keine sehr große. Gerade der Einfluß der ausgefallenen Oberjäger und älteren Mannschaftsjahrgänge mit ihrer reichlichen Kampferfahrung fehlt, um diesen auf den Nachersatz zu übertragen.

Die von den Führern erworbene Kampferfahrung konnte wegen mangelnder Ausbildungszeit auch nicht voll ausgewertet werden.

2. Die Ernährungslage

konnte beim Marsch durch die landwirtschaftlichen Gebiete noch als gut bezeichnet werden, zumal die Abendverpflegung in gewohnter Weise zugeführt werden konnte. Mit Erreichen des Industriegebietes und eingestellter Zuführung der Abendkost sank der Kräftezustand der Leute ganz bedeutend. Die Widerstandskraft verminderte sich bedeutend und wurde auch nicht wettgemacht durch erhöhte Schlafgelegenheit und damit geringerem Kalorienverbrauch.

3. Die Bekleidungslage

seit der letzten wirtschaftlichen Musterung (Ende August) hat sich nicht gebessert, vielmehr ist sie bedenklich schlechter geworden. Nicht nur die Feldblusen, sondern insbesondere die Berghosen sind größtenteils zwei- und ein Fünftel wertig. Die wenige Ruhezeit wird hauptsächlich nur mit der Instandsetzung der Bekleidung ausgefüllt. Letztere ist mit den unzulänglichen Mitteln sehr herabgesetzt. Die Stoffqualität ist so gesunken, daß von einem ausreichenden Wetterschutz nicht mehr gesprochen werden kann. Bereits der geringste Feuchtigkeitseinfluß dringt durch die abgeschabten, notdürftig geflickten Bekleidungsstücke hindurch, so daß die Gesundheit der Leute schon weitgehend darunter leidet. Tägliche Ausfälle von zwei bis vier Kranken sind sogar unter diesen Umständen nicht zu hoch gerechnet.

Fußbekleidungsmittel sind katastrophal. Fast kein Mann im Bataillon hat vollwertige Socken. Infolge fehlender Waschgelegenheit werden die Socken viel zu lange getragen, verfilzen, verfallen dadurch und können, ganz abgesehen von dem fehlenden Stopfgarn, nicht ausgebessert werden. Die Beschaffung von Fußlappen stieß bei der armseligen Bevölkerung ebenfalls auf Schwierigkeiten. Ein großer Teil der Mannschaften läuft strumpf- und lappenlos in den Schuhen.

Wohl versuchten die Leute in den kurzen Ruhepausen, ihre Wäschestücke entweder selbst zu waschen, soweit hiervon bei dem herrschenden Seifenmangel gesprochen werden kann, oder durch die Bevölkerung waschen zu lassen. Der gewohnte Reinigungsgrad wurde nie erreicht. In der ganzen Bekleidungsfrage war die Wäschefrage noch am günstigsten. Trotzdem konnte einer weitgehenden Verlausung bei Offizieren und Mannschaften nicht Halt geboten werden.

4. Waffen und Geräte

Soweit noch genügend Reinigungsmaterial durch den mot. Troß zugeführt werden konnte, war die Einsatzbereitschaft der Waffen zufriedenstellend. Bei einem Teil der schweren Waffen zeigten sich durch die lange Gebrauchsdauer im 4. Feldzug Ermüdungserscheinungen (Hemmungen, Lauferweiterungen, Federbrüche). Der Ausfall an Waffen ist gering.

5. Kraftfahrzeuge

Beim Bataillon ist der technische Zustand der Kraftfahrzeuge schlecht. Durch das Befahren der schwierigen Gelände und durch die schlechten Straßenverhältnisse wurden die Kraftfahrzeuge überbeansprucht.

Täglich kommen mehrere Kraftfahrzeuge (3 — 4 Stück) zur Instandsetzung. Die Instandsetzungen nehmen einen immer größeren Umfang an. Die auftretenden Mängel beziehen sich auf Motor- und Getriebeschäden und in der Hauptsache auf sehr viele Federbrüche.

Nur unter Einsatz aller Kräfte ist es möglich, die auftretenden Mängel zu beheben und die ausgefallenen Kraftfahrzeuge nachzuführen, um die Fahrtbereitschaft aufrecht zu erhalten. Hierbei ist zu bemerken, daß infolge Mangel an Ersatzteilen — die zum größten Teil bei den Ersatzteillagern nicht vorhanden sind — nur die notwendigsten Ausbesserungen durchgeführt werden können. Eine Dauerhaftigkeit der durchgeführten bzw. durchzuführenden Instandsetzung ist daher in Frage gestellt.

Die Kraftfahrzeuge des Bataillons (ganz besonders die B-Kräder und LKW ‚Büssing' G 31) bedürfen einer gründlichen Überholung. Bei letzteren ist eine Generalüberholung der Fahrgestelle dringend notwendig.

Die eingesetzten Beute-LKW bedeuten wohl eine Gewichtserleichterung für die planmäßigen LKW, sind aber keineswegs zuverlässig und unterliegen dauernd Instandsetzungen.

Ein großer Teil der vorhandenen Kraftfahrzeuge ist — soweit feststellbar — nur mehr bedingt einsatzbereit und 300 — 400 Kilometer bewegungsfähig. Die Prozentzahl der nicht einsatzbereiten Kraftfahrzeuge beträgt etwa 20 Prozent.

6. Gesundheitszustand der Mannschaften

Die Angehörigen des Bataillons sind zur Zeit in einem sehr mäßigen Kräfte- und Ernährungszustand. Den Leuten fehlte bisher eine größere Ruhepause, um sich von den Strapazen der viereinhalb Monate dauernden Märsche und Gefechte zu erholen und neue Kräfte zu sammeln. Die Widerstandskraft gegenüber äußeren Infekten ist herabgesetzt, es häuften sich in den vergangenen Wochen Erkältungskrankheiten, hauptsächlich zurückzuführen auf starke Durchnässungen. — Sehr schwächend auf den allgemeinen Kräftezustand wirken sich die Magen-Darmerkrankungen aus; die mit großem Wasserverlust verbundenen Durchfälle bestehen zum Teil nach wie vor, da eine medikamentöse und diätische Beeinflussung bisher unmöglich war. Gelbsuchtsfälle, meist im Anschluß an Magen-Darmkatarrh, traten bisher innerhalb des Bataillons nur vereinzelt auf.

Truppe einschließlich Offiziere ist verlaust. Kratzeffekte mit anschließenden Entzündungen und Eiterungen sind allgemein zu beobachten. Die Furunkulose wie überhaupt die sogenannte ‚Schmutzerkrankheit' ist stark vertreten, da nach Marschleistungen usw. die Leute zur Körperreinigung oft zu müde waren.

Die Ernährung ist seit längerer Zeit einseitig, unzureichend und unzweckmäßig. Es fehlt jegliche Vitaminzufuhr durch Gemüse.

7. Gesundheitszustand der Pferde und Tragtiere

Am 8. November 1941 verfügte das Bataillon über 441 Pferde. In der Zeit vom 19. September bis 18. November hat das Bataillon 75 Tiere verloren, davon sind 61 Tiere durch Feindeinwirkung und 14 durch Erkrankung ausgefallen. Von den 14 Pferden sind wiederum neun an die Vet.-Kp. abgegeben worden. Fünf Pferde starben an Erschöpfung.

Der Gesundheitszustand der Pferde ist gut. 26 Pferde sind durch Granatsplitter verletzt worden.

Der Ernährungszustand der Pferde bzw. der Tragtiere ist im großen als nicht gut zu bezeichnen. Die Ursache des schlechten Ernährungszustandes ist in der Futterlage, im Wegezustand und in den Unterkunftsmöglichkeiten zu suchen.

Guter Hafer wurde meist in ausreichendem Maße vorgefunden, mit Ausnahme der letzten Tage, wo Haferknappheit eintrat. Dafür wurde gutes Heu sehr selten gefunden, so daß die Pferde nur mit Hafer und Stroh gefüttert werden konnten.

Die Tiere waren meist in solch schlechtem Zustand, daß schon Tagesleistungen von 20 bis 30 Kilometern für mehrere Pferde gewaltige Strapazen bedeuteten. Hinzu kommt noch, daß die Tiere auch bei naßkalter Witterung im Freien untergebracht werden mußten, da keine Unterkunftsmöglichkeiten vorhanden waren.

8. Schlußurteil

Die Truppe ist auf Grund der hohen Ausfälle, die durch den zweimaligen Nachersatz zum Teil quantitativ, auf keinen Fall aber qualitativ ersetzt werden konnte, verbunden mit der schlechten Ernährungs- und Bekleidungslage nur mehr bedingt einsatzfähig.

Bei Eintreten der Schlechtwetterlage wird bestimmt die Kampfkraft der Leute weitgehend herabgesetzt.

Ein gewisses Maß von Feuerkraft ist und bleibt noch vorhanden, es fehlt aber die Stoßkraft.

Fehlbestand:

8 Offiziere, 53 Unteroffiziere, 233 Mannschaften, 7 Reitpferde, 107 Tragtiere.

Verluste vom 19. September bis 10. November 1941:

7 Offiziere, 48 Unteroffiziere, 254 Mannschaften.

Ersatz:

6 Offiziere, 4 Unteroffiziere, 177 Mannschaften ..."

Die Ruhepause, die so dringend erforderlich gewesen wäre, konnte der Truppe allerdings nicht gewährt werden. Die „Enzian"-Division blieb weiter im harten Fronteinsatz. Trotz der deutschen Rückschläge bei Rostow, trotz des massiven Vorwärtsdrängens der Russen und trotz des sich zusehends verschlechternden Zustandes der Truppe auf Grund der ständigen hohen Anforderungen und Verluste (Die Verluste des deutschen Ostheeres betrugen vom 22. Juni bis zum 1. Dezember 1941: 162.314 Tote, 33.334 Vermißte und 571.767 Verwundete!), trotz all dieser Widrigkeiten verliefen die deutschen Absetzbewegungen zu den Stellungen am Mius ohne entscheidende Kampfhandlungen. Für den 3. Dezember 1941 befahl das Generalkommando XXXXIX. Gebirgs-Armeekorps:

„XXXXIX. (Geb.)A.K. richtet sich auf seinem rechten Flügel zur nachhaltigen Verteidigung am Miusabschnitt ein und hält mit Mitte und linkem Flügel die bisherige Stellung."

Dieses (noch vorläufige) Halten war unbedingt erforderlich, um Zeit zu gewinnen, damit die Miusstellung, den Umständen entsprechend, weiter ausgebaut und Brennmaterial, Lebensmittel und andere wichtige Versorgungsgüter für die Winterbevorratung herbeigeschafft werden konnten. Wenn die Truppe schon im harten russischen Winter inmitten der weiten rauhen Naturlandschaft die Front halten mußte, so sollte sie doch wenigstens das Gefühl haben, daß diese Stellung eine gewisse Sicherheit und einen hinreichenden Schutz gegen die Unbilden der erbarmungslosen Naturgewalten bot. Von diesen Gedanken und Vorstellungen ließ man sich auch beim Ausbau der Miusstellung leiten.

Man begann mit unheimlicher Zähigkeit und Ausdauer den Ausbau der HKL westlich des Mius. Der russische Winter hatte unwiderruflich seinen Anfang genommen. Sehr kalte Tage und noch eisigere Nächte machten der Truppe schwer zu schaffen. Tiefgefroren war der Boden, in den die Jäger Erdlöcher, Deckungsgräben und Bunker bauen mußten. Nachdem die Stellungen am Mius so ausgebaut worden waren, daß sie der abgekämpften Truppe bestmöglichen Schutz und Sicherheit boten, traf das XXXXIX. Gebirgs-Armeekorps unter General Kübler die letzten Vorbereitungen, um die Zurücknahme der noch jenseits — am ostwärtigen Ufer — stehenden Truppen in die vorbereitete Miusstellung vollends so durchzuführen, daß er vom Gegner nicht allzuschnell bemerkt und unter geringsten Verlusten vollzogen werden konnte.

„... Das XXXXIX. (Geb.)A.K.", so heißt es im Korpsbefehl Nr. 196 vom 30. November 1941, „hält am 1. Dezember seine Stellung. In der Nacht vom 1./2. Dezember nimmt das Korps seinen rechten Flügel (1. Geb.-Div. und rechten Flügel der 4. Geb.-Div.) hinter den Mius zurück ...

... Die Durchführung der Rückzugsbewegung am bisherigen rechten Flügel der 4. Geb.-Div. regelt 4. Geb.-Div. verantwortlich, auch für die Truppenteile, die mit dem Überschreiten des Mius unter den Befehl der 1. Geb.-Div. treten ..."

Wie befohlen, so geschah es dann auch: In der Nacht vom 1. zum 2. Dezember 1941 hatte das XXXXIX. Gebirgs-Armeekorps bereits seinen gesamten rechten Flügel — die ganze „Edelweiß"-Division und den rechten Flügel der „Enzian"-Division — hinter den Mius zurückgenommen. Später, nach einigen wechselvollen Kampfhandlungen, zogen sich auch die restlichen Truppenteile der 4. Gebirgs-Division hinter den umkämpften Fluß zurück.

Welches waren nun die Gründe für den Rückzug der sieggewohnten deutschen Truppen im Osten?

Deren gibt es mehrere. Einer hiervon war der ungewöhnlich früh hereingebrochene Winter 1941/42, der die deutsche Offensive in Rußland stoppen und den Deutschen die erste bittere Niederlage des Zweiten Weltkrieges zufügen sollte. Die Temperaturen sanken im ersten Kriegswinter des Rußlandfeldzuges teilweise bis unter minus 40 Grad. Bereits im November 1941 war die Quecksilbersäule auf minus 30 Grad und darunter gefallen. Die Truppe war weder an diese extrem niedrigen Temperaturen gewöhnt, noch gab es zweckentsprechende Winterbekleidung, da hierfür keinerlei Vorbereitungen getroffen worden waren. Auch Bewaffnung und Ausrüstung erwiesen sich für einen Winterfeldzug, in den die deutschen Armeen nun unversehens hineingeschlittert waren, in vielen Belangen als ungeeignet.

Wie hatte es also dazu kommen können? Weil Hitler und sein Generalstab fest daran geglaubt hatten, das Unternehmen „Barbarossa" noch vor Einbruch des Winters beenden zu können. Wozu also hätte man Vorbereitungen für einen Winterfeldzug treffen sollen?

Das Fehlen der Winterausrüstung war auf das Versagen des Generalquartiermeisters des Heeres, General Eduard Wagner, zurückzuführen. Er hatte Anfang August die Bereitstellung der Winterausrüstung angeblich eingeleitet. Wagner gehörte dem „Widerstand" gegen Hitler an. Eine von Hitler gebilligte Denkschrift des OKW von Ende August 1941 traf die Feststellung, daß der Ostfeldzug 1941 nicht mehr beendet werden könne.

Am 8. Dezember 1941 erging Hitlers Weisung Nr. 39 für die Führung des Winterkrieges; darin heißt es:

„... Der überraschend früh eingebrochene strenge Winter im Osten und die dadurch eingetretenen Versorgungsschwierigkeiten zwingen zu sofortiger Einstellung aller größeren Angriffsoperationen und zum Übergang zur Verteidigung.

Wie diese Verteidigung zu führen ist, wird bestimmt durch das Ziel, das mit ihr verfolgt wird, nämlich:

a) Räume zu behaupten, die operativ oder wehrwirtschaftlich für den Gegner von großer Bedeutung sind,

b) den im Osten eingesetzten Kräften der Wehrmacht eine möglichst große Erholung und Auffrischung zu ermöglichen und

c) dadurch die Voraussetzungen für die Wiederaufnahme größerer Angriffsoperationen im Jahre 1942 zu schaffen.

Im Einzelnen befehle ich:

I.) Heer:

1.) Die Masse des Ostheeres geht sobald wie möglich in kräftesparenden, vom Oberbefehlshaber des Heeres festzulegenden Fronten zur Abwehr über und beginnt dann unter Heranziehung vor allem der Panzer- und mot. Divisionen mit der Auffrischung der Verbände.

2.) Wo die Front, ohne vom Gegner gezwungen zu sein, zurückverlegt wird, muß zuerst eine rückwärtige Stellung vorbereitet sein, die der Truppe bessere Lebensbedingungen und Verteidigungsverhältnisse bietet als in der bisherigen Stellung.

Die Freigabe wichtiger Querverbindungen für den Feind kann zu einer Gefährdung anderer noch nicht gefestigter Frontabschnitte führen. In solchen Fällen muß der Zeitpunkt der Zurücknahme einzelner Abschnitte der Gesamtlage angepaßt werden.

3.) Der Verlauf der Front muß der Truppe Unterbringung und Abwehr erleichtern und möglichst einfache Versorgungsverhältnisse, besonders auch während der Zeit der Schneeschmelze, schaffen.

Sehnen- und rückwärtige Stellungen sind festzulegen und unter Zuhilfenahme aller aufzutreibenden Arbeitskräfte so rasch wie möglich feldmäßig auszubauen.

4.) Im Rahmen der im Großen defensiven Kampfführung müssen folgende Sonderaufgaben gelöst werden:

a) Sewastopol ist sobald wie möglich zu nehmen...

b) H. Gr. Süd muß trotz aller Schwierigkeiten bestrebt sein, die Voraussetzungen zu schaffen, daß sie bei günstiger Witterung noch während des Winters einen Angriff zur Gewinnung der unteren Don —Donezlinie führen kann. Dadurch werden günstige Voraussetzungen für die Frühjahrssoperation gegen den Kaukasus geschaffen werden...“[71])

An wie auch immer geartete offensive Operationen war also demnach im Winter 1941/42 überhaupt nicht mehr zu denken. Die für einen Winterkampf unzureichend ausgerüsteten Gebirgsjäger waren schon heilfroh, wenn sie sich der Gegenangriffe der Roten Armee erwehren konnten.

Die Stellungskämpfe am Mius während des Winters, bei ständigem eiskaltem Ostwind und großer Kälte, waren hart. Dennoch kam die Truppenbetreuung, sofern es der Feind zuließ, nicht zu kurz. In den langen Wintermonaten lernten die Gebirgsjäger das ukrainische Volksleben bei Gesang, Tanz und musikalischen Darbietungen kennen. Daneben wurden auch deutsche Filme und die beliebte Wochenschau vorgeführt.

Für gute Stimmung unter den arg strapazierten Gebirgssoldaten zu sorgen, war die eine Seite, um die sich die Regiments- und Bataillonskommandeure der 4. Gebirgs-Division redlich bemühten; die andere bestand darin, die Kampfkraft der Truppe auch während der strengen Wintermonate zu erhalten und, wenn möglich, zu steigern. Aus diesem Grunde erließ das Generalkommando XXXXIX. Gebirgs-Armeekorps an die verschiedenen Truppenteile Richtlinien für die Winterausbildung, wußte man doch genau, daß der Kampfmoral der Truppe nichts abträglicher sein konnte als Untätigkeit.

Nahezu 2000 Kilometer von ihrer Heimat entfernt, in der vom Winterhilfswerk für die Front Bekleidung gesammelt und Skier eingezogen werden mußten, erlebten die Gebirgsjäger der „Enzian“-Division ihre erste Kriegsweihnachtszeit am Ufer des Mius, ostwärts von Snjeshnoje, eingegraben in der russischen Erde. Die Weihnachtsnummer des „Glichaya-Boten“, einer Frontzeitschrift des II./Gebirgs-Jäger-Regiments 13, hat dieWeihnachtsstimmung 1941 mit folgenden Worten festgehalten:

„Ein eisiger Wind fegt heute von Norden her über unsere B-Stelle. 26° minus zeigt das Thermometer. Das ist kein Wetter mehr für einen frisch-fröhlichen Bewegungskrieg. Tief vermummt stehen die Posten in ihren Löchern, unbeweglich. Sie gleichen kaum Lebewesen. Nur die Augen und die Nasenspitze lassen den Menschen ahnen.

Es ist Sonntagmorgen. Vom Dorf unten müßten jetzt eigentlich die Kirchenglocken den 2. Advent einläuten. Aber wo gibt es hier im weiten Osten Kirchen, wo feierliches Glockenläuten?

Wie lange ist das überhaupt schon her, daß wir zum letztenmal sonntägliches Glockenläuten hörten? Wie wissen wir überhaupt, daß Sonntag ist? Advent. Und diese friedlose Welt sieht mit ihrer leichten Schneedecke so wundervoll weihnachtlich aus.

Hinten im Walde, der Feindsicht entzogen, hausen unsere Jäger. Tief haben sie sich im Erdreich verkrümelt. Da und dort steigt aus den Erdaufwürfen bläulich dünner Rauch und zeigt an, daß hier Menschen hausen, den Urbewohnern gleich. Bärtige Männer, knorrig und trotzig wie die

Eichen ringsum, bevölkern diese merkwürdige Siedlung. Emsiges Leben ist hier im Wald. Da fallen Bäume, Holz wird gesägt. Munition wird geschleppt, Verpflegung wird angebracht, jeder hat sein Tun und es bedarf keines Befehles.

Sechs, acht Mann pickeln drüben verbissen auf das tiefgefrorene Erdreich ein. ‚Das gibt unseren Gemeinschaftsbunker', heißt's froh, ‚da drin feiern wir Weihnachten.' Das", so schließt der schlichte Weihnachtsbericht von der Miusfront, „sagen die Jäger so feierlich, als ob von diesem Bunker ihr ganzes Seelenheil abhinge."

Kriegsweihnacht 1941 in der Miusstellung.

Die Kompanien lagen in ihren Alarmquartieren und erhofften sich kampflose Weihnachtstage. Fliegerposten waren aufgestellt, als sich die Kompanien um spärlich geschmückte Kiefern versammelten. Aufgehängte Eisenstücke verschiedener Größen ersetzten hier und da das Glockenspiel. Nach den Ansprachen der Kompaniechefs gedachte man der Gefallenen. Weihnachtslieder erschollen bald voller Melancholie aus den Zugunterkünften.

Zum Jahreswechsel wurden auch die zurückliegenden Kampfhandlungen und Einsätze der Gebirgsjäger der „Enzian"-Division im Ostfeldzug eingetragen:

12. Juli — 15. Juli 1941 Angriff und Durchbruch durch die Stalin-Linie nördlich Bar; 16. Juli — 20. Juli 1941 Angriffs- und Abwehrkämpfe bei Machnowka und Vorstoß auf Winniza; 20. Juli — 25. Juli 1941 Verfolgungskämpfe von Winniza auf Gaissin; 26. Juli — 12. August 1941 Umfassungsschlacht bei Uman, Einkreisung und Vernichtung des Feindes bei Podwyssokoje und Kopjenkowata; 13. August — 2. September 1941 Vormarsch zum Dnjepr; 3. September — 13. September 1941 Vormarsch über den Dnjepr bei Berislaw; 14. September — 24. September 1941 Säuberung des Dnjepr-Bogens bis Nowo Dnjeprowka, Verfolgungskämpfe ostwärts des Dnjepr, Schlacht am Panzerabwehrgraben vor Timoschewka; 25. September — 3. Oktober 1941 Abwehrschlacht bei Malaja Belosjorka; 4. Oktober — 11. Oktober 1941 Vernichtungsschlacht von Mogila Tokmak; 12. Oktober — 22. Oktober 1941 Verfolgungskämpfe in der Ostukraine, Eroberung von Stalino; 23. Oktober — 4. November 1941 Verfolgung über den Mius; 5. November — 31. Dezember 1941 Abwehrkämpfe in den Brückenkopfstellungen am Mius.

# Kriegsgliederung der 4. Geb. Div.

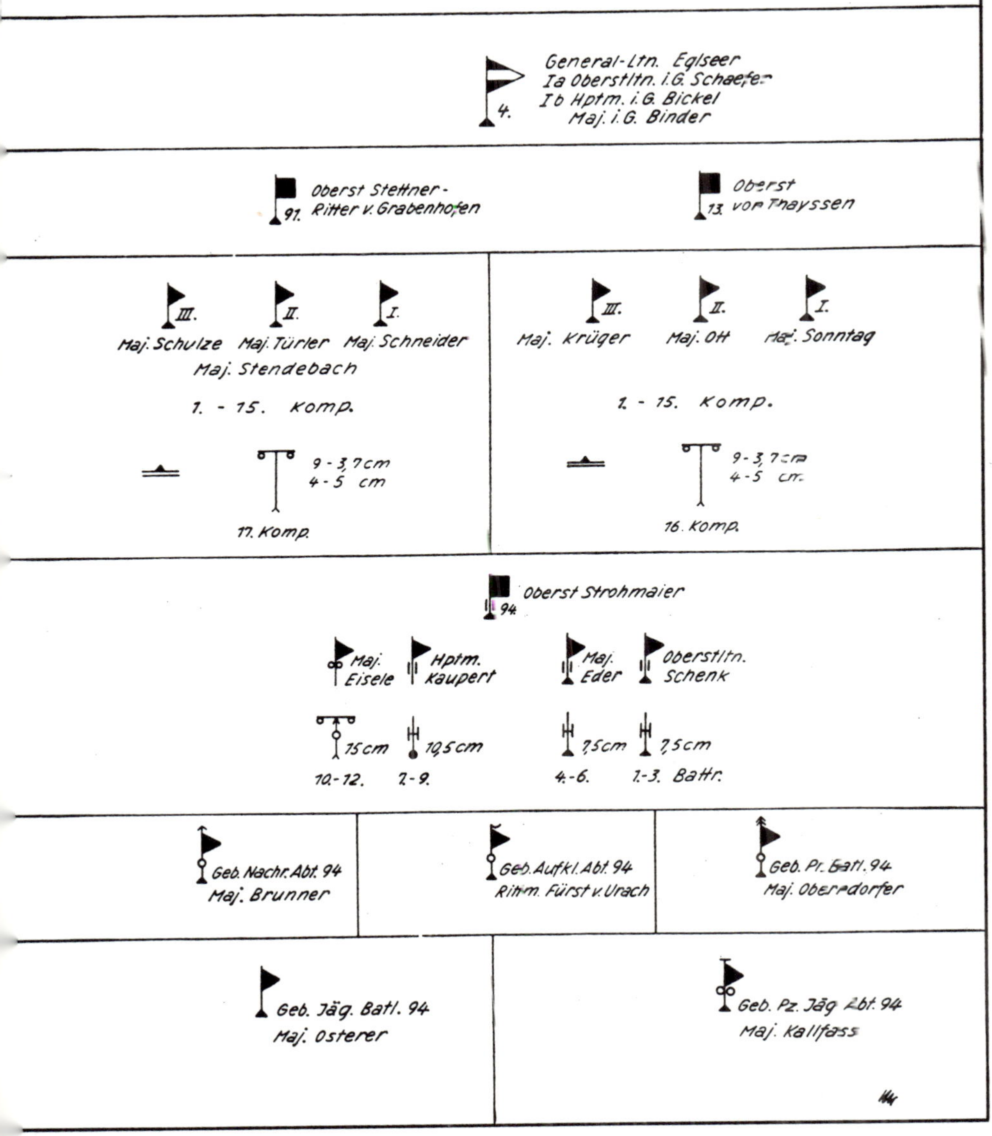

# Dritter Teil

# Kriegsjahr 1942

*Oben: Der Kommandierende General des XXXXIX. Gebirgs-Armeekorps, General der Gebirgstruppen Rudolf Konrad, besucht den „Isarwinkel“ am Tag des russischen Angriffs auf das II./Gebirgs-Jäger-Regiment 13 am 27. Juni 1942. Von rechts nach links: Hauptmann Muff, Hauptmann Klotz, General der Gebirgstruppen Konrad, Oberstleutnant Schenk (Kommandeur Geb.-Art.-Rgt. 94), Oberstleutnant Ott und ein Ordonanzoffizier*

*Unten: Generaloberst Ruoff, Oberbefehlshaber der 17. Armee (ehem. Kdr. Infanterie-Regiment 13), besucht das II./Gebirgs-Jäger-Regiment 13 am 12. Juni 1942 in Remowskoje. Von rechts nach links: Generaloberst Ruoff, Oberstleutnant Ott (Kdr. II./G.J.R. 13) und Generalleutnant Eglseer (Kdr. 4. Geb.-Div.)*

# Die militärpolitische Lage 1942

Das Kriegsjahr 1942 wurde für die Deutschen gleichermaßen ein Jahr der Hoffnung und der Enttäuschung.

Dieses Jahr der Prüfung begann, nachdem man den härtesten Winter seit 150 Jahren trotz aller Widrigkeiten durchgestanden und den russischen Angriffen getrotzt hatte, zur allgemeinen Überraschung der Alliierten mit einer neuerlichen deutschen Offensive. Von dem Leitgedanken beflügelt, die russische Volkswirtschaft durch die Eroberung der kaukasischen Ölquellen und durch die Einschränkung der amerikanischen Waffen- und Hilfslieferungen über den Iran an entscheidenden Stellen empfindlich zu treffen, gelangten die Truppen der Deutschen Wehrmacht bis in den Kaukasus und zur unteren Wolga. Am 21. August 1942 hißten Gebirgsjäger der 1. und 4. Gebirgs-Division die deutsche Reichskriegsflagge auf dem Gipfel des 5633 Meter hohen Elbrus.

Doch weder im Kaukasus noch an der Wolga, die zu überschreiten die fortgeschrittene Jahreszeit und ein immer verbissener kämpfender Gegner keine Zeit mehr ließen, konnte der vielzitierte Rubikon nicht überschritten werden. Im Gegenteil: Die Deutschen, die bis zum Herbst 1942 auf sämtlichen Kriegsschauplätzen offensiv waren, mußten die Niederlage bei El Alamein (2. November), den Beginn der alliierten Landungen in Nordafrika (7. November), die Einkreisung der 6. Armee in Stalingrad (November) und den Rückzug im Kaukasus (Ende 1942) hinnehmen.

Im Fernen Osten gewannen zwar die Japaner vorerst durch ihre Angriffe auf die Philippinen, Niederländisch-Indien und die Inseln des Pazifik die Herrschaft über ein ungeheuer großes Gebiet mit wichtigen Rohstoffen, aber durch die Landung auf Guadalcanal erhielten die Amerikaner schließlich jenen strategisch bedeutenden Stützpunkt, von dem aus sie die Wende des Zweiten Weltkriegs im Fernen Osten zu ihren Gunsten einleiten konnten.

Am Ende des Kriegsjahres 1942 stand dem deutschen Soldaten die Enttäuschung über die vielen verpaßten Gelegenheiten, dem Kriegsverlauf doch noch die entscheidende Wende zugunsten des Großdeutschen Reiches geben zu können, schon sichtbar ins abgekämpfte Landsergesicht geschrieben.

*Oben: Marsch durch Rostow Richtung Bataisk im Sommer 1942*

*Unten: Gebirgsjäger auf dem Vormarsch zum Kaukasus (11./Geb.-Jäg.-Rgt. 13)*

Doch wir wollen den dramatischen Ereignissen des Jahres 1942 nicht vorgreifen, sondern unsere Chronik fortsetzen.

Wie sollte, so fragten sich die Oberbefehlshaber, Generalstabsoffiziere und Kommandeure zu Beginn des neuen Jahres, der Rußlandfeldzug im Jahre 1942 weitergeführt werden?

Welchen strategischen Erwägungen wird Hitler den Vorzug geben?

Welche operativen Pläne wird der Führer des Deutschen Reiches in seiner Doppelfunktion als Oberster Befehlshaber der Wehrmacht und Oberbefehlshaber des Heeres billigen?

Die Antwort auf diese Fragen gab die „Weisung 41" vom 5. April 1942, in der Hitler den kriegswirtschaftlichen Überlegungen abermals den Vorrang vor den kriegspolitischen einräumte:

„... Die Winterschlacht in Rußland geht ihrem Ende zu. Durch die überragende Tapferkeit und den opferfreudigen Einsatz der Soldaten an der Ostfront ist ein Abwehrerfolg von größtem Ausmaß für die deutschen Waffen errungen.

Der Feind hat schwerste Verluste an Menschen und Material erlitten. In dem Bestreben, scheinbare Anfangserfolge auszunutzen, hat er auch die Masse seiner für spätere Operationen bestimmten Reserven in diesem Winter weitgehend verbraucht.

Sobald Wetter- und Geländeverhältnisse die Voraussetzungen dazu bieten, muß nunmehr die Überlegenheit der deutschen Führung und Truppe das Gesetz des Handelns wieder an sich reißen, um dem Feinde ihren Willen aufzuzwingen.

Das Ziel ist, die den Sowjets noch verbliebene lebendige Wehrkraft endgültig zu vernichten und ihnen die wichtigsten kriegswirtschaftlichen Kraftquellen so weit als möglich zu entziehen.

Hierzu werden alle verfügbaren Kräfte der deutschen Wehrmacht und die der Verbündeten herangezogen...

I. Allgemeine Absicht:

Unter Festhalten an den ursprünglichen Grundzügen des Ostfeldzuges kommt es darauf an, bei Verhalten der Heeresmitte im Norden Leningrad zu Fall zu bringen und die Landverbindung der Finnen herzustellen, auf dem Südflügel der Heeresfront aber den Durchbruch durch den Kaukasusraum zu erzwingen.

Dieses Ziel ist in Anbetracht der Anschlußlage nach der Winterschlacht, der verfügbaren Kräfte und Mittel und der Transportverhältnisse nur abschnittsweise zu erreichen.

Daher sind zunächst alle greifbaren Kräfte zu der Hauptoperation im Südabschnitt zu vereinigen mit dem Ziel, den Feind diesseits des Don zu vernichten, um sodann die Ölgebiete im kaukasischen Raum und den Übergang über den Kaukasus selbst zu gewinnen...

II. Die Führung der Operationen:

A.) Erste Aufgabe des Heeres und der Luftwaffe nach Abschluß der Schlammzeit ist es, die Vorbedingungen für die Durchführung der Hauptoperation zu schaffen.

Das erfordert die Bereinigung und Festigung der Lage an der gesamten Ostfront und in den rückwärtigen Heeresgebieten mit dem Ziel, dadurch möglichst viele Kräfte für die Hauptoperation zu gewinnen, an den übrigen Fronten aber mit geringstem Einsatz dennoch jedem Angriff gewachsen zu sein.

Wo zu diesem Zweck Angriffsoperationen mit begrenztem Ziel nach meinen Anordnungen geführt werden müssen, ist aber auch hierzu jeweils ein überwältigender Einsatz sämtlicher verfügbarer Angriffsmittel des Heeres und der Luftwaffe sicherzustellen, um schnelle und durchschlagende Erfolge zu erreichen. Nur dadurch wird vor allem auch schon vor dem Beginn der großen Frühjahrsoperationen in der eigenen Truppe die unbedingte Siegeszuversicht wieder gestärkt, dem Feind aber seine hoffnungslose Unterlegenheit eingehämmert werden.

B.) Die nächsten Aufgaben in diesem Rahmen sind es, auf der Krim die Halbinsel Kertsch zu säubern und Sebastopol zu Fall zu bringen...

Im Südraum ist der beiderseits Isjum eingebrochene Feind im Zuge des Donez abzuschneiden und zu vernichten...

C.) Die Hauptoperationen an der Ostfront. Ihr Ziel ist es... zur Einnahme der Kaukasusfront die russischen Kräfte, die sich im Raume von Woronesh nach Süden, westlich bzw. nördlich des Don befinden, entscheidend zu schlagen und zu vernichten. Aus Gründen des Eintreffens der hierzu verfügbaren Verbände kann diese Operation nur in einer Reihe von nacheinander folgenden, aber untereinander im Zusammenhang stehenden bzw. sich ergänzenden Angriffen durchgeführt werden. Sie sind daher von Norden nach Süden zeitlich so aufeinander abzustimmen, daß außerdem in jedem einzelnen dieser Angriffe ein Höchstmaß der Konzentration sowohl von Heeres- als auch besonders von Luftstreitkräften an den entscheidenden Stellen sichergestellt werden kann.

Bei der nunmehr zur Genüge erwiesenen Unempfindlichkeit des Russen gegenüber operativen Einschließungen ist entscheidender Wert... darauf zu legen, die einzelnen Durchbrüche in die Gestalt enger Umklammerungen zu bringen...

Besonders erwünscht wäre es, wenn es gelänge, entweder unversehrte Brücken — sei es in Rostow selbst — oder sonst gesicherte Brückenköpfe südlich des Don zu gewinnen für die weitere Fortführung der für später beabsichtigten Operationen...

D.) Die schnelle Fortsetzung der Bewegungen über den Don nach Süden zur Erreichung der Operationsziele muß im Hinblick auf die jahreszeitlichen Bedingungen gewährleistet sein ...“[72])

## Am Mius 1942

Die Front war zum Jahreswechsel 1941/42 in Schnee und Eis erstarrt. Frierend standen die Gebirgsjäger in den Erdlöchern der Vorhangstellungen und sahen mit geröteten Augen über den zugefrorenen Mius, in dem sich riesige Eisschollen übereinandertürmten und daher ein schwer zu überwindendes Hindernis bildeten; sie spähten auf die gegenüberliegenden Uferböschungen, um die Aktivitäten des Gegners zu beobachten. Nicht selten lagen kaum 50 Meter zwischen den deutschen und den sowjetrussischen Soldaten, die sich gegenseitig wie die Tiere belauerten. Kaum hatte jemand seine schützende Deckung verlassen, krachte ein Schuß. Dann war es wieder still, als wäre nichts geschehen. Nur der schneidende Ostwind mit seinen ungeheuren Schneeverwehungen heulte weiterhin monoton über die Stellungen von Freund und Feind.

Hinter der HKL lag das Gros der 4. Gebirgs-Division. Die Jäger waren, sofern sie nicht zu Sicherungs- oder Spähtruppaufgaben herangezogen wurden, in sogenannte Wärmebunker, die meist überfüllt waren, untergeschlüpft, um sich den Umständen entsprechend vor den ungewohnten Kältegraden, die sich nicht selten zwischen 20° bis 40° minus bewegten, zu schützen. Doch dieses Zusammenrückenmüssen hatte auch seine unbestreitbaren Vorteile. In jenem kalten Miuswinter 1941/42 wuchs die Truppe zu jener Schicksalsgemeinschaft zusammen, von der sie während der härtesten Belastungsproben in den kommenden Kriegsjahren noch lange zehren sollte. Den Deutschen war es schließlich, anders als der „Grande Armée“ des Kaisers Napoleon I. im Jahre 1812, gelungen, dem russischen Winter und der Roten Armee Paroli zu bieten. Die Winterkatastrophe der Franzosen war der Deutschen Wehrmacht erspart geblieben. Diese Tatsache stärkte das Selbstvertrauen der Truppe in ungeheurem Maße.

Das Kriegsjahr 1942 begann für das XXXXIX. Gebirgs-Armeekorps mit einem Wechsel des Kommandierenden Generals. General der Gebirgstruppen Ludwig Kübler war bereits am 18. Dezember 1941 abberufen worden, um den Oberbefehl über die 4. Armee, die vor der russischen Hauptstadt Moskau, von Eis- und Schneestürmen bewegungsunfähig gemacht, förmlich in der Erde erstarrt festlag, zu übernehmen. Sein Nachfolger wurde General Rudolf Konrad, der die Führung des bewährten Gebirgskorps am 3. Januar 1942 übernahm. Sofort begann der neue Kommandierende General, die ihm unterstellten Divisionen und Regimenter in

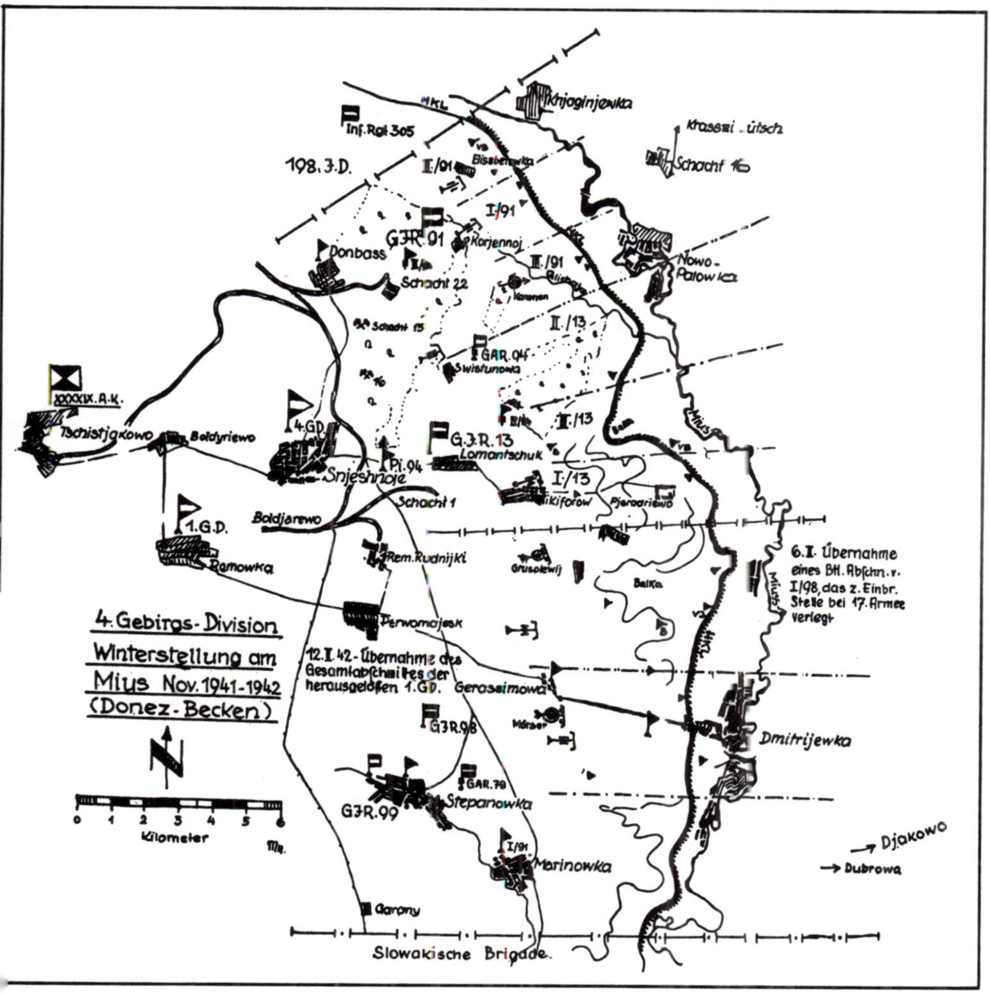


Winterstellung der 4. Gebirgs-Division am Mius vom November 1941 bis Frühjahr 1942

ihren jeweiligen Frontabschnitten am Mius aufzusuchen, um sich an Ort und Stelle ein Bild von der Lage der Truppe zu machen. Bereits zwei Tage nach der Befehlsübernahme orientierte er sich über den Zustand der 4. Gebirgs-Division. Nach diesem Truppenbesuch notierte General Konrad in sein Tagebuch:

„5. Januar: Bei 4. Geb.-Div. (führt z. Zt. der ausgezeichnete Wintergerst, Artilleriekommandeur des Korps; der Div.-Kommandeur ist krank in der Heimat).

Bei Geb.-Jäg.-Rgt. 91: Frontbreite des Rgts. 7 Kilometer. Alle 3 Btl. sind eingesetzt; je Kp. 40 bis 45 Mann auf 700 bis 800 Meter Frontbreite.

Rgts.-Reserve: eine neugebildete Jägerkompanie mit 1 Zug sMG (4 Gewehre) und 1 Zug Inf.-Geschütze.

Diese Lösung ist noch die günstigste.

Bei Geb.-Jäg.-Rgt. 13: Frontbreite 10 Kilometer; 2 Btl. in vorderer Linie, 1 Btl. Regimentsreserve.

Vordere Linie weniger als eine Postenaufstellung zur Sicherung der schweren Waffen und der Artillerie. Sofortige Änderung ist notwendig."[73])

Die Gebirgs-Artillerie hatte ihre Batterien aller Kaliber in die schneeversunkenen und eisstrotzenden Schluchten der Miusstellungen eingebaut. Trotz der nach und nach eintreffenden Winterbekleidung war der Dienst am Geschütz für die Kanoniere eine bitterfrostige Angelegenheit. Die Beobachter hatten unter den Winterstürmen besonders schwer zu leiden. Doch gut eingerichtete Unterstände ließen den strengen Winter den Umständen entsprechend einigermaßen ertragen.

Wie sah es nun im allgemeinen bei der 4. Gebirgs-Division am Mius im Hinblick auf ihre Kampfkraft und Gliederung aus? General Braun gibt uns darüber detaillierte Auskunft:

„Die Division hatte den vorspringenden Teil der Miusstellung inne, in welcher der Fluß in einem scharfen Knie von Westen her nach Süden umbog. Rechts war Anschluß an die 1. Geb.Div., links an die 198. Infanterie-Divison. Der Divisionsstab lag in Sneshnoje. Die beiden Geb. Jäg.Rgt. waren in vorderster Linie in 25 Kilometer Breite eingesetzt, Geb.Pi.Btl. 94 und Geb.-A.-A. 94 zunächst zur Verfügung der Divisionen zurückgezogen. Die Abteilungen des Geb.Art.Rgt. 94 standen in günstigen Stellungen nach der Tiefe gestaffelt. Zahlreiche Wechselstellungen für Batterien und Arbeitsgeschütze wurden erkundet und ausgebaut. Die Geb.Nachr.Abt. 94 hatte in Kürze ein dichtes Fernsprechnetz fertiggestellt. Daneben überlagerten die unermüdlichen Funker die Verbindungen. In menschenwürdigen Steinhäusern richteten die Sanitätskompanien ihre Hauptverbandsplätze ein. Die Versorgungstruppen steigerten ihre Leistungen durch Anlehnung an stationäre Einrichtungen. Langsam traten Ruhe und Ordnung ein ... Nur allmählich konnten die großen Lücken personell geschlossen werden. Die Stärke der Geb.Jäg.Btl. kam aber nicht über 400 Mann Kampfstärke hinaus ...

... Die 4. Geb.-Div. mußte Skikompanien zusammenstellen und ebenfalls abgeben. Die Geb.A.A. 94 war längst wie ein Jägerbataillon in vorderer Linie eingesetzt. Selbst das Geb.Pi.Btl. 94 wurde vorübergehend zu infanteristischen Aufgaben, zur Schaffung einer Divisionsreserve herangezogen. Aus den Versorgungstruppen rückten Hunderte von Soldaten in Alarmeinheiten in die vordere Linie. Die Division begann, auf ‚kaltem Wege' das Feld-Ersatzbataillon zu einem Geb.Jäg.Btl. auszubauen."[74])

Doch hören wir, was Oberleutnant Müller-Hahl, der das Feld-Ersatz-Bataillon 94 — es setzte sich landsmannschaftlich aus etwa 1/3 Bayern, 1/3 Österreichern, vielen Schwaben sowie von Soldaten aus allen Gauen des Deutschen Reiches zusammen — vom 9. März bis 15. Juni 1944 geführt hatte, darüber zu berichten weiß:

„Während des Winters 1941/42 erwies es sich als äußerst notwendig, die Verteidigungsfähigkeit der Verbände durch Bildung von einsatzfähigen Notreserven zu erleichtern. Zuerst als Schie-Einheit gedacht, wurde das F.E.B. 94 der 4. Geb.-Div., das seither unter Hauptmann Osterer den Rahmen einer mehr oder weniger großen Verwaltungseinheit besaß und dem die Verteilung des Nachersatzes aus der Heimat oblag (für alle Divisionsteile), dann zu einem Gebirgsjäger-Ersatzbataillon ausgebaut.

Viel war es nicht, das als Stamm in Frage kam und da war! Es reichte knapp zur Bildung einer schwachen Jägerkompanie, einige Bedienungen für sMG und s.Gr.W. gab es noch und dazu eine handvoll Pioniere und Nachrichtler. Durch Abgabe von Offizieren, Uffz. und Mannschaften beider Geb.Jäg.Rgter., die dem neuen ‚Haufen' das Rückgrat gaben, kam man dann schon weiter. So kam von G.J.R. 13 der Bataillonsadjutant samt einigen Zug- und Gruppenführern (meistens von der 7./13) mit MG-Schützen, die 11./13 mußte ihre s.Gr.W.-Gruppe (Obj. Jauch) abgeben. G.J.R. 91 stellte ebenfalls Offiziere (Feigl, Planthaler), außerdem wurde die gesamte 11./91 dem Bataillon 94 unterstellt (Lt. Geiger). Das Geb. Art.Rgt. 94 stellte aus entbehrlichen Leuten 2 Züge zusammen, die sich im späteren Verlauf als Jäger bestens bewährten. Geb.Nachr.Abt. 94 stellte Nachrichtler ab, und zum Schluß schob die Geb.Pz.Abt. 94 eben falls einen unterstellten Pakzug in die Stellung ein.

In 4 Kompanien gegliedert, rückte nun, in Tschistjakowo zusammengestellt, im Februar 1942 das F.E.B. 94 in die Glichajastellung vor und löste dort das II./13 ab und war so genau zwischen beiden Gebirgs-Jäger-Regimentern der Division eingeschoben...

Das war die Gliederung des Bataillons an der Miusfront. Lang dauerte es nicht, bis die ersten russischen Unternehmungen starteten. Doch wie sie es auch probierten — ob sie auf der Maisfeldkuppe den nachts dort eingesetzten, stehenden Spähtrupp der Artilleristen Planthalers zu entführen versuchten oder am Kolchos auf der Höhe ankamen —vergebens; jedesmal wurden sie blutig abgewehrt. Es kam vor, daß die Russen in der Kälte stundenlang ruhig vor den Stellungen liegenblieben, um dann plötzlich noch einmal, allerdings vergeblich, anzugreifen. So wurden sie am 6. und 8. März 1942 von der Kolchosenbesatzung, die der damalige Ufw. Haas für den erkrankten Zugführer Fw. Staudenmaier führte, zurückgeschlagen. Die Bedienungen der Werfergruppe Jauch hatten dabei zum Teil hemdärmelig und barfuß in Pantoffeln innerhalb weniger Sekunden nach dem Alarm an ihren Werfern gestanden und legten ruck-zuck ein tadelloses Sperrfeuer hin.“[75])

Nachdem die Winterbekleidung endlich eingetroffen war, und sofern es die Feindlage zuließ, wurden die Stellungen und Truppenunterkünfte ausgebaut und laufend verbessert.

Aber auch die Ausbildung wurde weiter betrieben, um vor allem die aus der Heimat neu eingetroffenen Jäger, die als Ersatz für die zahlreichen Ausfälle zur Division gelangten, gründlich auszubilden. Hierbei wurde vor allem besonderer Wert darauf gelegt, die Kenntnisse der Truppe in den wichtigsten taktischen Disziplinen, wie Führung, Aufklärung, Sicherung, Marsch, Angriff, Verfolgung, Abwehr, Abbrechen des Gefechts, Rückzug, hinhaltendes Gefecht, Gefechte unter besonderen Verhältnissen — bei Dunkelheit, Ortsgefecht, Waldgefecht, an Flüssen, im Gebirge, um Engen sowie Grenzschutz und kleiner Krieg — in Theorie und Praxis zu erweitern und zu intensivieren.

Hand in Hand, jedoch auf höherer Ebene, ging auch die Weiterbildung der Offiziere und Unteroffiziere vor sich. Wichtigste Ausbildungsthemen waren hier: Einsatz gepanzerter Kampffahrzeuge; Unterstützung der Truppe durch die Luftwaffe, Fliegerabwehr, Nachrichtenverbindungswesen, Einsatz chemischer Kampfmittel, Einsatz künstlichen Nebels, Sperrungen, Einsatz von Eisenbahnpanzerzügen, Beförderung von Truppen und Versorgung der Truppe im Operationsgebiet.

Doch kehren wir wieder in den Frontalltag am Mius zurück und werfen wir an dieser Stelle nochmals einen Blick in die Tagebuchaufzeichnungen des Kommandierenden Generals des XXXXIX. Gebirgs-Armeekorps, Konrad:

„Im Korpsabschnitt weht seit drei Tagen ein eisiger Buran.

Ein vorgeschobener Stützpunkt der 4. Geb.Div. (1 Oberjäger, 10 Mann) wird von den Russen eingeschlossen. Erbitterter Kampf die ganze Nacht. Am Morgen liegen 32 tote Russen in den Hindernissen. Der Stützpunkt hielt sich. Eigene Ausfälle: drei.

23. Januar: Mittag wird Schwarzhemdenbataillon 63 (Division Celere) in Woroschilowo überrumpelt und verliert die Ortschaft. Der Komman-

deur, Major Nigra, fällt an der Spitze seiner Leute bei dem Versuch, die Ortschaft wieder zu nehmen.

24. Januar: Bei Sicherungs-Rgt. 318 (deutsches Regiment bei italienischer Division Celere) mehrere Ausfälle durch Erfrierungen zweiten und dritten Grades.

Die Aufstellung kleiner zusammensetzbarer Holzhütten in den vorderen Stützpunkten des schlesischen Sicherungs-Regiments durch Korpspioniere verbesserte die dortigen Verhältnisse. Die Pioniere aber erleiden bei diesem Dienst in einer Nacht 30% Ausfälle infolge Erfrierungen ersten und zweiten Grades.

25. Januar: Die Lage bei der 17. Armee verschlechterte sich weiter. Die Bahnlinie Dnjepropetrowsk — Stalino ist unmittelbar bedroht.

Das Gebirgskorps muß an die Armee 1 Infanterie-Btl. mit Skiausrüstung, 1 Pionier-Kompanie und 100 völlig neue Kraftfahrzeuge, die eben aus der Heimat gekommen sind, abgeben.

28. Januar: Der Russe hat die Bahnlinie noch nicht erreicht. Leider hat er volle deutsche Magazine erbeutet.

29. Januar: Anzeichen eines russischen Angriffs in größerer Breite gegen den linken Korpsflügel.

Suche die Reserven des linken Flügels auf und bespreche mit ihnen die Lage. Sie müssen rechtzeitig in Marsch gesetzt werden, um noch am gleichen Tage im vorderen Bereich des Hauptkampffeldes zum Eingreifen zu kommen. Hindernisse sind Schneeverwehungen, östlicher Buransturm und kurzer Tag.

Nachmittag beim schlesischen Sicherungs-Rgt. 318, das besonders bedroht erscheint.

30. Januar: Seit 6.30 Uhr feindlicher Angriff im Abschnitt Celere und am linken Flügel 198. Inf.Div. in 16 Kilometer Breite Artilleriekommandeur des Korps leitet am linken Flügel die artilleristische Kampfführung.

Bei Fallschirmjäg.-Rgt. 2 feindlicher Hauptstoß und Konzentration des feindlichen Artilleriefeuers. 12 Uhr dort Nahkampf.

Der in mehreren Wellen und Stoßrichtungen laufende, breitangelegte russische Angriff scheint um 14 Uhr zusammenzubrechen.

Bei Einbruch der Dunkelheit räumt der Gegner im Feuer unserer Waffen das Vorgelände und geht in seine Ausgangsräume zurück.

Der feindliche Angriff war von drei Schützendivisionen und einer Panzerbrigade geführt.

31. Januar: In den Stellungen der Fallschirmjäger und des Sicherungsregiments. Härtester Kampf war beim Fallschirmjäger-Rgt. 2. Überall gute Stimmung.

3. Februar: Im Lazarett Krasna Wesda. Verwundete der Fallschirmjäger, Schlesier und Württemberger. Tief beeindruckt von der Haltung der

Männer. Ein Fallschirmjäger meldet sich, auf seinem Sterbebett liegend, mit letzter Kraft im glücklichen Gefühl erfüllter Pflicht bei mir ab.

6. Februar: Das Armeekorps muß ein weiteres Bataillon abgeben. Sonderbarerweise hat die Armee kein Interesse an der Mitgabe von Artillerie, die ich, wie im früheren Falle, anbiete.

Im übrigen erfährt das Korps nahezu nichts von der Lage. Neuartige Führung!"[76])

Daß die Truppe trotz aller Widrigkeiten nie den Humor verloren, sondern vielmehr selbstbewußt und mannhaft alle Strapazen und Nöte des ersten russischen Winters überwunden hatte, das beweisen die zahlreichen kleinen Geschichten, die irgendwo während des Postendienstes, in den Unterständen oder Bunkern der Miusfront entstanden und dann publiziert wurden. Eine dieser zahlreichen Geschichten schildert in amüsanter Art den Tagesablauf der beiden russischen Frauen Walja und Olinka und erschien am 8. März 1942 im „Sonntagsblatt" des Generalkommandos des XXXXIX. Gebirgs-Armeekorps. Dort hat der Gebirgsjäger Grob einen Morgen über einem ukrainischen Dorf" beschrieben:

„Das Haus von Walja und Olinka", so beginnt die Geschichte, „unterscheidet sich in nichts von all den anderen Häusern des Dorfes. Gleich ihnen liegt es behaglich faul hingekuschelt am Rande einer Balka, einer der Regenschluchten, die die Eintönigkeit des weiten Landes unterbrechen. Wie alle anderen auch, steht das Haus uneingezäunt unmittelbar an dem staubigen Pfade, den Radspuren in den lockeren Boden eingegraben haben. Es ist von keinerlei Garten umgeben; keine Blume und kein Strauch zieren es. Es steht eigentlich ganz gleichgültig da. Und daß es verwahrlost ist — nitschewo. Es hält warm; das Dach schützt vor Sturm und Regen. Braucht man mehr?

Dennoch ist es nötig, von Zeit zu Zeit die von Wind und Wetter in die Wände geschlagenen Wunden zu heilen. Dazu haben gestern Walja und Olinka, die fröhliche alte Tante und ihre immer lustige Nichte, ein weites, rundes Loch in den Lehmboden des Hofes gestochen. Mehr als einen halben Meter tief. Heute, mit dem ersten Hahnengekräh, füllen sie es zur Hälfte mit Häcksel, aus der sie sorgfältig alle langen Strohhalme entfernen. Dann gießen sie mooriges Wasser darüber und fügen Sand und Lehm hinzu. Olinka, das flinke, aber stämmige Mädchen mit den hervorstehenden Backenknochen und dem breiten Becken, hebt seine kurzen Röcke und steigt in das Loch. Zwischen die Beine klemmt Olinka die Kleider und packt sie vorne mit beiden Händen. In dieser Haltung beginnt sie, vorsichtig Häcksel, Wasser und Sand mit den Füßen zu mengen. Walja, die Tante, steht am Rande und gibt von Zeit zu Zeit dem Brei soviel Lehm hinzu, bis er zu einer zähen Masse wird. Unentwegt stampft Olinka mit ihren Füßen.

Frauenarbeit in einem ukrainischen Dorf

Die Beine bewegen sich immer langsamer auf und ab, denn die große Masse haftet immer fester an Füßen und Unterschenkeln.

Ob auch die Arbeit anstrengend sei, die Junge und die Alte unterhalten sich fortwährend. Es gibt ja so viel Wichtiges durchzuhecheln: Woher Lisa die bunte Bluse hat? Und ob der Piotr die Nastja zum Einschreiben führen würde? Ob Paschas Kuh diesmal leicht kalbe? Ob die Mühle noch den Weizen für sie bis zum ersten Schneefall mahle? Ob das Sonnenblumenöl für den Winter reiche? Ob man aus der Kolchose wohl noch Mais holen könne? Ob die Kürbisse bald eingelegt werden müßten? Kurz, tausend Dinge, die das Dasein des ländlichen Lebens ausmachen, werden immer neu besprochen, belächelt und belacht. Denn schließlich hat alles im Leben auch seine vergnügliche Seite. Und nur der Dumme sucht in der Steppe den Wind.

Endlich erachtet Walja den zähen Brei verwendungsfähig. Auf ein breitgestelltes Brett schöpfen beide Frauen den lehmigen Kuchen und schleppen die schwere Last vor die schadhafte Wand ihrer Hütte.

Da kippt das Brett. Olinka schüttelt sich vor Lachen! Denn die Tante, im Bemühen es zu halten, gleitet aus. Der ganze Brei rutscht ihr gegen den Hals, verklebt das linke Ohr, und ein dicker Klumpen gerät in ihren Halsausschnitt. Ist das nicht zum Lachen?! ‚Auf die andere Seite mußt Du Dir auch noch einen Klumpen kleben, Babuschka, sonst wirst Du schief!‘ frozzelt Olinka und prustet kichernd. Tante Walja zieht ein beleidigtes Gesicht. Umständlich nestelt sie an ihrem Leibchen, holt den Lehmbatzen heraus, und schwupps hat ihn Olinka im Gesicht. Und damit er ja gut hafte, spuckt Walja in die Hände, formt einen neuen Lehmkloß und verschmiert, unter wortreichen Sprüchen, das Beleidigtsein vergessend, das Gesicht ihrer Nichte. Schallendes Lachen, das auch Olinka ansteckt und jede Abwehr verhindert.

Wie Kinder, die etwas ausgefressen haben, schauen sich die beiden Weiber nun spitzbübsich an, gehen Arm in Arm zu der alten Fensterscheibe, ihre Gesichter darin zu betrachten. Und wieder brechen sie in stürmisches Gelächter aus. Die alte Tante muß sich den Bauch halten. Plötzlich verschwindet sie im Geschwindschritt ums Hauseck in einen runden, meterhohen Wall aus Lehm und Unrat, aus dessen offenem Eingang alsbald ein Bächlein rinnt.

Erleichtert kehrt Tante Walja zurück. ‚So, nun müssen wir aber weitermachen, sonst wird das ganze Zeugs zu zäh und alle Mühe war umsonst‘, meint sie. Kniend reicht Olinka ihr mit gehäuften Händen den Lehmteig. Die ausgemergelten Hände der Alten füllen geschickt das Loch in der von Wind und Sonne ausgedörrten und abgebröckelten Wand. Mit erfahrenen Griffen wird sie dann sorgfältig verstrichen, schön glatt und gleichmäßig, wie Schwalben es an ihren Nestern tun.

Es werden auch gleich die Fenster an ihren Fugen verschmiert, damit im Winter der eisige Buran nicht ins Innere der Hütte dringen kann.“

Nun, die Gebirgsjäger waren froh, als der eisige „Buran“ immer seltener über die Miusstellung fegte und die Erde aufzutauen begann. Als dann die sicherlich auch unwirtliche Frühjahrsschlammperiode einsetzte, atmeten die Jäger innerlich auf, daß der lange Winter vorbei war, daß es Frühling wurde. Später, als sie bereits einem anderen Kriegsschauplatz entgegenstrebten, wurde ihnen allen auf Grund einer Verordnung Hitlers vom 26.

Generalkommando XXXXIX.(Geb.)A.K. K.Gef.Std., den 22.3.
Ia/IIa

TAGESBE EHL

Die 4.Geb.Div. hat am 20. und 22.3. eine Reihe kleinerer und ein größeres Stoßtruppunternehmen mit großem Erfolg bei geringster eigenen und schweren Feindverlusten durchgeführt. Alle Unternehmungen waren von langer Hand sorgfältig vorbereitet und aufgebaut auf genauer Beobachtung der Gewohnheiten des Feindes. Bei vieren von den sechs Unternehmungen wurde der Gegner völlig überrascht.

Von besonderem Erfolg war die Unternehmung am 22.3. gekrönt. Fünfzehn feindliche Kampfanlagen wurden gesprengt, 30 Russen getötet, 9 Gefangene eingebracht. ~~Das Heranziehen eines Inf.Geschützes zum [illegible] direkten Schuß hat den Erfolg wirksam gesteigert.~~ Heraneilende russische Reserven wurden von den auf Lauer liegenden Batterien sofort gefaßt und zerschlagen.

Die Unternehmungen wurden alle von Freiwilligen durchgeführt.

Ich spreche der Division für die Anlage, den kühnen Führern und ihrer tapferen Schar meine vollste Anerkennung aus.

Konrad

Verteiler:
4.Geb.Div. bis Btlne. (und alle Teilnehmer)
193.J.D. 5x
Div.Celere 2x
J.R.318 5x
Geb.Pi.Rgt.620 1x
Geb.Na.70 1x
Gen.Kdo. Hausverteiler.

Dank des Kommandierenden Generals des XXXXIX. Gebirgs-Armeekorps an die 4. Gebirgs-Division

Mai 1942 die Medaille „Winterschlacht im Osten 1941/42" (Ostmedaille), von den Landsern meist sarkastisch „Gefrierfleischorden" genannt, „in Würdigung des heldenhaften Einsatzes ... während des Winters 1941/42 ... als Anerkennung für Bewährung im Kampf gegen den bolschewistischen Feind und den russischen Winter innerhalb des Zeitraumes vom 15. November 1941 bis 15. April 1942", so der offizielle Wortlaut der Verordnung, verliehen.

## Über den Don zum Kaukasus

Das deutsche Kriegsziel, die Sowjetunion 1941 in einem „Blitzfeldzug" niederzuwerfen, war nicht erreicht worden. Doch weder die Rote Armee noch der überaus strenge Winter des Jahres 1941/42 hatten die Deutsche Wehrmacht kriegsentscheidend zu schwächen vermocht. Ja, so paradox es klingen mag, die deutschen Soldaten waren letztlich aus diesem harten Kampf gegen Naturgewalten und einen Gegner, der von seinen alliierten Verbündeten auf Grund der Leih- und Pachtlieferungen mit allen erdenklichen Waffen und Ausrüstungsgegenständen ununterbrochen versorgt wurde, gestärkt hervorgegangen. Es schien, daß es dem deutschen Ostheer doch noch gelingen würde, das Unternehmen „Barbarossa" siegreich zu beenden.

Es war März und April 1942 geworden. Der Winter zog sich langsam hinter den Ural nach Sibirien zurück. Von überall her rannen die Schmelzwasser, die sich in der Balka und im Mius, der jetzt stark anschwoll, sammelten. Bald hatte die warme Frühjahrssonne auch den letzten Schnee zerfressen, bald trocknete der Wind die getränkte Erde immer mehr aus. Es war eine Jahreszeit, in der man Bilanz ziehen konnte: In einer vom 1. April 1942 datierten Zusammenstellung des Gebirgs-Jäger-Regiments 13 über den bisherigen Feldzug in Rußland heißt es unter anderem:

„Einsatztage (ohne die Winterabwehrkämpfe): 65
Marschleistungen: 2212 Kilometer
Gefangene: 11.255
Eigene Verluste: Gefallen 10 Offiziere, 359 Unteroffiziere und Mannschaften. Verwundet 41 Offiziere, 1065 Unteroffiziere und Mannschaften.
Beute: 1 überschwerer Panzer, 37 schwere und mittlere Panzer, 11 Panzerspähwagen, 21 schwere Geschütze, 44 mittlere Geschütze, 37 leichte Geschütze, einschließlich Pak und Flak, 58 Granatwerfer, 180 MG, 540 fahrbereite Kraftfahrzeuge, 230 Bespannfahrzeuge, über 1000 Pferde.
Seit dem 3. 11. 1941 steht das Regiment bis heute ununterbrochen in

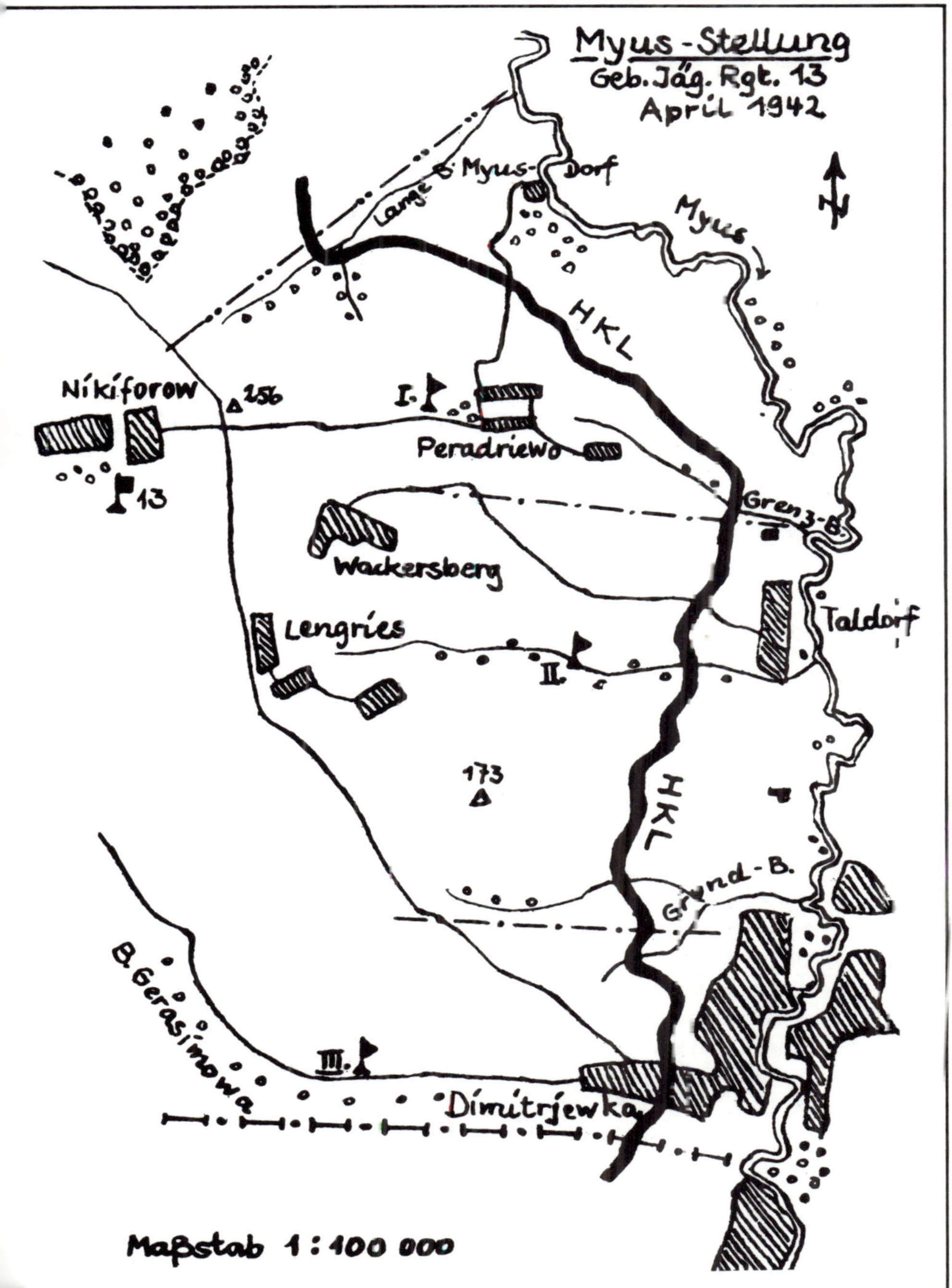


Das Gebirgs-Jäger-Regiment 13 in der Mius-Stellung im April 1942

vorderer Linie, in einer der ostwärtigsten Stellungen in der Winterfront des Heeres, die Fußtruppen erreicht haben. Es mußte im Laufe des Winters 7 Bataillons-Abschnitte neu übernehmen, weiter ausbauen und sie gegen teilweise stark überlegenen Feindangriff halten. Der Abschnitt ‚Schwabenstreich' war beispielsweise 61mal das Ziel von feindlichen Unternehmungen und Angriffen — zweimal in den OKW-Nachrichten erwähnt, der diesem Abschnitt vorgeschobene Stützpunkt ‚Miusdorf' allein 27mal.

Mit beginnendem Frühling ist das Regiment auf den erwarteten Bewegungskrieg eingestellt, eingedenk der Tradition des alten Württ. Gebirgs-Bataillons und seines Wahlspruches: Furchtlos und treu!"

Kaum zeigte sich Anfang Mai die Erde in neuem Grün, trotteten die zotteligen Mulis wieder über die Wiesen und Felder. Überall wuchs neues Leben aus der fruchtbaren Erde. In dieser Stimmung erlebten die Gebirgsjäger den ukrainischen Frühling. Wie so vieles im Leben, so hatte auch diese Jahreszeit ihre Schattenseiten. Immer häufiger flogen die russischen „Rumpelkisten" über die Stellungen der Jäger hinweg. Doch die deutsche Flak stand abwehrbereit und verjagte die gegnerischen Flugzeuge sehr rasch.

Mit der auflebenden Kampftätigkeit liefen auch schon bald wieder die ersten „Latrinen" durch die Stellungen, Unterstände und Bunker am Mius, an dem die Gebirgsjäger der „Enzian"-Division noch immer wie festgewurzelt verharrten. Zwar wurden weiterhin Übungen durchgeführt, bei denen man schwerpunktmäßig den Angriff auf starke Stellungen durchexerzierte, woraus auch dem einfachen Soldaten klar wurde, daß es sich hierbei nur um den Durchbruch durch die Miusstellungen der Russen handeln könne. Aber letztlich kam dieser für Mitte Juli geplante Angriff nicht zur Ausführung, obwohl die 4. Gebirgs-Division von den Gebirgs-Jäger-Bataillonen bis zu den Gebirgspionieren und der bereits in Stellung gegangenen Gebirgsartillerie kampfbereit in ihren Ausgangsstellungen lag.

Als der Angriff auf die russischen Stellungen am Mius schließlich abgeblasen wurde, herrschte für kurze Zeit Ratlosigkeit über die weiteren Kriegsziele der deutschen Führung. Und wieder einmal schwirrten zahllose „Latrinengerüchte" über den neuen Einsatz der Division umher. Immer häufiger tauchte dabei das Wort „Kaukasus" auf. Niemand kannte den „Tag X", an dem es wirklich losgehen sollte, aber der Gedanke, daß dieses Bollwerk aus Fels und Eis zwischen Europa und Asien Operationsgebiet der Gebirgstruppe werden könnte, setzte sich immer mehr fest, zumal die Truppe nun für den Hochgebirgseinsatz umgerüstet und ausgebildet wurde.

*Gletscher und Gipfel des Zentralkaukasus*

Endlich war es soweit. Die 4. Gebirgs-Division wurde aus ihren Stellungen am Mius herausgelöst. Sie sollte unter anderem über Dimitrijewka-Uspenskaja und Pokrowskoje direkt nach Rostow marschieren. Welche Überlegungen lagen dieser Marschrichtung zugrunde?

Im Frühsommer 1942 waren die Deutsche Wehrmacht und ihre verbündeten italienischen, rumänischen, ungarischen und slowakischen Truppen an der Ostfront zum Angriff angetreten, dessen Schwerpunkt bei der Heeresgruppe Süd lag. Hitler war der Meinung: „Der Russe ist am Ende seiner Kraft." Daher sollte ein exzentrischer Angriff aus dem Donbogen mit einer nördlichen Armeegruppe in östlicher Richtung gegen das Wolgaknie bei Stalingrad und mit einer südlichen Armeegruppe in südlicher Richtung, gegen die Erdölgebiete von Maikop und Grosnj und gegen den Kaukasus, vorgetragen werden. Der doppelte Griff — nach dem russischen Industriegebiet einerseits und den Erdölfeldern andererseits — sollte die Entscheidung bringen und Rußland endgültig niederzwingen. Denn, so argumentierte Hitler: „Kein Heer erträgt solche Niederlagen, wie sie das russische Heer erlitten hat."

Die Fortsetzung der deutschen Sommeroffensive 1942 wurde durch die grundsätzliche „Weisung Nr. 45" vom 23. Juli 1942 anbefohlen. Sehen wir uns diese für das deutsche Ostheer so schicksalschwere Weisung in ihren wesentlichen Punkten einmal genauer an:

„Weisung Nr. 45
für die Fortsetzung der Operation ‚Braunschweig'

I.) In einem Feldzug von wenig mehr als drei Wochen sind die von mir dem Südflügel der Ostfront gesteckten weiten Ziele im wesentlichen erreicht worden. Nur schwächeren feindlichen Kräften der Armeen Timoschenkos ist es gelungen, sich der Umfassung zu entziehen und das südliche Donufer zu erreichen. Mit ihrer Verstärkung aus dem Kaukasusgebiet ist zu rechnen...

II.) Ziele der weiteren Operationen:

1.) Die nächste Aufgabe der H.Gr. A ist es, nunmehr die über den Don entkommenen feindlichen Kräfte im Raum südlich und südöstlich Rostow einzuschließen und zu vernichten.

Hierzu sind starke schnelle Verbände aus den Brückenköpfen, die im Raum Konstantinowskaja — Zymljanskaja zu bilden sind, in allgemein

*Oben: Eintritt in den Kaukasus*

*Unten: Gebirgsjäger (II./Geb.-Jäg.-Rgt. 13) im Hochkaukasus*

Verlauf der Ostfront im Frühsommer 1942 mit den operativen Planungen der Heeresgruppe Süd

südwestlicher Richtung, etwa auf Tichorezk, Infanterie-, Jäger- und Gebirgs-Div. im Raum von Rostow über den Don anzusetzen...

2.) Nach Vernichtung der feindlichen Kräftegruppe südlich des Don ist es die wichtigste Aufgabe der H.Gr. A, die gesamte Ostküste des Schwarzen Meeres in Besitz zu nehmen und damit die Schwarzmeerhäfen und die feindliche Schwarzmeerflotte auszuschalten.

Hierzu sind die hierfür vorgesehenen Teile der 11. Armee (rum. Geb.-Korps) über die Straße von Kertsch überzusetzen, sobald das Vorgehen der Hauptkräfte der H.Gr. A wirksam wird, um alsdann im Zuge der Schwarzmeerküstenstraße nach Südosten vorzustoßen.

Mit einer weiteren Kräftegruppe, bei der alle übrigen Geb.- und Jg.Div. zusammengefaßt sind, ist der Übergang über den Kuban zu erzwingen und das Höhengelände von Maikop und Armavir in Besitz zu nehmen.

Im weiteren Vorgehen dieser durch die rechtzeitig zuzuführenden Hochgebirgseinheiten zu verstärkenden Gruppe gegen und über den Westteil des Kaukasus sind alle gangbaren Pässe auszunutzen, und so ist im Zusammenwirken mit den Kräften der 11. Armee die Schwarzmeerküste in Besitz zu nehmen.

3.) Zugleich ist mit einer im wesentlichen aus schnellen Verbänden zu bildenden Kräftegruppe unter Aufbau eines Flankenschutzes nach Osten der Raum um Grossnyi zu gewinnen und mit Teilkräften die Ossetische und Grusinische Heerstraße möglichst auf den Paßhöhen zu sperren...

Diese Operationen der H.Gr. A erhalten den Decknamen ‚Edelweiß'...

4.) Der H.Gr. B fällt — wie bereits befohlen — die Aufgabe zu, neben dem Aufbau der Donverteidigung im Vorstoß gegen Stalingrad die dort im Aufbau befindliche feindliche Kräftegruppe zu zerschlagen, die Stadt selbst zu besetzen und die Landbrücke zwischen Don und Wolga sowie den Strom selbst zu sperren...

Diese Operationen der H.Gr. B erhalten den Decknamen ‚Fischreiher'..."[77])

Zum ersten Male tauchen hier die Bezeichnungen von zwei Heeresgruppen — H.Gr. A und H.Gr. B — auf. Wie ist das zu erklären?

Da Hitler unter allen Umständen beide Ziele — nämlich den Kaukasus und Stalingrad — gleichzeitig erreichen wollte, wurde die Heeresgruppe Süd in „A" und „B" geteilt. Der Stab Süd unter Generalfeldmarschall Fedor von Bock (ab 13. Juli 1942 unter Generaloberst, später Generalfeldmarschall, Maximilian Freiherr von Weichs) wurde in Heeresgruppe B umbenannt. Ihr waren nunmehr die 2., 6. und 4. Panzer-Armee sowie die ungarische 2., die italienische 8. und die rumänische 4. Armee unterstellt. Der Stab „A" wurde am 9. Juli 1942 aus dem Küstenstab Asow gebildet.

Zwischen die Heeresgruppen A und B wurde am 28. November 1942 noch eine besondere Heeresgruppe Don (aus AOK 11) eingeschoben.[78])

Die Heeresgruppe A unter Generalfeldmarschall Wilhelm List übernahm den Befehl über die rumänische 3. Armee, die 1. Panzer-Armee (III. und XXXX. Panzerkorps) und die 17. Armee mit dem V. und XXXXIV. Armeekorps, dem LVII. Panzerkorps, sowie dem XXXXIX. Gebirgs-Armeekorps, dem unter anderem die 1. und 4. Gebirgs-Division angehörten. Später wurde der Heeresgruppe A vorübergehend noch die 4. Panzer-Armee unterstellt. Im operativen Rahmen der Heeresgruppe A sollten die deutschen Gebirgsjäger, so wurde ihnen befohlen, den Kaukasus erobern, überschreiten und zu den kaukasischen Ölfeldern vordringen. Ein kühnes Unternehmen, wie wir im folgenden erfahren werden.

Nach diesen strategischen und operativen Betrachtungen kehren wir zur 4. Gebirgs-Division zurück. Am 26. Juli 1942 zog die Division durch die stark zerstörte Stadt Rostow, in deren Straßen die aufgeblähten Pferdekadaver der geflohenen russischen Kavallerie verwesten. Tags darauf wurde der mächtige Don auf einer erst kürzlich von Pionieren der 17. Armee fertiggestellten Pontonbrücke sowie mittels Fähren überquert, nachdem das XXXXIX. Gebirgs-Armeekorps unter General der Gebirgstruppen Konrad mit 4 Divisionen, vom IV. Fliegerkorps nach besten Kräften geschützt und unterstützt, bei Rostow den Übergang über den Strom an seiner breitesten Stelle erzwungen hatte. Das Tor zum Kaukasus war damit ganz weit aufgestoßen. Aber auch durch die nun geöffnete Tür konnten die Gebirgsjäger der „Vierten" vorerst keinen massiert auftretenden Feind ausfindig machen. Der Russe setzte sich vielmehr unter Ausnutzung der zahlreichen natürlichen Hindernisse, meist Flußläufe, die quer zur Angriffsrichtung der „Enzian"-Division verliefen, geschickt ab.

Die Sonne, die die Erde wie ein Backofen auf teilweise mehr als 45 Grad aufheizte, brannte den Gebirgsjägern, die durch die baumlose und wasserarme Kubansteppe marschierten, ins Gesicht. Die allgemeine Marschrichtung lautete: Süden. Die „Vierte" überquerte dabei mit ihren nebeneinander angesetzten verstärkten Gebirgs-Jäger-Regimentern 13 und 91 fast übungsmäßig, ohne auf nennenswerten Feindwiderstand zu stoßen, den Kagalnik. Von hier aus stießen die Jäger nach schwachem Widerstand an die Jeja vor, wo sich der Russe äußerst zäh verteidigte.

„Die Geb.A.A. 94 blieb am 31. Juli an einer noch unzerstörten Brücke liegen", berichtet General Braun. „Das nachfolgende Geb.Jäg.Rgt. 91 glaubte, diesen Übergang mit seinem vordersten Bataillon bald nehmen zu können. Auch das Geb.Jäg.Rgt. 13 setzte in seinem Bewegungsstreifen zum gewaltsamen Übergang bei Leninsky an. Es gelang ihm auch, einen kleinen Brückenkopf zu bilden. Als beim Geb.Jäg.Rgt. 91 der angenommene Erfolg auf sich warten ließ, wurde das gesamte Geb.Art.Rgt. 94 (ohne eine Abt.) zur Erweiterung des Brückenkopfes beim Geb.Jäg.Rgt. 13 eingesetzt. Aber auch hier versteifte sich der feindliche Widerstand auf dem südlichen Steilufer erheblich. Trotz tapfersten Einsatzes der Jäger

# Führerschein Klasse 5

Der **Oberst Schenk** G.A.R.94
hat nach langer Unterweisung kundgetan, daß
er in der Lage ist, ein Tragtier (auch Muli, Heiter, Matz
Schinder, Luader, Esel, Krummbock, Mistviach gen.)
zunftgerecht fortzubewegen.

Die hohe Prüfungskommission hat sich auf Grund
der Leistungen des Genannten entschlossen, ihn in die
Zunft der Tragtierführer des Deutschen
Heeres-Abteilung Gebirge
feierlich aufzunehmen und ihn unter Ernennung
zum Tragtierführer den Führerschein Klasse 5
zuzuerkennen.

Mit dieser Ernennung ist keine Gehaltserhöhung
verbunden. Die Ernennung berechtigt dagegen
zum Tragen eines Vollbartes

Russland-Ukraine 1942
Die hohe Prüfungskomm. d. Geb. Div.

Bergleitner Xaveri     Hinterhuber Sepp

Ehrenurkunde für Oberst Schenk, Kommandeur Gebirgs-Artillerie-Regiment 94

und Pioniere und großen Munitionseinsatzes bei der Artillerie und den schweren Infanteriewaffen blieb der Erfolg aus.“[79])

Die russische Führung war nicht gewillt, auch nur einen fußbreit Boden an der stark versumpften Jejalinie an die anstürmenden Gebirgsjäger preiszugeben.

So entwickelten sich in den darauffolgenden Tagen, zwischen dem 1. und 5. August, äußerst heftige Kämpfe. Ein Bericht gibt uns darüber folgende Auskunft:

„Am Nachmittag des 1. August 1942 trat das schwäbische Gebirgs-Jäger-Regiment 13 mit zwei Bataillonen vom Brückenkopf Kutschewskaja aus zum Angriff an, um von Osten her die Stellungen der Bolschewisten aufzurollen, die sich, unterstützt von Artillerie und Granatwerfern, mit starken Kavalleriekräften ans Südufer des Jeja-Flusses klammerten und in der Nacht zuvor die Linien einer Infanterie-Division vor Kutschewskaja zu attackieren versucht hatten.

Während das dritte Bataillon des Regiments mit einigem Abstand zur Linken folgte, ging das zweite, mit der 6. Kompanie (Hptm. Muff) an der Spitze zu beiden Seiten eines Bahndammes vor, der dem Lauf der Jeja folgte, ohne sich jedoch ihren Windungen anzugleichen.

Das Land zu beiden Seiten des Flusses war sanft gewellte Steppe ohne Baum und Schatten, mit Sonnenblumen- und Kornfeldern und in der Nähe des Wasserlaufes mit grünen Schilfflächen bedeckt.

Den Kompanien des zweiten Bataillons, die, weit auseinandergezogen und gefolgt von Tragtieren und Munitionskarretten, zu beiden Seiten des Bahndammes nach Westen vordrangen, waren zwei Offiziere vom Regiments- und Bataillonsstab zur Erkundung auf Krädern vorausgefahren. Beide waren über das Tagesziel hinaus vorgestoßen, ohne mit den Bolschewisten in Berührung geraten zu sein, wenn sie auch mehrere Gruppen des Feindes im Gelände festgestellt hatten.

Da der Angriff des Bataillons unter offenen Flanken erfolgte, beobachtete der Führer der Spitzenkompanie, Hauptmann Muff, unausgesetzt im Vorgehen die nahe und fernere Umgebung und die Bewegungen der erkannten Feindgruppen, die bald hierhin und bald dorthin strebten, als ob sie angesichts der Bedrohung durch die vorgehenden Gebirgsjäger unschlüssig wären, wohin sie sich wenden und was sie beginnen sollten.

Die vorgeschobenen Beobachter der Artillerie, die das Bataillon begleiteten, nahmen immer wieder Funkverbindung mit ihren Batterien auf, um den jeweiligen Standort der Angriffsspitze sowie der feindlichen Gruppen bekanntzugeben.

Die Sonne sank tiefer und tiefer dem westlichen Horizont zu. Schon warfen die Jäger, die unter dem rhythmischen Geklapper des Schanzzeuges und der Waffen bedächtig durchs Gras schritten, das am Bahndamm wucherte, lange Schatten hinter sich. Ihre braungebrannten Gesichter und Fäuste schimmerten wie Kupfer im abendlichen Licht.

Plötzlich, als schon niemand mehr daran glauben wollte, daß es noch vor Anbruch der Nacht zum Gefecht kommen würde, brach ein Schuß durch die sommerliche Stille. Ein Schuß, der zur Linken in einem unübersichtlichen Sonnenblumenfeld gefallen war.

Wie gebannt verhielt ein jeder den Schritt und spähte gespannt in die Runde. Befehle liefen leise, wie gehaucht, von Mann zu Mann. Wenige Sekunden später setzte unvermittelt von links, von vorn und von rechts Maschinengewehrfeuer ein, und halbrechts, am Rand des nahen Dorfes Nardeshin, begann eine Pak zu schießen. Gleich darauf sandten auch die unvermeidlichen Granatwerfer der Bolschewisten ihre lautlos herankommenden Geschosse zwischen die Reihen der schwäbischen Jäger, die flach an die Erde gepreßt im Gras lagen, mit Ausnahme der Granatwerfer- und der Maschinengewehrgruppe, die nach vorn gerufen wurden, um in Stellung zu gehen. Schon erwiderten die hart tackenden Feuerstöße der eigenen Maschinengewehre die unregelmäßigen, wild sich überhastenden Salven der bolschewistischen Gewehre, und der trockene Knall des schweren Granatwerfers mischte sich zur Freude der Jäger in das Kampfgetöse.

Kurz darauf fauchten auch die ersten Granaten hinüber zum Feind, wo sie mit höllischem Krachen zerbarsten. Trotzdem trafen die Bolschewisten, wohl in Erkenntnis ihrer günstigen Stellungen, gegen die jede Annäherung unmöglich schien, keinerlei Anstalten, das Kampffeld zu räumen, sondern verdoppelten vielmehr ihre Anstrengungen, die deutschen Angreifer mit dem vereinigten Feuer ihrer Waffen zu vernichten. Zudem schickte der glühende Sonnenball sich soeben an, hinter dem von leuchtenden Wolken umsäumten Horizont im Westen zu verschwinden. Ein jeder im Bataillon war sich darüber klar, daß die Nacht, wenn sie sich über die Steppe senkte, bevor etwas Entscheidendes geschehen wäre, sie für viele Stunden festhalten und dem feindlichen Feuer preisgeben würde.

Zu diesem Zeitpunkt, da in den weitauseinandergezogenen Reihen der 6. Kompanie immer wieder Rufe nach den Sanitätern laut wurden, befahl der Bataillonskommandeur die 7. Kompanie nach vorn, die sich sogleich in der rechten offenen Flanke der 6. durchs hohe Kraut feindwärts bewegte.

Als Hauptmann Muff, der Führer der 6. Kompanie, das zügige Vorgehen des Nachbarn zur Rechten erkannte, faßte er den kühnen Entschluß, mit seinen Jägern vorzubrechen, um den Einbruch in die Stellungen der Bolschewisten noch vor dem Einsetzen der Dunkelheit zu erzwingen.

Verwundert gab ein Jäger dem anderen den Befehl des Hauptmanns weiter, der von ihnen forderte, aufzustehen aus ihren Deckungen und im Hagel der feindlichen Geschosse und Splitter zum Sturm anzutreten. Doch als sie ihren Hauptmann vorspringen sahen, folgten sie ihm, aus Leibeskräften ihr ‚Hurra' brüllend, mit dem sie schon manchen verbissen kämpfenden Gegner erschüttert hatten. Mit jedem Sprung, den sie taten, wuchs ihre Sicherheit und damit auch die Überlegenheit über den Feind, der starr vor Entsetzen den Sturm der grauen Gestalten auf sich zurasen sah, noch einen letzten Versuch zur Gegenwehr unternahm und dann im Dämmerlicht, als die schwäbischen Jäger schon über ihm waren, die Flucht ergriff und unter Zurücklassung eines Teiles seiner Waffen und eines Fasses Fusel, mit dem er sich offenbar Mut angetrunken hatte, in der rasch sich verdichtenden Dunkelheit untertauchte.

Ohne Zeit zu verlieren, stieß Hauptmann Muff mit seiner Kompanie den fliehenden Bolschewisten nach, besetzte die Stationsgebäude von Nardeshin und richtete sich einige hundert Schritte weiter zur Verteidigung ein, während die Nachbarkompanie bis dicht an die Jeja vorging, um dort gegen nächtliche Überraschungen zu sichern.

In einem unversehrten Gebäude der Station Nardeshin", so schließt der Bericht vom Vorstoß der Gebirgsjäger an der Jeja, „richtete der Bataillonskommandeur Ott seinen Gefechtsstand ein und nahm beim Kerzenschein die Meldungen seiner Kompanien entgegen, um dann, als die Fernsprechleitungen gelegt und die Anschlüsse hergestellt waren, das Regiment von dem Erfolg seiner tapferen Jäger zu unterrichten, der das Bataillon weit über das vorgesehene Tagesziel hinausgeführt und ihm für den nächsten Tag eine Ausgangsstellung gesichert hatte, die von hoher Bedeutung für die Fortführung des Kampfes im Jeja-Abschnitt war."[80])

Nachdem die Gebirgsjäger ihre Bergstiefel in die Jeja-Linie der russischen Verteidigungsfront gesetzt hatten, waren sie nicht mehr gewillt, die Tür des Erfolges zuschnappen zu lassen. Auch nicht, als eine Kosakenbrigade des XVII. Kuban-Kosaken-Kavallerie-Korps, die von leichten Panzern unterstützt wurde, mit blitzenden Kosakensäbeln und dem markdurchdringenden „Urrä — Urrä" auf das Gebirgs-Jäger-Regiment 91 zustürmte. Im ersten Augenblick waren die Gebirgsjäger allerdings so perplex, daß es den Kosaken gelang, die Linie der Deutschen an einigen Stellen zu durchbrechen. Weit kamen sie jedoch nicht. Vorwiegend Tragtierführer waren es, die, mit dem Umgang von Tieren besser vertraut als die Masse der Jäger, den exotischen Reitern blutige Verluste zufügten.

Jetzt, nachdem die Gebirgsjäger die Russen wieder geschlagen hatten, setzten sich die Reste in der bereits bekannten Manier ab, den deutschen Angreifern den Raum, in dem sie schließlich regelrecht aufgesogen wurden, überlassend. Die russische Taktik war simpel: Die Deutschen sollten sich totlaufen. Spätestens im Kaukasus, so die Meinung der Heerführer der Roten Armee, würde die Kraft der Faschisten verebben.

In zwei Fußmarschgruppen strebte die 4. Gebirgs-Division dem Kaukasus entgegen:

Ein Gebirgs-Jäger-Regiment, eine Gebirgs-Artillerie-Abteilung, eine

Gebirgs-Pionierkompanie, Fußteile einer Gebirgs-Sanitätskompanie, Fußteile der Gebirgs-Nachrichten-Abteilung sowie wahlweise das III./Gebirgs-Artillerie-Regiment 94 (le. F.H.). Die Gebirgs-Aufklärungs-Abteilung bewegte sich entweder vor einer der beiden Regimentsgruppen oder wurde nachgeführt. Die motorisierten Teile der „Enzian“-Division folgten in mehreren Marschgruppen, während die Versorgungstruppen als selbständige Marschgruppen dem Gros der Division folgten.

Es war Hochsommer. Schon seit Tagen marschierten die Gebirgsjäger, von einer braunen Staubwolke umhüllt, die der Wind Hunderte von Metern weit forttrug, durch die flache, ausgetrocknete Steppe Kaukasiens. Sie, die Jäger, Pioniere, Artilleristen, Nachrichtler und Tragtierführer, sahen vor sich nichts anderes als den flimmernden Horizont, der sich zwischen Himmel und Erde wie ein Strich abzeichnete.

In die Kriegstagebücher der 4. Gebirgs-Division und ihrer Regimenter trug man den 6. August 1942 ein. „Die Division“, steht dort geschrieben, „änderte ihre bisherige Marschrichtung und schwenkte auf das Kubanknie ostwärts von Krapotkin ein. Am 9. August 1942“, so lesen wir weiter, „wurde Kasanskaja erreicht; am 14. August 1942 Armawir durchschritten.“

Die Luft flimmerte vor Hitze. Doch sobald die Sonne sich der Erde näherte und in ihr zu versinken drohte, erhoben sich die Stechmücken zu Millionen und Abermillionen vom Boden und fielen gierig über die gepeinigten Gebirgsjäger her. Während sie so tagelang durch die glühend heiße Steppe marschierten, wurde, von der Truppe unbemerkt, mehrmals der anvisierte Gefechtsstreifen der 4. Gebirgs-Division im Kaukasus geändert. Anfangs auf die Grusinische Heerstraße angesetzt, erhielt die „Vierte“ später den endgültigen Auftrag, die Hochgebirgsregionen um den Adsapsch-, Allistrachu-, Achiboch-, Aischcha-, Pseaschcha-, Ssantscharo- und Atschavischar-Paß zu erstürmen. Jetzt, nachdem die Ziele im Zentralkaukasus der Truppe bekanntgegeben worden waren, wurde sie von neuem beflügelt.

Der Kaukasus, der mit seinen mächtigen und wilden Berggiganten wie eine Vision Tag und Nacht vor ihnen stand, zog die Gebirgsjäger mit geradezu magischen Kräften an. „Wie mag es im Kaukasus aussehen?“ fragten sie sich. „Wie in den heimatlichen Alpen?“

Die Feldspaten schlugen zwar nach wie vor bei jedem Schritt, den die Jäger taten, gegen die Oberschenkel, aber das Schlagen wurde nicht mehr registriert. Die Maschinengewehre drückten weiterhin schwer auf den Schultern der MG-Schützen und die Riemen der Karabiner schienen noch immer die Halspartie der Jäger, die sie trugen, abzuschnüren, aber die Schmerzen, die oft unerträglichen, wurden angesichts der Hochgebirgswelt ignoriert. Jetzt hieß es nur noch: marschieren — marschieren —

marschieren, um den Eintritt in den Kaukasus so rasch wie irgend möglich zu erzwingen.

Je weiter die Gebirgsjäger der Deutschen Wehrmacht nun vorwärts drangen, desto weiter zog sich der Russe in das Kerngebiet des Kaukasus zurück, um die Angreifer von sicheren Stellungen aus zu bekämpfen. So fiel den Deutschen fast zwangsläufig der Gebirgsrand dieses mächtigen Gebirges in die Hände: Das Gebirgs-Jäger-Regiment 13 erreichte Selentschukskaja, das Schwesterregiment, das Gebirgs-Jäger-Regiment 91, besetzte mit seiner eilig gebildeten Vorausabteilung Achmetowskaja.

Um für den sich abzeichnenden Gebirgskrieg im Kaukasus die günstigsten Voraussetzungen zu schaffen, wäre es unbedingt notwendig gewesen, daß alle Gebirgsverbände, die deutschen, die rumänischen und die italienischen, zusammengefaßt und zum gezielten Sturm auf die Hochpässe und Kämme des Kaukasus angesetzt worden wären. Und zwar nach dem altbewährten Motto: „Klotzen, nicht kleckern!" Stattdessen trat jetzt — das greifbare Ziel bereits vor Augen — das Gegenteil ein: Am 30. Juli 1942 wurde die 4. Panzer-Armee auf Befehl Hitlers der Heeresgruppe B, die zum Angriff auf Stalingrad angesetzt war, unterstellt. Damit verfügte die Heeresgruppe A für die Lösung ihrer schwierigen Aufgabe, nämlich den Kaukasus zu erstürmen und dann zu überschreiten, nur noch über zwei Armeen mit drei Jägerdivisionen (darunter die rumänische 2.), acht Infanteriedivisionen, drei Panzerdivisionen und zwei Gebirgsdivisionen (1. und 4. Geb.-Div.) — jedoch ohne gebirgsgängige Divisions- und Korpsnachschubeinheiten und ohne Lufttransportverbände. Auf eine vorauszusehende Endfrontbreite von rund 1000 Kilometern waren also nur 16 Divisionen angesetzt! Denn die drei angekündigten und der Heeresgruppe A zugesagten italienischen Alpinidivisionen, die mit großem Abstand in zweiter Linie folgten, wurden der Führung des Generalfeldmarschalls List entzogen und nach Stalingrad geworfen. Wie es ihnen dort erging, ist bekannt: Sie wurden mit der 6. Armee im Kessel von Stalingrad aufgerieben.

Doch kehren wir zur Kaukasusfront zurück. Was ereignete sich hier in großen Zügen?

Am 3. August 1942 eroberte das V. Armeekorps Krasnodar und die dortigen Ölraffinerien. Am 9. August wurde Maikop, der Sitz der Verwaltung dieses bedeutenden Erdölgebietes, von der 13. Panzer-Division gestürmt. Doch alle Raffinerien, auf die man deutscherseits gesetzt hatte, um die Treibstofffrage zufriedenstellend zu lösen, waren zuvor von den Russen zerstört worden, so daß die deutschen Verbände weiterhin auf Nachschub, dessen Wege in bedrohlichem Ausmaße immer länger wurden, angewiesen waren und nicht, wie eingeplant, auf die sowjetischen Vorräte, auf die Hitler spekuliert hatte, zurückgreifen konnten. Das Schicksal nahm so seinen verhängnisvollen Lauf: Am 10. August blieben die deutschen Panzer, so paradox es auch klingt, inmitten der Ölfelder wegen Betriebsstoffmangels zwischen Kuma und Terek liegen. Die 16. Infanterie-Division (mot.) stieß zwar noch auf Elista vor, doch dann ging auch ihr der Treibstoff aus.

Doch von diesen Rückschlägen erfuhr man bei der 4. Gebirgs-Division noch nichts. Sie war ganz mit ihrer Aufgabe beschäftigt, einen Teil des Kaukasus zu erobern. Wie beurteilte man nun bei der „Vierten“ die Durchführung dieses Auftrages, nachdem sie bei den schweren Verfolgungskämpfen zwischen dem geheimnisvollen Don und dem kaukasischen Kuban wieder viele Ausfälle, vor allem an zahlreichen gebirgserfahrenen Jägern und Obergefreiten, zu verzeichnen hatte? General Braun erteilt uns darauf in seiner Chronik über die „Enzian“-Division Auskunft:

„Unter den unentbehrlichen Tragtieren hatten Flieger und Artillerie gewaltig aufgeräumt. Die Gefechtsstaffeln waren wohl alle noch voll beweglich, aber die Versorgungsstaffeln waren schon derartig dezimiert, daß zu besonderen Maßnahmen gegriffen werden mußte. Beim Geb.-Jäg.Rgt. 91 mußte ein Bataillon ‚stillgelegt‘ werden, um mit seinen Tragtieren die Versorgung der beiden anderen Bataillone sicherzustellen. Durch die Länge der Versorgungswege bedingt, wurden bei allen Truppenteilen Pferde aus dem Lande eingestellt und mit teilweise selber hergestellten Behelfssätteln ausgestattet. Der Bestand an ‚hilfswilligen‘ Trägern und Tragtierführern bei der Truppe stieg sprunghaft an... Wer weiß, welche Mengen an Fahrzeugen, Tragtieren und Trägern für die Versorgung einer im Hochgebirge kämpfenden Truppe erforderlich sind, kann einigermaßen ermessen, welche Energie und Einsatzfreudigkeit in dieser Zeit von den Versorgungstruppen der Division aufgewendet werden mußten.“[81])

## Der Kampf um den Hochkaukasus

Der Große Kaukasus, russisch „Bolschoj Kawkas“, erstreckt sich in einer Länge von 1500 Kilometern und einer Breite von zwischen 32 und 180 Kilometern vom Schwarzen- bis zum Kaspischen Meer. Der wichtigste Gebirgszug dieses in seiner Hauptachse von Ost nach West verlaufenden Gebirgsmassivs ist der Zentrale Kaukasus mit dem 5633 Meter hohen Elbrus, einziger Übergang ist der 2829 Meter hohe Mamissonpaß, über den die Ossetische Heerstraße führt. Weitere bedeutende Verbindungslinien von Nord nach Süd sind die Suchumi-Heerstraße über den 2786 Meter hohen Kluchoripaß in den Abchasischen Alpen und die Grusinische Heerstraße mit dem 2388 Meter hohen Kreuzpaß im Dagestanischen Kaukasus.[82])

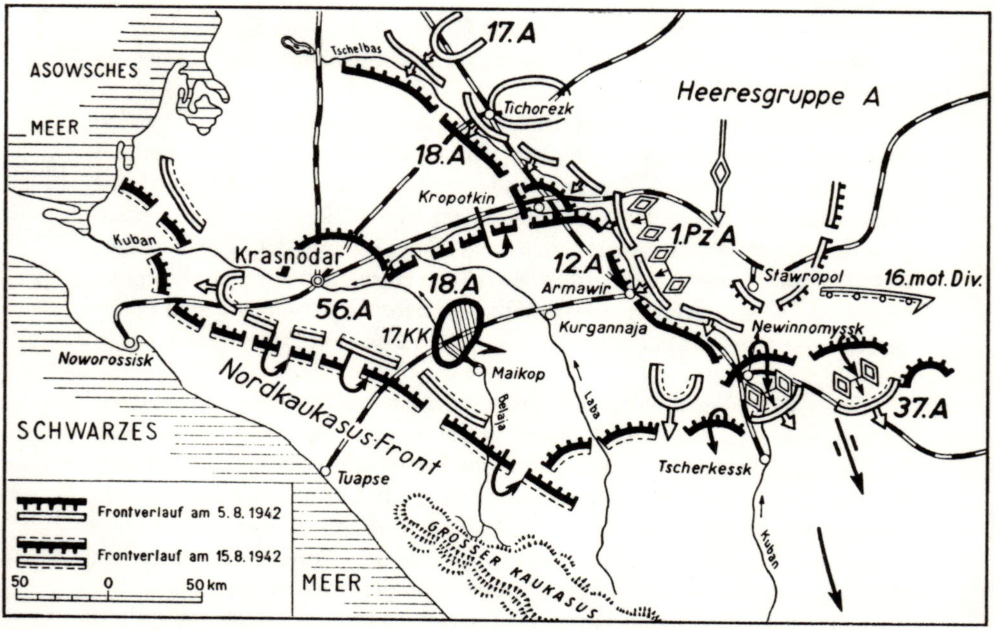


Lage der Truppen der Nordkaukasusfront zwischen dem 5. und 15. August 1942 aus russischer Sicht

Vor diesem gewaltigen Bollwerk aus Fels und Eis standen nun die Gebirgsjäger — in der Hand lediglich ein paar geographische Daten, die einer Denkschrift der Hochgebirgsschule Fulpmes/Tirol[83]) entstammten, spärliche Unterlagen, die über das unbekannte Einsatzgebiet informieren sollten, und ein paar veraltete Karten, die man bei bestem Willen nur zur ganz groben Orientierung verwenden konnte. Sobald es sich jedoch um vereinzelte Paßübergänge, Wege und Pfade handelte, konnte das Kartenwerk meist keine oder nur noch unzureichende Auskunft über die Geländeverhältnisse geben. Aber etwas ganz Besonderes besaßen die Soldaten der deutschen Gebirgstruppe, bevor sie zum eigentlichen Kampf um den Hochkaukasus antraten — eine unerschütterliche Zuversicht in das Gelingen der Kaukasusoperation, einen unbeugsamen Willen, das Gebirge und den Gegner, der sich hierher zurückgezogen hatte, zu bezwingen.

Der Monat August des Kriegsjahres 1942 sollte zum Höhepunkt dieses gigantischen Unternehmens werden, das in der „Weisung Nr. 45“ die sinnige Bezeichnung „Edelweiß“ erhalten hatte. Es würde den Rahmen dieses Buches bei weitem sprengen, wollte man hier alle Details über den

Ablauf der Kaukasuskämpfe der „Enzian"-Division beschreiben, weshalb neben einer zusammenfassenden Gesamtübersicht des Kampfgeschehens nur einige bemerkenswerte Ereignisse — stellvertretend für zahlreiche hervorragende Waffentaten — sprechen mögen.

Am 13. August trat das XXXXIX. Gebirgs-Armeekorps aus der tief gelegenen Kubansteppe zum Kampf um die wichtigsten Hochgebirgspässe des westlichen Zentralkaukasus an, um anschließend zum Schwarzen Meer, nach Suchum, vorzustoßen. Während die 1. Gebirgs-Division, die im Kaukasus wieder Schulter an Schulter mit der 4. Gebirgs-Division kämpfte, beiderseits der alten Suchumschen Heerstraße über den Maruchkojpaß (2769 Meter), den Kluchorpaß (2816 Meter) und die Pässe des Elbrusmassivs auf Suchum angesetzt wurde, hatte die „Enzian"-Division vom Generalkommando XXXXIX. Geb.-A.K. den Auftrag erhalten, mit ihren verstärkten Spitzenbataillonen alsbald über die Pässe im Quellgebiet der Bolschaja Laba direkt auf Suchum, das bereits am tropisch-feuchtwarmen Schwarzen Meer liegt, vorzustoßen. Rechter Nachbar der „Vierten" war das XXXXIV. Armeekorps mit seinen bewährten Divisionen, das auf den Westkaukasus angesetzt war.

Die Angriffsspitzen der 4. Gebirgs-Division für dieses kühne Unternehmen bildeten die beiden Gebirgsjägerregimenter. Das Gebirgs-Jäger-Regiment 91, das Oberst Walter Stettner Ritter von Grabenhofen kommandierte, hatte den Auftrag, von Achmetowskaja und Pssemen aus durch das wildromantische Bolschaja-Laba-Tal vorzustoßen und den Ssantscharo- (2726 Meter), Allistrachu- (2728) und Achibochpaß zu nehmen, während das Gebirgs-Jäger-Regiment 13 unter Oberstleutnant Hans Buchner von Selentschukskaja über Archys auf den Adsapschpaß (2579 Meter) und — parallel zum Hauptkamm des Zentralkaukasus — mit dem I./Gebirgs-Jäger-Regiment 13 zum Umpyrskij-, Aischcha- und Pseaschchapaß vorzugehen hatte.

Und in der Tat, bereits diese Vorstöße der „Enzian"-Division im Hochkaukasus waren vom Erfolg gekrönt. Nachdem sich die beiden Angriffsbataillone der Gebirgs-Jäger-Regimenter 13 und 91 in Niederdorf im Bolschaja-Labatal vereinigt und durch das Gebirgs-Artillerie-Regiment 94 verstärkt hatten, setzten sie den Angriff unter der Führung des Kommandeurs des Gebirgs-Jäger-Regiments 91 als „Kampfgruppe Stettner" fort. Diese Kampfgruppe*) wurde gebildet aus:

*) Die Gliederung der Kampfgruppe Stettner gewährt uns zugleich einen aufschlußreichen Einblick in Stärke, Bewaffnung und Ausrüstung einer Gebirgsjägereinheit im Rahmen der deutschen Kaukasusoperation 1942.

Regimentsstab:

Kommandeur Oberst von Stettner, Nachrichtenzug, Arzt- und Sanitätsgruppe, Nachschubstaffel, 3 Hochgebirgsspähtrupps, Pionierzug 1./Gebirgs-Pionier-Bataillon 94.

III./Gebirgs-Jäger-Regiment 91 (Major Dr. Schulze)

Bataillonsstab, 3 Gebirgs-Jäger-Kompanien, je 3 Züge zu je 4 Gruppen (12 le.MG), 1 s.MG-Gruppe (2s.MG), 1 m.Gr. Werfergruppe (2 8 cm-Werfer), 1 schwere Kompanie, 1 s.MG-Zug zu 3 Gruppen (6 s.MG), 1 m.Gr. Werferzug zu 2 Gruppen (4 — 8 cm-Werfer), 1 Stabskompanie, 1 Nachrichtenzug, 1 Pionierzug, 1 le. Inf.-Gesch.-Zug (2 le. Inf.-Gesch. 7,5 cm), Sollkampfstärke: 900 Mann, 250 Tragtiere.

II./Gebirgs-Jäger-Regiment 13 (Major Ott) (Gliederung wie beim III./Gebirgs-Jäger-Regiment 91).

Unterstellt: Artilleriegruppe mit Stab, Nachrichtenzug, 1 Artilleriezug I./Gebirgs-Artillrie-Regiment 94 (2 Gebirgsgeschütze 7,5 cm), 2 Artilleriezüge II./Gebirgs-Artillerie-Regiment 94 (4 Gebirgsgeschütze 7,5 cm), Sollkampfstärke: 250 Mann, 80 Tragtiere.

Die beiden restlichen Bataillone des Gebirgs-Jäger-Regiments 13, geführt von Oberstleutnant Buchner, folgten der Kampfgruppe Stettner in zweiter Welle.

Aus welchem Grunde diese Verzahnung erfolgte? Das Gebirgs-Jäger-Regiment 13 mußte dem XXXXIX. Gebirgs-Armeekorps ein Gebirgsjägerbataillon als Korpsreserve abgeben; das andere war nicht voll einsatzbereit, da die Verluste und Abgaben an Tragtieren sehr hoch waren. Ihr Einsatz war aber im unwegsamen Kaukasus Grundvoraussetzung für das Erreichen des Operationszieles.

Guten Mutes, alle seelischen und körperlichen Strapazen der letzten Monate vergessend, zogen die Jäger in die Hochgebirgsregion des Hochkaukasus hinein. Noch hatte man etwas Muße, die faszinierende Bergwelt mit offenen Augen zu bestaunen. Noch war das ganze Unternehmen „Edelweiß" für die Gebirgsjäger und Gebirgsartilleristen, die Gebirgspioniere und Gebirgsnachrichtler, für die Sanitäter, die Männer vom Nachschub und die Tragtierführer ein gigantisches alpinistisches Unternehmen, denn der Russe hatte sich mit der Masse seiner Divisionen noch immer nicht zum entscheidenden Kampf gestellt. Seine Taktik war klar: Zuerst sollten sich die deutschen Divisionen totlaufen, dann aber nachhaltiger Widerstand geleistet werden. Kein Schritt durfte mehr zurückgenommen werden. Das Oberkommando der Roten Armee drohte für diesen Fall drakonische Maßnahmen an.

In einem Befehl des Volkskommissars für die Verteidigung der UdSSR, den kein Geringerer als Josef Stalin, der russische Diktator, selbst unterzeichnet hatte, hieß es:

„... Den Kriegssowjets (Kriegsrat) der Fronten und vor allem den Befehlshabern der Fronten:

Die Rückzugsstimmung der Truppe ist unbedingt zu liquidieren, das Gerede, daß wir weiter nach Osten zurückgehen könnten und es auch tun sollten, ohne daß uns ein Schaden entsteht, ist mit eiserner Faust auszurotten.

Befehlshaber der Armeen, die es zulassen, daß ihre Truppen ohne Befehl der Front aus ihren Stellungen zurückgehen, sind unbedingt in das Hauptquartier zu bringen, um vor dem Kriegsgericht zur Verantwortung gezogen zu werden.

In den Frontbereichen sind je nach der Lage ein bis drei Strafbataillone (zu je 800 Mann) aufzustellen, in die die Kommandeure des mittleren und höheren Kommandostandes sowie die politischen Arbeiter der entsprechenden Dienststellung aller Waffengattungen einzureihen sind, die sich der Disziplinlosigkeit, Feigheit und des Mangels an Standhaftigkeit schuldig gemacht haben. Diese Bataillone sind an den schwierigsten Frontabschnitten einzusetzen, um ihren Angehörigen Gelegenheit zu geben, mit ihrem Blute ihr Verbrechen gegen ihr Vaterland zu sühnen.

Den Kriegssowjets der Armeen und vor allem den Befehlshabern der Armeen:

Kommandeure und Kommissare der Korps und Divisionen, die es zulassen, daß ihre Truppen eigenmächtig und ohne Befehl der Armee die eingenommenen Stellungen verlassen, sind ihrer Posten zu entheben und den Kriegssowjets der Front zu übergeben, die sie vor das Kriegsgericht stellen werden...

Im Bereich der Armeen sind je nach Lage fünf bis zehn Strafkompanien aufzustellen (zu je 150 bis 200 Mann), in die alle Kämpfer und Angehörigen des unteren Kommandostandes (Uffz.) einzureihen sind, die sich der Disziplinlosigkeit, Feigheit und des Mangels an Standhaftigkeit schuldig gemacht haben. Diese Kompanien sind an den schwierigsten Frontabschnitten einzusetzen, um ihren Angehörigen Gelegenheit zu geben, mit ihrem Blute ihre Schuld gegen ihr Vaterland zu sühnen.

Den Kommandeuren und Kommissaren der Korps und Divisionen:

Kommandeure und Kommissare von Regimentern und Bataillonen, die zulassen, daß ihre Truppen eigenmächtig und ohne Befehl der Korps- und Divisionskommandeure zurückgehen, sind ihrer Posten zu entheben, die Orden und Medaillen sind ihnen abzunehmen, sie sind den Kriegssowjets der Armeen zu übergeben, die sie vor das Kriegsgericht stellen werden...“[84])

Die Stawka, die oberste sowjetische militärische Führung, wußte ganz genau, warum und weshalb sie sich zu diesem Befehl veranlaßt sah, gab es in der riesigen Sowjetunion doch genug Völker und Stämme, die nur darauf warteten, von der Deutschen Wehrmacht vom Joch des Bolschewismus befreit zu werden. Zu diesen Völkern zählte auch das der Karatschaier (Karatscheij). Diese deutschfreundlichen Bergbewohner schlossen sich spontan den Gebirgsjägern an und kämpften an ihrer Seite gegen Stalins verhaßte Rote Armee. Von den freiheitsliebenden Karatschaiern und den Kosaken, die 1942 ebenfalls in das deutsche Lager übergewechselt waren —während des Rußlandfeldzuges war der 4. Gebirgs-Division zeitweilig eine eigens dafür aufgestellte Kosakenschwadron unterstellt —, gab es zahlreiche Beispiele treuer Waffenbrüderschaft mit der Deutschen Wehrmacht, die aber leider auf Grund der maßlosen Rassenpolitik des Dritten Reiches leichtfertig aufs Spiel gesetzt und letztlich verspielt wurde. Erinnert sei in diesem Zusammenhang nur an das diskriminierende Propaganda-Schlagwort vom „russischen Untermenschen".

Doch kehren wir zu den Kämpfen der „Enzian"-Division um die wichtigsten Pässe und Hochgebirgskämme im Kaukasus zurück und verfolgen dabei zuerst den Angriff des II./Gebirgs-Jäger-Regiments 13 im oberen Bsybtal. In einem kühnen Angriff wurde am 23. August von der Spitze des Bataillons der über 2500 Meter hohe Adsapschpaß genommen. Gebirgsjäger der „Vierten" standen jetzt auf der Wasserscheide des Kaukasus!

Welch historischer Augenblick... Weit reichte der Blick des Jägers nach Süden — hinweg über die allmählich sanfter werdenden Berge bis zum dunstigen Horizont. Dort lag das Ziel der Division: Suchum am Schwarzen Meer.

Über die weiteren Kampfhandlungen des II./Gebirgs-Jäger-Regiment 13 erzählt uns ein interessanter Erlebnisbericht, den der Gebirgsjäger Klinger, ein ehemaliger Mitkämpfer im Kaukasus, niedergeschrieben hat:

„Noch während das III./Geb.Jäg.Rgt. 91 um den Ssantscharopaß kämpft, dringt unser Bataillon weiter vor. In Eilmärschen bergab wird dem Gegner auf den Fersen geblieben und er in kurzen, aber heftigen Gefechten am Aufbau neuer Verteidigungsstellungen gehindert. Am 24. August ist im Pschu-Tal das kleine, weltentlegene Dorf Pschu — später ‚Einödsbach' genannt — genommen. Da ein weiterer Vormarsch für das geschwächte Bataillon nun zu riskant erscheint, werden erst das Nachfolgen der 8. Kompanie, die mit am Ssantscharo eingegriffen hat, abgewartet und unterdessen durch Spähtrupps die weiteren Bewegungen des Gegners aufgeklärt.

*Oben und unten: Aufstieg zum Elbrus-Haus*

In den frühen Morgenstunden des 28. August werden wieder die schweren Rucksäcke geschultert, und tief gestaffelt zieht das ganze II./13 am Bsyb entlang flußabwärts. Schon nach wenigen Kilometern erhält die Spitze heftiges Feuer; der einzige Übergang auf das Südufer, eine zwar primitive, aber feste Holzbrücke, wird hartnäckig verteidigt. Wiederholte Versuche, die Brücke im Handstreich zu nehmen, scheitern an der starken Abwehr. Der dichte Wald und das ungünstige, steil zum Bsyb abfallende Gelände erschweren alle Angriffe. Außerdem erweist es sich als nahezu unmöglich, die gut getarnten und versteckten russischen Stellungen genau auszumachen, um sie wirksam bekämpfen zu können.

Major Ott, der Bataillonskommandeur, gibt daher dem in Reserve gehaltenen III. Zug der 6. Kompanie unter der Führung von Oberfeldwebel Schlee den Auftrag, etwa auf halber Höhe des diesseitigen Hanges an der Brücke vorbeizustoßen und einige hundert Meter oberhalb des Flußüberganges aufzuklären. Ohne auf Feind zu stoßen, erreicht der nur noch aus zwei Gruppen bestehende Zug den angegebenen Raum und setzt sich am Flußufer fest. Vom Gegner ist weit und breit nichts zu sehen. Die jäh eingetretene Ruhe erscheint seltsam. Wenn vorher das Rollen der Schüsse, das Rattern der Maschinengewehre und die krachenden Detonationen der Handgranaten jeden anderen Laut übertönten, so ist jetzt das Plätschern des Bergflusses das einzige Geräusch in dem scheinbar so friedlichen Tal. Nicht die geringste Bewegung ist am jenseitigen Ufer zu erkennen, das sich als etwa 30 Meter breiter Kiesstreifen am Fluß entlang zieht. Steil wächst dahinter eine 10 Meter hohe Böschung auf. Weiter hinten stehen einige dürftige Häuser in kleinen Gärten, hinter denen am leicht ansteigenden Hang wieder der Wald beginnt.

Ein Melder wird in Richtung Brücke zurückgeschickt", erfahren wir weiter, „um den Kommandeur über den Standort des Zuges und die bezogene Stellung zu unterrichten. Auf halbem Weg erhält er auf einmal Feuer und erkennt hinter Felsblöcken russische Stahlhelme. Der sofort alarmierte Zug nimmt im Handstreich die feindliche Stellung und kann auch ein gut verschanztes sMG-Nest im Rücken packen und ausheben. Dieses schwere Maschinengewehr hatte bis dahin den Zugang zur Brücke gesperrt und alle Angriffe des Bataillons abgeschlagen.

*Oben: Allzeit einsatzbereit – Muli, die treuen Helfer der Gebirgsjäger*

*Unten: Das Elbrus-Haus in 4100 Meter Höhe – der höchste Punkt, den Tragtiere der deutschen Gebirgstruppe je erreicht haben*

Plötzlich zwingt ein Feuerüberfall vom anderen Ufer die Jäger in volle Deckung und belehrt sie unangenehm deutlich, daß der Gegner nach wie vor in seinen Stellungen sitzt. Oberfeldwebel Schlee liegt jetzt nur wenige Meter von der Brücke entfernt in einer flachen Wasserrinne, dicht hinter ihm seine Leute, jeder das Gesicht fast an den Bergschuhen des Vordermannes. Haarscharf pfeifen die MG-Garben über die Jäger hinweg, wie giftige Hummeln brummen die vielen Querschläger der von den Bäumen und Felsen abprallenden Geschosse.

Vom eigenen Bataillon ist nichts zu sehen, mit Hilfe ist in dieser kritischen Lage vorerst kaum zu rechnen. So gut es in der kärglichen Deckung geht, werden die Waffen nachgeladen. Und nach schneller Verständigung durch Zeichen und halblaute Zurufe stürmt Oberfeldwebel Schlee mit seinen Leuten in einer kurzen Feuerpause über die völlig frei daliegende, ungefähr 20 Meter lange Brücke. Die Überraschung gelingt vollkommen: Die Verblüffung beim Gegner ist so groß, daß sein Feuer erst wieder einsetzt, als fast der ganze Zug am andern Ufer ist. Rasch entschlossen werden von rechts her die feindlichen Stellungen aufgerollt, nach kurzer Zeit schon ist der ganze flache Uferstreifen feindfrei.

Über die Köpfe der Jäger hinweg rattern aber noch immer die Maschinengewehre der oberhalb der Böschung sitzenden Russen, die nun wie rasend Sperrfeuer auf die Brücke und das nördliche Ufer schießen, um das Nachfolgen eigener Teile zu verhindern. Nach eingehender Handgranatenvorbereitung gelingt es Schlee und seinen Männern, auch die Böschung zu erstürmen und diese feindlichen Stellungen zu nehmen. Die jetzt über die Brücke nachkommenden Teile des Bataillons beziehen rasch nach allen Seiten Sicherungsstellungen, und gemeinsam werden alle Gegenangriffe abgewehrt.

Dieser so erkämpfte Brückenkopf im oberen Bsybtal sollte der südlichste Punkt bleiben, den das II./Gebirgs-Jäger-Regiment 13 im Rußlandfeldzug erreichte. Nachschubschwierigkeiten", so stellt der Gebirgssoldat Klinger in seinem Erlebnisbericht abschließend fest, „zwangen zum Anhalten, und in der Nacht zum 3. September mußte sich das Bataillon befehlsgemäß vom Feind lösen und wieder zurückziehen."[85])

Nach diesem Bericht über die Kampfhandlungen des II./Gebirgs-Jäger-Regiments 13 wenden wir uns noch kurz der Gefechtsgruppe unter Oberstleutnant Hans Buchner zu, die zu jenem Zeitpunkt aus den restlichen Truppenteilen des Gebirgs-Jäger-Regiments 13 (also ohne II./13), bestand. Die Gruppe Buchner hatte am 29. August 42 den feindbesetzten Umpyrskipaß (2522 Meter) ebenso schwungvoll erstürmt wie das II./Gebirgs-Jäger-Regiment 13 die ihm zugewiesenen Ziele. Anschließend eilten Buchners Gebirgsjäger in das Malaja-Laba-Tal. Dort angekommen, tastete sich das verstärkte I./Gebirgs-Jäger-Regiment 13 als Angriffsbataillon der

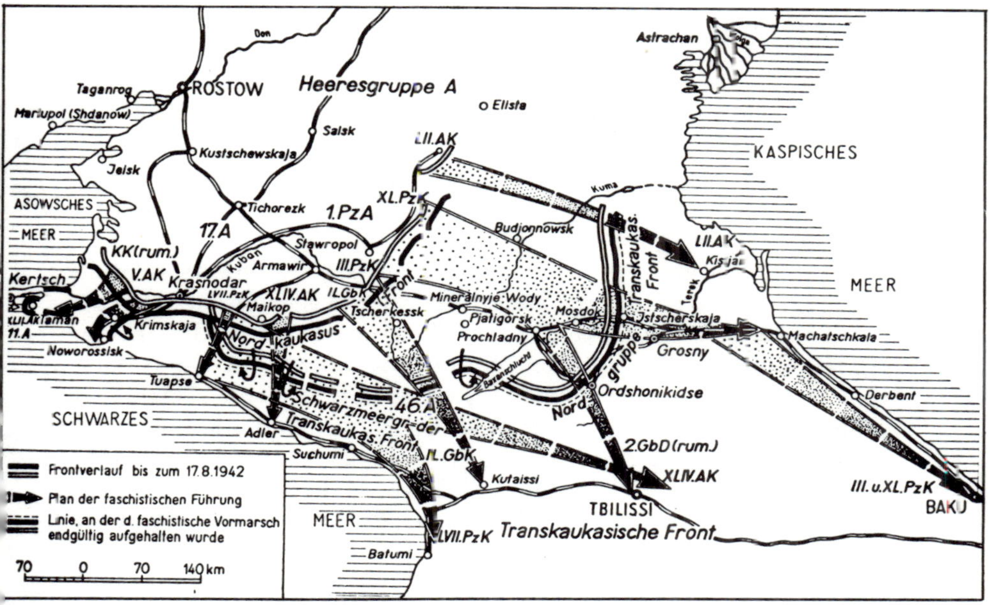


Stoßrichtungen der deutschen Truppen zwischen dem 18. August und 28. September 1942 aus russischer Sicht

Gruppe Buchner nach Süden und Westen vor, vor allem in Richtung Mastakan-Paß, der am ersten Septembertag des Kriegsjahres 1942 bei der sogenannten Weberhütte erstürmt wurde. Eine Kompanie blieb zur Sicherung am Paß, die Masse des verstärkten Bataillons drang durch das Malaja-Laba-Tal gegen den Aischcha-Paß (2949 Meter) vor. Unter ständigen Gefechten drang es noch bis zum Punkt 1165 vor.

Mit dieser strapazenreichen hochalpinen Waffentat hatte sich der Angriffsschwung der arg dezimierten Gefechtsgruppe Buchner jedoch erschöpft. Die Anmarsch- und Versorgungswege — Umschlagplatz war Fritzdorf (benannt nach dem Ritterkreuzträger Herbert Fritz), tief unten, im Malaja-Laba-Tal liegend — waren einerseits zu lang geworden, um die lebensnotwendige Versorgung sicherzustellen, die Kampftruppen waren andererseits zu stark geschrumpft, um weitere Vorstöße gegen einen sich immer verbissener wehrenden Feind vortragen zu können. Schließlich kam der Angriff der Gebirgsjäger infolge der personellen und auch der materiellen Engpässe ganz zum Erliegen. Während das weit vorgeschobene I./Gebirgs-Jäger-Regiment 13 im Malaja-Laba-Tal verblieb, um dort Sicherungsaufgaben wahrzunehmen, wurden der Stab des Gebirgs-Jäger-Regiments 13 und das III. Bataillon am 8. September wieder an die 4. Gebirgs-Division zurückgeführt, um mit anderen Truppenteilen die Verteidigung der Hauptpässe des Hochkaukasus zu übernehmen. Doch die allgemeine militärische Lage der deutschen Truppen an der Kaukasusfront und der bevorstehende Winter 1942/43 mit seinen meterhohen Schneemassen, die jeden Versorgungsweg abschnüren würden, zwangen zu einer anderen Überlegung. Darüber werden wir an anderer Stelle mehr erfahren.

Zuvor wollen wir den Sturm des Gebirgs-Jäger-Regiments 13 in die Hochgebirgsregionen des Kaukasus verfolgen, die Kampfhandlungen der zweiten Speerspitze der 4. Gebirgs-Division, nämlich die des III./Gebirgs-Jäger-Regiments 91. Schon aus dem Erlebnisbericht über das II. Geb. Jäg.Rgt. 13 ging hervor, daß das III./91 bereits am 23. August 1942 vor dem Ssantscharo-Paß auf einen stärkeren Widerstand der Russen gestoßen war. Erst zwei Tage später, am 25. August, gelang es den Gebirgsjägern des III./91, den Paß zu erobern. Sofort stießen sie dem zurückweichenden Feind nach, so daß sie, bevor der Gegner sich wieder wirkungsvoll verteidigen konnte, noch am Abend des 25. August, allerdings erst nach harten Kämpfen, auch den Allistrachu-Paß erstürmten. Damit befanden sich drei der wichtigsten Pässe, die im Angriffsstreifen der 4. Gebirgs-Division über den Hauptkamm des Hochkaukasus in Richtung Schwarzes Meer führten, in der Hand der „Enzian“-Division. Doch damit nicht genug, die Gebirgsjäger wollten mehr.

Man schrieb den 26. August 1942: Während das II./Gebirgs-Jäger-Regiment 13 eine vom Feind besetzte Siedlung im Pechutal säuberte, trat das III./Gebirgs-Jäger-Regiment 91 zum Angriff auf den 2055 Meter hohen Tschamaschcha-Paß an. „In dieser Lage“, berichtet General Braun, „erhielt die Division vom Korps den Befehl, 1 Rgt.Stab mit 2 Geb.Jäg.Btl. mit folgendem Auftrag abzuzweigen: Vorstoß über den Umpyrski-Paß in das Malaja-Laba-Tal, sodann Inbesitznahme des Psseaschcha- und Aischcha-Passes zur Schaffung von Voraussetzungen zu einem Vorstoß auf Adler für eine heranzuführende Kräftegruppe. Diese Aufgabe erhielt die Gruppe Buchner. Die Korpsreserve (II./Geb.-Jäg.-Rgt. 91) wurde der Division wieder zur Verfügung gestellt. Damit wurde die Division in zwei sich immer mehr voneinander entfernende Kampfgruppen zerrissen. Die Wucht des Vorstoßes auf Suchum war entscheidend beeinträchtigt worden.“[86])

Trotz dieser nicht zu übersehenden Schwächung der „Enzian“-Division stießen ihre Angriffsbataillone weiter vor. Ein Erlebnisbericht schildert uns den Vorstoß des III./Gebirgs-Jäger-Regiments 91 auf den Achiboch-Paß. Dr. Carl Schulze hat den dramatischen Kampf beschrieben:

„Am 27. August erfolgt die Befehlsausgabe zum Angriff auf den

Achiboch-Paß südlich des Bsyb. Schon jetzt bereitet der Nachschub große Schwierigkeiten, besonders der an Verpflegung und Futter. Dazu kommen die Wegschwierigkeiten: seitlich der schlechten Saumpfade ist fast ungangbarer Urwald mit dichtesten Krüppelbuchen, wildem Lorbeer, Rhododendron — schlimmer als die unangenehmsten Latschenhänge in den heimatlichen Bergen. Entwurzelte Baumriesen versperren den Aufstieg zum Paß, reißende Sturzbäche und kaminartige Felsdurchstiege müssen von den Männern, auch von den Tragtieren der Zugstaffeln, überwunden werden. Die Jägerpioniere haben reichlich Arbeit. Noch unter dem mühseligen Aufstieg zum Paß kommt ein kaukasischer Hirte entgegen und erzählt, daß zu gleicher Zeit von der anderen Seite etwa 4 — 500 Russen im Aufstieg seien. Nun beginnt ein Wettrennen darum, wer zuerst oben ist. Der vorderste Zug hetzt unter Zurücklassung der Rucksäcke noch die restlichen 300 Meter aufwärts. Endlich der Paß — sie sind zuerst da, kein Feind ist zu sehen. Doch noch während des Ausschnaufens wird erkannt, daß dies nicht der eigentliche Paß sein kann. Es geht nochmals eine Senke hinunter und drüben wieder hinauf. Erst nach fast einer weiteren halben Stunde ist wirklich der Achiboch-Paß erreicht. Die Orientierung war wegen des großen, unübersichtlichen Baumbestandes nicht leicht.

Am Paß angekommen, springt dort eine nasenförmige Rückfallkuppe etwa 400 Meter vor, seitlich zu beiden Seiten geht es an die 600 Meter in die Tiefe. Der Weg abwärts verläuft auf einem rund 5 — 6 Meter breiten Kamm. Als sich der Kammweg serpentinenartig um ein Felsköpferl windet, ist der Feind da! Überraschend treffen die vordersten Jäger mit den aufsteigenden ersten Sowjets zusammen. Die Jäger haben die besseren Nerven — noch ehe der Gegner begreift, was los ist, brechen schon an die 20 Mann unter wohlgezielten Schüssen zusammen.

Aber nun kommen schwere Stunden", heißt es in dem Erlebnisbericht weiter, „Der Gegner will unter allen Umständen auf dem langen Kammweg Fuß fassen und versucht dabei, die Jäger beidseitig an den steilen Hängen zu umgehen. Schließlich ist es so, daß der etwa 30 Mann starke Zug auf 300 Meter Mann hinter Mann auseinandergezogen liegt, nach links und rechts die Hänge hinunterfeuert und so die Umgehungsversuche abwehrt. Der Feind läßt nicht locker, hat auch bald schwere Granatwerfer in Feuerstellung und bepflastert den Kammweg. Fast fünf Stunden dauert es, bis der nächste Zug einzeln zur Verstärkung nachtröpfelt. Schuld daran war, daß an einem kaminartigen Durchstieg ein Tragtier abgestürzt war, das so den Durchgang versperrte. Bis es abgelastet und bis die folgenden Tiere bei diesem Durchstieg ebenfalls ab-und wieder aufgelastet waren, wobei das Gerät und die Munition von den Männern etwa 90 Meter hochgeschleppt werden mußten, war lange Zeit vergangen.

Zwölf harte Stunden liegen nun schon hinter den Jägern. Um 4 Uhr früh

Aufbruch, der schwierige Aufstieg, Kampf bis zum Einbruch der Dämmerung, dazwischen noch ein Hochgebirgsgewitter, wobei jeder patschnaß wurde. Sehnsüchtig wartet alles auf die Nacht, die hoffentlich Ruhe bringen wird. Schließlich tritt unheimliche Stille ein. Kein Laut ist zu hören. Nur endloser Regen rauscht, und der Sturm heult in den mächtigen Bergwäldern. Dazu herrscht eine kohlrabenschwarze Finsternis. Urplötzlich gellen gegen 22 Uhr Rufe ‚Hände hoch' und dazu Urrä-Geschrei. Der Feind hat den Sturm ausgenützt und ist unbemerkt in die Stellung eingebrochen. Seine Aufstiegsgeräusche sind durch das Plätschern des Regens nicht gehört worden. Aber schon nach zehn Minuten ist er wieder hinausgeworfen. Sehen konnte man zwar nichts, man schoß eben in jene Richtung, von der man sich ungefähr vergewissert hatte, daß sich dort kein Kamerad befand.

Vier Tage lang", erfahren wir aus dem Bericht, „hielt das Bataillon im Glauben an den weiteren Vormarsch den Paß gegen alle Feindvorstöße. Man merkte schon das südliche Schwarzmeerklima: Tropische, feuchtwarme Hitze untertags, nachts eisige Kälte.

Dann kam der Rückmarschbefehl. Was hier wieder von der Truppe geleistet wurde, ist kaum zu beschreiben. Das Bataillon hat in diesen Tagen allein über 60 Tragtiere durch Erschöpfung verloren. Für jeden Schwerverwundeten, und es waren etwa 40, wurden 12 — 16 Träger benötigt, wozu auch gefangene Russen verwandt wurden. Die Träger mußten wiederholt den steilen Auf- und Abstieg machen, um alle Verwundeten mitnehmen zu können. Verpflegung war nicht nachgekommen. Bei strömendem Regen ging es über hochangeschwollene Wildbäche zurück. Dreimal wurden Stege über den Hochwasser führenden Bsyb gebaut, und dreimal wurden sie wieder abgeschwemmt. Dazu drängte der Feind scharf nach und suchte das Bataillon noch am südlichen Bsybufer abzuschneiden. Je einmal bei Tag und einmal bei Nacht stahl sich das ganze Bataillon im dichten Uferwald auf knapp 300 Meter am Feind vorbei und konnte dann endlich auf einem von vier Pionierzügen errichteten Steg das nördliche Ufer erreichen. In dieser finsteren Nacht mußten auch alle Tragtiere über den Bsyb gebracht werden. Dabei brachen die Tiere mit ihren schmalen Hufen oftmals durch die Längsspalten der Stämme und konnten nicht mehr befreit werden.

Sie mußten erschossen und ihre Beine abgehackt werden, um den Steg für die nachfolgenden freizubekommen. Zum Glück übertönte das Rauschen des Wassers die Schüsse und den Lärm des Übergangs, sonst wäre der Feind aufmerksam geworden. So konnte ihm gerade noch entwischt werden. Mit dem Donnerschlag der Brückensprengung in den frühen Morgenstunden wurde der Schlußpunkt hinter diesen gefährlichen Übergang gesetzt.

Es folgten die Tage in der Stellung bei ‚Einödsbach', wobei vier Tage lang ständige feindliche Fliegerangriffe mit täglich 80 — 100 Bombenwürfen über das enge Tal hinweggingen. Das Rollen der Detonationen entlang der Bergwände hörte den ganzen Tag nicht mehr auf. Die Verluste an Menschen und Tieren waren schwer.

Acht Tage später befand sich das Bataillon wieder auf dem Hauptkamm und verteidigte Gipfel, Grate und Pässe. Bei Einzelkämpfen weit abgesetzter Gruppen wurden alle Stellungen gehalten. — Als das Bataillon am 10. Oktober zum Angriff im Uruschtental antrat", schließt der Bericht über die Kampfhandlungen des III./Gebirgs-Jäger-Regiments 91 am Achiboch-Paß, „zählte es insgesamt nur noch 162 Mann."[87])

Nach den Einsätzen des III./Gebirgs-Jäger-Regiments 91 am Dou-Paß (1389 Meter), am Achibochberg (2511 Meter) und am Paß 1600 (zu Ehren des dort gefallenen Kompanieführers der 12. Kompanie wurde er von den Gebirgsjägern Rulandpaß benannt) wurde das Bataillon vom 17. bis 27. Oktober 1942 als Divisionsreserve ins Bolschaja-Laba-Tal nach Sagedan zurückgenommen.

Was mag nach dieser Rückverlegung in den Herzen der wagemutigen Gebirgsjäger vorgegangen sein? Welche Gedanken begleiteten den Rückzug, so muß man es wohl nennen, nachdem das Gebirgsjägerbataillon nach harten Waldkämpfen bereits auf dem letzten Paß — 25 Kilometer Luftlinie von der Schwarzmeerküste ostwärts von Guguati entfernt — gestanden hatte?

Wenn sich die Nebel der Herbstregenzeit aus den Tälern erhoben, dann warfen die Jäger sehnsüchtig einen Blick hinunter auf die lockenden südlichen Gestade. Sie sahen Suchum zu ihren Füßen liegen und sie spürten den Seewind, der in den Palmen am Meer spielte. Aber was half es. Der Angriffserfolg konnte nicht ausgewertet werden. Abgekämpft und ausgemergelt stiegen die Gebirgsjäger wieder von den Pässen des Hauptkammes nach Norden in das obere Labatal ab, um die wenigen Tage der Ruhe voll auszukosten. Das III./Gebirgs-Jäger-Bataillon 91 bezog Quartier in armseligen Holzfällerhütten — Sagedan genannt —, die inmitten rauschender, unendlich großer Bergwälder lagen. Hinter den Tannenwipfeln stiegen die vertrauten Gipfel empor, unnahbar in Schnee und Eis gehüllt.

Drei Monate harter Kämpfe um die wichtigsten Hochgebirgspässe des Zentralkaukasus lagen hinter der 4. Gebirgs-Division. Sommer war es noch, als im Süden vor den Gebirgsjägern die Gipfel des Hochkaukasus aus der glutflimmernden Kubansteppe förmlich in den Horizont wuchsen. Siegreich waren sie über fast 3000 Meter hohe Pässe gestürmt und hatten die Russen die steilen Südhänge des Hauptkammes hinuntergejagt — vorbei an den eisgepanzerten, himmelragenden Felstürmen des über 4000 Meter hohen Zentralkaukasus. Im Südosten baute sich — welch unvergeß-

4. Gebirgs-Division
– Kommandeur –

Div.Gef.Std., den 25.8.1942

T a g e s b e f e h l

Soldaten der 4. Gebirgs-Division!

Nach anstrengenden Verfolgungsmärschen durch das Kubangebiet, Partisanenbekämpfung im Gebirgsvorland und Zurückwerfung feindlicher Kampfgruppen ins Gebirge haben Teile der Division nach mühsamem Aufstieg, teilweise unter Kämpfen, den Hauptkamm des Westkaukasus erreicht.

Vier über 2500 Meter hohe Pässe sind fest in unserer Hand, der Tschmachara-Paß, der Adsapsch-Paß, der Ssantscharo-Paß und der Allischtrachu-Paß. Über ihnen weht die deutsche Reichskriegsflagge.

Eine Hochgebirgsgruppe, aus allen Truppenteilen der Division zusammengesetzt, hat unter der Führung von Hptm. Gämmerler, Chef 2./G.A.R. 94, gemeinsam mit einer Hochgebirgsgruppe der 1. Gebirgs-Division am 21.8.42 den 5630 m hohen Elbrus, den höchsten Berg des Kaukasus erklommen.

Die Division überschreitet nunmehr die europäisch-asiatische Grenze, um über den Südhang des Westkaukasus zum Schwarzen Meer vorzustoßen.

Diese in der Kriegsgeschichte einzigartigen kühnen militärischen Operationen werden von entscheidender Auswirkung auf den weiteren Kriegsverlauf sein.

Unser Führer, das Großdeutsche Reich und das ganze deutsche Volk, Europa, ja die ganze Welt verfolgen daher mit gespannter Erwartung den weiteren Verlauf der Gebirgskämpfe im Kaukasus.

Soldaten der 4. Gebirgs-Division, seid Euch dessen bewußt! Unsere schwierige Aufgabe verlangt die höchste Anspannung aller Kräfte, erfordert den ganzen Mann. Hier im Gebirge sind Führer und Mann mehr als im Flachland auf sich selbst gestellt. Um so mehr kommt es auf treueste Pflichterfüllung jedes Einzelnen an, gleichgültig auf welchen Platz er gestellt ist, ob er zum Kampf oder für die Versorgung eingesetzt ist.

Ich bin überzeugt, daß Ihr die hohen an Euch gestellten Erwartungen erfüllen und den Sieg erringen werdet.

Eglseer

Dank des Divisionskommandeurs (Abschrift des Originalbefehles)

licher Anblick! — auf gewaltigen Gletschern die weißglitzernde Firnkappe des Elbrus auf...

## Der Vorstoß zum Elbrus

Blenden wir den Ablauf des Kampfgeschehens im Hochkaukasus nochmals zurück, denn es fehlt noch die Schilderung der Elbrusbesteigung, das Unternehmen „Elbrus", an dem auch Gebirgsjäger der 4. Gebirgs-Division beteiligt waren. Obwohl der höchste Berg des Kaukasus im Angriffsstreifen der 1. Gebirgs-Division lag und diese bereits zu einem recht frühen Zeitpunkt eine Hochgebirgskompanie unter Hauptmann Groth zusammengestellt hatte, um den Elbrus (5633 Meter) zu bezwingen, bestand der Kommandierende General des XXXXIX. Gebirgs-Armeekorps, General der Gebirgstruppen Konrad, darauf, daß sich an diesem Unternehmen auch gebirgserfahrene Offiziere, Unteroffiziere und Mannschaften der „Enzian"-Division zu beteiligen haben. Konrad wollte unter allen Umständen vermeiden, daß es zwischen den beiden bewährten Schwesterdivisionen wegen der Besteigung durch Angehörige nur einer Gebirgsdivision später zu Reibereien oder Spannungen kommen könnte, die sich nachteilig auf die Kameradschaft des Gebirgskorps und auf Geist und Haltung der deutschen Gebirgstruppe insgesamt auswirken würden.

Mit dem Auftrag: „Fliegen Sie nach München, beschaffen Sie sich Kartenmaterial und Literatur über den Kaukasus, studieren Sie dieses, bis Sie über die Art der Begehbarkeit der Kaukasusübergänge lückenlos Bescheid wissen und kommen Sie mit den notwendigen Unterlagen baldigst wieder zurück" war Hauptmann Max Gämmerler, der Chef der 2. Batterie des Gebirgs-Artillerie-Regiments 94, bereits Mitte Juli 1942, als das Unternehmen „Elbrus" konkrete Formen anzunehmen begann, von General Eglseer die Aufgabe übertragen worden, die Mannschaft der 4. Gebirgs-Division im Rahmen der Hochgebirgskompanie Groth gründlich vorzubereiten und zu führen.

Gesagt, getan. Freudig bestieg Gämmerler in Rostow eine Ju 52 und flog damit in die Heimat. In München angekommen, verbarrikadierte er sich förmlich in der Bibliothek des Alpenvereins hinter Bergen von Büchern. Er studierte tagelang Literatur über das künftige Kampfgebiet, vertiefte sich in Bergführer über den Kaukasus und meldete sich nach zwei Wochen intensiver Studien wie ein „wandelndes Kaukasus-Lexikon" bei der „Enzian"-Division zurück.

Jetzt galt es, nachdem der erste Schritt getan war, eine Mannschaft aus zuverlässigen und bergerfahrenen Gebirgssoldaten zusammenzustellen, die mit der Hochgebirgskompanie Groth zum Sturm auf den Elbrus antreten sollten. Hierzu zählten schließlich: Hauptmann Gämmerler vom

Gebirgs-Jäger-Regiment 94, Leutnant Fuchs vom Gebirgs-Jäger-Regiment 91, Leutnant Rank vom Gebirgs-Jäger-Regiment 13, Obergefreier Besler, ein Bergführer aus Hinterstein, der Fotograf Hof vom Divisionsstab, sowie fünf weitere Mannschaftsdienstgrade, unter ihnen der Gefreite Rubner, der damals mit einer Kleinbildkamera einen Originalfilm von der Elbrusbesteigung drehte.

Neben einigen besonders gebirgstauglichen Mulis der Gebirgs-Jäger-Regimenter 13 und 91 stellte Oberst Schenk, der Kommandeur des Gebirgs-Artillerie-Regiments 94, seinem Batteriechef Gämmerler noch eine Anzahl guter Tragtiere mit den Worten „Gehet hin, ich seh' euch nie mehr wieder!" zur Verfügung. Gemeint waren damit sowohl die Mulis als auch die Gebirgssoldaten. Die Soldaten sah der staunende Artillerieoberst später wieder — die Mulis in der Tat nicht.

Es war am 12. August 1942, als die Gruppe Gämmerler, der schließlich 12 Tragtiere, die unterwegs durch ebenso viele kleine kaukasische Esel ergänzt wurden, zur Verfügung standen, in drei Lastkraftwagen und einem PKW von Woskesenskoje über Woroschilowsk, Tscherkessk, Krasnogorka, Mikojan und Schachar in das Kubantal — der Vorausabteilung von Hirschfeld hinterher — aufwärts fuhr.

Nachdem Gämmerler seine Gruppe der Hochgebirgskompanie des Hauptmanns Groth unterstellt hatte, ging es gemeinsam 35 Kilometer per pedes ein langgestrecktes Gebirgstal, das viele an das alpenländische Ötztal erinnerte, zum letzten größeren Ort, nach Chursuk. Hier gabelt sich das Tal. Die Hochgebirgskompanie wählte für ihren weiteren Vormarsch in Richtung Elbrus die linke Gabelhälfte, das Ullu-Kamtal, durch das sie dann, an mehreren Kolchosalmen vorbei, aufwärts stieg. Das Tal verengte sich. Steil wuchteten die Talflanken empor. Die beiderseitigen Hänge waren mit Wald bewachsen; riesige kaukasische Tannen ragten über die Eichen und Buchen hinaus. Auf den Höhen sah man nacktes Gestein.

Am zweiten Tag des Hochgebirgsmarsches, nachdem 30 Kilometer und 1000 Höhenmeter überwunden worden waren, erreichten die Hauptleute Groth und Gämmerler mit ihren Mannschaften den Talschluß, wo sie im sogenannten Lager „Hütte", das in 2241 Meter Höhe lag, biwakierten. Über die Planungen zum Vorstoß auf das Elbrusmassiv berichtet der bergsteigerische Führer der Hochgebirgskompanie Groth: „Von diesem Basislager aus soll der Aufstieg auf den Chotju-Tau-Paß (3546 Meter) und über den Südwestgrat zur ‚Westhütte' des Elbrus führen. Vor dieses (bergsteigerische) Vergnügen hatte aber die militärische Führung taktische Pflichten gesetzt. Die Seitentäler müssen von Feindresten gesäubert werden, die Pässe im Hauptkamm besetzt und der Nachschub organisiert werden. Mit Fuchs und Besler erkunden und besetzen wir den später wichtig werdenden Asau-Paß (3300 Meter), das niedrigste Tor zum Baksantal. Dr. Karl von Krauss stößt auf den Südwestgrat des Elbrus aufwärts,

# Der Vorstoß zum Elbrus – August 1942

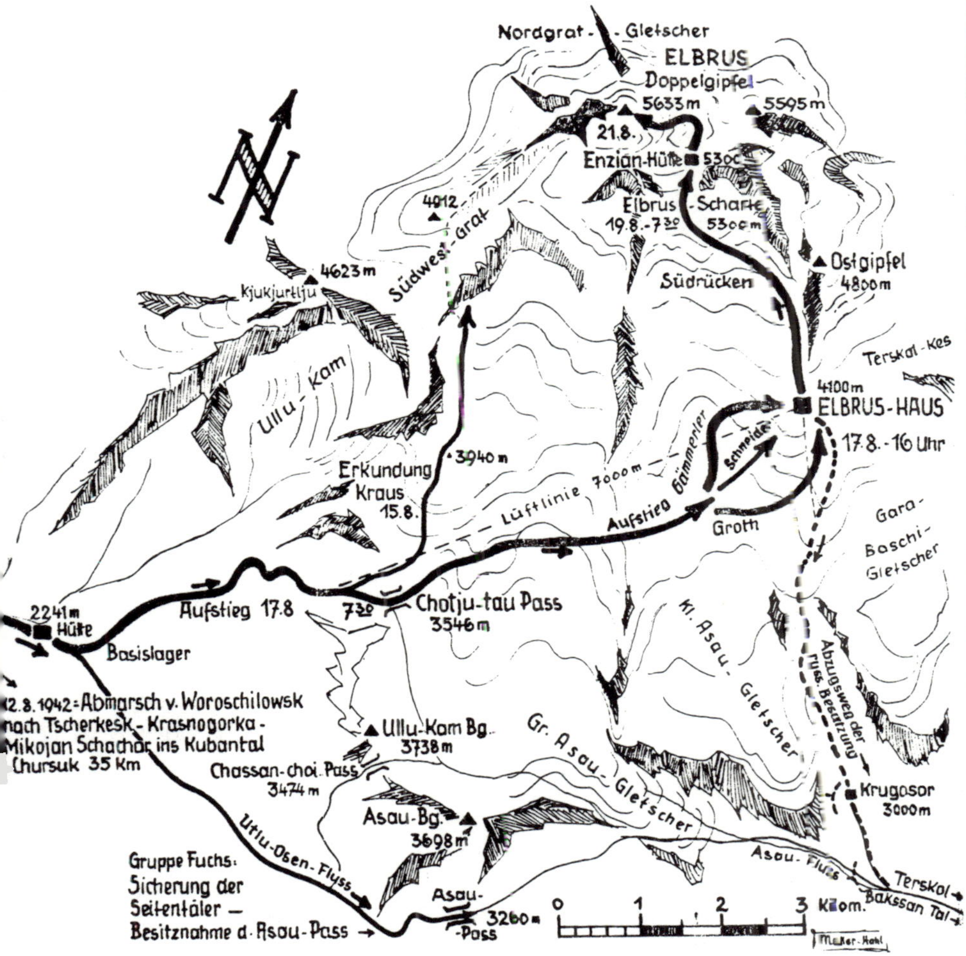

um die auf der Karte verzeichnete ‚Westhütte' zu besetzen, muß aber feststellen, daß dieselbe nicht besteht. Diese Feststellung wirft den vorgesehenen Angriffsplan auf den Elbrus zunächst um, denn vom Chotju-Tau-Paß die 2000 Meter Höhenunterschied in einem Zuge mit Gepäck und Waffen zum Gipfel des Elbrus zu bewältigen, das ist für unsere bergentwöhnte Verfassung doch zu viel. Wir brauchen einen Zwischenstützpunkt! Dieser bietet sich an im ‚Elbrushaus', welches wir mit dem Glas in etwa 7 Kilometer Entfernung (Luftlinie) jenseits des großen und kleinen Asau-Gletschers auf dem Südrücken des Elbrus stehen sehen."[88])

Die Gebirgsjäger trugen in ihre Tourenbücher den 17. August 1942 ein. Sie brachen um 4 Uhr vom Lager „Hütte" auf, um den entbehrungsreichen Bergmarsch zum Elbrushaus, das auf 4200 Meter Höhe wie ein riesiger „Pullmanwagen" lag, anzutreten. Obwohl die Moränenfelder, die sie, um ans Ziel zu kommen, durchqueren mußten, sehr steil waren und von den Tragtieren das Letzte abverlangten, kamen sie, angespornt vom vergletscherten Elbrus, zügig vorwärts. Bereits um 7.30 Uhr waren nicht weniger als 1300 Höhenmeter zurückgelegt! Am Chotju-Tau-Paß (3546 Meter) erstreckte sich vor den Jägern ein wahres Gletschermeer, das vom Doppelgipfel des majestätischen Elbrus gekrönt wurde.

Die Mulis hatten ihre Schuldigkeit getan. Für sie gab es vorerst kein Weiterkommen. So mußte das schwere Gepäck, das sich aus Waffen, Seilen, Steigeisen, Pickeln und Proviant zusammensetzte, auf die Schultern der Offiziere, Unteroffiziere und Mannschaften verteilt werden: etwa 50 bis 70 Pfund pro Mann. (Später sind allerdings auch Tragtierführer mit ihren zuverlässigen Vierbeinern bis zum Elbrushaus vorgedrungen — der höchste Punkt, den Tragtiere der deutschen Gebirgstruppe je erreicht haben.)

Während die Hochgebirgskompanie noch mit der Umverteilung der Ausrüstungsgegenstände beschäftigt war und Aufklärung auf den Asau-Paß (3300 Meter) und den Tschiper-Asau-Paß (3268 Meter) vorgetrieben wurde, war Hauptmann Groth, der Führer der Kompanie, vorausgeeilt, denn vom Chotju-Tau-Paß aus konnte man das auf einer Felseninsel zwischen dem Asau- und Terskol-Gletscher liegende, eigenartige, ovale Elbrushaus sehen. Es schien leer zu sein. Ein Spähtrupp unter Führung von Oberleutnant Schneider, der sich dem Haus näherte, erlebte allerdings eine faustdicke Überraschung: Russen, die erst tags zuvor aufgestiegen waren, hatten den hochalpinen Stützpunkt besetzt. Um nicht überrascht zu werden, überstieg Schneider mit seinem Trupp das Elbrushaus und ging oberhalb davon in Stellung. Unterdessen hatte Groth, nachdem er den Asau-Gletscher durchquert hatte, den Stützpunkt erreicht. Dort wurde er nun von den Russen, die er für den Spähtrupp des

Oberleutnants Schneider gehalten hatte, gefangengenommen. Groth aber ließ sich nicht einschüchtern und überlistete die Russen, indem er vorgab, das gesamte Hochplateau sei von den deutschen Gebirgsjägern besetzt. „Mit Händen und Füßen redend", erzählte Groth später, schloß er ein Abkommen mit den Rotarmisten: Sie erhielten freien Abzug, wenn sie das Haus mit der meteorologischen Station den Deutschen überließen. Die Russen durchschauten die List des Deutschen nicht. Sie hielten sich an das Abkommen und stiegen nach Süden ab: dreizehn Mann und ein Leutnant. Die Reste begaben sich freiwillig in die Gefangenschaft und unterstützten die Gebirgsjäger künftig als zuverlässige Hiwis.

So kam der gut eingerichtete Stützpunkt ohne einen einzigen Schuß in die Hand der Gebirgsjäger. Das Elbrushaus, das völlig mit Aluminiumblechen verkleidet war und etwa 40 Räume mit 100 Lagerplätzen enthielt, besaß erhebliche Vorräte an Bekleidung und Proviant. Der Stützpunkt, zu dem noch eine metereologische Station gehörte, wurde sofort gesichert.

Über diese spektakuläre Aktion der deutschen Gebirgstruppe schreibt später der Marschall der Sowjetunion Gretschko in seinem Werk „Die Schlacht um den Kaukasus":

„In Richtung Elbrus begannen die Kämpfe Mitte August. Truppenteile der 1. deutschen Gebirgs-Division drangen am 18. August zu den Südhängen des Elbrus vor, nahmen die Pässe Chotju-Tau, Tschiper-Asau und besetzten den Touristenstützpunkt ‚Krugosor' und die Schutzhütte Nr. 11.

Der Gegner wollte auf dem Gipfel des Elbrus seine Flagge hissen. Auf dieses Unternehmen bereitete er sich lange und sorgfältig vor. Für den Aufstieg zum Elbrus setzte er einige Kompanien ein. Am 21. August hißten sie auf dem Gipfel des Berges 2 faschistische Flaggen. Die Goebbelsche Propaganda feierte dieses Ereignis wie eine außerordentliche Heldentat. Die Zeitungen überschlugen sich..."[89])

Im folgenden soll dargestellt werden, wie es zur Flaggenhissung kam, „die", so General Lanz, „militärisch ohne Entscheidung war."[90])

Der 18. August 1942 war für die Hochgebirgskompanie Groth ein Ruhetag, damit sich die Bergsteiger akklimatisieren konnten.

Der nächste Tag sollte die Besteigung des Elbrus bringen. Anfangs waren es rund 40 erfahrene Bergsteiger der „Edelweiß"- und „Enzian"-Division, die sich, gesichert von einem Gebirgs-Jäger-Bataillon, an das Elbrushaus herangetastet hatten, aber nur die Hälfte von ihnen waren dazu bestimmt, unter der Führung der Hauptleute Groth und Gämmerler den Elbrus zu bezwingen.

Wenige Stunden nach Mitternacht, um 3.30 Uhr des 19. August, ließ

Hauptmann Groth zum Gipfelsturm antreten. Hauptmann Gämmerler berichtet in anschaulicher Weise darüber:

„Besondere alpine Schwierigkeiten stehen uns kaum bevor. Mäßig steile Gletscher, auf der richtigen Route wenig Spalten, ein harmloser Blockgrat und auf ihm zum Gipfel, dem Rande eines ehemaligen Vulkankraters. Was uns Sorgen macht, sind die dünne Luft und das ständig wechselnde Wetter. Vom nahen Schwarzen Meer her, das zu uns heraufblickt, nahen sich überraschend schnell die Gewitterfronten, welche in dieser Höhe mit eisigen Schneestürmen verbunden sind.

Ein herrlicher Sonnenaufgang verspricht uns einen schönen Tag für unser Unternehmen. Als wir aber in 4800 Meter die Felsen des Ostgipfels erreichen, ist bereits die erste Gewitterfront mit Schneesturm und Nebel da und hüllt uns dermaßen ein, daß fast jegliche Sicht genommen ist. Hauptmann Groth ordnet den Rückzug auf das Elbrushaus an, stellt es mir und meinen Begleitern Besler, Fuchs und Hof aber anheim, weiter vorzustoßen.

Wir queren nun schräg aufwärts in die sogenannte Elbrusscharte zwischen den beiden Gipfeln (5300 Meter) und finden dort um 7.30 Uhr eine tiefverschneite Unterkunftshütte. Durch ein Fenster steigen wir ein, um uns zu erholen und abzuwarten, was aus dem Wetter wird. Die dünne Luft in dieser Höhe macht uns zu schaffen; doch bald surrt unser Primuskocher und ein Becher Tee weckt neuen Tatendrang.

Gegen 12 Uhr beruhigt sich das Wetter. Greifbar nah steht der Gipfel über uns und wäre in einer Stunde leicht zu erreichen gewesen. Meine Kameraden drängen, den Aufstieg zu vollenden, da die sich sichtlich zum Schlechten umbildende Wetterlage ein Forcieren des Aufstiegs rechtfertigen würde. Ein Gefühl der Kameradschaft und Zusammengehörigkeit mit den Kameraden der 1. Geb.Div., die befehlsgemäß umkehren mußten, rät mir aber, das gemeinsam begonnene Unternehmen nicht separat zu vollenden. Es wird daher vorläufig der Divisionsstander an der von uns ‚Enzianhütte' getauften Unterstandshütte befestigt und nach Marschkompaß zum Elbrushaus abgestiegen, wo wir um 14 Uhr anlangen."[91])

An jenem Tag, an dem sich die vier Bergsteiger der 4. Gebirgs-Division — Heeresbergführer Hauptmann Gämmerler, Leutnant Fuchs aus Bad Reichenhall, Bergführer Besler aus Hinterstein und der Fotograf Hof — den lockenden Gipfel in greifbarer Nähe, aus Kameradschaft gegenüber den zur Umkehr gezwungenen Kameraden der 1. Gebirgs-Division zum Abstieg entschlossen hatten, trafen nachmittags die restlichen Jäger der „Vierten", mit Leutnant Rank an der Spitze und mit Munition und Proviant ausgestattet, im Elbrushaus ein. Jetzt hatte die Hochgebirgskompanie Groth mit 9 Offizieren, 11 Unteroffizieren und 20 Mannschaften von der 1. Gebirgs-Division und 3 Offizieren, 2 Unteroffizieren und 5 Mannschaften von der 4. Gebirgs-Division ihre volle Stärke erreicht.

Da am 20. August ein so gewaltiger Schneesturm über dem Elbrusmassiv tobte, daß Groth es nicht wagte, die Verantwortung für eine Besteigung zu übernehmen, und da Gämmerler auf den letzten Sprung zum Gipfel verzichtet hatte, wurde der 21. August zum Termin für den endgültigen Gipfelsturm bestimmt. Nicht zuletzt auch deshalb, weil sich plötzlich ein ernstzunehmender Rivale den Gebirgsjägern näherte...

Am Abend des 20. August erhielt die Hochgebirgskompanie Groth überraschender Weise folgenden Funkspruch:

„Der Gipfel muß genommen werden, SS naht von Norden!"

„Gipfelmannschaft — Aufstehen!" brüllte daher der Wachhabende in aller Frühe durch die dunklen Gänge des Elbrushauses.

Das Wetter versprach an jenem 21. August 1942 besser zu werden als an den vorangegangenen Tagen. Um 3 Uhr morgens verließen 21 Mann mit Rucksäcken, Seilen, Eispickel, Steigeisen und der Reichskriegsflagge das schützende Elbrushaus: 16 Gebirgsjäger der „Edelweiß"- und 5 der „Enzian"-Division. Die restlichen Männer der Hochgebirgskompanie Groth blieben zur Sicherung und Versorgung zurück.

Hören wir weiter, was uns Hauptmann Gämmerler aus der Sicht des bergsteigerischen Führers der kombinierten Mannschaft der 1. und 4. Gebirgs-Division über den „zweiten" Gipfelsturm auf den Elbrus zu berichten weiß:

„Um 5.30 Uhr — am Felssporn des Ostgipfels hüllt uns bereits wieder dichter Nebel ein. Die Querung zur Elbrusscharte erfolgt nach Marschkompaß. Um 8.15 Uhr erreichen wir die ‚Enzianhütte' und rasten dort, gleichzeitig auf besseres Wetter hoffend, bis 9.30 Uhr. Das Schneetreiben entwickelt sich zum Schneesturm. Nun gilt es, zu handeln oder wieder ohne Erfolg umzukehren. Umkehren will keiner! Also vorwärts! Nach diesem Entschluß wird in der bereits am 19. August festgelegten Richtung angetreten. Die Führung der Mannschaft der 1. Geb.Div. versucht es zwar in anderer Richtung, schließt aber nach einer halben Stunde, als die Felsrippe zum Gipfelgrat erreicht ist, wieder auf. Der Schneesturm wird jetzt heftiger, der Nebel dichter. Man sieht über die eigene Seillänge nicht mehr hinaus. Der Schnee verklebt die Augen. Kurz vor 11 Uhr zeigen der sich verflachende Grat und der orkanartige Sturm die Nähe des Gipfels an.

Ich lasse eng aufschließen und gebe zurück, Hauptmann Groth möge nach vorn kommen und allen voraus die Reichskriegsflagge auf den Gipfel bringen. Es wird zurückgemeldet, daß Hauptmann Groth umgekehrt sei. Darauf lasse ich Oberfeldwebel Kümmerle von der 1. Geb.Div. als Träger der Reichskriegsflagge nach vorn treten, welcher dann den Schaft tief in den Firn der höchsten erkennbaren Erhebung stößt. Die Stander der

1. Geb.Div. und der 4. Geb.Div. befestigen wir daneben. Dann schütteln wir uns auf Bergsteigerart die klammen Hände; wenden unsere Gesichter wieder dem Weststurm zu und kämpfen uns den Grat abwärts. Dabei macht der in den Zacken der Steigeisen sich ballende Neuschnee das Gehen auf den Eisflächen unsicher. Manch einer gleitet aus und stürzt. Einmal fallen drei Kameraden gleichzeitig ins Seil, das aber Dr. Karl von Krauss mit eisernem Griff festhält.

Aus nördlicher Richtung dringen schwache Rufe zu uns. Sie werden von uns erwidert, wodurch die in entgegengesetzter Richtung abgestiegene Gruppe unter Führung von Hauptmann Groth auf unsere Abstiegsroute herangelotst werden kann. Die Gesichter mit Eis verkrustet, erreichen wir dann geschlossen wieder die Elbrusscharte und treten die Querung zum Südostsporn an. Die schweren Anstrengungen wirken sich nun bei der Mannschaft aus. Einige Männer zeigen Erschöpfungszustände und kommen nicht mehr mit. Einer, der schon mit einer Angina vom Elbrushaus mit aufgebrochen war, bricht zusammen und muß von den Kräftigsten getragen werden. So entstehen Verzögerungen. Jeder strebt nach abwärts, der Zusammenhalt des Haufens lockert sich, eine Krisis bahnt sich an.

Wenn wir unsere Entkräfteten nicht im Stiche lassen wollen, müssen wir beisammenbleiben. Durch energisches Durchgreifen gelingt es schließlich auch, die Krisis zu überwinden und den Haufen wieder geschlossen weiter abwärts zu führen. Hier zeigt sich wieder einmal, daß auch ein verhältnismäßig einfacher Berg bei schlechtem Wetter selbst stärksten Mannschaften an den Nerv gehen und, wenn nicht energisch gehandelt wird, schließlich zur Katastrophe führen kann.

Je tiefer wir uns nun vereint abwärts kämpfen, desto mehr erholen sich die Erschöpften — einer nach dem anderen — und damit kommt auch wieder Stimmung in die Reihen, so daß die glückliche Ankunft im Elbrushaus die dort zurückgebliebenen Kameraden kaum ahnen ließ, wie gütig das Geschick das Unternehmen hat enden lassen.“[92])

„Am 21. August 1942“, so verkündete der Wehrmachtsbericht, „hißte am Elbrus, dem höchsten Gipfel der kaukasischen Berge, eine Gruppe deutscher Gebirgsjäger die Reichskriegsflagge.“

*Oben: Rast unter dem Doppelgipfel des Elbrus. Links der West- oder Hauptgipfel (5633 m), rechts der Ostgipfel (5570 m)*

*Unten: Flaggenhissung auf dem sturmumbrausten Elbrusgipfel am 21. August 1942*

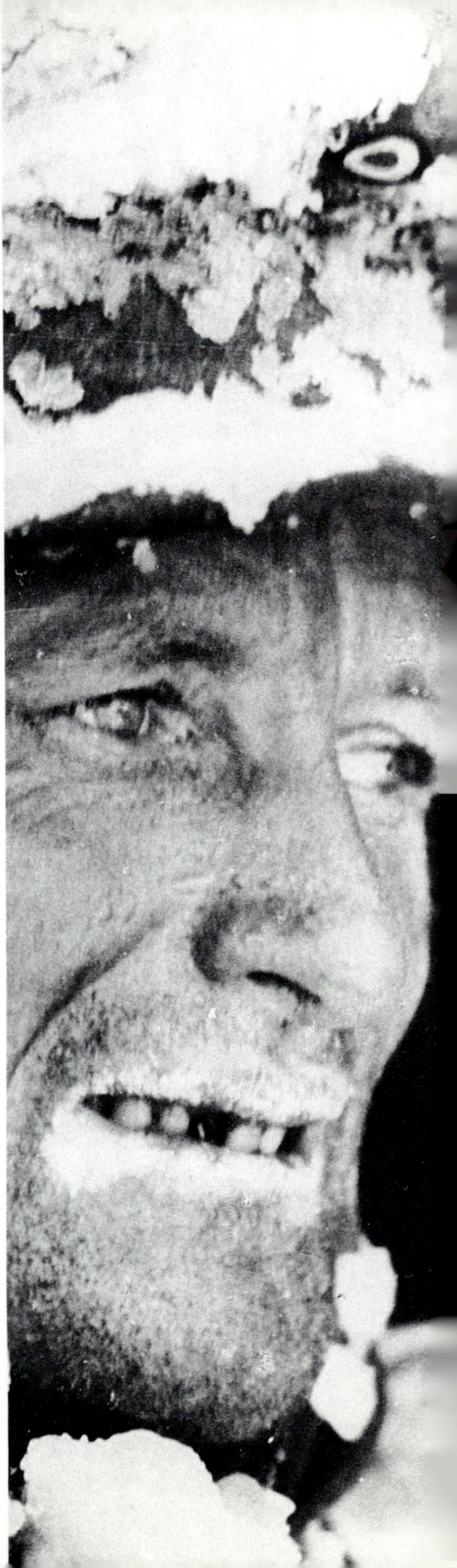

Einige Tage später, das Wetter hatte sich spürbar gebessert, der Sturm gelegt, stellten die Gebirgsjäger bei einer neuerlichen Elbrusbesteigung allerdings fest, daß die Reichskriegsflagge und die Stander der 1. und 4. Gebirgs-Division an jenem 21. August 1942 nicht am trigonometrischen Punkt, auf der höchsten Spitze des Berges, sondern an einer tiefergelegenen Erhebung des Elbrus gehißt worden waren. Sogleich wurde der Irrtum der Erstbesteigung korrigiert. Die Reichskriegsflagge wurde bei schönem Wetter nach oben versetzt — und nachträglich nochmals fotografisch festgehalten.

## Rückschlag bei der Kaukasus-Operation

Am Tage der Elbrusbesteigung, an jenem für die deutsche Gebirgstruppe denkwürdigen 21. August 1942, schrieb Helmuth Greiner in das „Kriegstagebuch des Oberkommandos der Wehrmacht" folgende Eintragung:

„Die Operationen der Heeresgruppe A im Kaukasus werden durch starke Regen- und Schneefälle sehr behindert. Der Führer ist über die langsamen Fortschritte beim Kaukasusübergang verärgert und weist auf straffe Zusammenfassung der Kräfte, vor allem beim XXXXIX. Gebirgskorps, hin. Um dessen Ansatz zu klären, wird Hauptmann von Harbou von der Operationsabteilung Heer des Wehrmachtsführungsstabes mit Aufträgen des Generals Jodl zum XXXXIX. Gebirgskorps entsandt ..."[93])

Die ersten schwerwiegenden Differenzen hinsichtlich der operativen Kriegsführung im Kaukasus zwischen Hitler und der Heeresgruppe A, somit also dem ihr unterstellten XXXXIX. Gebirgs-Armeekorps des Generals der Gebirgstruppen Konrad, waren nicht mehr zu kaschieren. Nach den glanzvollen militärischen und alpinistischen Erfolgen der deutschen Gebirgsjäger im Kampf um die Hochgebirgsregionen und Pässe des Zentralkaukasus kam ein Rückschlag, der die sieggewohnte Truppe umso mehr traf, als sie ihr Bestes gegeben hatte. Aber allzu viele Hunde sind

*Links: Hauptmann Max Gämmerler, der Bergführer der Hochgebirgskompanie Groth (1. und 4. Geb.-Div.), nach dem Sieg über den Elbrus . . .*

*Rechts: . . . und einer, der dabei gewesen ist*

bekanntlich des Hasen Tod: Hinter den „Hunden" verbargen sich die überdehnten deutschen Fronten mit ihren Versorgungs- und Nachschubproblemen (täglich stürzten wertvolle Tragtiere ab, die nicht ersetzt werden konnten; um einen Verwundeten zu bergen, wurden nicht selten acht Mann und mehr benötigt); der einsetzende Winter mit seinen meterhohen Schneeverwehungen, und ein Gegner, der sich nun mit aller Macht gegen die angeschlagenen deutschen Angreifer stemmte. Inwieweit und von welchem Zeitpunkt an ihm, dem Russen, im Einsatzraum der 4. Gebirgs-Division das gelungen ist, das erfahren wir recht anschaulich aus Gretschkos Werk über „Die Schlacht um den Kaukasus": Dort heißt es:

„In der Richtung Santscharo-Paß begannen Kampfhandlungen am 25. August. Im Tal der Großen Laba hatte der Gegner dazu mehr als ein Regiment der 4. Gebirgsdivision gegen eine Kompanie des 808. Regiments der 394. Schützendivision und eine gemischte NKWD-Abteilung konzentriert. Es gelang ihm, den Santscharo-Paß zu besetzen und fast ohne Schwierigkeiten weiter nach Süden vorzugehen.

Zur Wiederherstellung der Lage wurde die Santscharo-Gruppe gebildet, in die das 307. Regiment der 61. Schützendivision, zwei Bataillone der 155. und 51. Schützenbrigade, das 25. Grenzregiment des NKWD, ein gemischtes NKWD-Regiment und eine Abteilung der 1. Infanterieschule von Tbilissi eingingen.

Diese Gruppe erhielt die Aufgabe, von drei Richtungen aus den Gegner anzugreifen, seine Hauptkräfte zu vernichten und den Santscharo-Paß zurückzugewinnen.

Inzwischen besetzte der Gegner am 28. August das Dorf Pschu. Nachdem er am 29. August seine Gruppierung durch Luftlandetruppen verstärkt hatte, rückte er auf die Pässe Dou und Atschawtschar vor. Aber das herankommende gemischte NKWD-Regiment griff aus der Bewegung heraus an und warf den Gegner auf das Nordufer des Bsyb zurück.

Am 1. September arbeitete der Stab der 46. Armee, die jetzt Generalleutnant K.N. Lesselidse kommandierte, einen Plan zur Einkreisung und Vernichtung dieser Gruppierung aus. Durch das ungenügende Zusammenwirken der Abteilungen konnten diese Aufgaben jedoch nicht erfüllt werden, obwohl die Möglichkeiten dazu bestanden. Dem Gegner gelang es, seine Hauptkräfte auf den Santscharo-, Adsapsch- und Tschmachara-Paß zurückzuführen.

Am 6. September gingen die Truppen der Santscharo-Gruppe zum Angriff über und besetzten zwei Tage das Dorf Pschu. Es gelang ihnen aber nicht, den Gegner einzukreisen und völlig zu vernichten. In den Kämpfen um Pschu zeichnete sich besonders das II. Bataillon unter Oberleutnant Ultschenko aus, das 120 Soldaten des Gegners vernichtete und die Übersetzstelle über den Bsyb zerstörte.

Nach einer Umgruppierung gingen die Truppen der Santscharo-Gruppe am 16. Oktober erneut zum Angriff über und besetzten zum 20. Oktober den Santscharo-Paß. Die Reste der gegnerischen Truppen zogen sich auf die Nordhänge des Großen Kaukasus zurück. Bei Eintritt des Winters endeten in dieser Richtung die aktiven Kampfhandlungen.

Allein in der Richtung Umpyrski-Paß war die Verteidigung besser organisiert. Ihn verteidigten zwei Kompanien des 147. Regiments der 20. Gebirgsschützendivision. Der Gegner setzte etwa zwei Bataillone der 4. Gebirgsdivision, verstärkt durch eine große Anzahl Granatwerfer, ein."[94])

Während sich der russische Widerstand vor den Linien der Gebirgsjäger im Hochkaukasus immer mehr versteifte, schmiedete Hitler in seinem russischen Hauptquartier in Winniza in der Ukraine immer noch Pläne für weitgreifende Operationen der Deutschen Wehrmacht in den asiatischen Raum.

Daß es Hitler ebenfalls nicht gelang, alle Fehlerquellen auszuschließen, das mußten auch die Gebirgsjäger am eigenen Leibe bitter erfahren. Die zugesagten Verstärkungen, wie das italienische Alpinikorps mit 3 Gebirgsdivisionen, rumänische Truppen, Versorgungseinheiten und ausreichende Luftunterstützung, wurden allesamt nach Stalingrad beordert und dort regelrecht verheizt. Das Ende des deutschen Vormarsches im Südosten zeichnete sich bereits überdeutlich ab.

Während sowohl Hitler als auch seine britischen Kriegsgegner sich mit weitgesteckten strategischen und operativen Zielen im asiatischen Raum befaßten, fochten die Gebirgsjäger von Tag zu Tag verbissener gegen einen sich immer erfolgreicher zur Wehr setzenden Gegner: gegen Stalins Rote Armee.

Das XXXXIX. Gebirgs-Armeekorps, das über die Hochpässe des westlichen Kaukasus auf Suchum angesetzt war, hatte sein Ziel aus den bereits erwähnten Gründen — Kräftemangel und Versorgungsprobleme — nicht erreicht. Als es mit seinen Gebirgsdivisionen bereits die wichtigsten Pässe erstürmt hatte und kurz vor dem Austritt aus den Bergen dem Schwarzen Meer, das nur noch einen Tagesmarsch vor ihnen lag, entgegenstürmen wollte, wurde der russische Widerstand immer stärker.

Was der Gegner an Truppen zusammenraffen konnte, das warf er jetzt massiv in den Kampf. Tagelang wogte der Kampf um den Austritt aus dem Gebirge hin und her.

Regen setzte ein und erschwerte bald jede Truppenbewegung, vor allem das Vorwärtskommen der schweren Artillerie und motorisierten Fahrzeuge. Die Versorgung über die hohen Berge wurde für die deutschen Gebirgsjäger äußerst schwierig; aber noch viel schwieriger gestaltete sich der Abtransport der zahlreichen Verwundeten. Tag und Nacht arbeiteten die Chirurgen und Sanitäter, meist in unmittelbarer Nähe der HKL, um die weiten Distanzen der Verwundetentransporte auf diese Weise spürbar zu verkürzen.

Gebirgsjäger versuchten immer wieder, durch tollkühne Umgehungen den Feind im Rücken zu packen. Tagelang wartete man mit Sorge auf ihren Erfolg und auf die Rückkehr der Kameraden. Oft kamen sie dann endlich völlig erschöpft und abgerissen, ihre Verwundeten mitschleppend, zurück. „Es war", so berichtet das Kriegstagebuch, „ein erschütternder Anblick".

Es war überdeutlich geworden, daß die russische Führung alles daran setzte, den Deutschen den begehrten Weg nach Süden zu versperren. Aus dem Schwarzmeerraum kamen ununterbrochen Verstärkungen; darunter ein Bataillon Fähnriche der Suchum'schen Gebirgsschule, dann die 63. Kavalleriedivision mit Bergausrüstung sowie weitere Infanterieverbände, von denen bereits am 21. August sechs ausgeruhte und kampfstarke Bataillone den vordersten Einheiten der Gebirgsjäger gegenüberstanden. Die eigenen Reihen aber wurden immer lichter. Der Nachschub wurde immer zeitraubender und dürftiger. So war es kein Wunder, daß dieser ungleiche Kampf sich allmählich zugunsten der Russen entwickelte.

Über die Vorgeschichte und den Verlauf der Krise der Kaukasusoperation lassen sich aus dem „Kriegstagebuch der Heeresgruppe A" folgende Einzelheiten entnehmen. Für uns ist darüber hinaus wichtig zu erfahren, wie man die 4. Gebirgs-Division im weiteren Verlauf der Kaukasusoperation einsetzte:

„2. 9.

Fernschreiben des OB an OKH, daß angesichts der feindlichen Überlegenheit im Raum nördlich Tuapse nicht mit schnellem Durchbruch gerechnet werden kann. Zu erwägen sei, ob 4. Geb.-Div., die nach Umgruppierung über höchstens 7 zum Teil schwache Btl.e verfügen wird, mit Rücksicht auf die langen Flanken, die dauernden Angriffen ausgesetzt sein dürften, zum Vorstoß auf die Küste angesetzt werden solle. OB weist darauf hin, daß Versorgung schwierig sein wird und dauernd namhafte Kräfte beanspruchen wird sowie daß eine durch die Lage geforderte Zurücknahme der Angriffsgruppe später nicht durchführbar sei. OB erklärt Bereitschaft, diese Gedanken noch einmal dem Führer vorzutragen (H.Gr. A, Ia Nr. 918/42 g.Kdos.).

Befehl an 17. Armee, sofort Bildung starker Angriffsgruppe im Raum 4. Geb.Div. einzuteilen und zur Sperrung der Pässe und Sicherung der Westflanke nur Mindestmaß an Kräften einzusetzen (H.Gr. A, Ia Nr. 920/42 g.Kdos.).

5. 9.

OB bittet General Jodl, zur Besprechung über weiteren Einsatz XXXXIX. Geb.K. zu kommen.

Meldung an OKH über Planung des weiteren Angriffs; nach Wegnahme Noworossijsk soll Schwerpunkt zum Stoß auf Tuapse gebildet werden. Dazu LVII. Pz.K. die 125. und XXXXIV. AK. die 9. I.D. zuführen. Dem V. AK. verbleibt 73. I.D., dazu 3. rum. Geb.Div., während V. rum. Kav.-Korps (5., 6. und 9. K.D.) den Küstenschutz zwischen Noworossijsk und Blogoweschtschenkaja übernehmen und die Inf.-Sicherungen zwischen Krymskaja und Kalushskaja ablösen soll.

Zeitpunkt des Angriffs auf Tuapse wird je nach Wetter- und Betriebsstofflage zwischen 12. und 15. 9. liegen.

Ferner wird auf die Notwendigkeit starker Lw.-Unterstützung hingewiesen.

6. 9.

Erwägungen: Op.Abt. verständigt, daß OB und Kdr. Gen. XXXXIX. Geb.K. den Durchstoß 4. Geb.Div. auf Gudauti nicht verantworten können.

7. 9.

Besprechung OB und Kdr. Gen. XXXXIX. Geb.K. mit Gen. Jodl über Vorhaben 4. Geb.Div. Es wird Übereinstimmung erzielt, daß der Vorstoß auf Gudauti nicht zu verantworten sei.

Begründung: Geländeschwierigkeiten — Angriff muß über einen Gebirgspfad geführt werden. Versorgung über Strecke von 60 — 70 km Luftlinie mit Tragtieren, was jeweils 6-tägigem Marsch entspricht. Von den benötigten Tragtieren fehlen noch 1900.

Bei Hochwasser würden Brücken zerstört.

Nicht gewährleistet, daß Angriff bis Küste durchdringt. Gelingt aber der Durchbruch, wird Truppe dauernden Feindangriffen ausgesetzt, vor allem gegen lange Flanken wie durch Lw.- und Seestreitkräfte, dagegen keine Abwehrmittel vorhanden.

Keineswegs gewährleistet, daß Durchstoß auf Tuapse und weiter so schnell gelingt, daß noch vor Winter Verbindung hergestellt werden kann.

Unerläßlich, Führer vorzuschlagen, auf diesen Angriff zu verzichten und Kräfte auf die Pässe des Hauptkammes zurückzunehmen und dadurch noch eine Geb.-Div. für Stoß auf Tuapse freizumachen.

8. 9.

Siehe nochmals Begründung OB für Entschluß, auf Vorstoß 4. Geb.Div. auf Gudauti zu verzichten ... Hinzugefügt: die 4. Geb.Div. hätte gar nicht so weit im S gestanden, wie auf Grund bisheriger Meldungen hätte angenommen werden müssen. Neue Beutekarten der letzten Tage hätten größere Gelände- und Bevorratungsschwierigkeiten aufgezeigt, als bisher angenommen wurde.

9. 9.

Führerentscheid, den Vorstoß auf Gudauti betreffend, trifft ein: Falls

H.Gr. den Vorstoß 4. Geb.Div. zur Küste nicht durchführen zu können glaube, seien starke Teile des Geb.K. den auf Tuapse vorstoßenden Verbänden zuzuführen. Der Zeitpunkt des Angriffs dürfte hierdurch jedoch nicht verzögert werden.

Weisung H.Gr. S an A.Gr. Ruoff (Ia Nr. 191/42 g.K./Chefs.): Nächste Aufgabe der Armee ist der Durchstoß auf Tuapse unter Zusammenfassung stärkster Kräfte.

‚Angriffsgruppe Tuapse' ist zu bilden aus: 2 von Noworossijsk bzw. der Krim heranzubringenden Divisionen (voraussichtlich 125. und 46. I.D.), 198. Div. und slow. schn. Div., 101. Jg. und 97. Jg.Div., der gem. 1. Geb.Div. mit mindestens 5 Bataillonen (ohne das dem XXXXIX. AK. zugeführte Hochgeb.-Btl.).

Der Angriff ist baldmöglichst zu führen und darf durch die Zuführung des Geb.Verbandes nicht verzögert werden.

SS ‚Wiking' steht mit Pz.n und mot. Teilen an der Tuapser Straße oder, je nach Entwicklung der Lage, zu anderer Verwendung.

Die nicht bei ‚Angriffsgruppe Tuapse' eingesetzten Teile des Geb.K. sperren die gewonnenen Hochgebirgspässe."[95])

Wir haben es vernommen: „Tuapse" lautete die neue Parole. Der 4. Gebirgs-Division stand in vielerlei Hinsicht eine neue Bewährungsprobe bevor.

Doch in einer Zeit, in der die Deutschen im Kaukasus nochmals alles auf eine Karte — nämlich Tuapse — setzten, hatte sich das Kriegsglück, das sich eben nicht erzwingen läßt, endgültig der gegnerischen Seite zugewandt, nachdem die deutsche Führung es allzu maßlos strapaziert hatte. Nun mußte der so viel zitierte Sündenbock gefunden werden, der für den ins Stocken geratenen deutschen Angriff auf den Hochkaukasus und die operativen Fehlentscheidungen verantwortlich gemacht werden konnte.

Einen dieser Sündenböcke fand Hitler in dem Oberbefehlshaber der Heeresgruppe A, Generalfeldmarschall Wilhelm List, der bei den Soldaten des XXXXIX. Gebirgs-Armeekorps während der harten Kämpfe im Zentralkaukasus besondere Achtung genoß. Vergeblich hatte er um die Zuführung der zugesagten Verstärkungen gebeten. Als sich die Offensive im Hochkaukasus aus Kräftemangel festgelaufen hatte, wurde er am 9. September 1942 entlassen, obwohl Generaloberst Alfred Jodl — seit August 1939 Chef des Wehrmachtsführungsstabes im Oberkommando der Wehrmacht und damit engster Berater Hitlers in allen strategischen und operativen Fragen — List energisch verteidigt hatte. Erst am 22. November übernahm Generalfeldmarschall Ewald von Kleist die Führung der Heeresgruppe A. Bis dahin hatte Hitler selbst den Oberbefehl über die Heeresgruppe übernommen.

Wenig später, am 24. September 1942, wurde Generaloberst Franz

Halder, der Chef des Generalstabes des Heeres, entlassen. Wie Generalfeldmarschall List und Generaloberst Jodl war auch Halder aus der Bayerischen Armee und der Gebirgstruppe hervorgegangen und hatte sich auf Grund dieser Verbundenheit in vielen Fällen für die Belange der Gebirgsjäger eingesetzt. Mit List und Halder waren innerhalb kürzester Zeit zwei der profiliertesten Generale aus der Deutschen Wehrmacht verabschiedet worden. Neuer Chef des Generalstabes des Heeres wurde der bisherige Chef des Generalstabes des OB West, General der Infanterie Kurt Zeitzler. Den Bruch mit Hitler notierte Halder an jenem 24. September 1942 in seinem Tagebuch mit den Worten:

„Nach dem Tagesvortrag Verabschiedung durch den Führer, der erklärt, meine Nerven verbraucht; auch seine Nerven nicht mehr frisch ... ‚Wir müssen uns trennen ...' Notwendigkeit der Erziehung des Generalstabes im fanatischen Glauben an die (nationalsozialistische, Anm. d. Verf.) Idee. Entschlossenheit, auch im Heer seinen Willen restlos durchzusetzen ..."

## Angriffs- und Abwehrkämpfe im Waldkaukasus

Bereits am 28. August 1942 war ein erster Angriff durch den Waldkaukasus auf Tuapse, der aber aus Kräftemangel nicht durchkam, mit dem XXXXIV. Armeekorps (97. und 101. Jäger-Division) durchgeführt worden. Das Abdrehen des in zweiter Linie folgenden Alpini-Korps, das dem Stoß die nötige Unterstützung gegeben hätte, in Richtung Stalingrad war ein Grund für das Scheitern. Jetzt sollte zum zweiten Male versucht werden, durch den Pontischen oder Waldkaukasus auf Tuapse vorzustoßen. Es entwickelten sich Angriffs- und Abwehrkämpfe, die insgesamt vom 13. September 1942 bis zum 27. Januar 1943 dauerten. Man wird im folgenden noch erfahren, wie diese Kampfhandlungen verlaufen sind.

Vor Beginn der neuen Operation stand eine Umgruppierung der deutschen Korps und Divisionen, die im Kaukasus eingesetzt waren: Das XXXXIV. Armeekorps mit der 97. und 101. Jäger-Division sowie das XXXXIX. Gebirgs-Armeekorps mit der 46. Infanterie-Division und der Gruppe bzw. „Division Lanz".*)

Die „Division Lanz" setzte sich aus dem Gros der 1. Gebirgs-Division und aus Einheiten der 4. Gebirgs-Division — z.B. Gebirgs-Jäger-Regiment 13, jedoch ohne I./Gebirgs-Jäger-Regiment 13, und I./Gebirgs-Jäger-Regiment 91 — zusammen.

*) In den Kriegstagebüchern, sogar im KTB des OKW, einmal als „Gruppe Lanz", dann wieder als „Division Lanz" bezeichnet.

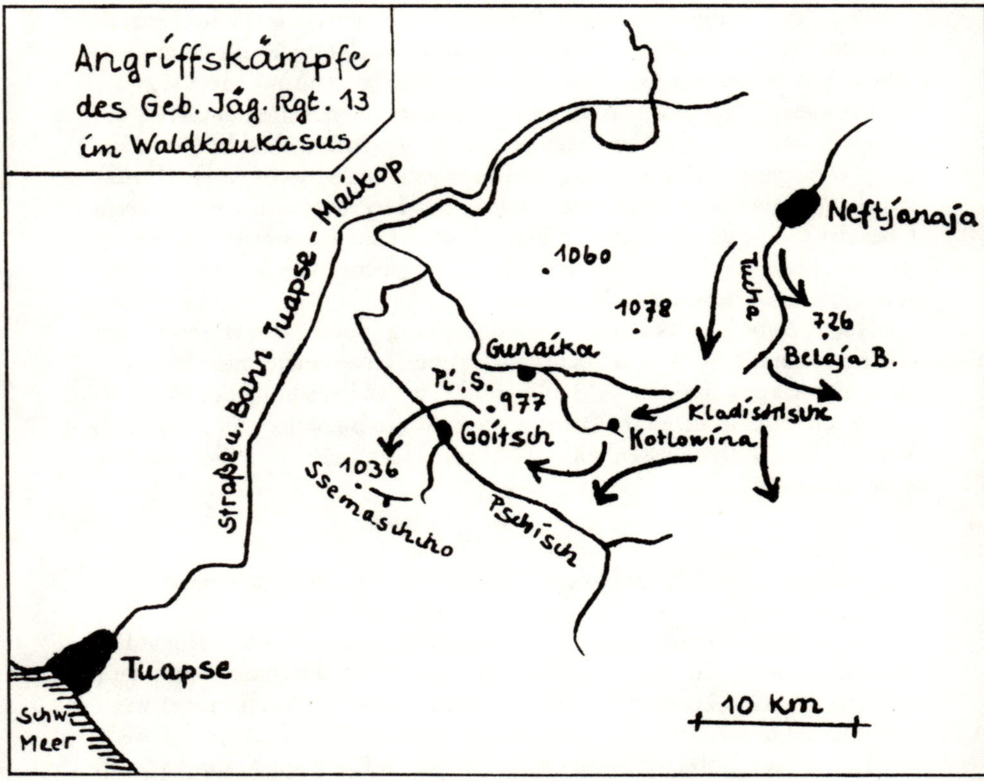


Angriffskämpfe des Gebirgs-Jäger-Regiments 13 im Waldkaukasus

In der zweiten Novemberhälfte folgten der Divisionsstab der „Enzian"-Division, das II. und III./Gebirgs-Jäger-Regiment 91 und das I./Gebirgs-Jäger-Regiment 13 an die Waldkaukasusfront vor Tuapse. Damit war die 4. Gebirgs-Division in zweierlei Hinsicht geschwächt worden: zum einen durch die starken Verluste in den vorangegangenen schweren Hochgebirgskämpfen — durchschnittlich betrugen die Kompanien oft nur noch 30 bis 50 Mann —, zum anderen durch das Auseinanderreißen der Division. So bedeutete beispielsweise der zersplitterte Einsatz des Gebirgs-Jäger-Regiments 13 im Hochkaukasus für die Führung der „Vierten" und auch für die des Regiments eine hohe Belastung.

Da die restlichen Divisionseinheiten der 4. Gebirgs-Division nun auch den Abschnitt der 1. Gebirgs-Division hatten mitübernehmen müssen, dehnte sich die Hochgebirgsfront der „Vierten" im Zentralkaukasus, mit größtenteils nur schwer zugänglichen Stellen, schließlich über 100 Kilometer aus.

Im Osten, im ehemaligen Abschnitt der 1. Gebirgs-Division, standen das Gebirgs-Jäger-Regiment 99 (ohne I./Geb.Jäg.Rgt. 99) und das Hochgebirgs-Bataillon 2 (Bauer); auf den Hauptpässen, im Bereich der 4. Gebirgs-Division, das I./Gebirgs-Jäger-Regiment 91, im Malaja-Laba-Tal das Feld-Ersatz-Bataillon 94 (Geb.-Jäg.-Btl. 94) und im Uruschtental die Gebirgs-Aufklärungs-Abteilung 94. Diese Front in Fels und Eis konnte im Winter 1942/43 gehalten werden, bis sie im Januar 1943 infolge des allgemeinen Rückzugsbefehls in Richtung Kubanhalbinsel aufgegeben werden mußte.

Welches waren nun die russischen Maßnahmen bei Tuapse, wo der deutsche Hauptstoß erfolgen sollte? Darüber gibt uns das sowjetrussische Buch von A. S. Sawjalow und T. J. Kaljadin „Die Schlacht um den Kaukasus" Auskunft:

„Zu Beginn der Verteidigungsoperationen von Tuapse verteidigten sich die Truppen der Schwarzmeergruppe der Transkaukasischen Front entlang der Linie (ausschließlich) Dachowskaja — Tschernigowsk (ausschließlich) Nephtegorsk — Chadyshenski — südlich Gorjatschi Kljutsch und weiter nach Westen bis an den ostwärtigen Stadtrand von Noworossijsk. Die Truppen der Schwarzmeergruppe befestigten die bezogenen Stellungen, bauten sie pioniermäßig aus und klärten auf. In einigen Abschnitten wehrten sie die Versuche des Gegners ab, einzelne wichtige Höhen zu erobern. Inzwischen erhielten sie auf Anweisung des Hauptquartiers eine verstärkte Gefechtsausbildung. Das war dringend erforderlich, da die Gruppe in der Hauptsache aus Feldtruppen bestand, die keine ausreichenden Erfahrungen im Gebirgskrieg und in Kämpfen im bergigen Waldgelände besaßen. Den Truppen der Schwarzmeergruppe stand die 17. Armee des Gegners gegenüber..."[96])

Einen nicht unerheblichen Teil dieser angesprochenen 17. Armee verkörperten die Gebirgsjäger der 1. und 4. Gebirgs-Division, die die Russen zu Beginn der Kaukasusoperation geworfen hatten, wo sie auf sie getroffen waren. In schmalen Angriffskeilen bohrten sich die Angriffsbataillone in die offenen Flanken des Gegners und fügten ihm schwere Verluste zu. Doch im urwaldähnlichen Waldkaukasus, der seinem Namen alle Ehre machte, konnten die Jäger nicht so rasch vordringen, wie sie es wollten. Die schweren Zugmaschinen kamen durch die engen Pfade nicht hindurch, die Tragtiere, die Tag und Nacht eingesetzt waren, um die immer länger werdenden Versorgungswege zurückzulegen, waren durch die vorangegangenen Strapazen in den Hochgebirgsregionen des Zentralkaukasus schon so geschwächt, daß sie nicht mehr voll eingesetzt werden konnten. Dennoch gelang es den Gebirgsjägern, vorerst weiter vorzudringen. Im Kriegstagebuch des OKW vom 16. Oktober 1942 heißt es:

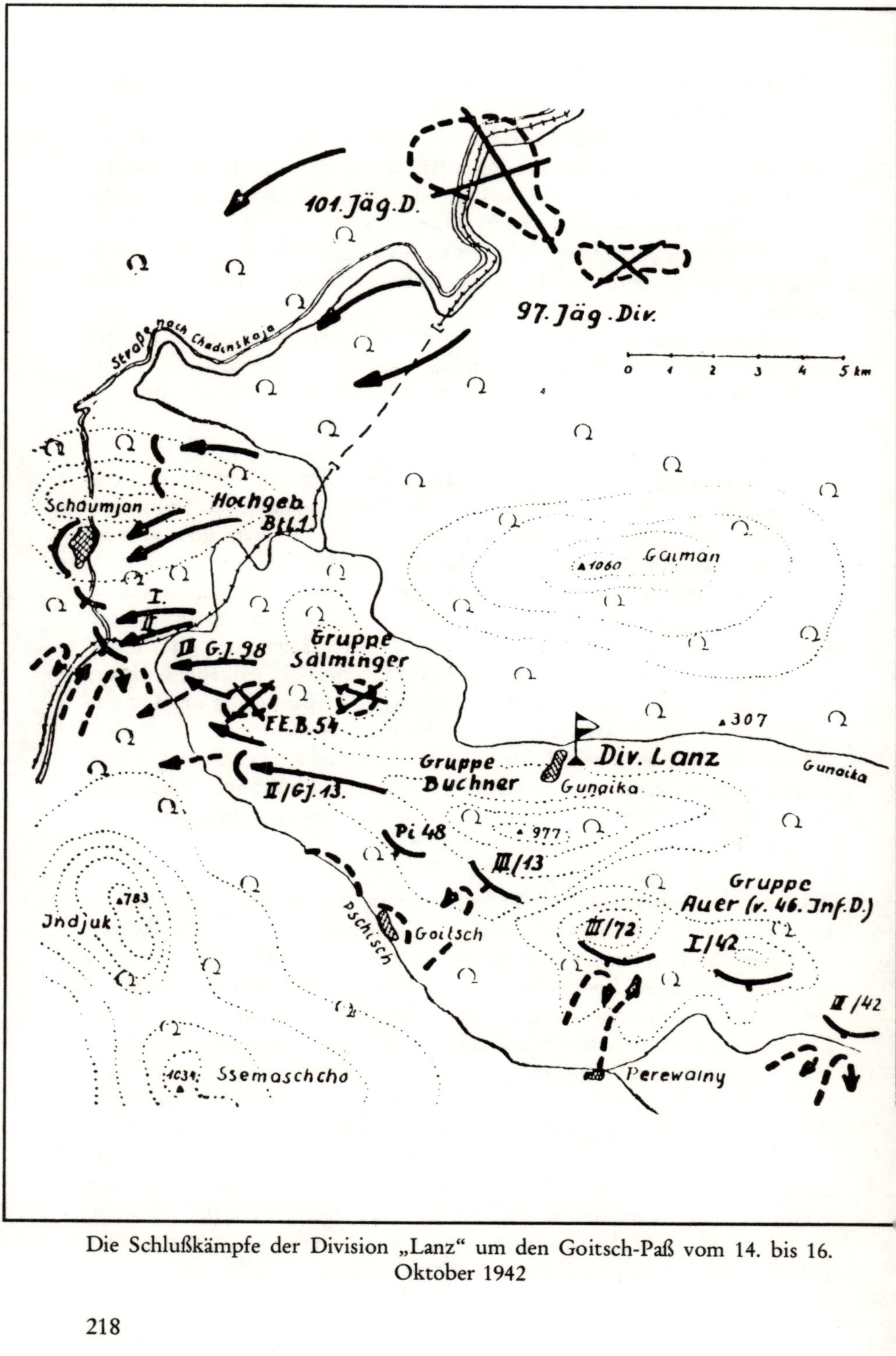


Die Schlußkämpfe der Division „Lanz" um den Goitsch-Paß vom 14. bis 16. Oktober 1942

„Im Pschysch-Tal gingen Truppen der Gr. Lanz weiter zum Angriff gegen die Straße nach Tuapse vor. Mehrere Angriffe in den Gebirgstälern im Bsybtal und Kljutschtal wurden abgewiesen. Westlich Maiskij vergebliche Feindangriffe. Eigener Vorstoß südlich Mosdok hatte Erfolg. In der tiefen Nordflanke verstärkt sich der Gegner.“[97])

Und unter dem 17. Oktober 1942:

„Die Mitte der 17. Armee hat am 16. Oktober Schaumjan (30 Kilometer nordöstlich von Tuapse) genommen. Beim weiteren Angriff auf Tuapse soll die 97. Jäger-Division auf der Straße, die Division Lanz ... durch das Gebirge und die slowakische Schnelle Division in allgemein südöstlicher Richtung vorgehen.“[98])

Am 18. Oktober 1942 schweigt sich das KTB des OKW über die Kampfhandlungen der „Division Lanz“ im Waldkaukasus aus. Dafür erwähnt es das Auftreten der „russischen Flotte im Schwarzen Meer“.[99]) Das konnte für die Deutschen nichts Gutes bedeuten. Und in der Tat, die Russen setzten jetzt, nachdem sie auch im Raum von Noworossijsk, dem bedeutenden Schwarzmeerhafen, die deutschen Truppen in schwere Kämpfe verwickelt hatten, alles auf eine Karte.

Obwohl die Sowjets neue Truppen an die Kaukasusfront warfen, um die Entscheidung endgültig zu ihren Gunsten zu erzwingen, konnten die Gebirgsjäger dennoch einen wichtigen, wenn auch mit viel Blut bezahlten Schritt in Richtung Tuapse tun. Am 24. Oktober 1942 nahmen Teile der „Division Lanz“ den Ssemaschcho-Gipfel und gewannen den Berg drei Kilometer nördlich davon.[100])

Der Kriegsberichter Peter Weber hat fünf Tage am Ssemaschcho miterlebt. Hier ist sein fesselnder und zugleich erschütternder Bericht:

„(PK.) Der Kampf im Gebirge des Westkaukasus hat seinen eigenen Charakter. Er wird mit einem Wagemut und einer Kühnheit geführt, daß er fast abenteuerlich erscheint und die alten Regeln der Strategie über den Haufen wirft. Die Vorstöße die Paßstraße hinauf und hinüber, mit wenigen Kräften nur und oft über 100, 200 Kilometer den Verbänden voraus, gaben den charakteristischen Auftakt. Und der folgende Kampf gegen die tiefgestaffelten Sperrstellungen um die Straßen behielt diesen Charakter. In weitausholenden Umgehungen wurden und werden sie von der Flanke und vom Rücken her angepackt und aufgebrochen. Es ist ein Kampf, gekennzeichnet durch überraschende Vorstöße zwischen den Feind und durch den Feind durch, über urwaldartige Hänge und Höhen, durch fast weglose Täler und Schluchten, Feind an den Flanken und im Rücken, manchmal abgeschnitten und eingekesselt und in scheinbar aussichtsloser Lage. Eine harte Bewährungsprobe für Truppen und Führung, doch zugleich ein Zeichen für das Entscheidende in diesem Krieg: das Bewußtsein der Überlegenheit und die innere Selbstsicherheit. Beides äußert sich in einer höchst einfachen Form: in der Selbstverständlichkeit, mit der die Jäger und Grenadiere die unmöglichsten Dinge anpacken und durchstehen.

Ein Beispiel für diesen Kampf im Gebirge sind der Sturm einer Handvoll Gebirgsjäger auf den Ssemaschcho und die folgenden Kämpfe. Man muß sich ein Bild von diesem Berg machen, um ihn bewerten zu können. Ein tiefes Tal, das in etwas spitzem Winkel auf die Paßstraße und Bahn nach Tuapse stößt. Steil ansteigend dahinter von Schluchten durchfurcht ein Höhenkamm, dessen Gipfel der S.-Kegel ist. Dieser Kamm hat für den Kampf hier entscheidende Bedeutung: Er bildet die Wasserscheide, und vom S.-Berg aus sieht man über den Südhang des Gebirges hinüber das Ziel — das Schwarze Meer und die Hafenstadt. Und sieht dem Feind in seine ganzen Nachschubwege. Hier war begreiflicherweise heftiger Widerstand zu erwarten. Der Feind mußte also möglichst überraschend angegriffen und durchstoßen werden, ehe er recht begriffen hatte.

Wie das geschah, ist bezeichnend für die Gebirgsjäger. Sie machten sich Regen und Sturm zunutze. Man muß wissen, was ein mehrtägiger Regen in den Tälern und Schluchten dieses Urwaldgebirges bedeutet. Die wenigen Wege und Pfade werden grundlos, alles verschlammt und verlehmt, und die Bäche machen in kurzer Zeit die Furten ungang- und unbefahrbar, fast unmöglich, Nachschub, Verpflegung und Munition heranzuschaffen. Es ist verständlich, daß die Sowjets glaubten, bei diesem Wetter sei an einen Angriff nicht zu denken. Und gerade da wurde er angesetzt. Und er gelang. Zwei Regimenter stießen in das Tal hinunter, mitten in einem sintflutartigen Regen, auf zwei kleine Ortschaften zu. Und sie überrumpelten und überrannten den Gegner völlig, machten mehrere hundert Gefangene, erbeuteten Geschütze, Flak, Maschinengewehre, Granatwerfer und Fahrzeuge und trieben die Flüchtenden talauf und talab und die Hänge hinauf. Und ein Bataillon stürmte — buchstäblich, um die Überraschung auszunutzen — durch Schluchten und über die steilen Hänge hinauf auf den Berg, ein Anstieg von drei Stunden. Den Kegel und die beiden Schultern des Berges hatte inzwischen eiligst der Feind besetzt, und weitere starke Kräfte stiegen den Südhang herauf. Ohne Zögern griffen die beiden Kompanien die beiden steilen und mit Geröll durchsetzten Schultern durch eine Lücke zwischen zwei Kompanien durch, um die Stürmenden vom Rücken her anzupacken. Doch ohne Rücksicht auf diese Gefahr stürmten die Kompanien den letzten Steilhang hinauf und warfen in vehementem Stoß den Feind hinunter. Dann erst wandten sie sich und griffen den Gegner im Rücken an und schlugen ihn zurück.

Am Abend hatten zwei Jägerbataillone die Schultern des Berges besetzt und fest in der Hand. Und sofort setzten die Angriffe des Feindes ein, mit zwei Regimentern. Sie wurden in kurzem, aber hartem Kampf zerschlagen. Doch schon hatte der Feind zwei Brigaden herangeführt, zu je fünf

Bataillonen, vollstark, jedes je 400 bis 500 Mann. Dazu kamen die Reste der zerschlagenen Regimenter. In erbitterten Kämpfen, Tag und Nacht, zum Teil Mann gegen Mann, wurden alle Angriffe abgewehrt. Angriffe, die zugleich von vorn wie von den Flanken her vorgetrieben wurden, vorgetrieben im wahrsten Sinne des Wortes.

Indessen stieß eine feindliche Brigade an der rechten Bergschulter vorbei, sperrte den Weg vom Tal herauf zu den beiden Jägerbataillonen ab und drang weiter hinunter, bis zum Gefechtsstand des Regiments am unteren Hang. Und hier entwickelte sich bis in die Nacht hinein ein ähnlicher Kampf wie oben. 1500 bis 2000 Bolschewisten standen an hundert Mann gegenüber: dem Stab, Telefonisten, Funkern, Tragtierführern und einigen Kanonieren. Immer wieder rannten die Bataillone gegen den Halbkreis der Stellung des Gefechtsstandes an, dem es gelang, eine kleine Verstärkung heranzuziehen und seine Stellung zu halten. Mit Tagesgrauen setzte der Angriff verstärkt wieder ein. Die Bolschewisten glaubten, hier dem Schwerpunkt des deutschen Angriffs gegenüberzustehen und begriffen nicht, daß der Weg ins Dorf und Tal hinunter frei und ungeschützt war. Die Verbindung mit dem anderen Gebirgsjägerregiment war nur sehr lose, wie fast überall in diesem Waldgebirge, in dem es geschlossene Fronten nicht gibt und nicht geben kann.

Auch in der zweiten Nacht gab der Feind keine Ruhe, unaufhörlich griff er an. Wieder ohne jeden Erfolg, und er hatte bei dem rücksichtslosen Einsatz seiner Truppen schwere, blutige Verluste. Währenddessen traf eine weitere Verstärkung beim Gefechtsstand ein, und am nächsten Tag, dem dritten des Angriffs, zwei weitere Kompanien Jäger. Sie erhielten den Auftrag, den Versorgungsweg zu den beiden Bataillonen auf der Höhe freizukämpfen. Zwei Tage und drei Nächte waren sie nun schon ohne Verpflegung und Munitionsnachschub auf sich allein gestellt, einem zahlenmäßig weit überlegenen Feind gegenüber, der immer wieder angriff.

Der nächste, der dritte Tag dieser Kämpfe, war der gefährlichste. Wohl gelang es, den Weg zum Berg hinauf vom Feind freizumachen. Doch zu gleicher Zeit stieß der Feind mit einem Bataillon in das Tal hinunter und besetzte das Dorf. Damit waren der Regimentsgefechtsstand und die Jägerbataillone oben, denen eben der Weg zum Gefechtsstand freigekämpft worden war, abgeschnitten. Nimmt man dazu die völlig aufgeweichten und verschlammten Wege, für Fahrzeuge unpassierbar und auch für schwere Waffen und Artillerie, so ergab sich eine äußerst kritische Lage.

Hier schafften Führung und Truppe das scheinbar Menschenunmögliche. Am gleichen Tage warfen zwei Züge einer Kompanie, vielleicht 40 Jäger, das ganze bolschewistische Bataillon aus dem Dorf hinaus. Aus den Stellungen des dritten Bataillons des Regiments, das — über sechs Kilometer entfernt — selber auch im schwersten Kampf gegen eine ganze

Brigade stand, mußte sich der kleine Trupp durch Wald, Schlamm und Wasser durchschlagen und dann den mehr als zehnfach überlegenen Feind angreifen. Es waren die Jäger der Kompanie, die den Paß gestürmt hatten. Sie trieben den Feind aus dem Dorf zurück in seine Ausgangsstellung: den Flankenbogen um den Regimentsgefechtsstand.

Damit war der Nachschubweg aus dem Tal zum Gefechtsstand wieder frei und zugleich der Weg zu den Bataillonen auf den Schultern des Berges. Knapp eine Stunde später zogen die ersten Tragtierkolonnen hinauf, an ihrem Regimentsführer vorbei, der am vierten Tag dieser Kämpfe das Ritterkreuz erhielt.

Gefährlich war die Lage noch immer. Auf der Kuppe des Berges saß der Feind, und zahlenmäßig weit überlegene Kräfte hielten die Stellungen der beiden Jäger-Bataillone umklammert. Er flankierte immer noch den ganzen Nachschubpfad den Hang hinunter, bis um den Regimentsstab herum. Und er gab keine Ruhe, griff da und dort immer wieder an, bei Tag und Nacht. Es hatte wieder angefangen zu regnen. Die Nachschubfrage wurde von Stunde zu Stunde brennender, die Bäche rissen die Tragtiere um, und stellenweise war der Schlamm so tief, daß sie nicht mehr durchkamen. Aber auch das schafften und schaffen die Jäger. Sie fluchen, doch daß sie sich hier durchkämpfen müssen, das ist für sie selbstverständlich. Und es schreckt sie nichts, kein Feind und kein Regen und Schlamm. Sie wissen: diesen Berg und den ganzen Höhenrücken müssen sie haben und halten! Er ist in dem ganzen Kampf hier um die Paßstraße entscheidend, gleich ob er jetzt noch oder später zu Ende geführt wird. Denn mit dem Berg haben sie das Tal und die gute, feste Talstraße und sind damit all die schweren Nachschubsorgen los, all den Schlamm und Dreck und Morast auf den fürchterlichen Notwegen dieses lehmigen Urwaldgebirges und das ewige Durchfurten durch all die tückischen Bäche und Gewässer.

Ihre Gebirgs-Division ist, seit sie hier Ende September eingesetzt wurde, mit allen fertig geworden: sechs Schützen-Divisionen, die der Feind ihr nacheinander in den Weg warf, dazu noch einige Schützen-Brigaden. Beste Truppen zum Teil. Dreieinhalbtausend Tote ließ der Feind liegen, und an die sechstausend Gefangene wurden gezählt. Und eine ansehnliche Menge Material verlor er dabei, an Geschützen, Granatwerfern, Maschinengewehren, schweren und leichten, Maschinenpistolen, Panzerbüchsen, Gewehren, Munition und Lastkraftwagen und Bespannfahrzeugen. Und mit 234 Bunkergruppen mit über 1500 Kampfanlagen war der Stoßweg der Gebirgs-Jäger-Division gesperrt gewesen: ein Weg von über 50 Kilometern, durch Täler und Schluchten, über Hänge und Höhen, immer durch Wald, Wald ohne Ende, auf einen Feind zu, der getarnt und gedeckt überall lauerte. Der Nachschub wurde mit jedem Kilometer schwieriger, Pfade und Wege mußten gehauen und gebaut, Brücken geschlagen und Knüppeldämme gelegt werden. Acht bis neun

Stunden mit einem guten Pferd ist der eine Nachschubweg, den sie geschaffen, fast lang. Dazu die drei Stunden vom Tal auf den Berg.

Und all das wäre mit einem Schlag überwunden, wenn sie oben den Berg und den Kamm und damit das ganze Tal unten fest in der Hand hätten. Lastkraftwagen könnten dann von der schönen Paßstraße her heranfahren, und der Rest wäre ein Kinderspiel. Und darum kämpfen und halten und kämpfen die Gebirgsjäger gerade um diesen Berg — bis der Feind von dem ganzen Höhenkamm heruntergeworfen ist. Und wenn er weiter Brigade um Brigade heranführt, diese Jäger und ihre Führer werden nicht lockerlassen. Es ist eine harte, eine äußerst harte Sache, nicht nur um den Berg —auch bei den Kämpfen rechts und links. Doch sie haben das alte Gefühl der Sicherheit, daß sie es schaffen werden, auch hier."[101])

Um diesen Berg, den Ssemaschcho, der im Waldkaukasus zum Schicksalsberg der „Division Lanz" werden sollte, wurde in den kommenden Tagen und Wochen weiterhin erbittert gekämpft. Aber nicht nur hier, sondern auch an anderen Abschnitten dieser im wahrsten Sinne des Wortes undurchdringlichen, undurchsichtigen, subtropischen Front. So stieß zum Beispiel die Gruppe Buchner, der auch zeitweilig das I./42 unterstellt worden war, in einem Seitental des Gunaikabaches auf die Siedlung Kotlowina vor und wurde dabei in heftige Kämpfe verwickelt. Oft riß die Verbindung in dem unwegsamen Gelände zwischen den Einheiten ab, so daß die Truppe sich verlor und auf eigene Faust weiterkämpfte, um wieder Anschluß zu finden. Die Artillerie konnte auf Grund des unwegsamen Geländes meist nicht den Kampftruppen folgen. Nur verlastete Gebirgsgeschütze kamen, sofern die Tragtiere noch einigermaßen eingesetzt werden konnten, zu den kämpfenden Einheiten durch. Der Bau von Straßen und Wegen mußte eingestellt werden, weil das gesamte Gelände mit dem Beginn der Regenzeit regelrecht verschlammte. Wenn das gesteckte Ziel des XXXXIX. Gebirgs-Armeekorps, die Schwarzmeerküste bei Tuapse zu erobern, doch noch erreicht werden sollte, dann tat Eile not. Deshalb wurde der Angriff über den Pschisch nach Süden trotz aller Widrigkeiten pausenlos fortgesetzt.

Das Kriegstagebuch des Armee-Oberkommandos der 17. Armee gewährt unter dem 24. Oktober 1942 einen Einblick in die harten Kampfhandlungen und die weiteren operativen Absichten der Deutschen im Waldkaukasus:

„Eigene Absicht:

... Immer wieder stückweises Herausschlagen aus der großen Straße, da diese für Versorgung XXXXIV. und XXXXIX. (Geb.)A.K. unerläßlich.

Bisher noch keine Verfolgungslage. Gegner hat immer wieder in rückwärtigen, vorbereiteten Stellungen seine zurückgeworfenen Kräfte aufgefangen. Daher planmäßiges, schrittweises Vorgehen, umsomehr, als immer Kräfte in der Tiefe fehlen. Auch Bewegungs- und Versorgungsverhältnisse der eigenen Truppe, die in ihrer Masse keine Geb.-Ausstattung hat, erzwingen dieses zeitraubende Verfahren.

Letzter Witterungssturz hat starke Verzögerungen herbeigeführt...

Weitere Absicht:

Nach Erreichen Tuapse Auftrag:

a) Beseitigen Gegner zwischen Noworossijsk und Tuapse,

b) Vorstoß Suchum.

Zu a): Auf rechtem Flügel, bei sehr beschränktem Kampfwert der Rumänen, vordringlich Zusammenfassen genügend starker deutscher Kräfte zum Angriff auf Gelendshik. Dies nur möglich durch späteres Heranziehen einer Division aus dem Bereich Tuapse.

Noworossijsk kann wegen seiner Bedeutung und Landungsgefahr nicht den Rumänen überlassen werden.

Nach Erledigung von Tuapse Angriff auf Gelendshik vordringlich, weil Gegner damit seinen letzten brauchbaren Hafen verliert. Gleichzeitig mit Angriff auf Gelendshik Kräfteansatz von Osten her, etwa aus Raum Schaumjan und südlich und an der Küste...

Für Weiterführen Operation sind bestimmend Witterungsverhältnisse für Bewegungen, Unterstützung durch Luftwaffe und Marine, Küstenschutz, später vor allem durch freiwerdende Rumänen.

Zu b): Richtung Suchum erwünscht zunächst wenigstens Erreichen Gegend Lasarjewskoje, um Front hier auf das Äußerste abzukürzen. Wegen Kräftemangels kann vor Beseitigen Gegners bei Noworossijsk und Tuapse Richtung Suchum nicht mehr gemacht werden.

Chef des Generalstabes d. H. vertritt Auffassung: Zuerst Tuapse, dann Gelendshik, dann wird Gegner zwischen beiden Orten ‚ausgehungert'. Daher vor Tuapse noch Lasarjewskoje!...

*Oberst Hans Buchner, Kommandeur des Gebirgs-Jäger-Regiments 13, gratuliert Hauptmann Fritz Roos und Leutnant Karl Helmer auf der Höhe 655 (Waldkaukasus) zur Verleihung des Ritterkreuzes zum Eisernen Kreuz*

I. Einzelfragen:

... 6. Masse der Bautruppen in Kampf bzw. bei vordersten Teilen für Wegebau eingesetzt. Für rückwärtigen Wegebau daher nur wenig Kräfte mit Landeseinwohnern verfügbar.

II. Versorgung:

1. Versorgung muß weitere Operationsabsichten berücksichtigen:

... b) Besonders wichtig aber Pferdefutter, da im Gebirge nichts zu finden. Sonst nicht ersetzbare Ausfälle vor allem bei Mulis nicht zu vermeiden.

c) Bekleidung, vor allem Regenschutz.

2. Ausnutzung des Landes...

4. Täglich höchstens 1 $^1/_2$ Züge statt 3 — 4 Züge.

5. Wintervorbereitungen durch schlechte Bahnlage erheblich verzögert..."[102])

In einer Zeit heftiger Kämpfe und einer äußerst angespannten Versorgungs- und Nachschublage konnte die 4. Gebirgs-Division, deren Teile nach wie vor an verschiedenen Frontabschnitten standen, am 25. Oktober 1942 auf ihr zweijähriges Bestehen zurückblicken. Sie hatte Großes vollbracht und geleistet; zahlreiche Schlachten waren geschlagen und Siege erfochten worden. Daß der Gesamtsieg noch ausstand, das lag nicht an der „Vierten".

Zwei Jahre nach der Aufstellung der Division wurde ihr Gründer und erster Kommandeur, General Eglseer, versetzt. Er führte später, bis zu seinem tödlichen Flugzeugabsturz mit Generaloberst Dietl, als Kommandierender General das XVIII. Gebirgs-Armeekorps im hohen Norden Europas, in Lappland. Nachfolger von Eglseer wurde am 22. Oktober 1942 Generalmajor Hermann Kreß, der zuletzt Kommandeur des Gebirgs-Jäger-Regiments 99 (1. Gebirgs-Division) gewesen war.

Vom zweiten Kommandeur der „Enzian"-Division sind uns nur spärliche Daten überliefert.

*Oben: Der Myschako, der Schicksalsberg der 4. Gebirgs-Division, sowie der Teufelsberg und der Zuckerhut südlich von Noworossijsk*

*Unten: Oberst Ludwig Hörl, Kommandeur des Gebirgs-Jäger-Regiments 91, in einer MG-Stellung im Kuban-Brückenkopf 1943*

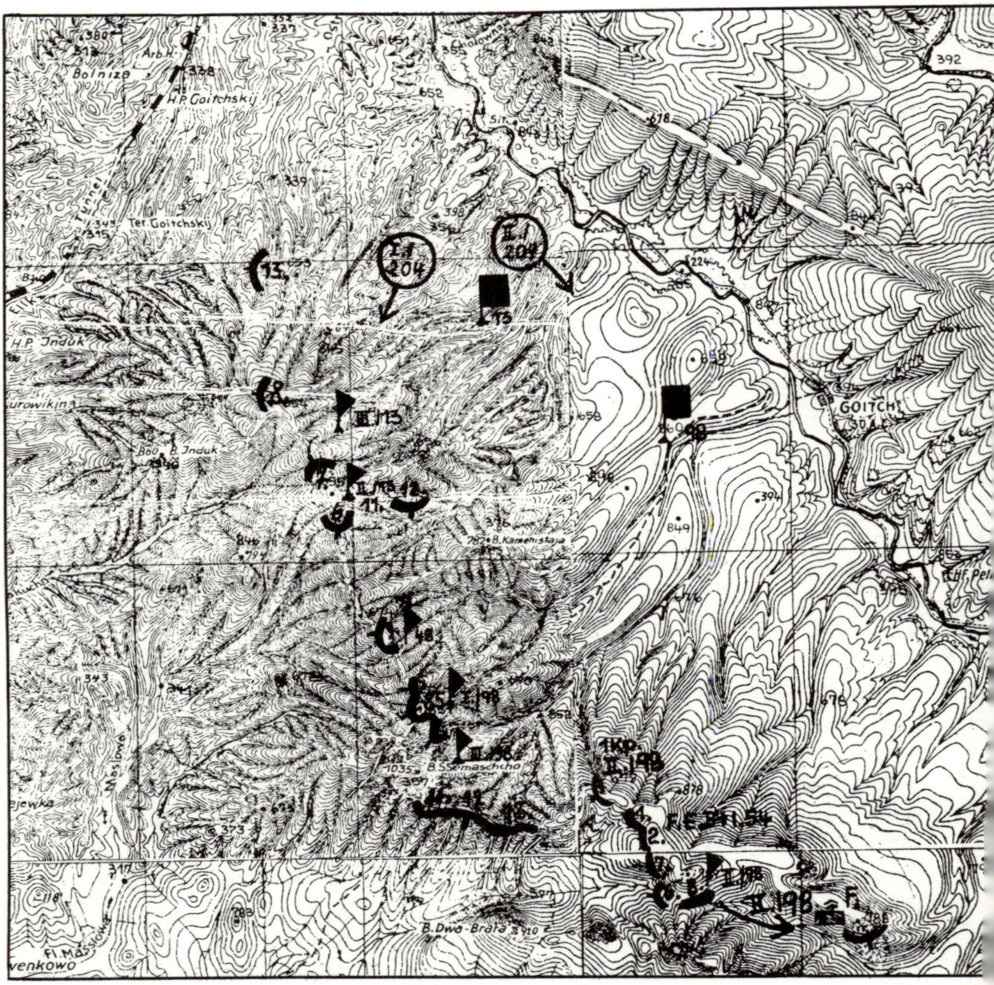


Kampf der Gebirgsjäger im Waldkaukasus um den Ssemaschcho — Lage vom 30./31. Oktober 1942

Der 1895 Geborene war im Ersten Weltkrieg in der alten Bayerischen Armee Frontoffizier im 7. Infanterie-Regiment „Prinz Leopold" gewesen — Garnison Bayreuth, Festspielstadt Richard Wagners.

In der Reichswehr war Kreß seit 1920 Angehöriger des III. Gebirgs-Jäger-Bataillons im (bayerischen) Infanterie-Regiment 19, das als Wiege der Gebirgstruppe der Deutschen Reichswehr/Wehrmacht gilt; zuerst als Zugführer bei der 10. Kompanie in Kempten/Allgäu und dann als Kompaniechef der 9. Kompanie in Lindau am Bodensee.

In der Deutschen Wehrmacht führte Hermann Kreß 1935 als Bataillonskommandeur das II./Gebirgs-Jäger-Regiment 100 in Bad Reichenhall, wirkte als Major im Regimentsstab und übernahm im März 1938 als Kommandeur das Gebirgs-Jäger-Regiment 99 in Füssen. Dieses bewährte Regiment führte er zuerst im Polen- und Westfeldzug, dann im kurzen Kriegseinsatz gegen Jugoslawien und schließlich im Rahmen der 1. Gebirgs-Division im Rußlandfeldzug über Lemberg, Winniza, Uman, Stalino und den Mius bis in den Kaukasus. Bei der Eroberung der Hochgebirgspässe des Zentralkaukasus zeichnete sich Kreß durch den geschickten taktischen Einsatz seiner Bataillone als ein echter Kommandeur der Gebirgstruppe aus.

Von Eglseer übernahm Kreß die Verteidigung der Hochgebirgsfront bis zum Einbruch des Winters, bis dann die große Rückzugsbewegung in den Kuban-Brückenkopf begann, die er, unter schwierigen Gelände- und Kampfverhältnissen, durchführen mußte. Der Rückzug seiner Truppen aus den weit auseinanderliegenden Hochpässen und Regionen des Kaukasus, wo seine Division im Abwehrkampf stand, und aus dem Waldkaukasus, wo andere Divisionsteile kämpften, war eine besondere Leistung. Im Kuban-Brückenkopf fiel General Hermann Kreß am 11. August 1943 am Myschako, dem Schicksalsberg der 4. Gebirgs-Division, in vorderster Linie.

Doch eilen wir der Kriegschronik der „Enzian"-Division nicht allzu sehr voraus. Blenden wir zurück — in die Zeit der Angriffs- und Abwehrkämpfe im Waldkaukasus. Immer häufiger erwähnt das „Kriegstagebuch des Oberkommandos der Wehrmacht" in den Monaten Oktober bis Dezember 1942 die Kampfhandlungen im Pontischen Kaukasus, so unter dem 27. Oktober 1942:

„Südlich Schaumjan sind Teile der Gruppe Lanz im Angriff auf Höhenstellungen westlich des Pschyschflusses. Die harten Kämpfe am Gipfel des Semaschcho halten an ... Durch die schlechten Wegeverhältnisse, hervorgerufen durch die letzten starken Regen- und Schneefälle im Hochgebirge, ist der Nachschub nur durch Träger möglich, Munition (auch Granaten) müssen z. T. bis über 30 km getragen werden ..."[103])

Die an und für sich schon schwachen Bataillone lösten sich in immer kleinere Gruppen auf. Die Verluste durch Feind und Erschöpfung konnten, trotz einer Auskämmung der Trosse, nicht ersetzt werden. In großer Zahl verendeten wertvolle Tragtiere im Morast und Schlamm. Aus den anfangs massiert vorgetragenen Angriffen wurden zuletzt Stoßtruppunternehmen mit begrenzten Zielen. Hartnäckiger Widerstand mußte oft umgangen und von der Flanke oder dem Rücken des Gegners her durch Überfälle gebrochen werden. Als wirksamste Waffen zeichneten sich im undurchdringlichen Waldkaukasus Maschinenpistolen und Handgranaten aus. Die Unterstützung durch schwere Waffen und Artillerie war dagegen sehr erschwert oder nur mittelbar auf entferntere und meist mutmaßliche Ziele beschränkt. Der dichte Waldbestand mit seiner oft subtropischen Vegetation zwang die Gebirgsjäger zu einem noch engeren Zusammenhalt, zu größter Vorsicht vor dauernd möglichen Überraschungen und zu einer Kampfweise auf eigene Faust, meist ohne fühlbare Anlehnung an einen linken oder rechten Nachbarn. Die Schlagkraft der Bataillone wurde zu Stoßtrupps in eigener Sache vermindert. Oft genug waren sie nur noch per Funk mit dem Regiment verbunden.

Von einer durchgehenden HKL konnte man auf Grund solcher Schwierigkeiten, dazu kamen noch die starken Verluste und der mangelnde

Nachersatz, schon lange nicht mehr sprechen. Hier behalf man sich mit einer stützpunktartigen Abwehr, die der Russe, der in jeder Hinsicht aus dem vollen schöpfen konnte, jedoch schnell erkannte. Im unübersichtlichen Berggelände des Pontischen Kaukasus, dessen dauernd wechselnde Hänge steil und zerschnitten abfielen, bestanden zwischen den einzelnen Kompanien große Lücken, die nur durch Verbindungsspähtrupps überbrückt werden konnten.

Anfangs wurden diese gefahrvollen Unternehmungen, die sich hart an der russischen HKL entlang abspielten, von Gruppen geführt. Als sich die Ausfälle aber in erschreckendem Maße häuften, schrumpfte die Gruppe zu zwei Mann zusammen, bis schließlich oft nur noch ein geländekundiger Gebirgsjäger übrigblieb, der dann Aufträge mutterseelenallein ausführen mußte. Wieviel stille Pflichterfüllung und Tapferkeit hier von den Einzelkämpfern, so muß man diese Spezies von Jägern wohl nennen, abverlangt wurden, das vermag keine Feder auszudrücken.

Am 1. November 1942 stand die „Division Lanz" auf der gesamten Front in erbittertem Abwehrkampf am Ssemaschchoberg,[104]) aber auch an den nördlich davon gelegenen Bergrücken.

„Urrä — Urrä — Urrä!" so hallte der markdurchdringende Angriffsschrei der russischen Übermacht zu den nur noch dünn besetzten Linien der Gebirgsjäger herüber. Kaum war der eine Angriff erfolgreich abgewehrt, schon setzte sich eine neue russische Angriffswelle in Richtung Semaschcho in Bewegung. Der Russe konnte noch so oft geworfen werden, er schien sich wie eine tausendköpfige Hydra zu vermehren.

„Urrä — Urrä — Urrä!"

In immer neuen Wellen berannten die aufgefrischten und neu ausgerüsteten Regimenter, Brigaden und Divisionen der Roten Armee die Stellungen der tapferen Gebirgsjäger, die sich förmlich im blutgetränkten Semaschcho eingegraben hatten, um die russischen Roboter aus Fleisch und Blut besser abwehren zu können. Aber dieses Abwehren — ohne Nachersatz, ohne ausreichende Verpflegung, mit rationierter Munition und ohne trockene Bekleidung — hatte seinen allzu hohen Preis: viel zu viele Offiziere, Unteroffiziere und Mannschaften, die an Verwundungen, Unterkühlungen und Entkräftung starben.

So kam, was schon lange kommen mußte: der deutsche Angriff kam immer mehr ins Stocken — und schon bald erschöpften sich die Kräfte der Gebirgsjägerbataillone und -regimenter auf den letzten Bergen, von denen aus sie das nahe und doch so unerreichbar ferne Schwarze Meer herüberschimmern sahen.

Mit unverminderter Heftigkeit gingen die Abwehrkämpfe der „Division Lanz" im Waldkaukasus während des ganzen November weiter. In wechselhaften verlustreichen Gefechten konnten die Stellungen am Semaschcho und im Pschysch-Tal vorläufig noch gehalten werden.[105])

Doch die Wende zugunsten der Russen zeichnete sich auch hier immer deutlicher ab.

Die Versorgung, die nur noch durch abgerackerte Tragtiere und Trägertrupps möglich war, wurde von Tag zu Tag zu einem immer schwierigeren Problem; ebenso der Abtransport der Verwundeten. Die Bergpfade über den sogenannten Pioniersattel und das Gunaikatal ersoffen regelrecht im Schlamm.

Am Abend des 12. November 1942 stieß endlich das I. Bataillon von seinem Einsatz im Labatal wieder zum Gebirgs-Jäger-Regiment 13. Die Kampfkraft des traditionsreichen Regiments wurde damit etwas verstärkt. Doch der Russe glich die vermeintliche deutsche Überlegenheit schnell wieder aus. Seine Menschenreserven schienen noch immer unerschöpflich zu sein.

Am 21. November verwandelte sich der Regen in Schnee. Der erste Frost trat auf. Die Bataillone gruben sich am Semaschcho immer tiefer ein. Notdürftig ausgestattete kleine Bunker schützten die Gebirgsjäger vor den Naturgewalten.

Anfang Dezember übernahm Generalmajor Kreß, der neue Kommandeur der 4. Gebirgs-Division, einen Frontabschnitt im Waldkaukasus. Er war, wie man aus der Abendmeldung der „Division Lanz" vom 1. Dezember 1942 ersehen kann, um diese schwierige Aufgabe nicht zu beneiden:

„Lage am Brückenkopf äußerst ernst. Feindangriff mit neuen Kräften in beiden Flanken nach Feindverhalten und Gefangenenaussagen morgen zu erwarten.

Hoher Erschöpfungszustand der Truppe. Bisher gemeldete Fälle an Erschöpfung: 2 Tote, 10 Zusammengebrochene. Täglich 60 Pferde Totalverlust.

Steigendes Hochwasser des Pschsich verhindert Versorgung . Munition nur noch für drei Tage vorhanden. Verpflegung für einen Tag; für Pferde kein Futter mehr. Abtransport Verwundeter nicht möglich.

Beziehen der Pschisch-Stellung, sobald es Hochwasser erlaubt, unerläßlich, da sonst Truppe verloren.

Versorgung durch Gunaikatal infolge Hochwassers völlig unterbunden. Alle Anstrengungen, zerstörte Verbindungen wiederherzustellen, vergeblich. Nachschubeinrichtungen von rückwärts leisten nur mehr ein Drittel des Bedarfs. Heranbringen von Munition zur Zeit nicht mehr möglich. Sofortiger Einsatz mehrerer Ju's notwendig, da sonst Truppe in zwei Tagen ohne Verpflegung."[106])

Der Oberbefehlshaber der 17. Armee bemühte sich zwar seit Tagen um die Genehmigung zur Räumung des Semaschcho — aber anfangs ohne nennenswerten Erfolg. Die oberste Führung schwieg weiter. Sie konnte

Vorläufiges Besitzzeugnis

Im Namen des Führers
und Obersten Befehlshabers
der Wehrmacht

verleihe ich
dem

Hauptmann Schlotterbeck

Fhr.III./Geb.Jg.Rgt.
13

das

Deutsche Kreuz in Gold

HQu OKH, den 13.Dez. 1942

Oberkommando des Heeres

Generalfeldmarschall

Der Oberbefehlshaber des Heeres

Der Führer verlieh das Deutsche Kreuz in Gold…

sich trotz — oder gerade wegen — der schweren Rückschläge bei Stalingrad noch nicht dazu entschließen, den Angriff am Semaschcho in Richtung Tuapse aufzugeben.

Die von der Luftwaffe abgeworfenen Versorgungsgüter im Waldkaukasus waren zwar von großer Bedeutung und brachten eine zeitweilige Entlastung, sie waren jedoch zu wenig ausreichend, um die deutsche Operation im Kaukasus nachhaltig zu unterstützen. Das kam bereits in einer ungeschminkten Meldung der „Division Lanz" über den Kampfraum am Semaschcho am 10. Dezember 1942 zum Ausdruck:

„Seit dem letzten Hochwasser (am 1. Dezember) kann die Truppe nur noch mit halben Portionen verpflegt werden. Der Kälteeinbruch hat die Auszehrung gesteigert; 14 Erschöpfungstote in den letzten sieben Tagen.

Das Pferdesterben hält an...

Die Bekleidung ist durch die Beanspruchung der neunwöchigen Waldkämpfe völlig abgerissen; infolge der Nachschubschwierigkeiten kann sie trotz großer Bestände nicht verbessert werden. Offizier und Mann kommen seit Wochen nicht mehr aus den nassen Kleidern. Die Wäsche verfault buchstäblich am Körper. Erkältungen, Furunkulose und Infektionen sind die Folge.

Der Abschub der Verwundeten zu den Hauptverbandsplätzen und von da nach rückwärts ist äußerst schwierig. Soweit ihr Abtransport aus der Stellung unter stundenlangen Mühen gelingt, liegen sie auf dem Hauptverbandsplatz oft viele Tage dichtgedrängt in nassen Zelten. Der Abflug durch Störche fällt infolge schlechten Wetters oft aus. Die Träger sind so beansprucht, daß für einen Verwundeten acht Träger notwendig sind. Von den kürzlich überwiesenen 170 Mann sind am 9. Dezember noch zehn einsatzfähig: von 72 am 7. Dezember überwiesenen Trägern ist nur die Hälfte dienstfähig.

Munition für Handfeuerwaffen in den nächsten Tagen noch vorhanden; Handgranaten in begrenztem Umfang. Ungünstig steht es mit Artilleriemunition, die infolge des Hochwassers im Gunaikatal nicht mehr durchkommt.

Die Witterung wechselt mit Schnee und Regen zwischen Temperaturen von +5°C und —5°C und ergibt bald knietiefen zähen Schlamm, bald eine durchbrechende Frostschicht darüber. Dieses Wetter hält wahrscheinlich noch wochenlang an.

Hilfe durch Luftwaffe bedeutsam; ein Drittel der Güter ging verloren.

Grundsätzliche Besserung der Versorgungslage, oder die Truppe geht zugrunde!"[107])

Die Luftwaffe kam überhaupt nicht mehr. Dafür traf aber endlich etwas anderes ein, auf das man lange vergeblich gewartet hatte: Am 12. Dezember 1942, um 12 Uhr, erteilte der Oberbefehlshaber dem Kommandierenden General des XXXXIX. Gebirgs-Armeekorps, General der Gebirgstruppen Konrad, die Genehmigung zur Räumung des Semaschcho. Dieser Schicksalsberg hatte von den Gebirgsjägern einen außerordentlich hohen Blutzoll gefordert. Die Verluste betrugen vom 21. Oktober bis zum 13. Dezember 1942 nicht weniger als 823 Gefallene, 2412 Verwundete und 199 Vermißte. Eine erschreckend hohe Zahl!

Am 14. Dezember 1942 wurden die Divisionseinheiten über die bevorstehende Räumung des Semaschcho informiert. Noch in der Nacht wurde ein Teil der schweren Infanteriewaffen abgebaut. Eine halbe Stunde vor Einbruch der Dämmerung des 16. Dezember setzten sich, vom Feind unbemerkt, die ersten Truppenteile ab. Diese Absetzbewegung führte in die Zwischenstellung nördlich des Pschisch und später hinauf auf die ehemals hart erkämpften Kämme des Pioniersattels. Auf den Höhen nördlich des Pschisch wurde der rechte Flügel des XXXXIX. Gebirgs-Armeekorps neu gegliedert und, soweit es möglich war, die Ordnung der Divisionsverbände wiederhergestellt. Links lag die 1. Gebirgs-Division, rechts die 4. Gebirgs-Division mit dem Gebirgs-Jäger-Regiment 13, Gebirgs-Jäger-Regiment 91, Pionier-Bataillon 213 und der Artillerie-Gruppe Sommer (III./Geb.Art.Rgt. 94, II./Geb.Art.Rgt. 79, IV./Geb.Art. Rgt. 79 = 6 Gebirgsbatterien und 4 schwere Batterien).

Bärtig, ausgezehrt, durchnäßt, durchfroren und verlaust erlebten die Gebirgsjäger ihre zweite Kriegsweihnacht in Rußland. Eine rechte Weihnachtsstimmung kam jedoch nicht auf, denn ausgerechnet in der Nacht vom 24./25. Dezember erfolgte ein Stellungswechsel. Der überwiegende Teil der 4. Gebirgs-Division kampierte in 4-Mann-Zelten. Die Grabenstärken betrugen um diese Zeit beim Gebirgs-Jäger-Regiment 13: I./13 = 136 Mann, II./13 = 138 Mann und III./13 = 102 Mann; beim Gebirgs-Jäger-Regiment 91: I./91 = 184 Mann und III./91 = 175 Mann.

Insgesamt hatte die „Division Lanz" in der Zeit vom 27. September bis 31. Dezember 1942 folgende Verluste zu beklagen: 232 Offiziere (davon 35 gefallen, 1 vermißt, 128 verwundet, 68 erkrankt abtransportiert), Unteroffiziere 754, (164 davon gefallen, 7 vermißt, 472 verwundet, 111 erkrankt abtransportiert) und 6884 Mannschaften (1267 davon gefallen, 183 vermißt, 4009 verwundet, 1426 erkrankt abtransportiert). Der vom 27. September bis 31. Dezember 1942 eingetroffene Nachersatz setzte sich zusammen aus: 18 Offizieren, 174 Unteroffizieren und 2619 Mannschaften. Die Tierverluste betrugen in diesem Zeitraum 4226. Davon wurden 996 bei Kampfhandlungen getötet, 251 verendeten an Krankheit und 2979 an Erschöpfung.

Die Eintragungen in den Soldbüchern der Soldaten der 4. Gebirgs-Division sind ein Spiegelbild der Höhen und Tiefen der „Enzian"-Division im Kriegsjahr 1942: 1. Januar — 17. Juli 1942 Abwehrkämpfe in der Miusstellung; 18. Juli — 26. Juli 1942 Vormarsch zum Don bei Rostow; 27. Juli — 19. August 1942 Vormarschkämpfe und Verfolgung im Vorland des Kaukasus; 20. August — 10. September 1942 Hochgebirgskämpfe im Kaukasus; 20. September — 26. September 1942 Anmarsch von Teilen der Division zum Waldkaukasus; 27. September — 31. Dezember 1942 Angriffs- und Abwehrkämpfe im Waldkaukasus vor Tuapse.

# Vierter Teil

## Kriegsjahr 1943

## Die militärpolitische Lage 1943

Die Ende 1942 eingetretene Wende zugunsten der Alliierten wurde nun bereits an allen Fronten deutlich. Die Rote Armee konnte ständig weiter nach Westen vordringen, nachdem es ihr gelungen war, die 6. Armee einzukesseln und damit die Kapitulation von Stalingrad am 31. Januar 1943 zu erzwingen. Über 90.000 deutsche Soldaten marschierten nach der Schlacht an der Wolga in die erbarmungslose russische Gefangenschaft, während 142.000 bereits gefallen, erfroren oder verhungert waren. Die Gesamtverluste des deutschen Ostheeres lagen bei 40 Prozent von rund 3,2 Millionen Mann. Besonders hoch war dabei der Blutzoll bei der deutschen Gebirgstruppe. Von der alten, vollausgebildeten Mannschaft blieben je nach Härte des Kampfeinsatzes bei den verschiedenen Einheiten noch 15 bis 25 Prozent übrig. Die jeweils zugesagten Nachersätze konnten wegen des Vielfrontenkrieges nie voll eingehalten werden, so daß die Fehlbestände bei den Kampfeinheiten immer größer wurden.

An wichtigen militärpolitischen Ereignissen waren neben dem Fall von Stalingrad und dem Rückzug der Heeresgruppe A aus Kaukasien in diesem Kriegsjahr zu verzeichnen: Die Konferenz von Casablanca (14. Januar — 25. Januar 1943) mit dem Beschluß von Roosevelts Forderung nach der „bedingungslosen Kapitulation" Deutschlands;[108]) der Einsatz neuer Radargeräte durch die Alliierten und, damit zusammenhängend, der Zusammenbruch der deutschen U-Boot-Kriegführung; die Entlassung des Großadmirals Raeder und die Nachfolge von Dönitz; Goebbels' Verkündigung des „totalen Krieges" am 18. Februar 1943 im Berliner Sportpalast; die Kapitulation der deutsch-italienischen Streitkräfte in Tunis und die Landung der Alliierten auf Sizilien; der Sturz des faschistischen Regimes in Italien und damit der Abfall vom Bündnis mit Deutschland und die Gefangennahme Mussolinis in Rom; die Kapitulation Italiens am 8. September und die Kriegserklärung der neuen italienischen Regierung an Deutschland vom 13. Oktober 43; verstärkte Partisanentätigkeiten auf dem noch instabiler gewordenen Balkan; die Landung der 5. US-Armee bei Salerno; die Konferenzen von Quebec (14. August — 20. August 1943) und Teheran (28. November — 1. Dezember 1943), die sich bereits mit den Vorbereitungen zur Invasion in der Normandie (Operation „Overlord") befaßten.

Die Kriegsjahre 1942/43 waren aber auch, was die deutsche Seite anbetraf, Jahre der verpaßten Gelegenheiten. Nicht nur hinsichtlich der strategischen Zielvorstellungen und der operativen Planungen wurden schwere Fehler begangen — so der gleichzeitige exzentrische Angriff der Heeresgruppen B und A nach Stalingrad bzw. in den Kaukasus oder der Verlust des ungeschickt verteidigten russischen Raumes als operative Rückzugsgröße allerersten Ranges — sondern auch in rasseniceologischer Hinsicht, Fehler, die sich später, als man sie eingesehen hatte, nicht mehr korrigieren ließen. In diesem Zusammenhang sei nur an die Gründung des „Russischen Komitees von Smolensk“ unter der Führung des sowjetischen Generals Andrej Andrejewitsch Wlassow erinnert.

General Wlassow hatte sich im Herbst 1942 den Deutschen angeschlossen und aus russischen Kriegsgefangenen eine Freiwilligenarmee geschaffen, um mit ihr gegen den verhaßten Bolschewismus zu kämpfen. Doch es kam anders: Am 8. Juli 1943 verbot Hitler den Einsatz dieser Befreiungsarmee. Man — vor allem Keitel, Himmler und Bormann — befürchtete, daß es dem übergelaufenen sowjetischen General letztlich nur darum ginge, das russische Großreich unter seiner Führung wiederherzustellen. Erst am 16. September 1944 wurde die „ROA“ durch ein Abkommen zwischen Himmler und Wlassow zum „Kampf gegen den Bolschewismus“ aufgerufen. Doch zu dieser Zeit, als sich das Ende des Zweiten Weltkrieges bereits zugunsten der Alliierten überdeutlich abzeichnete, kam der Einsatz der Wlassowarmee für die an allen Fronten überstrapazierte Deutsche Wehrmacht zu spät, um noch eine Kriegsentscheidung herbeiführen zu können.

Das Wort „Zu spät!“ sollte im Verlauf der folgenden Kriegsmonate noch so manches Mal von den verantwortlichen Truppenführern mit einem resignierenden Unterton ausgesprochen werden ...

## „Vorwärts Kameraden, wir müssen zurück!“

Das Schicksal der 6. Armee lag wie ein langer, dunkler Schatten über dem Südabschnitt der Ostfront, wo eine Hiobsbotschaft die andere jagte. Der russische Durchbruch beiderseits von Stalingrad, der südlich des Don eine beträchtliche Frontlücke bei der 17. Armee erbracht hatte, konnte nicht ohne weitreichende Folgen für die gesamte Südostfront bleiben.

Und in der Tat: Anfang 1943 sah es noch so aus — und die russischen Operationen zielten darauf ab —, als ob der deutschen Kaukasusarmee das gleiche Schicksal widerfahren sollte wie der Stalingradarmee. Doch die Heeresgruppe A unter Generalfeldmarschall Ewald von Kleist, die durch den Rückzug der nördlich des Don anschließenden deutschen Kräfte plötzlich der drohenden Gefahr ausgesetzt gewesen war, den Zusammenhalt mit der benachbarten Heeresgruppe B zu verlieren, wich mit einem Teil ihrer Verbände über Rostow und Taganrog in die Ukraine aus, während sie sich mit der 17. Armee und Teilen der 1. Panzer-Armee ab Januar 1943 auf die Kuban-Halbinsel zurückzog. Unter diesen Verbänden befanden sich auch das V. und XXXXIV. Armeekorps sowie das XXXXIX. Gebirgs-Armeekorps mit der 1. und 4. Gebirgs-Division.

Am 31. Dezember 1942 erhielten die dem XXXXIX. Gebirgs-Armeekorps unterstellten Divisionen den Befehl, die Räumung des Gunaikatales vorzubereiten und sich auf die sogenannte B-Linie („Seilbahn") zurückzuziehen. Gleichzeitig begann das Generalkommando, das wertvolle Wehrmachtsgut, vor allem Waffen, Gerät und Ausrüstungsgegenstände, in einer von ihm festgelegten Dringlichkeitsfolge soweit als möglich auf der Bahn und der Straße zurückzuführen.

„Vorwärts Kameraden, wir müssen zurück!" lautete von nun an die am häufigsten verkündete Parole.

Befehlsgemäß setzte sich nun das XXXXIX. Gebirgs-Armeekorps auf einer Frontbreite von rund 400 Kilometern vom Hoch- und Waldkaukasus in einer über drei Monate laufenden aber letztlich erfolgreich geführten Operation in den Kuban-Brückenkopf ab. Es entzog sich damit noch rechtzeitig dem russischen Zugriff, der die Gebirgsjäger einschließen und vernichten sollte. Bereits am 4. Januar 1943 löste sich die Gruppe von Le Suire von den Hochgebirgspässen des Chotja Tau, des Kluchor, des Dombai Ulgen und des Maruchkoj, um sich nach Nordwesten abzusetzen. In der Nacht zum 14. Januar wurde das Gunaika-Tal geräumt. Nach unbeschreiblichen Strapazen und ungewöhnlich hohen Verlusten an Pferden und Tragtieren, die dieser Rückzug die Deutschen gekostet hatte, wurden die neuen Stellungen am Gunai-, Lysseja- und am Geymanberg bezogen. Äußerst vorsichtig und mißtrauisch folgte der Russe den Gebirgsjägern, die geschickt den Tatzenhieben des russischen Bären auswichen.

Es war am 14. Januar 1943, als die Gebirgsjäger total erschöpft die verschneite „Seilbahnstellung" hinter dem Gunaika-Tal bezogen Nur lang -sam stießen die Russen nach. Doch die Vorstöße wurden verlustreich abgewiesen. Über mehrere Zwischenstellungen setzte sich die 4. Gebirgs-Division weiter aus den Bergen des Waldkaukasus ab, um dann entlang der Bahnlinie über Chadishenskaja — Muck — Beloretschinskaja zu marschieren und schließlich den Kuban bei Usti-Labinskaja zu überschreiten. Dort hatten Vorkommandos neue Stellungen erkundet. Diese Stellungen waren dann durch Bautrupps ausgebaut worden, so daß die Truppe das Gefühl hatte, daß man sie nach besten Kräften unterstütze und versorge. Dieser psychologische Effekt war für die weiteren Rückzugskämpfe in den Kuban-Brückenkopf äußerst wichtig. Denn nur eine seelisch und körperlich gefestigte Truppe konnte in der Lage sein, die bevorstehenden Schwierigkeiten zu meistern.

Als besonders schwierig erwies sich die Rückführung der Artillerieverbände. Die Bergung der Artillerie und der Truppenfahrzeuge mit den wichtigen Munitionsbeständen wurde dem Artilleriekommandeur des XXXXIX. Gebirgs-Armeekorps, Oberst Winkler, später als Generalmajor Artilleriekommandeur 101, anvertraut. Sie sollte dem Gegner verborgen bleiben und bis zum 15. Januar abgeschlossen sein. Das erste Ferngespräch, das der Kommandierende General des XXXXIX. Gebirgs-

Armeekorps, Konrad, in jenen Tagen führte, war das mit seinem technisch und taktisch äußerst versierten Artilleriekommandeur, der dann den Ablauf und das Ergebnis des Vortages, die Zahl der arbeitsfähigen Zugmaschinen und die Planung für den neuen Tag meldete. Die Rückführung der Artillerie war Voraussetzung für das Gelingen des deutschen Rückzuges in den Kuban-Brückenkopf und die Erhaltung der großen Verbände. Oberst Winkler, der wegen seiner Tatkraft, Bergerfahrung und organisatorischen Umsicht bei den Gebirgsjägern und Gebirgsartilleristen hoch angesehen war, schreibt über diese Operationsbewegungen seiner Artillerieverbände:

„Der Schlamm ließ unterwegs alle Fahrzeuge bis zur Achse versinken, aber nachts und am Morgen zu Eis erstarrt, hielt er sie wie mit Eisenklammern fest. Mancher Personenwagen mit zu geringer Bodenfreiheit mußte geopfert werden. Was da ganz besonders die Artillerie mit ihren schweren Lasten, Fahrzeugen und Geschützen an Arbeit leisten mußte, spottet jeder Schilderung, und doch war sie von der ‚Gotenkopfstellung' über die ‚Hubertus-, Diana-, Poseidon-, Paula-, Anna-, Susannastellung' bis zur letzten und endgültigen ‚Katinka-Stellung' immer und immer wieder rechtzeitig feuerbereit, um den Russen mit gebührendem Eisenhagel zu empfangen, so oft er angriff."[109])

Anders geartet waren die Schwierigkeiten bei den Jäger- und Infanteriedivisionen, die einen Teil der Batterien auf schmalen Serpentinenwegen über steile Bergflanken hinabführen mußten. Und wiederum anders vollzog sich die Bergung der Gebirgsartillerie von den winterlichen Pässen des Hochkaukasus und aus den Hochtälern westlich des Elbrusmassivs. Hier mußten die einzelnen Geschützteile über lange Strecken und steile Abstiege von der Truppe getragen werden, bis sie dann auf Schlitten gesetzt, auf Tragtiere verlastet und endlich von den Zugmaschinen gezogen werden konnten. Doch dank der Gebirgserfahrung und der unermüdlichen Tatkraft der Truppe gelang es dem XXXXIX. Gebirgs-Armeekorps, seine gesamte Artillerie, einschließlich der bei ihm eingesetzten Heeresartillerie, und sämtliche Infanteriegeschütze zu bergen. Verloren ging allerdings ein Großteil der Artillerie der 198. Infanterie-Division im Waldgebiet des Pssechuptales. Pferde- und Menschenkraft reichten nicht mehr aus, um die im Schlamm festsitzenden Flachlandbatterien herauszu-

*Oben und unten: Zerstörte russische Landungsfahrzeuge nach der gescheiterten sowjetischen Invasion bei Noworossijsk*

ziehen. In dieser verzweifelten Lage stand dem Gebirgskorps nur eine geringe Anzahl an Zugmaschinen zur Verfügung, um das wertvolle Kriegsgerät wieder zurückzuführen.

In der Nacht vom 30. zum 31. Januar 1943 ging die Nachhut der 46. Infanterie-Division unter Zerstörung der beiden Kriegsbrücken als letzter Truppenteil des XXXXIX. Gebirgs-Armeekorps über den Kuban in den abwehrbereiten Brückenkopf zurück. Mit diesem Rückzug begann, für jeden sichtbar, für die deutsche Gebirgstruppe ein neues Kapitel des Unternehmens „Barbarossa“. Die Phase des Rückzuges mit ihren opferreichen Kämpfen an der gesamten Ostfront hatte von nun an begonnen.

Die Gründe für die große Wende waren nicht bei der kämpfenden Truppe zu suchen, sondern vielmehr bei der obersten Führung, die die riesigen Entfernungen und geographischen Gegebenheiten, wie hier im Hoch- und Waldkaukasus, immer wieder falsch beurteilte. War es nicht ein Wahnsinn, so muß man sich fragen, hinter der 17. Armee ein Korps mit Sommeruniform und -ausrüstung nachzuführen, um nach dem Überschreiten des Kaukasus und der Vereinigung mit Rommels Afrikakorps über Persien nach Indien vorzustoßen? Denn nur dort, so Hitlers Meinung, wäre das britische Empire zu schlagen gewesen.

Bei der Rückzugsoperation aus dem Kaukasus in den Kuban-Brückenkopf, die für die 4. Gebirgs-Division vom 20. Januar bis zum 9. Oktober 1943 dauern sollte, kämpfte sich die „Enzian“-Division mit ihren Regimentern, Abteilungen, Bataillonen und Kompanien über Kurinski, Twerskaja und Beloretschenskaja nach Norden durch.

„Anfang Februar 1943 ging es dann Nacht für Nacht von einer Stellung in die andere, wobei es der kampferfahrenen Truppe in der Regel gelang, den immer wieder anrennenden Feind abzuschütteln und in der Dunkelheit zu verschwinden.

Sehr viel kritischer wurde die Lage aber, als sich das Korps, dem mittlerweile sämtliche Divisionen nördlich des Kuban unterstellt worden waren, was bei dem Mangel an Führungsmitteln eine hohe Belastung für den Kommandierenden General und seinen Stab bedeutete, dem wasserreichen Abschnitt der Protoka näherte. Nur eine brauchbare Brücke führte in Slawianskaja über dieses breite Hindernis. Hier beabsichtigten die Sowjets, die ‚Faschisten‘ abzuschneiden und zu vernichten. Aber die Truppe

*Oben: Zerstörte russische Wasserfahrzeuge in der Oserejka-Bucht bei Noworossijsk*

*Unten: Stacheldrahtverhaue markieren bei Oserejka die rechte Flanke der deutschen Ostfront*

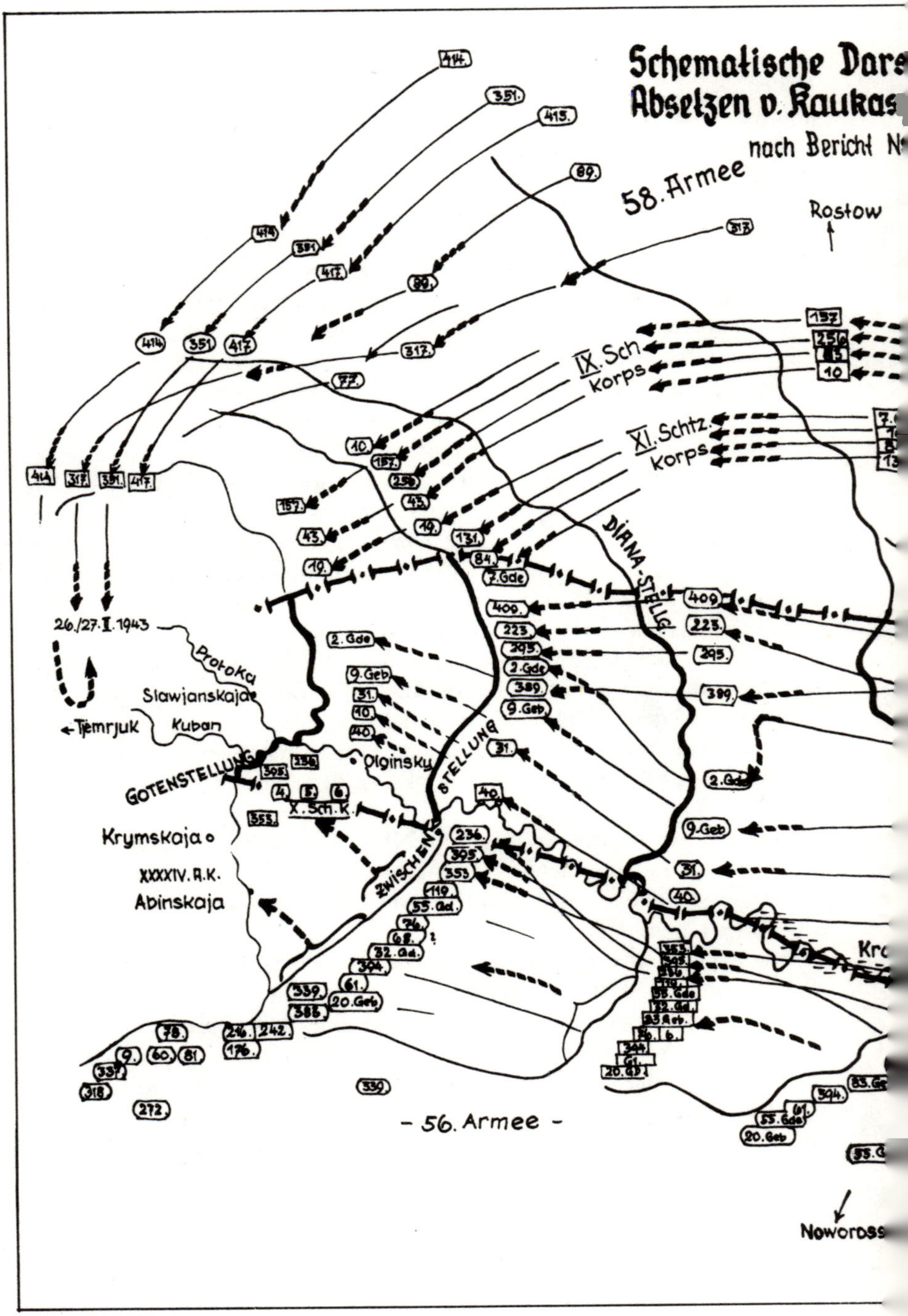
Schematische Dars
Absetzen v. Kaukas
nach Bericht N
58. Armee
Rostow
IX. Sch Korps
XI. Schtz. Korps
DIANA-STELLG.
26./27. I. 1943
Protoka
Slawjanskaja
Kuban
← Tjemrjuk
GOTENSTELLUNG
Olginsky
X. Sch. K.
Krymskaja
XXXXIV. A.K.
Abinskaja
ZWISCHEN STELLUNG
- 56. Armee -
Nowoross

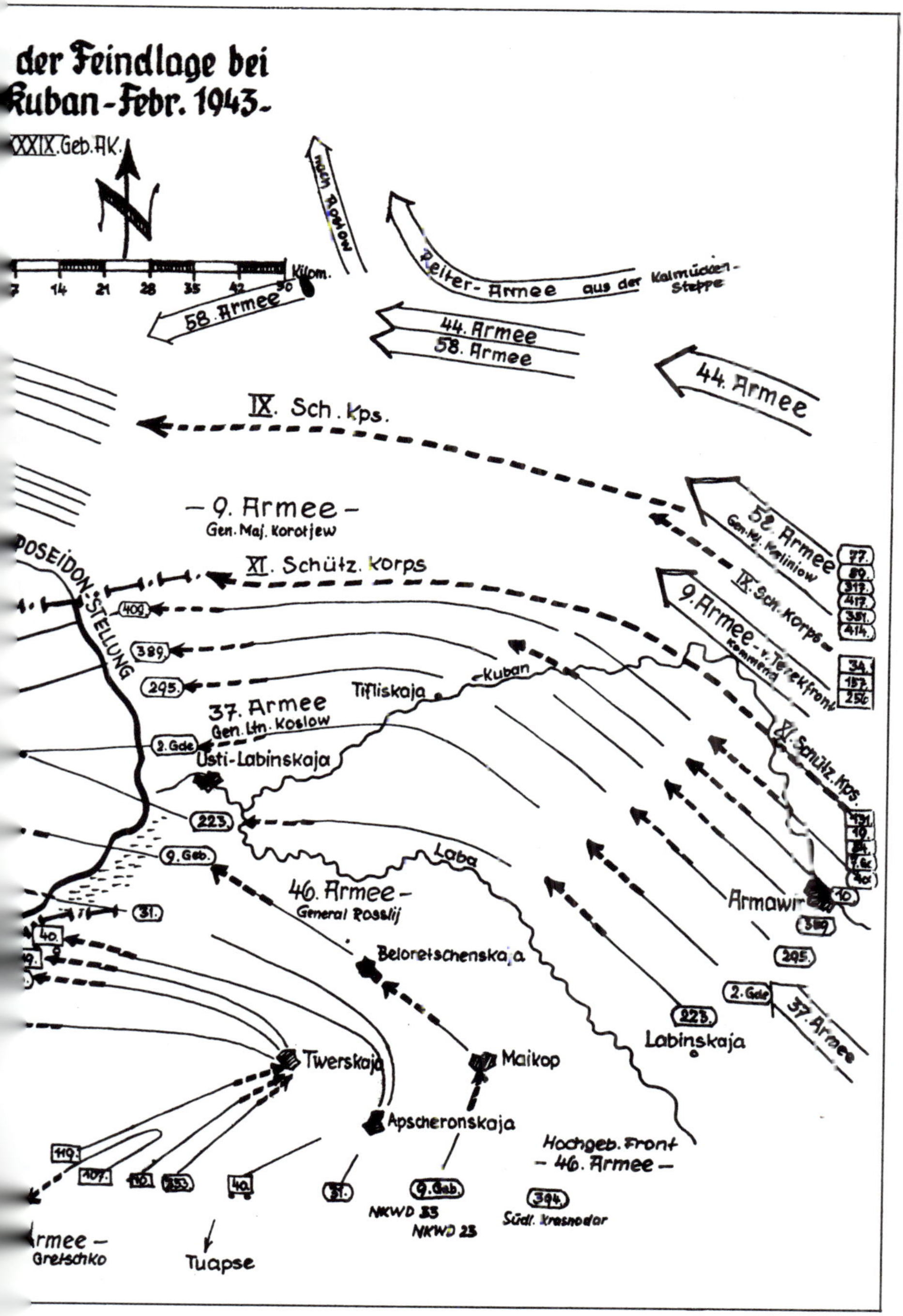
der Feindlage bei
Kuban-Febr. 1943-
XXXIX. Geb. AK.
Kilom.
58. Armee
nach Rostow
Reiter-Armee aus der Kalmücken-Steppe
44. Armee
58. Armee
44. Armee
IX. Sch. Kps.
- 9. Armee -
Gen. Maj. Korotjew
52. Armee
IX. Sch. Korps
9. Armee - v. Terekfront kommend
XI. Schütz. Korps
POSEIDON-STELLUNG
Kuban
Tifliskaja
37. Armee
Gen. Ltn. Koslow
Usti-Labinskaja
XI. Schütz. Kps.
Laba
46. Armee -
General Rosslij
Armawir
Beloretschenskaja
Twerskaja
Maikop
Labinskaja
37. Armee
Apscheronskaja
Hochgeb. Front
- 46. Armee -
NKWD 33
NKWD 23
Südl. Krasnodar
Armee -
Gretschko
Tuapse

behielt die Nerven, und so gelang es, unter beweglicher Absicherung der bedrohten Flanken, den schwierigen Uferwechsel zu vollziehen. Am 25. Februar hatte das Gebirgskorps seinen Auftrag erfüllt und stand sogar mit der gesamten Artillerie abwehrbereit hinter der Wasserbarriere der Protoka.

Doch schon lauerten neue Gefahren! Auf dem rechten Flügel bei Troizkaja mußte dem XXXXIV. Armeekorps geholfen werden, wieder den Anschluß an die Front zu finden, der durch einen russischen Panzerangriff verloren gegangen war. Trotz Hochwasser und Eisgang des Kuban schaffte es das Regiment Eisgruber, dem Feind Troizkaja zu entreißen ... Etwa gleichzeitig hatte die Funkaufklärung verdächtige Bewegungen im Rücken der eigenen Stellung festgestellt. Rasches Handeln tat not. Nach flüchtiger Bereitstellung griff die Gruppe von Stettner, bis zu den Hüften durch das eiskalte Wasser der Sumpfwiesen vorgehend, an und warf den Gegner in die Sümpfe der Lagunen zurück.

So jagte eine Krise die andere, und es gehörte schon ein fundiertes Stehvermögen und ein grimmiger Humor dazu, all diese Wechselfälle gelassen zu bestehen.“[110])

Das Gelände, in dem die Gebirgstruppe operierte, war hoffnungslos verschlammt und schien oft grundlos zu sein, als die 4. Gebirgs-Division über Marjanskaja nach Slawjanskaja verlegte, wo sie in der Protokastellung zwei Wochen lang zur wohlverdienten Ruhe kommen sollte. Doch bevor es soweit war, mußte sie noch durch das Joch der berühmt-berüchtigten Reisfelder, die das zügige Vorwärtskommen immer und immer wieder hemmten — durch ein Gebiet, in dem Fahrzeuge aller Art förmlich im Schlamm versanken, wo die Tragtiere sich im Sumpf zu Tode trampelten. Wer hat sie schon vergessen, die mörderische „Reisstraße“?

Niemand! Sie wird den Kubankämpfern ewig in grauenvoller Erinnerung bleiben ...

Aber trotz all dieser Widrigkeiten hatte auch diese sumpfige und morastige Gegend ihre unbestreitbaren Vorteile: Die Reisvorräte, die der „Enzian“-Division in die Hände fielen, entledigten sie mit einem Male ihrer Ernährungsprobleme. Sogar die Tragtiere konnten sich mit dem ungeschälten Reis endlich einmal wieder so richtig sattfressen. Und auch sonst sorgte die seltsam reizvolle und kontrastreiche Lagunenlandschaft mit dem fruchtbaren Kubantal und den schilfbewachsenen Küstenniederungen auf Grund ihres Fischreichtums für einen reichhaltigen Speisezettel.

Es war am 16. März 1943, als die 4. Gebirgs-Division in der Protokastellung der Befehl für den Weitermarsch erreichte. Anders als für ihre Schwesterdivision, die 1. Gebirgs-Division, mit der sie Schulter an Schulter so manche schwere Schlacht geschlagen und so manchen stolzen Sieg

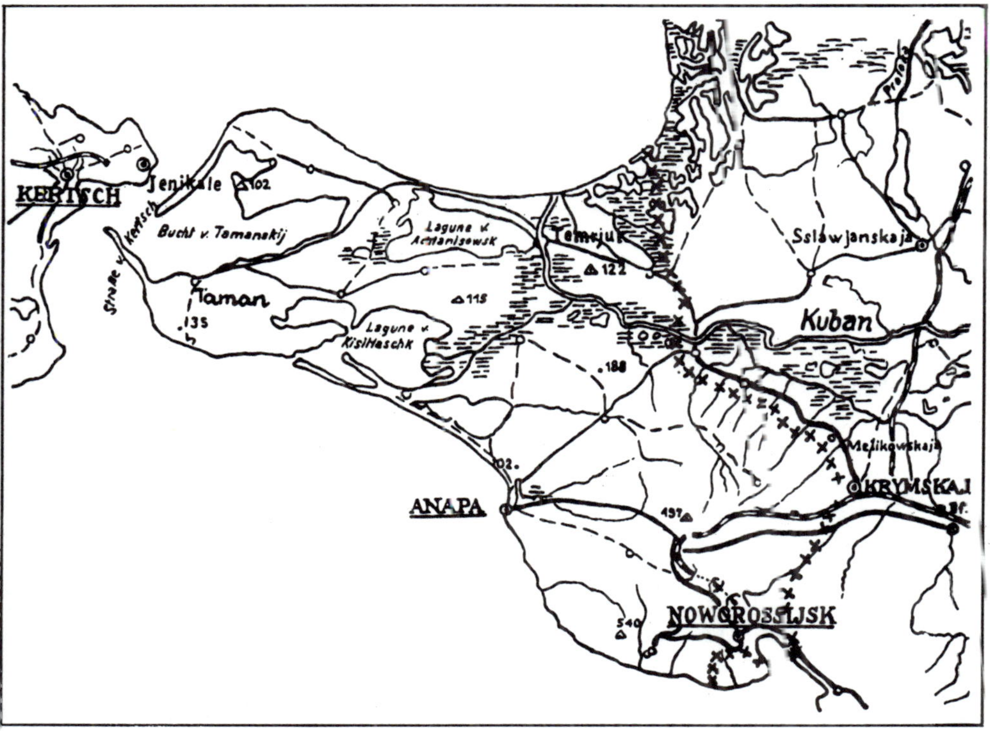


Frontverlauf auf dem Kuban-Brückenkopf

während der Kriegsjahre 1941/42 im Rußlandfeldzug errungen hatte, ganz anders als für die „Edelweiß"-Division, die am 22. März 1943 aus dem Verband des XXXXIX. Gebirgs-Armeekorps schied, um den russischen Kriegsschauplatz in Richtung Balkan für immer zu verlassen, wurden die Weichen für die „Enzian"-Division gestellt. Sie blieb in Südrußland und hatte in den Kriegsjahren 1943/44 noch schwere Rückzugskämpfe zu bestehen, zunächst südlich von Noworossijsk, am heißumkämpften Myschakoberg. Um allerdings dorthin zu gelangen, mußte sich die Division zuvor, am 30. März 1943, aus der Abwehrlinie bei Krasnij Oktabrj lösen und in den Raum von Gostagajewskaja — Krassno Medwedowskaja verlegen; allerdings ohne das II./Gebirgs-Jäger-Regiment 13, das noch einige Tage unter der Führung der 97. Jäger-Division Seite an Seite mit den Spielhahnjägern standhaft die Abwehrfront hielt.

## Der Myschako — Schicksalsberg der 4. Gebirgs-Division

Namen von Bergen, die einst im Brennpunkt heftiger Kampfhandlungen standen, erlangen oft einen geradezu mythischen Nimbus. Zu ihnen zählen, um zwei Beispiele aus dem Ersten Weltkrieg zu nennen, der Monte Pasubio, der Schicksalsberg der Kaiserjäger, und der Col di Lana, der blutgetränkte Berg der Kaiserschützen.

Im Zweiten Weltkrieg erhielten einen solchen Ruf auch der Semaschcho, der blutgetränkte Berg der „Division Lanz“, und der Myschako, der Schicksalsberg der 4. Gebirgs-Division.

Alle diese Berge haben meist eines gemeinsam: sie waren, ehe sie in den Mittelpunkt heftiger kriegerischer Auseinandersetzungen rückten, kaum bekannt.

Bevor wir uns nun den Kämpfen um den Myschako zuwenden, ein kurzer Rückblick:

Der Kuban-Brückenkopf war im Frühjahr 1943 nach den Absetzbewegungen der 17. Armee aus dem Hoch- und Waldkaukasus gebildet worden. Obwohl der Gegner alle nur verfügbaren Kräfte aufgeboten hatte und durch ungestüme Frontalangriffe und Landungsoperationen im Rücken der deutschen HKL versuchte, den Brückenkopf aufzubrechen, konnte dieser dennoch in vier schweren Abwehrschlachten gehalten werden, obwohl es den Russen im Februar 1943 gelungen war, von See her im Umland des Myschakoberges einen Landekopf zu bilden.

Wie die Russen den Kampf ihrer Truppen auf der Kubanhalbinsel beurteilten, erfahren wir aus dem sowjetischen Buch „Die Schlacht um den Kaukasus“:

„Der Kampf gegen die deutschen Eindringlinge in den Kuban-Niederungen war sehr schwer.

Während der Angriffsoperationen vom Februar bis zum Juni 1943 fügten die Truppen der Nordkaukasusfront dem Gegner in erbitterten Kämpfen, die unter den schwierigen Bedingungen des Geländes und der Frühjahrsschlammzeit geführt wurden, große Verluste zu und erzielten bedeutende Erfolge. In dieser Zeit wurden etwa 40.000 Soldaten und Offiziere des Feindes getötet und über 500 gefangengenommen, 339 Geschütze, 180 Granatwerfer, 26 Panzer und vieles andere Kriegsgerät erbeutet.

In den Angriffskämpfen bewiesen die sowjetischen Soldaten, Sergeanten und Offiziere Kühnheit, Tapferkeit, Findigkeit und Initiative und zeigten, daß sie die Kunst des Kriegsführens beherrschten. Von April bis Juni wurden über 38.000 Soldaten und Offiziere für Mut und Tapferkeit mit Orden und Medaillen der Sowjetunion ausgezeichnet.

Doch den sowjetischen Truppen war es trotzdem nicht gelungen, den

Gegner vollständig zu zerschlagen. Er hielt weiterhin seinen in operativer Hinsicht wichtigen Brückenkopf auf der Tamanhalbinsel besetzt.

Folgende Ursachen wirkten sich nachteilig für die Kampftätigkeit der Truppen der Nordkaukasusfront aus:

1. Den Kommandeuren und Stäben fehlten die Erfahrungen im Führen von langwierigen Angriffshandlungen und die Fähigkeit, während ihres Verlaufs die Lage richtig zu beurteilen und die Truppen so zu gruppieren, daß im erforderlichen Augenblick in der Hauptstoßrichtung stets eine Überlegenheit über den Gegner vorhanden war.

2. Den angreifenden Truppen fehlten genügend Panzer. Deshalb konnten sie einen errungenen Erfolg nach dem Durchbruch der gegnerischen Verteidigung nicht schnell ausweiten. Dadurch konnte der Feind, der über gute Transportmöglichkeiten verfügte, Zeit gewinnen, seine Truppen auf einen neuen Verteidigungsabschnitt zurückzuführen und sich erneut festsetzen.

3. Durch das ungünstige Wetter und das Schlammwetter am Kuban wurden die rückwärtigen Dienste auseinandergezogen, die Artillerie blieb hinter der Infanterie und die Infanterie hinter den Panzern zurück.

4. Die gegnerische Luftwaffffe war zeitweilig überlegen. In der Zeit der härtesten Kämpfe fehlten die notwendigen Flugzeuge und ein gut funktionierendes System der Luftabwehr. Dadurch konnten die Truppen dem Feind nur ungenügend entgegenwirken und keine massierten Angriffe gegen seine Gefechtsordnungen führen.“[111])

Die Einnahme des Myschako als beherrschende Höhe durch die Sowjets bedeutete für die Deutschen eine ernste Bedrohung ihrer gesamten Front am Kuban-Brückenkopf, denn es bestand ständig die Gefahr, daß der russische Landekopf erweitert werden würde. Die deutsche Führung mußte deshalb versuchen, die strategisch wichtige Höhe 446 unter allen Umständen zurückzugewinnen.

Das war jedoch leichter gesagt als getan, denn das Gelände um den Myschako war stark bewaldet und mit dichtem, fast undurchdringlichem Unterholz bewachsen. Nur vereinzelte Schneisen ermöglichten ein Durchkommen. Schluchten, Geländefalten und Rinnen durchzogen die Abhänge. Der steinige Boden war mit wenig Humus bedeckt. Stark zerschossene Bäume und große Granattrichter bildeten im oberen Teil weitere Hindernisse, die für einen Angriff zu berücksichtigen waren. Erschwerend war auch, daß die Berghänge langsam anstiegen und am Oberhang zunehmend steiler wurden.

Die 4. Gebirgs-Division erhielt nun den Befehl, den Myschako am 6. April 1943 anzugreifen. Das Gebirgs-Jäger-Regiment 13 sollte dabei von Westen her und mit seinem rechten Flügel längs der Küste, das Gebirgs-Jäger-Regiment 91 dagegen den Schicksalsberg frontal angreifen. Als

Schwerpunkte wurden links das I. und II./Gebirgs-Jäger-Regiment 13, rechts das I./Gebirgs-Jäger-Regiment 91 befohlen. Die Trennungslinie bildeten der Süd- und der Südwesthang des Myschako. Der Kampfplan der 4. Gebirgs-Division sah im einzelnen folgendermaßen aus:

„A) Infanteristisch:

1. Handstreich auf Myschako und dessen Wegnahme durch eine in drei Stoßtrupps angesetzte Sturmkompanie (8./91) um 05.20 Uhr von Westen und Norden. Gleichzeitiger Ansatz von Stoßtrupps der 6./91 zur Inbesitznahme von ‚Tafelberg'.

2. Unmittelbar nach Einbruch der Stoßtrupps Antreten des I./91 nordwestlich Myschako. Auftrag: mit 1./91 auf ‚Russenrippe', dort abriegeln und Niederhalten des Feindes vor 125. Inf.-Div. Weiterstoß mit Masse des Bataillons — links rückwärts dem eigenen Hauptangriff folgend — bis Myschako-Dorf.

3. III./91 (Rgt.-Res.) greift über 6./91 Richtung letzte Höhe vor der Straße an und erzwingt den Austritt aus dem Gebirge. II./91 folgt nach seiner Wiederversammlung unter Säubern des Geländes hier nach.

4. I./13 tritt nach Wegnahme ‚Tafelberg' rechts rückwärts gestaffelt an, erweitert den Einbruch nach Süden und unterstützt das Vorgehen GJR 91 durch Wegnahme des ‚Zuckerhutes'. Im weiteren Verlauf ist Myschako Swch. zu erreichen.

5. Bisherige Stellungsteile (GJR 13 unterstellt) treten aus der HKL heraus zum Säubern des von I./13 durchbrochenen Geländes an und rollen im Vorgehen nach Süden stehengebliebene Feindteile zwischen I./13 und Küste auf.

6. Geb.-Pi.-Btl. 94 unterstellt je 1 Kp. den beiden Rgtrn. Auftrag für Pioniere: Etwa auftretende Minensperren zu beseitigen und Bunker und Widerstandsnester mit geballten und gestreckten Ladungen auszuräuchern. Zusätze zur inf. Kampfführung: Die Btlne. greifen tiefgegliedert an, um den Angriff aus der Tiefe nähren zu können und um ein Zersplittern zu vermeiden. Sie müssen jederzeit in der Lage sein, sich gegenseitig mit Teilkräften zu unterstützen. Es kommt besonders darauf an, starke Widerstandszentren rasch zu erkennen und zu melden, um die Artl. und Luftwaffe dagegen zusammenzufassen.

B) Artilleristisch:

1. Die Division bildet eine artl. Schwerpunktgruppe (I. u. IV./GAR 94, unterstellte 13./173 u, 11./125) im Raum nördl. Denkmalshöhe. Auftrag: Bei Anforderung Feuerzusammenfassungen auf ‚Tafelberg', ‚Zuckerhut', Schluchten dazwischen, ‚Russenrippe' und Myschako-Dorf.

2. II./GAR 94 (9 Gesch. 7,5 cm) unterstützt als einzelne ‚Sturmge-

schütze' dicht hinter den Bataillonen den Angriff gegen besonders lästige Feindstützpunkte im direkten Schuß.

3. Bis zu dem zeitlich späteren Antreten der 125. Inf.-Div. unterstützen 3 Abtl. dieser Division besonders das I./91 bei seinem Vorgehen gegen ‚Russenrippe'.

4. Bei Angriffsbeginn schießt die gesamte Artl. einen Feuerschlag von 5 Minuten Dauer auf das Myschako-Massiv. Anschließend wirken bis 05.40 Uhr 2 Abtl. auf ‚Tafelberg', 1 Abtl. auf ‚Zuckerhut', besonders auch mit Nebel zum Blenden der feindlichen Beobachtung.

5. Auf Zusammenarbeit für beobachtetes Schießen angewiesen: I./94 auf GJR 13 (nach späterer Abänderung II./94 auf GJR 91). Schwerpunktgruppe überlagert den gesamten Div.Streifen.

Zusätze zur artl. Kampfführung: Ein allgemeines vorheriges Einschießen (durch Artl.-Flieger) wird aus Tarnungsgründen nicht durchgeführt. Während des Angriffs hat die Artl. überall dort mit zusammengefaßtem Feuer einzugreifen, wo diese auf stärkeren Widerstand stößt. Durch schwerpunktartige Feuerschläge ist besonders dem GJR 91 zum Durchbruch zu verhelfen. Insbesondere kommt es bei dem unübersichtlichen Gelände für die VBs (Rgt. 91 8 VB, Rgt. 13 4 VB) darauf an, laufend das eigene Vordringen zu melden, damit unter allen Umständen vermieden wird, daß Angriffsziele noch unter Feuer gehalten werden, während die Jäger schon dagegen antreten. Bei einem Stocken des Angriffs ist sofort gegen mögliche feindliche Gegenstöße Sperrfeuer zu schießen.

C) Luftwaffeneinsatz:

1. 4 Stuka-Gruppen gegen ‚Tafelberg' und ‚Zuckerhut' und den dazwischenliegenden Mulden, außerdem gegen Myschako-Dorf. Letzte Bombe fällt 05.40 Uhr, letzte Maschine schießt grünes Leuchtzeichen.

2. Schlachtflieger mit Bomben und Bordwaffen in rollenden Einsätzen während des ganzen Angriffs ab 5.45 Uhr.

3. Masse der Stukas zur Bekämpfung der Feindartl. auf dem Ostufer der Zemesskaja-Bucht in laufenden Einsätzen. Zusätze zur Kampfführung: Entscheidend für eine reibungslose Zusammenarbeit mit der Luftwaffe ist die ständige, klare Kenntlichmachung der eigenen vorderen Linie. Zum Bezeichnen von hartnäckigen Feindzielen sind Buntrauchzeichen zu verwenden.

Um die Unterstützung der Luftwaffe und Artl. voll auszunützen, kommt es darauf an, jegliche Scheu vor den eigenen Bomben und Granaten zu verlieren und selbst unter Inkaufnahme von Verlusten noch in die letzten Einschläge hinein anzugreifen."

Alle Vorbereitungen waren bereits für den Angriff der 4. Gebirgs-Division auf den Myschako bis ins Detail mit den beteiligten Kommandeuren und Verbindungsoffizieren besprochen, und die Stukaangriffe, die die Russen zermürben sollten, mit den Fliegerverbänden und Jagdgruppen abgestimmt worden, da machte der Wettergott den Deutschen einen gewaltigen Strich durch die noch unbeglichene Rechnung: Infolge heftiger Regenfälle und schlechter Sichtverhältnisse mußte der Angriff zuerst vom 6. auf den 10. April 1943 verschoben werden. Aber auch dieser Angriff mußte wegen der nach wie vor schlechten Wetterbedingungen abermals unterbleiben.

Das belastete naturgemäß die Truppe, die sich bereits zweimal auf den bevorstehenden Kampftag eingestellt hatte. Viele Gebirgsjäger betrachteten die abermalige Verschiebung des Angriffs auf den Myschako als böses Omen. Sie sollten, wie sich später bitter zeigte, recht behalten.

Am 17. April war es dann endlich soweit. Die Bataillone der 4. Gebirgs-Division griffen den Myschako an — und das, obwohl die Stukas den Gebirgsjägern bereits vor dem eigentlichen Angriff schwere Verluste zugefügt hatten. Ihre Bomben fielen zu kurz, so daß es sogar bei der Kochstelle der 1./91 am Fuße des Berges Tote und Verwundete zu beklagen gab. Verfolgen wir nun diesen Einsatz an Hand einer Tagebucheintragung:

„Das Batl. liegt ostwärts der rumänischen Abriegelungsstellung in einer feindwärts ansteigenden Waldschlucht, die in Richtung auf den Sattel zwischen Myschako und ‚Tafelberg' zieht. Außerhalb des Trampelpfades steht eine Wirrnis von halbhohen Eichen, Busch- und Dorngestrüpp. Die Kompanien liegen hintereinander. Das Gelände läßt keine andere Annäherung zu. Der Einbruch soll tiefgestaffelt und eng erfolgen und erst danach, rechts sich ausweitend, an Breite gewinnen. Mühsam arbeiten sich die vordersten Trupps noch näher an die feindliche Stellung heran.

Die Uhr zeigt wenig vor 6.30 Uhr, als das Brummen der Stukagruppen vernehmbar wird. Die nächsten Minuten, in denen die Bombenwürfe einsetzen, lassen uns am Boden festkrallen. Etwa 200 Meter vor und über uns schlägt es ein. Ein Flugzeug stürzt brennend rechts hinter uns unter gewaltiger Detonation seiner Bomben in den Wald. Den Feuerschlag der Artillerie hören wir in dem Lärm überhaupt nicht mehr. Die Spitze liegt jetzt vor dem Verhau.

Befehlsgemäß soll das Bataillon erst nach dem Sturm des Geb.Jäg.Rgt. 91 antreten. Den Stoßtrupps des II./91, die durch Kurzwürfe der Stukas verwirrt und erheblich geschwächt waren, war der Einbruch auf den Myschako-Gipfel jedoch nicht gelungen. Wir warten ohne Kenntnis dieser Lage. Der felsig harte Boden bietet keinen Schutz. Die ersten Ausfälle durch feindliche Granatwerfer treten ein. Sie müssen in den Schluchten jenseits der Höhe versteckt sein. Von den Bomben nicht erfaßt und unerreichbar für die eigene Artillerie, machen sie uns schwer zu schaffen.

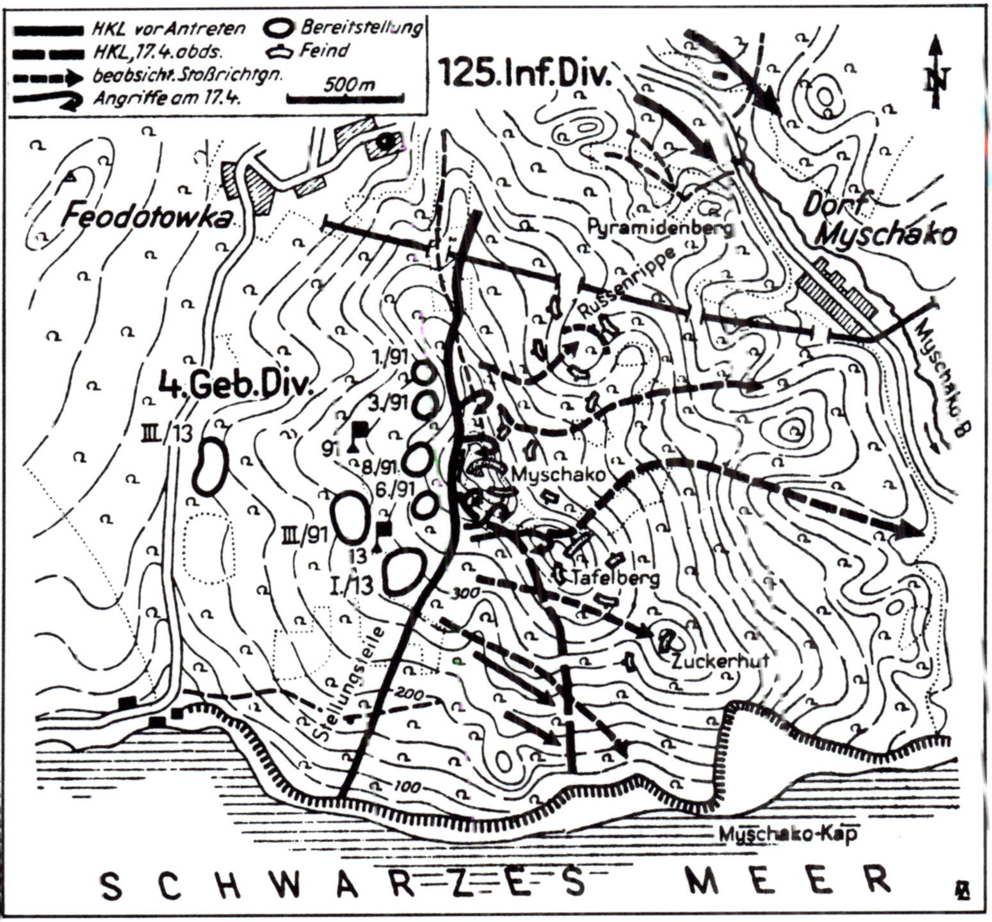


Der Einsatz der 4. Gebirgs-Division am 17. April 1943 am Myschako, dem Schicksalsberg der „Enzian"-Division

Die Verbindung zum linken Nachbarn ergibt das Mißlingen des dortigen Angriffs.

Gegen 7.30 Uhr dringt der erste Stoßtrupp des Batl. durch den Verhau, der aus Draht, verkrüppeltem Buschwerk und gefällten Bäumen besteht, gegen den vordersten Feindbunker vor. Er ist von den Russen geräumt. Zugleich setzt aus verschiedenen Richtungen flankierendes MG-und Gr.-W.-Feuer auf die Einbruchsstelle ein. Der Versuch, den rechts davon gelegenen Bunker zu stürmen, wird im Feuer erstickt. Ebenso scheitert der frontale steile Sturm gegen zwei überhöht eingebaute Stellungen. Es erweist sich, daß deren Besatzungen wie auch die dahinter zu erkennenden weiteren Feindbunker fast ungeschoren die Bomben überstanden haben. Trotz des immer noch schwelenden Qualmes entgeht ihnen kaum eine Bewegung des Angreifers. Ihre Eierhandgranaten lassen sie bergabwärts auf uns zukollern.

Auch der zweite Versuch des Batl. um 8.30 Uhr, den zähen Widerstand der beiden nächstgelegenen Bunker im Sturm eines Zuges zu brechen, schlägt fehl. Ein weiteres Angreifen ohne Unterstützung durchschlagender Stoßkampfwaffen (Schartenbeschuß) und Flammenwerfer erscheint sinnlos. Das Batl. gräbt sich, so schlecht wie es geht, dürftig etwas ein. Seine vordersten Trupps liegen in den paar genommenen feindlichen Schützenlöchern. Als auch ein dritter Stoß um 11 Uhr keinen wesentlichen Fortschritt gegen das Feuer aus dem Myschako-Sattel erbringt, halten die Jäger verlustreich die bisherige Einbruchsstelle. Das Rgt. befiehlt das Halten bis zum Nachmittag, um sich dann abzusetzen. Inzwischen duckt sich der Feind gleichfalls in seine Bunker und Löcher. Langsam flaut das Artilleriefeuer herüber und hinüber ab. Nur die Gr.-W. spucken immer noch ihr ekliges Feuer. Die Verwundeten sind abtransportiert. Es wird dunkel, bis sich das Batl. aus der Einbruchstelle löst. Die gefallenen Jäger werden mitgenommen.

In seinem alten Bereitstellungsraum eingetroffen, zählt es noch 2 Offiziere und etwa 40 Jäger. 15 Gefallene und über 200 Verwundete hatte ihm dieser erbitterte Kampftag gekostet. Abgestumpft verstärken seine Reste die rumänischen Sicherungslinien und sinken abgekämpft an Ort und Stelle in den Schlaf."[112])

Der am 17. April 1943 großangelegte erste Gegenangriff der Gebirgsjäger auf den Myschako scheiterte wegen der starken Regenfälle, an dem steilen und unübersichtlichen Gelände sowie an den unvorhergesehenen starken Geländebefestigungen des Gegners. Für zahlreiche überlebende Gebirgsjäger der 4. Gebirgs-Division steht fest, daß die Russen von dem bevorstehenden deutschen Angriff Kenntnis erhalten hatten. So berichtet Willy Bischoff,[113]) seinerzeit Kompanietruppführer beim 1./Gebirgs-Jäger-Regiment 91, daß in der Nacht vom 16. auf den 17. April ein russischer Feldwebel versucht hatte, Angehörige der „Enzian"-Division gefangenzunehmen. Er hatte sein Gesicht zur Tarnung mit Ruß geschwärzt und war bereits bis zur deutschen Stellung vorgedrungen. Dort wurde er jedoch von einem Gebirgsjäger entdeckt und, bevor er sich den Hang hinunterrutschen lassen konnte, gefaßt. Die Vernehmung ergab dann, daß die Russen über ihre Aufklärung vom bevorstehenden deutschen Angriff auf den Myschako erfahren hatten. Kein Wunder: schließlich war dieser Angriff ja bekanntlich mehrmals verschoben worden.

Der mißlungene Angriff auf den Myschako hatte der 4. Gebirgs-

Division die höchsten Verluste gebracht, die sie an einem einzigen Kampftag im Ostfeldzug zu verzeichnen hatte. Die vier eingesetzten Kampfbataillone der „Vierten“ hatten vor Angriffsbeginn eine Gesamtstärke von 1600 Mann. Sie verloren über 50 Prozent ihrer Kampfstärke, genau 898 Mann (davon 148 Tote), darunter 39 Offiziere und 113 bewährte Unterführer. Mehrere Bataillone konnten nach diesem Aderlaß völlig abgeschrieben werden. So hatte das II./Gebirgs-Jäger-Regiment 91 bei einer Kampfstärke von 443 Mann 11 Offiziere und 310 Mann verloren. Dem I./Gebirgs-Jäger-Regiment 13 verblieben von 13 Offizieren noch 3, dem II./Gebirgs-Jäger-Regiment 91 noch 2 Offiziere. Von dem 2./Gebirgs-Pionier-Bataillon 94, das dem Gebirgs-Jäger-Regiment 91 unterstellt war, kamen von 80 Mann nur noch 15 zurück!

Trotz dieser gewaltigen Blutopfer beharrte die oberste Führung in völliger Verkennung der schwierigen örtlichen Verhältnisse auf der Fortsetzung des Angriffs. Er sollte nunmehr im Streifen der 125. Infanterie-Division geführt werden. Das nur mehr knapp kompaniestarke I./Gebirgs-Jäger-Regiment 13 wurde hierzu in der folgenden Nacht dem Infanterie-Regiment 419 unterstellt und griff am 19. April südöstlich von Poklaba mit einem fast ebenso schwachen Bataillon dieses Regiments aus einer Igelstellung von 100 Meter Durchmesser an. Aber auch dieser Angriff brachte nur wieder hohe Verluste, nicht aber den gewünschten Erfolg. Der Myschako konnte nicht genommen werden.

Doch die Deutschen wollten sich am Myschako, der für die 4. Gebirgs-Division bereits zum blutgetränkten Schicksalsberg geworden war, weder mit einem Remis, geschweige denn mit einer Niederlage zufriedengeben. So kam es am 27. und 28. Juli 1943 unter der Führung des Ia der „Enzian“-Division, Major i. G. Dr. Kreuzer, abermals zu Angriffen, die das Ziel hatten, den sowjetischen Landekopf, der den Gebirgsjägern wie ein Stachel im Leib saß, endgültig zu beseitigen.

Im Juli 1943 waren den Deutschen folgende Feindkräfte an der Kubanfront bekanntgeworden: 13 Schützendivisionen, 3 Schützenbrigaden, 4 Panzerverbände und 2 Minenbataillone.

Im Bereich des Kuban-Brückenkopfes lagen zu dieser Zeit folgende deutsche Kräfte: die 4. Gebirgs-Division, die 97. Jäger-Division, die 50., 98. und 370. Infanterie-Division, die rumänische 19. Division und das Sicherungsregiment 4.

Verfolgen wir den Verlauf und Ausgang der folgenden Kampfhandlungen um den Myschako aus der Sicht des Gebirgs-Jäger-Bataillons 94 — ehemals Feld-Ersatz-Bataillon 94 —, das wegen dauernden Mangels an einsatzfähigen Kampftruppen zum Fronteinsatz herangezogen wurde. Das Gebirgs-Jäger-Bataillon 94 war seit einigen Wochen als Divisionsreserve zum Bau von Unterkünften eingesetzt und mit Nachersatz aufgefüllt worden, der allerdings noch wenig Fronterfahrung hatte. Der Kampfgeist bei der Truppe war dennoch vorbildlich. Die Verteidigungsstellungen im Abschnitt des Bataillons am Myschako waren damals von rumänischen Truppen besetzt.

Das Bataillon erhielt nun den Auftrag, mit dem Gebirgs-Jäger-Regiment 91, Teilen des Gebirgs-Pionier-Bataillons 94 und des Gebirgs-Artillerie-Regiments 94 den Angriff auf den heißumkämpften Berg durchzuführen, die Höhe 446 einzunehmen und dann bis zur Küste durchzustoßen. Hierbei sollte ein Stoßtrupp in Zugstärke bei Beginn des Artilleriefeuers antreten und, von Pionieren mit Flammenwerfern unterstützt, die Geländebefestigungen der Sowjets ausschalten. Die Gebirgsjägerbataillone hatten noch während des Artilleriefeuers von den rumänischen Stellungen aus zum Angriff anzutreten.

Die rumänischen Truppen hatten Befehl, nachzurücken, um das Gelände zu säubern.

Die Stunde X des Angriffs rückte immer näher.

Hauptmann a. D. Hans Essig hat den Verlauf dieses letzten Angriffs auf den Schicksalsberg der 4. Gebirgs-Division niedergeschrieben:

„Das Gebirgs-Jäger-Bataillon 94 verlegte in den Morgenstunden des 26. Juli in den Bereitstellungsraum am Fuße des Myschako und traf dort gegen Nachmittag bei glühender Hitze ein. Eine stabile Schönwetterlage mit fast tropischen Temperaturen hatte den ganzen Juli bestimmt.

Störungsfeuer zwang die Jäger immer wieder in Deckung, da russische Beobachter aus ihren überhöhten Stellungen heraus das Gelände am Bergfuß sehr gut einsehen konnten. In kleinen Erdhöhlen wurde Biwak bezogen.

Nach einer relativ ruhig verlaufenden Nacht erfolgte am Morgen des 27. Juli für die Kompanie-, Zug- und Gruppenführer des Bataillons die Einweisung in das Gelände. Der Kampfraum wurde durchgesprochen. Jedem war klar, wie schwer dieser Auftrag werden würde. Wichtig war vor allem das Antreten des Stoßtrupps und das sofortige Nachrücken des Bataillons, solange noch das Artilleriefeuer auf den feindlichen Stellungen lag.

In den Morgenstunden des 28. Juli traten die Jäger zum Aufstieg gegen den Myschako an. Lautlos ging es in langer Reihe hintereinander den Berg hoch. In der Ferne zuckende Blitze und immer näher kommender Donner kündigten einen Wetterumschwung an. Der Himmel verfinsterte sich und schwere Gewitterwolken zogen über uns hinweg. Erste Regentropfen fielen, die sich schnell zu einem starken Wolkenbruch steigerten. Die Wassermassen kamen in Sturzbächen den Berg herab. Der Boden wurde glitschig wie Schmierseife; an ein geordnetes Vorrücken war nicht mehr zu denken. So suchte jeder einen kleinen Unterschlupf, um sich wenigstens etwas vor der Nässe zu schützen. Ich war mit meinem Kameraden Hans Riegler, einem Steiermärker, in den Unterstand eines Funktrupps

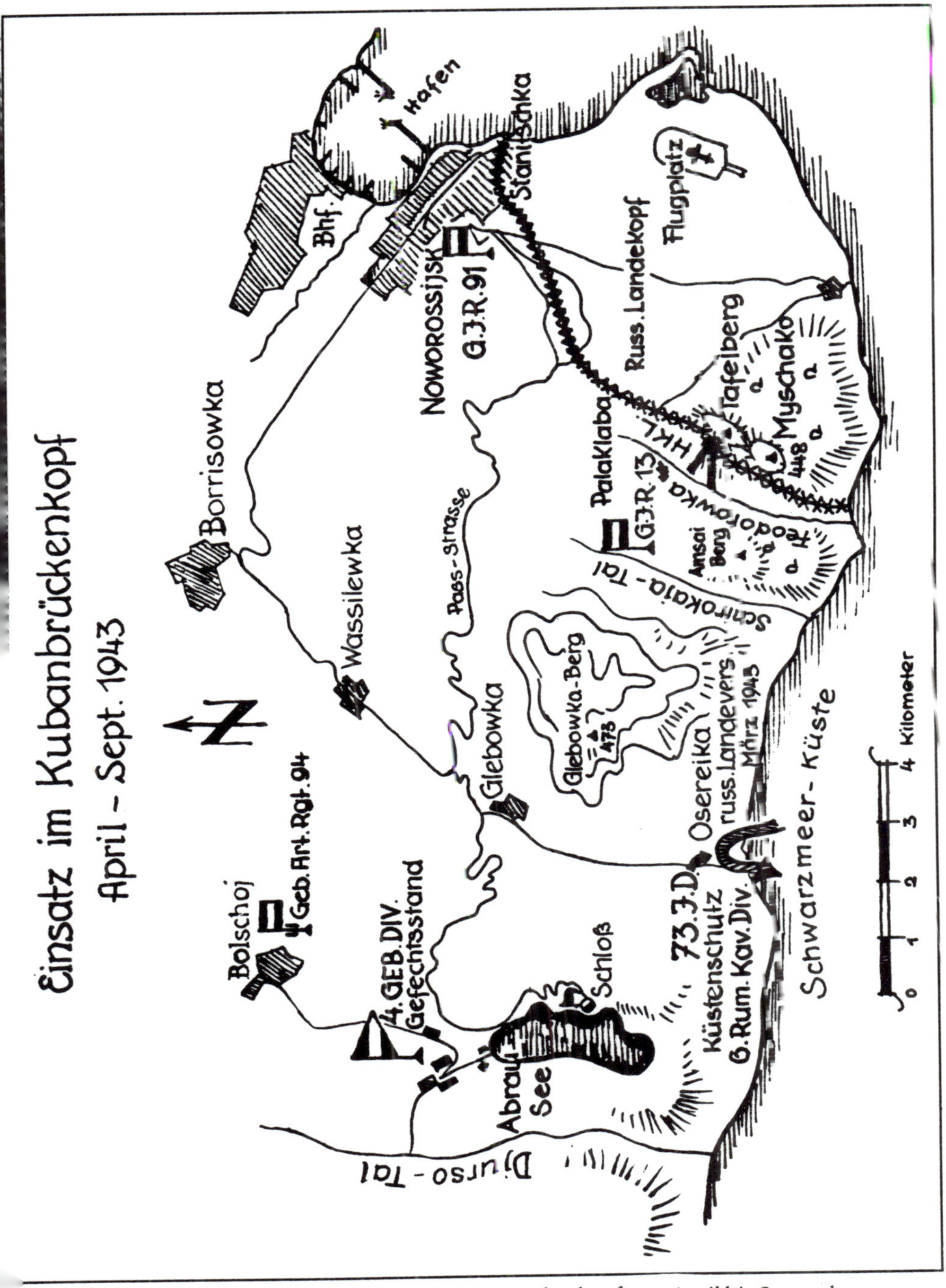


Einsatz der 4. Gebirgs-Division im Kuban-Brückenkopf von April bis September 1943

geschlüpft. Die Zeit lief uns hier davon, aber es war unmöglich, auf dem nassen Untergrund, im zudem noch steilen Gelände, weiter aufzusteigen.

Blitz und Donner übertönten die Verständigungsrufe zwischen der Kompanieführung und den Zügen. In dieses Inferno hinein fiel um 5 Uhr der Feuerschlag unserer Artillerie. Wir konnten den Donner und das Bersten der Granaten nicht mehr unterscheiden. Aber schon kamen die Befehle, sofort zum Angriff anzutreten. Dabei hatten wir die Ausgangsstellungen noch gar nicht erreicht. Der Regen ließ zwar nach, der Boden jedoch blieb glatt wie eine Eisbahn. Mühselig und langsam kamen wir vorwärts. Schließlich gelangten wir in die rumänischen Stellungen. Starkes Abwehrfeuer der Russen zwang uns sofort in Deckung. Wie Tote lagen die rumänischen Soldaten flach am Boden in den Laufgräben und rührten sich nicht. Mit unseren genagelten Bergschuhen sprangen wir über sie hinweg. Lautes Wehgeschrei der Getretenen vermischte sich mit dem Gefechtslärm. Dazwischen die Kommandorufe für den Angriff.

Die Gruppen suchten in den vereinzelten Schneisen ein Durchkommen durch das Unterholz. Jede Verbindung zwischen den Zügen und den Gruppen ging damit verloren. Ein Dickicht aus dornigem Gestrüpp lag plötzlich vor uns. Von den russischen Stellungen war nichts zu erkennen. Mit meinem Kameraden Riegler an der Spitze drangen wir im Laufschritt in das Hindernis ein. Rasch hatten wir es überwunden. Vor uns lag der Berggipfel.

Aus den Erdbunkern der Russen schlug uns starkes Abwehrfeuer entgegen. Von Deckung zu Deckung huschten wir vorwärts. In einem großen Granattrichter gingen wir mit dem MG in Stellung. Im Nu war unsere Munition verschossen. Von unserem Zug war keiner mehr zu sehen, und die Munitionsträger waren nicht nachgekommen.

Riegler rief mir zu: ‚Ich hole Munition, bleib hier.‘

Mit einem Sprung war er aus dem Trichter. In diesem Augenblick schlug neben uns eine Granate ein. Mein Kamerad Hans Riegler lag nur wenige Schritte neben mir. Seine Beine waren zerfetzt. Sofort war ich bei ihm, aber wie konnte ich alleine helfen?

Mit den Worten: ‚Hans, ich hole Hilfe‘, sprang ich auf und lief in Richtung Kompaniegefechtsstand.

*Zwei gute Kameraden und Schicksalsgefährten. Der Sieger von Narvik, Generaloberst Eduard Dietl, zuletzt Oberbefehlshaber der 20. Gebirgs-Armee und General der Gebirgstruppen Karl Eglseer, zuletzt Kommandierender General des XVIII. Gebirgs-Armeekorps.*
*Dietl und Eglseer kamen am 23. Juni 1944 bei einem Flugzeugabsturz im steirischen Wechselgebiet ums Leben.*

Dort traf ich auf unseren Kompaniechef, Oblt. Garisch. Ich erklärte kurz die Lage, mit der Bitte um Hilfe für meinen Kameraden.

Der gerade anwesende Divisionspfarrer, Dr. Fakler, sagte spontan: ‚Ich gehe mit Ihnen.'

Wieder eilten wir von Deckung zu Deckung den Berg hinauf und trafen dabei auf zwei Kameraden, die Riegler auf eine Zeltplane geborgen hatten. Unser Pfarrer sprach ihm sofort Trost zu und betete ein Vaterunser. Wir waren tief ergriffen — aber auch niedergeschlagen, da wir sahen, wie er durch den starken Blutverlust zusehends schwächer wurde. Mit einem Händedruck nahm Hans von mir Abschied und sagte: ‚Schreibe bitte meiner Braut und meinen Eltern.'

Unser Pfarrer und ein leichtverwundeter Kamerad trugen ihn in einer Zeltbahn zurück zum Verbandsplatz. Von mir nahm ein Kamerad Abschied, der mit mir zusammen viele Kampfsituationen überstanden hatte", erzählt uns Hans Essig, dessen Worte ein ergreifendes Beispiel für tausende Beweise der unverbrüchlichen Kriegskameradschaft sind. „Ein Kamerad", so Essig weiter, „auf den man sich immer verlassen konnte. Mit letzter Hingabe hat er für sein Vaterland gekämpft. In Liebe und Ehrfurcht hatte er mir von seinen Eltern, seiner Braut und seiner Heimat erzählt. So haben wir uns in vielen Stunden in Sehnsucht nach dem Frieden Mut gemacht. Mit letztem Einsatz hat er gekämpft, in der Hoffnung, daß dieser unselige Krieg bald zu Ende sei. Nicht für den ‚Führer' oder seine Partei, nein einfach in Liebe zur Heimat und für eine glückliche Heimkehr.

Wenige Minuten nach dem Abtransport von Hans Riegler wurden wir von einer Handgranate, die in das Loch fiel, wo ich mit dem Kameraden Peter Weiß in Stellung gegangen war, verwundet. Als wir zum Verbandsplatz kamen, war Hans Riegler verstorben. Aus seiner geöffneten Feldbluse hing sein Halskettchen mit der Aufschrift: ‚Kehre wieder'.

Am Fuße des Myschakoberges fand er seine letzte Ruhe, mit vielen Kameraden, die an diesem Tage im Felde geblieben sind.

Die 2./94 war mit 170 Mann angetreten. Am Abend nach dem Angriff zählte der Kompaniemelder Hermann Gerstner noch 35 Männer."[114])

*Generalleutnant Hermann Kreß, der zweite Kommandeur der 4. Gebirgs-Division, im Frühjahr 1943 in Noworossijsk*

Der Myschako konnte von den Gebirgsjägern nicht mehr genommen werden. Für viele ist er seit jenen verlustreichen Tagen des Kriegsjahres 1943 eine leidvolle Erinnerung an die Kameraden, die dort im Kampf für ihr Vaterland gefallen sind. Dieser Berg sollte aber auch dem Kommandeur der 4. Gebirgs-Division, Generalleutnant Hermann Kreß, zum Schicksalsberg werden. Mit Schuld daran war, wenn man es so deuten will, eine Seilbahn, die Georg Herbrechtsmeier als Seilbahnspezialist am Myschako aufbaute, um die vorderen Linien besser versorgen zu können.

„Meine Seilbahn", so der Offizier, „beförderte täglich Munition, Verpflegung und Stellungsbaumaterial auf den Myschako, Verwundete wurden abtransportiert, Personentransport war verboten. Eines Morgens erschien unser Divisionskommandeur, General Kreß, und besichtigte unsere Seilbahn. Er wünschte, hinaufgefahren zu werden. Ich machte den General darauf aufmerksam, daß Personentransport verboten sei. Er bestand auf seinem Befehl, den ich auch ausführte. Nach einer Viertelstunde habe ich den toten General wieder zu Tal gefahren. Trotz der Warnung des rumänischen Stellungskommandanten, daß russische Scharfschützen lauerten, hatte er in der Stellung mit seinem Glas über die Deckung beobachtet und im selben Augenblick einen Kopfschuß erhalten."[115])

Das geschah am 11. August 1943, morgens um 6 Uhr. Mit Generalleutnant Kreß starb sein Begleiter, der rumänische Rittmeister Nicolesco. Die sterblichen Überreste des zweiten Kommandeurs der 4. Gebirgs-Division wurden in einem Soldatengrab in Krassno Medwedowskaja zur letzten Ruhe gebettet. Nachfolger von Kreß wurde Generalmajor Braun, der am 13. August 1943 bei der „Enzian"-Division eintraf. Wer war dieser dritte Kommandeur der „Vierten"? Hier seine Kurzbiographie:

Julius Braun trat, nachdem er das bayerische Kadettenkorps in München absolviert hatte, zu Beginn des Ersten Weltkrieges in das 6. bayerische Feld-Artillerieregiment ein, wurde 1916 zur 10. bayerischen Gebirgsbatterie, deren Batterieführer er von 1917 bis 1918 war, versetzt und nahm an allen Kämpfen seines Regiments teil. Nach dem Krieg kämpfte er im Freikorps Epp für die Erhaltung von Ordnung und Sicherheit in der Weimarer Republik.

Mit seinem Eintritt in die Reichswehr (7. bayerisches Artillerie-Regiment) in Landsberg am Lech kam Braun zur neugeschaffenen Gebirgsartillerie. In der Friedensarbeit half er mit, die Gebirgsartillerie zu einer schlagkräftigen Truppe auszubilden.

Im Zweiten Weltkrieg führte Oberstleutnant Braun zunächst das Artillerie-Regiment 114/115, wurde dann als Oberst Artilleriekommandeur und schließlich im August 1943 als Generalmajor Kommandeur der 4. Gebirgs-Division, die er in schwieriger Lage auf dem Kuban-Brückenkopf bei Noworossijsk übernahm. Später kämpfte er mit der „Enzian"-Division in der Nogaischen Steppe, am Dnjepr-Brückenkopf bei Chersson, bei Winniza, Tscherkassy und im Dnjestr-Brückenkopf.

## Die Kämpfe um Noworossijsk

Neben dem Myschako war Noworossijsk, das schon in Friedenszeiten einen großen, bedeutenden und leistungsfähigen Hafen besaß, der zweite heißumkämpfte Abschnitt der 4. Gebirgs-Division am Schwarzen Meer. Diese Industrie- und Hafenstadt ist Ausgangspunkt der Schwarzmeerstraße — Tuapse — Suchum — Batum und führt vom europäischen Rußland an die türkische Grenze.

Es war im Januar 1943, als Stalin, der Motor des „Großen Vaterländischen Krieges", unter äußerster Geheimhaltung die Oberbefehlshaber der Kaukasus-Front und die der Schwarzmeerflotte in die Befehlszentrale der STAWKA nach Moskau befohlen hatte. Dort trug er seinen Generalen und Admiralen einen kühnen Plan vor: Die 17. deutsche Armee sollte in einer kombinierten Land- und Seeoperation von der Tamanhalbinsel abgeschnitten werden. Das bedeutete Vernichtung von ca. 400.000 deutschen Soldaten. Stalin wollte ein zweites Stalingrad!

Voraussetzung hiefür waren der Vorstoß der 18. und 46. Armee der Russen in den Raum Krasnodar — mit Ziel Slawjansk — und der Durchbruch der 47. Armee durch die deutsche Front bei Noworossijsk. Gleichzeitig sollte ein starkes Landungskorps aus Spezialtruppen der Marine und des Heeres von der Schwarzmeerflotte in einem nächtlichen Überraschungsangriff im Rücken der deutschen Front angelandet werden.

Am 4. Februar 1943 war es endlich soweit. Eine stattliche sowjetrussische Flotte steuerte der Osereikabucht bei Noworossijsk zu. Drei Marinebrigaden und ein Luftlanderegiment, zusammen 6000 bis 7000 Mann, wurden für die Landeoperation angesetzt. Dieses großangelegte Unternehmen endete für die Russen mit einem Fiasko.

Dennoch war den Russen — ganz unbeabsichtigt — eine andere, wenn auch weniger spektakuläre Landung gelungen: In derselben Nacht, da bei Osereika Stalins Hauptlandeoperation anlief, wurde wenige Kilometer entfernt zur Ablenkung und Irreführung der deutschen Verteidigungstruppen ein russischer Kommandotrupp von einigen hundert Mann bei der Noworossijsker Vorstadt Stanitschka an Land gesetzt und konnte, ohne auf nennenswerten Widerstand zu stoßen, einen kleinen Landekopf bilden. Diese Aktion, die von dem sowjetischen Major Kunikow, einem Offizier der Marineinfanterie, geleitet wurde, hatte schließlich auch zur Besetzung des Myschako geführt...

Wie aus vielen Quellen, nicht zuletzt aus dem russischen Werk von A. S. Sasjalow und T. J. Kaldjadin „Die Schlacht um den Kaukasus", hervorgeht, betrachten die Sowjets die Angriffsoperationen auf Noworossijsk als Voraussetzung zur Umfassung und Vernichtung der deutschen 17. Armee im Kuban-Brückenkopf. Entsprechend groß waren daher die Anstrengungen des Gegners, dieses Ziel, das er sich gesetzt hatte, zu erreichen.

Nun, da der erste Stoß der Russen auf die Hafenstadt am Schwarzen Meer an der Aufmerksamkeit der Deutschen, die die Landung schnell erkannt hatten, und am wohlgezielten Feuer ihrer Artillerie gescheitert war, faßte man im September 1943 auf russischer Seite den Entschluß, den Hauptstoß im Raum Noworossijsk im Zusammenwirken mit der Schwarzmeerflotte massierter durchzuführen.

„Diese Hauptstoßrichtung wurde gewählt", lesen wir im russischen Buch über „Die Schlacht um den Kaukasus", „weil mit dem Fall von Noworossijsk, dem mächtigen Widerstandszentrum in der Verteidigung des Feindes, die Verteidigung der Deutschen an der ‚Blauen Linie' ihre Bedeutung verlor und die hier eingesetzten deutschen Truppen mit der Einschließung bedroht wurden.

Die deutsche Führung hatte während eines Jahres Noworossijsk und seine Zugänge befestigt und war davon überzeugt, daß diese Stellungen unüberwindlich seien. Sie erwartete hier den sowjetischen Vorstoß am allerwenigsten. Daher hatte der Gegner einen großen Teil seiner Reserven im Raum Gladkowskaja konzentriert. Der Schlag gegen den Noworossijsker Verteidigungsraum, geführt vom Land und von der See aus, mußte für den Gegner überraschend erfolgen.

Im Raum Noworossijsk war für den Druchbruch der gegnerischen Verteidigung eine Gruppierung geschaffen worden, die durch einen gleichzeitigen Schlag vom Land und von der See her mit Unterstützung der Schwarzmeerflotte in zielstrebigem Vorgehen Noworossijsk einnehmen sollte. Große Bedeutung kam bei der Lösung der Aufgabe den Truppen zu, die im ‚Kleinen Land', dem kleinen Brückenkopf Myschako südlich von Noworossijsk, operierten. Die übrigen Truppen der Front sollten, sobald sich in der Noworossijsker Richtung ein Erfolg abzeichnete, zum Angriff antreten."[116])

Die Russen hatten sich also auf die Großlandung bei Noworossijsk vorbereitet. In der dunklen Nacht zum 10. September 1943 erfolgte der Angriff der sowjetischen Truppen. Schiffe der Schwarzmeerflotte, denen es gelungen war, die Schwimm- und Netzsperren der Deutschen zu durchbrechen, steuerten zielstrebig auf die vorgesehenen Landungsplätze...

Wie sahen und erlebten nun die Gebirgsjäger der 4. Gebirgs-Division, die die Hauptlast der deutschen Abwehrkämpfe zu tragen hatten, die sowjetische Großlandung bei Noworossijsk in der Zeit vom 10. bis zum 14. September 1943? Oberst Ludwig Hörl, der Kommandeur des Gebirgs-Jäger-Regiments 91, der mit seinem bewährten Regiment und den ihm während dieser Kämpfe unterstellten Truppen — III./Gebirgs-Jäger-Regiment 13, Gebirgs-Jäger-Bataillon 94 und 3. Gebirgs-Pionier-Bataillon 94 — den Abwehrkampf geführt hat, beschreibt die Kampfhandlungen aus seiner Sicht:

„Die Front zog sich im Südteil von Noworossijsk bis zur Zemesskajabucht bei Stanitschka durch den äußeren Stadtrand. Hier lag nun seit etwa einem halben Jahr das Geb.Jäg.Rgt. 91 mit seinen 3 Bataillonen in Stellung. Den Schutz des Hafens selbst hatten unter dem Befehl des Regiments Teile des III./91, 1 Marinekompanie der Hafenkommandantur in Stärke von ca. 150 Mann und Teile der 16./91 (Pz.-Jg.-Kp.) mit ihren Paks übernommen.

Dabei waren eingesetzt — von rechts angefangen: I. Bataillon (Hptm. Stapper), II. Bataillon (Hptm. Wolferseder), III. Bataillon (Hptm. Seebacher). Den Schutz der Ostflanke in der Hafenbucht von Stanitschka bis zum Str. Bad I einschließlich hatten Teile der 16. Pz.-Jäg.-Kp./91 übernommen. Da es sich hier um eine Wasserfront handelte, schien dieser Einsatz gerechtfertigt. Hier konnte der Gegner nur mit Booten angreifen. Zur Abwehr eines solchen Unternehmens waren Pakgeschütze besonders geeignet. Ihr Feuer war in der Lage, die Boote schon bei der Annäherung im Wasser zu fassen und zu vernichten.

Der Verteidigungsabschnitt des Regiments, besonders soweit er im Südteil von Noworossijsk verlief, also im Abschnitt des II. und III. Bataillons, war immer unruhig. Das ergab sich aus der Eigenart der Ortsverteidigung. Da die Stellungen sich oft nur auf Straßenbreite gegenüberlagen und die Unübersichtlichkeit des Geländes (Häuser, Mauern, Zäune, Gärten, Bäume usw.), verbunden mit den damit beschränkten Sichtverhältnissen, überraschende Unternehmen begünstigte, erforderte diese Verteidigung von den eingesetzten Bataillonen höchste Aufmerksamkeit und stetige Einsatzbereitschaft...

Anfang September wurde der Russe vor der gesamten Front der 4. Geb.-Div. im Landekopf unruhig und begann mit häufigen Stoßtruppunternehmen unsere Verteidigungsstellungen nach schwachen Stellen abzutasten. Es lag etwas in der Luft. Gerüchte sprachen von bevorstehenden Landungen. Da man vor allem auch einen größeren Angriff aus dem Landekopf gegen Noworossijsk vermutete, wurde am 8. September noch das Geb.-Jäg.-Btl. 94 nach Noworossijsk verlegt, wo es zusammen mit dem 3./Geb.Pi.Btl. 94 eine sofort greifbare Reserve bildete...

Es war kurz nach Mitternacht, in den ersten Stunden des 10. September, als ein in dieser Stärke noch nicht erlebtes feindliches Vernichtungsfeuer aller Rohre und Kaliber auf Hafen, Stadt und die südlichen Stellungen begann. Sowjetische Landbatterien aus dem Landekopf, schwere Küstengeschütze von der Ostseite der Zemesskajabucht und die Schiffsartillerie der in der Bucht aufgekreuzten Einheiten der Roten Schwarzmeer-Flotte schossen ununterbrochen Schnellfeuer und rollende Breitseiten.

Stalinorgeln (17,2 cm), 22 cm Langrohrkanonen und Schiffsgeschütze trommelten wie wild. Sowjetische Bomber flogen in einem nicht abreißenden, rollenden Einsatz an und luden ab — ganz Noworossijsk glich einem Hexenkessel.

Einzelne Feuerschwerpunkte ließen sich bald nicht mehr ausmachen. Ununterbrochen schlug es überall donnernd, berstend und krachend ein. Es schien, als ginge die Welt unter. Der Erdboden zitterte und bebte, Stadt und Hafen brannten an zahlreichen Stellen lichterloh, ganze Häuserreihen stürzten unter den vernichtenden Salven und Reihenwürfen zusammen. Große Brände erhellten schaurig die Bilder der Verwüstung und Zerstörung, bis dichte Wolken von Qualm, Rauch und Staub die flammendhelle Mondnacht verdunkelten.

Und immer stärker schwoll vom Ostrand und von der See her das Mündungsfeuer aus den Geschützen an, bis nach zwei Stunden endlich der rasende Beschuß etwas nachließ und das Feuer weiter zurücksprang.

Schätzungen sprechen von ca. 12.000 — 15.000 Granaten und Bomben aller Kaliber, die in diesem Zeitraum von zwei Stunden niederhagelten. Dies bedeutete jede Minute etwa 100 Granaten.

Soweit in dem ganzen entstandenen Durcheinander, den Bränden und den dichten Rauchschwaden festzustellen war, drang der Gegner bis gegen 4 Uhr morgens trotz der vorhandenen Seesperren in den inneren Hafen ein. Voraus kamen etwa 10 Schnellboote, dahinter 3 oder 4 größere Transportschiffe.

Erst allmählich, da alle Verbindungen zerstört und Teile der Hafenverteidigung zerschlagen worden waren, zeichnete sich ein genaueres Bild der feindlichen Anlandungen auf der Westseite des Hafens ab.

So ließen sich drei größere Schwerpunkte feststellen:

a) Den Sowjets — ausgesuchten Eliteverbänden, die aus Marinetruppen und Kriegsschülern bestanden, jedem dieser Männer hatte man eine hohe Auszeichnung und Beförderung zum nächsthöheren Dienstgrad versprochen — war es gelungen, mit einer größeren Gruppe bei Strandbad I südlich der Westmole an Land zu kommen. Sie brachen dort in die Stadt durch und überall konnte man bereits Russen durch die Straßen hasten sehen. Auch beim Regimentsgefechtsstand wimmelte es plötzlich von Sowjets.

b) Eine zweite starke Gruppe klammerte sich an die West- und U-Boots-Mole fest, wo sie an der Westmole sogar ein größeres Schiff ausladen konnte.

c) Weitere stärkere Kräfte landeten an der Getreidemole und beim Kühlhaus, großen, festungsartigen Betonklötzen, wo sie sich festsetzen und einnisten konnten, nachdem sie die Gegenwehr gebrochen hatten.

Der Feind im Hafen von Noworossijsk! Alarm! Heraus aus den Deckungen! Noch ist nicht alles verloren! Obwohl der Regimentsabschnitt gleichzeitig vom Hafen aus und nun auch am Südrand von Noworossijsk berannt wird, verlieren die Verteidiger nicht den Kopf — sie kennen den Krieg und sind sich ihrer Kampfkraft bewußt. Sofort schießen die Verteidiger aus allen Rohren in die dichten Haufen der Gegner. Befehle werden blitzschnell gegeben und jagen hinaus. Die Funkverbindungen werden wiederhergestellt. Die Gefechtsstände werden freigekämpft. Verbindungsspähtrupps und später Melder, Ordonnanzoffiziere, Störungssucher machen sich auf den Weg und kämpfen sich teilweise durch die Sowjets. Das Regiment wird wieder ein Ganzes.

Die Nacht ist durchglüht vom Feuerschein der Brände. In Hast und Eile werden Kampfgruppen gebildet, was greifbar und noch kampffähig ist, herangezogen und eingesetzt. Langsam aber sicher setzt eine energische Abwehr ein. Schon laufen die ersten Gegenmaßnahmen an, werden die ersten Gegenschläge geführt.

Das Geb.Jäg.Btl. 94 greift mit Teilen zuerst ein. Die 2. Kp. voraus stürzt mit etwa 50 Mann zum Hafen hinunter. Ein Zug stürmt gegen die Westmole, ein zweiter mit Hurra gegen die U-Bootsmole. Dort krachen jetzt die Handgranaten, bellen Gewehrschüsse auf, knattern MP los. An der U-Boots-Mole hängt und klammert sich der Gegner in ganzen Trauben und Klumpen fest, klatscht und stürzt im flankierenden Feuer eines in Stellung gegangenen MG-Zuges ins Hafenwasser. Es gelingt, die gelandeten Russen unter Verlusten zurückzudrängen und die beiden Molen abzuriegeln. Von hier aus kommt niemand mehr in die Stadt.

Sofort mit Tagesanbruch setzen eigene Artillerie und Paks ein. Stichflammen zucken an dunklen Schiffsschatten. Volltreffer auf den ersten Transporter, der zweite bekommt einen vor den Bug, beim dritten kracht es donnernd auf das Deck. Doch — was ist das? Die Verteidiger trauen ihren Augen nicht. Von den brennenden Schiffen schwimmen sie an Land. Doch nicht, um sich zu retten. Der Gegner schwimmt zum Angriff heran. Ein unheimliches Bild, wie da in dichten Scharen Dutzende, ja Hunderte von Schwimmern mit raschen Schlägen und schnellen Stößen das ölige Wasser des Hafens teilen und dem Lande zustreben, viele davon nackt. Ihre Waffen haben sie in wasserdichten Beuteln auf dem Rücken verpackt.

MG rasseln ihnen entgegen, doch diese verwegenen Burschen schwimmen scheinbar unbekümmert um jedes Abwehrfeuer heran, kommen an

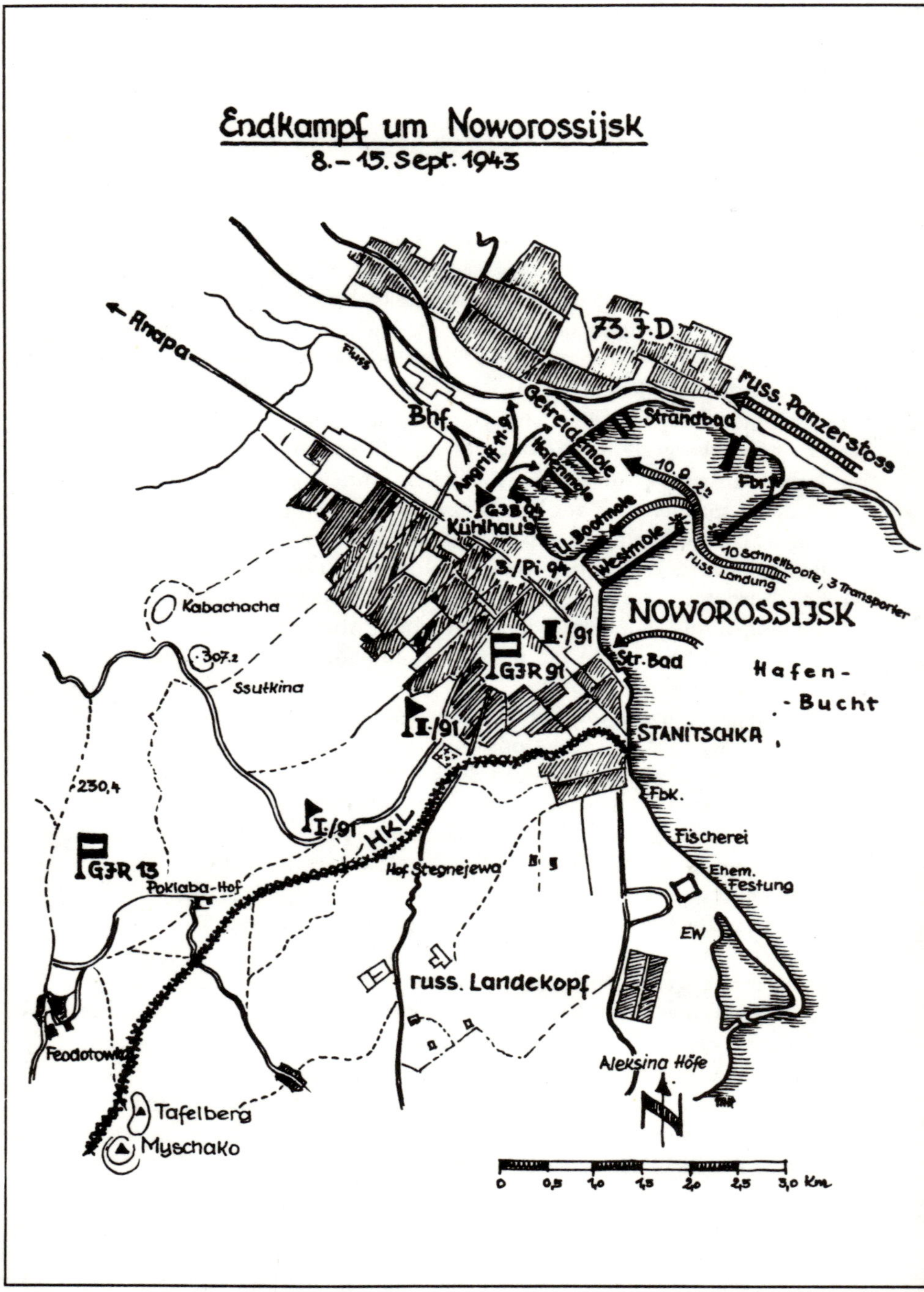


Der Endkampf der Gebirgsjäger um Noworossijsk vom 8. bis 15. September 1943

Land und erreichen die Molen, wenn auch viele von ihnen gurgelnd versacken und versinken.

Der Feind hatte seine Landung in drei Wellen unternommen. Mit der 1. Angriffswelle setzte er überraschend Stoßtrupps von etwa zwei bis drei Bataillonen an Land. Eine 2. Welle von rund 30 — 40 Landungsbooten konnte zum Teil unter wirksamen Beschuß genommen werden (Angriffsschwimmer!). Eine 3. Welle von größeren Schiffseinheiten mit anscheinend der Masse der Truppe an Bord und gedeckt durch Zerstörer und Kanonenboote wurde durch gutliegendes Artilleriefeuer noch zum Abdrehen auf See gezwungen.

Unterdessen konnte bereits eine in die Stadt durchgebrochene schwächere Feindgruppe von annähernd 50 Mann gestellt und bis in die Morgenstunden aufgerieben werden. Teils nackt, teilweise in völlig durchnäßten Uniformen, ausgepumpt und restlos durchfroren, sammelten sich die Gefangenen, von denen viele verwundet waren.

Am gefährlichsten sah es im inneren Hafen aus, wo der Gegner an mehreren Stellen hatte landen und sich festsetzen können. Die dort um das sogenannte ‚Kühlhaus' sich verteidigende Marinekompanie war aufgerieben und zurückgeworfen worden.

Bis zum frühen Morgen, der mit milchigen Nebeln und weißen Schleiern über den Wassern kam, konnte die 1. gelandete Angriffswelle teilweise vernichtet werden. Ein Großteil der Schiffe in den Hafengewässern war zusammengeschossen, zerstört oder bewegungsunfähig. 11 Landungsboote und drei Transporter waren als versenkt oder in Brand geschossen gemeldet. Auch draußen vor den langen Molen lagen Bootwracks. Hier hatten die durch die enge Hafeneinfahrt eindringenden Russen versucht, eine breite Bresche für ihre Landungsfahrzeuge zu schlagen. So schossen sie Torpedos gegen die beiden großen Hafenmolen (Ost- und Westmole), zielten aber zu hoch. Es gab wohl Riesenlöcher, doch die herausgerissenen Mauertrümmer wirkten nunmehr wie Riffe. Mehrere Landungsboote blieben darauf hängen und wurden eine leichte Beute der Artillerie und Pak.

Fortgesetzt hallte überall starker Kampflärm im Hafen und auch schon in der ganzen Stadt. Noch war die ganze Lage sehr kritisch, insbesondere im Innenhafen und auf dem linken Flügel der 4. Geb.Div. zur anschließenden 73. Inf.Div. Hier hatte sich der Gegner nicht nur festsetzen können, sondern er war bereits zwischen Noworossijsk-Nord und -Süd über den Bahnhof mit einer schwächeren Gruppe (etwa 60 Mann) an den Nordwestrand durchgestoßen, die die Zufahrtsstraße von Westen in die Stadt verlegte.

Der Russe unterstützte seine gelandeten Teile zwar jetzt nicht mehr durch Artillerie. Dafür aber kamen, kaum lichtete sich der Tag, die sowjetischen Tieffliegerstaffeln in laufenden Einsätzen und kämmten, aus allen Rohren feuernd, systematisch das Stadtgebiet ab.

Den ganzen 10. September über hielten die schweren Kämpfe an, und nur eine Truppe mit einem Höchstmaß an innerer Kraft konnte sie bestehen und vielfach auf sich allein gestellt den Zusammenhalt wahren...

Am Abend des 10. September war zunächst das Schlimmste überstanden. Die Verteidiger von Noworossijsk hatten dem Schlag des Feindes widerstanden. Der Durchbruch der Sowjets war nicht gelungen, wenn sie auch an verschiedenen Stellen Einbrüche erzielen konnten.

In unverminderter Stärke gingen auch in der Nacht vom 10./11. September das feindliche Artilleriefeuer und die Fliegertätigkeit fort. Kaum war nach 2 Uhr der Vollmond untergegangen, brach die Hölle erneut los. Wieder droschen Tonnenlasten an Stahl und Explosivstoffen auf die geschundene und gemarterte Stadt ein.

Unter dem Schutz dieser Feuerglocke wurden nun neue Feindteile im Innenhafen gelandet. Landungsboote und Transporter fuhren auf die verschiedenen Molen zu, die meisten gegen die Getreidemole und den dahinterliegenden Kriegshafen. Drei Boote landeten unmittelbar vor dem Kühlhaus. Zwei wurden noch während des Ausladens von der 2 cm Flak erledigt, das dritte mit M.G. beschossen.

Im Morgengrauen des 11. September erstürmten Kompanien des III./13 unter Mithilfe von Pak und Flak die West- und U-Boots-Mole. Nach harten Kämpfen, zum Teil Mann gegen Mann, wurde der Feind ins Wasser geworfen. Etwa 300 Tote wurden gezählt. Unter den Gefangenen befand sich auch ein Brigadestab.

Mittags trat das Jäg.Btl. 94 zusammen mit der 3./Pi. 94 und den Sturmgeschützen wiederum zum Gegenangriff — und zwar zunächst gegen die durchgebrochenen Bolschewisten zwischen Noworossijsk-Nord und -Süd — an. Dabei konnte der Gegner aus dem Bahnhof geworfen und weiter unter Säuberung des größten Teiles des Hafengeländes auch an anderen Stellen zurückgedrückt werden. Dann wurde die starkbesetzte Getreidemole abgeriegelt, um einen neuen feindlichen Ausbruch zu verhindern.

Außerdem hatten im Morgengrauen des 11. September Teile des rechts anschließenden Geb.Jäg.Rgt. 13 einen Teil des Abschnittes des I./91 übernommen. Dadurch konnten 2 verstärkte Kompanien herausgelöst werden. Aus diesem und den bereits am 10. September freigemachten Teilen des Regiments wurde am Vormittag eine Kampfgruppe unter Führung des Kommandeurs III./91 gebildet mit dem Auftrag, die südlich der Westmole eingeschlossenen Sowjets (ca. 400 Mann) zu vernichten. In einem erbitterten Häuserkampf wurde der Gegner, der sich hartnäckig bis zum letzten Mann wehrte, allmählich immer mehr zusammengedrängt, und gegen Abend konnten die letzten Reste außer Gefecht gesetzt werden...

Bis zum Abend konnte die Lage in Noworossijsk im Abschnitt der 4. Gebirgs-Division als gesichert angesehen werden. In einzelnen größeren

Stützpunkten und Widerstandsnestern, so im Kühlhaus, bei der Getreidemole und im Kriegshafen, konnten sich allerdings noch stärkere Teile des Feindes behaupten. Doch waren diese Kräfte abgeriegelt, eingeschlossen, und die Bewegungsfreiheit war genommen. Feindverstärkungen kamen nicht mehr in den Hafen hinein durch. Als sich in der Nacht zum 12. September neue Boote einzeln scharf links um die Hafeneinfahrt zu schieben versuchten, um Kurs auf die Getreidemole und den Kriegshafen zu nehmen, wurden sie sofort durch die gut eingeschossene Artillerie unter Feuer genommen. Durch Leuchtzeichen von den wachsamen Verteidigern am Hafenrand zu Hilfe gerufen, schoß sie die meisten Boote zusammen, noch ehe sie landen konnten. Steuerlos trieben sie im Hafenbecken umher und sanken dann.

Der 12. September verging mit weiteren Abriegelungen und Einschnürungen und dem Versuch, die wieder entstandene Lücke zur 73. Inf.Div. zu schließen. Die eingeschobenen Rumänen hatten, da sie der Anforderung dieser Kämpfe eben nicht gewachsen waren, nicht standgehalten, wodurch insbesondere das Jäg.Btl. 94 nach zwei Seiten verteidigen und sperren mußte.

Am 13. September wurde der im Kriegshafen eingenistete Gegner unter konzentriertes Feuer genommen. Stukas flogen an und warfen heulend ab. Die Artillerie schoß Vernichtungsfeuer in die Hafenanlagen und Molen. Leider fehlte schweres Kaliber, da nur die Div.Artillerie zur Verfügung stand...

... Die angelandeten Sowjets gaben nicht auf. Unermüdlich flogen die roten Schlachtflieger, um ihnen Unterstützung zu geben. An Fallschirmen segelten Verpflegungs- und Versorgungsbomben herab, die allerdings zum Teil ins Wasser fielen...

Am 14. September schien es nochmals kritisch zu werden. Um 10 Uhr brach — nachdem der an der Küste angreifende Feind bei Mefedjewski und um das Hafenbecken herum durchgebrochen war — ein starker Angriff von etwa 2000 Mann und 20 Panzern an der Bahnlinie nach Süden vor. Unter zusammengefaßter Artilleriewirkung aus Norden, Westen und Südwesten wurde er unter schweren Verlusten abgeschlagen...

... Auch am 15. September abends fanden wieder mehrere schwere eigene Stuka-Angriffe auf ihren größten Landekopf im Kriegshafen statt.

Dies war endlich der Tag, an dem mit der notwendig gewordenen Räumung des Kuban-Brückenkopfes auch unten im Süden begonnen werden konnte.

Völlig unbemerkt wurde nun der Abschnitt Noworossijsk befehlsgemäß geräumt, und in der Nacht zum 16. September verließen um 24 Uhr die letzten Nachhuten das gänzlich verwüstete Hafengelände.

Wie sehr dem Gegner an einer Wegnahme von Noworossijsk lag", resümierte Oberst Ludwig Hörl, der für den Kampf um den sowjetischen

Schwarzmeerhafen mit dem Ritterkreuz des Eisernen Kreuzes ausgezeichnet wurde, am Ende seines packenden Berichts, „zeigte sich, als er frühmorgens einen großen Landungsversuch vorbereitete. Ab 4.30 Uhr beschoß und bombardierte er wieder erneut die auflodernden Brandstätten und das Trümmerfeld der Stadt. Doch der ganze riesige Feuerzauber ging in nunmehr völlig leere und verlassene Stellungen. Als im Morgendämmern feindliche Schlachtfliegerschwärme über die ausgebrannten und öden Straßen fegten, war kein deutscher Verteidiger mehr zu entdecken. Nur schwarzer Qualm und dunkle Rauchfahnen hingen überall über der toten Stadt. Und es war gegen Mittag, da konnten wir aus unserer neuen Stellung bei Borrisowka beobachten, wie das mächtige NKWD-Gebäude, das bisher jedem Beschuß standgehalten hatte, in die Luft flog. Unsere Pioniere hatten es fachgerecht zur Sprengung vorbereitet und mit einem Zeitzünder versehen, der auf 12 Uhr stand.

Der Feind hatte sein vergebliches Landeunternehmen gegen Noworossijsk mit 1380 gezählten Toten und 450 Gefangenen bezahlen müssen, wobei seine tatsächlichen Verluste, besonders im Wasser und auf See, ungleich höher anzunehmen sind. Außerdem wurden 7 Geschütze, 21 Granatwerfer und 85 MG erbeutet.“[117])

Aber auch die Gebirgsjäger hatten während der Kampfhandlungen um Noworossijsk viele Tote und Verwundete zu beklagen. So bleibt zuletzt die Frage, ob die äußerst verlustreichen Kampfhandlungen um diesen bedeutenden Schwarzmeerhafen noch notwendig gewesen waren, nachdem man sich deutscherseits bereits darüber im klaren gewesen war, daß sich die Kaukasusarmee unter Aufgabe von Noworossijsk weiter in den Kuban-Brückenkopf zurückziehen und schließlich den gesamten Brückenkopf räumen würde?

Diese Frage kann mit einem klaren Ja beantwortet werden, denn die ordnungsgemäße Räumung des Kuban-Brückenkopfs war letztlich nur deshalb möglich, weil es den Soldaten der 4. Gebirgs-Division gelungen war, zuerst die russischen Landeoperationen bei Noworossijsk zu durchkreuzen, dann die angelandeten Truppen zu binden und ihnen schließlich dermaßen empfindliche Verluste zuzufügen, daß sie die Rückzugsbewegungen der deutschen Truppen nicht mehr ernstlich gefährden konnten.

Kaum hatten die letzten Nachhuten der Gebirgsjäger Noworossijsk verlassen, schon krochen russische Soldaten, die teilweise durch die Kanäle in die Stadt eingedrungen waren, aus diesen hervor und vereinigten sich mit den neuen Landungstruppen. Später sahen einige Gebirgsjäger, daß Tauben in der völlig zerstörten Hafenstadt am Schwarzen Meer aufgestiegen und in Richtung Kabadinka geflogen waren. Diese seltsame Beobachtung meldete Willy Bischoff dem I./Gebirgs-Jäger-Regiment 91.[118])

„Was hatte der Russe vor?“ fragte man sich dort besorgt.

Gleichgültig, was immer er auch im Schilde führte, um die Deutschen doch noch vor dem Übersetzen über die Straßen von Kertsch zu vernichten, die Landser kannten ohnehin nur noch die eine Parole:

„Vorwärts Kameraden, wir müssen zurück!"

Dieses Zurück bedeutete jetzt für die Truppe die Rettung! Und der Gedanke daran mobilisierte die letzten Lebensgeister der arg strapazierten Gebirgsjäger, für die es noch immer keine Ruhepause zur Auffrischung ihrer verbrauchten Kräfte gab.

Chef der Politverwaltung der russischen 18. Armee, die den Landungsangriff auf die Schwarzmeerhafenstadt durchgeführt hatte, war damals Oberst Leonid J. Breschnew, der spätere Staats- und Parteichef der UdSSR. Die nördlich anschließende 56. Armee führte Generalleutnant A.A. Gretschko. Er wurde später als Marschall Verteidigungsminister der Sowjetunion.

Breschnew hat den Kampf um Noworossijsk in seinem Buch „Das Kleine Land" — „Das Land, in dem die Tapfersten und Kühnsten zu Hause sind" — beschrieben; natürlich in der Diktion der kommunistischen Geschichtsschreibung und im Sinne der Sowjetpropaganda arg verzerrt.[119])

## Die Räumung des Kuban-Brückenkopfes

Die immer trister werdende militärische Lage auf dem russischen Kriegsschauplatz zwang die deutsche Wehrmachtsführung, die Ostfront auf die Linie Mariupol — Dnjepr — Witebsk zurückzunehmen, um so die überdehnten Frontabschnitte zu verkürzen.

In den Sog dieser Maßnahmen geriet auch die Front auf dem Kuban-Brückenkopf, in dem sich von den Gebirgstruppen nur mehr das Generalkommando XXXXIX. Gebirgs-Armeekorps und die 4. Gebirgs-Division befanden. Die Räumung dieses Brückenkopfes, die sogenannte „Krimhildbewegung", und die anschließende Verteidigung der Halbinsel Krim waren berteits am 4. September 1943 von Hitler anbefohlen worden:

„... Um die Verbände für andere Aufgaben freizubekommen, habe ich mich entschlossen, den Kuban-Brückenkopf zu räumen und die 17. Armee über die Enge von Kertsch auf die Krim zurückzunehmen.

Mit der Vorbereitung und Durchführung der Räumungsbewegung, der Räumungszerstörung und des beschleunigten Verteidigungsausbaues der Krim wird der Oberbefehlshaber der Heeresgruppe A beauftragt...

... Die Durchführung aller dieser Maßnahmen muß bis zum Beginn der

Schlammperiode beendet sein. Sie muß dem Gegner so lange wie möglich verborgen bleiben.

Es kommt mir auf folgendes besonders an:

... 2. Räumungszerstörung:

a) Alle dem Gegner nutzbringenden Anlagen, Unterkunftsmöglichkeiten, Straßen, Kunstbauten, Dämme usw. müssen nachhaltig zerstört werden.

b) Sämtliche Eisenbahnen und Feldbahnen sind abzubauen bzw. restlos zu zerstören.

c) Sämtliche gebauten Knüppeldämme sind unbrauchbar zu machen und zu beseitigen.

d) Die im Kuban-Brückenkopf befindlichen Anlagen für Ölgewinnung müssen vollständig vernichtet werden.

e) Der Hafen von Noworossijsk ist so zu zerstören und zu verseuchen, daß seine Benutzbarkeit durch die russische Flotte auf lange Zeit unmöglich gemacht wird.

f) Zur Zerstörung gehört auch weitgehendste Verseuchung mit Minen, Zeitminen usw.

g) Der Gegner muß ein auf lange Zeit voll unbrauchbares, unbewohnbares, wüstes Land, wo noch monatelang Minensprengungen vorkommen, übernehmen.

3. Krimverteidigung:

a) Alle freiwerdenden Baukräfte und alles Material sind schwerpunktmäßig für den Ausbau der Krimverteidigung zu verwenden. Der Ausbau ist schwerpunktmäßig so zu steuern, daß die besonders gefährdeten Abschnitte (Halbinsel Kertsch, Feodossija, Ssudak usw.) bevorzugt ausgebaut werden. Auf größte Beschleunigung kommt es an...

d) Im Rahmen der Krimverteidigung muß mit allen Mitteln erreicht werden, daß eine Durchfahrt russischer Schiffseinheiten durch die Enge von Kertsch in das Asowsche Meer unter allen Umständen verhindert wird . . .“[120])

Wenige Tage nach dem Abwehrerfolg der Gebirgsjäger bei Noworissijsk, der die Initiative der Russen zweifellos kurzzeitig lähmte, begann am 15. September, um 19.00 Uhr, nachdem das Gerät und die Stellungsmunition abgeschoben worden waren, die planmäßige Räumung der Front im russischen Landekopf.

Gemeinsam mit den Nachbardivisionen, der rumänischen 6. Kavallerie-Division und der 73. Infanterie-Division, verließ die 4. Gebirgs-Division ihren Abschnitt am rechten Flügel der deutschen Ostfront. Um 23.00 Uhr lösten sich dann die Nachhuten unbemerkt vom Feind. Nur zögernd stießen russische Spähtrupps gegen die Gebirgsjäger, die sich in der waldreichen „Siegfriedstellung“ verschanzt hatten, nach. Am „Volker-Riegel“ bei Krassno-Medwedowskaja war die Kampftätigkeit des Feindes zwei Tage später schon heftiger. Dort waren auf der Paßstraße, von Noworossijsk her, einige Feindpanzer in die deutsche HKL gerollt. Die feindlichen Infanterieangriffe konnten jedoch allesamt abgewiesen werden.

Inzwischen hatte auch an den übrigen Frontteilen des Kuban-Brückenkopfes die deutsche Absetzbewegung eingesetzt. Auf drei Seiten vom Meer umgeben, führten die durch das gleiche Schicksal miteinander verbundenen deutschen und rumänischen Truppen die Absetzbewegungen nach den präzise vorbereiteten Plänen des AOK 17 durch und wehrten dabei alle Feindvorstöße erfolgreich ab, obwohl es, besonders entlang der Küste des Schwarzen Meeres, nicht an kritischen Gefechtslagen, an unvorhergesehenen Kampfhandlungen und kräftezehrenden Nachtmärschen fehlte.

Ganz besonders heftig gestalteten sich die Kampfhandlungen für die 4. Gebirgs-Division am 21. September 1943, der für alle, die ihn miterlebten, als Großkampftag der Division in Erinnerung bleiben sollte. Bereits am frühen Morgen griffen die Russen in großer Übermacht mit Infanterie und Panzern an der gesamten Front an. Greifen wir hier nur das Kampfgeschehen bei Anapskaja heraus:

„Als Myschako und Noworossijsk hinter uns lagen“, so ein Erlebnisbericht, „gruben sich das Geb.Jäg.Btl. 94 und G.J.R. 91 in einem Obstgut und Weingarten links der Straße nach Anapskaja am 20. September 1943 ein.

Unsere 2. Kompanie unter Oblt. Garisch war vor einer kleinen Häuserzeile in Stellung, hinter uns kamen noch zwei 7,5 Pak der Rumänen ...

Die Artillerie schoß heraus, was sie konnte. Bei uns konnten alle Angriffe abgewiesen werden, doch der größte Druck war an der Straße nach Anapskaja, wo die A.A. 94 hielt, rechts über der Höhe an der Küste war Geb.Jäg.Rgt. 13 mit Rumänen. Unsere 1. und 2. Kompanie unterstützten zur Straße mit Feuer solange es ging. Dann brachen die Sowjets, von Panzern unterstützt, durch, und die A.A. 94 zog sich kämpfend den Hang hinauf, G.J.B. 94 konzentrierte ihr Feuer mit allen Waffen auf die Einbruchstelle. Um diese lästige Flankenbedrohung auszuschalten, griffen sie uns massiert an. Jetzt zahlte sich unsere reichliche Munition aus, und aus allen Löchern knallte es.

Am Nachmittag griff nun ein Rudel Panzer, das vor Anapskaja abgewiesen wurde, uns von rückwärts an und wollte die Zange machen. Da die Russen bereits in Scharen im Obstgarten eingedrungen waren, kam noch rechtzeitig der Absetzbefehl auf den Höhenrücken zu G.J.R. 91, der bis jetzt noch nicht angegriffen war."[121])

Alle, die an der Räumung des Kuban-Brückenkopfes beteiligt gewesen waren, hatten Hervorragendes geleistet: die Gebirgsjäger, Gebirgspioniere und Gebirgsartilleristen genauso wie die Soldaten der Versorgungstruppen, die Nachrichtler, die Sanitäter und die Tragtierführer. Sie waren alle eine Schicksalsgemeinschaft, die den Erfolg letztlich gewährleistete. Wiederholt bewährten sich bei den schweren Nachhutgefechten die Gebirgs-Jäger-Regimenter 13 und 91 mit ihren I., II. und III. Bataillonen; das Gebirgs-Artillerie-Regiment 94 mit seiner I., II., III. und IV. Abteilung; die Gebirgs-Aufklärungs-Abteilung 94, die Gebirgs-Panzerjäger-Abteilung 94 und die Gebirgs-Nachrichten-Abteilung 94; das Gebirgs-Pionier-Bataillon 94, die Divisions-Nachschub-Truppe 94 sowie das Gebirgs-Jäger-Bataillon 94, das bekanntlich durch den dauernden Einsatz in vorderster Linie „auf kaltem Wege" aus dem ehemaligen Feld-Ersatz-Bataillon 94 zu einem Kampfbataillon geformt worden war.

Über die „Hagenstellung", den „Rüdiger-Riegel" und schließlich über die "Große und Kleine Gotenstellung" wich die 4. Gebirgs-Division zum „Bukarester Riegel" — bei einem Frontwechsel um fast 180 Grad — aus. Der Feind, den man durch diese radikale Schwenkung sichtlich irritierte, strömte nach Taman hinein. Aber schon bald tastete er über die Gefechtsvorposten am Komendantskajaberg erneut die Front des deutschen Brückenkopfes, der schon recht klein geworden war, ab. Den Russen wurde diese gespenstische Rückzugsoperation, die sich vor ihren erstaunten Augen vollzog, immer unheimlicher. So beantwortete ein Kommandeur des XI. Garde-Schützen-Korps im Raum von Fontalowskaja, ostwärts von Ilitsch, die Anfrage seines befreundeten Nachbarn, ob er bereits Beute gemacht habe, am 8. Oktober 1943 mit den Worten:

„Wo, zum Teufel, Beute machen, wenn der Gegner sich in größter Ruhe und Ordnung zurückzieht und nicht nur die wertvollen Bestände, sondern sogar allen Kleinkram mitnimmt!"

An jenem 8. Oktober bezog das Gebirgs-Jäger-Regiment 13 unter Oberst Buchner beiderseits des Gorelaja-Berges seine letzte Stellung auf dem Kuban-Brückenkopf. Diese, „Breslauer Stellung" genannt, war gut

*Deutsche und rumänische Soldaten erweisen dem gefallenen Kommandeur der Enzian-Division, General Kreß, am Grabe in Krassno Medwedoskaja vor Noworossijsk die letzte Ehre. Im Vordergrund Oberstleutnant i. G. Kreuzer, links Rittmeister Feierabend, rechts Hauptmann Schneckenburger*

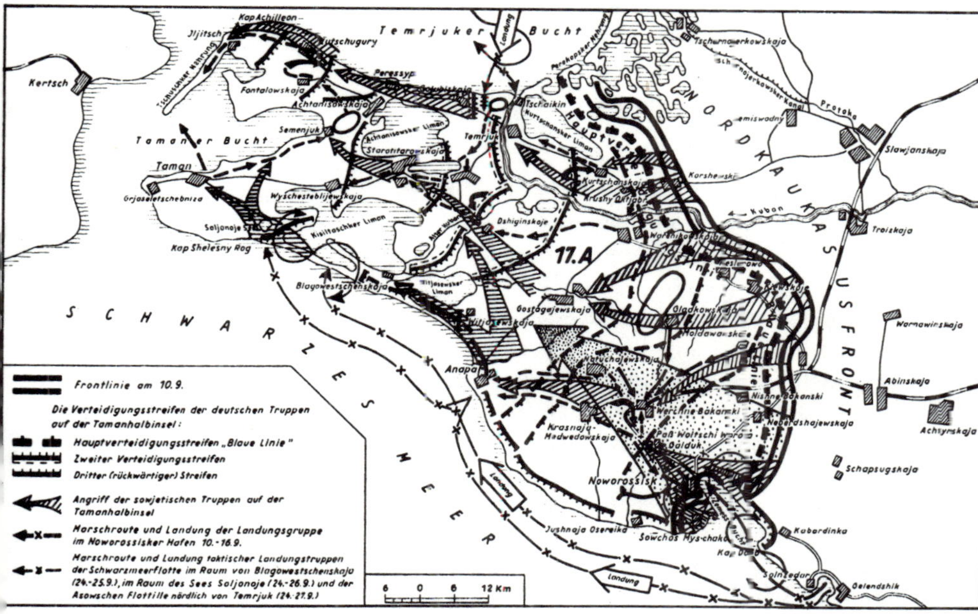


Die Angriffsoperationen der Roten Armee auf Noworossijsk und die Taman-Halbinsel vom 10. September bis 9. Oktober 1943 aus sowjetischer Sicht

ausgebaut und mit zahlreichen 40 cm Do-Werfern bestückt. Der Russe griff jedoch nicht mehr an. Dagegen bedeckte er die vermuteten Landestellen mit Störungsfeuer. Um 18.00 Uhr löste sich das Gebirgs-Jäger-Regiment 13 — es war der letzte Regimentsverband auf dem letzten Teil des Kuban-Brückenkopfes — unter starken feindlichen Feuerüberfällen, jedoch unter der Feuerglocke schwerer deutscher Geschütze, die bereits auf der Halbinsel Krim stationiert waren, vom Feind und versammelte sich bataillonsweise an den zugewiesenen Anlegestellen.

Welch großartige Waffentaten hatten die Gebirgsjäger bisher vollbracht! Die Räumungsbewegungen im Kuban-Brückenkopf hatten sie

*Oben: Generalleutnant Julius Braun, der dritte Kommandeur der 4. Gebirgs-Division, im Erholungsheim „Enz" in Abrau im Sommer 1943*

*Unten: General Braun, mit dem Finger zeigend, bei der Inspektion der Nahkampfschule „Braun" in Bessarabien*

durch nicht weniger als sechs große Stellungen — wir erinnern uns nochmals der Namen: „Siegfried-Stellung“ und „B-Riegel“, „Volker-Stellung“, „Hagen-Stellung“, „Goten-Stellung“ und „Bukarester Stellung“ — hindurch bis an die Straße von Kertsch geführt. Nun standen sie an dieser wichtigen Wasserstraße. Die letzte Nacht auf dem Kuban-Brückenkopf war hereingebrochen.

„Was wird der letzte Tag bringen?“ fragten sich viele sorgenvoll. Ein PK-Bericht, etwas in heroisierendem und glorifizierendem Ton gehalten, hat uns diese knisternde Spannung überliefert:

„(PK.) Dort, wo sich die Reste der Kuban-Armee vom Feinde absetzen, hat das Gelände auf der Karte die Form eines Schlangenkopfes. Vom Oberkiefer des aufgerissenen Rachens aus setzen die Grenadiere mit ihren schweren Waffen in aller Ruhe über die Straße von Kertsch über. Der Unterkiefer aber mit einem hochragenden Berg birgt die Schlüsselstellung, die das letzte Absetzen planmäßig gewährleistet. Hier hält ein württembergisch-badisches Gebirgsjäger-Regiment die Front. In der Nacht zuvor hat es sich unbemerkt vom Feind aus der vorletzten Stellung gelöst und liegt jetzt um den Berg geschart, der wie ein Giftzahn aus dem Maul der Schlange gewachsen ist. Die Landser nannten ihn gleich den ‚Berg der letzten Goten . . . ‘

Es ist jetzt vier Uhr morgens. Die aufgehende Sonne erhebt die naheliegenden Ufer aus dem im Frühnebel aufdämmernden Morgen in jene durchsichtige Helligkeit, die Landschaften in voller Erhabenheit zeigt. Die Natur ist noch friedlich, die Herzen der Männer sind voller Spannung. Was bringt der erwachende Tag? Für sie ist es der letzte auf dem Kuban-Brückenkopf. Sie haben den siegreichen Marsch nach dem Kaukasus erlebt, seine Bergwelt, seine Menschen und seine unendliche Fruchtbarkeit. Tief ruht neben diesen Schönheiten in ihnen das gewaltige Erlebnis eines Rückmarsches, bei dem die Natur sich ebenso grausam zeigte, wie sie zuvor üppig erschienen ist. Nur Zähigkeit und große seelische Kraft, aus süddeutscher Heimat geschöpft, ließ sie den Kampf gegen meterhohen Schlamm und einen fanatischen Gegner erfolgreich bestehen. Sechs Abwehrschlachten am Kuban folgten, in denen sie der Sowjetmasse und ihren anrollenden Panzern schwere Verluste zufügten.

Nun hat der Kommandierende General, von dessen Standarte das vom Feind so gefürchtete Edelweiß prangt, seine Gebirgsjäger wieder auf einen entscheidenden Posten gestellt. Sie haben die Flanke zu sichern, damit der Fährbetrieb bei Iljitsch planmäßig weitergeht. Die von der Führung glänzend organisierte Räumung des Kuban-Brückenkopfes, die in ihrer Durchführung auf diesem Gebiet wohl einmal das klassische Beispiel darstellen wird, hat die Gebirgsjäger fast ohne Verluste bis hierher gebracht. Nun hoffen sie alle, daß ihnen das Schicksal, das sie noch für 24 Stunden vom anderen Ufer trennt, auch weiterhin günstig gesinnt sein mag. Die Vorausschau, mit der der General seine Operationen führte, bei denen er sich vor allem durch Schonung auch des letzten Mannes leiten ließ, bestärkt sie in der Hoffnung.

Die Sowjets kommen an diesem Morgen nur zögernd in die Nähe der Hauptkampflinie. Wir sehen von unserem Berg aus jeden einzelnen im Gras. Sie durchsuchen die von uns in der Nacht verlassenen Bauernhäuser, sicher in der Hoffnung, vielleicht eine Konserve oder ein paar Zigaretten zu finden, denn wir wissen sehr wohl, wie wütend der bolschewistische General war, als er im geräumten Temrjuk nicht das Mindeste vorfand, was an unsere gute Verpflegung erinnert hätte.

Es ist jetzt Nachmittag geworden, aber die Bolschewisten bleiben immer noch in respektabler Entfernung vor unserer HKL. Weit im Hinterland erkennen wir mächtige Staubfahnen, die auf lebhaften Nachschubverkehr schließen lassen. So sind bald schwere Mörser auszumachen, die, von Traktoren gezogen, in Stellung gebracht werden. Lange brauchen wir nicht zu warten, dann geht auch das Geheul schon los. Der Berg wird mit allen Kalibern bepflastert, denn die Sowjets wissen, daß wir ihnen von dort in die Karten gucken. Schlachtflieger kreisen wild um die Höhe — wie Habichte, die ihr Opfer nicht greifen können. Unsere Jäger hindern sie daran, und in aufregender Kurbelei erweisen diese sich nach zwei Abschüssen als die bessere Waffe. Trotzdem versuchen die sowjetischen Flieger immer wieder, an den Berg heranzukommen, doch spürt man bald ihre Kampfmüdigkeit. Auch die Infanterie meidet immer noch die HKL, obwohl es schon Spätnachmittag geworden ist, denn wenn sie angreifen wollten, dann müßte es jetzt geschehen, bevor es dunkel wird. Die Landser sehen jetzt öfters auf die Uhr. Der Feind hat, will er von sich aus etwas erreichen, höchstens noch eine halbe Stunde Zeit. Um halb fünf Uhr bricht die Dunkelheit herein, und dann, das weiß er aus Erfahrung, muß er bei Angriffen mit noch größeren Verlusten rechnen als am Tage. Doch bevor die Sonne untergeht, zieht ein Gebrumm nach Osten, das die Landser elektrisiert: Stukas! Gebannt starrt alles nach oben, wir denken alle: hoffentlich geht es auf die Mörser! Dann stürzen die ersten, und mitten hinein fallen die schweren Brocken. Der Berg zittert, und zwischen ihm und dem Feind steht eine schwarze Wand. Dem reichts für heute da drüben, sagen die Landser und blicken den tief abziehenden Stukas nach, nicht ohne sie liebevoll zu zählen. Die Zahl stimmt.

Als aber bald darauf um unseren Berg das letzte Büchsenlicht herrscht, überschüttet ihn der ‚Iwan' mit einem derartigen Feuerzauber, daß wir annehmen, er möchte einen letzten Versuch machen, uns in einem mit Panzern geführten Angriff doch noch einige Kameraden zu entreißen. Dann fährt plötzlich ein mit Sowjets beladener Lkw in der Nähe des Drahtverhaus die Stellung entlang und läßt einige von den Sowjets fallen, als habe er sie unbemerkt verloren. Die Jäger sind natürlich auf Draht und halten rein, was das Zeug hält. Und jetzt ist es auch schon Nacht. Die von zahlreichen Einschlägen herrührenden Rauchschwaden verfinstern den Mond und gespenstisch huschen Schatten über das Land. Angestrengt bohren die Gebirgsjäger ihre Augen in die halbdunkle Nacht. Aber vor der HKL rührt sich nichts mehr. Nur das Artillerieduell beherrscht die Stunde, das aber seine Herrschaft an die Werfer abgibt, wenn diese, hundertfach gezündet, mit feurigem Schweif zum Feind jagen.

Das sind Gedanken, die uns beschäftigen, bevor wir den Brückenkopf verlassen. Diese Stunde naht jetzt heran. In aller Ruhe wird die HKL geräumt, während unsere Artillerie Sperrfeuer schießt. Ob die Bolschewisten merkten, daß wir uns lösten? Sie beschießen die Landungsstege, vielleicht als machtlose Demonstration, weil sie uns am Abzug nicht hindern können, weil sie ihre Verluste fürchten.

Noch zwei Stunden bis zur Abfahrt", fährt der PK-Berichter fort:

„Die Zeit tröpfelt heute. Decken und Zeltplanen werden gepackt...

Als das Regiment unten am Meer steht, kommen... die Fähren. Mitten in diesen Betrieb fallen drei Leuchtbomben. Hoch über dem silbern glänzenden Wasser rattert eine feindliche Maschine. Wird es jetzt schiefgehen? Plötzlich entfernt sich das Motorengeräusch. Unglaublich! Sie haben nichts gesehen. Inzwischen sind die Jäger, bis zu den Hüften im Wasser, hinausgewatet zu den kleinen Sturmbooten, die warten, bis die Panzerabwehrgeschütze verladen sind. Da fehlt eine Pak. Keuchend kommt auch schon ein Oberjäger angerannt und meldet, daß seine Pak noch in der Stellung steht, da die Zugmaschine ausgefallen ist... Seine Kameraden sitzen allein oben in der geräumten Stellung und warten. Sie lassen ihre Pak nicht im Stich. Es ist ausgerechnet jene, vor der sich am Abend die Sowjets vom Lkw fallen ließen, um die HKL auszuspionieren. Ein schneller Entschluß wird gefaßt. Eine andere Zugmaschine fährt nochmals hinauf und holt die Pak sowie die Zugmaschine. So kommen das letzte Gerät und der letzte Mann an Bord, ungestört vom Feind. So stark zählt dort die Kampfkraft des Kubankämpfers.

Nicht einen Kameraden verloren."

Der „Berg der letzten Goten" verschwand in der Dunkelheit, als die letzten Gebirgsjäger den Kuban-Brückenkopf auf den Übersetzfahrzeugen verließen. Die Schiffe und Boote fuhren mit voller Kraft über die Straße von Kertsch und erreichten gegen Mitternacht das rettende Ufer der Halbinsel Krim.

Ohne ein Geschütz oder ein Fahrzeug zu verlieren, hatte General der Gebirgstruppen Konrad sein XXXXIX. Gebirgs-Armee-Korps, dem neben der 4. Gebirgs-Division für diese Absetzbewegung noch fünf weitere Divisionen unterstellt worden waren, über den kilometerlangen Wasserarm zwischen der Kuban-Halbinsel und der Krim in das neue Operationsgebiet geführt.

Es war eine kalte Nacht, als die Gebirgsjäger sich nach der Überfahrt etwa 10 Kilometer südlich von Kertsch und rund zwei Kilometer landeinwärts auf der Krim versammelten. Schon rollten die motorisierten Fahrzeugkolonnen heran, um die schlaftrunkenen Soldaten abzuholen und in die vorbereiteten Quartiere zu fahren.

Die Morgenmeldung, die das Armee-Oberkommando 17 aus Anlaß des Abschlusses der erfolgreichen Räumung des Kuban-Brückenkopfes herausgegeben hatte, läßt erst so richtig das Ausmaß der zurückliegenden Kämpfe und die hervorragende operative Leistung bei der Räumung des Brückenkopfes ermessen:

„... Gesamtübersicht über die Abwehrschlachten im Kuban-Brückenkopf:

Der infolge der Absetzbewegungen der deutschen Kaukasus-Armee im Winter 1942/43 am 1. Februar 1943 entstandene Kuban-Brückenkopf wurde von der 17. Armee mit 10 deutschen und 5 rumänischen Divisionen in 6 schweren Abwehrschlachten gehalten und ab 7. September 1943 auf Befehl planmäßig geräumt.

Im Laufe dieser 8 Monate brachte der Feind unter Führung von 7 Armee-Oberkommandos und 8 Generalkommandos 39 Schtz.-Divn., 39 Schtz.-Brig., 11 Pz.-Verb. und eine große Zahl selbst. Straf- und Marine-Btle. zum Einsatz. Trotz stärkster, scharf zusammengefaßter Artillerievorbereitung, stärkster Luftwaffenunterstützung und Masseneinsatz von Panzern, gelang es dem Feind im Laufe der 6 Abwehrschlachten an keiner Stelle, die eigene Front zu durchbrechen und dadurch sein Ziel, die Vernichtung der im Kuban-Brückenkopf eingesetzten deutschen und rumänischen Kräfte zu erreichen. Auch die zur Unterstützung seiner Frontalangriffe im Rücken der eigenen Front durchgeführten Landungsangriffe brachten dem Gegner keinen Erfolg.

Die dem Gegner beigebrachten Verluste schwächten seine Kampfkraft derartig, daß er das schließlich erfolgende Absetzen nicht mehr gefährden konnte.

Die einwandfrei festgestellten Verluste des Gegners betragen: 14.373 Gefangene und Überläufer, 41.271 gezählte Tote.

Die gezählten Toten machen nur einen geringen Bruchteil der Gesamtzahl aus, da bei den meisten Abwehrkämpfen eine Zählung der durch das eigene Feuer erfaßten Angreifer und der Ertrunkenen nicht möglich war. Der Feind führte in den Monaten Februar bis September 123.209 Mann von uns zuverlässig erfaßten Ersatz der Nordkaukasus-Front zu. Da erfahrungsgemäß nur rund 50 v. H. der Ersatzzuführung zuverlässig bekannt werden, ein Teil der aufgefüllten Verbände auch nicht mehr vor der Front der 17. Armee antrat, können die unwiederbringlichen Verluste des Feindes vor dem Kuban-Brückenkopf auf nahezu eine Viertelmillion Mann geschätzt werden.

886 Panzer wurden vernichtet, 158 Panzer bewegungsunfähig geschossen, 53 Flugzeuge durch Infanterie abgeschossen.

Die vernichteten Geschütze, schweren und leichten Inf.-Waffen und sonstiges Kriegsgerät sind zahlenmäßig nicht zu erfassen.

Es wurden in den 6 Abwehrschlachten erbeutet: 83 Geschütze, 243 Granatwerfer, 1066 MG sowie eine große Menge an leichten Inf.-Waffen, Gerät aller Art und Munition.

Es wurden im Zusammenwirken der drei Wehrmachtsteile versenkt: 3 Zerstörer, 3 große Transportschiffe zu je 800 BRT, 8 kleinere Schiffe, 20 Landungsboote, 4 Schnellboote, 6 Kanonenboote, 1 Räumboot, 1 Betriebsstoffleichter, 2 Motorboote, 48 Schlauchboote, 10 Pontons, 107 kleinere Boote. Beschädigt wurden: 3 Schnellboote, 6 kleine Schiffe, 1 Motorschiff, 5 Landungsboote. Über die Straße von Kertsch wurden seit 1. Februar 1943 von Pionier- und Marine-Fahrzeugen in beiden Richtungen übergesetzt: 1,147.820 Menschen, 192.463 Pferde, 72.483 Kfz., 60.179 besp. Fahrzeuge, 706.738 Tonnen Güter aller Art.

Die Hauptlast des Kampfes trug der deutsche Grenadier und Jäger — überall, wo er stand: in den Kämpfen um Noworossijsk, in den Waldgebieten des Westkaukasus, auf den Höhen um Krymskaja und in den Sumpf- und Lagunengebieten am Asowschen Meer. Von der Artillerie, den Sturmgeschützen, Pionieren und Panzerjägern vorbildlich unterstützt, blieb er in 6 schweren Abwehrschlachten gegen zahlenmäßig weit überlegenen Feind Herr des Kuban-Brückenkopfes.

In treuer Waffenbrüderschaft kämpften Schulter an Schulter mit den deutschen Verbänden rumänische Divisionen, die damit einen hohen Anteil an der Verteidigung des Kuban-Brückenkopfes errungen haben.

Die Verluste der deutschen Verbände der 17. Armee in dieser Zeit betragen: 10.008 Gefallene, 36.225 Verwundete, 3562 Vermißte. Die rumänischen betragen: 1598 gefallen, 7264 verwundet, 806 vermißt.

Insgesamt hat die 17. Armee ihre Aufgabe im Kuban-Brückenkopf mit 59.463 Mann blutigen Verlusten erfüllt. Unter den Gefallenen befinden sich 4 Divisions-Kommandeure: Generallt. Haccius, Kdr. 46. Inf.-Div., Generallt. Rupp, Kdr. 97. Jg.-Div., Generallt. Schmidt, Kdr. 50.Inf.-Div., Generallt. Kreß, Kdr. 4. Geb.-Div.

Mitwirkung von Luftwaffe und Marine:

Luftwaffenverbände des I. Flieger-Korps und Marinestreitkräfte des Admirals Schwarzes Meer unterstützten den Kampf der 17. Armee im Kuban-Brückenkopf in vorbildlicher Weise.

Verbände des I. Flieger-Korps griffen in unermüdlichen Einsätzen mit Kampf-, Sturzkampf- und Schlachtfliegern in die Kämpfe der Divisionen ein und brachten ihnen fühlbare Entlastung. Eigene Jäger kämpften trotz zahlenmäßiger Unterlegenheit den Luftraum über dem Kuban-Brückenkopf und der entscheidenden Nachschubstraße über die Meerenge von Kertsch immer wieder frei und erleichterten damit den Kampf und die Bewegungen im Kuban-Brückenkopf und den Nachschub über die Straße von Kertsch. Transportflugzeuge führten zahlreiche Truppen- und Nachschubtransporte durch.

Flak-Artillerie unterstützte den Kampf der Jäger um die Beherrschung des Luftraumes über dem Kuban-Brückenkopf und kämpfte in den schweren Abwehrschlachten Seite an Seite mit den Truppen des Heeres gegen die feindlichen Panzer.

Vom 1. Februar bis 30. September führte das I. Flieger-Korps insgesamt 72.395 Einsätze, davon 30.567 zur unmittelbaren Unterstützung des Heeres, und 13.536 mit Transportflugzeugen und 2901 Lastenseglern aus.

1896 Feindflugzeuge wurden im Luftkampf, 338 Flugzeuge durch Flakartillerie abgeschossen. 135.230 Soldaten und Verwundete und 18.757 Tonnen Gerät wurden im Lufttransport befördert.

Seestreitkräfte sicherten die weiten Seeflanken des Kuban-Brückenkopfes und stellten den Nachschub über die Straße von Kertsch in Verbindung mit den eingesetzten Pi.-Landungskräften des Heeres sicher ... "

Oberstes Ziel der Roten Armee war es gewesen, nach Stalingrad die Heeresgruppe A im Kaukasus einzuschließen und ihr ein ähnliches Schicksal zu bereiten wie der unglückseligen 6. Armee. Das war den Russen trotz der größten Anstrengungen, die sie unternommen hatten, nicht gelungen! Einziges Ziel der deutschen Führung war es nach dem Fall von Stalingrad, ein zweites Cannae im Südabschnitt der Ostfront zu vermeiden, um die wertvollen Armeen und Divisionen für die Fortsetzung der Kampfhandlungen in Rußland zu retten. Das war den Deutschen durch ihre militärgeschichtlich einmalige Operation, nämlich den geschlossenen Rückzug einer ganzen Armee aus dem Kuban-Brückenkopf über die Straße von Kertsch auf die Halbinsel Krim, in hervorragender Weise gelungen!

Aus Anlaß der Räumung des Kuban-Brückenkopfes richtete der Oberbefehlshaber der Heeresgruppe A, Generalfeldmarschall von Kleist, am 10. Oktober 1943 über den Wehrmachtssender Krim folgenden Tagesbefehl an die Soldaten der Kuban-Armee:

„Soldaten der Kuban-Armee!

Weit nach Osten vorgeschoben, habt Ihr Eure Front am Kuban lange Monate verteidigt. Ihr habt in Schlachten zahlenmäßig stark überlegene Feindkräfte abgeschlagen. Immer wieder mußte der Gegner Eure Überlegenheit fühlen. In treuer Waffenbrüderschaft kämpften hier deutsche und rumänische Verbände.

Nicht weil der Feind Euch zwang, sondern auf höheren Befehl habt Ihr jetzt das Kuban-Gebiet planmäßig geräumt. Der letzte deutsche und rumänische Soldat hat die Meerenge von Kertsch überschritten und die Feste Krim erreicht. Euer Kriegsgerät und Eure Waffen sind übergesetzt. Alle Versuche des Feindes, mit seinen Divisionen, mit seiner Luftwaffe und seinen Seestreitkräften Eure Absetzbewegungen zu verhindern, sind gescheitert.

Ihr ward immer stolz darauf, Kuban-Kämpfer zu heißen. Auf diese Absetz- und Übergangsbewegung könnt Ihr ganz besonders stolz sein. Besser konnte sie gar nicht klappen. Eurer Führung und Euch allen spreche ich meinen Dank und meine höchste Anerkennung aus für Eure Disziplin und Tapferkeit.

Ich danke der Marine, der Luftwaffe, den Pionieren und allen Sonderverbänden, die Euch geholfen haben. Der Kuban-Kämpfer ist ein Begriff für die ganze Front und für die Heimat geworden. Bewahrt Euch diesen Kuban-Geist auch weiterhin, dann werdet Ihr immer der Schrecken der Feinde sein.

Ich aber bin stolz auf Euch!“

Voller Stolz und Genugtuung vernahmen die Gebirgsjäger der 4. Gebirgs-Division in der Tat die Worte ihres Generalfeldmarschalls aus den Rundfunkgeräten. Und sie sollten für ihre vorbildlichen Kampfhandlungen noch in anderer Hinsicht ausgezeichnet werden: Bereits am 20. September 1943 hatte der Führer und Oberste Befehlshaber der Deutschen Wehrmacht, Adolf Hitler, den Kuban-Schild, der, wie die anderen bereits verliehenen Schilde, am linken Oberarm der Uniform als Ehrenzeichen getragen wurde, gestiftet. In der Stiftungsverordnung heißt es u. a.:

„Der Kuban-Schild wird verliehen als Kampfabzeichen an alle Wehrmachtsangehörigen und der Wehrmacht unterstellten Personen, die seit 1. Februar 1943 an den Kämpfen am Kuban-Brückenkopf zu Lande, in der Luft und zu Wasser ehrenvoll beteiligt waren ... “

## Von der Halbinsel Krim nach Melitopol

„Wir waren wieder auf der Krim“, berichtet Peter Bamm, der schreibende Chirurg, dessen bürgerlicher Name Dr. Curt Emmrich lautete, in seinem Buch „Die unsichtbare Flagge“ und fährt dann fort: „Wiederum kam der Herbst über die Steppe. Wiederum trieb Sturm aus dem Osten die Steppenhexen gespenstisch über das Land. Er trieb sie nicht mehr uns entgegen. Er trieb sie vor uns her.“[122])

Nachdem sich das XXXXIX. Gebirgs-Armeekorps erfolgreich aus dem Kuban-Brückenkopf zurückgezogen und über die Straße von Kertsch auf die Halbinsel Krim übergesetzt hatte, begann man mit der Verstärkung der Befestigung von Sewastopol, das zu jener Zeit keineswegs als „Festung“ bezeichnet werden konnte, da nur einige zerstörte Hafenanlagen existierten. Daher ordnete General Konrad den raschen Ausbau von drei großen, in gleichen Abständen hintereinanderliegenden Befestigungslinien zwischen dem Siwash und Sewastopol an, um einen zu erwartenden Angriff der Russen auf die Halbinsel von Norden her erfolgreich abwehren zu können.

Von Jenikale her, das an der Straße von Kertsch liegt, erreichte die 4. Gebirgs-Division nach tagelangen Märschen bei Regen und kaltem Wind über Taschlyar, Adshigoi und Feodossija am 15. Oktober den Raum um Simferopol. Die „Enzian“-Division hatte vom XXXXIX. Gebirgs-Armee-Korps den Auftrag erhalten, den südwestlichen Teil der Krim-Halbinsel zu sichern. Am Abend des 18. Oktober 1943 sprach der Oberbefehlshaber der 17. Armee, General der Pioniere Jaenecke, vor den versammelten Bataillonskommandeuren, Kompaniechefs und Zugführern und tags darauf vor etwa 400 angetretenen Jägern dem Gebirgs-Jäger-Regiment 13 seine hohe Anerkennung für die zurückliegenden Kampfleistungen am Kuban, am Landekopf von Noworossijsk und bei der Räumung des Kuban-Brückenkopfes aus.

Nun, die harten Kampfhandlungen der zurückliegenden Wochen und Monate gehörten endgültig der Vergangenheit an. Die Gebirgsjäger hofften, auf der Krim — vorläufig wenigstens — eine ruhigere Kugel schieben zu können. Und es sah anfangs wirklich ganz danach aus, als ob sich die Wunschvorstellungen der Jäger erfüllen sollten. Die, wie sich allerdings bald herausstellen sollte, wenigen Tage in und südlich von Simferopol, die frei von jeder Art von Einsatzverpflichtung oder Kampfhandlungen waren, dienten der Auffrischung der Truppe. Nachdem sich die Soldaten ausgiebig gebadet und entlaust hatten, konnten sie in freien Stunden ein Kino, ein Fronttheater, das in jeder Beziehung einen wichtigen Part bei der Truppenbetreuung spielte, oder gar eine ukrainische Operette im Theater von Simferopol, wie auch die in den Lazaretten dieser Stadt liegenden verwundeten Kameraden besuchen.

Doch rasch, viel zu rasch sollten diese Tage der Entspannung vergehen. Schon geisterten wieder die „Latrinen“ durch die lichter gewordenen Reihen der Gebirgsjäger und verbreiteten sich in Windeseile, als sich die Aktivitäten beim Divisionsstab, bei den Stäben der Regimenter, Bataillone und Abteilungen, die von heute auf morgen aufgefrischt wurden, sichtlich verstärkten. Und in der Tat: Der Sicherungsauftrag der 4. Gebirgs-Division im Etappenraum von Simferopol —Sewastopol sollte nicht mehr allzu lange dauern. Schon am 22. Oktober wurde die „Vierte“ dahingehend informiert, daß sie nach Norden —außerhalb der Krim — in den Raum westlich von Melitopol verlegt werde, wo der Russe starke motorisierte und Panzerverbände, die teilweise durch die Räumung des Kuban-Brückenkopfes freigeworden waren, zusammengezogen hatte, um einen Durchstoß nach Westen, in Richtung Dnjepr, zu erzwingen.

Wie kam es zu dieser äußerst kritischen Lage; was hatte sich, während die Gebirgsjäger noch im Kuban-Brückenkopf gekämpft hatten, im nördlichen Abschnitt des Südflügels der Ostfront ereignet?

Nach der Wiederaufnahme der im Frühjahr 1943 abgebrochenen Offensive (vom 19. Februar bis 3. März 1943 tobte die Schlacht zwischen Donez und Dnjepr, vom 4. bis 18. März 1943 die Schlacht bei Charkow) hatte die Rote Armee die Südfront durch verstärkte Kampfhandlungen wieder in Bewegung gebracht. Auch das später vom 5. bis 17. Juli 1943 durchgeführte Unternehmen „Zitadelle“, der Angriff gegen den russischen Frontbogen bei Kursk, mußte infolge der starken russischen Angriffe im Orelbogen abgebrochen werden, ohne daß er eine Entlastung an der Ostfront gebracht hatte. Trotz stärksten Einsatzes und großer Verluste war der deutsche Angriff gescheitert. Die Initiative auf dem östlichen Kriegsschauplatz sollte von nun an einzig und allein von der Roten Armee bestimmt werden.

Charkow, die in vier mörderischen Schlachten so hart umkämpfte Stadt, wurde im Norden umfaßt und mußte am 22. August 1943 für immer von den deutschen Truppen geräumt werden. Am 7. September ging Stalino verloren. Das Donezbecken mußte aus Kräftemangel von der Deutschen Wehrmacht aufgegeben werden. Generalfeldmarschall von Manstein bildete daraufhin eine neue Front, eine Art „Ostwall“, hinter Dnjepr und Desna. Hier, in der Verteidigungslinie Melitopol — Saporoshje — Dnjepr, hatten die Deutschen eine starke natürliche Abwehrstellung bezogen. Wie lange würde man sie verteidigen können?

Die deutschen Verbände, unter ihnen die Gebirgsjäger, führten in dieser verzweifelten, ja nahezu aussichtslosen Lage, in der sie sich auf dem östlichen Kriegsschauplatz befanden, hinhaltende Rückzugsgefechte, um ein totales Chaos zu verhindern. Rasch wurde die 4. Gebirgs-Division im Oktober 1943 an die nach ihrer Vernichtung in Stalingrad neu aufgestellte 6. Armee abgegeben, um dem russischen Druck nordostwärts der Krim entgegenzuwirken, der sich gegen Odessa hin verstärkte, um die Krim abzuschnüren. Den Kampfabschnitt der „Vierten“ auf der Krim übernahm später die rumänische 10. Infanterie-Division. Auch blieben dort Teile der „Enzian“-Division zurück, die unter der 50. Infanterie-Division im sogenannten „Krim-Bataillon“, das aus vier Kompanien bestand, zusammengefaßt wurden.

Melitopol, diese strategisch bedeutende Stadt am Ostrand der Nogaischen Steppe, fiel am 23. Oktober 1943. Die Kampfbataillone des Gebirgs-Jäger-Regiments 13 und das Gebirgs-Jäger-Bataillon 94 wurden in ihren Sicherungsräumen alarmiert und mit der Eisenbahn in Richtung Melitopol in Marsch gesetzt. Eile hieß das oberste Gebot der Stunde mehr denn je. Die anrollenden Truppenteile des Gebirgs-Jäger-Regiments 13 wurden ab 24. Oktober der 370. Infanterie-Division des XXXXIV. Armeekorps unterstellt.

Ein massiv vorgetragener Angriff der russischen 51. Panzerarmee hatte nördlich der 370. Infanterie-Division einen gefährlichen Einbruch entlang der Rollbahn nach Berislaw zur Folge und die Front des XXXXIV. Armeekorps in zwei Teile zerrissen. Das II./Gebirgs-Jäger-Regiment 13 — ohne seine 8. Kompanie —, das aus seinem Antransport heraus zur Verbindungsaufnahme über die 370. Infanterie-Division hinweg in die Einbruchslücke nach Norden zur 111. Infanterie-Division angesetzt worden war, geriet schon bald in harte und äußerst verlustreiche Einzelkämpfe. Die Gebirgsjäger waren auf sich allein gestellt, da weit und breit keine Verbindung mehr zu anderen Verbänden bestand. Die spärliche Front setzte sich nur mehr aus eigenen, kleinen, meist eingeigelten Häuflein zusammen, die in fast aussichtslosen Kampflagen fochten.

Die Kampfteile des Gebirgs-Jäger-Bataillons 94 wurden am 25. Oktober, einem naßkalten Morgen, vom Flugplatz Simferopol herausgeflogen und südwestlich von Melitopol auf dem Landeplatz südlich von Nowaja Grigorjewka abgesetzt. Die Pioniere und die Artilleristen fuhren mit der Eisenbahn, die motorisierten Teile der Gebirgs-Panzerjäger-Abteilung 94 folgten mit der Divisionsführungsstaffel auf dem Landwege.

Während die letzten Truppenteile der „Enzian“-Division sich in Bachtschisseray zusammenfanden, des Jahrestages der Aufstellung der ‚Vierten“ vor drei Jahren gedachten und sich dabei der vielen siegreichen Schlachten aber auch der verlustreichen Rückzugsgefechte erinnerten, versuchten die ersten Teile vom Gebirgs-Jäger-Regiment 13 und das Gebirgs-Jäger-Bataillon 94 mit kampffähigen Teilen der 336. und 370. Infanterie-Division mit letzter Kraftanstrengung, vorerst einen erneuten Durchbruch der Russen bei Akimowka zu verhindern.

Doch der Gegner war stärker. Er besaß die weitaus größeren personellen und materiellen Reserven. So kam, was kommen mußte: Am Abend des 26. Oktober begannen die Absetzbewegungen der Kampfgruppe um Akimowka. Das I./Gebirgs-Jäger-Regiment 13 wurde auf eine rückwärtige, verkürzte Linie zurückgenommen, nachdem es dem Feind nördlich der 370. Infanterie-Division gelungen war, nach Westen durchzustoßen und den Durchbruch auch noch auszuweiten. Noch hielt der Brückenkopf bei Bol. Utljuk, auch wenn sich die Russen in Massen oft bis zu 50 Meter an die deutsche HKL herangekämpft hatten. Die Lage wurde insgesamt als kritisch, aber noch nicht hoffnungslos beurteilt. In einer „gemischten Front" verteidigten sich stützpunktartig die 4. Gebirgs-Division, die rumänische 4. Gebirgs-Brigade und die 24. Infanterie-Division. Zwischen der 73. und 370. Infanterie-Division klaffte eine Lücke von sage und schreibe 15 Kilometern! Durch diese ergossen sich die Panzerverbände der russischen 51. Armee und erweiterten das aufgerissene Loch auf 25 Kilometer! Die Kampfgruppe Haacke der 13. Panzer-Division sicherte die offene Flanke bis zum Korpsgefechtsstand solange im „beweglichen Einsatz", bis die 4. Gebirgs-Division die Führung über alle dezimierten Verbände, die in diesem Raum meist ziellos umherzogen, übernahm.

Dieser kleine Ausschnitt vom Einsatz und den Kampfhandlungen der 4. Gebirgs-Division im Herbst 1943 gibt uns einen guten Einblick in die oft verzweifelte Lage, in der sich die deutschen Verbände — Ersatz an geeigneten Mannschaften, Unteroffizieren und Offizieren glichen bei weitem die hohen Verluste nicht mehr aus — befanden. Der immer öfter geäußerte Ausspruch: „Alles umsonst gewesen" klang von mal zu mal resignierter — in einer Zeit, da sich die Überlegenheit des Gegners dank der gigantischen Waffenhilfe durch die USA von Tag zu Tag erdrückender bemerkbar machte.

## Rückzugskämpfe in der Nogaischen Steppe

Das Schicksal wollte es, daß die Soldaten der 4. Gebirgs-Division während ihrer opfervollen Rückzugskämpfe in Südrußland wieder Städte, Ortschaften, Flüsse und Landschaften durch- und überschritten, die sie schon einmal im siegreichen Vormarsch des Kriegsjahres 1941 erkämpft, erobert und passiert hatten. Die Ortschaften in der Nogaischen Steppe bildeten den Anfang dieses Rückzugs — 250 Kilometer in 5 Tagen! — auf der staubigen Rollbahn des einstigen Vormarsches, an deren Rändern die Kränze auf den Kameradengräbern längst verwelkt waren.

Welch krasser Gegensatz zum Spätsommer 1941! War seinerzeit der Vormarsch der „Enzian"-Division im Rahmen des XXXXIX. Gebirgs-Armeekorps auf breiter Front erfolgt, so setzte sie sich nunmehr mit den ihr unterstellten Teilen der 370. Infanterie-Division und einigen rumänischen Einheiten, mit offenen Flanken im Norden und im Süden, in Richtung Dnjepr ab. Nein, es war kein Absetzen im herkömmlichen Sinne mehr, sondern ein wahrer Wettlauf mit den weit überlegenen russischen Verbänden, die die 4. Gebirgs-Division, von der sie so viele empfindliche Niederlagen hatten einstecken müssen, endgültig vernichten wollten. Die Chancen dazu standen 100:1 für die Sowjets.

Die Nacht des 27. Oktober war alles andere als erholsam. Der Russe war beim rechten Nachbarn der 4. Gebirgs-Division durchgebrochen. Das markdurchdringende „Urrä" kam immer näher an die Stellungen der Gebirgsjäger heran. Bald entbrannten heftige Kämpfe. MG-Garben peitschten durch die Nacht, Leuchtkugeln stiegen hoch und erhellten das lärmerfüllte Gefechtsfeld geradezu gespenstisch. Nach drei Stunden war dieser Zauber verflogen. Die Gebirgsjäger hatten sich wieder einmal erfolgreich gegen die russische Dampfwalze aus Menschenleibern behauptet. In jener kampferfüllten Nacht traf der deutsche Panzerzug „Michael" ein. Die Bahnlinie war zum Glück noch bis in die Stellungen der „Vierten" intakt. Er schoß zwar sofort aus allen Rohren, aber allein konnte er den Feind nicht auf Dauer niederhalten. Die Sowjets drangen vielmehr immer weiter nach Westen vor, und zwar in die Lücke, die nördlich von der Division wie eine offene Wunde klaffte. In dieser hoffnungslosen Lage gab es nur einen Ausweg — sich weiter abzusetzen: auf die „Georg-Stellung". Das ebene Gelände behagte den Jägern nicht sonderlich. Tagsüber mußten sie sich eingraben, um von den Russen nicht allzu früh entdeckt zu werden, nachts vollzog sich die Absetzbewegung. An Schlaf, Ruhe, Essen und Körperpflege war an diesen Tagen nicht zu denken.

Werfen wir kurz einen Blick auf die „Georg-Stellung", um zu sehen, wie die einzelnen Truppenteile dort eingesetzt waren: Rechts lag die Gruppe Oberst Hönig mit 5 rumänischen Jägerbataillonen, in der Mitte die des Obersts Buchner mit dem Gebirgs-Jäger-Regiment 13 (ohne II./Gebirgs-Jäger-Regiment 13) und dem Gebirgs-Jäger-Bataillon 94, und links war die Gruppe Oberst Fett mit dem Stab Grenadier-Regiment 668, III./Grenadier-Regiment 668, III./Grenadier-Regiment 666, Stab Grenadier-Regiment 687 (Oberst Adam), II./Grenadier-Regiment 687 und II./Grenadier-Regiment 117 eingesetzt. Hinter dem linken Flügel der „Georg-Stellung" lag die Gruppe Oberst Hörl mit dem Gebirgs-Jäger-Regiment 91, um die tiefe Flanke zu schützen.

Doch bereits am 28. Oktober mußte die „Enzian"-Division weiter zurückgehen, und zwar auf den „Barbara-Riegel" bei Otrada und Agaiman. Rechts war sie an die rumänische 24. Infanterie-Division angelehnt, links war die Flanke offen. Nördlich des Divisionsgefechtsstandes bei Schrammschenko mußten daher starke Kräfte herausgestaffelt werden. Die Gruppe Hörl deckte die tiefe Flanke ab, so gut es eben ging. Die „Vierte" war zum aufgeblähten Verband ohne allzu große Substanz geworden. Sie umfaßte neben den eigenen Einheiten die Reste von nicht

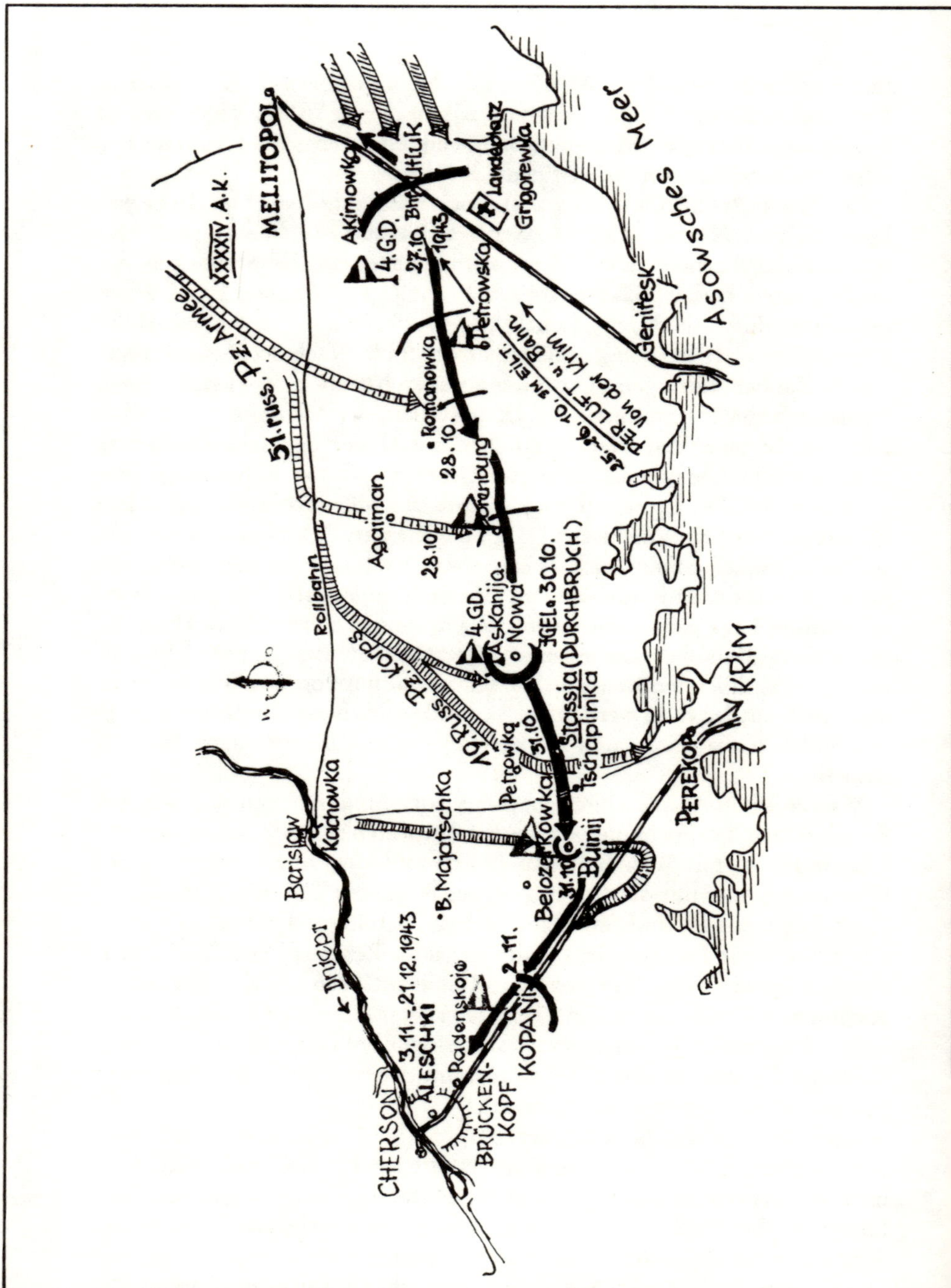


Der Durchbruch der 4. Gebirgs-Division in der Nogaischen Steppe im Oktober 1943

weniger als 4 Grenadierbataillonen, 10 Artillerie-, Flak- und Panzerabteilungen und 6 rumänische Jägerbataillone. Und was für Einheiten das waren: mehr Ballast als Kampfwert! Einzelne Bataillone waren trotz besten Willens einfach nicht mehr in der Lage, sich erfolgreich zu behaupten. Einen gewissen Lichtblick in dieser düsteren Lage boten hier die Gruppe Oberst Fett vom Grenadier-Regiment 668, die 5 „Hornissen" der Panzer-Jäger-Abteilung 93 und einige Sturmgeschütze, die eisern mithielten, um auch der Südgruppe der 6. Armee noch Anschluß an die HKL zu verschaffen.

Inzwischen verschlechterte sich die Lage der 6. Armee zusehends. Sollte sie das Schicksal ihrer Vorgängerin ereilen? Die Zeichen standen für die ihr unterstellten Verbände auf Sturm!

Der voll bewegliche Feind wechselte mehrmals am Tage den Schwerpunkt seiner Angriffe. Er wollte die Deutschen unter allen Umständen, nach Westen ausgreifend, überholen und dann vernichten. Alle Verluste, die ihm bisher zugefügt worden waren, konnten ihn nicht von seinen operativen Plänen abhalten. Immer wieder starteten die Russen neue Angriffe in Regimentsstärke in Richtung Ssemjanowka und gleichzeitig aus Stepanowka heraus. Obwohl der Gegner von der Gebirgsartillerie zurückgeschlagen werden konnte, warf er neue LKW-Kolonnen in den Kampf. Am Nachmittag des 29. Oktober hatte er sich massiert vor der Gruppe Buchner formiert. Da traf eine neue Hiobsbotschaft ein.

Ein Offizier des nordkaukasischen Infanterie-Bataillons 802* meldete feindliche Panzer bei Agaiman. Das hieß, daß der Russe die 4. Gebirgs-Division trotz aller Absetzbewegungen bereits überflügelt hatte. Rasch strebten die Kampfgruppen auf die „Friesen-Stellung" zu, wobei das Gebirgs-Jäger-Bataillon 94 stärkeren Widerstand zu brechen hatte. Die Grenadiere von Oberst Fett erreichten jedoch nach einem überraschenden Feindvorstoß ihre Stellung nicht mehr.

Daß der Feind in der Tat schon im Rücken des linken Flügels der 4. Gebirgs-Division saß, das bestätigte sich erneut am 30. Oktober, als Flugzeuge der deutschen Luftwaffe hinter der Front der Gebirgsjäger schwer beschossen wurden.

Die Lage wurde immer besorgniserregender. Die gesamte 6. Armee lebte nur noch von der Hand in den Mund. Die „Friesen-Stellung" war durchbrochen worden, die slowakische 1. Division war ausgewichen. Der Russe stand am Abend des 30. Oktober an der Straße Kachowka—Tschaplinka, einer eminent wichtigen Verkehrsader zwischen Chersson und Perekop. Damit hatte er die Katze aus dem Sack gelassen. Seine nicht mehr zu verkennende Absicht war es, die Halbinsel Krim vom Südteil der Ostfront

* Fremdländische Einheit des deutschen Heeres.

zu trennen und der 6. Armee den Weg über den Dnjepr abzuschneiden. Für die 4. Gebirgs-Division waren damit alle Aufträge überholt. Mehr noch, ihre Lage war hoffnungslos, ja aussichtslos geworden. Die Nachbarn waren zersprengt. Sie war jetzt ohne jeglichen Nachschub, hatte keinen Treibstoff und keine Munition. 70 Kilometer Rückmarschwege waren vom Feind versperrt worden. Das ganze Gebiet, in dem sich die Gebirgsjäger befanden, war eine unbesiedelte, wasserarme Steppe. Weit überlegener Feind stand vorne und hinten. Im eigenen Handeln wurde die „Vierte“ durch rückwärtige Sicherungseinheiten mit 50- bis 60-jährigen alten Leuten, mit demoralisierten Rumänen und zersprengten, führerlosen Truppenteilen schwer gehemmt. Die slowakischen Verbündeten befanden sich bereits in wilder Flucht, verschreckt durch die massierten russischen Panzerangriffe, die die Trosse und versprengten Teile wie die Hasen jagten und schließlich niederwalzten. Für die 4. Gebirgs-Division gab es nur noch eine hauchdünne Chance, wenn sie nicht zerschlagen werden wollte: Sie mußte unter allen Umständen nach Westen durchbrechen!

Ein Wettlauf mit dem Feind und der Zeit begann. Nach den nur flüchtig bezogenen Tagesstellungen in der „Georgs“- und „Barbara-Linie“, vor denen der scharf nachdrängende infanteristische Gegner abgewiesen werden konnte, erreichte die verstärkte Regiments-Gruppe 13 mit dem I. und III. Bataillon und dem unterstellten Gebirgs-Jäger-Bataillon 94 am Morgen des 31. Oktober 1943 Askanjia Nowa. Dies ist ein Ort in der Nogaischen Steppe, in dem sich einst ein in ganz Rußland bekannter landwirtschaftlicher Musterbetrieb und ein von dem schwäbischen Kolonisten Falz-Fein, dem „russischen Schafkönig“, gegründeter Naturpark mit einem Gehege für exotische Tiere befunden hatte. Beides war während der russischen Revolution zerstört, aber von den Sowjets später wieder aufgebaut worden. Aus der Musterwirtschaft war jedoch eine Kolchose geworden, der Tierpark war stehengeblieben. Diesen berühmten Zoo hatten die deutschen Truppen bereits bei ihrem siegreichen Vormarsch im Jahre 1941 besucht. Damals hatten sie, wie Erich von Manstein in seinem Buch „Verlorene Siege“ schrieb, noch allen Grund zum Lachen:

*Oben: November/Dezember 1943 im Chersson-Brückenkopf. Im „Finnenzelt“ befand sich vom 3. November bis 17. Dezember 1943 der Divisionsgefechtsstand. Die Waggons dienten als Unterkunft für Melder und Stabswache*

*Unten: Der Divisionsstab bei der Arbeit im „Finnenzelt“. Von rechts nach links: Juen, Mutscheller, Fischer und Kaiser*

„Eines Tages", so wußte der Generalfeldmarschall zu berichten, „saß unser Ia, in seiner Arbeit versunken, am Kartentisch. Eine zahme Hirschkuh verirrte sich in das ebenerdige Gebäude und betrachtete mit neugierigen Blicken aus ihren sanften Augen die an der Wand hängenden Lagekarten. Dann stieß sie mit dem Äser den Oberst Busse, der sich so leicht nicht stören ließ, ziemlich unsanft ins Kreuz. Er fuhr hoch und schrie: ‚das ... das geht denn doch zu weit ... das ist denn doch ...' und blickte, als er sich nach dem vermeintlichen Täter umsah, in die treuen, melancholischen Augen der Hirschkuh! Höflich geleitete er dann diese neuartige Besucherin zur Tür."[123])

Nun, diese Art von Belustigungen war den Deutschen bei ihrem Rückzug im Jahre 1943 gänzlich vergangen. Dafür war die militärische Lage viel zu ernst — erst recht für die 4. Gebirgs-Division. So wie der Myschako zum Schicksalsberg der „Enzian"-Division geworden war, so wurde Askanija Nowa unversehens zum Schicksalsort der „Vierten". Hier entschied sich am 31. Oktober 1943, ob der Weg der Division schon damals zu Ende sein sollte oder ob sich die Gebirgsjäger aus der verzweifelten Lage, in der sie sich befanden, noch einmal würden befreien können.

„... Gegen Morgen", so berichtet Oberst Hörl unter dem 31. Oktober, „kamen die Kampfgruppen wegen des langen Anmarschweges, des Ausweichens vor feindlichem Artillerie- und Panzerfeuer übermüdet im Raum Askanija Nowa an. Die am Ortsrand haltende Gruppe Weiß schenkte der erschöpften Truppe eine kurze Rast, die zusätzlich zur Verpflegungsausgabe, Munitionierung und Betriebsstoffausgabe verwendet werden mußte. Im ersten Morgengrauen griff der Feind mit etwa 1000 Mann und 21 Panzern von Norden an. Dieser Angriff wurde von der Gruppe Weiß und dem IV./Geb.-Art.-Rgt. 94 abgewiesen. Desgleichen ein erneuter Angriff mit Unterstützung von Schlachtfliegern um 8.35 Uhr. Die Lage verschlechterte sich weiterhin: Überflügelung durch Gegner im Westen und Südwesten, nach Fliegermeldung 50 feindliche Panzer 25 Kilometer nordostwärts Tschaplinka mit Schußrichtung nach Südwesten. Straße nach Tschaplinka unter Artilleriefeuer des Gegners, Panik unter eigenen Trossen in der Ortschaft Krestowskaya. 9.11 Uhr Funkspruch des Korps: ‚Tschaplinka von Osten und Norden angegriffen. Unterstützen!' Nun durfte keine Zeit mehr verloren werden. Jedem Mann der Division war infolge des Feuers von drei Seiten und der regen feindlichen Schlachtflie-

*Oben: Auf dem Markt in Kischinew in Bessarabien. Deutscher ...*

*Unten: ... und rumänischer Soldat beim Einkaufen*

gertätigkeit der Ernst der Lage klar. Nach kurzer Rast war die Müdigkeit verflogen und die „Enzian"-Division bereit, das Äußerste zu wagen. Sie trat zum Durchbruch an: Um 9 Uhr rumänische Jäger-Gruppe 8 Richtung Tschaplinka und um 10 Uhr Masse der Division auf Petrowka mit einer nördlichen Gruppe (Geb.-Jg.-Rgt. 91) und einer südlichen (Geb.-Jg.-Rgt. 13). Sämtliche übrigen Verbände der Division waren in diese beiden Kolonnen eingegliedert. Das Antreten vollzog sich im feindlichen Artillerie-, Granatwerfer- und Panzerfeuer. Und mitten durch die antretende Truppe jagten, erschreckt durch den Lärm und das Feuer, Gazellen, Strauße, Zebras und anderes exotisches Getier, die ihren Gehegen entkommen waren. Beim Antreten fiel im feindlichen Feuer der Kommandeur des II./Gebirgs-Jäger-Regiments 91, Hauptmann Wolferseder. Für ihn sprang der Rgts.-Adjt. Hptwm. Weber ein, der durch Oblt. Hausemann ersetzt wurde. Die Gruppe Fett sollte ostwärts Askanija Nowa als Nachhut den Abmarsch decken und sprungweise nachfolgen. Sie hat gegen 10.30 Uhr einen Angriff von 20 russischen Panzern abgeschlagen. Da 13 davon abgeschossen wurden, war hier zunächst etwas Ruhe. Um 14 Uhr erhielt Oberst Fett den Befehl nachzufolgen, um einer drohenden Einschließung vorzubeugen.

Ein hindernder feindlicher Widerstand bei Ssamajkowka mußte mit Brachialgewalt gebrochen werden; dann kamen die beiden Kolonnen in einer vollkommen ebenen, baumlosen Steppe in ein zügiges Vorgehen. Meist hielt man sich als Kommandeur bei den vorderen Teilen auf. Aber gelegentlich mußte man doch mit dem Krad die Kolonne abfahren. Es war ein eigenartiges, fast unwirkliches Bild, wenn man in einiger Entfernung das Schwesterregiment in Marschkolonne dahinziehen sah.

Dabei hatte man immer ein beruhigendes Gefühl, weil man wußte, einer konnte sich auf den anderen verlassen. Auch die eigene Marschsäule wurde wie durch ein eisernes Band zusammengehalten, obwohl sie der Russe immer wieder mit Artillerie, Panzern und Granatwerfern beschoß. Im Nu war der Feuerschutz aufgebaut. Während die Division gut vorwärts kam und sich Petrowka näherte, wurde das Bild der Lage immer düsterer. Starker Feind mit Panzern nordostwärts, westlich und südwestlich der Division, laufende Verstärkung aus nördlicher Richtung.

Auch bei der Gruppe Fett drängte der Gegner wieder kräftig nach. Die 13. Panzer-Division war erst um 12 Uhr auf Buiny angetreten. Wann und ob sie überhaupt Petrowka erreichen konnte, war besonders angesichts ihrer geringen Stärke ungewiß. Und gegen 12 Uhr langte die Gruppe Hörl bei einer Ortschaft an, die etwa drei Kilometer vom befohlenen Einsatzraum entfernt lag. Würde die Division im befohlenen Einsatzraum bleiben und auf das Eintreffen der 13. Panzer-Divison warten, so würde sie sicher von überlegenem Feind vernichtet werden."[124])

In dieser äußerst angespannten Situation, in der es im wahrsten Sinne des Wortes um Sein oder Nichtsein der 4. Gebirgs-Division ging, war guter Rat teuer. Sowohl der Kommandierende General des XXXXIV. Armee-Korps als auch der Kommandeur der „Vierten" waren weit vom Ort des Geschehens entfernt, so daß beide die wirkliche Lage nicht beurteilen konnten. Zufällig trafen sich jedoch Oberst Buchner und Oberst Hörl, die beiden Kommandeure der Gebirgs-Jäger-Regimenter 13 und 91. Sie waren sich darüber im klaren, daß unter den gegebenen Umständen die Durchführung des Angriffsbefehls nicht möglich sein würde. Schlimmer noch: Würde dieser Befehl ausgeführt werden, so lief die „Enzian"-Division Gefahr, vollständig von den Russen, die bereits zur Überholung der Division angesetzt hatten, eingekreist und vernichtet zu werden. Diesem Schicksal wollten Oberst Buchner und Hörl unter allen Umständen entgehen.

„Lieber tot als rot!" lautete die Parole.

Da eine Rückfrage bei der Division in dieser verzweifelten Lage unmöglich war und keine wertvolle Zeit mehr durch letztlich doch nur hoffnungsloses Warten auf abgeänderte, das heißt der tatsächlichen Lage entsprechende Befehle vertan werden durfte, entschlossen sich die beiden Regimentskommandeure, den Befehl nicht auszuführen, sondern schnellstens zu handeln, um zu retten, was noch zu retten war. Das hieß in diesem Falle: Die beiden bewährten Truppenführer kamen überein, mit ihren Gebirgsjägern rasch durch die bereits westlich von ihnen befindlichen Russen durchzumarschieren, um auf diese Weise wieder freien Raum und damit die notwendige taktische Handlungsfreiheit zu gewinnen. Es war alles andere als ein leichter Entschluß! Beiden, Buchner und Hörl, war klar, was ihnen drohen würde, wenn die Sache schiefgehen sollte!

„Nun mußten wir durch!", setzt der Bericht Hörls fort. „Da saß beim Geb.Jäg.Rgt. 91 Oberleutnant Göttinger mit seiner Kompanie auf die Hornissen auf und fuhr hinein in die Bolschewisten und in das vom Feinde wimmelnde Krassnaya Poljanka und riß das Loch auf. Und dasselbe tat beim Geb.Jäg.Rgt. 13, als Spitzenbataillon, das Geb.Jäg.Btl. 94 bei Stassja und nahm dem Gegner 200 Gefangene und 6 Pak ab. Und in diese Löcher fegten wie Sturzbäche die verstärkten Regimenter und schlugen die Bresche für das Durchkommen der Division. Wohl antwortete der Russe mit einem wütenden Artillerie-, Salvengeschütz-und Panzerfeuer. Aber umsonst! In direkter Feuerstellung und nächster Nähe gingen unsere schweren Waffen in Stellung und schossen aus allen Rohren und Läufen. Mit ihrer ausgezeichneten Unterstützung stürmte eine hervorragende Infanterie mitten durch die Bolschewisten, rannte alles über den Haufen oder erschlug den Gegner, der sich ihr in den Weg stellte. Jeder Mann wußte, um was es ging! Eine verschworene Kampfgemeinschaft zwischen

Führer und Mann und überlegenes Können bestanden ihre höchste Bewährungsprobe, als die „Enzian“-Division unbeirrt durch die feindliche Gegenwehr unter Mitnahme sämtlicher Verwundeter, von Waffen, Gerät, Tieren und Fahrzeugen sich durch den Feind den Weg in die Freiheit bahnte. Nur die Geschütze des 5./Geb.Art.Rgt. 94 mußten gesprengt werden, bevor sie in Feindeshand fielen. Wohl war zunächst das Schwerste überstanden.

Aber unverzüglich stieß die Div. weiter nach Westen, in der Hoffnung, auf die 13. Pz.Div. zu stoßen. Als die vordersten Teile meiner Kampfgruppe sich gegen 15.15 Uhr der Ortschaft Nowi Gai näherten, bekam ich die Meldung, daß dort Bewegung festgestellt worden war. Sofort fuhr ich mit dem Krad vor. Die Meldung stimmte. Man konnte die Umrisse von Panzern erkennen, aber bei ihrer guten Tarnung nicht, ob Freund oder Feind. Allerdings bekamen wir kein Feuer. Vorsichtig fuhr ich auf sie zu und da fiel mir ein Stein vom Herzen. Plötzlich winkten uns Männer in der deutschen Panzeruniform zu. Und bald darauf waren wir bei der vordersten Sicherung der 13. Pz.Div. Wir hatten es geschafft! Und um 15.50 Uhr traf auch ein Funkspruch vom XXXXIV. Korps ein: ‚Weitere Kampfführung: Durchbruch nach Westen‘. Hätten wir darauf gewartet, dann wäre es zu spät gewesen! Und es wurde auch spät am Abend, bis sämtliche Teile der Div., zum Umfallen müde und erschöpft, im Rastraum um Buiny angekommen waren. Wo die Einheiten eingewiesen wurden, wurde gehalten, und sofort forderte der Schlaf sein Recht. Die Rast wurde durch die 13. Pz.Div. gesichert. Ein denkwürdiger Tag ging zu Ende. Die Freiheit war der Lohn für die fast übermenschlichen Leistungen der letzten zwei Tage, in denen die Div. in hartem Kampf, ohne Rast und Ruh 120 Kilometer zurückgelegt hatte. Die Gefangenenaussagen ergaben, daß die 4. Geb. Div. mitten durch das XIX. russische Panzerkorps, das sich im Angriff nach Süden auf Perekop befand, allerdings, Gott sei Dank, an einer schwächeren Stelle, nach Westen gestoßen war. Um 22.50 Uhr kam vom Korps der Auftrag für den 1. November 1943: ‚Durchbruch auf Bolschije Kopani‘.

Die 13. Pz.Div. half der 4. Geb.Div. mit Betriebsstoff aus. Als am 1. November 1943 beim ersten Büchsenlicht feindliches Artillerie-und Granatwerferfeuer in den Rastraum schlugen, war die Div. rasch wach. Um 7 Uhr brach sie von Buiny auf, mit dem 1. Angriffsziel Belozerkowka. Gruppe Fett bekam den Auftrag, bei Brilewka zu sichern. Die 13. Pz.-Div. im Raume Buiny. Da der Russe scharf nachdrängte, mußte wenig später die Nachhut der Pz.Div. den eingedrungenen Feind aus Buiny wieder hinauswerfen. Die rumänische Jäger-Gruppe 8 sollte gemäß Funkbefehl auf Bolschije Kopani durchbrechen. Seit dem 31. Oktober 1943, 17 Uhr, antwortete sie jedoch nicht mehr. Nach späteren Meldungen wurde sie bei Tschaplinka von russischer Kavallerie und Panzern zersprengt. Schwächere feindliche Kräfte wurden durch rasches Zugreifen in Belozerkowka geworfen. Dann verdichteten sich die Meldungen, daß sich der Gegner bei Mal. Majutschka ständig verstärke. Es lag natürlich nicht im Sinne der Div., sich hier in ernsthafte Kämpfe verwickeln und binden zu lassen. Nach einem rechtzeitigen Abdrehen nach Südwesten erreichte die Div. ohne wesentliche Feindberührung am Spätmachmittag Bolschije Kopani. Die Nachhuten mußten ein ständiges Gefecht mit den unmittelbar folgenden Russen führen, die durch Panzer verstärkt waren. Durch geschickte Kampfesweise jedoch hielten sie sich die Russen vom Leibe. Sie wurden hervorragend unterstützt durch das tapfere Verhalten des IV./Geb.-Art.-Rgt. 94 (mot.) unter ihrem Kommandeur, Hauptmann Dittmar, der jeweils mit seinen Battr. bei den letzten Teilen marschierte.

Der Div.Stab, der gegen 15 Uhr in Bolschije Kopani angekommen war, machte eine furchtbare Entdeckung: Die einzige brauchbare Straße, die durch die Sumpfniederung zum Dnjepr führte, war auf eine Länge von ca. 20 Kilometer von flüchtenden, heillos ineinander verkeilten Mot- und Bespanntrossen verstopft. Es herrschte Panik. Niemand griff ein! Ein einem nachstoßenden Gegner oder seiner Luftwaffe hilflos ausgelieferter Haufen. Da mußte der Div.Stab auch noch diese Aufgabe übernehmen.

Es wurde energisch und rücksichtslos durchgegriffen, bis der Verkehr und vor allem das Übersetzen wieder in Gang gebracht werden konnte. Vom Korps, das sich bereits sicher auf dem anderen Dnjepr-Ufer befand, erhielt die Div., nach Abgabe der unterstellten Einheiten, den Befehl, am 2. November 1943 die Stellung von Bolschije Kopani zu räumen und nach Abfließen der 13. Pz.Div. den Chersson-Brückenkopf zu beziehen. Da sich dieses Abfließen verzögerte, mußte die Div. noch eine Zwischenstellung bei Radenskoje einlegen. Gegen alle Erwartungen drängte der Russe kaum noch nach. So hatte die Div. wenigstens von dieser Seite etwas Ruhe. Damit waren die Kämpfe in der Nogaischen Steppe beendet. 250 Kilometer hatte die Div. seit ihrem ersten Einsatz im Utljnk-Abschnitt westlich Melitopol am 26. Oktober 1943 zurückgelegt, ohne Ruhe, in ständigen schweren Kämpfen. Sie hatte den Einschließungsring durchbrechen können, weil sie eine zusammengeschweißte Fronttruppe war. Sie hatte in den schwierigsten Lagen ihre Nerven behalten, weil sie sich ihrer Kraft bewußt war.“[125])

In einem Gefechtsbericht der 6. Armee heißt es unter anderem über die zurückliegenden Kampfhandlungen:

„Wenn allen Fährnissen zum Trotz und dank einer besonnenen Führung die Südgruppe in entsagungsvollen Kampf- und Marschtagen mit allen Verbänden und dem Großteil ihrer schweren Waffen und Fahrzeuge in den Brückenkopf von Chersson zurückkam, so ist dies ein hohes Lied auf die in ihr kämpfenden, ungebeugten deutschen Soldaten.

Die Hauptlast trugen die 4. Geb.Div. und die kleine Panzergruppe von Haacke (13. Pz.-Div.). Wie die Lützowsche Jagd deckte diese mit ihren wenigen Panzern die Flanke der 4. Geb.Div., die quer durch den nach Perekop strebenden Feind hindurch nach allen Seiten in Angriff und Abwehr der Südgruppe den Weg über Askanija Nowa bis in den Raum Krassnaja Poljana — Nowi Gai öffnete. Durch erneuten Widerstand vor Bolschije Kopani und Radenskoje schuf die 4. Geb.-Div. die Möglichkeit, bis zum 2. November 1943 die 13. Pz.Div., die Reste der Gruppe Becker, die Masse der Rumänen und insgesamt 15.000 Kraftfahrzeuge sowie 15.000 bespannte Fahrzeuge über die Fähren und Schiffsbrücke bei Chersson abfließen zu lassen. Auch zahlreiches Eisenbahnmaterial ließ sich bergen."

Eine neue Front war entstanden: die Front des Chersson-Brückenkopfes. Die rasch bezogene neue HKL der 4. Geb.-Div., die hier gewissermaßen als Fels in der Brandung gegen die russischen Angriffe eingesetzt wurde, erstreckte sich nun entlang eines etwa 20 Kilometer langen Halbkreises mit einer Tiefe von zwei bis drei Kilometern rund um den Bahnhof Aleschki. Dahinter breitete sich die drei bis fünf Kilometer breite Sumpf- und Niederungszone der Konka und des Dnjepr aus. Die einzige feste Verbindung nach hinten bestand aus dem Bahndamm und der Straße. Im hintersten Zentrum dieses kleinen Brückenkopfes überspannte eine hohe, 500 Meter lange Stahlbrücke, von der „Organisation Todt" für 45 Millionen Reichsmark erbaut und erst vor kurzer Zeit fertiggestellt und daher kaum benutzt, den Dnjepr. Diese Brücke war der Grund, weshalb die 4. Geb.-Div. den Auftrag erhielt, den Chersson-Brückenkopf zu verteidigen. Mehr noch: Der Brückenkopf und die Erhaltung der langen Dnjeprbrücke boten nach Ansicht der Wehrmachtsführung die operative Möglichkeit, 1944 aus dem Chersson-Brückenkopf um Aleschki heraus wieder die Verbindung zur Krim, die zwischenzeitlich ganz von den Russen unterbrochen worden war, herzustellen.

# Die Verteidigung des Dnjepr-Brückenkopfes bei Chersson

Die 4. Gebirgs-Division lag mutterseelenallein im behelfsmäßig ausgebauten Chersson-Brückenkopf. Sie hatte Befehl, alle feindlichen Angriffe, die zu erwarten waren, abzuwehren, um eine Eisenbahnbrücke —die Eisenbahn war in den unermeßlichen Weiten Rußlands das einzige Transportmittel, das Truppenverschiebungen in großem Ausmaß und die umfangreiche Versorgung gewährleistete — zu schützen, über die allerdings nie mehr ein deutscher Transportzug in Richtung Osten fahren sollte.

Die kalte Nacht verlief ruhig. Doch schon am Morgen des 3. November 1943 rückte das erste feindliche Bataillon mit mehreren Geschützen auf der Straße an. Sein Angriff wurde von den Gebirgsjägern abgewehrt, obwohl sie noch zu wenig artilleristische Unterstützung hatten. Die Flak, die die „Vierte" bisher begleitet hatte, war selbständig über den Dnjepr gegangen; die anderen fremden Verbände waren herausgelöst worden.

„Alle Ratten verlassen das sinkende Schiff", dieses Gefühl verbreitete sich unter den Jägern immer mehr. Noch nicht verlassen hatten die Division — dem Kriegsgott wurde es tausendfach gedankt! — fünf Sturmgeschütze und fünf „Hornissen", die sich hinter den Stellungen des I./Gebirgs-Jäger-Regiments 13 und des Gebirgs-Jäger-Bataillons 94 entlang der Straße in den Sand eingegraben hatten.

Nochmals wurde der Brückenkopf bei Chersson verkleinert und die Flügel am Dnjepr zur Brückenstellung eingebogen. Aleschki, das westlich halb im Rücken der Stellung lag, wurde nach der Sicherstellung großer Mengen wertvollen Materials geräumt. Der Divisionsgefechtsstand ließ sich unmittelbar an der Konka-Eisenbahnbrücke nieder. Das III /Gebirgs-Jäger-Regiment 13 übernahm die Sicherung des Straßen- und Eisenbahndammes. Währenddessen hatten sich die Gebirgsjäger tief in die Sandberge eingegraben.

Der Herbstwind, der von Osten herüberwehte, war sehr kalt geworden und die Nebel, die aus der Dnjeprniederung aufstiegen, feucht und unangenehm. Angenehm war dagegen, daß die Essenträger seit langer Zeit wieder einmal warme Verpflegung brachten. Für viele Gebirgsjäger gab es Verdauungsprobleme: Magen und Darm konnten sich kaum mehr an diese Kost gewöhnen.

Allmählich hatte der Russe den Frontverlauf der 4. Gebirgs-Division erkannt und verfolgte nun jede Bewegung. Aus diesem Grunde mußten Blenden gebaut werden, um sich in dem ebenen Gelände wenigstens einigermaßen bewegen zu können. Dennoch waren bedauerliche Ausfälle durch massierte feindliche Feuerüberfälle zu beklagen. Dafür revanchierten sich die Jäger im Abschnitt des Gebirgs-Jäger-Bataillons 94, das unmittelbar an der Hauptstraße lag, auf ihre Weise: Alle russischen Fahr-

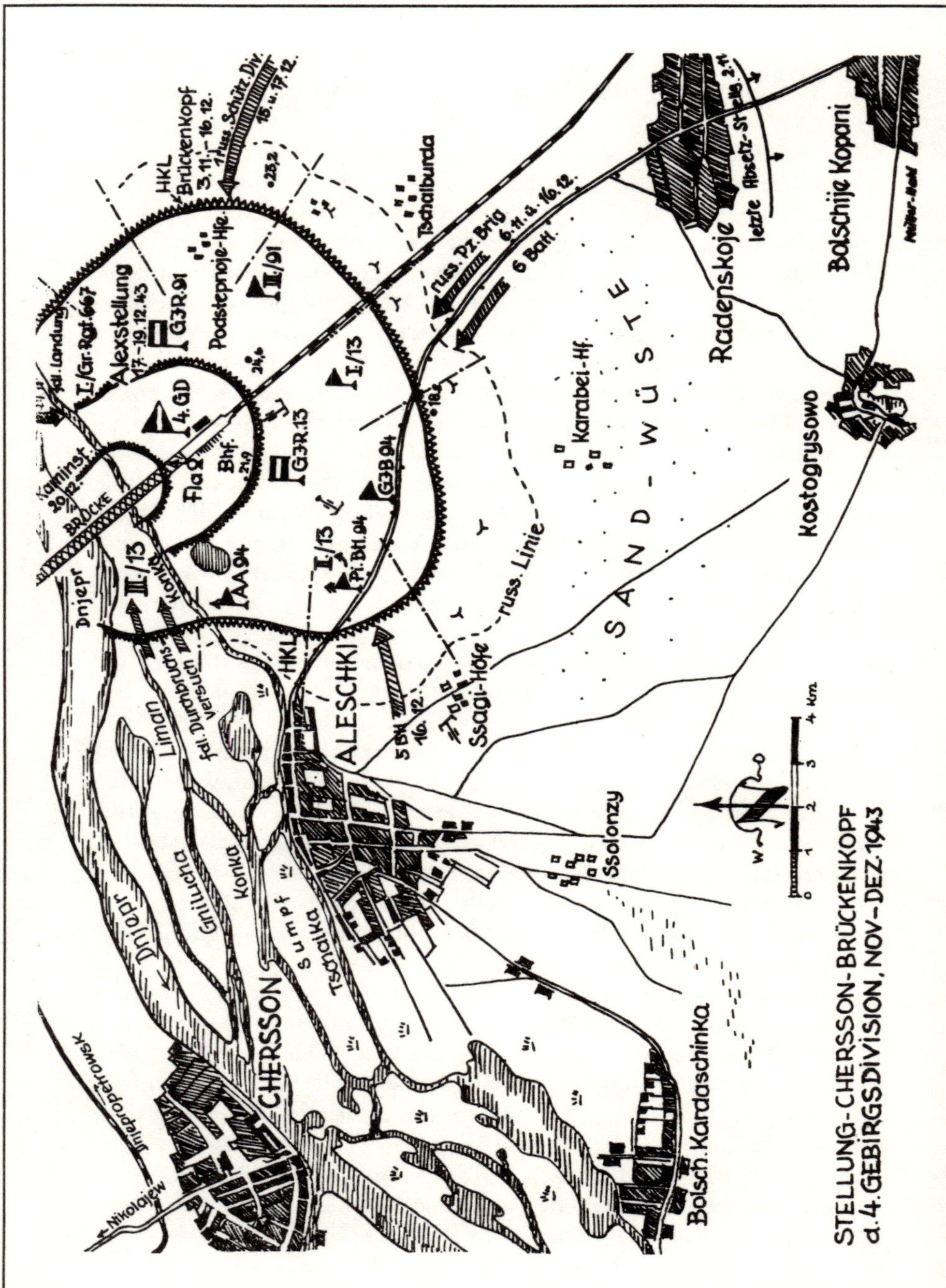


Die Stellungen der 4. Gebirgs-Division im Chersson-Brückenkopf im November/Dezember 1943

zeuge hatten Marschbefehl nach Aleschki. Sie achteten aber selten darauf, daß fünf Kilometer dieser Straße bei Ssagi-Höfe von den Deutschen kontrolliert wurden. Diese ließen nun die täglich vorbeirollenden, vollbeladenen Ford- und Ciss-LKW ruhig passieren — bis sie in der Falle saßen. Dann wurde das Feuer von allen Seiten eröffnet. Was sich nicht sofort ergab, wurde in der anschließenden Treibjagd aufgerieben. So kam die 4. Gebirgs-Division ganz unverhofft zu einer stattlichen Fahrzeug- und Waffensammlung, wie auch zu zahlreichen Gefangenen. Ebenso erfolgreich verliefen die Spähtrupps des Pionierzuges und Unternehmen des III./Gebirgs-Jäger-Regiments 13 in die feindlichen Stellungen.

Erstmals bekamen die Gebirgsjäger die neue Panzerfaust zu sehen. Fleißig wurde nun damit geübt. Ansonsten versuchten viele zu vergessen, daß sie sich mitten im Krieg befanden. Der überlebensnotwendige Verdrängungsmechanismus war noch weitgehend intakt geblieben. Man war wieder mit Zuversicht erfüllt — trotz des Dnjepr-Wassers im Rücken der „Enzian"-Division. Nach sehr langer Zeit durften sogar wieder Urlauber die Fahrt in Richtung Heimat antreten, und an der Front traf die so lang herbeigesehnte Post von den Lieben ein. Es wäre wie im Traum gewesen, wenn der Russe nicht immer wieder versucht hätte, an verschiedenen Abschnitten anzugreifen, und die Gebirgsjäger so in die bittere Realität zurückversetzt hätte.

In dem haltlosen und vom Winde dauernd in Bewegung gehaltenen Dünengelände mußten die Stellungen und Schützengräben der nur dünn besetzten HKL täglich immer wieder neu ausgegraben werden. Für die Bataillone und Kompanien bedeutete dies zusätzliche Strapazen. Wer nicht in Bereitschaft, am Maschinengewehr oder auf Feldwache lag, der mußte schanzen. Die dünnen Ginster- und Birkenstauden im Vorfeld der Hauptkampflinie holten die Jäger sich des Nachts, um dem Gegner das Anschleichen durch die freigelegten Schußfelder zu erschweren. Mit dem Reisig wurde dann die Deckung befestigt. Mit Stacheldraht, der über den mächtigen Dnjepr herangeschafft wurde, wurden in besonders unübersichtlichen Geländeabschnitten Sperren angelegt.

Dennoch war es dem Russen am 24. November in erbitterten Kämpfen, die nach allen Richtungen geführt wurden, gelungen, hinter der Stellung des Gebirgs-Jäger-Regiments 91, westlich der Konkamündung, zu landen und im unübersichtlichen Lagunen- und Schilfgelände auf den Bahndamm vorzustoßen. Ein Gegenstoß von rasch zusammengerafften Sicherungseinheiten konnte die Lage allerdings wieder bereinigen und den Feind in den Sumpf zurückwerfen. Dort krallte er sich buchstäblich an jedem Meter Boden fest und vegetierte mehrere Tage in dieser trostlosen Landschaft, bis er nach der Umgruppierung des III./Gebirgs-Jäger-Regiments 13 und Gebirgs-Jäger-Regiments 91 von diesen hinter die HKL zurückgeworfen wurde.

Da erging am 12. Dezember 1943 der Befehl zur Räumung des Chersson-Brückenkopfes. Er wurde allerdings bereits tags darauf widerrufen, denn alle Anzeichen deuteten auf einen baldigen Angriff des Feindes hin, der bereits in vielfacher Überlegenheit vor der HKL der 4. Gebirgs-Division in Bereitstellung lag. Nur eine geschickt ausgenutzte und verteidigte Stellung konnte die „Enzian"-Division in dieser Situation noch retten. Am 15. Dezember setzte das erwartete heftige Feuer des Gegners ein. Drei Angriffe, von Süden und Osten vorgetragen, brachten die Front in Bewegung. Diesem Vortasten folgte am 16. Dezember, nach abermaliger heftiger Artillerievorbereitung, der massierte Sturm. Elf russische Bataillone, unterstützt von Panzern und Schlachtfliegern, rannten gegen die Stellungen des Gebirgs-Jäger-Regiments 13 und Gebirgs-Jäger-Bataillons 94. Nach stundenlangem, mörderischem Kampf blieben sie mit hohen Verlusten in den Dünen liegen. Von den 25 durchgebrochenen Russenpanzern wurden 12 im Hauptkampffeld vernichtet. Einige T 34 drangen bis zum Bahnhof Aleschki vor. Dort wurden sie durch die Panzerfäuste der Jäger vernichtet. Besonders tat sich bei diesen Kämpfen das Gebirgs-Artillerie-Regiment 94, das auch im Wehrmachtsbericht erwähnt wurde, hervor.

Am 17. Dezember 1943 erging neuerdings der Befehl an die 4. Gebirgs-Division, den Chersson-Brückenkopf in zwei Nächten zu räumen. Doch so reibungslos ein Absetzen noch vor fünf Tagen möglich gewesen wäre, so schwierig schien dies jetzt, da der Feind neue Kräfte herangeführt hatte und unter ungewöhnlichem Einsatz von Munition, Panzern, Geschützen und Fliegern den ganzen Tag über pausenlos die deutschen Stellungen angriff. Die Zahl der abgeschossenen Russenpanzer erhöhte sich bald auf 26.

Verzweifelt kämpfte währenddessen die Divisionsführung der „Vierten" gegen die beabsichtigte Sprengung der gewaltigen 500 Meter langen Eisenbahnbrücke über den Dnjepr. Sie wies dabei vor allem darauf hin, daß die Sprengung vom Russen als Signal zum Durchbruch angesehen würde. Doch es half nichts. Die Dnjeprbrücke mußte befehlsgemäß gesprengt werden.

Am 18. Dezember 1943, um 22,25 Uhr, durchbrach das Bersten und Krachen der schweren Stahlkonstruktion die Stille der Nacht. Eisentrümmer flogen kilometerweit durch die Luft, just in dem Augenblick, als die Bataillone die verkürzte „Alex-Stellung" um den Bahnhof Aleschki bezogen und so geschickt, dem Russen verborgen, die alte HKL geräumt hatten. Aber welchen Preis hatten die Jäger für die Sprengung der Dnjeprbrücke bezahlt! Die 4. Gebirgs-Division hatte keine ausreichende Verbindung mehr zur rettenden anderen Uferseite des Stromes.

Jeder fragte sich sorgenvoll: „War die Brücke mehr wert als eine Division? Müssen wir vor die Hunde gehen?"

Das Oberkommando der Wehrmacht wußte anscheinend nicht, wie es am Dnjepr aussah: Der mächtige Fluß war weitreichend zugefroren. Von den wenigen Fähren war ein Teil durch Feindbeschuß und Motorschäden ausgefallen, andere am Liegeplatz eingefroren. Ein Eisenbahnzug, der die Artillerie und Geschütze transportieren sollte, war entgleist und zu spät eingetroffen. Unmittelbar an der Sprengstelle stauten sich die Fahrzeugkolonnen. Die Ausfälle waren enorm hoch.

Da flog eine Stunde nach der Sprengung der Eisenbahnbrücke auch die anschließende Holzbrücke in die Luft — und zwar mit einem noch größeren Knall und einem noch größeren Feuerschein. Durch die neuerliche Sprengung war die Eisdecke stromaufwärts gebrochen und hemmte nun, in Bewegung geraten, jeden Übersetzverkehr.

In dieser alles andere als hoffnungsfrohen Lage zog es die Division vor, die letzte Riegelstellung noch eine weitere Nacht zu halten, in der Hoffnung, damit noch Menschen und Material zu retten. Durch die Hitzeentwicklung der immer noch brennenden Brücke war das Gelände grundlos aufgeweicht. Rettungslos versanken die Tragtiere, Fahrzeuge und zwei Sturmgeschütze („Hornissen") im Sumpf, der zu alledem noch unter ständigem Artilleriebeschuß lag. Der tatkräftige Einsatz des Gebirgs-Pionier-Bataillons 94 ermöglichte es schließlich, daß die Marschgruppen bis Tagesanbruch abgeflossen waren.

Der Gegner war bereits am Morgen auf die Stellung des I./Gebirgs-Jäger-Regiments 91 gestoßen. Er wurde jedoch im Gegenstoß zurückgeschlagen. Der Feinddruck und die russische Artillerietätigkeit ließen nun merklich nach. Diese Atempause nutzte die Division aus, um die sogenannte „Kamin-Stellung", die letzte, die unmittelbar um die Konkabrücke lag, zu beziehen. Die „Enzian"-Division stand kurz vor ihrer neuerlichen Wiedergeburt — nachdem man sie bereits als vernichtet angesehen hatte.

Die letzte Fähre schlängelte sich durch die Eisschollen, die im eiskalten Dnjepr trieben. Um 6.15 Uhr hatte die Nachhut der Gruppe Buchner als letzte Einheit der „Vierten" das rettende Ufer nordostwärts von Chersson erreicht. Der Kommandeur des Gebirgs-Jäger-Regiments 13, Oberst Buchner, sparte nicht mit Lob für seine tapferen 13er und die ihm unterstellten Truppenteile, die bis zuletzt im Chersson-Brückenkopf in eiserner Selbstdisziplin ausgeharrt hatten. Vor allem dankte er dem einfachen Soldaten für seine tapfere Haltung:

„... Mit der Räumung des Brückenkopfes Chersson haben die Kämpfe zwischen Melitopol und dem Dnjepr ihren Abschluß gefunden. So bitter es für jeden von uns war, ständig in rückläufigen Bewegungen zu kämpfen, so befriedigt kann jeder Offizier, Unteroffizier und Mann sein. Es gab keinen Fall, der uns nicht dem Russen gegenüber haushoch überlegen

Truppenkarte „Chersson“

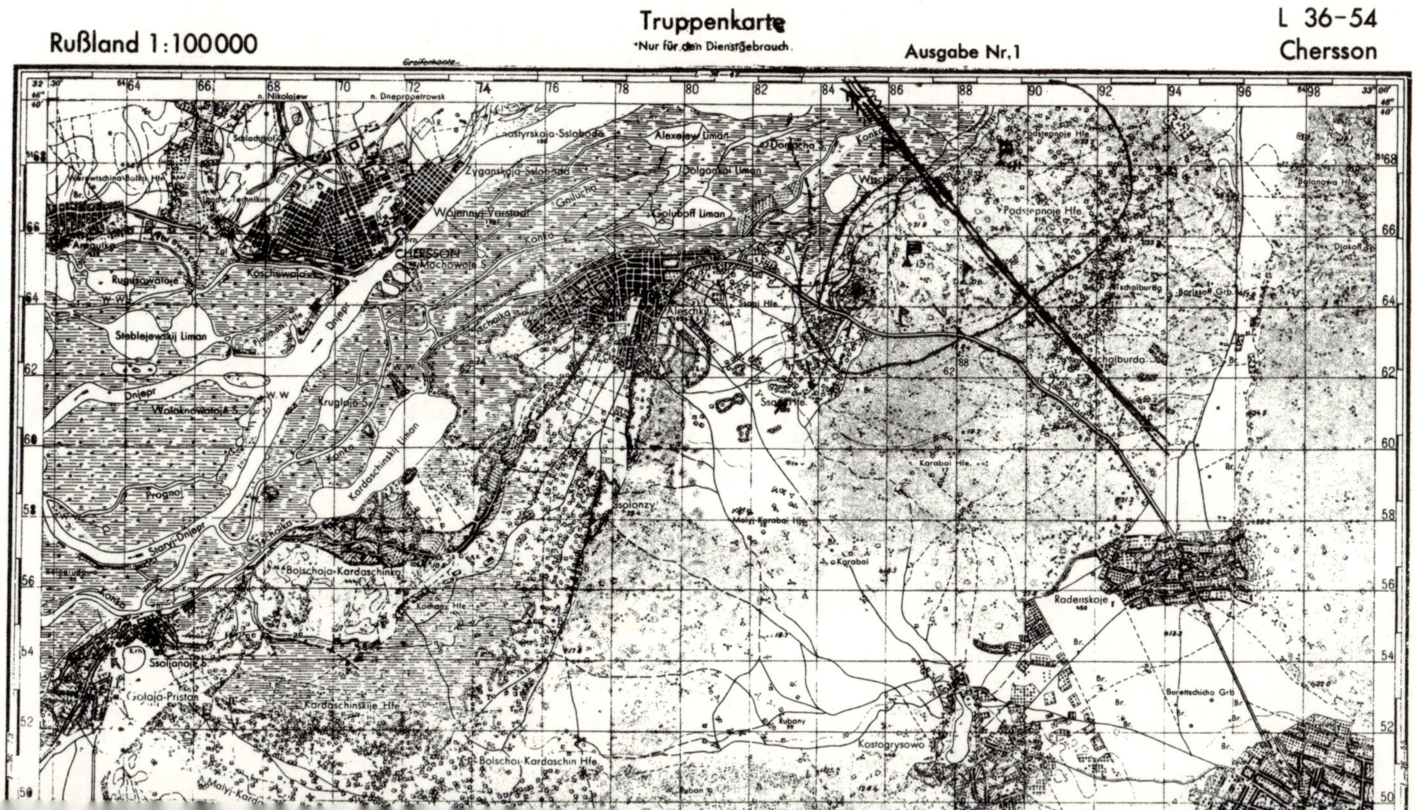

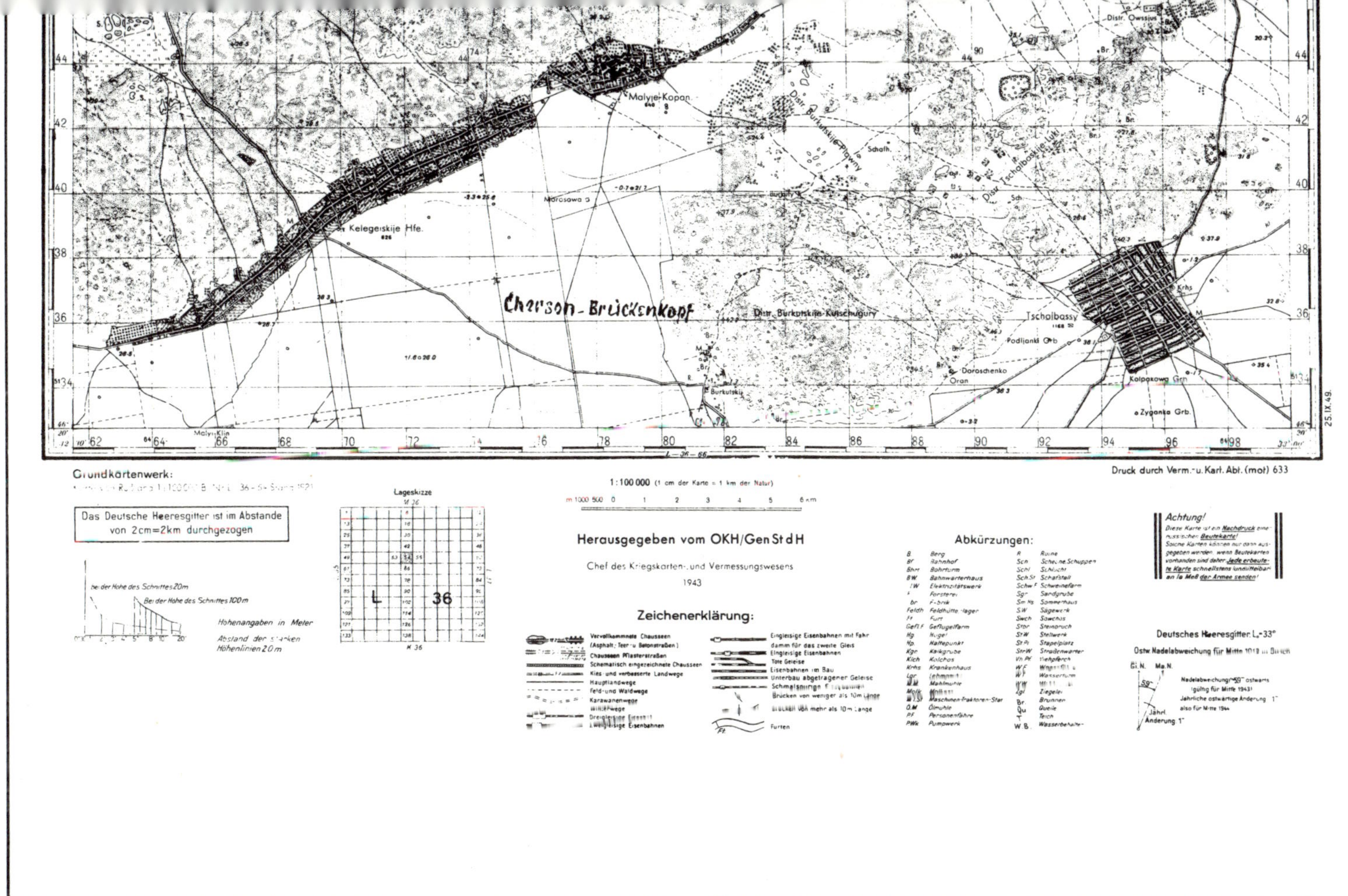
Charson-Brückenkopf
Malyje-Kopan
Kelegeiskije Hfe.
Morosowa
Distr. Burkutskije-Plawny
Distr. Tschalbasskije-Luki
Distr. Burkutskije-Kutschugury
Distr. Owssjus
Tschalbassy
Podljanki Grb.
Doroschenko
Oran
Kolpakowa Grn.
Zyganka Grb.
Burkutskij
Malyi-Klin
25.IX.49.
Druck durch Verm.-u. Kart. Abt. (mot) 633
Grundkartenwerk:
Das Deutsche Heeresgitter ist im Abstande von 2cm=2km durchgezogen
Höhenangaben in Meter
Abstand der starken Höhenlinien 20 m
Lageskizze
1:100 000 (1 cm der Karte = 1 km der Natur)
Herausgegeben vom OKH/Gen St d H
Chef des Kriegskarten- und Vermessungswesens
1943
Zeichenerklärung:
Abkürzungen:
Achtung!
Diese Karte ist ein Nachdruck einer russischen Beutekarte!
Deutsches Heeresgitter L₀=33°

zeigte. Mit bitterem Grimm müssen wir es hinnehmen, daß die große Lage uns gezwungen hat, vor einem solchen Feind auszuweichen. Aber in uns ist das stolze Bewußtsein, dem Feind in jeder Lage nicht nur gewachsen zu sein, sondern ihn auch, sofern es die Verhältnisse nur zulassen, schlagen zu können, wann und wie wir wollen. Das wollen wir nie vergessen! Und daß es so bleibt, dafür wollen wir auch in Zukunft sorgen.

Die Kämpfe der letzten Tage haben unseren jungen Kameraden die Feuertaufe gebracht und ihnen gezeigt, daß wir jedem Angriff gewachsen sind. Wenn nur jeder Mann die Nerven behält, dann kann kein noch so langes und heftiges Artillerie- und Granatwerferfeuer, kein Panzer- und Fliegereinsatz dem Feind einen Vorteil bringen. Wir Kommandeure wissen, daß die Erfolge der letzten Tage in erster Linie den Kompanieführern, den Zug- und Gruppenführern und den Männern der Gruppen zu verdanken waren. Die zur Kampfgemeinschaft der Infanterie zählenden V. B. der Artillerie haben ihren Anteil an diesen Erfolgen. Jeder in der Front eingesetzte Mann dankt es ihnen.

Der Stolz über unsere Truppe, unsere Leistungen, unsere Überlegenheit muß ihren Ausdruck in der äußeren soldatischen Haltung finden. Wir können und wollen keine Kasernenhofpuppen sein, aber unsere äußere Haltung soll jeden erkennen lassen, mit welchen Soldaten er es zu tun hat.

Unsere Freude über die großen Abwehrerfolge der letzten Tage wollen wir nicht trüben lassen durch den Verlust eines Teils des Gepäcks und der Ausrüstung, an dem kein Soldat der Gruppe Buchner eine Schuld hat. Ich werde alles in meinen Kräften Stehende versuchen, das Verlorengegangene weitgehend zu ersetzen.

Mit den Btl. meines stolzen Regiments haben in wochenlanger Gemeinschaft das Geb.-Jäg.-Btl. 94, die Aufkl.-Abt. 94 und das Geb.-Pi.-Btl. 94 gefochten. Wir danken ihnen für die in diesen Wochen gezeigte Kameradschaft. Für jeden Mann dieser Bataillone werden die Erfolge dieser Wochen eine stolze Erinnerung sein. Als Führer der Gruppe entlasse ich die Bataillone und die Abteilungen mit der ausdrücklichen Anerkennung ihrer Leistungen. Ich spreche meinen Dank aus und verbinde damit die Hoffnung, daß wir auch in Zukunft in guter Kameradschaft zusammenarbeiten wollen und werden.

Mein Regiment grüße ich mit einem frohen Heil und Euer Gegengruß soll mit zeigen, daß Ihr über alles hinweg und immer seid und bleibt: *Dreizehner!* ... “

Mit der Räumung des Chersson-Brückenkopfes fand ein sieben Wochen währender Kampf, bei dem überlegene feindliche Kräfte gebunden wurden, seinen Abschluß. Vor allem die letzten Tage hatten von jedem einzelnen Landser in den Schützenlöchern der HKL ein Übermaß an körperlicher und nervlicher Substanz gefordert. Dennoch war es den

Russen trotz ständiger Verstärkungen — unter anderem ein gesamtes Gardeschützenkorps, eine Panzer- und zwei Schützenbrigaden — nicht gelungen, die Front der 4. Gebirgs-Division zu durchbrechen. Daß es darüber hinaus bei der Sprengung der zum rettenden jenseitigen Ufer führenden Dnjeprbrücke zu keiner Panik kam, war der großen Besonnenheit der Truppenführer und dem in sie gesetzten grenzenlosen Vertrauen der Gebirgsjäger zu verdanken gewesen.

Die 4. Gebirgs-Division lag zum Jahresende gruppenweise in den Stellungen und Häusern der Dnjepr-Verteidigung und bereitete sich auf das Weihnachtsfest — das dritte in Rußland! — vor...

In die Soldbücher wurden die Kampfhandlungen und Einsätze des Kriegsjahres 1943 eingetragen:

1. Januar — 26. Januar 1943 Abwehrkämpfe im Westkaukasus vor Tuapse; 31. Januar — 16. Januar 1943 Rückzugskämpfe am Kuban; 17. April — 15. September 1943 Angriffs- und Abwehrkämpfe im Landekopf von Noworossijsk; 16. September — 8. Oktober 1943 Absetzkämpfe aus dem Kuban-Brückenkopf; 9. Oktober — 24. Oktober 1943 Sicherung der Halbinsel Krim: 25. Oktober — 2. November 1943 Rückzugskämpfe durch die Nogaische Steppe und Sprengung des Kessels nördlich von Tschaplinka; 3. November — 19. Dezember 1943 Abwehrkämpfe im Chersson-Brückenkopf; 20. Dezember — 31. Dezember 1943 Verteidigung des Dnjepr bei Chersson.

*Generalleutnant Friedrich Breith, der vierte und letzte Kommandeur der 4. Gebirgs-Division*

# Fünfter Teil

# Kriegsjahr 1944

*Oben: Herbst 1944: Slowakische Grenzsoldaten in den Karpaten*

*Unten: Weihnachten 1944, die letzte Kriegsweihnacht, in Rosenau (Ungarn). Von rechts nach links: Leutnant Huch, Ernst Juen, Franke, Hauptmann Reichel, Major Wolff (im Pelz), Oberfeldwebel Fischer und Stabsfeldwebel Knor*

## Die militärpolitische Lage 1944

Wenn es Deutschland und seinen immer unzuverlässiger werdenden Verbündeten 1943 noch einigermaßen gelang, die Fronten auf den europäischen Kriegsschauplätzen zusammenzuhalten, so drohte ihnen 1944 immer mehr die Gefahr, von zu vielen Feinden gejagt, verfolgt und schließlich geschlagen zu werden.

Zwischen März und April 1944 trat die Rote Armee im Osten zu einer neuen Offensive an, die unter anderem auch den Einsturz der deutsch-rumänischen Südfront zur Folge hatte. Schließlich stießen die sowjetrussischen Truppen durch die Karpaten in das Kerngebiet Rumäniens hinein. Bulgarien und Rumänien fielen ab. Griechenland mußte eilends von den deutschen Verbänden geräumt werden, um der Gefahr einer Abtrennung bei einem weiteren Vordringen der russischen Streitkräfte, die jetzt durch rumänische und bulgarische Truppen verstärkt wurden, zu entgehen. Die arg dezimierten, zersplitterten und sehr vermischten deutschen Verbände wurden in den kommenden Monaten vor sehr schwere Aufgaben gestellt.

Das Kräfteverhältnis zwischen Deutschen und Alliierten änderte sich im Kriegsjahr 1944 immer mehr zu Gunsten der deutschen Kriegsgegner. So standen im Frühsommer an der Ostfront 40 deutsche Divisionen (ohne Reserven, bei stark verringerten Gefechtsstärken) — die Heeresgruppe Süd erhielt bei einem Gesamtausfall von 133.000 Soldaten nur einen Nachersatz von 33.000 — 126 russische Schützendivisionen, 6 Kavalleriedivisionen, 16 motorisierte und 45 Panzerbrigaden gegenüber. Neben diesen regulären russischen Fronttruppen gewannen die Partisanenverbände ein immer größeres operatives Gewicht. Sie zählten allein in Weißrußland im Juni 1944 rund 240.000 Mann. Ihre Hauptaufgabe bestand darin, die rückwärtigen Verbindungen der Deutschen Wehrmacht zu zerstören und die Versorgung lahmzulegen. Darüber hinaus wurden sie mit Fortdauer des Krieges mehr und mehr zu reinen Kampfaufgaben herangezogen. Diese Verbände waren bestens ausgerüstet, denn die Rüstungsindustrie der Alliierten — vornehmlich die der Amerikaner — lief auf Hochtouren.

Das Kriegsjahr 1944 bescherte den Deutschen aber auch im Süden und Westen Europas empfindliche Rückschläge: In Italien mußte die deutsche Front ständig zurückgenommen werden, man konnte allerdings vorerst noch den Zugang zur Lombardei freihalten.

In den frühen Morgenstunden des 6. Juni 1944 landeten die Alliierten in der Normandie, am 15. August in Südfrankreich und eroberten schließlich dank ihrer ungeheuren Überlegenheit an Truppen und vor allem an Kriegsmaterial ganz Frankreich und Belgien. Damit war jene zweite Front auf dem europäischen Kriegsschauplatz entstanden, auf die die Russen schon so lange gewartet hatten. Erst am Westwall gelang es den deutschen Verbänden, den Vormarsch der Westalliierten vorübergehend aufzuhalten. Holland blieb trotz einer großangelegten Luftlandung am 17. September vorerst noch in deutscher Hand. Ja die Deutschen versuchten sogar, durch die am 16. Dezember 1944 eingeleitete Ardennen-Offensive die Initiative nochmals an sich zu reißen. Sie konnten allerdings, im Ganzen gesehen, keinen durchschlagenden Erfolg mehr auf ihrem weit überzogenen Kriegskonto verbuchen.

## Die Kampfhandlungen zwischen Winniza und Gaissin

Ende Dezember 1943 war es den Russen gelungen, am Dnjepr, südlich von Kiew, einen großen Durchbruch zu erzielen. Dadurch war die gesamte Südfront bedroht. Um einen völligen Zusammenbruch zu verhindern, wurde befohlen, eilig Truppen in den bedrohten Abschnitt heranzuführen. Unter diesen Verbänden befand sich auch die bewährte 4. Gebirgs-Division. Wie es dazu gekommen ist, erfahren wir von General Warlimont aus dem gekürzten „Fragment Nr. 10“ (Auszüge aus den Stenogrammen der Lagebesprechungen des Führerhauptquartiers). Interessant hierbei ist es, wie der Kampfwert einer Gebirgsdivision von der Obersten Führung bewertet wurde:

„Besprechung des Führers mit Generaloberst Jodl und General Zeitzler am 27./28. Dezember 1943.

| | | |
|---|---|---|
| Außerdem anwesend: | Generalfeldmarschall | Keitel, |
| | Generalleutnant | Schmundt, |
| | Major | Borgmann, |
| | Sturmbannführer | Darges. |

Beginn: 23.19 Uhr.

| | |
|---|---|
| Der Führer: | Lesen Sie das hier, Jodl. (Gemeint ist ein Antrag des damaligen Oberbefehlshabers der Heeresgruppe Süd, Generalfeldmarschall von Manstein, zur Bereinigung der Lage im südlichen Dnjepr-Bogen). |
| Der Führer: | Hier ist Winniza, das ist ganz klar. |
| Jodl: | Davon hängt alles ab. |
| Der Führer: | ... Die 4. Geb.Div. ist besser als irgendeine Div., die er da herausnimmt ... |
| Jodl: | Mit den anderen ist wahrscheinlich kaum etwas zu machen. |
| Der Führer: | Die 4. Geb.Div. hat mehr Wert als 3 Div. von hier, weil es erstens einmal eine gute Div. ist und weil sie zweitens außerdem voll ist, während die nicht voll sind. |

| | |
|---|---|
| Jodl: | Daß er noch etwas hier heraufwerfen muß, ist wohl sicher. Die 4. ist aber schon befohlen? |
| Der Führer: | Die 4. rollt mit den ersten Zügen herauf ... Er hat diese hier, und von diesen Verbänden — von der 3. Geb.Div. abgesehen — ist kein Verband von der Güte der 4. Geb.Div."[126]) |

Damit waren die Weichen für die Fahrt der „Enzian"-Division an einen besonders umkämpften Abschnitt der Ostfront wieder einmal gestellt worden.

Nach der Räumung des Chersson-Brückenkopfes, Ende 1943, wurde die 4. Gebirgs-Division im Bahntransport von Chersson über Odessa nach Winniza verlegt. Die zuerst ausgeladenen Divisionseinheiten mußten, ohne daß ihnen eine Verschnaufpause gewährt werden konnte, unverzüglich in die HKL geworfen werden, um den äußerst bedrohten Frontabschnitt abzustützen.

Der Schwerpunkt der russischen Angriffe richtete sich besonders gegen die 4. Gebirgs-Division, da der Feind versuchte, über Wachnowka auf Winniza durchzubrechen. Nach mehrtägigen, überaus harten Kämpfen und bei schneidender Kälte gelang es den Gebirgs-Jäger-Regimentern 13 und 91, die Stellungen der „Enzian"-Division gegen schwere, von Panzern und Schlachtfliegern unterstützte russische Angriffe zu behaupten.

Nach wechselvollen Abwehrkämpfen, die bis zum 23. Januar andauerten, hatte sich vor einem rund 40 Kilometer breiten Abschnitt zwischen Strtinka (7 Kilometer südwestlich Gaissin) und Nowogreblija, der nur mit schwachen Stützpunkten besetzt werden konnte, durch den tapferen Einsatz der Gebirgsjäger die Lage einigermaßen beruhigt. Vom 15. Januar an lag der russische Angriffsschwerpunkt im linken Divisionsabschnitt, den das Gebirgs-Jäger-Regiment 91 zäh verteidigte. Doch kaum hatte die „Vierte" ihre Aufgabe als Krisenfeuerwehr der Heeresgruppe Süd erfüllt, kaum war die Lage vor der HKL wieder bereinigt und etwas gefestigt, da erging der Befehl:

„Die 4. Gebirgs-Division besetzt in enger Zusammenarbeit mit der links von ihr angreifenden 254. Infanterie-Division und der 101. Jäger-Division die N-S-Straße Jassenki-Rotmistrowka bei 294.8 und nimmt dann die Ortschaft Sosoff."

Das bedeutete für die „Enzian"-Division, daß sie sowohl einen zur Abwehr eingerichteten Gegner anzugreifen als auch eine etwa 18 Kilometer lange Stellung zu halten hatte.

Mit der Durchführung des Angriffs wurde das Gebirgs-Jäger-Regiment 91 beauftragt: Ihm standen zunächst zwei Gebirgs-Jäger-Bataillone (II./Gebirgs-Jäger-Regiment 91 Hptm. Weber und III./Gebirgs-Jäger-Regiment 91 Hptm. Seebacher) zur Verfügung. Das I./Gebirgs-Jäger-

Regiment 91 (Hptm. Hopf) lag noch im Ostteil von Wachnowka im Kampf. Erst nach erfolgter Säuberung konnte es nachgezogen werden. Als erschwerend kam hinzu, daß die Bereitstellung der Angriffsbataillone durch die rege Kampftätigkeit der Russen in Wachnowka beeinträchtigt wurde. Günstig wirkte sich dagegen — wenigstens ein Hoffnungsschimmer in jenen eiskalten Januartagen des Kriegsjahres 1944! — die starke Feuerkraft der Korpsartillerie aus, die in jenen harten Kampftagen die 4. Gebirgs-Division wirkungsvoll unterstützte.

Die Feindlage bei Angriffsbeginn ergab folgendes Bild:

Starke Gefechtsvorposten standen im Ostteil von Wachnowka —1 Kilometer ostwärts P 262 — 1 Kilometer südlich Britzkoje in ausgebauten Feldstellungen; eine 1. Verteidigungsstellung verlief von 272.9 —Britzkoje SW — im weiteren Verlauf nach Norden, eine 2. Verteidigungsstellung entlang N-S-Straße — über 294.8 — im weiteren Verlauf ebenfalls nach Norden.

Die Masse der russischen Artillerie befand sich in Sosowka, einem vermutlich starken Stützpunkt.

Starker Feind stand auch in der rechten Flanke, besonders bei Höhe 276.1.[127])

Oberst Hörl, der Kommandeur des Gebirgs-Jäger-Regiments 91, das neben dem Gebirgs-Jäger-Regiment 13 und dem Gebirgs-Jäger-Bataillon 94 im Brennpunkt der heftigen Kampfhandlungen stand, schildert die Kämpfe um die russischen Ortschaften Sosowka, Sosowo und Sosoff:

„Um 06.30 Uhr (24. Januar 1944) trat das II. Btl. aus dem Bereitstellungsraum Wachnowka im Anschluß an die 254. Inf.-Div. mit seinen 3 Jäger-Kp. rechts rückwärts gestaffelt zum Angriff an. Ein Vorgehen über 262.0 war wegen der Flankierungsgefahr aus Wachnowka-Ost nicht möglich. Deshalb bog das Btl. etwas nach Norden aus (in eine Mulde südwestl. Britzkoje) und entging so dieser Gefahr. Der Angriff des linken Nachbarn kam durch starke frontale Waffenwirkung und feindliches Sperrfeuer in der Gegend südlich Britzkoje ins Stocken.

Als die 254. Inf.-Div. gegen 10.00 Uhr wieder vorging, griff das II. Btl. nach Feuervorbereitung, über Hfe. Schwetschenko auf die Höhe 272.9 an. Im geschlossenen Sprung nahmen 6. und 8. Kp. die Feindstellungen beiderseits Schwetschenko und stießen ohne Verzug weiter vor. Wegen der Schnelligkeit dieses Vorstürmens ging der Schlag des feindlichen Sperrfeuers hinter dem Btl. ins Leere. Gegen 14.30 Uhr erreichten die ersten Teile des Btls. die vordersten feindlichen Stellungen bei 272.9 und eroberten sie im Nahkampf. Nun bekam das Btl. starkes Feuer aus der rechten Flanke.

Der linke Nachbar war bis zu diesem Zeitpunkt nur bis SW-Teil von Britzkoje gekommen. Der Russe hatte die Gefahr erkannt und legte nun eine Feuerzusammenfassung aller Kaliber auf das II. Btl. in seinen eroberten Stellungen. Damit zwang er die Gebirgsjäger zu Boden. Der Angriff mußte eingestellt werden. Eine Fortsetzung desselben über den zunächst abfallenden und nach 294.8 wieder ansteigenden Hang hätte bei der Überlegenheit des Gegners an schweren Waffen, Artillerie und Panzern nicht zu verantwortende Verluste gefordert und keinen Erfolg versprochen. Das I. Btl. war, nach Bereinigung der Lage in Wachnowka-Ost, in Anlehnung an den rechten Flügel des II. Btls. wegen starken Flankenfeuers aus S und SW in die Mulde bei 260.5 ausgewichen und lag gegen 15.00 Uhr zum Teil in den eroberten Stellungen.

Zum linken Nachbarn klaffte eine Lücke von etwa 3 km, die durch Pi-Zug und Btls.-Stab II. Btl. unter Kontrolle gehalten wurde. Etwa um 15.00 Uhr wurde beobachtet, daß starker Feind, der aus Britzkoje nach Osten abgezogen war, kehrtmachte und unter dem Schutze von ca. 15 Panzern wieder den Ostrand dieser Ortschaft besetzte. Gegen den linken Flügel des II. Btls. setzte der Gegner 5 Panzer ein, die auf jede Bewegung schossen. Gegen 15.30 Uhr ließ das starke fdl. Feuer nach.

Mit Einbruch der Dunkelheit igelten sich die Btl. ein. Die Verbindungsaufnahme mit der 254. Inf.-Div. ergab etwa gegen 16.30 Uhr, daß der Russe mit starken Kräften sich im Ost- und Nordteil von Britzkoje befand. Außerdem war während der Nacht reger feindlicher Verkehr mit Panzern und mot. Fahrzeugen zu hören. Die Masse der Panzer schien in Gegend hart westl. Sosowka zusammengezogen zu sein.“[128])

Der zweite Kampftag, man trug den 25. Januar 1944 in das Kriegstagebuch ein, brach an. Es war ein eiskalter Tag, dessen Kälte in die Gesichter der Gebirgsjäger tiefe Furchen schnitt:

„Der Auftrag für das Rgt., sich in den Besitz der N-S-Straße bei Höhe 294.8 und weiterhin der Ortschaft Sosoff zu setzen“, berichtet Oberst Hörl weiter, „blieb bestehen. Wenn es bei Tage infolge der Gegenwirkung des überlegenen Feindes nicht ging, dann mußte man es eben bei Dunkelheit versuchen und das Überraschungsmoment ausnützen! Zuerst sollte um 03.00 Uhr angetreten werden. Doch das Herausziehen des III. Btls. verzögerte sich. Es traf 03.15 Uhr bei 272.9 ein.

Um 04.00 Uhr trat dann das Rgt. aus dem erreichten Raume an. Voraus II. Btl. in breiter Front, jede Jäg.-Kp. 1 Zug voraus, die Masse der Kp. nebeneinander in enger Verbindung, lautlos, ohne Licht, die Einheiten dicht aufgeschlossen. Btls. Stab, Stabs-Kp. und schwere Kp. unmittelbar hinter der Mitte der Jäger-Kpn. Der Russe in seinen Stellungen an der N-S-Straße sollte in einem rücksichtslosen Stoß überrumpelt werden. Nach kurzem Ordnen der Einheiten sollte der weitere Stoß nach Sosowka erfolgen und beim Morgengrauen das Eindringen in die Ortschaft. Das

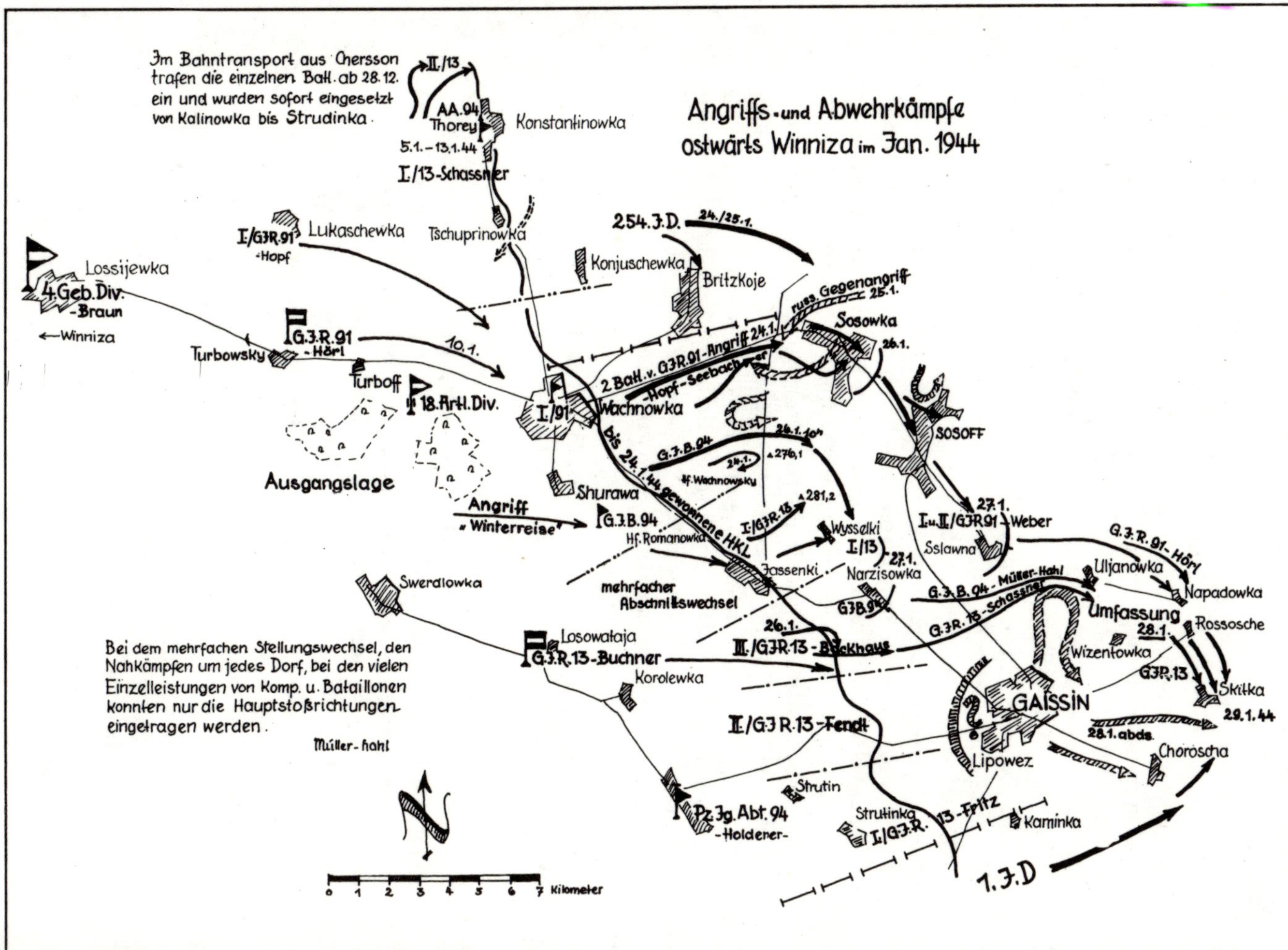
Angriffs- und Abwehrkämpfe ostwärts Winniza im Jan. 1944
Im Bahntransport aus Chersson trafen die einzelnen Batl. ab 28.12. ein und wurden sofort eingesetzt von Kalinowka bis Strudinka.
II./13
AA.94 Thorey
Konstantinowka
5.1.-13.1.44
I./13-Schassner
I./GJR.91 -Hopf
Lukaschewka
Tschuprinowka
Lossijewka
4.Geb.Div. -Braun
←Winniza
G.J.R.91 -Hörl
Turbowsky
Turboff
10.1.
18.Art.Div.
Ausgangslage
254.J.D.
24./25.1.
Konjuschewka
Britzkoje
russ. Gegenangriff 25.1.
Sosowka
26.1.
2 Batl. v. GJR.91-Angriff 24.1.
-Hopf-Seebacher
Wachnowka
I./91
bis 24.1.44 gewonnene HKL
G.J.B.94
24.1.
Hf. Wachnowsky
SOSOFF
Shurawa
Angriff „Winterreise"
G.J.B.94
Hf. Romanowka
I./GJR.13
281,2
Wysselki
I./13
27.1.
Jassenki
Narzisowka
27.1.
I.u.II./GJR.91 - Weber
Sslawna
G.J.R.91-Hörl
Uljanowka
Napadowka
Swerdlowka
mehrfacher Abschnittswechsel
G.J.B.94
G.J.B.94 - Müller-Hahl
G.J.R.13 - Schassner
Umfassung
28.1.
Rossosche
Losowataja
G.J.R.13-Buchner
26.1.
III./GJR.13-Backhaus
Wizentowka
GJR.13
Skitka
Korolewka
GAISSIN
29.1.44
28.1. abds.
II./G.J.R.13-Fendt
Choroscha
Lipowez
Strutin
Pz.Jg.Abt.94 -Holdener-
Strutinka
I./G.J.R.13-Fritz
Kaminka
1.J.D
Bei dem mehrfachen Stellungswechsel, den Nahkämpfen um jedes Dorf, bei den vielen Einzelleistungen von Komp. u. Bataillonen konnten nur die Hauptstoßrichtungen eingetragen werden.
Müller-Hahl
0 1 2 3 4 5 6 7 Kilometer

III. Btl. hatte den Befehl, in ähnlicher Formation rechts rückwärts gestaffelt zu folgen. Das I. Btl. mußte zunächst den Flankenschutz übernehmen.

Das Antreten erfolgte keine Sekunde zu früh: denn ein fdl. Feuerschlag aller Kaliber ging, Gott sei Dank, wieder hinter den angetretenen Btln nieder. Das II. Btl. erreichte in zügigem Vorgehen die ersten Feindstellungen an der N-S-Straße beiderseits 294.8. Es stieß weiter ohne Rücksicht auf den Gegner in der Flanke und den Resten, die noch in der Stellung waren, und unterlief die fdl. Panzer. Als sich der Russe von der Überraschung erholt hatte, trat er im Morgengrauen mit Infanterie und 10 Panzern zum Gegenstoß an. Gegen diese Flankenbedrohung mußte das III. Btl., das unmittelbar betroffen war, ohne 1 Kp. und verstärkt durch Pak, Front machen und konnte dem Angriff nicht mehr folgen.

Dagegen kam das II. Btl., jetzt verstärkt durch die 11. Kp., in einer Mulde fast ungesehen an das Südwesteck des Nordteiles von Sosowka heran. Nach kurzer Bereitstellung drang es gegen 07.00 Uhr in den Ortsrand ein. In blutigem Nahkampf wurden die Russen, die zum Teil noch schliefen, überwältigt. Feindliche Artillerie, auch Salvengeschütze, die kurz vorher noch geschossen hatten, wurden im Handgemenge genommen. Sosowka war ein Artillerienest von einem kaum erwarteten Ausmaß. Geschützstellungen für alle Kaliber waren ausgebaut, Flak und Pak eingebaut. Fluchtartig nach SO ausweichende Batterien, Inf. und mot. Teile konnten aus Mangel an schweren Waffen nicht bekämpft werden. Im weiteren Verlauf nahm das Btl. den Nordteil von Sosowka trotz heftiger Gegenwehr in Besitz. Vor allem verstärkten zahlreiche technische Artillerie-Offiziere die Verteidiger, die sich, durch diese angefeuert, zäh und verbissen wehrten. Die 8. Kp. setzte hier allein 16 solcher Offiziere außer Gefecht, die sich bis zur letzten Patrone und im Handgemenge verteidigten. Das Btl. sicherte den erreichten Raum nach allen Seiten.

Gegen 10.00 Uhr machte sich der Angriff der 254. Inf.-Div. in Britzkoje bemerkbar. In 3 Gruppen (jeweils etwa Btls.-Stärke mit Pferden, Fahrzeugen und Geschützen) setzte sich der Feind unter dem Schutz von acht T 34 aus Britzkoje-Ost ab und zog, in breiter Front entfaltet, nach SO ab. Dabei prallte er auf die Stellung des III. Btl. bei 294.8. Die Überraschung für ihn war vollständig. Im Feuer der MG und Pak erlitt er schwere Verluste und flutete nach Osten. Im weiteren Verlauf versuchte der Gegner immer wieder, nach Süden auf Sosowka auszubiegen. Dabei stieß er auf die rasch aufgebaute Abwehrfront des II. Btls. und mußte erneut Federn lassen. Aber bei der Schwäche der eigenen Kräfte und ihrer Bindung in der Flanke und im Ortskampf konnte nicht verhindert werden, daß starke Teile des Gegners nach Osten ausbogen und nach Sosoff strömten.

Um 13.30 Uhr trieb der Russe, aus Sosoff antretend, seine zurückgeströmten Teile in Stärke etwa eines Regimentes, begleitet von 5 Panzern, wieder gegen den Nordteil von Sosowka vor. Im Vernichtungsfeuer eigener Artillerie und im Feuer des II. Btls. blieb auch dieser Gegenangriff liegen. Gegen 15.00 Uhr konnte das III. Btl. nachgezogen werden. Es beließ die 13. Kp. an der N-S-Straße, um den Nachschub offen zu halten. Um 15.30 Uhr wurde beobachtet, daß 2 Inf.-Kp. mit Sturmgeschützen aus nordwestlicher Richtung auf Sosowka vorgingen. Die Verbindungsaufnahme ergab, daß es Teile der 254. Inf.-Div. waren. Diese hatten Auftrag, Sosowka zu besetzen. Das I. Btl. mußte immer noch zum Schutz der vollkommen offenen Ostflanke rechts rückwärts gestaffelt bleiben. Leider mißlangen wiederholte Angriffe des Geb. Jäg.Btl. 94, das völlig auf sich allein gestellt war, gegen die stark besetzte Höhe 276.1.

Langsam ging ein schwerer Kampftag zu Ende. Zu Ende aber war noch nicht die Schlacht.

Am 26. Januar sollten das II. und III. Btl. über Sosowka auf Sosowo angreifen und den Ort nehmen. Es war festgestellt worden, daß sich der Feind bei Nacht verstärkt hatte. Besonders auf den Höhen westlich Sosowo wurden Schanzgeräusche gehört. Neue schwere Waffen machten sich bemerkbar. Ein Offizier-Spähtrupp, 02.00 Uhr zum linken Nachbarn entsandt, orientierte diesen über die Lage, über den beabsichtigten Angriff und über die Bitte, diesen Angriff vom SO-Teil Sosowka, der im eigenen Besitz angegeben wurde, zu unterstützen.

Noch bei Dunkelheit um 04.30 Uhr, wieder um das Überraschungsmoment auszunützen, trat das II. Btl. mit Masse entlang der Verbindungsstraße Sosowka—Sosowo an. Die 7. Kp. hatte Auftrag, über den SO-Teil Sosowka vorgehend, die Höhe 283.5 zu nehmen. Das III. Btl. sollte folgen. Das II. Btl. kam zunächst gut vorwärts und näherte sich Sosowo-Nord. Die 7. Kp. allerdings stieß schon in Sosowka-SO auf Feind. Die Meldung des linken Nachbarn war falsch. Damit stand auch fest, daß eine Unterstützung seinerseits von dort nicht möglich war. Die 7. Kp. warf diesen Feind, der sich auf die Höhe 283.5 zurückzog. Sie stieß nach und erreichte gegen 06.00 Uhr 283.5, eine vollkommen flache und deckungslose Höhe.

Inzwischen war es Tag geworden. Nun schlug den vorgehenden Btln. von Sosowo-Nord und den Höhen beiderseits der Ortschaft ein mörderisches Feuer entgegen. Scharfschützen, MG, GrW., Panzer und Artillerie unterbanden durch ihren Beschuß jede Bewegung. Besonders das Auftreten der Scharfschützen verursachte durch Kopfschüsse empfindliche Ausfälle. Im Schneetreiben und bei starkem Wind war die Beobachtung für die eigenen schweren Waffen und Artillerie fast unmöglich. Trotz starker Feuerzusammenfassungen auf Sosowo-Mitte und Süd — näher konnte das Feuer wegen der starken Streuung nicht herangezogen werden — konnte der gut eingebaute Feind nicht niedergehalten werden. Das Regiment saß wegen der Unzulänglichkeit seiner Mittel und ohne Anschluß rechts und links erneut zunächst fest. Und trotzdem mußte es weitergehen! Teile des

I. Btls. mit der 13. Kp. wurden zum Angriff auf das Höhengelände westlich Sosowo angesetzt. Der linke Nachbar lieh 3 Sturmgeschütze aus. Der Pi-Zug des III. Btls. mit diesen Sturmgeschützen und die 7. Kp. von 283.5 stürmten den Ostrand von Sosowo. Langsam wirkte sich auch der Angriff des I. Btls. und der 13. Kp. aus. Er kam zunächst wegen des Flankenfeuers von rechts nur langsam vorwärts. Um 15.00 Uhr traten die Kpn. des II. und III. Btls. nach einem Feuerschlag auf Sosowo-Mitte und Süd und die Höhen westlich davon noch einmal an und stürmten in unaufhaltsamem Lauf Sosowo und die Höhe westlich. Sie erreichten gegen 16.15 Uhr Sosowo-Süd. Der Feind, der sich nach WSW absetzte, geriet dabei in das Feuer des angreifenden I. Btls. Als die 8. Kp. den Südrand des Ortes erreicht hatte, war das Wäldchen 600 südlich noch feindbesetzt. Die Kp. nahm es sofort aus eigenem Entschluß weg, machte 30 Gefangene und erledigte die übrige Besatzung im Nahkampf.

Günstig hatte sich auch ausgewirkt, daß das Geb.Jäg.Btl 94 durch die Wegnahme der hart umkämpften Höhe 276.1 einen verdienten Erfolg errungen hatte. Dadurch wurde der Stoß des vom rechten Flügel der Division herangeholten I./Geb.Jäg.Rgt. 13 auf die Höhe 281.2 nördlich Wysselki möglich.

Um 17.00 Uhr sammelten sich die Btl. Nachdem Sicherungen ausgestellt worden waren, wurde verpflegt und 1 Stunde Ruhe eingeschaltet. Gegen 19.30 Uhr trat das Regiment auf Sosoff an. Ein vorausgesandter Spähtrupp hatte dort bereits eigene Teile festgestellt. Gegen 23.00 Uhr erreichte das Rgt. den Ort und damit das Angriffsziel. Es ging gefechtsbereit zur Ruhe über.

Zur ‚Belohnung' für die Erfüllung des Auftrages und für seine Leistung wurde dem Rgt., trotz der gesunkenen Gefechtsstärken, das III. Btl. — $^1/_3$ seiner Gefechtskraft — weggenommen und der Panzergruppe Eäke zugeführt, meist das letzte Mittel, um irgendein anderes Loch zu stopfen.“[129])

Der vierte schwere Kampftag dämmerte von Osten über die weite, trostlose russische Winterlandschaft herauf. Blutrot stieg die Sonne aus der tiefverschneiten Erde. Was würde der neue Tag bringen? Wer wird noch am Leben sein, wenn die Sonne am Abend genauso blutrot, wie sie aufgestiegen ist, versinken wird?

„Am 27. Januar im Laufe des Vormittags griff die Div. erneut an“, berichtet Hörl abschließend, „und nahm mit Geb.Jäg.Rgt. 91 Sslawna, mit Geb.Jäg.Rgt. 13 und dem Geb.Jäg.Btl. 94 Wysselki und Narzisowka. Da bröckelte die russische Front ab. Der Widerstand brach zusammen. In die Zange genommen, mußte sich der Feind fluchtartig nach Gaissin absetzen. Da aus Gaissin rückwärtige Bewegungen zu erkennen waren, wurde seine Absicht deutlich, sich der drohenden Umklammerung zu entziehen.

Als dann die Regimenter der Div. nördlich Gaissin vorbeistießen, schwachen Feindwiderstand im Keime erstickten und in einem mühsamen Nachtmarsch durch den russischen Winter die Verteidigungsstellungen bei Rossasche und Napadowka erreichten, war nach Ablösung der dort sichernden Leibstandarte und dem Herannahen der 1. Inf.-Div. der Ring um den Russen geschlossen. Einen Ausbruchsversuch bei Ulijanowka verhinderte die Standhaftigkeit des Geb.Jäg.Btl. 94."[130])

Soweit die Schilderungen des Kommandeurs des Gebirgs-Jäger-Regiments 91 über die Angriffs- und Abwehrkämpfe ostwärts von Winniza in den drei ähnlich klingenden russischen Ortschaften Sosowka, Sosowo und Sosoff sowie um Gaissin. Sie zeugen von der Härte der Kampfhandlungen und den Strapazen der überforderten Truppe. Tagelang gab es nur kalte Verpflegung ohne ein wärmendes Getränk. Die eiskalten Nächte mußten die Gebirgsjäger ohne jegliche Schlafmöglichkeit im Freien verbringen. Wegen der ständig anhaltenden Kämpfe bestand längst keine Möglichkeit mehr zum Waschen. Die Jäger der Kampfbataillone waren von Kopf bis Fuß verschmutzt und verlaust.

„Bis Mitte Februar", schreibt General Braun, „folgten wechselvolle Stellungskämpfe südostwärts Rossosche in dem Abschnitt Oratoff-Bahnhof — Oratoff — nördlich Tjagun. Dann wurde die Division nach Ablösung durch die 6. Pz.-Div. mit Teilen im Landmarsch über Uman, mit Masse im Bahntransport von Frantinowka 80 Kilometer ostwärts nach Potasch und in den Raum Barnikow — Tschishowka — Salleskoje — Onufriewka verlegt. Dem VII. A. K. unterstellt, sollte sie zusammen mit mehreren Infanterie- und Panzer-Divisionen die im Kessel von Tscherkassy eingeschlossenen Verbände entsetzen. Eis und ungeheure Schneemengen, bei denen die Gebirgstruppen mühsam, aber noch eher durchkamen als die bald festgefahrenen Kraftfahrzeuge und Panzer, verzögerten jedoch die Bewegungen erheblich. Bevor der Entlastungsangriff beginnen konnte, waren die im Kessel eingeschlossenen Teile ausgebrochen. In kleinen vermischten Gruppen erreichten sie in der Nacht vom 21./22. Februar 1944, völlig erschöpft, meistens ohne Waffen, Pferde und Fahrzeuge, viele ohne Schuhe und Mäntel, unsere Linien um Mankowka."[131])

Was das für die arg strapazierte Truppe bedeutete, war jedem klar: Auf in den Kampf!

Abwehrbereit lag die 4. Gebirgs-Division — links war das Gebirgs-Jäger-Bataillon 94 und das Gebirgs-Jäger-Regiment 91, rechts das Gebirgs-Jäger-Regiment 13, das nach der Verwundung des bewährten Oberst Buchner am 26. Januar vorübergehend von Major Schaßner geführt wurde, und die Gebirgs-Aufklärungs-Abteilung 94 eingesetzt — in einem über 20 Kilometer breiten Abschnitt zwischen den Ortschaften Olchowez und Tschishowka.

„Urrä — Urrä — Urrä!“ so hallte das markdurchdringende Angriffsgeschrei der Russen, die in dichten Wellen von 50 bis 70 Mann auf schmalstem Raum vordrangen, durch die Waldstücke südlich von Popowka.

Die Gebirgsjäger hielten ihre Maschinengewehre in die wie Roboter vorwärtsstürmenden Rotarmisten; solange, bis die Gurte leergeschossen waren. Die Hölle feierte eine Orgie. Sie spukte Feuer und Eisen. Hunderte von Russen und Gebirgsjägern blieben auf dem Gefechtsfeld. Der Krieg zeigte hier wieder einmal mehr seine grausame Fratze.

Abermals gelang es den Gebirgsjägern — es grenzte schon an ein Wunder —, den Gegner aufzuhalten, seine ständigen Vorstöße abzuwehren, seine Stoßkraft in Richtung Westen abzublocken und somit sein Vorwärtsdrängen, wenn auch nur kurzfristig, zu stoppen.

Wie war das möglich?

Ein eiserner Wille und eine straffe Führung der Truppenführer aller Dienstgrade hatten aus der völlig erschöpften und überforderten Truppe das Allerletzte herausgeholt.

## Rückzugskämpfe von der Ukraine über den Bug zum Dnjestr

Obwohl es den Gebirgsjägern auch bei weiterhin sinkender Gefechtsstärke immer wieder gelungen war, die vor ihren Fronten angreifenden russischen Truppen aufzuhalten und, wenn auch meist nur mehr kurzfristig, zum Stehen zu bringen, ging es dennoch immer weiter in Richtung Reichsgrenze zurück.

„Rückzug!“ lautete die allgemeine Parole.

Die deutschen Truppen waren im Kriegsjahr 1944 an der gesamten Ostfront — nicht zuletzt aufgrund der „Halte-Befehle“ — eindeutig in die Defensive gedrängt worden. Jetzt rächte sich bitter, daß man es im Jahr 1943, als sich die Möglichkeit dazu noch angeboten hatte, den weiten russischen Raum, den man noch besetzt gehalten hatte, nicht als strategisches und operatives Schlachtfeld genutzt hatte, um die Rote Armee, wie es Generalfeldmarschall von Manstein Hitler mehrmals vorgeschlagen hatte, aus der Nachhand zu schlagen und ihr dabei so empfindliche Verluste beizubringen, daß sie ihren Vormarsch — wenn überhaupt — nicht in dem Maße hätte forcieren können, wie es nun, 1944, geschah. Für die Gebirgsjäger war umso schmerzlicher, daß sie trotz der Opferbereitschaft der Truppe und ihrer ausgezeichneten Führer und Unterführer das Blatt nicht zu wenden vermochten. Wenn man später Aufzeichnungen wie diese liest: „Zur Klärung der Feindlage wurde im Juli durch das III./Geb.Jäg.Rgt. 91 ein Stoßtruppunternehmen über den Dnjestr unter

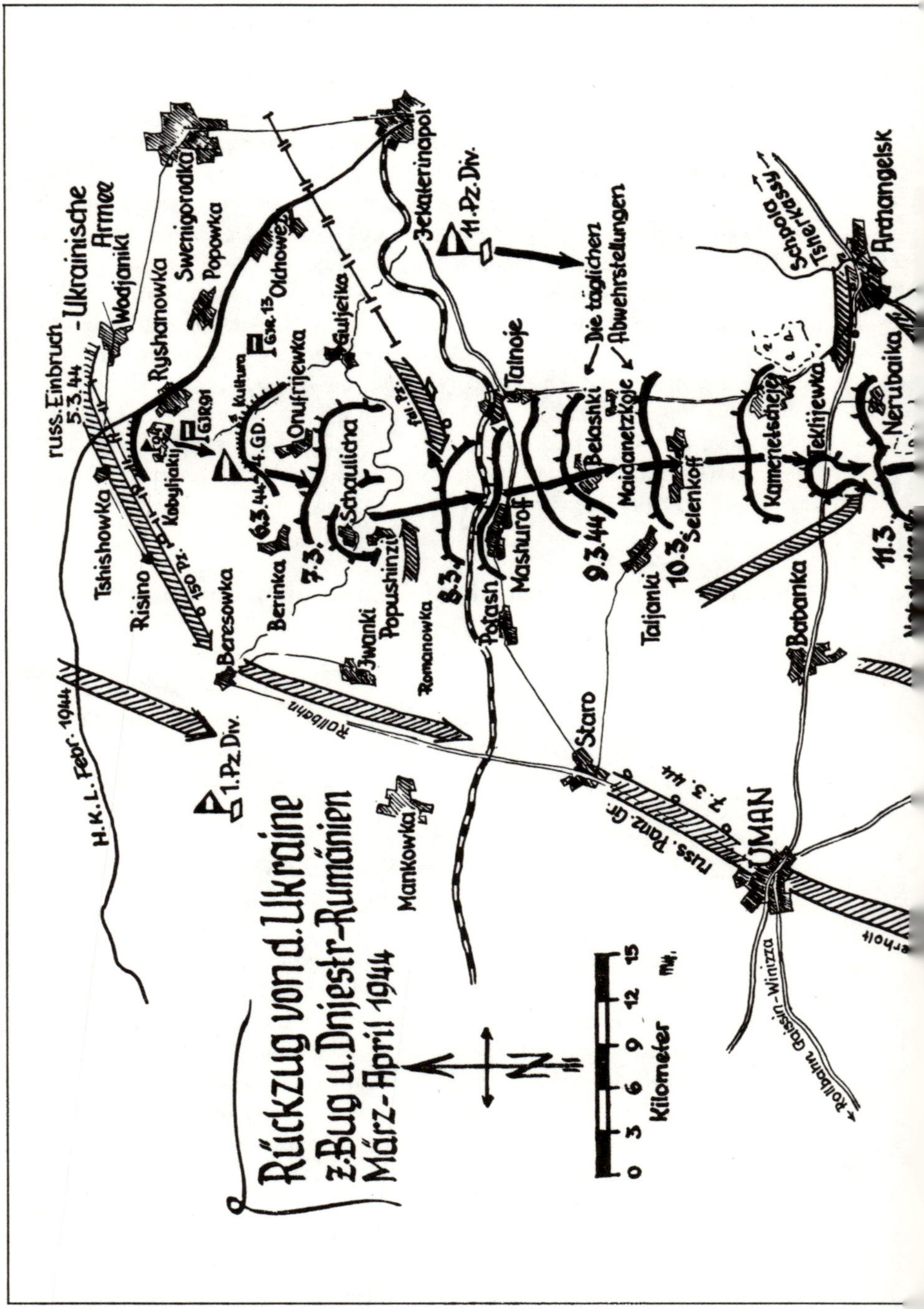
Rückzug von d. Ukraine
z. Bug u. Dnjestr-Rumänien
März-April 1944
N
Kilometer
0 3 6 9 12 15
H.K.L. Febr. 1944
1. Pz. Div.
Rollbahn
Mankowka
Beresowka
Risino
Tshishowka
150 Pz.
Kobyljaki
russ. Einbruch
5.3.44
-Ukrainische
Armee
Wodjaniki
Ryshanowka
Swenigorodka
Popowka
Berinka
6.3.44
4. GD.
Onufrijewka
Schaulicha
7.3.
Popushinzi
Jwanki
Romanowka
8.3.
Potash
Mashuroff
Talnoje
11. Pz. Div.
Die täglichen
Abwehrstellungen
Belashki
Maidanetzkoje
9.3.44
Taljanki
10.3.
Selenkoff
Kamenetschje
Tekitjewka
Nerubaika
11.3.
Babanka
Arhangelsk
Staro
russ. Panz. Gr.
7.3.44
UMAN
Rollbahn Gaissin-Winizza

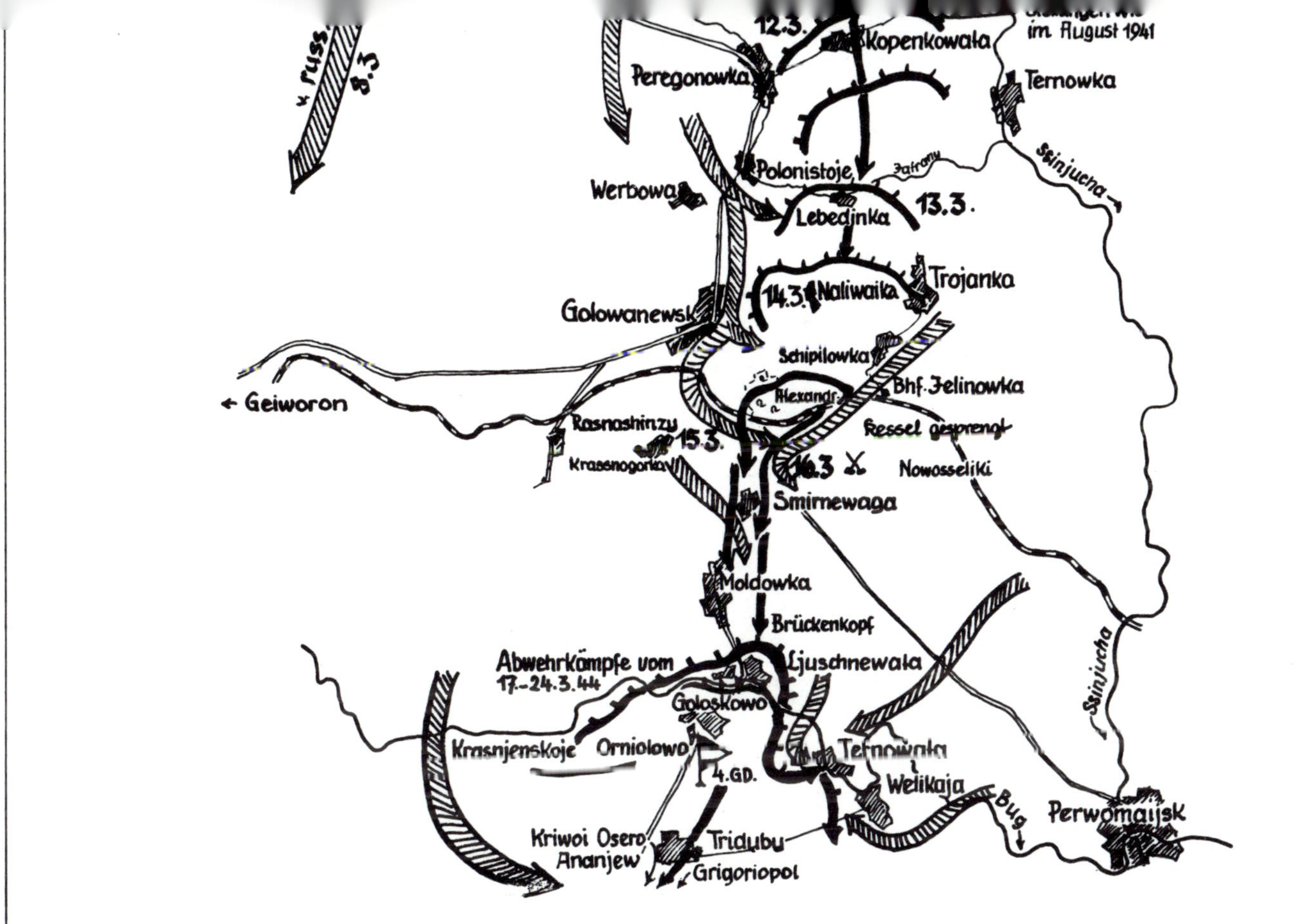
12.3.
Kopenkowala
im August 1941
Ternowka
v. russ.
8.3
Peregonowka
Polonistoje
Zafrany
Werbowa
Lebedinka
13.3.
Ssinjucha
Trojanka
14.3.
Naliwaika
Golowanewsk
Schipilowka
Bhf. Jelinowka
Alexandr.
← Geiworon
Rasnashinzu
Kessel gesprengt
15.3.
16.3
Krasnogorka
Nowosseliki
Smirnewaga
Moldowka
Brückenkopf
Abwehrkämpfe vom
17.-24.3.44
Ljuschnewala
Goloskowo
Ssinjucha
Krasnjenskoje
Orniolowo
4.GD.
Welikaja
Bug
Perwomaijsk
Kriwoi Osero
Tridubu
Ananjew
Grigoriopol

Führung des Leutnants Großmann vorbereitet. Es lief wie eine Präzisionsuhr ohne Verluste ab und brachte einen Gefangenen ein",[132]) dann stellt sich die Frage, was ein Gefangener gegenüber einer vieltausendköpfigen Hydra, die sich tagtäglich wie ein drohendes Ungeheuer aus dem Osten auf die mehr zurück — als vorausschauenden Gebirgsjäger zubewegte, bedeutete?

So lautete die Parole der Gebirgsjäger ab Anfang März 1944 immer mehr: „Vorwärts Kameraden, wir müssen zurück!"

Es war am 5. März 1944, einer der schwarzen Tage der 4. Gebirgs-Division im vorletzten Kriegsjahr, als die Rote Armee mit weit überlegener Infanterie, die von gepanzerten Verbänden wirkungsvoll unterstützt wurde, zuerst bei der links von der „Enzian"-Division anschließenden 71. Infanterie-Division bei Tschishowka und dann auch beim Gebirgs-Jäger-Regiment 13 und dem Gebirgs-Jäger-Bataillon 94 in den Ortschaften Ryschanowka und Kobyljaki angriff und teilweise durchbrach. Verzweifelt standen die Jäger, nur mehr unzureichend ausgerüstet, um sich wirksam ihrer Haut erwehren zu können, rund 100 bis 150 Panzern gegenüber. Als den Russen der Durchbruch bis Risino gelang, war die Flanke der „Vierten" vollends offen. In ihrem rechten Abschnitt schienen das Gebirgs-Jäger-Regiment 13 und die Gebirgs-Aufklärungs-Abteilung 94 darüber hinaus von der russischen Übermacht förmlich erdrückt zu werden. Um das zu verhindern, wurden die Stellungen der Gebirgsjäger eilig zurückgenommen — und zwar auf die Höhen östlich des Flußlaufes der Gorni Tilitsch, östlich von Schaula.

Obwohl der gefürchtete russische Schlamm die Bewegungen der Jäger immer und immer wieder nachhaltig hemmte und ihre Abwehrvorbereitungen zu durchkreuzen drohte, gelang es ihnen dennoch, in einer Zwischenstellung bei Popuschinzi die Rote Armee am 7. März vorübergehend aufzuhalten. So konnte man wenigstens etwas verschnaufen, die einzelnen Verbände zusammenhalten und sich auf das kommende Inferno vorbereiten. Und dieses zeichnete sich bereits überdeutlich in den Lagekarten des Divisionsstabes ab.

*Oben: Unter den Ehrengästen beim Großtreffen der 4. Gebirgs-Division auf dem Lochenhörnle bei Balingen im Juni 1977: Der Parlamentarische Staatssekretär im Bundesministerium der Verteidigung, Dr. Andreas von Bülow, der Kommandeur der 1. Gebirgs-Division der deutschen Bundeswehr, Generalmajor Michael Greipl, sowie die Abgeordneten des Zollernalbkreises. Am Mikrofon Leutnant d. R. Helmut Wagner aus Balingen*

*Unten: Das Musikkorps der 24. Groupe des Chassier spielt am Gedenkstein der 4. Gebirgs-Division*

ALL DIE GEFALLEN
IN MEER UND LAND,
SIND, HERR, GEFALLEN
IN DEINE HAND. ALLE DIE KÄMPFEN IM WEI-
TEN FELD, SIND, HERR, AUF DEINE GNADE GE-
STELLT. ALLE DIE WEINEN IN DUNKLER NACHT,
SIND, HERR, VON DEINER GÜTE BEWACHT. GIB
DU UNS AUGEN, DASS WIR ES SEHN, WIE DEINE
HÄNDE MIT UNS GEHN.

Uman, wo die Gebirgsjäger während ihres siegreichen Vormarsches im Kriegsjahr 1941 die „klassische Korpsschlacht" geschlagen und gewonnen hatten, dieses Uman drohte nun zum Cannae der 4. Gebirgs-Division zu werden. Obwohl die Stadt noch rund 30 Kilometer im Rücken der Division lag, war sie bereits von den Russen in einem überholenden Vorstoß besetzt worden. Ein Blick auf die Karte genügte, um sich auszumalen, was das für die „Enzian"-Division bedeutete: Der Russe brauchte nur einzuschwenken — und schon schnappte die Falle, in der die Gebirgsjäger nach Meinung der Sowjets bereits saßen, zu. Das wäre dann die verspätete Rache der Rotarmisten für die Schlappe gewesen, die das XXXXIX. Gebirgs-Armee-Korps seinerzeit — 1941 — der Roten Armee zugefügt hatte. Doch es kam wider Erwarten ganz anders.

Wenn schon Uman und Kopjenkowata, wo die „Vierte" dereinst in äußerst schwere und verlustreiche Kämpfe verwickelt gewesen ist, wie aus einem fernen Traum auftauchen, dann sei an dieser Stelle erlaubt, eine allzu menschliche Begebenheit zu erwähnen: Beim Weitermarsch in den Augusttagen des siegreichen Jahres 1941 hatte ein Muli vom Gebirgs-Jäger-Regiment 13, das vom heißen Vormarsch nicht zu übersehende Druckstellen am Körper aufwies, seine weitere Diensttauglichkeit vor den kritischen Augen des musternden Veterinärs nicht bestanden.

Der Staffelführer brachte es jedoch nicht übers Herz, den Marschuntauglichen, wie es befohlen war, zu erschießen. Das Muli wurde in einen Stall gestellt. Sollte es auf ukrainischer Erde gesund werden, roboten für Großdeutschland! Es durfte nicht mit nach Süden, in das Donezgebiet und den Kaukasus.

Als der große Rückzug die Gebirgsjäger nach zweieinhalb Jahren — Ironie des Schicksals? — wieder auf den alten Wegen durch die Ukraine führte, kam das Gebirgs-Jäger-Regiment 13 auch nach Kopjenkowata und zog dort am 11. März 1944 eine Nacht unter. Im Stall eines Hauses stand ein rundes, glänzendes Muli. Der Hausherr grinste unsicher. Der Rückzug ging weiter. Als das Muli den Packsattel sah, den ein Tragtierführer anbrachte, stand es auf, legte die Ohren, zeigte das Weiß in den Augen und fletschte die Oberlippe. Als es die Last verspürte, schüttelte es sich und marschierte mit den Gebirgsjägern — nach Westen.

*Oben: Kranzniederlegung durch italienische Alpini . . .*

*Unten: . . . und ehemalige Angehörige des 6./Gebirgs-Jäger-Regiments 13, Sepp Brandl (links) und Franz Egger (rechts), die einen Kranz für ihre gefallenen Südtiroler Kameraden am Gedenkstein der „Enzian"-Division auf dem Lochenhörnle niederlegen*

„Da kannst nix machen", schien sein wehmütiger Blick auszudrücken.

Die 4. Gebirgs-Division hatte sich auf Befehl des Korps anfangs bei Teglijewka, an der großen Straße, die von Nowo Archangelsk über Babanka nach Uman führt, und später bei Nebelewka und Kopjenkowata — das legendäre Kopjenkowata, das für viele Gebirgsjäger zum Alptraum werden sollte — eingegraben, um die wilden gegnerischen Angriffe besser abwehren zu können. Von diesen harten Kämpfen schilderte am 12. März 1944 der Wehrmachtsbericht unter anderem:

„... Zwischen unterem Dnjepr und Tarnopol hält das schwere Ringen mit starken sowjetischen Kräften an. Zahlreiche feindliche Angriffe wurden abgewiesen, Versuche bolschewistischer Angriffsspitzen, südwestlich Uman den Bug zu überschreiten, vereitelt. Ein in Tarnopol eingedrungenes feindliches Regiment wurde in harten Straßenkämpfen vernichtet. Unter dem Befehl des Generals der Artillerie Hell haben sich in den erbitterten Abwehrkämpfen die moselländische 34. Infanteriedivision unter Führung des Generalleutnants Hochbaum, die württembergisch-badische 193. Infanteriedivision unter Führung des Generalleutnants von Horn und die württembergisch-badische 4. Gebirgsdivision unter Führung des Generalmajors Braun besonders bewährt."

Bewährt, ja! — Aber trotzdem ging es auf Grund der allgemeinen trostlosen militärischen Lage der Deutschen auf dem russischen Kriegsschauplatz weiter zurück. Die 4. Gebirgs-Division war bei dieser Rückzugsbewegung nur ein kleines, aber dennoch bedeutendes Rad.

Bis zum 14. März setzten sich verschiedene Truppenteile der „Enzian"-Division aus den Stellungen bei Lebedinka ab. Doch bereits in der Nacht zum 15. März drangen die russischen Menschenmassen in die von den Jägern um Naljiwajka bezogenen Stellungen und in den Ort selbst ein.

Das bedeutete für die überstrapazierte Truppe: weiter marschieren — und zwar zurück, immer mehr zurück orientieren, um den Anschluß an die allgemeine Front nicht zu verlieren.

Über Schipilowka ging es weiter nach Alexandrowka zurück. Im dichten Schneetreiben sicherte das Gebirgs-Jäger-Regiment 13 und das Gebirgs-Jäger-Bataillon 94 nach Norden, während das Gebirgs-Jäger-Regiment 91 südlich des Waldes von Alexandrowka die Stellungen noch vorübergehend hielt. Doch dann war auch hier der russische Druck gegen die HKL zu stark geworden, und nur mit knapper Not entgingen die Gebirgsjäger der Einschließung.

Das Schneetreiben und die schlechten Sichtverhältnisse gestalteten sowohl die Absetzbewegungen der Deutschen als auch die Angriffsoperationen der Russen zeitweise zu einem regelrechten Katz- und Mausspiel: Man sah nicht viel. Man hörte mehr als man sah, wenn der Donner der Kanonen sich röhrend über der Front ausbreitete.

Während das Gebirgs-Jäger-Bataillon 94 bei Moldowka die linke Flanke sicherte, erreichten die Gebirgs-Jäger-Regimenter 13 und 91 in ständigen Nachhutgefechten beiderseits der Straße Alexandrowka — Oniolowo am 16. März abends den Brückenkopf Ljuschnjewata nördlich des Bug. Ohne vorbereitete Stellungen, ohne mit dem wenigen Schanzzeug in den steinhart gefrorenen Boden zu kommen, lagen die Jäger bei grimmiger Kälte auf freiem Feld. Die ständigen Rückzugskämpfe gegen einen weit überlegenen Feind, anstrengendste Märsche bei Nacht, die Unbilden der Natur, Mangel an Munition, Verpflegung und Ruhe, hatten die psychischen und physischen Kräfte zudem schon aufs äußerste beansprucht.[133])

Und wie schon oft, war es die 4. Gebirgs-Division, die eine rettende Gasse in der bedrohten Front offenhielt, um anderen Verbänden das Abfließen ihrer Kräfte zu ermöglichen, sie vor dem Zugriff der Russen zu bewahren. Dieses Mal hielt sie, es war am 17. März, den Brückenkopf am Bug so lange offen, bis die letzten Teile der dezimierten 11. und 16. Panzer-Division und der 198. Infanterie-Division den Fluß überschritten hatten. Erst als das geschehen war, setzten auch die Gebirgsjäger ihre müden Füße auf das rettende jenseitige Ufer. Dort, am Südufer des Stromes, hielten sie dann die Stellungen zwischen Ternowata — Orniolowo — Krasjenskoje bis zum 24. März. Dabei kam es wiederholt zu Kampfhandlungen. Der Wehrmachtsbericht vom 18. März erwähnt diese Kämpfe mit folgenden Worten:

„Am unteren ukrainischen Bug scheiterten erneute Versuche der Sowjets, unsere Brückenköpfe einzudrücken."

Informieren wir uns an dieser Stelle einmal kurz über den Zustand der deutschen Divisionen, die am Bug lagen. Das Kriegstagebuch des AOK 6, dem die 4. Gebirgs-Division in der ersten Hälfte des Kriegsjahres 1944 fast vier Monate lang unterstellt war, enthält unter dem 18. und 20. März die nachstehend zitierten Berichte:

„1. Die Stärke der deutschen Truppen liegt nach wie vor im Angriff. Trotz größter Ermüdungserscheinungen und Verluste schlugen durchgeführte Angriffe immer durch, selbst bei geringstem Munitionseinsatz. In der Abwehr dagegen braucht die Truppe eine längere Festigungs- und Ausbildungszeit, um den hereingekommenen Ersatz planmäßig einzuschulen.

2. Die Truppe ist abgerissen, schlecht ernährt und teilweise abgestumpft. Der Geist ist gut.

3. Die Abstumpfung durch unsägliche Anstrengungen hat auch die Offiziere erfaßt, eine Folge mangelnder Ausbildung und unerhörter Strapazen.

4. Der psychologisch und tatsächlich bedenklichste Mangel ist der an Infanteriemunition, auf dessen Konto zahlreiche Waffenverluste gehen ...

... Es waren kilometerlange Reihen ausgepumpter, mit Stöcken dahinziehender Männer, die sich mit letzter Kraft und gutem Willen bemühten, Anschluß zu halten und hinter dem Bug Front zu machen. Bei den meisten Divisionen sehr hohes Fehl an Infanteriewaffen, allgemein je Bataillon 7 — 10 MG, 2 — 3 GrW. Die Munitionsausstattung genügt nicht zur Erfüllung weiterer Kampfaufgaben."

Die Deutschen hatten — wie seinerzeit am Dnjepr — gehofft, es würde ihnen gelingen, die Front am Bug, der sich als natürliches Wasserhindernis geradezu anbot, zu festigen. Diese Hoffnung erwies sich in den folgenden Wochen allerdings als trügerisch. Die Russen griffen so massiert an, daß sich die 4. Gebirgs-Division schließlich gezwungen sah, in südwestlicher Richtung über den Kodyma-Abschnitt bei Kriwoje Osero, den Eisenbahnknotenpunkt Ljubaschewka, über Welikoje und den Bahnhof Tobik abzusetzen.

In der Riegelstellung Karmanowo — Reimarowka (20 Kilometer nördlich des Dnjestr) — Dubossary konnte der Feind einige Tage hingehalten werden. Im verengten Brückenkopf um Grigoriopol — Dorozkoje — Pogreby wurden alle Angriffe des Gegners abgewehrt. Am 20. April wurde die Masse der Division im rechten Abschnitt auf das westliche Flußufer zwischen Delakju und dicht südlich Dorozkoje zurückgenommen, während links anschließend das Gebirgs-Jäger-Regiment 91 den Brückenkopf um Dorozkoje hielt.[134])

Die in jeder Beziehung opfervollen Rückzugskämpfe von der Ukraine über den Bug zum Dnjestr hatten damit ihren vorläufigen Abschluß gefunden. Der Russe hatte zwar versucht, die Gebirgsjäger noch vor dem Überschreiten des Dnjestr zu vernichten, doch diese hatten ihm erbitterten Widerstand entgegengesetzt. Das Vorhaben der Generale der Roten Armee hatten die Deutschen durchkreuzt. In einem Tagesbefehl Generaloberst Schörners anläßlich des Wechsels im Oberbefehl der Heeresgruppe Südukraine wurden die harten Kämpfe jener Tage ausgesprochen — aber auch Halteparolen, die der Gesamtlage, in der sich die Deutschen zu jener Zeit bereits befanden, in keiner Weise mehr Rechnung trugen.

„Soldaten der Heeresgruppe Südukraine!

Der Führer hat mich zum Oberbefehlshaber der Heeresgruppe ernannt. Harte Monate mit schweren Kämpfen gegen einen zahlenmäßig überlegenen Feind, gegen Schlamm, Dreck und Kälte liegen hinter Euch. Eure Tapferkeit und Euer ungebrochener Kampfgeist haben aber alle Versuche des Feindes, die Entscheidung zu erzwingen, zunichte gemacht. Was Ihr in diesen Monaten geleistet habt, geht in die Geschichte ein.

Wir haben nun in diesen harten Kämpfen viel Boden aufgeben müssen.

Nun stehen wir am Rande des Raumes, dessen Besitz für die weitere Kriegsführung und den Endsieg entscheidend ist. Jeder Meter Boden muß jetzt mit letztem Fanatismus verteidigt werden. Wir müssen uns verbissen in den Boden festkrallen, keine Stellung und kein Panzerdeckungsloch dürfen weiterhin leichtfertig preisgegeben werden.

Ich weiß, wie es bei Euch aussieht. Ich kenne Eure zerschlissenen Röcke, Eure zerrissenen Stiefel. Ich weiß, daß Munition und Verpflegung zur Zeit knapp sind. Aber nur durch zähes Halten kann sich die Lage bessern. Daß Euch mit allen Kräften geholfen wird, dafür setze ich mich ein. Unsere Heimat schaut mit leidenschaftlicher Anteilnahme auf Euch; sie weiß, daß Ihr Soldaten der Heeresgruppe Südukraine heute das Schicksal unseres Volkes in Händen haltet.

Seite an Seite mit unseren Verbündeten, den tapferen Soldaten S. M. des Königs Michael und des Marschalls von Rumänien, werden wir kämpfen, bis der Feind sich verblutet hat ... "

Die heftigen Kampfhandlungen fanden eher ihre Fortsetzung, als es den Gebirgsjägern lieb und recht gewesen wäre. So zum Beispiel, als Ende April heftige Kämpfe entbrannten, nachdem der Russe in den Flußniederungen südlich von Grigoriopol und gegen den sogenannten „Kastenwald", drei Kilometer westlich von Delakeu, verstärkte Angriffe vorgetragen hatte. Einer, der noch Zeit dazu fand, notierte in diesen Tagen in sein Kriegstagebuch:

„Nächtliche Schießerei vor II., Ablösung I./III., Anschluß links klappt nicht, Erkundung mit B-Krad zu rechter Nachbardivision, Durchbruch der Russen hinter uns, Marketenderwaren eingetroffen, morgen Stukaunterstützung für I., Oberjäger X, x'te Kompanie gefallen ... [135])

Kommentiert wurden derlei Eintragungen meist mit Adjektiven, die sicherlich nicht für eine spätere Auswertung durch einen Historiographen bestimmt waren. Schließlich wurden solche Tagebücher im Felde nicht geführt, um die Kriegschronik zu bereichern, sondern um sich die Sorgen und Nöte von der Seele zu schreiben.

Die Soldaten der 4. Gebirgs-Division, in der Sehnenstellung des Dnjestr — vom Jäger bis zum General — spürten es förmlich, daß irgendetwas in der von Tag zu Tag eisenhältiger werdenden Luft lag. Fast jede Nacht kamen nun die „Nähmaschinen", wie die Soldaten die leichten sowjetischen Flugzeuge nannten; alte Doppeldecker vom Typ U 2, der deutschen FW 44 oder der He 72 sehr ähnlich, und das verhieß meist nichts Gutes. Jedem Soldaten der Ostfront bleiben die Störangriffe dieser russischen Flieger während der Nachtstunden in unangenehmer Erinnerung.

Die Nerven der Gebirgsjäger waren einmal mehr zum Zerreißen angespannt. Kein Wunder, denn die zurückliegenden schweren Kampfhandlungen von der Ukraine bis zum Dnjestr mit ihren hohen Verlusten hatten auch an der Kampfmoral der „Enzian"-Division in einem geradezu gefährlichen Ausmaße gezehrt. Auch das wiederholte „Durchkämmen" der Trosse, die ohnedies schon „ausgekämmt" waren, brachte keine nennenswerte Erhöhung der Kampfkraft. Aus dieser trostlosen Perspektive sah die „Vierte" in eine noch ungewissere Zukunft. Wieder einmal!

## Der Fall von Koschniza

Unter nicht gerade ermutigenden Umständen übernahm das Gebirgs-Jäger-Regiment 91, das durch das Gebirgs-Jäger-Bataillon 94 (das in amtlichen Unterlagen zeitweise noch immer als Feld-Ersatz-Bataillon 94 geführt wurde) und die 2. Schwadron/Gebirgs-Aufklärungs-Abteilung 94 verstärkt wurde, unter der tatkräftigen Führung von Oberst Hörl den acht Kilometer langen Abschnitt am Hals der Dnjestrschleife. Hörl hatte den Auftrag, diese exponierte Stelle am Dnjestr zu verteidigen. Für die Besetzung standen ganze 1300 Mann, einschließlich der Stäbe und Kompanietrupps, der Nachrichtler, Bedienung der schweren Waffen, Sanitäter usw., zur Verfügung. Es war ein Auftrag, um den der Kommandeur des Gebirgs-Jäger-Regiments 91 gewiß nicht zu beneiden war, da die Stellung zum Teil erst erkämpft werden mußte, nachdem der Russe sich dort bereits festgesetzt hatte.

Ohne ausreichende Ruhe gefunden zu haben, machten sich die Gebirgsjäger daran, die Stellungen, so gut es ging, auszubauen, da es überall an Schanzzeug, Stellungsbaumaterial, Minen und an Munition fehlte! Darüber hinaus wurde die Truppe durch Sicherungsdienst und Spähtruppaufträge über Gebühr strapaziert. Eine Tiefenstaffelung konnte bei der geringen Gefechtsstärke nicht gebildet werden. Die Artillerie, die eine solche wenigstens ansatzweise hätte bilden können, stand am jenseitigen Ufer des mächtigen Dnjestr. Der Ausbau einer rückwärtigen, also südwestlicher verlaufenden zweiten Sehnenstellung mit einem vorgeschobenen Regimentsgefechtsstand war zwar vorgesehen, mußte aber wie so manches Vorhaben wegen Kräftemangels unterbleiben. Dennoch gelang es den Gebirgsjägern, vom 13. April bis 13. Mai 1944 nicht weniger als 15 feindliche Vorstöße, oft in Regimentsstärke, abzuweisen. Oberst Hörl, Führer der Abwehrfront in der Dnjestrschleife bei Koschniza schreibt später einmal darüber:

„Etwa ab dem 8. Mai 1944 zeichnete sich die Vorbereitung für einen starken russischen Angriff ab. Die eigene Führung wurde ständig davon unterrichtet und darauf hingewiesen, daß das Regiment in seinem jetzigen Zustand einem starken russischen Angriff nicht gewachsen sei. Es wurde

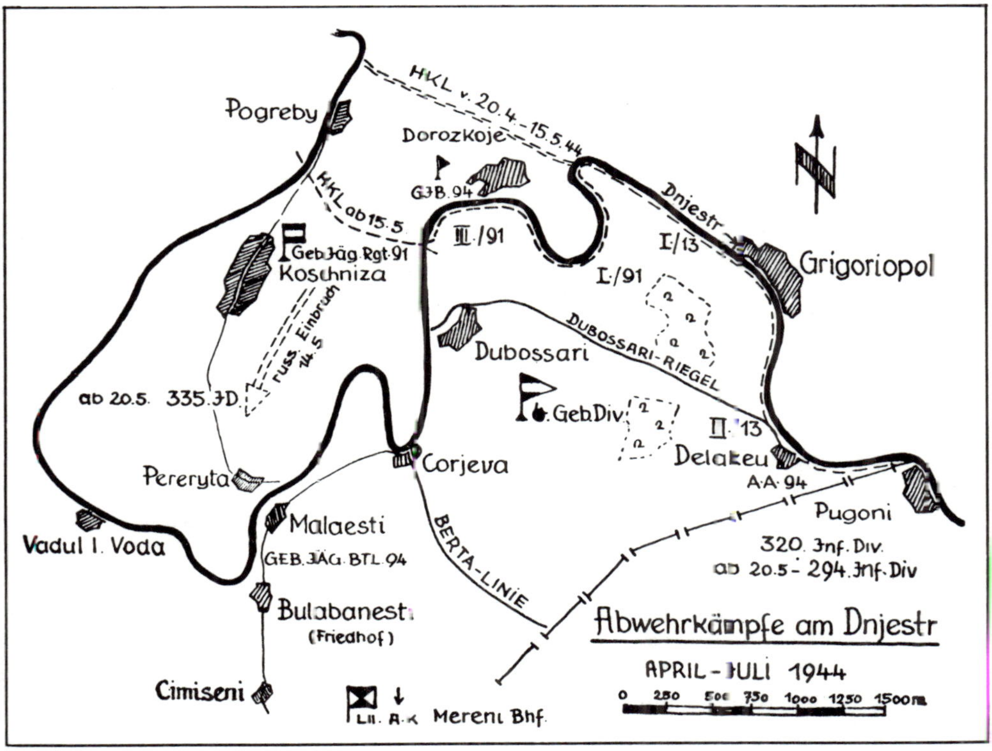


dringend um Verstärkung gebeten, vor allem zum Ausbau der rückwärtigen Sehnenstellung.

Die Division hatte keine Reserven mehr. Vom LII. Armeekorps, dem die 4. GD unterstellt war, wurden keine zugeführt, da alle verfügbaren Kräfte zum Angriff gegen den Brückenkopf des Feindes westlich Butor im rechten Nachbarabschnitt bereitgestellt wurden. Dieser Angriff führte zu keinem Erfolg. Dagegen kostete er die 97. Jäger-Division bedauerlicherweise vermeidbare Verluste, da der Kommandierende (General Buschenhagen) den Angriff gegen die ausdrücklichen Vorstellungen und Warnungen der Division, die eben erst hereingeworfen worden war, verfrüht erzwungen hatte. Zwar war dem verstärkten Regiment ein Heeres-Pionier-Btl. zum Ausbau und Besetzen der Sehnenstellung versprochen worden. Es kam aber nicht, so lange Zeit zum Ausbau war, und als es kam, war es zu spät! Es wurde in Vadul Lui Voda in der Angriffsnacht bereits beim Übersetzen in einer Stärke von — sage und schreibe —40 Mann zerschlagen. Problematisch war vor allem die Artillerieunterstützung. Sie sollte von der eigenen und von der links anschließenden Division jeweils vom anderen Ufer gegeben werden. Die Feuerleitung mußte zum Teil auf dem taktischen Netz abgewickelt werden. Ich habe dringend um einen älteren Artl.Offz. gebeten zur Lösung dieser Schwierigkeiten. Ich blieb allein! So kam es, daß schon beim feindlichen Vorbereitungsfeuer die Feuerleitung zusammenbrach und eine wirksame Artl.Unterstützung nicht mehr gegeben war. Außer dem Div.-Kdeur. wurde kein höherer Vorgesetzter in der Stellung oder beim Rgt. gesehen. Der Div.-Kdeur. war mit allen Maßnahmen einverstanden.

Trotz aller Hilferufe war der Munitionsbestand des verst. Rgts. vor dem zu erwartenden starken russischen Angriff: pro Gewehrträger 60 Schuß, pro MG 500 bis 600 Schuß, pro 8 cm Werfer 10 Granaten! Die letzten Mun.Res. der Div. gegeben am 13. Mai, 22.30 Uhr, erreichten das Rgt. nicht mehr.

Das verst. Rgt. ging in diesen Kampf mit dem Gefühl, entweder hat die Führung die Lage nicht erkannt oder sie wollte sie nicht erkennen oder der Abschnitt war als nebensächlich betrachtet worden. Es ging in diesen Kampf", konstatiert Oberst Hörl mit Recht verbittert, „mit dem Gefühl grenzenloser Verlassenheit."[136])

Das war die trostlose Lage der Gebirgsjäger. Es war, als hätte der Russe das erkannt. Denn am 14. Mai 1944, gegen 02.00 Uhr, trat er nach einstündiger, stärkster Artillerievorbereitung und mit massiver Luftunterstützung zum Angriff an. Den deutschen Kräften standen laut eines Feldurteils des A.O.K 6 gegenüber:

„Stellungsdivision:

74. Garde-Schützendivision.

Angriffsverbände:

5. Stoßarmee, bestehend aus:

XXXIV. Garde-Korps — aufgefüllt und kampfkräftig mit 203. und 243. Schützen-Division in erster Linie, 295. Schützen-Division in zweiter Linie, mit 3 Offiziers-Strafbataillonen in vorderster Linie.

Rechts anschließend X. Gardeschützen-Korps mit 49. und 66. Gardeschützen-Division, mit Teilen schon am 1. Angriff beteiligt.

Artilleristische Unterstützung:

7. Artillerie-Division zu 2 Artillerie-Brigaden = 6 Artillerie-Regimenter = etwa 160 Rohre.

1 Granatwerfer-Brigade = 3 Gr.W Regimenter.

Armee-Artillerie-Regiment 88.

Panzerkräfte:

135. Panzer-Brigade mit 52 Panzern.

Luftwaffe:

100 Schlacht- und 100 Jagdflugzeuge.

Auftrag:

Stalinbefehl: Bereinigung der Dnjestr-Schleife, Bildung eines Brückenkopfes und im weiteren Verlauf Durchstoß auf Kischinew."

Es ist sicherlich interessant, einmal zu erfahren, was der erwähnte Stalinbefehl, datiert vom 1. Mai 1944, beinhaltet:

„Genossen Rotarmisten und Matrosen der Roten Flotte, Sergeanten, Offiziere und Generale, Partisanen und Partisaninnen! Werktätige der Sowjetunion! Brüder und Schwestern, die ihr vorübergehend unter das Joch der deutschen Unterdrücker geraten und gewaltsam ins faschistische Zuchthaus nach Deutschland verschleppt seid!

Im Namen der Sowjetregierung und unserer bolschewistischen Partei begrüße und beglückwünsche ich euch zum 1. Mai!

Die Völker unseres Landes begehen den 1. Mai im Zeichen hervorragender Erfolge der Roten Armee.

Seit der Zerschmetterung der deutschen Divisionen vor Stalingrad steht die Rote Armee fast ununterbrochen im Angriff. Die Rote Armee legte in dieser Zeit kämpfend den Weg von der Wolga bis zum Sereth, von den Vorbergen des Kaukasus bis zu den Karpaten zurück, vernichtete dabei das feindliche Geschmeiß und fegte es vom Sowjetboden hinweg.

Im Verlauf des Winterfeldzugs 1943/44 gewann die Rote Armee die historische Schlacht um den Dnjepr und die Ukraine rechts des Djnepr, zerschlug die mächtigen Verteidigungsanlagen der Deutschen vor Leningrad und auf der Krim und überwand durch geschickte und durchschlagende Operationen die auf Flußläufe gestützte deutsche Verteidigung am südlichen Bug, an Dnjestr, Pruth und Sereth. Beinahe die ganze Ukraine, die Moldau, die Krim, die Gebiete Leningrad und Kalinin sowie ein beträchtlicher Teil Bjelorußlands sind von den deutschen Eindringlingen gesäubert. Die Hüttenindustrie des Südens, die Erze von Kriwoi Rog, Kertsch und Nikopol, die fruchtbaren Landstriche zwischen Dnjepr und Pruth sind unserer Heimat wiedergegeben worden. Dutzende Millionen Sowjetmenschen wurden aus der faschistischen Sklaverei befreit.

Bei ihrem großen Werk der Befreiung des Heimatbodens von den faschistischen Eindringlingen hat die Rote Armee unsere Staatsgrenzen mit Rumänien und der Tschechoslowakei erreicht und versetzt jetzt den feindlichen Heeren weiter vernichtende Schläge auf rumänischem Gebiet.

Die Erfolge der Roten Armee wurden ermöglicht durch die richtige Strategie und Taktik des Sowjetkommandos, durch die hohe Moral und den Angriffsgeist unserer Kämpfer und Kommandeure, durch die gute

Ausrüstung unserer Truppen mit erstklassigem sowjetischem Kriegsgerät, durch das wachsende Können und die Ausbildung unserer Artilleristen, Granatwerferschützen, Panzermänner, Flieger, Nachrichtenleute, Pioniere, Infanteristen, Kavalleristen und Aufklärer.

Zu diesen Erfolgen trugen in bedeutendem Maße unsere großen Verbündeten, die Vereinigten Staaten von Amerika und Großbritannien, bei, die in Italien die Front gegen die Deutschen halten und einen beträchtlichen Teil der deutschen Truppen von uns abziehen, uns mit sehr wertvollen kriegswichtigen Rohstoffen und Waffen versorgen, systematisch die kriegswichtigen Objekte Deutschlands bombardieren und auf diese Weise die militärische Stärke Deutschlands untergraben.

Furcht und Bestürzung herrschen heute unter den rumänischen, ungarischen, finnischen und bulgarischen Bundesgenossen Hitlers. Jetzt müssen diese hitlerischen Handlanger, deren Länder von den Deutschen okkupiert sind und okkupiert werden, einsehen, daß Deutschland den Krieg verloren hat. Rumänien, Ungarn, Finnland und Bulgarien haben nur eine einzige Möglichkeit, die Katastrophe abzuwenden: mit den Deutschen brechen und aus dem Krieg ausscheiden. Es ist jedoch schwerlich damit zu rechnen, daß die jetzigen Regierungen dieser Länder fähig sind, mit den Deutschen zu brechen. Es ist anzunehmen, daß die Völker dieser Länder die Sache ihrer Befreiung vom deutschen Joch selbst werden in die Hand nehmen müssen.

Die Rote Armee erreichte im Laufe ihrer erfolgreichen Offensive unsere Staatsgrenzen in einer Ausdehnung von mehr als 400 Kilometern und befreite mehr als drei Viertel des besetzten Sowjetgebietes vom faschistischen deutschen Joch. Jetzt handelt es sich darum, unser ganzes Land von den faschistischen Eindringlingen zu säubern und die Staatsgrenzen der Sowjetunion in ihrem ganzen Verlauf, vom Schwarzen Meer bis zur Barentsee, wiederherzustellen.

Unsere Aufgaben können sich jedoch nicht darauf beschränken, die feindlichen Truppen aus unserer Heimat zu vertreiben. Die deutschen Truppen gleichen jetzt einer verwundeten Bestie, die gezwungen ist, in ihre Höhle — an die Grenzen Deutschlands — zurückzukriechen, um ihre Wunden zu heilen. Um unser Land und die mit uns verbündeten Länder vor der Gefahr der Versklavung zu retten, muß man der verwundeten deutschen Bestie auf der Spur folgen und ihr in ihrer eigenen Höhle den Todesstoß versetzen. Bei der Verfolgung des Feindes müssen wir unsere Brüder vom deutschen Joch befreien, die Polen und Tschechen sowie die anderen mit uns verbündeten Völker Westeuropas, die sich unter den Füßen Hitler-Deutschlands befinden...

Ich befehle: Zu Ehren der historischen Siege der Roten Armee an der Front und in Würdigung der großen Erfolge der Arbeiter, Kollektivbauern und Intellektuellen der Sowjetunion im Hinterland ist heute, am

Weltfeiertag der Werktätigen, um 20 Uhr in Moskau, Leningrad, Gomel, Kiew, Charkow, Rostow, Tiflis, Simferopol und Odessa ein Salut von zwanzig Artilleriesalven zu feuern.

Es lebe unser Sowjetvaterland!

Es lebe unsere Rote Armee und unsere Kriegsmarine!

Es lebe unser großes Sowjetvolk!

Es lebe die Freundschaft der Völker der Sowjetunion!

Es leben die Sowjetpartisanen und -partisaninnen!

Ewiger Ruhm den Helden, die in den Kämpfen für die Freiheit und Unabhängigkeit unserer Heimat gefallen sind!

Tod den deutschen Okkupanten!

Der Oberste Befehlshaber
Marschall der Sowjetunion
J. Stalin"

Derart motiviert, traten die Streitkräfte der Roten Armee nun zum neuerlichen Angriff an, um den Rest ihres von den deutschen Truppen besetzten Territoriums sowie die erwähnten „Brüdervölker" Rumänien, Bulgarien und Ungarn zu befreien. Den starken russischen Kräften, die gegen die Dnjestrschleife bei Koschniza angesetzt waren, konnten die Gebirgsjäger weder an Zahl noch an Material entsprechendes gegenüberstellen. So kam, was kommen mußte. Die Front des verstärkten Gebirgs-Jäger-Regiments 91 war von den massiert vorgetragenen Angriffen der Russen bald durchbrochen, da keine Tiefenstaffelung vorhanden war. Jedoch, am Südende der Dnjestrschleife waren auf einmal Reserven da!

„Es muß festgestellt werden", so Oberst Hörl, „daß, als das Debakel passiert war, plötzlich 3 Divisionen (13. und 14. Pz.-Div. und 335. I.-Div.) einsatzbereit waren. Hätte man einen Teil davon rechtzeitig beim verst. Rgt. 91 eingesetzt, dann hätte man das Unglück verhüten können. Aber auch 3 Div. konnten den alten Zustand nicht mehr herstellen! Wesentliche Feindteile mit sämtlichen Stäben brachen nach Norden aus."[137])

Doch damit nicht genug. Der Fall von Koschniza wurde zur Affäre der 4. Gebirgs-Division — vor allem aber zu einer des verstärkten Gebirgs-Jäger-Regiments 91 und seines Kommandeurs, Oberst Hörl, hochgespielt. Die dem Gebirgs-Jäger-Regiment 91 in zwei Befehlen von Generaloberst Schörner gemachten Vorwürfe bezeichnete Hörl als „Diffamierung anständiger Frontsoldaten, die seit Jahren, ununterbrochen im Kampf gelegen und schweren Verlusten ausgesetzt, in hervorragender Weise ihre Pflicht getan haben und an der Unfähigkeit der Führung zerbrechen mußten."

„Das Geb.Jäg.Rgt. 91", verteidigt sich Oberst Hörl weiter, „dem der Oberbefehlshaber der 6. Armee bescheinigt hat, daß es das Menschenmögliche getan habe, hat sich gegen die feindliche Übermacht gewehrt bis zum

Verschuß seiner kargen Munition und mit der blanken Waffe. In den Ortschaften Dorozkoje und Progreby wurde harter Widerstand geleistet. Nirgends gab es feige Flucht! In der Tiefe war nichts da, da konnte niemand fliehen!"[138])

Hörl kannte Schörner — er war 1924 sein Fähnrichsvater und 1927/28 sein Kompaniechef gewesen —, kannte dessen Reaktionen und deren unkalkulierbare Folgen. Daher meldete er sich beim Oberbefehlshaber der Heeresgruppe Südukraine zum Rapport. Doch dieser war rasch hinfällig geworden, da Schörner bereits ein Verfahren gegen Hörl, ohne ihn vorher anzuhören, eingeleitet hatte.

Der damalige Kriegsrichter der 4. Gebirgs-Division, Oberamtsrichter a. D. M. Ritzer, äußerte sich zu dieser Affäre in einem Brief vom 10. Juli 1978 an Rechtsanwalt Otto-Heinrich Stumpf:

„Der Oberbefehlshaber der Heeresgruppe Südukraine, Generaloberst Ferdinand Schörner, hat diesen Erfolg der Russen gleich am frühen Morgen des 15. 5. 1944 zum Anlaß genommen, um vom Kommandeur der 4. Gebirgs-Division, dem Generalleutnant Julius Braun, die sofortige Durchführung eines standgerichtlichen Verfahrens gegen Oberst Hörl und die angeblich Mitschuldigen zu fordern.

In einem eingehenden Gespräch mit General Braun, der ebenso wie ich selbst über den Befehl Schörners zutiefst erschüttert war, brachte mir General Braun zum Ausdruck, daß er das Schlimmste befürchte und beriet mit mir, was in dieser Lage zu tun sei. Ich habe ihm erklärt, daß ich als zuständiger Kriegsgerichtsrat der 4. Gebirgs-Division nach allem, was ich selbst von den Vorgängen wisse und jetzt noch erfahren habe, bei meiner Kenntnis von der Persönlichkeit des Oberst Hörl und seiner Offiziere die Durchführung des standgerichtlichen Verfahrens ablehnen müsse. Es käme nur die Einleitung und die Durchführung eines ordentlichen kriegsgerichtlichen Ermittlungsverfahrens in Frage. Dazu entschloß sich dann auch General Braun und unterschrieb das von mir entworfene Schreiben vom 15. 5. 1944 an das Gericht der 4. Geb.Division. Ich habe dieses Schreiben des Kommandeurs der 4. Geb.Division am 16. 5. 1944 unter Beifügung der Anordnung einer Reihe weiterer Ermittlungsverfahren Oberst Hörl zur sofortigen eigenen Stellungnahme übermitteln lassen. Wegen der Nichtbefolgung des Befehls auf Durchführung eines standgerichtlichen Verfahrens wurde ich jedoch alsbald zu einer Inf.Div. im Raum Jassy versetzt und geriet durch diese Versetzung in die Schlacht bei Jassy."

Aber auch von anderer Stelle wurde Hörl entlastet. Das Gericht der 6. Armee hatte „die Überzeugung gewonnen, daß Oberst Hörl den Ausbau der HKL, der 2. Linie und der Sehnenstellung soweit als möglich gefördert hatte. Auch sein Gefechtsstand wurde nicht aus Furcht vor Gefahr, sondern wegen fehlender Verbindung zur 4. Gebirgs-Division verlegt."

Doch es half alles nichts. Ein Sündenbock mußte für den Fall von Koschniza um jeden Preis gefunden werden. Er hieß: Oberst Hörl. Der Führer des verstärkten Gebirgs-Jäger-Regiments 91 wurde mit zwei Jahren Festung bestraft. Schörner hat, wie aus dem Schreiben des Kriegsrichters der 4. Gebirgs-Division ganz zweifelsfrei hervorgeht, eine Bestrafung um jeden Preis gewollt. Er, der „Eiserne Ferdinand", wie man ihn wegen seiner unerbittlichen Härte nannte, hatte also durch seinen Befehl zur Einsetzung eines Standgerichts das Verfahren gegen Hörl selbst in Gang gesetzt — und nicht der Divisionskommandeur, General Braun.

„Damit hat er mir nichts Gutes getan!" resümierte Oberst Hörl abschließend zum Fall von Koschniza, der ihm um ein Haar den Kopf gekostet hätte. „Wenn er (Schörner), dann in einer Art Wiedergutmachung meine Situation verständlich machen wollte, so entsprang das seinem schlechten Gewissen!"

Die 4. Gebirgs-Division und vor allem das verstärkte Gebirgs-Jäger-Regiment 91 litten noch lange an dem Trauma Koschniza. Die hiervon betroffenen Jäger empfanden es als unwürdig, als wegen angeblicher Verfehlungen Urlaubs-, Beförderungs- und Auszeichnungssperren verhängt wurden. Doch damit nicht genug! Das Saubermachen und Fertigmachen der in harten Kämpfen bewährten 4. Gebirgs-Division ging weiter: Der Kriegsrichter, der dem angestrebten Standgerichtsverfahren nicht zugestimmt hatte, wurde versetzt. Der Divisionskommandeur und sein Ia mußten ebenfalls die „Vierte" verlassen. Am 30. Mai 1944 löste Oberstleutnant i. G. Hessel Oberstleutnant i. G. Dr. Kreuzer ab. Und am 13. Juni 1944 wurde Generalleutnant Braun von Oberst (später Generalleutnant) Karl Jank abgelöst, der die „Enzian"-Division dann bis zum 8. Juli 1944 stellvertretend führte.

Doch auch ein Einlenken Schörners konnte den durch die ungerechte Behandlung der 4. Gebirgs-Division angerichteten Schaden nicht vollends gutmachen, um alle Teile wieder harmonisch zusammenfügen zu können.

Nach dem Fall von Koschniza, der der 4. Gebirgs-Division — vor allem aber dem verst. Gebirgs-Jäger-Regiment 91 — so viel Undank, aber auch empfindliche Verluste eingebracht hatte, übergab die „Enzian"-Division die restliche Sehnenstellung an der großen Dnjestrschleife an die 335. Infanterie-Division. Sie selbst lag nun, zur rechten die 294. Infanterie-Division, seit Anfang Juni 1944 im Verband des LII. Armeekorps neu gegliedert, am Dnjestr zwischen Pugoni und Dubossari. Hier war der durch den Fall von Koschniza diffamierten Division Gelegenheit gegeben, zu sich selbst zurückzufinden. Die geographischen Gegebenheiten sorgten mit dafür, daß sich die Gebirgsjäger einigermaßen sicher fühlen konnten: Ein Steilufer, das sich etwa einen halben Kilometer hinter der HKL erhob, bot der Artillerie gute Beobachtungsmöglichkeiten. Als Rückhaltstellung wurde hier der sogenannte „Dubossari-Riegel" ausgebaut: eine weitere Stellung, die „Berta-Linie", wurde mit einem Panzergraben und mit Stützpunkten ausgestattet, so daß die Abwehrkraft des insgesamt etwa vier Kilometer tiefen Divisionsabschnittes der „Vierten" als ausreichend angesehen werden konnte, um künftige russische Angriffe nach entsprechender personeller und materieller Auffrischung und Unterstützung erfolgreich abwehren zu können.

Werfen wir an dieser Stelle einmal einen kurzen Blick in das Kriegstagebuch des Gebirgs-Jäger-Regiments 13, um zu sehen, wie sich der Einsatz dieser wichtigen Säule der „Enzian"-Division im Sommer 1944 gestaltete:

„22. 5. 1944: Rgt. verlegt in den Abschnitt Delacheu — Dubossari. Eingesetzt sind rechts ab 23. Mai I./13, links II./13, III./13 liegt als Korpsreserve im Nazareniwald. Linker Rgt.-Nachbar G.J.R.91, rechter A.A. 94. Auftrag des Rgt.: Abwehr, Durchführung von Stoßtruppunternehmen. Ruhige Stellung. Beiderseitiges Störungsfeuer.

15. 6. 1944: III./13 löst I./13 ab. I./13 verlegt in Nazareni-Wald und wird Korpsreserve. 27. Juni I. löst III. ab. III. übernimmt Abschnitt A.A. 94.

20./21 7. 1944: Ablösung des Rgt. durch Gren.-Rgt. 50. Rgt. marschiert über Balabauesti-Wald — Mereni — Sangera nach Myssowka, dort Quartier. I. und III./13 Tipala, II./13 Gangura. Rgt.-Stab Myssowka.

21. bis 29. 7. 1944: Ausbildung im rückwärtigen Frontgebiet.

30. 7. 1944: Beginn des Verlegens in den Raum um Marmaros —Sziget (Nordungarn). I./13 mit Lkw voraus über Vaslui — Piatraneamt — Bistrizatal — Brosteni — Vatra Dornei — Prislop-Paß (1418 Meter hoch) — Felsö Viso — Grenze bei Carilibaba — Raho — Köresmeszö am 4. 8. 1944. Von dort Weitermarsch über Worochta — Tatarow in linkes Seitental des Pruth auf den Jaworuikrücken am 7. 8. 1944 (1243 Meter hoch). Einsatz des Btl. — weiteres Vorrücken auf den Pogur (1095 Meter hoch).

Der Rest des Rgt. folgt mit Eisenbahntransport in den Einsatzraum am Tataren-Paß. Eingesetzt werden im Tal des Pruth II./13, rechts davon III./13. Erfolgreiche Abwehr von Panzerangriffen in Jaremcze, wechselvolle Kämpfe um die Höhen Magura und Makowica (988 Meter hoch)."

Noch drückte die Affäre von Koschniza auf die Gemüter der 4. Gebirgs-Division, als Generalleutnant Friedrich Breith am 8. Juli 1944 das Kommando über die „Enzian"-Division übernahm. Wer war nun dieser vierte und letzte Kommandeur der „Vierten"? Eine Kurzbiographie stellt uns diese noble Persönlichkeit, die sich bei ihren Gebirgsjägern großer Beliebtheit erfreute, vor:

Friedrich Breith wurde am 25. Mai 1892 in Kirchheimbolanden in der

Pfalz geboren. Er besuchte das Humanistische Gymnasium in Kaiserslautern und Zweibrücken und trat nach bestandenem Abitur im Jahre 1911, 19jährig, in die bayerische Armee ein. Nach dem Besuch der Kriegsschule wurde Breith im Jahre 1913 Leutnant im 5. bayerischen Feldartillerie-Regiment.

Im Ersten Weltkrieg war der junge Leutnant mit seinem Regiment im Westen eingesetzt, wo er in allen Offiziersstellen — als Batterieoffizier, als Beobachter und schließlich als Batteriechef — Verwendung fand. Zu den markanten Stationen der ersten Kriegsjahre an der Front zählten: Einsätze in Lothringen (6. Armee); an der Somme 1914; Ypern im Herbst 1914; Artois 1915; die Somme-Schlacht 1916; Wytschätebogen 1917 und abermals Lothringen. 1917 zum Oberleutnant befördert, wurde Breith Ordonnanzoffizier im Stab der 3. bayerischen Infanterie-Division. Nach einer schweren Verwundung kam er in die Heimat. Sein Mut an der Front wurde mit der Verleihung des Bayerischen MilitärVerdienstordens 4. Klasse mit Schwertern sowie mit den Eisernen Kreuzen II und I. Klasse belohnt.

Nach dem verlorenen Ersten Weltkrieg war Breith beim Freikorps „Bamberg“. Bei der Aufstellung der Reichswehr wurde er beim Stab der 7. bayerischen Division in München eingesetzt. 1922 kam Breith zum 7. bayerischen Artillerie-Regiment, wo er vier Jahre als Batteriechef und drei Jahre als Regimentsadjutant eingesetzt war. Dabei hatte er unter anderem Gelegenheit, bei der unterstellten II. Gebirgs-Abteilung an vielen Hochgebirgsübungen und Gebirgsschießen teilzunehmen; Ausrüstung und Bewaffnung der Gebirgstruppe wurden in Sonderübungen geprüft und erprobt. Der am 1. Januar 1923 zum Hauptmann beförderte Artillerieoffizier wurde 1930 Lehrer für Fähnriche an der Artillerie-Schule in Jüterbog. Dort wurde Breith später, am 1. April 1933, zum Major und am 1. Oktober 1935 zum Oberstleutnant befördert. Nach vierjähriger Tätigkeit an der Schule wurde er Kommandeur einer leichten Abteilung (III./Artillerie-Regiment 7), die er während der forcierten Aufstellungsphase des deutschen Heeres drei Jahre lang führte. 1937 kam Breith als Kommandeur des Artillerie-Regiments 35 nach Karlsruhe, wo er sich auch mit dem Ausbau des Westwalls zu beschäftigen hatte. Am 1. April 1938 erfolgte seine Beförderung zum Oberst.

Zu Beginn des Zweiten Weltkrieges war Oberst Breith mit seinem Artillerie-Regiment 35 zunächst am vertrauten Westwall eingesetzt. 1940 wurde er Artillerie-Kommandeur und machte als solcher den Westfeldzug im Rahmen der 16. Armee mit. Nach Abschluß des Frankreichfeldzuges wurde Breith bei den Vorbereitungen für das Unternehmen „Seelöwe“, die beabsichtigte Landungsoperation gegen England, eingesetzt. Anschließend hatte er mehrere Kurse für Artillerie-Regimentskommandeure zu leiten, die teils im Westen, teils in der Heimat durchgeführt wurden.

1942 war Friedrich Breith Artillerie-Kommandeur im Osten — anfangs im Bereich der 6. Armee (Heeresgruppe Süd), später bei der 4. Armee (Heeresgruppe Mitte) — sowie Kommandeur der neu aufgestellten Artillerie-Schule I für Regimentskommandeure und Gehilfen der Kommandeure der Artillerie. Am 1. April 1942 war Breith zum Generalmajor und, genau ein Jahr später, am 1. April 1943, zum Generalleutnant befördert worden.

Anfang Juli 1944 übernahm General Breith nun die 4. Gebirgs-Division. Ein Monat Stellungskrieg am Dnjestr gab ihm Zeit und Gelegenheit, die „Enzian"-Division in die Hand zu bekommen und sie personell wie materiell wieder einigermaßen auf Kriegsstärke zu bringen. Dann wurde die „Vierte" aus ihren Stellungen herausgezogen und an die bedrohte Nordkarpatenfront geworfen.

## Der Zusammenbruch der Heeresgruppe Südukraine

Wenn hier eingangs etwas ausführlicher von den innen- und außenpolitischen Vorgängen in Rumänien vom Ende des Ersten Weltkrieges bis zum Jahr 1944 die Rede sein wird, so hat das verschiedene Gründe: Weil die Rumänen während des Zweiten Weltkrieges lange Zeit treue Waffenbrüder der deutschen Soldaten waren; weil in zahlreichen Schlachten deutsche und rumänische Gebirgseinheiten Schulter an Schulter kämpften — wie die 4. Gebirgs-Division zuletzt mit den rumänischen Soldaten während der schweren Rückzugskämpfe. Fiel nicht einer ihrer Divisionskommandeure, General Kreß, zusammen mit einem rumänischen Offizier, nämlich Rittmeister Nicolescu, in vorderster Front, am Myschako, dem blutgetränkten Berg der „Enzian"-Division? So gesehen scheint es angebracht, dem Abfall Rumäniens und dem Zusammenbruch der Heeresgruppe Südukraine ein besonderes Augenmerk zu widmen.

In den politisch turbulenten Jahren der Weltwirtschaftskrise nach dem Ersten Weltkrieg sprach sich der rumänische König Carol gegen den Faschismus aus. Das bedeutete außenpolitisch eine Abkehr von Italien und eine Hinwendung zu Frankreich. Titulescu, seit 1932 Außenminister, erneuerte 1933 die sogenannte „Kleine Entente" und schloß mit der UdSSR einen Nichtangriffspakt, womit die bessarabische Frage de facto zurückgestellt wurde. Dieser Linie folgte die rumänische Außenpolitik bis 1939. Innenpolitisch gelang es König Carol, sich mit den Liberalen der Regierung Tatarescu gegen eine anwachsende Opposition aus Nationalisten und Antisemiten durchzusetzen.

Trotz dieser innenpolitischen Vorgänge und der nach wie vor unveränderten Außenpolitik Rumäniens, setzte sich dann aber der deutsche Einfluß in diesem traditionell deutschfreundlichen Land immer mehr durch. So kam es am 23. März 1939 zum Abschluß eines Abkommens mit dem Deutschen Reich über die Erweiterung des deutsch-rumänischen Warenaustausches. Durch diesen Vertrag wurde Rumänien wirtschaftlich eng an Deutschland angeschlossen. Während der Polenkrise erklärte das von König Carol II. autoritär geführte Rumänien am 24. August 1939 seine Neutralität.

Angesichts der überlegenen deutschen Siege im Westfeldzug suchte der König nun Anschluß an die Achsenmächte. Gegen deutsche Waffen lieferte Rumänien Öl. Die rumänischen Erdölfelder waren von nun an das „Herz der deutschen Treibstoffversorgung". Am 26. Juni 1940 verlangte die UdSSR ultimativ von den Rumänen die Abtretung der Nordbukowina sowie Bessarabiens. Die rumänische Regierung trat daraufhin die Gebiete am folgenden Tag an die Russen ab. Durch die Annexion von Bessarabien und der Nordbukowina rückte die UdSSR bedrohlich nahe an das rumänische Erdölgebiet, das für die deutsche Kriegswirtschaft von entscheidender Bedeutung war, heran. Nun erhob auch Ungarn, durch den russischen Schritt ermutigt, Ansprüche auf die 1920 durch den Vertrag von Trianon abgetretenen Gebiete. Da durch die verschärfte Lage auf dem Balkan ein Krieg in der Luft lag und vitale wirtschaftspolitische Interessen der Achsenmächte auf dem Spiel standen, mischten sich Deutschland und Italien in den Krisenherd ein. König Carol bat nun seinerseits Deutschland um eine Garantie der Grenzen Rumäniens und um die Entsendung einer deutschen Heeresmission. Am 3. August 1940 kam es zum 2. Wiener Schiedsspruch: Rumänien wurde die nördliche Hälfte Siebenbürgens abgenommen, die nunmehrigen Staatsgrenzen garantiert. Eine Staatskrise brach aus, in deren Folge der König zugunsten seines Sohnes Michael abdankte. Marschall Antonescu, der am 4. September autoritär regierender Staatsführer Rumäniens wurde, verfolgte nun eine Politik des Zusammengehens mit den Achsenmächten. Am 7. September mußte Rumänien die Süd-Dobrudscha an Bulgarien abtreten. Mitte Oktober kam eine deutsche Heeres- und Luftwaffenmission mit Lehrtruppen, die eine Modernisierung der rumänischen Wehrmacht einleiteten, nach Rumänien. Im November 1940 trat Rumänien dem Dreimächtepakt Deutschland — Italien — Japan bei. 1941 beteiligte sich das Land am Rußlandfeldzug, bei dem Antonescu den Oberbefehl über die rumänisch-deutsche Armeegruppe, die Bessarabien zurückeroberte und am 16. Oktober Odessa besetzte, übernommen hatte. Teile der Südukraine wurden rumänisches Verwaltungsgebiet und das Territorium zwischen Dnjestr und Bug wurde als „Transnistrien" Rumänien angegliedert.

Marschall Antonescu, der im Laufe des Krieges wiederholt Besprechungen mit Hitler führte und mit diesem über die Heeresmission in ständiger Verbindung stand, unterstützte die Deutsche Wehrmacht mit zahlreichen rumänischen Divisionen. Diese hatten einen nicht unerheblichen Anteil an den Kämpfen an der Ostfront.

So wurden die rumänischen Verbände auch zwangsläufig in die Rückzugsbewegungen der Deutschen Wehrmacht hineingezogen. Nach der Katastrophe von Stalingrad, in die die rumänische 3. und 4. Armee hineingerissen wurden, blieben nur mehr wenige rumänische Divisionen an der Ostfront eingesetzt.

Nichts deutete in den ersten Augusttagen des Jahres 1944 darauf hin, daß der drohende Zusammenbruch des Landes bevorstand. Bukarest, die Hauptstadt Rumäniens, war Etappenstadt, der man rein äußerlich nicht ansah, daß sich das Land bereits seit Jahren im Kriegszustand befand. Doch da, am 23. August 1944, nachdem die russische Front sich bereits bedrohlich nahe an die rumänische Grenze herangeschoben hatte, verlangte der junge König Michael von seinem Staatschef, Marschall Antonescu, den sofortigen Friedensschluß mit den Alliierten. Antonescu weigerte sich, worauf ihn der Monarch verhaften ließ. Durch diesen Umsturz in Bukarest hatte sich die rumänische Staatsführung ihres deutschfreundlichen militärischen und politischen „Führers" entledigt. Noch am selben Tage wurde die Regierungserklärung des Generals Sanatescu bekanntgegeben, in der dieser die Einstellung des Kampfes gegen die Rote Armee und — binnen drei Tagen — den Abzug der deutschen Truppen aus Rumänien verlangte.

Die Auswirkungen des rumänischen Schrittes auf den ungarischen Bundesgenossen, der ebenfalls von Tag zu Tag kriegsmüder wurde, konnten nicht ausbleiben.

Wie sah nun die militärische Lage der Heeresgruppe Südukraine im August 1944 aus?

Nach schweren Rückzugsgefechten verteidigte die Masse der Heeresgruppe Südukraine (Teile der 8. Armee und die 6. Armee) seit Ende April 1944 das westliche Ufer des Dnjestr. Sie hatte sich von den schweren Rückschlägen des Winters 1943/44 erholt und stand nun, in den Augusttagen des Jahres 1944, frisch ausgerüstet und, so gut es ging, aufgefüllt, in gut vorbereiteten Stellungen am Dnjestr und Pruth. Seit Juli 1944 hatte Generaloberst Frießner an Stelle Schörners den Oberbefehl über die Heeresgruppe inne. Sie bestand aus rund 29 deutschen Divisionen (etwa 400.000 Mann). Die 6. Armee, die sich aus deutschen und rumänischen Divisionen zusammensetzte, bildete den südlichsten Abschnitt der Ostfront.

Die Heeresgruppe Südukraine verteidigte in den bewegten Augusttagen den Abschnitt Konstanza — Schwarzes Meer — ostwärts Kischinew bis nördlich Jassy mit einer Frontlänge von etwa 1000 Kilometern. Der weit vorgeschobene Frontbogen barg große Gefahren in sich, zumal seit Ende Juni 1944 die übrige Ostfront bereits bis zur Linie Tarnopol —Lemberg — Kurland zurückgenommen worden war. Noch am 20. August hatte man die deutschen Panzerreserven von der Südfront abgezogen und nach Kur-

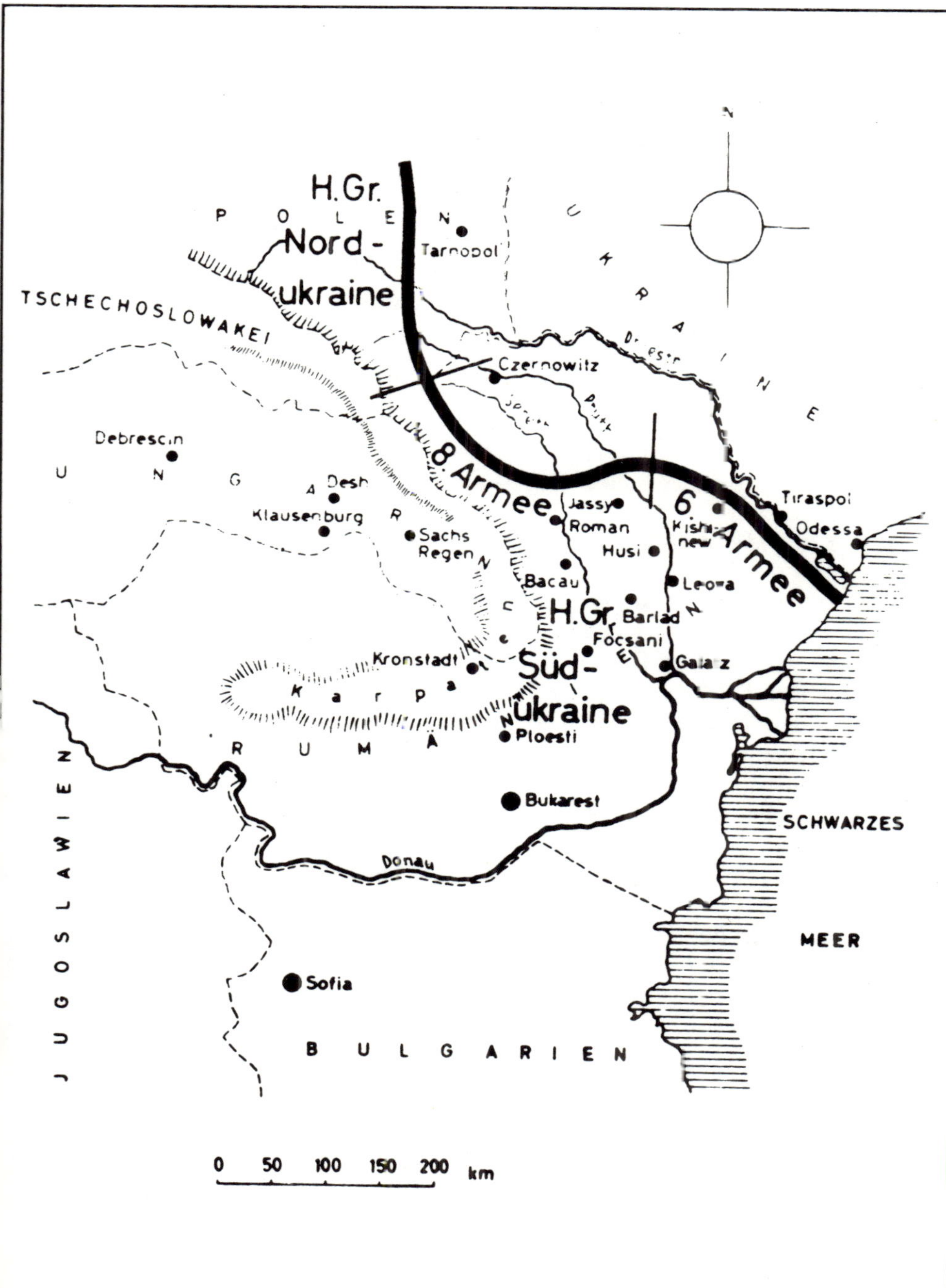


Frontverlauf bei der Heeresgruppe Nordukraine und Südukraine im Sommer 1944

land verlegt. Damit wurde die Heeresgruppe der letzten schlagkräftigen Reserven, die angesichts der gespannten Lage in Rumänien dringend vonnöten gewesen wären, beraubt.

Nach dem Staatsstreich hatte — wie bereits erwähnt — die rußlandfreundliche Regierung des Generals Sanatescu die Führung im Lande übernommen. Die deutschen Dienststellen und Truppen in Rumänien wurden innerhalb von 24 Stunden entwaffnet, der deutsche Botschafter unter Hausarrest gestellt. Als Hitler den Abfall Rumäniens mit einem Stukaangriff auf Bukarest beantwortete, stieg die Erregung der Bevölkerung gegen Deutschland, so daß es zu offenen Übergriffen gegen Soldaten und Nachrichtenhelferinnen kam. Die herangebrachten Fallschirmtruppen kamen zu spät und gerieten in Gefangenschaft. Das für die Deutschen so lebenswichtige Erdölgebiet Ploesti, am Südhang der Karpaten, wurde zwar verteidigt, konnte jedoch ohne Nachschub und Verbindungen zu den deutschen Truppen in Ungarn nicht mehr lange gehalten werden.

König Michael hielt sich nach dem Luftangriff auf die Hauptstadt seines Landes natürlich nicht mehr an die Abmachungen mit den deutschen Dienststellen. Im Gegenteil! Er gestattete dem Befehlshaber der russischen Südfront, Marschall Konjew, freien Durchmarsch der Roten Armee durch rumänisches Gebiet. Am 25. August erklärte der König Deutschland den Krieg, nachdem die rumänischen Fronttruppen zuvor schon angewiesen worden waren, sich in der Nacht vom 21. zum 22. August aus der gemeinsamen deutsch-rumänischen Front zu lösen und sich hinter dem Pruth zu verteidigen. Die antonescutreuen Truppen sollten hier entwaffnet und durch königstreue ersetzt werden, die gegen die deutschen Verbände vorgehen sollten. Von all diesen Dingen blieb die deutsche Fronttruppe, da sie weitgehend ohne Nachrichten war, vorläufig noch unberührt.

Auch die Gebirgsjäger der „Enzian"-Division waren noch ahnungslos, was auf sie zukommen würde, als sie ihre Stellungen am Dnjestr verließen und in die Waldkarpaten transportiert wurden. Ein 5. Marschbataillon, das der Division zugeführt werden sollte, wurde ihr auf Befehl der Heeresgruppe Südukraine mit dem Argument weggenommen, daß damit die Soll-Stärke der „Vierten" überschritten werde. Beim Zusammenbruch Rumäniens wurden diese 1000 Gebirgsjäger mit in den Strudel des Untergangs gerissen. Der 4. Gebirgs-Division blieb das gleiche Schicksal zufolge des abgeänderten Einsatzbefehles erspart.

Man verzeichnete in den Kriegstagebüchern, die, wenn überhaupt noch, schon lange nicht mehr mit der Gründlichkeit der ersten Kriegsjahre geführt wurden, den 27. Juli 1944, als der neue Ia der „Enzian"-Division, Oberstleutnant i. G. Hessel, mit einem Vorkommando in den neuen Einsatzraum, die Waldkarpaten, fuhr. Zwischen dem 6. und 23. August

1944 wurde die „Vierte" hier am Tataren-Paß, als Folge der kritischen Situation bei der ungarischen 1. Armee, der die Gebirgsjäger zur Unterstützung zugewiesen worden waren, in schwere Kampfhandlungen verwickelt.

Ungarn war bereits am 19. März 1944 von den deutschen Truppen durch das Unternehmen „Margarethe" besetzt worden, um ein weiteres Verbleiben an der Seite des Deutschen Reiches, das auf das ungarische Wehrpotential angewiesen war, sicherzustellen. Eine zunehmende Kriegsmüdigkeit machte sich auch bei den Magyaren bemerkbar. Der rumänische Bazillus, der die Heeresgruppe Südukraine infiziert hatte, breitete sich, anfangs nur für die wenigsten als solcher erkennbar, immer mehr aus.

Im neuen Einsatzraum kam die 4. Gebirgs-Division anfangs verstreut zum Einsatz, denn die ersten in der Stadt Huszt eingetroffenen Transporte — das I./Gebirgs-Artillerie-Regiment 94 sowie der Stab und zwei Bataillone vom Gebirgs-Jäger-Regiment 91, die der Kommandeur des Gebirgs-Artillerie-Regiments, Oberst Schenk, übernahm — waren auf Grund eines überholten Armeebefehls bereits in die falsche Richtung eingewiesen worden. Diese Kampfgruppe bereinigte noch während des motorisierten Transportes in einem Angriff aus der Bewegung auf Zakla, im Raume Ludwidowka — Poharilo, einen feindlichen Einbruch, wobei der Feind ins Vorland der Karpaten zurückgeworfen wurde. Unter Abwehr zahlreicher Gegenstöße wurde eine neue Verteidigungslinie entlang des Kammes der Vorberge ausgebaut und die beiderseits offenen Flanken laufend durch Jagdkommandos gesichert. Weit außerhalb der Karpatenberge, für die Artillerie unerreichbar, strömten indessen Feindkolonnen nach Westen.[139])

Als am 5. August die Masse der 4. Gebirgs-Division eintraf, wurden die Verbände sofort in den Raum Worochta — Tatarow vorgezogen, um hier einen gegnerischen Einbruch zu verhindern. Die russische Flut brandete immer höher und mächtiger gegen die deutsche HKL. Wie das aufgewühlte Meer an einer Felsküste, so peitschten die sowjetischen Menschenmassen gegen die Felsmassive der Karpaten. Bereits am 6. August war es der Roten Armee gelungen, bei Jamna einen Einbruch über den Pruth zu erzielen. Einen weiteren Durchbruch verhinderte die Gebirgs-Aufklärungs-Abteilung 94 durch ihren beherzten Einsatz am Jaworuik-Rücken, den sie nach wechselvollen Kämpfen schließlich wieder in ihre Hand bekam. Doch mit diesem örtlichen Erfolg wollten sich die Gebirgsjäger nicht zufrieden geben. Sie wollten mehr: nämlich die Russen wieder über den Pruth zurückwerfen. Das gelang ihnen nach harten Kämpfen. Mehr noch, General Breith und seine Gebirgssoldaten drängten die vorgezogenen sowjetischen Kräfte schließlich durch unwegsames Waldgebirge wieder auf die Gebirgseingänge der Karpaten zurück. Der Tataren-Paß war wieder im Besitz der Deutschen. Die 4. Gebirgs-Division ging nun zur Verteidigung

Der Oberbefehlshaber der Heeresgruppe Südukraine

H.-Q. 18.8.1944

<u>Geheime Kommandosache</u>

Ia Nr. 3160/44 g.Kdos.

An alle

deutschen und rumänischen Kommandeure
(bis einschl. Div.)

1. In den kommenden Tagen ist auch an unserer Front mit Beginn von Großangriffen zu rechnen, die an einzelnen Abschnitten von zahlreichen Täuschungs- und Fesselungsangriffen begleitet sein werden.

Wir können, Schulter an Schulter mit unseren bewährten rumänischen Waffenkameraden, im Vertrauen auf unsere Ausbildung, unsere Bewaffnung und unseren gut fortgeschrittenen Stellungsbau diesen Angriffen mit entschlossener Zuversicht entgegensehen.

Der Auftrag bleibt bestehen: Verteidigen der befohlenen Großkampf-HKL mit allen zur Verfügung stehenden Mitteln. Vom verantwortlichen Truppenführer bis zum letzten Mann muß jeder durchdrungen sein von dem verbissenen Willen, seine Stellung bis zum Letzten zu verteidigen. In die HKL eingebrochener Feind ist im Gegenstoß oder Gegenangriff zu zerschlagen.

2. Es kommt in den nächsten Tagen darauf an, durch ständige erhöhte Beobachtung, Aufklärungs- und Stoßtruppunternehmen immer wieder festzustellen, wo der Schwerpunkt der feindlichen Angriffsabsichten liegt. An diesen Stellen müssen wir uns stark machen unter rücksichtsloser Schwächung der Kräfte an nicht angegriffenen Abschnitten.

Ich mache in diesem Zusammenhang alle Befehlshaber und Truppenführer für sachliche, ungeschminkte und laufende Meldungen verantwortlich. Zweckmeldungen verfälschen die Lagebeurteilung der Führung. Hierdurch werden den wahren Schwerpunkten Kräfte entzogen dort, wo es auf jeden einzelnen Mann ankommt.

gez. Frießner
Generaloberst

Der Oberbefehlshaber der Heeresgruppe Südukraine an alle deutschen und rumänischen Kommandeure

über. Zehn Tage lang hielten die Jäger ihre Stellungen, dann wurden sie herausgelöst. Ein neuer Auftrag befahl die „Enzian"-Division in den Raum von Kronstadt.

Von den Wald- oder Nordkarpaten wurden die Gebirgsjäger eilig in die Transsylvanischen Alpen, auch Südkarpaten genannt, verlegt; nein, geworfen, denn Eile tat Not, um Schlimmstes zu verhüten. Nach dem Zusammenbruch Rumäniens galt es nämlich, die Karpatenpässe gegen Südosten und Osten offen zu halten, um damit eine rettende Auffangstellung für die Reste der 6. Armee zu schaffen.

Das Schicksal der Heeresgruppe Südukraine war bereits am 22. August 1944 besiegelt. Von den 400.000 Mann waren bei den Durchbruchskämpfen etwa 200.000 Mann gefallen. Von den in Gefangenschaft geratenen rund 150.000 Mann sind nur ca. 70.000 zurückgekehrt. Die restlichen gelten als vermißt. Einige Kampfgruppen hielten sich noch bis zum September (!) 1945 in den Wäldern der Karpaten auf. In den deutschen Auffangstellungen hatten sich von der 6. Armee etwa 350 Soldaten und von der 8. Armee (Armeegruppe Wöhler) 1200 Mann eingefunden. Generalfeldmarschall von Manstein bezeichnete später in seinem Buch „Verlorene Siege" die Niederlage der Heeresgruppe Südukraine als die größte des Krieges im Ostfeldzug.

Am 31. August besetzten die sowjetischen Truppen Galatz, am 28. August Braila, am 29. Konstanza, am 30. das Ölgebiet von Ploesti und am folgenden Tage zogen die Truppen der Roten Armee in Bukarest ein. In der deutschen Front war damit von den Karpaten bis zur Donau ein Riesenloch aufgerissen, für dessen Schließung zunächste keine Verbände zur Verfügung standen. Die Sowjetrussen konnten aus diesem Grunde die Walachei kampflos besetzen. Nach der Einnahme des Ölhafens von Giurgiu erreichten sie am 6. September die jugoslawische Grenze bei Turnu-Severin. Der Versuch, mit deutschen und ungarischen Kräften den Karpatenkamm zu halten, scheiterte am Kräftemangel. Am 4. September rückte die Rote Armee in Kronstadt ein, Mitte Oktober in Klausenburg und am 25. Oktober war bereits ganz Siebenbürgen besetzt. Den Russen stand damit der Weg in die Theißebene offen.

Die Zeichen standen damit für den weiteren Einsatz der 4. Gebirgs-Division abermals auf Sturm. Über die Berge und durch die Täler rollte der Donner der russischen Geschütze immer bedrohlicher zu den Gebirgsjägern herüber.

„Endlich Gebirgskrieg", frohlockten die jungen, neu eingetroffenen Jäger. Als Nachersatz fehlte ihnen jedoch die Erfahrung, um ermessen zu können, was der Truppe bevorstand...

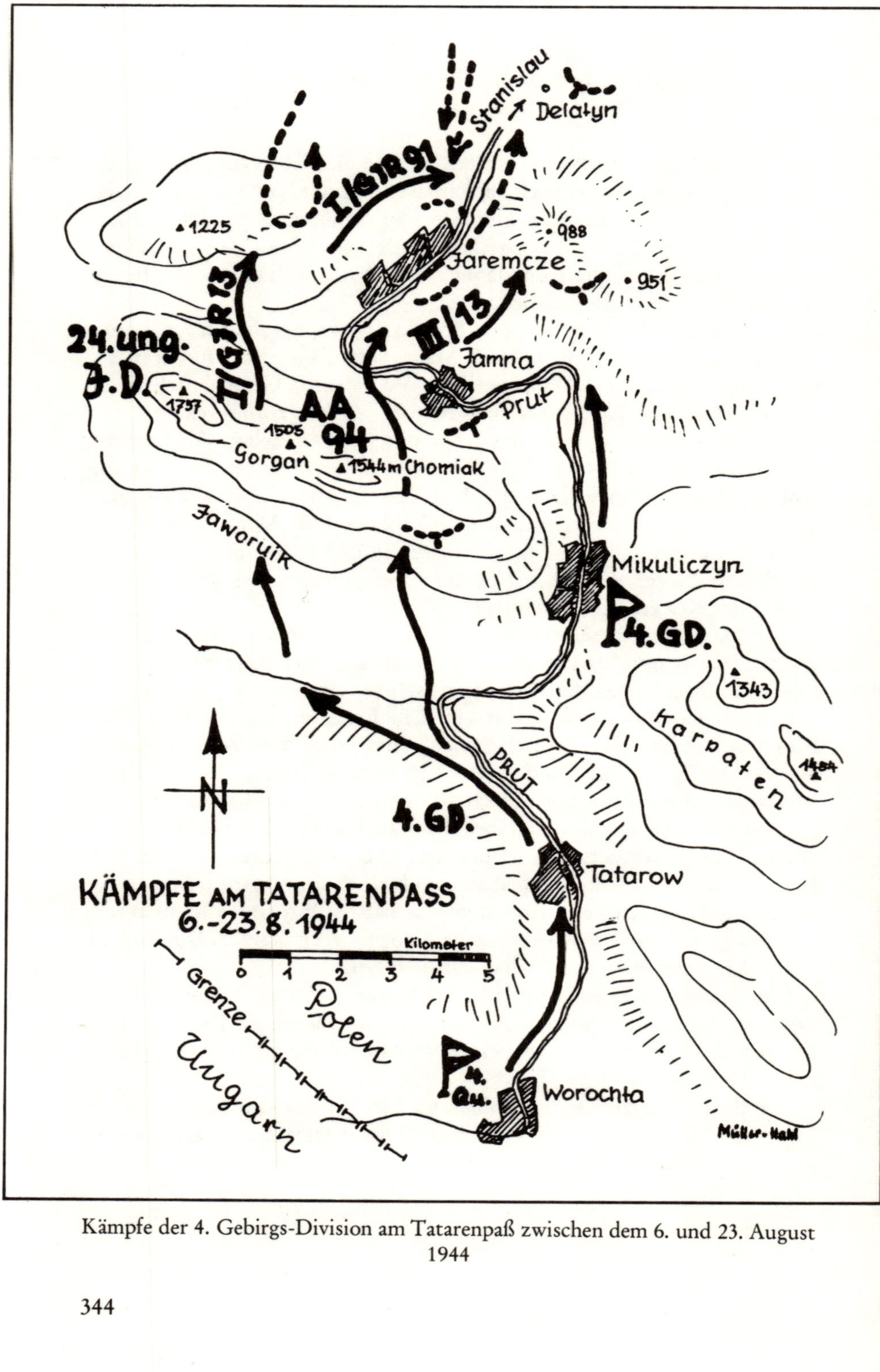


Kämpfe der 4. Gebirgs-Division am Tatarenpaß zwischen dem 6. und 23. August 1944

## Von den Südkarpaten zur Theiß

Im Eisenbahntransport war die 4. Gebirgs-Division nach dem Abfall Rumäniens und dem Zusammenbruch der Heeresgruppe Südukraine zwischen dem 24. und 28. August 1944 aus den Waldkarpaten in den Raum nördlich von Kronstadt (Siebenbürgen) transportiert worden. Dort standen die Gebirgsjäger nun im Siebenbürgener Székler Zipfel, der Ecke zwischen den Transsylvanischen Alpen und den Karpaten, im am weitesten nach Südosten vorgeschobenen Bollwerk, das sich noch in deutscher Hand befand. Die Jäger wurden hier, an der rumänisch-ungarischen Grenze, eingesetzt, um den aus Rumänien entkommenden deutschen und ungarischen Verbänden und einzelnen, versprengten Trossen das Tor nach Ungarn offenzuhalten.

Bereits einen Tag später, am 29. August 1944, kamen sie zum Einsatz: das I./13 am Berezk-Oitoz-Paß und das II. und III./13 bei Tushnad. Das III./91 wurde vorübergehend dem Gebirgs-Jäger-Regiment 13 unterstellt und links vom I./13 am Oitoz-Paß eingesetzt. Als der russische Druck, jetzt verstärkt durch die rumänischen Truppen, die die Fronten gewechselt hatten und nun ihrerseits den Deutschen, ihren ehemaligen Waffenbrüdern, hart auf den Fersen blieben, immer stärker wurde, zogen die Gebirgsjäger sich Anfang September aus dem Székler Zipfel entlang der Karpaten bis zur Theiß, die Ende Oktober erreicht wurde, zurück. Dabei kam es wiederholt zu schweren Kampfhandlungen, die dann unter anderem wie folgt gewürdigt wurden:

„Aus dem Führerhauptquartier, 20. September 1944.
Ergänzend zum Wehrmachtsbericht wird gemeldet:
In den Ostkarpaten zeichnete sich das schwäbisch-bayerische erste Bataillon des Gebirgs-Jäger-Regiments 13 unter Führung von Hauptmann Ploder und das schwäbisch-bayerische Feldersatzbataillon 94 unter Führung von Hauptmann Kresse durch hervorragende Tapferkeit aus."

Und am 28. September meldete der Wehrmachtsbericht unter anderem:
„Bei den harten Gebirgskämpfen in den Karpaten hat sich die schwäbisch-bayerische 4. Gebirgsdivision unter Führung des Generalleutnants Breith durch hervorragenden Angriffsgeist und Zähigkeit bewährt."

Jetzt kam es zu langwierigen, schweren und verlustreichen Rückzugskämpfen gegen den scharf nachdrängenden Feind. Längst hatten die Gebirgsjäger und Offiziere der kampferprobten „Enzian"-Division ihren letzten Kommandeur, dessen Führungskönnen sie in jeder Lage vertrauten und von dem sie wußten, daß ihm das Wohl und Wehe der Truppe über alles ging, in seiner fürsorglichen Art kennen- und schätzengelernt.

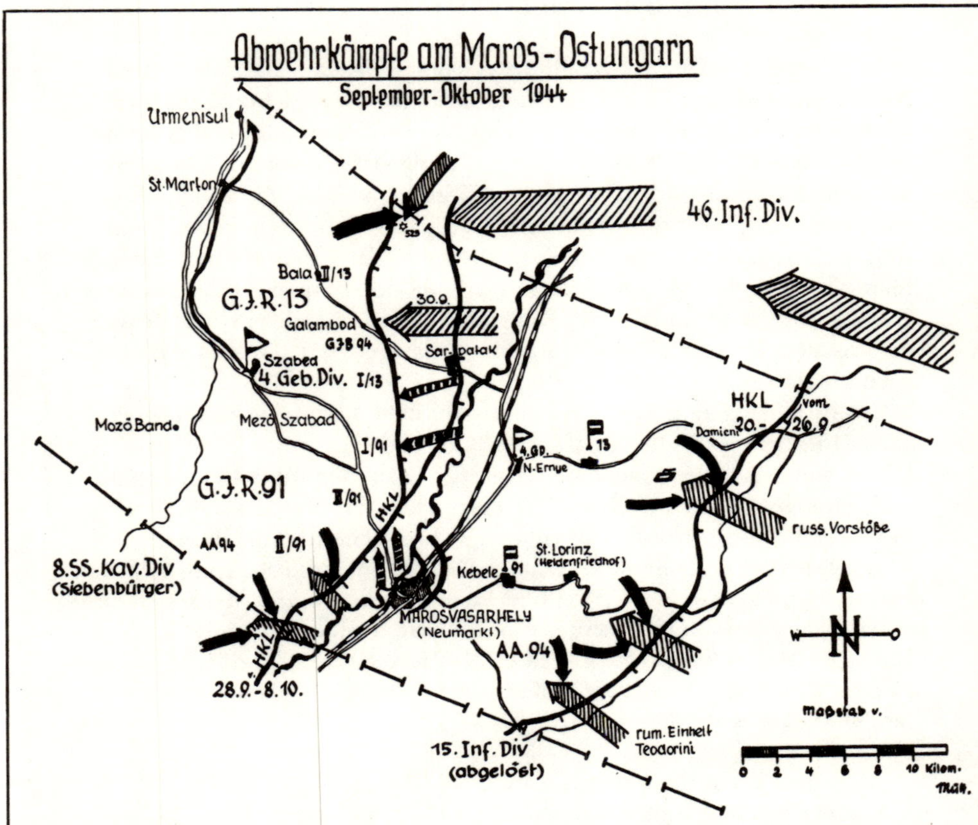


Abwehrkämpfe der 4. Gebirgs-Division am Maros in Ostungarn September/ Oktober 1944

Mit seiner 4. Gebirgs-Division bestand Generalleutnant Breith schließlich die schweren Rückzugskämpfe im Rahmen der Heeresgruppe Südukraine, die nach den verlustreichen Sommerkämpfen am 20. September 1944 wieder in Heeresgruppe Süd umbenannt wurde.

Es würde, wie bei manchem der vorausgegangenen Kapitel, zu weit führen und den Rahmen dieses Buches sprengen, wollte man alle Kampfhandlungen beim Rückzug der 4. Gebirgs-Division durch die Karpaten zur Theiß wiedergeben. Stellvertretend für viele hervorragende Waffentaten der „Vierten“ sollen hier nur zwei angeführt werden. Zuerst ein Gefechtsbericht zur Schlacht von Nyiregyhaza Ende Oktober 1944:

„26. Oktober 1944. Bis 9.00 Uhr erreicht G.J.R. 144 Nordteil von Vas Ero, SS-Kavallerie-Teile, die zwischen Straße und Eisenbahn nach Nordwesten vorgehen, Punkt 124 und 119. Bis 11.00 Uhr ist der ganze Wald in eigener Hand. I./G.J.R. 138, A.A. 8, III./G.J.R. 91 und I./G.J.R. 91 stehen bis 8.00 Uhr in Linie Südrand Nagy-Kálló, Schnittpunkt Straße — Eisenbahn nach Süden bis Punkt 137 und weiter bis Punkt 150. Dort Anschluß an 23. Panzerdivision.

Feind versucht wiederholt, Schlauch südwestlich Nagy-Kálló nach Norden zu durchstoßen, wird aber abgewiesen. Feind sitzt vor allem im Gut südlich Punkt 137.

9.30 Uhr macht 7. Batterie Stellungswechsel hart westlich von Kiscserepsz. Für Abteilung wird Stellungswechsel im Raum hart südlich Narangood befohlen. Da Hauptstraße unter starkem Beschuß, müssen die Batterien nördlich Nagy-Kálló vorbei. Abteilung wird auf Zusammenarbeit mit G.J.R. 91 angewiesen. Die Regimentsgruppe besteht aus I./138, I. und III./91 und A.A. 8.

11.00 Uhr erreicht 1. Panzer-Division von Südwestpunkt 124 (5 Kilometer südwestlich Nyiregyhaza). 3. und 4. Gebirgs-Division, 15. I.D. und 8. SS-Kavalleriedivision sollen nach Westen durchstoßen und Verbindung mit 1. und 23. Panzer-Division und 46. I.D. herstellen, die in einer Linie südwestlich Nagy-Kálló mit Front nach Nordosten stehen.

11.30 Uhr. Bei Punkt 134 (5 Kilometer nordwestlich Nagy-Kálló) aus Richtung Nyiregyhaza gekommene Feindkolonnen werden durch Regiments-Feuerzusammenfassung bekämpft. Alle Angriffe von Süden gegen Nagy-Kálló in Stärke eines Regiments werden abgewiesen.

12.30 Uhr greifen eigene Stuka die vor einer Stunde vom G.A.R. 112 bekämpften Feindkolonnen an. 23. Panzer-Division in Nyiregyhaza eingedrungen. Feind weicht nach Süden.

13.00 Uhr. Feind greift erneut aus Gehöft südlich Punkt 130 mit 4 Panzern und etwa 100 Mann an. Wird durch III. Abteilung bekämpft.

13.45 Uhr wird stärkere Feindansammlung im Raum 2 Kilometer westlich Nagy-Kálló bekämpft.

14.00 Uhr. Feind stellt sich erneut ostwärts Punkt 331 mit etwa 200 Mann bereit und wird durch 9. Batterie mit Erfolg bekämpft.

14.30 Uhr. Feindkolonne bei Punkt 128 verstärkt sich weiter, biegt unter dem Eindruck des Artilleriefeuers nach Südwesten ab. Hart nördlich Gutshof Isk stellt sich der Feind mit etwa 200 Mann und 3 — 4 Panzern bereit und tritt 14.45 Uhr zum Angriff an. Gleichzeitig feindliche Schlachtflieger über dem Abschnitt.

15.20 Uhr. Feindangriff ist vorerst abgewiesen. Neue Feindbereitstellungen im Norden. An der Straße nach Nyiregyhaza ist Nyirjestny erreicht. Gegen 16.00 Uhr Befehl zum Stellungswechsel der Abteilung in den Raum südlich Birke."[140])

Diese knappen Sätze zeigen recht anschaulich, wie sehr der Kampf der Gebirgsjäger und der Gebirgsartilleristen der 3. und 4. Gebirgs-Division in den vergangenen Stunden hin und her wogte. Die Russen wehrten sich verweifelt. Einem Teil, der jedoch nahezu alle Kraftfahrzeuge und Geschütze verlor, gelang der Durchbruch nach Südosten. Die Masse des Gegners wurde vernichtet oder gefangengenommen.

Zweitens soll hier die tapfere Haltung einer Kompanie des Gebirgs-Jäger-Bataillons 94 erwähnt werden, mit der unter anderem die Verleihung des Deutschen Kreuzes in Gold an den damaligen Oberleutnant Müller-Hahl, der dieses ehemalige Feld-Ersatz-Bataillon vom März bis Juni 1944 geführt hatte, begründet wurde. Darin heißt es:

„Bei den Abwehrkämpfen in Homorod Cs. südlich Szatmar-Nemeti am 23. Oktober 1944 wehrte Oblt. M., mit seiner Kompanie in einem vorgeschobenen Frontbogen eingesetzt, durch umsichtige Führung und hervorragende persönliche Tapferkeit 4 durch starkes Artillerie- und Granatwerferfeuer vorbereitete feindliche Angriffe in Btl.-Stärke ab, die sich ausschließlich auf den von seiner Kompanie gebildeten Eckpfeiler konzentrierten. Durch die schweren Ausfälle des im Brennpunkt eingesetzten 1. Zuges — 75% — erzielte der Feind einen Einbruch. Oblt. M. erkannte die Gefährlichkeit der Lage, raffte die Kp.-Truppmelder und die bei ihm eingesetzten Funker zusammen, setzte sich an ihre Spitze, rollte von rechts das vom Feind gewonnene Stellungssystem auf und stellte die alte HKL wieder her. Er schnitt dadurch die in Stärke von 15 bis 20 Mann vorgeprellte feindliche Kräftegruppe ab und vernichtete sie. Mit der vom Btl. in der Zwischenzeit zugeführten Reserve gelang es ihm, die Stellung bis zum Abend gegen alle Feindangriffe zu halten und damit die Planmäßigkeit der Absetzbewegung zu gewährleisten.

2 Gefangene, 14 Feindtote.

1 s.MG., 2 le. MG. des Feindes vernichtet.“[141])

Bleibt abschließend noch, die Einsätze der Gebirgsjäger in den Monaten September/Oktober 1944 anhand der Tagebuchnotizen des Gebirgs-Jäger-Regiments 13 in geraffter Form Revue passieren zu lassen:

| | |
|---|---|
| „1. — 7. 9. 1944 | Abwehrkämpfe (Panzerangriffe) am Oitoz-Paß. Offenhalten des Passes für zurückflutende Kampfgruppen aus Rumänien. |
| 7. 9. 1944 | Absetzen vom Oitoz-Paß (Räumung des Székler Zipfels).<br>Stellungen bei Kezdi Vasarhely, Turia, Bükszud. |
| 9. 9. 1944 | Absetzbefehl durch ‚Führerbefehl' gestoppt. |

| | |
|---|---|
| 10. 9. 1944 | Weiteres Absetzen, Tusnadförde, dann weiter nach Czik Czereda. |
| 11. 9. 1944 | Brückenkopf um Czik Czereda. Eingesetzt I./13. Abwehr schwerster Angriffe, Panzereinbruch. I./13 wird im Wehrmachtsbericht erwähnt. Teile des I./13 werden versprengt und treffen zum Teil in kleineren Gruppen erst nach 10 — 14 Tagen wieder beim Rgt. ein. |
| 12. — 14. 9. 1944 | Nachts Absetzen, tagsüber Beziehen einer Abwehrstellung. |
| 14. — 27. 9. 1944 | Aufbau einer Abwehrstellung in Gegend von Kal. Abwehr verschiedener Angriffe zum Teil im Gegenstoß, durch Sturmgeschütze unterstützt. |
| 27./28. 9. 1944 | Absetzen in der Nacht in die Maros-Stellung. |
| 30. 9.—2. 10. 1944 | Abwehr schwerer Feindangriffe. Pi.Btl. 94, FEB. 94, AA 94, II./97 unterstellt. |
| 8. 10. 1944 | Beginn des planmäßigen Absetzens in nordwestlicher Richtung quer durch Ungarn.<br>8. 10. Urmenisul,<br>9. 10. Buza,<br>10. 10. Szege,<br>12. 10. Alzo Gyskenies,<br>13. 10. Hasszumezö,<br>14. 10. Jeder,<br>16. 10. Babza. |
| 16. 10. 1944 | Stellung am Osthang des Bükk-Gebirges, durch welche der Gegner durchsickert bis in die Gegend Satmarhegy, wo in Eile mit Alarmeinheiten eine Abwehr aufgebaut wird. |
| 17./21. 10. 1944 | Aufbau einer Abwehrfront ostwärts Szatmarhegy. Erfolgreicher Gegenangriff des dem Rgt. unterstellten F.E.B 94 mit Sturmgeschützen, bei dem einige hundert Rumänen als Gefangene eingebracht werden. Hierfür erfolgte Nennung im Wehrmachtsbericht. |
| 21./22. 10. 1944 | Absetzen auf eine Stellung ostwärts Satmar - Nemeti. Ruhige Abwehrstellung bis 24. 10. 1944. |
| 24./25. 10. 1944 | Absetzen in Gegend Györtelek, wo wieder für zwei Tage eine Abwehrstellung bezogen wird. In diesen Tagen erfolgt ein russ. Durchbruch bei Nyiregihaza, wodurch eine unklare Lage entsteht. Teile des Rgt. werden dort hingeworfen, Rest des Rgt. folgt nach. 27. Oktober 1944, in Raum Nagykallo — Kiscero. |

| | |
|---|---|
| | Schwere Kämpfe bei der Bereinigung des feindlichen Einbruchs, die sich bis zum 29. Oktober 1944 im Raum Nagikallo hinziehen. |
| 29./30. 10. 1944 | Absetzen in Gegend Nyiregihaza. |
| 30./31. 10. 1944 | Absetzen in Gegend Lajos. |
| 31. 10./1. 11. 1944 | Absetzen in Gegend Tiszadob, wo ein Theiß-Brükkenkopf gebildet wird. In diesem wird das Rgt. durch Rgt. 138 der 3. Geb.Div. am Abend des 1. November abgelöst." |

An der Theiß begegneten sich also wieder zwei hervorragende Gebirgsdivisionen, die sich während der schweren Rückzugskämpfe des Kriegsjahres 1944 bereits schon einmal berührt hatten: die 3. und die 4. Gebirgs-Division. Der Truppe waren die größeren Kampfhandlungen und die in Bewegung geratene Front in Siebenbürgen nicht entgangen, obwohl ihr in die wahre Lage nur wenig Einblick gewährt wurde. General Paul Klatt, der Kommandeur der 3. Gebirgs-Division, schrieb darüber:

„In dieser Zeit hatte ich die 4. Geb.Div., deren Kommandeur vorübergehend ein Korps übernehmen mußte, geführt und so meine Eindrücke ergänzen können. Wiederholte Besuche bei benachbarten ungarischen Divisionen, dem ungarischen IX. Korps, dem wir zeitweilig unterstellt waren, sowie bei General Horwath, der alle ungarischen Grenzschutztruppen einschließlich der Székler zu betreuen hatte, gaben mir Klarheit und bestärkten meine Besorgnisse. So entschloß ich mich, gemeinsam mit dem Kommandeur der 4. Geb.Div., Generalleutnant Breith, und dem Kommandierenden General des IX. ungarischen Korps zur Armeegruppe Wöhler zu fahren, um meine Sorgen und Bedenken beim Chef des Stabes, General Reinhardt, und dem Armeebefehlshaber selbst vorzutragen. Galt es doch, unsere Divisionen der sich abzeichnenden Einkreisung zu entziehen. Ich fand hier volles Verständnis und größeres Wissen der Gesamtvorgänge und erreichte schließlich eine Beschleunigung der immer dringender werdenden Absetzbewegung, die uns noch einen großen Erfolg bringen sollte . . .

Wir wußten, daß es bereits im September zu einer Staatskrise in Ungarn gekommen war und Ungarn insgeheim mit den Bolschewisten verhandelt hatte. Die Krise war zwar politisch bereinigt worden, doch für uns ergaben sich immer wieder militärisch so ernste Situationen, daß wir vor Zerreißproben schwersten Ausmaßes standen. Unter anderem waren der Befehlshaber der 1. ungarischen Armee, Generaloberst Miklos, und sein Generalstabschef zum Feinde übergegangen. Ein Hagel von sowjetischen Flugblättern ging auf unseren Frontabschnitt nieder. Lautsprecherpropaganda setzte ein. Eine neue ungarische Regierung Szálasi war gebildet worden, doch der Verbündeten konnte man nicht mehr sicher sein. Die Hauptlast trugen die Frontsoldaten, darunter auch jene Ungarn, die uns bis zum Schluß die Treue bewahrten."[142])

Wie angespannt die allgemeine militärische Lage für das Deutsche Reich in der zweiten Hälfte des Kriegsjahres 1944 geworden war und wie verworren sich die Rückzugsbewegungen der deutschen Armeen, Korps und Divisionen im Bereich der Heeresgruppe Süd gestalteten, geht recht anschaulich aus den fast täglich wechselnden Gefechtsständen der 4. Gebirgs-Division während ihres Rückzuges vom 1. Oktober bis zum Jahreswechsel 1944/45 hervor:

| | | | |
|---|---|---|---|
| 1. 10. 1944 — | 8. 10. 1944 | Szabad | (Ungarn) |
| 8. 10. 1944 — | 9. 10. 1944 | Silivasul | (Ungarn) |
| 9. 10. 1944 — | 11. 10. 1944 | Göcz | (Ungarn) |
| 11. 10. 1944 — | 12. 10. 1944 | Mikola | (Ungarn) |
| 12. 10. 1944 — | 14. 10. 1944 | Csaki Gorbo | (Ungarn) |
| 14. 10. 1944 — | 16. 10. 1944 | Ciko | (Ungarn) |
| 16. 10. 1944 — | 19. 10. 1944 | Arkos | (Ungarn) |
| 19. 10. 1944 — | 21. 10. 1944 | Madarasz | (Ungarn) |
| 21. 10. 1944 — | 24. 10. 1944 | Csenger | (Ungarn) |
| 24. 10. 1944 — | 25. 10. 1944 | Mateszalka | (Ungarn) |
| 25. 10. 1944 — | 26. 10. 1944 | Kocsord | (Ungarn) |
| 26. 10. 1944 | | Mariapocs | (Ungarn) |
| 26. 10. 1944 — | 27. 10. 1944 | Gutshof NW Kálló Semjen | (Ungarn) |
| 27. 10. 1944 — | 29. 10. 1944 | Nagyscallas | (Ungarn) |
| 29. 10. 1944 — | 30. 10. 1944 | Nyiregyhaza (a. d. Theiß) | (Ungarn) |
| 30. 10. 1944 — | 31. 10. 1944 | Tiszalök | (Ungarn) |
| 31. 10. 1944 — | 1. 11. 1944 | Sarkad | (Ungarn) |
| 1. 11. 1944 — | 2. 11. 1944 | Satoralja Ujhely | (Ungarn) |
| 2. 11. 1944 | | Banovce | (Ungarn) |
| 2. 11. 1944 — | 6. 11. 1944 | Lozin | (Ungarn) |
| 6. 11. 1944 — | 8. 11. 1944 | Fisar | (Ungarn) |
| 8. 11. 1944 — | 22. 11. 1944 | Deregnyo | (Ungarn) |
| 23. 11. 1944 — | 25. 11. 1944 | Bracovce | (Ungarn) |
| 25. 11. 1944 — | 30. 11. 1944 | Lastovce | (Ungarn) |
| 30. 11. 1944 — | 12. 12. 1944 | Füzerkomlos | (Ungarn) |
| 12. 12. 1944 — | 13. 12. 1944 | Banreve | (Ungarn) |
| 13. 12. 1944 | | Perkupa | (Ungarn) |
| 13. 12. 1944 — | 16. 12. 1944 | Szin | (Ungarn) |
| 16. 12. 1944 — | 17. 12. 1944 | Aggtelek | (Ungarn) |
| 17. 12. 1944 — | 18. 12. 1944 | Pelsöc | (Ungarn) |
| 18. 12. 1944 — | 19. 12. 1944 | Stitnik | (Slowakei) |

| | | | |
|---|---|---|---|
| 19. 12. 1944 — 23. 12. 1944 | Pelsöc | | (Ungarn) |
| 23. 12. 1944 — 30. 12. 1944 | Rosenau | | (Nordungarn) |
| 30. 12. 1944 — 13. 1. 1945 | Paskahâza | | (Nordungarn) |

## Rückzugskämpfe von Ungarn in die Slowakei

Die Hoffnungen der 4. Gebirgs-Division, daß die deutsche Front in den Karpaten und in Ungarn wieder stabilisiert werden könne, erfüllten sich nicht. In den Monaten September und Oktober 1944 hieß es vielmehr immer wieder: „Vorwärts Kameraden, wir müssen zurück!"

Erstaunlich, daß ein Großteil der Ungarn, obwohl bereits in der bedrohten und teilweise schon zerstörten Heimat kämpfend, nach außen hin noch immer eine erstaunliche Ruhe bewahrte. Doch wie's im Innern aussah, das konnten die Gebirgsjäger, mit denen sie so manchen Kampf ausgefochten hatten, erahnen. Welche nervliche Belastung den Einzelnen traf, wenn ihm sein eigenes Dorf als Gefechtsstand diente und er dann seine Heimat verlassen und in fremden Ländern weiterkämpfen mußte, das konnten die Deutschen erst so richtig ermessen, als sie selbst auf Grund des verlorenen Zweiten Weltkrieges große Gebiete ihres Vaterlandes, aus denen sie größtenteils unter menschenunwürdigen Umständen vertrieben wurden, an die Sieger abtreten mußten! Der alte Völkerhaß gegen die Rumänen lebte bei den Ungarn wieder auf, als sie plötzlich bei den Rückzugskämpfen die Rumänen auf der Gegenseite, von den kommunistischen Kommissaren vorwärtsgetrieben, entdeckten. Manch blutige Rechnung wurde hier zwischen den beiden Erbfeinden beglichen.

Der ungarische Bataillonskommandeur Horwath vom 21. ungarischen Infanterie-Regiment klagte sein Leid, als die Gebirgsjäger an der slowakischen Grenze bei Ungvar in Bereitstellung lagen und der Russe ihnen mit rumänischen ME's, einer rumänischen Version der deutschen Messerschmitt, sehr zusetzte. Oberstleutnant Wolters, der Kommandeur des Gebirgs-Jäger-Regiments 13, wurde bei einem dieser Angriffe verwundet, Major Kresse, Kommandeur des Gebirgs-Jäger-Bataillons 94, mußte sein Bataillon ebenfalls abgeben.

Besonders heftig gestalteten sich die Kämpfe im Raum von Ungvar im November 1944, wo den Russen ein Durchbruch durch die Karpatenfront geglückt war. Die Russen und ihre Verbündeten versuchten hier, die Gebirgsjäger endgültig zu vernichten, ihnen den Gnadenstoß zu versetzen. Das Gebirgs-Jäger-Regiment 91 wurde in schwere Einzelkämpfe verwickelt, konnte sich jedoch immer wieder behaupten.

Dagegen verliefen die Abwehrkämpfe in den ungarischen Abschnitten nicht so günstig und gaben immer wieder Anlaß zu schwerer Sorge. Einige

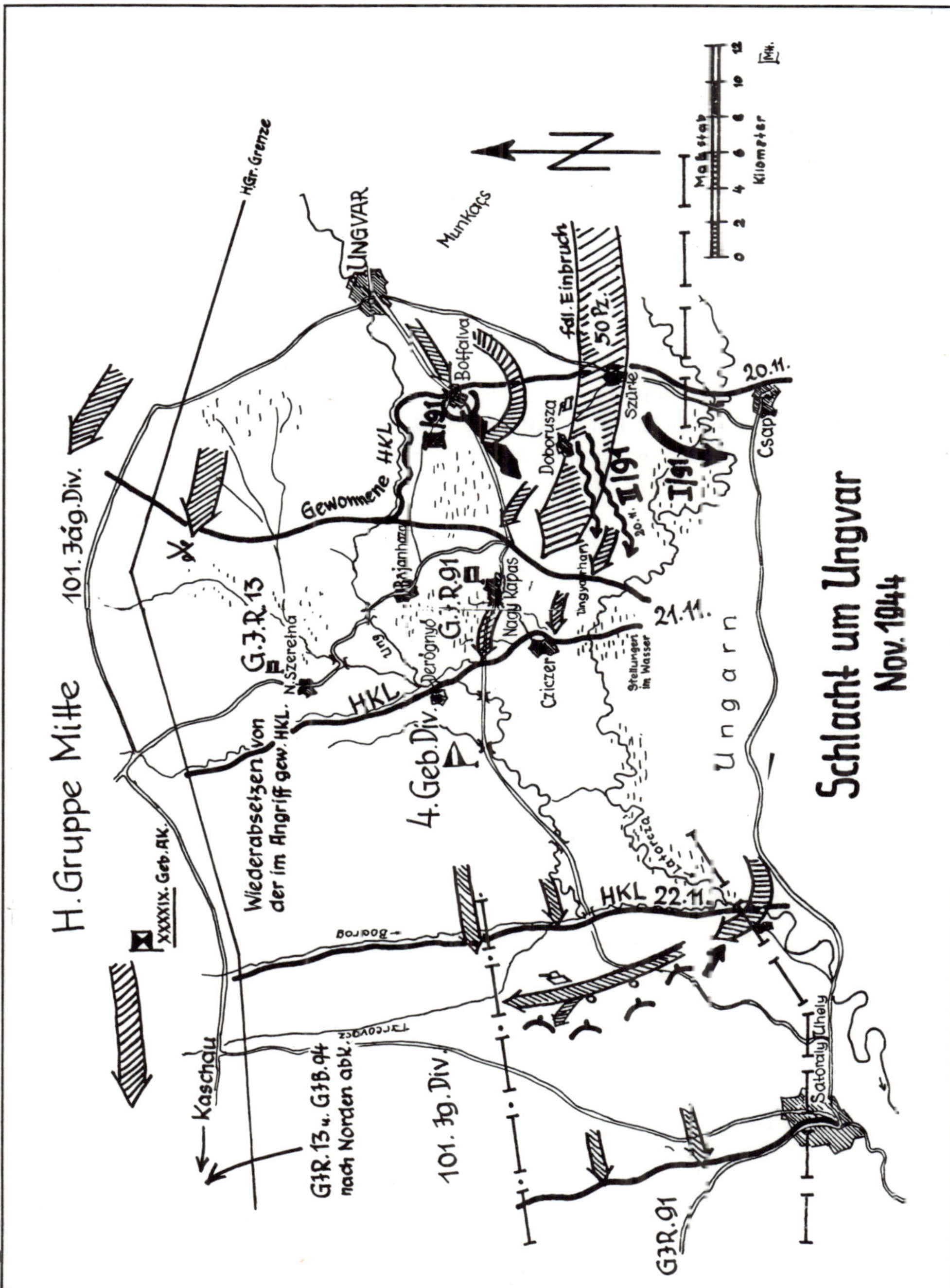


Die Schlacht um Ungvar im November 1944

Kompanien des Gebirgs-Jäger-Regiments 91 und das Gebirgs-Jäger-Bataillon 94 mußten zur Klärung der Lage bei den Ungarn eingesetzt werden. Auf deutscher Seite kämpfende Ungarn wurden von ihren ehemaligen Kameraden auf der Feindseite oft mit Erfolg namentlich zum Überlaufen aufgefordert.[143])

Bei den verlustreichen Kampfhandlungen um Ungvar hatte sich das Gebirgs-Jäger-Regiment 91 wieder einmal mehr so tapfer geschlagen und sich gegen haushoch überlegenen Feind seiner Haut erwehrt, daß es im Wehrmachtsbericht vom 7. November 1944 genannt wurde:

„... Bei den Kämpfen im ostungarischen Raum zeichnete sich ein Gebirgsjägerregiment unter Führung von Major Schassner durch Standhaftigkeit und hervorragenden Angriffsgeist aus.“

Das Gebiet, in dem die Gebirgsjäger jetzt operierten, war durch den 1. Wiener Schiedsspruch vom 2. November 1938 von der Rest-Tschechoslowakei abgetrennt und den Ungarn zugesprochen worden. Auf Grund der unregelmäßigen Grenzziehung bewegten sich die Jäger nun abwechselnd in Ungarn und in der Slowakei.

Nachdem die Rote Armee im November 1944 ihren Anfangserfolg bei Ungvar, das heute unter dem Namen Uschgorod bekannt ist und zur Ukrainischen Sowjetrepublik gehört, nicht ausgenutzt, sondern den geordneten Rückzug der 4. Gebirgs-Division von Nagykapos über die 13 Brücken der Latorza, die Hochwasser geführt, ermöglicht hatte, stand die „Enzian“-Division plötzlich vor einem weiteren Hindernis: dem Topola-Ondava-Kanal. Er verläuft genau in nord-südlicher Richtung und wird einige hundert Meter südlich von Szürnyeg, einer kleinen Ortschaft, von einer gewaltigen Brücke überspannt. Die ungarischen Pioniere, die den Gebirgsjägern noch folgten, sollten diese massive Eisenkonstruktion sprengen. Mit der zerstörten Brücke im Rücken, so hofften die Soldaten wenigstens, könnten sie zumindest ein paar Tage der so dringend benötigten Ruhe gewinnen.

Nach mehreren Verschiebungen mit dem Transportregiment kam die 4. Gebirgs-Division in die große ungarische Stadt Miskolc, wo sie mit der 3. Gebirgs-Division als „Feuerwehr“ eingesetzt wurde. Die wunderschöne Stadt war mit Zivilisten, kampfmüden Ungarn, Slowaken und deutschen Trossen vollgestopft. Der Schrecken des Krieges und der Zerstörung wurde den Gebirgsjägern bei jeder Feuersalve aufs neue bewußt, wenn unter den Detonationen die Wohnungen auseinanderbarsten und Frauen und Kinder verzweifelt aufschrien.

Schließlich betrat die „Vierte“ wieder slowakischen Boden. Die

III./Gebirgs-Artillerie-Regiment 94 kam in die Gegend von Velejte in Stellung und wurde zur Feuerunterstützung des I./Gebirgs-Jäger-Regiments 91 am linken Flügel der Division eingesetzt. Die vorderen Stellungen der Jäger verliefen am Fuße einer schützenden Geländeerhebung. Das IV./Gebirgs-Artillerie-Regiment 94 wurde im Dezember 1944 dem Gebirgs-Artillerie-Regiment 112 der 3. Gebirgs-Division unterstellt. „Die Bataillone des Gebirgs-Jäger-Regiments 91 wurden aus der alten Stellung abgelöst, verladen und sofort im neuen Einsatzraum in den Kampf geworfen. Es gelang, den sorglos nach Norden marschierenden Russen einen schweren Schlag zu versetzen und so Zeit für den Aufbau einer neuen Front zu gewinnen. Mit der neuen Aufgabe rückte auch das Gebirgs-Jäger-Regiment 13 Zug um Zug wieder zur Division ein, und die Freude, wieder beisammen zu sein, gab in dieser noch recht unklaren Lage allen neue Hoffnung und Selbstvertrauen. Die Aufklärungs-Abteilung 94 und das Gebirgs-Jäger-Bataillon 94 mußten weiter bei der 3. Gebirgs-Division ausharren und führten vom 21. November bis 3. Dezember harte Kämpfe im Bükk-Gebirge westlich Miskolc."[144])

Die schweren Kampfhandlungen, in die die Gebirgsjäger immer und immer wieder verwickelt wurden, wollten und wollten einfach nicht abreißen. Was hier, in den letzten Wochen des Kriegsjahres 1944, noch an Opferbereitschaft von der braven Truppe erbracht wurde, übersteigt jede Vorstellungskraft. Obwohl arg dezimiert, schlecht mit Waffen und Munition ausgerüstet und personell schon lange nicht mehr auf der Höhe der notwendigen Kampfkraft und Stärke, erfüllten die Jäger mit dem Edelweiß dennoch immer wieder ihre Pflicht. Greifen wir eine dieser zahlreichen Kampfhandlungen, die sich im Dezember 1944 ereigneten, heraus.

Man schrieb den 10. Dezember. Das Gebirgs-Jäger-Bataillon 94 war noch dem Gebirgs-Jäger-Regiment 144 der 3. Gebirgs-Division unterstellt und hatte den Auftrag erhalten, die Höhe 277 nordwestlich von Boldva zu verteidigen. In Bataillonsstärke hatte der Russe, unterstützt durch starke Feuervorbereitung, hier immer wieder angegriffen und versucht, die Gebirgsjäger vernichtend zu schlagen. In dieser verzweifelten Lage setzte Oberleutnant Müller-Hahl mit seinen Gebirgsjägern alles auf die so oft zitierte eine Karte. Und das Soldatenglück war ihm hold: Er wehrte in der Höhenstellung trotz der vielen Ausfälle, die bisher durch die massierten russischen Angriffe entstanden waren, sechs Angriffe der Russen unter Entblößung seines weniger bedrohten linken Flügels zum Teil im härtesten Nahkampf ab und bereinigte mit seinen beiden Kompaniemeldern zweimal in schneidigen Gegenstößen den drohenden Einbruch des Gegners. Die Höhe 277 konnte so gehalten und damit wichtige Voraussetzungen zu weiteren Unternehmungen, die die Gebirgsjäger vom russischen Überdruck entlasten sollten, geschaffen werden.[145])

Doch im großen Kriegsrahmen gesehen, war diese kühne Tat der Gebirgsjäger wie so viele, die in den letzten Kriegsmonaten vollbracht wurden, der berühmte Wassertropfen auf den heißen Stein, mit dem sich das Kriegsglück, das die Deutschen schon lange verlassen hatte, nicht mehr umstimmen ließ.

Zu groß waren die Fehler, die in operativer Hinsicht in den Jahren 1943/44 begangen worden waren, zu hoch die Verluste an Menschen und Material — es fehlte vor allem an schweren Waffen, an Artillerie, Pak, Panzern und Zugmaschinen —, um dem Kriegsausgang noch die entscheidende Wende zugunsten des bedrohten Deutschen Reiches geben zu können.

Mit sorgenvollen Gesichtern lasen die verantwortlichen Kommandeure und Truppenführer der 4. Gebirgs-Division zum Jahreswechsel die Tagebuchnotizen über den Einsatz der „Vierten" in den zurückliegenden beiden Monaten:

| | |
|---|---|
| „1. 11. 1944 | In den folgenden Tagen wurde die Division zum Teil im mot. Transport in das Überschwemmungsgbiet im Raum Pawlovce in der südöstlichen Slowakei verlegt.<br>Statt des vorgesehenen Angriffes der Div. auf Ungvar werden am |
| 4./5. 11. 1944 | die beiderseits des Ung eingesetzten Truppenteile (Gren.-Rgt. 106) abgelöst. Ruhige Abwehrstellung in sumpfigem und überschwemmtem Gelände, welches in jeder Beziehung große Schwierigkeiten mit sich bringt. |
| 12. 11. 1944 | Verbreiterung des Rgt.-Abschnittes G.J.R. 13 nach links. FEB. 94 und Ungarn unterstellt. Sehr breiter, durch Sumpf und überschwemmte Gebiete zerrissener Rgt.-Abschnitt. Geringe Kampftätigkeit.<br>Starke Fliegertätigkeit — Tieffliegerangriffe — Kommandeur G.J.R. 13 verwundet. |
| 16. 11. 1944 | Feindliche Panzerangriffe beim rechten Nachbarn — G.J.R. 91. |
| 20. 11. 1944 | Großangriff bei G.J.R. 91, der sich nach links auf den Abschnitt des G.J.R. 13 ausdehnt. |
| 21.—24. 11. 1944 | Schwere Abwehrkämpfe mit teilweiser Zurücknahme der HKL, Einbrüchen und Gegenangriffen. Teilen des Rgt. 13 ist der Rückzug durch Wasserflächen abgeschnitten. In der Nacht Übersetzen durch Pi.-Btl. 94 mit Schwimmwagen und Floß-Säcken. Feind setzt überall Panzer ein. |

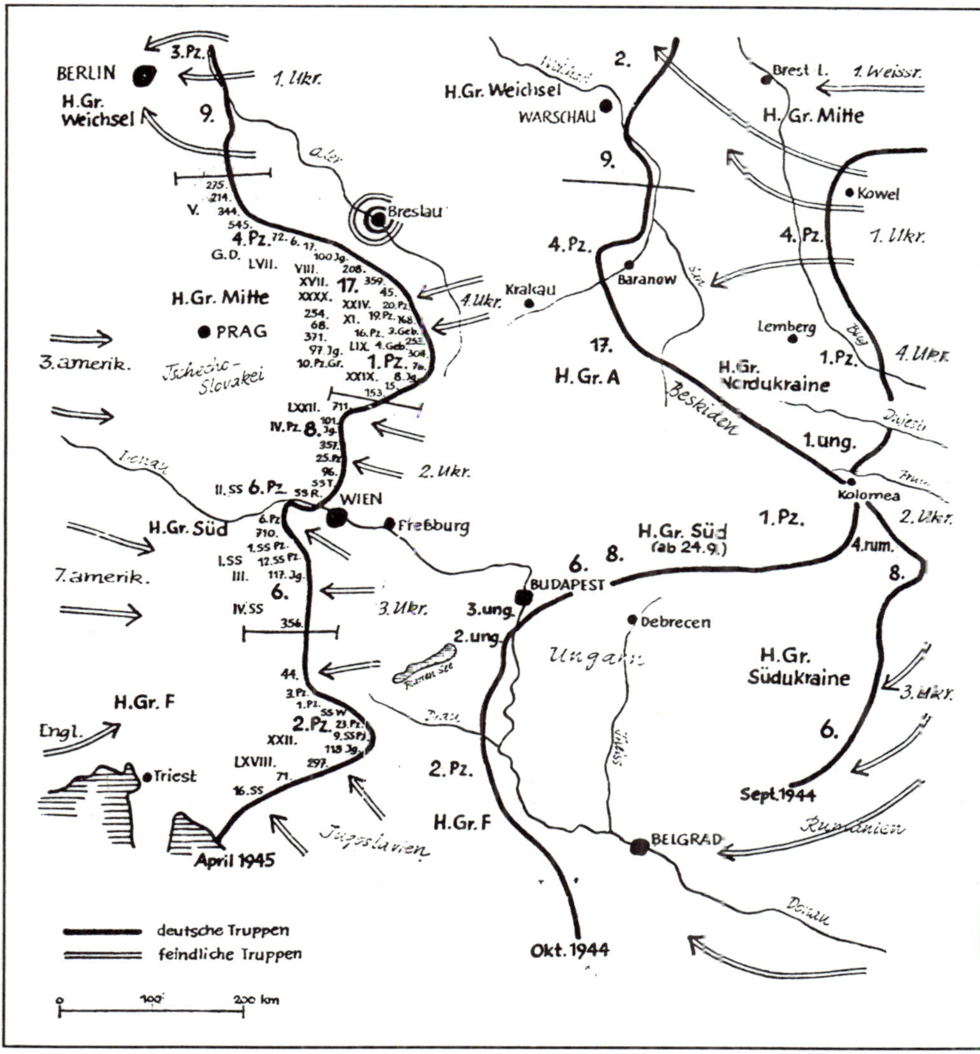


Das Zusammendrücken der deutschen Ostfront zwischen Oktober 1944 und April 1945

| | |
|---|---|
| 25. 11. 1944 | Allmähliche Zurücknahme der HKL bis in die Gegend Trebischov, wo bis zum 28. 11. eine ruhige Abwehrstellung bezogen wird. In dieser Zeit ist das III./13 aus dem Verband des Rgt. und der Div. herausgenommen und im Raum Miskolc in Nordungarn bei fremden Einheiten eingesetzt und hat schwere Abwehrkämpfe zu bestehen (Hauptmann Rank, Führer III./13, gefallen). |
| 28./29. 11. 1944 | Wird das G.J.R. 13 durch die 97. Jäg.-Div. abgelöst, auf Lkw verladen und ins Hernadtal in den Raum nördlich Szikso gebracht, d. h. nur der Rgt.-Stab und die Rgt.-Einheiten sind hier mit unterstellten ungarischen Einheiten eingesetzt, während das I./13 bei linkem Nachbarn, das II. und III./13 bei der 3. G.D. weiter rechts eingesetzt sind. Rgt.-Stab untersteht nicht dem Kdo. der 4. G.D. sondern einer ungarischen Gebirgsbrigade (1. ung. Geb.-Brig.), und hat unter ihrem Befehl mit den unterstellten, meist ungarischen Einheiten schwere und wechselvolle Abwehrkämpfe zu bestehen. |
| 30. 11.-12. 12. 1944 | Hauptkampflinie bei Halmay und Sczobad. |
| 12. 12. 1944 | Beginn des Absetzens durch das Hernadtal nach Norden. |
| 16./17. 12. 1944 | Ablösung durch Ungarn in der Gegend von Hernadszurdok: Verlegung nach Szepsi. |
| 18. 12. 1944 | I./13 im Verband der 1. Ski-Jäg.Div. bei Torna eingesetzt. Es wird in den nächsten Tagen dem Rgt. wieder unterstellt; ferner einige ungarische Einheiten. HKL verläuft am Südrand des slowakischen Erzgebirges beiderseits Torna.<br>Nachschub durchs Gebirge (Bodoka — Ajfalusska). Nur Einsatz von Kettenkrädern und Tragtieren möglich. |
| 23. 12. 1944 | I./13 nimmt zusammen mit der 1. Ski-Jäg.Div. (I./18) Torna wieder ein. |
| 24.—29. 12. 1944 | Abwehrkämpfe mit Schwerpunkt Szadelö. |
| 29. 12. 1944 | Ablösung durch das ungarische Inf.-Rgt. 19. Verlegung in den Raum Pelsöc (Nordungarn).“ |

# Sechster Teil

# Kriegsjahr 1945

# Die militärpolitische Lage 1945

1945 durchbrachen die Russen im Osten die Reichsgrenze. Ihr Vormarsch führte, bloß durch einen kurzen Aufenthalt an der Oder unterbrochen, bis nach Berlin. Die Stationen dieses Vormarsches waren: 12. Januar: Beginn des russischen Angriffs aus dem Brückenkopf westlich der Weichsel, Zusammenbruch der deutschen Front in Polen und Eroberung des Landes durch die Rote Armee. Am 17. Januar wurde Warschau, am 19. Krakau von den Deutschen geräumt. Angriffe der Roten Armee gegen Ostpreußen. Am 19. Januar wurde Tilsit, am 25. Allenstein geräumt. Mit ihrem Übergang über die Oder bei Steinau — zwischen Glogau und Breslau — hatten die Russen Ostpreußen vom Reichsgebiet abgeschnitten. Dann folgten die Räumung des oberschlesischen Industriegebietes, im Februar die Evakuierung Niederschlesiens, der elfwöchige Kampf um Breslau sowie der Angriff der Roten Armee gegen Pommern. Am 13. März erzwangen die Sowjets den Übergang über die untere Oder. Am 30. März kapitulierte Danzig, am 9. April Königsberg.

Wie rasch sich die Ereignisse an der Ostfront überschlugen, das können wir auch der Liste der Standorte des Divisionsgefechtsstandes der 4. Gebirgs-Division im Kriegsjahr 1945 entnehmen:

| | | | |
|---|---|---|---|
| 30. 12. 1944 | — 13. 1. 1945 | Paskahâza | (Nordungarn) |
| 13. 1. 1945 | — 21. 1. 1945 | Stitnik | (Slowakei) |
| 21. 1. 1945 | — 22. 1. 1945 | Rostar | (Slowakei) |
| 22. 1. 1945 | — 25. 1. 1945 | Dobschau | (Slowakei) |
| 25. 1. 1945 | — 26. 1. 1945 | Szt. Mikulas | (Slowakei) |
| 26. 1. 1945 | — 29. 1. 1945 | Trstena | (Slowakei) |
| 29. 1. 1945 | — 13. 3. 1945 | Tvrdosin (Tatra) | (Slowakei) |
| 13. 3. 1945 | | Tschatza | (Slowakei) |
| 13. 3. 1945 | — 14. 3. 1945 | Freistadt | (Oberschlesien) |
| 15. 3. 1945 | — 16. 3. 1945 | Godow | (Oberschlesien) |
| 16. 3. 1945 | — 19. 3. 1945 | Nd. Seibersdorf | (Oberschlesien) |
| 19. 3. 1945 | — 1. 4. 1945 | Nd. Marklowitz | (Oberschlesien) |
| 1. 4. 1945 | — 17. 4. 1945 | Siedlung Delikna | (Oberschlesien) |
| 17. 4. 1945 | | Zablatzsch | (Oberschlesien) |
| 17. 4. 1945 | — 18. 4. 1945 | Charlottenburg | (Oberschlesien) |
| 18. 4. 1945 | — 19. 4. 1945 | Försterei bei Salesch | (Oberschlesien) |
| 19. 4. 1945 | — 26. 4. 1945 | i. Wald b. Budischowitz | (Oberschlesien) |
| 26. 4. 1945 | — 28. 4. 1945 | Bartowy — Mühle | (Oberschlesien) |
| 28. 4. 1945 | | Försterei 1 km W Zeiska | (Oberschlesien) |
| 28. 4. 1945 | — 29. 4. 1945 | Bravin | (Oberschlesien) |
| 29. 4. 1945 | — 30. 4. 1945 | Bilau | (Oberschlesien) |

| | | | |
|---|---|---|---|
| 30. 4. 1945 — | 2. 5. 1945 | Klantendorf | (Oberschlesien) |
| 2. 5. 1945 — | 3. 5. 1945 | Seitendorf | (Oberschlesien) |
| 3. 5. 1945 — | 6. 5. 1945 | Zauchtel | (Oberschlesien) |
| 6. 5. 1945 — | 7. 5. 1945 | Lindenau | (Oberschlesien) |
| 7. 5. 1945 — | 8. 5. 1945 | Swiesedlitz | (CSR) |
| 8. 5. 1945 | | Kosteletz | (CSR) |
| 8. 5. 1945 | | Studenitz | (CSR) |
| 9. 5. 1945 | | Deutsch Brod | (CSR) |

Während im Osten die 4. Gebirgs-Division gegen die Russen focht, marschierten im Westen die Amerikaner und Engländer über den Rhein, bereinigten den Ruhrkessel und trafen sich schließlich am 25. April 1945 mit den Sowjets bei Torgau an der Elbe, nachdem zuvor Berlin gefallen war. Als nahezu das gesamte Reichsgebiet von den Alliierten besetzt worden war, erfolgte nach Hitlers Freitod durch seinen Nachfolger, Großadmiral Dönitz, die bedingungslose Kapitulation Deutschlands: am 7. Mai 1945 durch Generaloberst Jodl im Hauptquartier Eisenhowers in Reims und am 8. Mai durch Generalfeldmarschall Keitel im sowjetischen Hauptquartier in Karlshorst bei Berlin. Eine Minute nach Mitternacht, am 9. Mai 1945, trat die Gesamtkapitulation der Deutschen Wehrmacht in Kraft. Das Dritte Reich hatte aufgehört zu bestehen, der Zweite Weltkrieg war in Europa beendet.

Der letzte Teil dieses Gedenkbuches über die 4. Gebirgs-Division berichtet nun, wie es zum völligen Zusammenbruch des Deutschen Reiches gekommen ist — und wie die Soldaten der „Enzian"-Division den letzten Weg bis zum bitteren Ende erlebten und erlitten...

## Abwehrkämpfe in der Slowakei

Der Übermacht der Roten Armee weichend, hatte sich die 4. Gebirgs-Division mit der 3. Gebirgs-Division Anfang Januar 1945 Schulter an Schulter aus Nordungarn zurückgezogen. Beide Gebirgsdivisionen waren größtenteils dem XXXXIX. Gebirgs-Armeekorps, mit dem die „Vierte" einst schon in Rußland siegreich vorgedrungen war, den Höhepunkt im Kaukasus erlebt und dann den Rückzug durch den Kuban-Brückenkopf über die Straße von Kertsch auf die Halbinsel Krim angetreten hatte, unterstellt. Der gemeinsame Kampfweg der 3. und 4. Gebirgs-Division führte dann durch die Hohe Tatra nach Oberschlesien, wo das XXXXIX. Gebirgs-Armeekorps unter Aufbietung der letzten Kräfte in der Gegend von Troppau und Olmütz den nachdrängenden Russen nochmals kurz den Weitermarsch in Richtung Westen verwehrte. Infolge des sowjetischen Panzereinbruchs über die tschechische Nordgrenze und der Verweigerung des Übertritts deutscher Truppen nach Westen durch die Westalliierten, fielen die Gebirgsjäger den Russen schließlich in Böhmen in die Hände.

Greifen wir hier die wichtigsten Stationen der 4. Gebirgs-Division auf ihrem Weg in den Untergang heraus:

„Am 12. Januar 1945“, schreibt Braun, „begann südostwärts Pelsöc, an der damaligen ungarisch-slowakischen Grenze, nach einem Trommelfeuer, das über eineinhalb Stunden dauerte, der Angriff gegen den Abschnitt des II./Gebirgs-Jäger-Regiments 91. Der erste Stoß wurde abgewehrt. Nach einer weiteren Feuervorbereitung traten die Russen massiert an, wurden aber wieder abgewiesen, wenn auch einige örtliche Einbrüche durch Gegenstöße bereinigt werden mußten. Im Laufe des Nachmittags griff der Feind noch einmal mit zusammengefaßten Kräften an. Wie später festgestellt, griffen gegen das Bataillon eine russische Division und dahinter nochmals eine an! Durch die Ausfälle waren die Lücken aber schon so groß geworden, daß der Russe in die Stellung eindringen und an der Straße südlich von Pelsöc Fuß fassen konnte ... Die Aussichten für die kommenden Tage ließen jedoch nichts Gutes ahnen ...

Am dritten Kampftag setzte der Feind seine starken Angriffe fort, vor allem in Richtung Stitnitz und entlang der Bahnlinie nach Jelsava ... Trotz der großen Kampfausfälle und Anstrengungen der Truppen wurde im Laufe der Nacht ein Gegenangriff auf Paskahâza unternommen. Der Ort kam vorübergehend wieder in unseren Besitz, wobei den Russen schwere Verluste an Menschen, schweren Waffen und Gerät zugefügt wurden ... Am 5. Abwehrtag ließ die Wucht des Gegners weiter nach. Durch unsere ungebrochene, angriffsweise Kampfführung hatten wir Gefangene eingebracht und von den Verlusten des Feindes erfahren. Russische Kompanien waren mit über 100 Mann am 1. Angriffstag angetreten und nach 5 Tagen oft völlig aufgerieben oder hatten noch Mannschaftsstärken von 10 bis 15 Mann !“[146])

Aber man täusche sich nicht! Auch die Verluste der Gebirgsjäger waren wieder einmal erschreckend hoch: Das II./Gebirgs-Jäger-Regiment 91 und die Kampfschule der Division, die unter der Führung von Oberleutnant List kämpfte, wurden förmlich aufgerieben. Und das wog umso schwerer, als die deutschen Verluste nicht mehr ausgeglichen werden konnten, während die Russen nach wie vor aus dem Vollen schöpfen konnten!

Da die Rote Armee am 12. Januar an der gesamten Ostfront die erwartete Winteroffensive, die an einigen deutschen Frontabschnitten rasch zum Zusammenbruch führte, eingeleitet hatte und da auch der Frontbereich der 4. Gebirgs-Division zufolge des sowjetischen Vorstoßes von

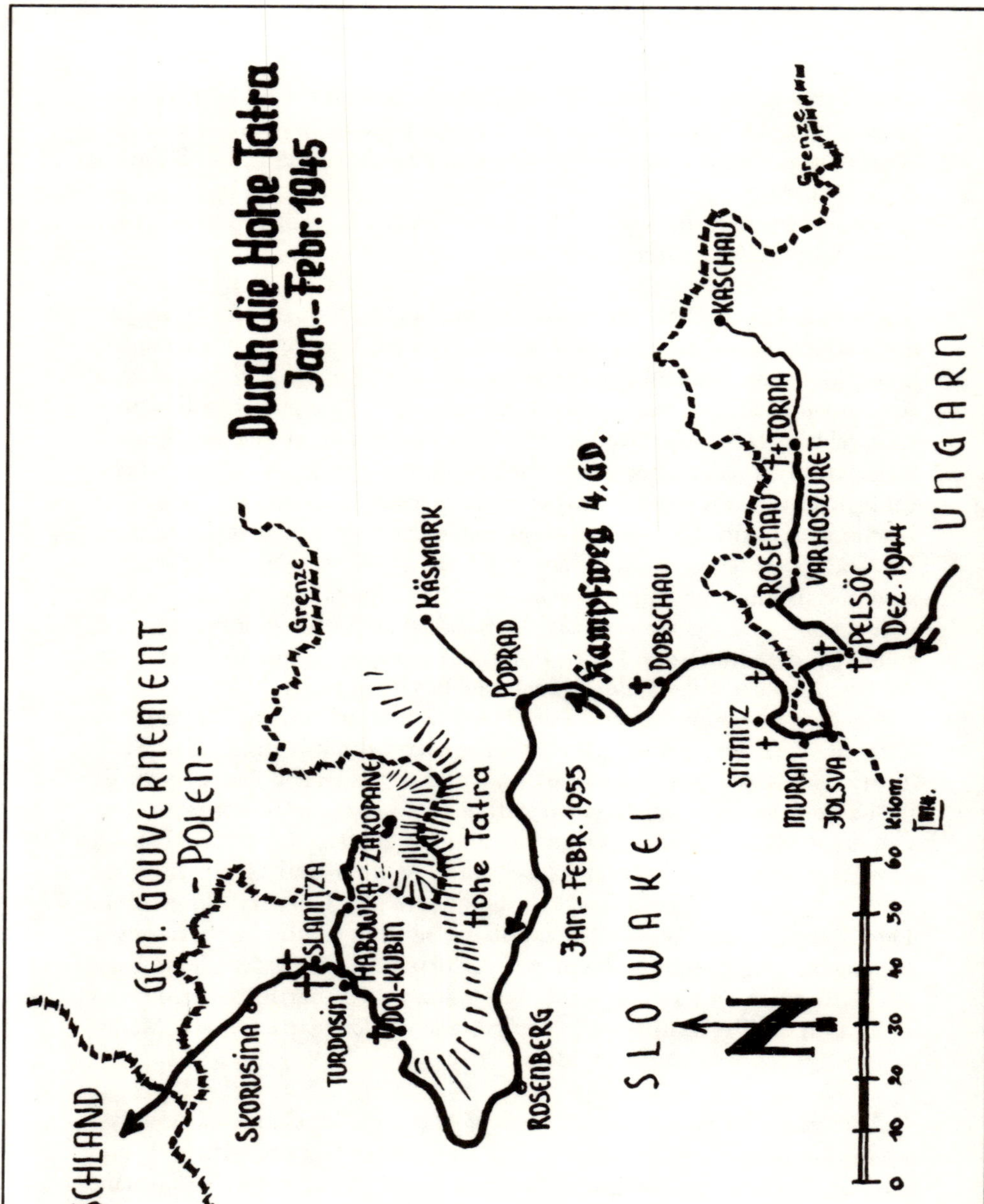


Kampfweg der 4. Gebirgs-Division durch die Hohe Tatra im Januar und Februar 1945

Galizien in Richtung Oberschlesien äußerst bedroht war, erfolgte eine großräumige Umgruppierung, von der auch die „Vierte" betroffen war. Rasch wurde sie Ende Januar vom ungarisch-slowakischen Grenzgebiet in die Hohe Tatra verlegt. Dort hatte sie die Aufgabe, das Abfließen der Verbände der 1. Panzer-Armee — vor allem nördlich des wuchtigen Gebirgszuges — zu decken.

Das war leichter befohlen als ausgeführt. Denn nun begann eine Zeit totaler Verwirrung, die mit operativer oder taktischer Führung nichts mehr zu tun hatte. Die Frontgenerale hatten schon lange nichts mehr zu sagen, und menschliche Vernunft schien ausgestorben zu sein. Befehle und Gegenbefehle sorgten für ein heilloses Durcheinander.

Nachdem der verschneite Paßübergang von Tatra-Kotlina nachhaltig gesprengt worden war, bezog die 4. Gebirgs-Division nach Überschreiten der slowakisch-polnischen Grenze die sogenannte „Büffel-Linie", einen rund 40 Kilometer breiten Abschnitt, der bis in die Hohe Tatra hineinreichte. Die Jäger hatten noch gar nicht richtig die Höhenluft dieses Gebirges geatmet, als sich die ersten Gefechte im neuen Kampfabschnitt entspannen.

Der Erlebnisbericht eines 13ers zeugt von der Härte und Bitterkeit, mit der oft auch die scheinbar unbedeutendsten Zusammenstöße mit dem Feind ausgetragen wurden:

„Es war in den ersten Februartagen 1945. Wir hatten gerade die polnische Grenze überschritten. Meine Kompanie, das 7./Geb.Jäg.Rgt. 13, hatte nach Wochen harter Rückzugs- und Abwehrkämpfe eine für die damalige Lage ruhige Stellung bezogen.

Unser Kompaniechef entschloß sich nun, zwei Gruppen als vorgeschobene Stützpunkte anzusetzen. Der Rest der Kompanie sollte dadurch hinter einem Hügel die seit Wochen verdiente Ruhe finden. Mit meiner Gruppe besetzte ich einen der vorgeschobenen Stützpunkte.

Als Unterstand wählte ich ein bis auf die Grundmauern abgebranntes Haus — besser gesagt, den Keller dieses Hauses. Derselbe war noch einigermaßen gut erhalten und der einzige Eingang war vom Feinde nicht einsehbar. Noch in der ersten Nacht gruben wir uns vom Eingang des Kellers bis zu einer günstigen Beobachtungsstelle einen Laufgraben. In der Dämmerung des nächsten Tages erkannten wir, daß sich die Russen etwa 250 Meter von uns entfernt — gut getarnt — eingegraben hatten. Trotzdem war der Morgen ruhig. Einzelne Gewehrschüsse und das Tacken eines Maschinengewehrs, das von Zeit zu Zeit bellte, störten uns überhaupt nicht. Dann zeigte die Uhr 10.30 Uhr. Mit leichter Pak, Granatwerfer und gezieltem Maschinengewehrfeuer schickten uns die Russen die ersten Morgengrüße. Jetzt wußten wir, daß unser Stützpunkt vom Feind erkannt war.

Gegen Abend, um 17.30 Uhr, wünschten uns unsere Gegner mit dem gleichen Feuerzauber eine gute Nacht. Während der Nacht herrschte — außer einzelnen Gewehrschüssen — vollkommene Ruhe. So ging es drei Tage lang. Am vierten Tag — wenn ich mich noch recht erinnere, war es der 12. Februar 1945, wiederum um 10.30 Uhr — sagte ich gerade noch, die Kameraden von drüben bekommen wohl bald wieder ihren 5-Minuten-Zorn und schon hörten wir von draußen das uns längst vertraute Urrä-Geschrei. Mein MG-Posten flog die zu uns führende Wendeltreppe herunter und brachte nur noch ein Wort von den Lippen: Russen, Russen...

Nun schien es für alles zu spät. Der Feind stand vor unserem Kellereingang, wir waren wohl gefangen. Außer einem Wunder gab es für uns nur noch zwei Möglichkeiten: Gefangenschaft oder in unserer Behausung zu sterben.

Zunächst drehte ich hastig an der Kurbel unseres Telefons zur Kompanie, um diese zu Hilfe zu rufen. Dieses Vorhaben war natürlich vergebens. Unser Gegner hatte das am Kellereingang herausführende Kabel längst durchgeschnitten. Mit einem Satz sprang ich zu meinem Kameraden auf die von uns gebaute Holzpritsche. Mit der Waffe im Anschlag warteten wir gemeinsam auf die Dinge, die da kommen sollten. Vorerst versperrten uns 20 bis 25 Russen den Weg in die Freiheit.

Nach einigen Auseinandersetzungen wagte sich einer der Iwans die ersten fünf Stufen herunter. Wir sahen schon seine Stiefelspitze. Er stand an der Treppenwendung und zog plötzlich eine Handgranate ab.

Diese landete unter unserem Tisch, den wir aus einem Brett und vier Latten zusammengebastelt hatten. Bei der Explosion der Handgranate löste sich der Tisch mitsamt dem daraufstehenden Telefon und der ‚Ölfunzel' in alle Einzelheiten auf. Von uns wurde jedoch keiner verletzt. Allerdings machte der entstandene Qualm und der zu feinem Staub aufgelöste Verputz unsere Lage recht ungemütlich.

Kurze Zeit später kam derselbe Iwan wieder bis zur Treppenwendung herunter und zog abermals eine Handgranate ab. Diesmal wurden einer meiner Kameraden und ich selbst leicht verwundet. Die Verwundungen waren nicht so schlimm, doch die entstandenen Gase und der Staub drohten, uns zu ersticken. Wir mußten schnellstens zu unseren Gasmasken greifen.

Die dritte Granate, die der Iwan wiederum zu uns hereinwarf, landete am Fuß einer meiner Männer. Kurz entschlossen warf dieser die Handgranate in den Treppenaufgang zurück, wo der rote Genosse stand. Dieser wurde nun von seiner selbst abgezogenen Handgranate schwer verletzt und flog die ganze Treppe herunter. Da ich als erster vorne auf der Pritsche saß, spürte ich, daß der Kopf des schwergetroffenen Russen den Lauf meiner Maschinenpistole berührte. Wieder hielt ich meine Nerven im

Zügel und zog meine MPi an mich zurück. Schnell stürzte sich die ganze Meute auf ihren verletzten Kameraden und zog diesen die Treppe hoch. Dann geschah etwas, was keiner von uns erwartet hatte. Die Iwans trugen ihren Schwerverletzten in ihre eigene Stellung zurück, ohne sich weiter um uns zu kümmern. Dabei nahmen sie noch ein Maschinengewehr von uns mit, welches in der Eile von unserem Posten im Beobachtungsstand vergessen worden war."[147])

Als ob der Gegner gemerkt hätte, mit wem er es hier wieder zu tun hatte, nämlich mit den ihm bestens bekannten Gebirgsjägern, gab er seine Aktivitäten vorübergehend auf. Den Frontabschnitt in der Hohen Tatra konnte man jetzt als relativ ruhig bezeichnen; so ruhig, daß man Ende Februar damit begann, zunächst das Gebirgs-Jäger-Regiment 91 aus dem auf 55 Kilometer verbreiterten Frontabschnitt der Division herauszuziehen. Doch statt als Reserve die nötige Ruhe zu finden, wurde das Regiment der 68. Infanterie-Division unterstellt und im Abschnitt Rybnik — Ratibor auf einer Frontbreite von dreizehn Kilometern eingesetzt.

Als am 12. März die russische Offensive auf Mährisch-Ostrau begann, ergab sich in kurzer Zeit eine Krise zwei Divisionsabschnitte weiter südlich. Das Gebirgs-Jäger-Regiment 91 mußte dort aushelfen. Das vorderste Bataillon (III./Gebirgs-Jäger-Regiment 91) wurde bei seiner Ankunft sofort auf eine Lücke zwischen der 253. Infanterie-Division und der 8. Panzer-Division angesetzt. Wider Erwarten staffelte sich durch den Angriff des Bataillons die Frontmitte etwa 5 Kilometer vor. Die am Abend des 13. März erkannten Gegenmaßnahmen der Russen wurden trotz eindeutiger Meldungen des Bataillons von den Divisionen nicht genügend zur Kenntnis genommen. Ein schwerer russischer Nachtangriff traf das III./Gebirgs-Jäger-Regiment 91 ohne Anschluß rechts und links, schnitt es ab und vernichtete es. Zum Regiment kamen am 15. März noch drei Offiziere und 13 Mann zurück, der Rest eines Bataillons von etwa 800 Mann![148])

Während der nun folgenden schweren Abwehrkämpfe in der Hohen Tatra fochten die Einheiten der 4. Gebirgs-Division noch immer getrennt an verschiedenen Frontstellen. Erst nachdem das pausenlose Trommelfeuer der Russen nach dem 21. März abgeflaut war und der Druck auf die HKL nachgelassen hatte, konnte die Division wieder über ihre angestammten Regimenter voll verfügen: Linker Nachbar des Gebirgs-Jäger-Regiments 91 war nun wieder das kampferprobte Gebirgs-Jäger-Regiment 13. Doch die Freude darüber währte nicht allzu lange. Bereits Ende März 1945 mußte wieder ein Bataillon des Gebirgs-Jäger-Regiments 91 an die 68. Infanterie-Division „ausgeliehen" werden. Was das bedeutete, war jedem klar: Ein „verliehener" Truppenteil wurde vom „Entleiher", da die natürlich gewachsene Bindung zum angestammten Regiment nicht vorhanden war, meist „verheizt" — ob gewollt oder ungewollt, ist hier nicht die Frage. Dem „ausgeliehenen" Bataillon des Gebirgs-Jäger-Regiments 91 ging es nicht anders. Als es nach einer Woche wieder zu seinem Stammregiment zurückkam, zählte es nur mehr zwei Offiziere und 120 Mann. Eine wahrhaft traurige Bilanz!

## Von Oberschlesien nach Böhmen und Mähren

Um den 5. April 1945 ebbte das russische Feuer, das rund drei Wochen auf die deutschen Stellungen niedergegangen war, endlich ab: Im kräftezehrenden Einsatz hatten die Gebirgs-Jäger-Regimenter 13 und 91 sowie die Gebirgs-Aufklärungs-Abteilung 91 und das Gebirgs-Jäger-Bataillon 94, das vom OKH teilweise immer noch als Feld-Ersatz-Bataillon 94 geführt wurde, ihre Stellungen im oberschlesischen Raum von Nieder-Seibersdorf, wo die Division zwischen dem 16. und 19. März auch für vier Tage ihren Gefechtsstand hatte, gehalten. Die 1. Panzer-Armee, der die 4. Gebirgs-Division von Januar bis Mai 1945 unterstellt war, verteidigte erfolgreich die Mährische Senke und verwehrte damit der Roten Armee den Zutritt nach Böhmen und Mähren.

Nur allzu wenige Tage der Ruhe, die die Gebirgsjäger nach den monatelangen Kampfhandlungen so dringend nötig gehabt hätten, wurden der 4. Gebirgs-Division gewährt. Denn schon begann eine neue russische Offensive, die auf Troppau abzielte. Die Schlacht um Troppau, die vom 12. bis 28. April 1945 andauerte, schwebte von nun an wie ein Damoklesschwert über der „Enzian"-Division.

Sollte sie hier das gleiche Schicksal ereilen wie jene Verbände, die ihrer inneren Struktur nach, ihrer Ausbildung und landsmannschaftlichen Zusammensetzung zu den Gebirgstruppen zählten?

Sollte die 4. Gebirgs-Division kurz vor Kriegsschluß so enden wie die im gleichen Armeeverband fechtende 1. Skijäger-Division oder die 97. Jäger-Division?

Die Skitruppen waren im schweren Winter 1941/42 vor Moskau entstanden. Sie formten sich unter ihrem ersten Kommandeur, Hans von Schlebrügge, zum 1. Skijäger-Bataillon und später, Mitte des Jahres 1944, zur vollen Skijäger-Division, die schwerpunktmäßig in den Pripjetsümpfen beiderseits des Turjaflusses und des Bug, am Dukla- und am Ozenna-Paß, um Ratibor und Troppau eingesetzt wurde. Hier war die Division, deren letzter Kommandeur, General Hundt, im Panzerwagen kämpfend fiel, regelrecht ausgeblutet.

Den „Spielhahnjägern" der 97. Jäger-Division, die den Gebirgsjägern bereits seit dem Kriegsjahr 1941, als es noch vorwärts, hinein in den gewaltigen russischen Raum, ging, bestens bekannt waren, erging es nicht viel anders als den Kameraden der 1. Skijäger-Division. Fast schon aufgerieben, hatten die Soldaten der Spielhahnjäger-Division mit letzter Kraft einen russischen Angriff in der Oppa-Stellung zum Stehen gebracht.

Nun waren die Gebirgsjäger der „Enzian“-Division an der Reihe: Der letzte Opfergang der Division begann.

Um den 10. April löste sie, zunächst mit dem Gebirgs-Jäger-Regiment 13, die Reste der 97. Jäger-Division ab. Bis zum 15. April war dann die gesamte Division mit allen Bataillonen, einschließlich der Gebirgs-Aufklärungs-Abteilung 94 und dem Gebirgs-Jäger-Bataillon 94, in die neuen Stellungen eingerückt. Dort hörten sie Hitlers Tagesbefehl, den er am Nachmittag des 16. April mit seinem Propagandaminister Goebbels aufgesetzt hatte:

„Soldaten der deutschen Ostfront!

Zum letzten Male ist der jüdisch-bolschewistische Todfeind mit seinen Massen zum Angriff angetreten. Er versucht, Deutschland zu zertrümmern und unser Volk auszurotten. Ihr Soldaten aus dem Osten wißt zu einem hohen Teil bereits selbst, welches Schicksal vor allem den deutschen Frauen und Kindern droht. Während die Alten, Männer und Kinder ermordet werden, werden Frauen und Mädchen zu Kasernenhuren erniedrigt. Der Rest marschiert nach Sibirien.

Wir haben diesen Stoß vorausgesehen, und seit dem Januar dieses Jahres ist alles geschehen, um eine starke Front aufzubauen. Eine gewaltige Artillerie empfängt den Feind. Die Ausfälle unserer Infanterie sind durch zahllose neue Einheiten ergänzt. Alarmeinheiten, Neuaufstellungen und Volkssturm verstärken unsere Front. Der Bolschewist wird dieses Mal das alte Schicksal Asiens erleben, das heißt, er wird und muß vor der Hauptstadt des Deutschen Reiches verbluten.

Wer in diesem Augenblick seine Pflicht nicht erfüllt, handelt als Verräter an unserem Volk. Das Regiment oder die Divisionen, die ihren Platz verlassen, benehmen sich so schimpflich, daß sie sich vor den Frauen und Kindern, die in unseren Städten dem Bombenterror standhalten, werden schämen müssen.

Achtet vor allem auf die verräterischen wenigen Offiziere und Soldaten, die, um ihr eigenes erbärmliches Leben zu sichern, im russischen Solde, vielleicht sogar in deutscher Uniform, gegen uns kämpfen werden. Wer Euch Befehle zum Rückzug gibt, ohne daß Ihr ihn genau kennt, ist sofort festzunehmen und nötigenfalls augenblicklich umzulegen, ganz gleich, welchen Rang er besitzt.

Wenn in diesen kommenden Tagen und Wochen jeder Soldat an der Ostfront seine Pflicht erfüllt, wird der letzte Ansturm Asiens zerbrechen, genauso, wie am Ende auch der Einbruch unserer Gegner im Westen trotz allem scheitern wird.

Berlin bleibt deutsch, Wien wird wieder deutsch, und Europa wird niemals russisch.

Bildet eine verschworene Gemeinschaft zur Verteidigung nicht des leeren Begriffs eines Vaterlandes, sondern zur Verteidigung Eurer Heimat, Eurer Frauen, Eurer Kinder und damit unserer Zukunft!

In dieser Stunde blickt das ganze deutsche Volk auf Euch, meine Ostkämpfer, und hofft nur darauf, daß durch Eure Standhaftigkeit, Euren Fanatismus, Eure Waffen und unter Eurer Führung der bolschewistische Ansturm in einem Blutbade erstickt.

In dem Augenblick, in dem das Schicksal den größten Kriegsverbrecher*) aller Zeiten von dieser Erde weggenommen hat, wird sich die Wende des Krieges entscheiden ... "

Am 16. April 1945, als Hitler und Goebbels mit dem Aufruf an die „Soldaten der deutschen Ostfront" zum letzten Opfer aufforderten, begann auch der Feuerzauber der russischen Artillerie, Schlachtflieger und Panzer gegen die „Oppa-Stellung", die mit betonierten Kampfständen und Werken ausgebaut worden war. Aber erst vier Tage später, am 20. April, tastete der Russe mit seinen infanteristischen Verbänden die deutsche Front zunächst vorsichtig ab.

Doch dann, als er gemerkt hatte, daß ihm nur noch Reste von Divisionen und Kampfgruppen gegenüberstanden — die 19. Panzer-Division war zu allem Unglück auch noch von der 78. Volks-Sturm-Division, die über keinerlei Panzer verfügte, abgelöst worden —, griff er am 25. April mit ungewöhnlicher Härte an. Mit schweren Panzern, mit Schlachtfliegern und schwerer Artillerie, die ihre tödlichen Granaten, Bomben und Geschosse gegen die deutsche HKL schleuderten, berannte der Russe die löchrigen Stellungen der Gebirgsjäger. Paul Klinger hat die Kampfhandlungen des I./Gebirgs-Jäger-Regiments 13 in einem Erlebnisbericht festgehalten:

„Noch in der Nacht ging der I.G.-Zug mit seinen beiden Geschützen in Feuerstellung. Sofort wurde eingegraben, eine B-Stelle ausgesucht und mit einer Fernsprechleitung verbunden. Funk stand nicht mehr zur Verfügung. Als der Morgen dämmerte, waren wir mit unseren Arbeiten fertig. Nun wurden die Entfernungen auf der Karte errechnet und die Geschütze eingeschossen. Beim Feind herrschte auffallende Ruhe. Doch kaum war ein Sperrfeuerraum erschossen, brach die Hölle los. Die Russen trommelten aus allen Rohren. Dazwischen mischte sich das schauerliche Heulen der

*) Gemeint ist der amerikanische Präsident Roosevelt, der am 12. April 1945 verstarb.

‚Stalinorgeln'. Ein Bersten, Krachen und Dröhnen ringsum als wäre der Jüngste Tag angebrochen. Wir konnten nichts anderes tun, als ergeben in Deckung zu kauern. Über eine Stunde lag die Feuerwalze auf dem ganzen Frontabschnitt. Dann wanderte sie langsam ins Hintergelände. Allen war klar, was nun kommen würde: Der feindliche Angriff!

Schon stiegen vorn rote Leuchtzeichen hoch, forderten die Jäger Sperrfeuer an. ‚An die Geschütze!' Natürlich war die Drahtleitung zur B-Stelle längst zerschossen. Doch hart bellten unsere Geschütze auf, jagte Schuß auf Schuß aus den Rohren. Auch unsere Artillerie nahm den Kampf auf. Vorn brodelte das Infanteriegefecht, aus dem deutlich das Rattern der MG, das Krachen der Handgranaten und wildes Urrä-Geschrei zu hören waren. Noch waren kaum fünf Minuten nach Nachlassen des Feindfeuers verstrichen, da hatten die braven Nachrichtler bereits die Leitung wieder entstört. Nun gab die B-Stelle Feuerkommando auf Feuerkommando. Fw. Müller als Führer unseres Zuges leitete sicher und genau das Feuer. Schließlich ließ der Befehl zum Feuereinstellen erleichtert aufatmen. Der Angriff war abgeschlagen. Rasch wurden nun die leeren Geschoßkörbe aus der Stellung geschafft, die Rohre gereinigt und neue Granaten bereitgelegt. Wer wußte, wann sie wiederkommen würden?

Aus den Stellungen schleppten sich langsam Verwundete vorbei. In treuer Kameradschaft halfen wir ihnen, so gut es ging. Nach ihren Aussagen sah es vorn bei den Jägerkompanien nicht gut aus.

Fortgesetzt beschoß der Feind noch den ganzen Nachmittag über mit starken Feuerüberfällen den Abschnitt. Erst die anbrechende Nacht brachte etwas Ruhe. Nun begannen die feindlichen Propaganda-Lautsprecher ihre Arbeit. Mit Musik und vielen Worten forderten sie zum Überlaufen auf. Doch wer von uns glaubte auch nur ein Wort? Lange genug kannten wir ja schon die Sowjets und ihr vielgepriesenes Paradies.

Am nächsten Morgen versuchte der Gegner nach einem neuerlichen Granathagel wieder sein Glück. Immer wieder mußten wir Sperrfeuer schießen, bis schließlich die Munition knapp wurde. Gegen Mittag gelang ein feindlicher Durchbruch beim linken Nachbarn. Nun mußte auch unser I. Bataillon seine unhaltbar gewordene Stellung aufgeben. Reserven, um die entstandene Lücke zu schließen, waren nicht mehr vorhanden.

Auch für uns hieß es: ‚I.G-Zug — Stellungwechsel!' Bedienungen und Tiere schleppten Geschütze und Munition 500 Meter zurück, und wieder ging es in Stellung. Mit guter Wirkung wurde nun der in die Lücke gestoßene Feind bekämpft. Ein Volltreffer erledigte eine auffahrende russische Pak. Dann tauchten plötzlich Panzergrenadiere auf zum Gegenstoß. Es gab wieder etwas Luft.

Der Gegner war nicht mehr aufzuhalten! Im hinhaltenden Widerstand wich das Bataillon ins Sudetenland zurück. Als Wagstadt geräumt wurde, standen die Russen plötzlich unmittelbar vor unserer Geschützstellung.

Einige Granaten im direkten Schuß verjagten sie. Dann gelang es noch mit Hilfe unserer treuen Pferde, das Geschütz zu retten. Doch die Bespannung des Munitionsfahrzeuges fiel einem Paktreffer zum Opfer. Der Fahrer wurde verwundet, das Fahrzeug mit den so kostbaren Granaten mußte zurückgelassen werden. Vom Fernsprechtrupp des Zuges fiel Obgfr. Ochsenreiter durch Granatsplitter.

Am nächsten Tag stand 100 Meter rechts von uns den ganzen Mittag über ein schwerer ‚Stalin'-Panzer. Wir wagten nicht, die Köpfe zu heben. Hinter uns im Dorf saß bereits russische Infanterie. In der folgenden Nacht gelang es, durch die Lücke zu entwischen. Die Iwans waren zu stark mit Plündern beschäftigt und fühlten sich vollkommen sicher . . ."[149])

Mochten sich die Jäger der Gebirgs-Jäger-Regimenter 13 und 91 sowie die Artilleristen des II./Gebirgs-Artillerie-Regiments 94, die schon längst ausgezeichnete Nahkämpfer geworden und vielfach mit der Nahkampfspange ausgezeichnet worden waren, auch noch so tapfer und kühn verteidigt haben, die russische Übermacht hatte dennoch ein Schlupfloch in den böhmisch-mährischen Raum gefunden. Die Masse der roten Flut war nämlich bei der völlig ungenügend ausgerüsteten und bewaffneten 78. Volks-Sturm-Division in Richtung Mährisch-Ostrau durchgeströmt. Zwar versuchten die Gebirgsjäger am 28. April in Bataillonsstärke nochmals, die entstandene Lücke zu schließen, doch ihre Kräfte waren zu schwach, um der erdrückenden Übermacht der Russen standzuhalten. So war die Division Ende April froh, daß sie nicht zerschlagen wurde und eine geordnete Rückwärtsbewegung einleiten konnte, um den Anschluß an die HKL wiederherzustellen.

Der übermächtigen Allianz der Kriegsgegner weit unterlegen, zogen sich die Gebirgsjäger in das Protektorat Böhmen und Mähren zurück: diszipliniert und tapfer — aber müde, ausgebrannt und verblutet . . .

Wie hatte doch Bismarck, der „Eiserne Kanzler", einst gesagt? „Der Herr von Böhmen ist der Herr Europas".

Noch besaßen die Deutschen dieses Herzland Europas, die Zitadelle des Alten Kontinents, die, so glaubten noch viele der Propaganda, als „Luftschutzkeller des Reiches" ausgebaut worden war. Von hier aus, von der „Rüstkammer des Großdeutschen Reiches", die schon lange nicht mehr als solche angesprochen werden konnte, sollte der Eroberungszug des Bolschewismus ein für allemal aufgehalten und zerschlagen werden.

Schörner, am 5. April 1945 noch zum Generalfeldmarschall befördert, weil Hitler ihm immer mehr sein Vertrauen schenkte,[150]) hatte den Oberbefehl über die Heeresgruppe Mitte, zuvor A, Reste von Armeen, Korps und Divisionen, die in Böhmen und Mähren, der Slowakei und Oberschlesien standen, erhalten. Die Truppe klammerte sich in ihrer psychischen

Not an jeden nur erdenklichen Hoffnungsschimmer. Auch Schörner, der die 4. Gebirgs-Division nach dem Fall von Koschniza so gedemütigt hatte, gehörte für viele Landser zu den Generalen, von denen man sich noch Wunder erhoffte. Man hatte in den langen Jahren des Ostfeldzuges den Kommunismus kennengelernt und wußte, was passieren würde, wenn man nach Sibirien in Gefangenschaft geriete oder wenn man Deutschland den Sowjets überließe. Die Gebirgsjäger kämpften, so gesehen, nun nicht mehr für die großdeutsche Idee, sondern einzig und allein für die Heimat, in der sie bereits standen, um die rote Gefahr aufzuhalten, sie daran zu hindern, ganz Europa zu überrollen. Daß sie, die Soldaten der Deutschen Wehrmacht, in ihren Anstrengungen dabei von der politischen Führung und von den Westallierten schmerzlich im Stich gelassen wurden, das begriffen zu jener Zeit nur die wenigsten. Wie sollten sie auch dazu imstande sein, wo ihnen die Einsicht in die großen militärischen und politischen Vorgänge und Zusammenhänge auf Grund jahrelanger einseitiger propagandistisch gefärbter Berichterstattung und mangelnder Informationsfreiheit einfach fehlte?

Und diejenigen, die begriffen, was geschehen war und bald geschehen würde, die waren, nachdem sich die Ansicht durchgesetzt hatte, daß der Westen Deutschland abgeschrieben hatte, noch mehr bereit, bis zum letzten Atemzug zu kämpfen, denn die radikalen alliierten Kriegsziele lagen unverholen auf dem Tisch, auf dem es nichts mehr zu verhandeln — nur mehr zu teilen — gab, unter anderem die bedingungslose Kapitulation Deutschlands, der sogenannte „Lindemann-Plan“, der die Ausrottung der deutschen Zivilbevölkerung beinhaltete, sowie der berühmt-berüchtigte „Morgenthau-Plan“, nach dem Deutschland zerstückelt und ausgehungert werden sollte.

Nein, das waren allesamt keine akzeptablen Perspektiven für die Deutschen, um die Waffen beizeiten vor den Alliierten zu strecken, zumal man insgeheim noch immer auf ein Zerwürfnis zwischen Stalin, Roosevelt und Churchill, der nach Berlin drängte, hoffte.

„Amerikaner gegen Russen“, lautete eine Parole, die man immer wieder hörte.

Roosevelt war plötzlich gestorben — doch sein Tod hatte auf das Kriegsgeschehen keinen Einfluß gehabt. Der Vorhang, der zum „Eisernen“ werden sollte, war endgültig gefallen.

Und dann war da noch etwas, an das die Deutschen sich wie Ertrinkende an den so oft zitierten Strohhalm klammerten: die angeblichen „Wunderwaffen“, die unter anderem den Krieg in letzter Sekunde zugunsten Deutschlands entscheiden sollten. Aber auch sie blieben letztlich eine Illusion.

## Dem bitteren Ende entgegen

Endzeitstimmung!

Die Tragödie näherte sich dem Höhepunkt.

Für Deutschland zeichnete sich ein apokalyptisches Ende des Zweiten Weltkrieges ab. Hitlers Befehl „Verbrannte Erde“ vom 19. März 1945 bedarf daher keines weiteren Kommentars:

„Der Kampf um die Existenz unseres Volkes zwingt auch innerhalb des Reichsgebietes zur Ausnutzung aller Mittel, die die Kampfkraft unseres Feindes schwächen und sein Vordringen behindern. Alle Möglichkeiten, der Schlagkraft des Feindes unmittelbar oder mittelbar den nachhaltigsten Schaden zuzufügen, müssen ausgenützt werden. Es ist ein Irrtum zu glauben, nichtzerstörte oder nur kurzfristig gelähmte Verkehrs-, Nachrichten-, Industrie- und Versorgungsanlagen bei der Rückgewinnung verlorener Gebiete für eigene Zwecke wieder in Betrieb nehmen zu können. Der Feind wird bei seinem Rückzug uns nur eine verbrannte Erde zurücklassen und jede Rücksichtnahme auf die Bevölkerung fallenlassen.

Ich befehle daher:

1. Alle militärischen Verkehrs-, Nachrichten-, Industrie- und Versorgungsanlagen sowie Sachwerte innerhalb des Reichsgebietes, die sich der Feind für die Fortsetzung seines Kampfes irgendwie sofort oder in absehbarer Zeit nutzbar machen kann, sind zu zerstören.

2. Verantwortlich für die Durchführung dieser Zerstörung sind: die militärischen Kommandobehörden für alle militärischen Objekte (einschließlich der Verkehrs- und Nachrichtenanlagen), die Gauleiter und Reichsverteidigungskommissare für alle Industrie- und Versorgungsanlagen sowie sonstige Sachwerte. Den Gauleitern und Reichsverteidigungskommissaren ist bei der Durchführung ihrer Aufgabe durch die Truppe die notwendige Hilfe zu leisten ...“

Gottlob verbot Großadmiral Dönitz — er war nach Hitlers Tod Reichspräsident geworden und trat dieses Amt an, um die Kapitulation einzuleiten — in einem Befehl vom 5. Mai 1945 jede Zerstörung an Hab und Gut:

„Ich ordne unter Aufhebung früherer entgegenstehender Befehle an:

1. Jede Zerstörung oder Lähmung eines Betriebes, gleich welcher Art, der Land- und Wasserstraßen oder von Bahn- und Nachrichtenanlagen ist ab sofort untersagt. Die Vorbereitungen zur Zerstörung und Lähmung

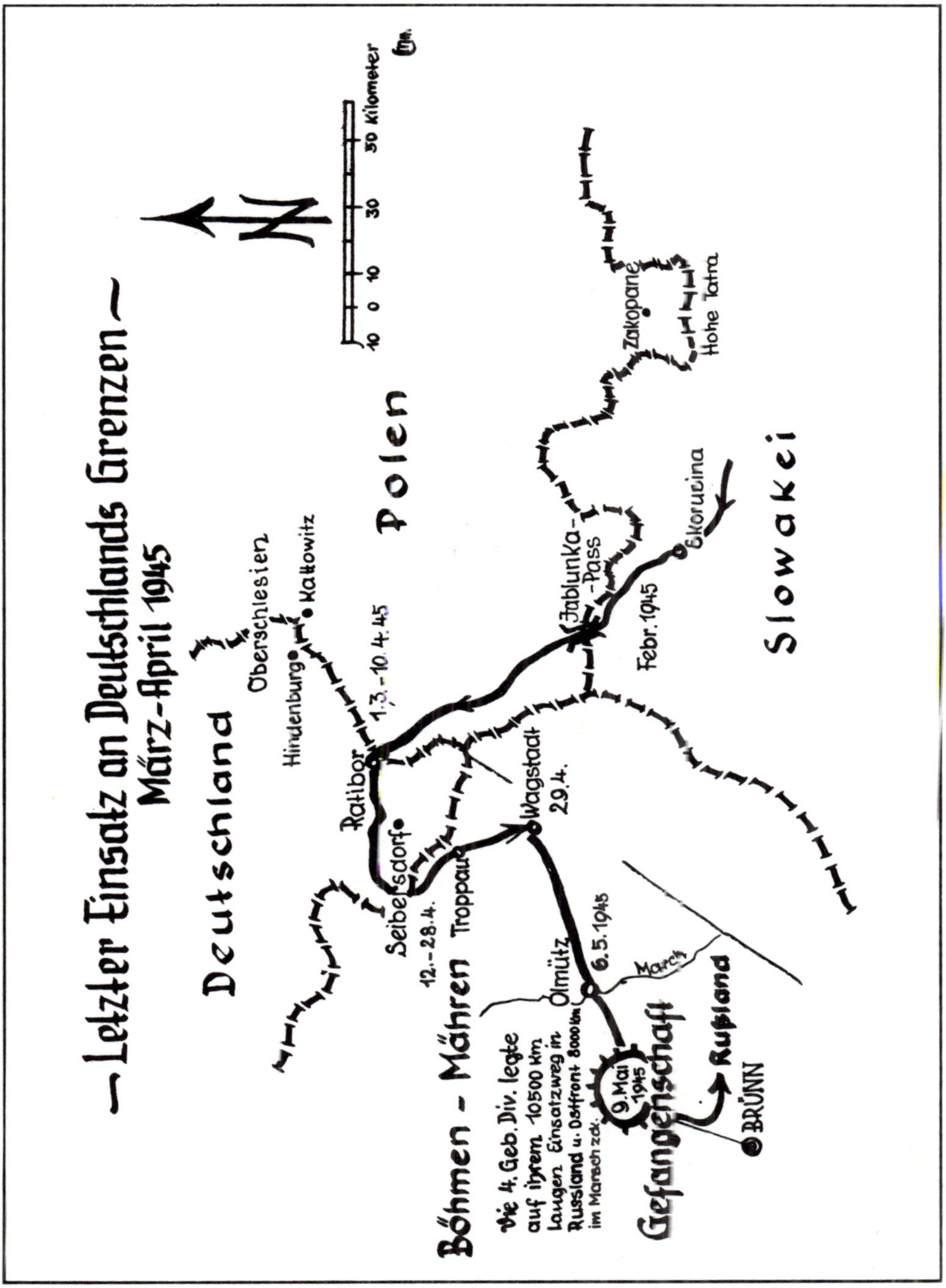


Der letzte Einsatz der 4. Gebirgs-Division im März und April 1945

sind zu beseitigen. Bei bereits durchgeführten Lähmungen sind die herausgenommenen Einzelteile wieder in die Betriebe zu verbringen.

2. Maßnahmen zur Erhaltung der Werke, Bahn- und Nachrichtenanlagen sind sofort örtlich zu treffen.

3. Die Lager an Ernährungs- und Bedarfsgütern für Zivilbevölkerung sowie die entsprechenden Wehrmachtslager sind bei Feindnäherung nicht mehr zu zerstören.

4. Diese Anordnung gilt auch im besetzten Norwegen und in Böhmen und Mähren ... "

Den Gebirgsjägern blieb so die Durchführung des Befehls „Verbrannte Erde" erspart. Doch wie sollte es weitergehen, wenn einerseits die Ost- und Westfront immer mehr zusammenrückten und andererseits die Kampfkraft der deutschen Truppen rapide absank?

Die Verluste, die die 4. Gebirgs-Division während der letzten Kampfhandlungen erlitten hatte, waren so hoch gewesen, daß sie auf Grund des fast zum Erliegen gekommenen Nachersatzes niemals ausgeglichen werden konnten. Das Auskämmen der Trosse brachte absolut nichts mehr, da sie bereits bis zum letzten Mann ausgekämmt worden waren. Die Munition war verschossen, die Ausrüstung verschlissen, die Tragtiere ausgemergelt, die Truppe ausgebrannt, total erschöpft, seelisch und körperlich am Ende.

In diese allgemeine Weltuntergangsstimmung, die zwar jeder registrierte, die aber dennoch niemand in letzter Konsequenz wahrhaben wollte — der überlebenswichtige Verdrängungsmechanismus funktionierte trotz aller Ratlosigkeit und Resignation immer noch erstaunlich gut! —, erhielt die 4. Gebirgs-Division in Klantendorf, wo der Divisionsgefechtsstand zwischen dem 30. April und 2. Mai errichtet worden war, die Nachricht vom „Heldentod" des Führers des Großdeutschen Reiches und Oberbefehlshaber der Deutschen Wehrmacht, Adolf Hitler.

Doch diese Nachricht brachte keine Änderung. Stalin peitschte weiter seine Rote Armee erbarmungslos durch die deutschen Städte und Länder des Ostens, um das Land auf seine Weise zu „befreien". Für viele bedeutete die sowjetische Invasion in Osteuropa jedoch Knechtschaft, Kerker, jahrelange Verbannung und Tod.

Die Auflösung der deutschen Staatsgewalt war auch den Tschechen nicht verborgen geblieben. So kam es am 5. Mai 1945 zum offenen Ausbruch des tschechischen Aufstandes, dem schließlich die Austreibung der sudetendeutschen Bevölkerung aus der wiedererstandenen Tschechoslowakei folgte.

Am 6. Mai, einen Tag nach den grausamen Ausschreitungen gegen die Deutschen in der Tschechoslowakei, floß die Mehrzahl der deutschen

Divisionen hinter die March zurück — abgeschirmt vom XXXXIX. Gebirgs-Armee-Korps, vor allem aber von der 3. und 4. Gebirgs-Division, die die zurückflutenden deutschen Truppenbewegungen gegen die Rote Armee abschirmten. Nun lief die Zeit den Jägern förmlich davon, denn am 7. Mai gab es nur noch einen Weg zurück ins Heimatland: die Frontlücke bei Olmütz.

Doch die Wirklichkeit sah ganz anders aus. Viele hatten das Gefühl, daß man die Division bei den übergeordneten Dienststellen bereits abgeschrieben hatte. Obwohl die deutschen Truppen links und rechts an der „Enzian"-Division in Richtung Westen zurückströmten, wurde sie nochmals in die sogenannte „Schutzstellung Olmütz" geworfen, um Front zu machen. Aber gegen wen?, fragten sich nicht wenige, die die Suppe, die man ihnen hier am Vorabend des totalen Zusammenbruchs eingebrockt hatte, auslöffeln sollten. Die Rote Armee hatte die Gebirgsjäger infolge des russischen Panzereinbruchs über die nordtschechische Grenze bereits überholt. Gegen wen also Front machen? Die Frage blieb — wie so manche — unbeantwortet.

Parolen geisterten durch die ausgemergelten und verbluteten Divisionen:

„Dönitz kommt nach Prag!"

„Schörner führt uns nach Hause!"

„Kapitulation kommt nicht in Frage!"

Der Divisionsgefechtsstand der „Vierten" lag an jenem 8. Mai 1945, als die Divisionsführung abends, um 23.40 Uhr, die Nachricht von der bedingungslosen Kapitulation Deutschlands erreichte, in Studenitz. Jetzt kam — endlich! — auch für die Gebirgsjäger der Befehl zum Absetzen hinter die March.

Für die 3. und 4. Gebirgs-Division begann die Flucht nach Westen. Noch am Abend des 8. Mai stand die 4. Gebirgs-Division nach entkräftenden Eilmärschen am Westufer der March. Geschafft, so dachten die meisten. Sie sollten sich schmerzlich geirrt haben. Die Großen dieser Welt, Stalin, Roosevelt und Churchill, hatten auf ihren alliierten Konferenzen bereits anders entschieden: Die amerikanischen Truppen hatten die ostdeutschen Gebiete abzuriegeln, um keine deutschen Truppen mehr nach Westen durchzulassen.

„Der 9. Mai", schreibt Thorwald in seinem Buch ‚Das Ende an der Elbe', „war ein trügerisch schöner Frühlingstag. An den Straßen blühten die Bäume, so als wollten sie den Aufbruch des Hasses verdecken, der sich zur gleichen Zeit abseits der Straßen, auf denen noch kampffähige, geschlossene deutsche Verbände marschierten, vollzog. 200 Kilometer trennten die Nachhuten an der March vom Böhmerwald, wo die amerikanischen Linien standen. 200 Kilometer waren keine Entfernung für die Soldaten, welche die Strapazen des Krieges im Osten bis zur letzten Stunde überwunden hatten und hinter sich sowie in ihren Flanken den sowjetischen Gegner wußten. Einzelne Kolonnen zu Fuß und zu Pferde wurden zwar von sowjetischen Verbänden überholt. Sie gingen verloren. Aber die Masse der Armee blieb geschlossen auf ihrem Marsch der Hoffnung."[151])

Dieser „Marsch der Hoffnung" stellte sich jedoch, schneller als erwartet, als ein „Marsch ohne Hoffnung" heraus. Denn bereits am Abend jenes „trügerisch schönen" 9. Mai 1945 geriet die „Enzian"-Division bei und in Deutsch-Brod in tschechische bzw. russische Gefangenschaft. Mit allem hatten die Gebirgsjäger während der letzten Monate, Tage und Stunden gerechnet, nur damit nicht.

Unter den Gefangenen befand sich auch der letzte Kommandeur der 4. Gebirgs-Division, Generalleutnant Friedrich Breith. Er wurde als höherer Offizier bereits am zweiten Tage der Gefangenschaft von seinen Gebirgsjägern getrennt und — wie viele von ihnen — in eine über zehnjährige sowjetische Kriegsgefangenschaft abtransportiert.

Vom 12. bis 16. Mai 1945 wurden die gefangengenommenen Reste der 4. Gebirgs-Division mit vielen Kameraden anderer Divisionen im Fußmarsch nach Brünn gebracht, um dort im Auffangs- und Durchgangslager, das im Areal der Tierärzlichen Hochschule neu eingerichtet worden war, aufgenommen zu werden. Von Brünn aus wurde das Gros der deutschen Gefangenen im Laufe der nächsten Monate nach Rußland, in den Kaukasus, nach Sibirien und in andere Straflager des Grauens und der Unmenschlichkeit abtransportiert. Das große Sterben begann ...

Erst über zehn Jahre nach Kriegsende, am 8. Oktober 1955, schlug — wenn überhaupt — auch für die letzten in Rußland inhaftierten Gebirgsjäger die Stunde der Rückkehr in die Heimat, die Konrad Adenauer, der erste Kanzler der Bundesrepublik Deutschland, nach dramatischen Verhandlungen mit den Sowjets in Moskau erwirkt hatte. Generalleutnant Breith befand sich unter diesen Spätheimkehrern. Von ihm stammen aus jener Zeit folgende Worte, die den Beschluß dieser Chronik der 4. Gebirgs-Division bilden sollen:

„Wenn endlich die politischen Mächte, die die beiden Weltkriege entzündet haben, der hohen Verantwortung vor ihren Völkern und vor der Menschheit sich bewußt sind und erkennen, daß die alten Wege des Kampfes nicht mehr zum Heile führen können, dann ist das Opfer unserer Gefallenen nicht vergeblich gewesen."

# Anmerkungen

1) Braun: Enzian und Edelweiß, S. 259.
2) Im folgenden — vor allem während der Schilderung des deutschen Vormarsches im Rußlandfeldzug — wird immer wieder auf das Buch Kaltenegger: „Die Stammdivision der deutschen Gebirgstruppe — Weg und Kampf der 1. Gebirgs-Division 1935—1945“ verwiesen, um Wiederholungen, die sich aus dem gemeinsamen Kampfgeschehen ergeben, auf ein Minimum zu reduzieren.
3) Heß: Die organisatorische Friedensplanung für die deutsche Gebirgstruppe im Jahre 1939. In: Die Gebirgstruppe, 1954, Nr. 6, S. 41 ff.
4) Keilig: Das deutsche Heer. Bd. 2, S. 104.
5) Handschriftlicher Nachtrag vom 6. Mai 1940 in der bei OKH/GenStdH/OrgAbt geführten Kriegsgliederung der 3. Gebirgs-Division.
6) Wie vorher vom 17. Mai 1940.
7) Vgl. Halder: Kriegstagebuch vom 1. Mai, 14. Mai und 22. Mai 1940.
8) Vgl. Ruef: Gebirgsjäger zwischen Kreta und Murmansk. Die Schicksale der 6. Gebirgsdivision.
9) Keilig: Das deutsche Heer, Bd. 2, S. 104/II, 1.
10) Seeger: Rückblick und Ausblick. In: 13er-Post, 1954, Nr. 3, S. 8.
11) Tessin: Verbände und Truppen der deutschen Wehrmacht und Waffen-SS im Zweiten Weltkrieg 1939—1945, Bd. 2, S. 237.
12) Das Deutsche Heer 1939. Gliederung, Standorte, Stellenbesetzung und Verzeichnis sämtlicher Offiziere am 3. Januar 1939, S. 265 ff.
13) Zusammengestellt nach Braun: Enzian und Edelweiß, Anlage 4, S. 252 ff., sowie nach mündlichen und schriftlichen Befragungen von Angehörigen der 4. Gebirgs-Division.
14) Keilig: Das deutsche Heer, Bd. 2, S. 104/II/4 ff.
15) Braun: Enzian und Edelweiß, S. 8.
16) Schaefer: Karl Eglseer. In: Die Gebirgstruppe, 1957, Nr. 2—4, S. 41.
17) Ebenda, S. 40 f.
18) H. Dv. 300/1: Truppenführung. T. 1, 1936, S. 1/5.
19) Der großdeutsche Freiheitskampf, Bd. 2, S. 181 f.
20) Schall-Riaucour: Aufstand und Gehorsam. Offizierstum und Generalstab im Umbruch. Leben und Wirken von Generaloberst Franz Halder, S. 160.
21) Das Zwanzigste Jahrhundert. 1918—1945. (= Fischer Weltgeschichte. Bd. 34), S. 338.
22) Kleist: Aufbruch und Sturz des 3. Reiches, S. 268.
23) Braun: Enzian und Edelweiß, S. 8 f.
24) Kaltenegger: Die Geschichte der deutschen Gebirgstruppe 1915 bis heute. Vom Deutschen Alpenkorps des Ersten Weltkrieges zur 1. Gebirgsdivision der Bundeswehr, S. 44 ff.
25) Kriegstagebuch des Oberkommandos der Wehrmacht. Bd. I, S. 369.
26) Hitlers Weisungen für die Kriegsführung 1939—1945, S. 106 ff.
27) Braun: Enzian und Edelweiß, S. 9.
28) Ruef: Gebirgsjäger zwischen Kreta und Murmansk, S. 102 f.

29) Klotz: Einsatz im Südostraum. In: 13er-Post, 1960, Nr. 2, S. 14 f.
30) Schassner: Unter dem Enzian: In: 13er-Post, 1962, Nr. 1, S. 9.
31) Panzer am Balkan, A. a. O.
32) Kriegstagebuch des Oberkommandos der Wehrmacht. Bd. I, S. 381.
33) Vgl. Halder: Hitler als Feldherr, S. 36.
34) Sethe: Das machte Geschichte, S. 254.
35) Hitlers Weisungen für die Kriegsführung 1939—1945, S. 84 ff.
36) Kleist: Aufbruch und Sturz des 3. Reiches, S. 268.
37) Kriegstagebuch des Oberkommandos der Wehrmacht. Bd. I, S. 87 E.
38) Am 6. Juli 1942 wurde die 100. leichte Infanterie-Division in 100. Jäger-Division umbenannt.
39) Kriegstagebuch des Oberkommandos der Wehrmacht, Bd. I, S. 417.
40) DNB-Text vom 22. 6. 1941. In: Domarus: Hitler, Bd. II/2, S. 1732.
41) Kriegstagebuch des Oberkommandos der Wehrmacht. Bd. I, S. 417.
42) Braun: Enzian und Edelweiß, S. 184.
43) Kaltenegger: Die Stammdivision der deutschen Gebirgstruppe. Weg und Kampf der 1. Gebirgs-Division 1935—1945, S. 216.
44) Ebenda, S. 216.
45) Kainz: Brzeczany. (i. Ms.).
46) Hörl: Stoß der 1. Gebirgs-Division durch die Stalinlinie. In: Die Gebirgstruppe, 1969, Nr. 4, S. 20 f.
47) Deutsches Soldatenjahrbuch. Jg. 1975, S. 249.
48) Ott: Jäger am Feind. Geschichte und Opfergang der 97. Jäger-Division 1940—1945, S. 58.
49) Türk: Erinnerungen an Oberst Sorko. In: 13er-Post, 1956, Nr. 1, S. 6 f.
50) Hitlers Weisungen für die Kriegsführung 1939—1945, S. 140.
51) Steets: Gebirgsjäger bei Uman, S. 52 ff.
52) Braun: Enzian und Edelweiß, S. 18.
53) Einkesselung des Feindes bei Kopjenkowata. Gefechtsbericht vom August 1941. In: 13er-Post, 1959, Nr. 2, S. 10 f.
54) Braun: Enzian und Edelweiß, S. 19.
55) Einkesselung des Feindes bei Kopjenkowata. Gefechtsbericht vom August 1941. In: 13er-Post, 1959, Nr. 2, S. 11.
56) Braun: Enzian und Edelweiß, S. 20.
57) Einkesselung des Feindes bei Kopjenkowata. II. T. In: 13er-Post, 1959, Nr. 3, S. 11 f.
58) Vgl. Kaltenegger: Die Geschichte der deutschen Gebirgstruppe 1915 bis heute. Vom Deutschen Alpenkorps des Ersten Weltkrieges zur 1. Gebirgsdivision der Bundeswehr, S. 112 f.
59) Kriegstagebuch des Oberkommandos der Wehrmacht. Bd. I, S. 459.
60) Ebenda, S. 459.
61) Vgl. Halder: Kriegstagebuch. Tägliche Aufzeichnungen des Chefs des Generalstabes des Heeres. 1939 bis 1942.
62) Hatzfeld: Vormarsch Anno 41. H. 3, S. 97.
63) Lanz: Wie es zum Rußlandfeldzug kam — und warum wir ihn verloren haben, S. 49 f.
64) Steets: Gebirgsjäger in der Nogaischen Steppe, S. 11 f.

65) Die rumänische Armee gliederte sich in ein Gebirgskorps mit der 1., 2. und 4. Gebirgs-Brigade sowie in ein Kavalleriekorps mit der 5., 6. und 8. Kavallerie-Brigade.

66) Der Angriffsbeginn wurde nachträglich auf 12.00 Uhr befohlen. Der Feuerplan der Artillerie sah folgendes vor: 11.30 Uhr bis 12.00 Uhr Bekämpfung der erkannten Feindziele, ab 12.00 Uhr Niederhalten des Feindes im Hintergelände, Bekämpfung einzelner, dem Angriff lästiger Feindziele.

67) Steets: Gebirgsjäger in der Nogaischen Steppe, S. 103.

68) Alvensleben: Lauter Abschiede. Tagebuch im Kriege, S. 203.

69) Kriegstagebuch des Oberkommandos der Wehrmacht. Bd. I, S. 1233.

70) Der spätere Generalfeldmarschall Walther von Brauchitsch löste 1938 Generaloberst Freiherr von Fritsch als Oberbefehlshaber des Heeres ab. Brauchitschs Wahl war zweifellos ein Kompromiß, denn Hitler dachte ursprünglich daran, Fritsch durch den Generalfeldmarschall von Reichenau — ein „Freund" der NSDAP — ersetzen zu lassen, was jedoch zweifellos eine starke Opposition im Heer ausgelöst hätte. Allen voran waren es Rundstedt und Beck, die Hitler bedrängten, von der beabsichtigten Ernennung Abstand zu nehmen. 1941 wurde von Brauchitsch durch Hitler selbst ersetzt, der sich damit zum Oberbefehlshaber der Wehrmacht und des Heeres gemacht hatte. Diese Ablösung zeigte, daß die Generalität der Deutschen Wehrmacht über keine strategischen Fragen mehr selbst entscheiden konnte.

71) Hitlers Weisungen für die Kriegsführung 1939 — 1945, S. 171 ff.

72) Ebenda, S. 183 ff.

73) Konrad: Kampf um den Kaukasus, S. 9 f.

74) Braun: Enzian und Edelweiß, S. 27 ff.

75) Müller-Hahl: Das F. E. B. 94 und sein Einsatz an der Miusfront (i. Ms.)

76) Konrad: Kampf um den Kaukasus, S. 11 f.

77) Hitlers Weisungen für die Kriegsführung 1939 — 1945, S. 196 ff.

78) „Diese wurde", laut Tessin: Verbände und Truppen der deutschen Wehrmacht und Waffen-SS im Zweiten Weltkrieg 1939 — 1945. Bd. 1, S. 7 f., „am 9. März 1943 in ‚Süd' umbenannt. Das Heeresgruppen-Kommando ‚B' war schon am 10. Februar 1943 herausgezogen worden. Am 31. März 1944 erfolgte die Umbenennung von ‚A' in ‚Südukraine' und ‚Süd' in ‚Nordukraine' — und nach den schweren Sommerkämpfen am 20. September 1944 die erneute Umbenennung von ‚Südukraine' in ‚Süd' und von ‚Nordukraine' in ‚A'. Am 25. Januar 1945 wurden die Heeresgruppen der Ostfront umgegliedert und fast alle umbenannt: ‚Süd' (wie bisher; wurde April 1945: ‚Ostmark'), ‚Mitte' (aus ‚A'), ‚Weichsel' (neu eingeschoben), ‚Nord' (aus ‚Mitte') und ‚Kurland' (aus ‚Nord')."

79) Braun: Enzian und Edelweiß, S. 31.

80) Vorstoß an der Jeja. In: 13er-Post, 1965, Nr. 1, S. 4 f.

81) Braun: Enzian und Edelweiß, S. 33.

82) Brockhaus Enzyklopädie. Bd. 10, S. 43.

83) Die Hochgebirgspässe im Kaukasus. Militär-geographische Bearbeitung der Hochgebirgsschule Fulpmes/Tirol.

84) Übersetzt am 4. August 1942 von W. Westhoff, Sonderführer (K).

85) Klinger: Das II./Geb.-Jg.-Rgt. 13 greift im Bsyb-Tal an. In: Die Gebirgstruppe, 1964, Nr. 5, S. 20 ff.
86) Braun: Enzian und Edelweiß, S. 34.
87) Schulze: III./Geb.-Jg.-Rgt. 91 stürmt den Achiboch-Paß. In: Die Gebirgstruppe, 1964, Nr. 5, S. 17 ff.
88) Gämmerler: Der Vorstoß zum Elbrus, (i. Ms.), S. 2 f.
89) Gretschko: Die Schlacht um den Kaukasus, a. a. O.
90) General der Gebirgstruppen a. D. Lanz in seinem Antwortschreiben vom 2. Juli 1975 an den Verfasser.
91) Gämmerler: Der Vorstoß zum Elbrus. (i. Ms.), S. 4.
92) Ebenda, S. 4 f.
93) Kriegstagebuch des Oberkommandos der Wehrmacht. Bd. II/1, S. 617.
94) Gretschko: Die Schlacht um den Kaukasus, a. a. O.
95) Kriegstagebuch des Oberkommandos der Wehrmacht. Bd. II/1, S. 690 ff.
96) Sawjalow/Kaljadin: Die Schlacht um den Kaukasus 1942 — 1943, a. a. O.
97) Kriegstagebuch des Oberkommandos der Wehrmacht. Bd. II/2, S. 833.
98) Ebenda, S. 835 f.
99) Ebenda, S. 840.
100) Ebenda, S. 854 f.
101) Weber: Fünf Tage um den Berg Ssemaschcho (PK-Bericht).
102) Kriegstagebuch des Oberkommandos der Wehrmacht. Bd II/2, S. 857 f.
103) Ebenda, S. 866.
104) Ebenda, S. 885.
105) Ebenda, S. 891 ff.
106) Konrad: Kampf um den Kaukasus, S. 44.
107) Ebenda, S. 44 f.
108) Was nach der „bedingungslosen Kapitulation“ mit den Deutschen geschehen sollte, das setzte im August 1943 der amerikanische Minister Morgenthau in dem nach ihm benannten Plan fest. Sowohl Roosevelts Forderung nach „unbedingter Kapitulation“ als auch der „Morgenthau-Plan“ mobilisierten letztlich — besser als die raffinierte Goebbels-Propaganda! — die letzten Kräfte des deutschen Volkes.
109) Winkler: Gebirgsartillerie. In: Die Gebirgstruppe, 1954, Nr. 6, S. 29.
110) Lanz: Kommandierender General des XXXXIX. Gebirgskorps. In: Die Gebirgstruppe. Sonderheft zum Gedenken an Rudolf Konrad, S. 39.
111) Sawjalow/Kaljadin: Die Schlacht um den Kaukasus 1942 — 1943, a. a. O.
112) Unter dem Enzian im Osten. VIII. T. In: 13er-Post, 1960, Nr. 3, S. 4 f.
113) Angaben entstammen dem Brief von Willy Bischoff vom 28. Juni 1980 und dem Schreiben vom 25. September 1981 an den Verfasser.
114) Essig: Der letzte Angriff auf den Myschako-Berg am 28. Juli 1943 (i. Ms.).
115) Herbrechtsmeier: Kuban-Brückenkopf. In: Die Gebirgstruppe, 1978, Nr. 6, S. 36.
116) Sawjalow/Kaljadin: Die Schlacht um den Kaukasus 1942 — 1943, a. a. O.
117) Hörl: Die sowjetische Großlandung bei Noworossijsk. In: Die Gebirgstruppe, 1968, Nr. 4 u. 5, S. 5 ff.
118) Angaben entnommen aus dem Brief von Willy Bischoff vom 25. September 1981 an den Verfasser.

119) Breschnew: Das kleine Land. München: Damnitz Verlag. Deutsche Übersetzung vom Verlag Edition Neue Wege.
120) Kriegstagebuch des Oberkommandos der Wehrmacht. Bd. III/2, S. 1455 f.
121) Damals am Kuban — Erinnerung an Anapskaja. In: 13er-Post, 1974, Nr. 2, S. 14.
122) Bamm: Die unsichtbare Flagge, S. 231.
123) Manstein: Verlorene Siege, S. 221 f.
124) Hörl: Askanija Nowa — Der Schicksalsort der 4. Gebirgs-Division. In: Die Gebirgstruppe, 1973, Nr. 3, S. 6 ff.
125) Ebenda, S. 8 ff.
126) Warlimont: Im Hauptquartier der deutschen Wehrmacht 1939 — 1945, S. 404.
127) Hörl: Sosowka — Sosowo — Sosoff. In: Die Gebirgstruppe, 1970, Nr. 6, S. 6.
128) Ebenda, S. 7 f.
129) Ebenda, S. 8 ff.
130) Ebenda, S. 11.
131) Braun: Enzian und Edelweiß, S. 74 f.
132) Ebenda, S. 83.
133) Ebenda, S. 77.
134) Ebenda, S. 80.
135) Dinkelaker: Tagebücher 1941 bis 1944 (unveröffentlicht).
136) Hörl: Koschniza — wie es wirklich war. In: Die Gebirgstruppe, 1979, Nr. 3, S. 29 f.
137) Ebenda, S. 30.
138) Ebenda, S. 31.
139) Braun: Enzian und Edelweiß, S. 84.
140) Kreppel: Gebirgsartillerie im Kampf, S. 214 f.
141) Feld.-Ers.-Btl. 94: Vorschlag Nr. 1/45 für die Verleihung des Deutschen Kreuzes in Gold an Oblt. u. Kp.-Chef Müller-Hahl.
142) Klatt: Die 3. Gebirgs-Division 1939 — 1945, S. 303 f.
143) Braun: Enzian und Edelweiß, S. 95.
144) Ebenda, S. 98.
145) Feld.-Ers.-Btl. 94: Vorschlag Nr. 1/45 für die Verleihung des Deutschen Kreuzes in Gold an Oblt. u. Kp.-Chef Müller-Hahl.
146) Braun: Enzian und Edelweiß, S. 99 ff.
147) Gentgen: Ein Erlebnisbericht aus den letzten Kriegswochen. In: 13er-Post, 1971, Nr. 1, S. 11 f.
148) Braun: Enzian und Edelweiß, S. 102.
149) Klinger: Der Inf.-Gesch.-Zug des I./Geb.-Jäg.-Rgt. 13 in den letzten Kampftagen (i. Ms.).
150) In seinem politischen Testament hatte Hitler Generalfeldmarschall Schörner noch zum Oberbefehlshaber der Deutschen Wehrmacht ernannt.
151) Thorwald: Das Ende an der Elbe. S. 301.

Anhang 1

# Unterstellungsverhältnisse der 4. Gebirgs-Division*

| | | | | | | |
|---|---|---|---|---|---|---|
| 1940 | Okt. | Aufst. Wkr. V | | | Heimat | Heuberg |
| | Nov./Dez. | XVIII | 2. Armee | „C" | Heimat | Heuberg |
| 1941 | Jan. | XVIII | 2. Armee | „C" | Heimat | Heuberg |
| | Febr./März | LV | 2. Armee | „C" | Heimat | Heuberg |
| | April | z. Vfg. | 12. Armee | — | Südosten | Bulgarien |
| | Mai/Juni | XI | 2. Armee | — | Südosten | Jugoslawien, Belgrad |
| | Juli/Sept. | XXXXIX | 17. Armee | Süd | Osten | Winniza, Uman, Dnjepr |
| | Okt. | XXXXIX | 11. Armee | Süd | Osten | Mius |
| | Nov./Dez. | XXXXIX | 1. Pz.-Armee | Süd | Osten | Mius |
| 1942 | Jan./Mai | XXXXIX | 1. Pz.-Armee | Süd | Osten | Mius |
| | Juni/Juli | XXXXIX | 17. Armee | Süd | Osten | Mius |
| | Aug./Dez. | XXXXIX | 17. Armee | „A" | Osten | Rostow, Kaukasus |
| 1943 | Jan./März | XXXXIX | 17. Armee | „A" | Osten | Kaukasus |
| | April/Sept. | V | 17. Armee | „A" | Osten | Novorossijsk, Kuban |
| | Okt. | XXXXIV | 17. Armee | „A" | Osten | Krim |
| | Nov./Dez. | XXXXIX | 6. Armee | „A" | Osten | Cherson |
| 1944 | Jan. | XXXXIV | 3. rum. Arm. | „A" | Osten | Kirowograd, Uman |
| | Febr. | XXXXVII | 1. Pz.-Armee | „A" | Osten | Kirowograd, Uman |
| | März | VII | 8. Armee | „A" | Osten | Jassy |
| | April | LII | 6. Armee | Südukr. | Osten | Kischinew |
| | Mai | XXXX | 6. Armee | Südukr. | Osten | Kischinew |
| | Juni/Juli | LII | 6. Armee | Südukr. | Osten | Kischinew |
| | Aug. | LVII | 8. Armee | Südukr. | Osten | Nordkapaten |
| | Sept. | LVII | 6. Armee | Südukr. | Osten | Siebenbürgen |
| | Okt. | XXIX | 8. Armee | Süd | Osten | Karpaten |
| | Nov. | z. Vfg. | 8. Armee | Süd | Osten | Ungarn |
| | Dez. | V. ung. | 8. Armee | Süd | Osten | Ungarn |
| 1945 | Jan. | XVII | 1. Pz.-Armee | Süd | Osten | Slowakei, Tatra |
| | Febr./März | XXXXIX | 1. Pz.-Armee | Mitte | Osten | Oberschlesien |
| | April | LIX | 1. Pz.-Armee | Mitte | Osten | Troppau |
| | Mai | XXXXIX | 1. Pz.-Armee | Mitte | Osten | Olmütz |

## Gebirgs-Jäger-Regiment 13**

25. Inf.-Div. 1939 Westwall, 1940 Frankreich.
4. Geb.-Div. (25. 10. 1940), 1941 Bulgarien, Serbien, Juni Südrußland (Uman,Mius); 1942 desgl. (Rostow, Kaukasus); 1943 desgl. (Kuban, Nov. Cherson); 1944 Südrußland (Winniza, Dnjestr), Juli Karpaten, Ungarn, Dez. Slowakei (Hohe Tatra); 1945 Oberschlesien.

## Gebirgs-Jäger-Regiment 91***

27. Inf.-Div.: 1939 Südpolen, 1940 Frankreich.
4. Geb.-Div.: 1941 Bulgarien, Serbien, Juni Südrußland (Uman, Mius), 1942 desgl. (Rostow, Kaukasus), 1943 desgl. (Kuban, Nov. Cherson), 1944 Südrußland (Winniza, Dnjestr.), Juli Karpaten, Ungarn, Dez. Slowakei (Hohe Tatra), 1945 Oberschlesien.

## Gebirgs-Artillerie-Regiment 94****

4. Gebirgs-Div.: 1941 Bulgarien, Serbien, Juni Südrußland (Uman, Mius), 1942 desgl. (Rostow, Kaukasus), 1943 desgl. (Kuban, Nov. Cherson), 1944 Südrußland (Winniza, Dnjestr), Juli Karpaten, Ungarn, Dezember Slowakei (Hohe Tatra), 1945 Oberschlesien.

## Gebirgs-Panzerjäger-Abteilung 94*****

4. Geb.-Div.: 1941 Bulgarien, Serbien, Juni Südrußland (Uman, Mius), 1942 desgl. (Rostow, Kaukasus), 1943 desgl. (Kuban, November Cherson), 1944 Südrußland (Winniza, Dnjestr), Juli Karpaten, Ungarn, Dezember Slowakei (Hohe Tatra), 1945 Oberschlesien.

## Gebirgs-Pionier-Bataillon 94******

4. Geb.-Div.: 1941 Bulgarien, Serbien, Juni Südrußland (Uman, Mius), 1942 desgl. (Rostow, Kaukasus), 1943 desgl. (Kuban, November Cherson), 1944 Südrußland (Winniza, Dnjestr), Juli Karpaten, Ungarn, Dezember Slowakei (Hohe Tatra), 1945 Oberschlesien.

## Gebirgs-Nachrichten-Abteilung 94*******

4. Geb.-Div.: 1941 Bulgarien, Serbien, Juni Südrußland (Uman, Mius), 1942 desgl. (Rostow, Kaukasus), 1943 desgl. (Kuban, November Cherson), 1944 Südrußland (Winniza, Dnjestr), Juli Karpaten, Ungarn, Dezember Slowakei (Hohe Tatra), 1945 Oberschlesien.

## Gebirgs-Divisions-Nachschubführer 94********

4. Geb.-Div.: 1941 Bulgarien, Serbien, Juni Südrußland (Uman, Mius), 1942 desgl. (Rostow, Kaukasus), 1943 desgl. (Kuban, November Cherson), 1944 Südrußland (Winniza, Dnjestr), Juli Karpaten, Ungarn, Dezember Slowakei (Hohe Tatra), Oberschlesien.

---

* Tessin, Georg: Verbände und Truppen der deutschen Wehrmacht und Waffen-SS im Zweiten Weltkrieg. 1939 — 1945. Bd. 2, S. 238.

** Ebenda, Bd. 3, S. 264.

*** Ebenda, Bd. 6, S. 118.

**** Ebenda, Bd. 6, S. 134.

***** Ebenda, Bd. 6, S. 133.

****** Ebenda, Bd. 6, S. 134.

******* Ebenda, Bd. 6, S. 134.

******** Ebenda, Bd. 6, S. 134 f.

Anhang 2

# Stellenbesetzung der 4. Gebirgs-Division*

Divisionskommandeure

| | |
|---|---|
| Gen. d. Geb.-Tr. Karl Eglseer | 11. 10. 40 — 22. 10. 42 |
| Gen.-Lt. Hermann Kreß | 23. 10. 42 — 11. 8. 43 |
| Gen.-Lt. Julius Braun | 12. 8. 43 — 13. 6. 44 |
| Oberst Karl Jank (i. V.) | 13. 6. 44 — 8. 7. 44 |
| Gen.-Lt. Friedrich Breith | 8. 7. 44 — Kriegsende |

1. Generalstabsoffizier (Ia)

| | |
|---|---|
| Oberstlt. i. G. Schaefer | 25. 10. 40 — 20. 4. 43 |
| Oberstlt. i. G. Kreuzer | 21. 4. 43 — 30. 5. 44 |
| Oberstlt. i. G. Hessel | 31. 5. 44 — Aug. 44 |
| Major i. G. Brandner | Aug. 44 — Jan. 45 |
| Major i. G. Gombarth | Jan. 45 — Ende |

2. Generalstabsoffizier (Ib)

| | |
|---|---|
| Hptm. i. G. Bickel | 25. 10. 40 — 18. 9. 41 |
| Major i. G. Binder | 19. 9. 41 — 20. 3. 43 |
| Oblt. Schober | 21. 3. 43 — 10. 6. 44 |
| Major Gärtner | 11. 6. 44 — Febr. 45 |
| Major i. G. Schmidt | Febr. 45 — Ende |

Gebirgs-Jäger-Regiment 13

| | |
|---|---|
| Oberst Seeger | 1. 10. 40 — 24. 10. 40 |
| Oberst Sorko | 25. 10. 40 — 19. 7. 41 |
| Oberst v. Thaysen | 7. 8. 41 — 15. 8. 42 |
| Oberst Buchner | 16. 8. 42 — 26. 1. 44 |
| Major Hartmann | 21. 4. 44 — 15. 7. 44 |
| Oberstlt. Wolters | 16. 7. 44 — Ende |

I. Bataillon/Gebirgs-Jäger-Regiment 13

| | |
|---|---|
| Major Sonntag | 1. 11. 40 — 31. 3. 42 |
| Major Schlüter | 1. 4. 42 — 28. 1. 43 |
| Major Schassner | 29. 1. 43 — 20. 4. 44 |
| Hptm. Fritz | 21. 4. 44 — 21. 5. 44 |
| Hptm. Ploder | 22. 5. 44 — 14. 12. 44 |
| Hptm. Schlotterbeck | 15. 12. 44 — Ende |

II. Bataillon/Gebirgs-Jäger-Regiment 13

| | |
|---|---|
| Major Ott | 1. 11. 40 —30. 6. 41 |
| Oberstlt. Ott | 16. 10. 41 —10. 9. 42 |
| Hptm. Roos | 21. 9. 42 —16. 12. 42 |
| Hptm. Klaiber | 17. 12. 42 —28. 5. 43 |
| Major Fendt | 29. 5. 43 —30. 4. 44 |
| Hptm. Hainle | 1. 5. 44 —Ende |

III. Bataillon/Gebirgs-Jäger-Regiment 13

| | |
|---|---|
| Major Krüger | 1. 11. 40 —15. 12. 41 |
| Major Simeon | 16. 12. 41 —29. 7. 42 |
| Hptm. Schlotterbeck | 30. 7. 42 —30. 9. 42 |
| Hptm. Backhauss | 30. 9. 42 —18. 4. 43 |
| Hptm. Küspert | 19. 4. 43 —15. 8. 43 |
| Major Backhauss | 16. 8. 43 —30. 10. 44 |
| Hptm. Rank | 31. 10. 44 —15. 12. 44 |
| Hptm. Dreisbach | 16. 12. 44 —15. 1. 45 |

Gebirgs-Jäger-Regiment 91

| | |
|---|---|
| Oberst Stettner Ritter v. Grabenhofen | 15. 11. 40 — 1. 10. 42 |
| Oberst Hörl | 2. 10. 42 —24. 5. 44 |
| Major Schassner | 25. 5. 44 —20. 11. 44 |
| Oberstlt. Walleser | 1. 12. 44 —Ende |

I. Bataillon/Gebirgs-Jäger-Regiment 91

| | |
|---|---|
| Major Schneider | 1. 10. 40 —19. 10. 40 |
| Major Kostanjeck | 20. 10. 41 —15. 11. 41 |
| Major Fleischmann | 1. 12. 41 —30. 12. 41 |
| Major Schneider | 31. 12. 41 — 8. 8. 42 |
| Major Lenz | 9. 8. 42 —27. 10. 42 |
| Major Groten | 28. 10. 42 —25. 4. 43 |
| Major Guder | 30. 4. 43 — 1. 7. 43 |
| Oberstlt. Guder | 1. 7. 43 — 2. 9. 43 |
| Hptm. Stapper | 3. 9. 43 —20. 10. 43 |
| Hptm. Schöllhorn | 21. 10. 43 —30. 11. 43 |
| Hptm. Hopf | 8. 12. 43 —12. 3. 44 |
| Hptm. Wegscheider | 13. 3. 44 —14. 5. 44 |
| Hptm. Göttinger | 29. 5. 44 —20. 2. 45 |
| Hptm. Pfäffel | 21. 2. 45 —26. 3. 45 |
| Hptm. Zapf | 27. 3. 45 — 6. 5. 45 |

II. Bataillon/Gebirgs-Jäger-Regiment 91

| | |
|---|---|
| Major Türler | 1. 11. 40 —17. 9. 41 |
| Major Stendebach | 23. 9. 41 —24. 1. 42 |
| Major Hölscher | 25. 1. 42 —15. 2. 42 |

| | |
|---|---|
| Hptm. Braun | 16. 2. 42 —18. 6. 42 |
| Oberstlt. de Temple | 19. 6. 42 —14. 10. 42 |
| Major Schirmer | 15. 10. 42 —31. 1. 43 |
| Hptm. Wolferseder | 1. 2. 43 —31. 10. 43 |
| Hptm. Weber | 1. 11. 43 — 9. 6. 44 |
| Hptm. Lindner | 10. 6. 44 —10. 8. 44 |
| Major Weber | 11. 8. 44 —19. 10. 44 |
| Major Schöllhorn | 19. 10. 44 —Ende |

III. Bataillon/Gebirgs-Jäger-Regiment 91

| | |
|---|---|
| Oberstlt. Hafner | 1. 10. 40 —16. 7. 41 |
| Major Dr. Schulze | 9. 8. 41 —29. 11. 42 |
| Hptm. Weinzierl | 30. 11. 42 —13. 3. 43 |
| Hptm. Hopf | 14. 3. 43 —17. 8. 43 |
| Hptm. Seebacher | 18. 8. 43 —20. 5. 44 |
| Hptm. Schneider | 21. 5. 44 —20. 7. 44 |
| Hptm. Hofer | 21. 7. 44 —31. 8. 44 |
| Hptm. Ueberschaar | 1. 9. 44 —20. 11. 44 |
| Hptm. Nicolai | 21. 11. 44 —27. 3. 45 |
| Hptm. Scherzer | 28. 3. 45 —Ende |

Gebirgs-Artillerie-Regiment 94

| | |
|---|---|
| Oberst Strohmaier | 1. 11. 40 —15. 5. 42 |
| Oberst Schenck | 15. 5. 42 —10. 10. 44 |
| Oberstlt. Harrer | 11. 10. 44 —Ende |

I. Abteilung/Gebirgs-Artillerie-Regiment 94

| | |
|---|---|
| Oberstlt. Schenck | 1. 11. 40 —15. 5. 42 |
| Major Hoffmann | 16. 5. 42 —10. 12. 42 |
| Hptm. v. Czernicki | 11. 12. 42 —16. 3. 43 |
| Hptm. Heidelberg | 17. 3. 43 —31. 10. 43 |
| Hptm. Köhler | 1. 11. 43 —28. 2. 44 |
| Hptm. Joos | 1. 3. 44 —17. 4. 44 |
| Hptm. Dittmar | 18. 4. 44 —30. 4. 44 |
| Major Musch | 1. 5. 44 —31. 8. 44 |
| Hptm. Christaller | 1. 9. 44 —Ende |

II. Abteilung/Gebirgs-Artillerie-Regiment 94

| | |
|---|---|
| Major Eder | 1. 11. 40 —27. 12. 41 |
| Hptm. Hoffmann | 28. 12. 41 —22. 2. 42 |
| Hptm. Kokoll | 23. 2. 42 —26. 6. 42 |
| Hptm. Beutner | 27. 6. 42 —12. 1. 44 |
| Major Beutner | 6. 6. 44 —Ende |

III. Abteilung/Gebirgs-Artillerie-Regiment 94

| | |
|---|---|
| Hptm. Kaupert | 1. 11. 40 —22. 11. 41 |
| Oberstlt. Niedermeier | 23. 11. 41 — 4. 5. 42 |
| Hptm. Menzel | 5. 5. 42 —11. 9. 42 |
| Hptm. Lebherz | 12. 9. 42 — 8. 4. 43 |
| Major Musch | 9. 4. 43 — 1. 5. 44 |
| Major Menzel | 2. 5. 44 — 6. 12. 44 |
| Hptm. Joos | 7. 12. 44 —Ende |

IV. Abteilung/Gebirgs-Artillerie-Regiment 94

| | |
|---|---|
| Major Eisele | 1. 11. 40 —19. 4. 42 |
| Oberstlt. Seiler | 20. 4. 42 —19. 7. 43 |
| Major Dittmar | 20. 7. 43 —Ende |

Gebirgs-Aufklärungs-Abteilung 94

| | |
|---|---|
| Rittmeister Fürst v. Urach | 1. 11. 40 —15. 4. 42 |
| Oberstlt. v. Bonin | 16. 6. 42 —19. 9. 42 |
| Rittmeister Leuze | 20. 9. 42 — 9. 6. 43 |
| Rittmeister Thorey | 10. 6. 43 —18. 4. 44 |
| Rittmeiser Wieland | 20. 6. 44 —Okt. 44 |
| Rittmeister Franke | Nov. 44 —Febr. 45 |
| Rittmeister Hackl | März —Ende |

Gebirgs-Panzerjäger-Abteilung 94

| | |
|---|---|
| Major Kallfaß | 14. 11. 40 —15. 10. 43 |
| Major Weiß | 16. 10. 43 —20. 1. 44 |
| Hptm. Holderer | 21. 1. 44 —31. 7. 44 |
| Major Hochleitner | 1. 8. 44 —Ende |

Gebirgs-Pionier-Bataillon 94

| | |
|---|---|
| Major Oberndorfer | 15. 11. 40 —25. 11. 42 |
| Hptm. Wolff | 16. 11. 42 —15. 1. 43 |
| Hptm. Gußmann | 16. 1. 43 —20. 5. 43 |
| Major Wolff | 21. 5. 43 —25. 4. 44 |
| Hptm. v. Brandt | 26. 4. 44 —Juni 44 |
| Major Klaiber | Juni 44 —Ende |

Gebirgs-Nachrichten-Abteilung 94

| | |
|---|---|
| Major Brunner | 1. 11. 40 —15. 4. 42 |
| Hptm. Rufer | 16. 4. 42 —15. 5. 43 |
| Major Schretzenmayr | 16. 5. 43 —13. 11. 44 |
| Hptm. Förster | 1. 12. 44 —Ende |

Gebirgs-Jäger-Bataillon 94 (Feld-Ersatz-Bataillon 94)

| | |
|---|---|
| Major Dr. Schulze | 16. 3. 41 — 7. 7. 41 |
| Major Osterer | 8. 7. 41 —20. 5. 43 |
| Hptm. Siebeck | 21. 5. 43 —16. 10. 43 |
| Hptm. Kresse | 17. 10. 43 — 3. 1. 44 |
| Hptm. Arlic | 4. 1. 44 — 4. 2. 44 |
| Hptm. Schlotterbeck | 5. 2. 44 — 8. 3. 44 |
| Oblt. Müller-Hahl** | 9. 3. 44 —15. 6. 44 |
| Major Kresse | 16. 6. 44 —14. 11. 44 |
| Hptm. Köhler | 15. 1. 45 —März 45 |

Divisions-Nachschub-Trupp 94

| | |
|---|---|
| Major Gottbrecht | 1. 10. 40 — 1. 2. 41 |
| Major Lessing | 2. 2. 41 — 1. 10. 43 |
| Rittmeister Krömer | 2. 10. 43 —Ende |

* Zusammengestellt nach Braun: Enzian und Edelweiß. S. 252 ff. sowie nach eigenen Recherchen und Befragungen von Angehörigen der ehemaligen 4. Gebirgs-Division.

** Da sich der Kommandeur des FEB 94, Hauptmann Kresse, bis zum 15. 6. 1944 auf einem Lehrgang befand, führte während dieser Zeit vorwiegend der dienstälteste Offizier des Bataillons, Oberleutnant Müller-Hahl, das Gebirgs-Jäger-Bataillon 94.

# Ritterkreuzträger der 4. Gebirgs-Division*

Es wurden nur die Namen derjenigen Ritterkreuzträger aufgenommen, denen diese Auszeichnung während ihrer Zugehörigkeit zur 4. Gebirgs-Division oder ihrer Zuteilung zur „Division Lanz“ verliehen wurden.

## I. Eichenlaub zum Ritterkreuz des Eisernen Kreuzes

| | | |
|---|---|---|
| 1. Obfw. Rudolf Schlee | 6./G.J.R. 13 | 6. 4. 43[1] |
| 2. Rittmeister Andreas Thorey | Kdr. G.A.A. 94 | 7. 12. 43[2] |

## II. Ritterkreuz des Eisernen Kreuzes

| | | |
|---|---|---|
| 1. Gen.-Mj. Karl Eglseer | Kdr. 4 G.D. | 23. 10. 41 |
| 2. Obfw. Rudolf Schlee | 6./G.J.R. 13 | 23. 10. 41 |
| 3. Obfw. Hans Köckerbauer | 13./G.J.R. 91 | 19. 11. 41 |
| 4. Hptm. Fritz Roos | II./G.J.R. 13 | 2. 11. 42[3] |
| 5. Lt. Karl Helmer | II./G.J.R. 13 | 2. 11. 42[4] |
| 6. Feldw. Wilhelm Bredemeier | 12./G.J.R. 91 | 9. 11. 42 |
| 7. Feldw. Helmut Völkel | 6./G.J.R. 91 | 13. 11. 42 |
| 8. Obj. Eugen Zehnder | 1./G.J.R. 13 | 7. 3. 43 |
| 9. Feldw. Alois Gugganig | 12./G.J.R. 91 | 3. 4. 43 |
| 10. Lt. Klaus Faulmüller | 7. G.J.R. 13 | 25. 6. 43 |
| 11. Obj. Ulrich Karg | 17./G.J.R. 91 | 5. 7. 43 |
| 12. Feldw. Edwin Ebinger | 12./G.J.R. 13 | 4. 11. 43 |
| 13. Obgfr. Isidor Mayer | 14./G.J.R. 91 | 19. 11. 43 |
| 14. Lt. Martin Hackl | 2./A.A. 94 | 7. 12. 43 |
| 15. Lt. Heinrich Niedermeier | G.J.B. 94 | 11. 12. 43 |
| 16. Oblt. Rudolf Göttinger | 13./G.J.R. 91 | 14. 12. 43 |
| 17. Hptm. Wilhelm Backhauss | III./G.J.R. 13 | 8. 2. 44 |
| 18. Obj. Otto Heubuch | 16./G.J.R. 13 | 8. 2. 44 |
| 19. Hptm. Herbert Fritz | I./G.J.R. 13 | 17. 3. 44 |
| 20. Obj. Franz Hillebrand | I./G.J.B. 94 | 4. 4. 44 |
| 21. Oberst Ludwig Hörl | G.J.R. 91 | 6. 4. 44 |
| 22. Hptm. Alfons Weber | II./G.J.R. 91 | 9. 6. 44 |
| 23. Gefr. Stefan Mlinar | 5./G.J.R. 13 | 29. 6. 44 |
| 24. Oberwachtm. Wilhelm Roth | 1./A.A. 94 | 29. 6. 44 |
| 25. Oblt. Heinrich Pasold | G.J.R. 13 | 15. 9. 44 |
| 26. Obgfr. Ernst Clemente | G.J.R. 13 | 15. 10. 44 |
| 27. Obj. Kaspar Brandner | 8./G.J.R. 91 | 7. 11. 44 |
| 28. Major Ludwig-Hilmar Kresse | F.E.B. 94 | 25. 11. 44 |

| | | |
|---|---|---|
| 29. Obj. Rudolf Thaler | G.J.R. 13 | 15. 12. 44 |
| 30. Hptm. Friedrich Ueberschaar | III./G.J.R. | |
| 9115. 12. 44 | | |
| 31. Oblt. Hans List | F.E.B. 94 | 25. 12. 44 |
| 32. Major Kurt Schassner | G.J.R. 91 | 25. 12. 44 |
| 33. Obfw. Alois Schmid | 17./G.J.R. | |
| 9125. 1. 45 | | |

* Braun: Enzian und Edelweiß, S. 256.
Seemen: Die Ritterkreuzträger, 1939 — 1945.

[1] Als 222. Soldaten der Deutschen Wehrmacht.

[2] Als 349. Soldaten der Deutschen Wehrmacht.

[3] Als Angehöriger der „Division Lanz". Aus diesem Grunde wird Hptm. Roos auch in der Statistik der Ritterkreuzträger der 1. Gebirgs-Division geführt.

[4] Als Angehöriger der „Division Lanz". Aus diesem Grunde wird Lt. Helmer auch in der Statistik der Ritterkreuzträger der 1. Gebirgs-Division geführt.

Anhang 4

# Gefechtskalender der 4. Gebirgs-Division*

| | |
|---|---|
| | **Aufstellung** |
| Okt. 1940 — 19. März 1941 | Umgliederung im Raum Balingen-Ebingen |
| | **Balkanfeldzug** |
| 20. — 25. März 1941 | Abtransport nach Südrumänien |
| 30. März — 7. April 1941 | Einmarsch in Bulgarien. Vormarsch über die Donau und Nordbulgarien zur serbischen Grenze |
| 8. April 1941 | Angriff über die serbische Grenze bei Komstika |
| 9. April — 13. April 1941 | Verfolgungsmärsche über Pirot, Knjazevac und Zajecar |
| 14. — 15. April 1941 | Verfolgungskämpfe über Boljevac ins Moravatal |
| 16. — 21. April 1941 | Säuberung im Raum von Paracin |
| 22. — 24. April 1941 | Marsch in den Raum südlich von Belgrad |
| 25. April — Juni 1941 | Sicherung des ehemaligen jugoslawischen Raumes südlich von Belgrad |
| | **Rußlandfeldzug** |
| 9. — 18. Juni 1941 | Abtransport in die Ost-Slowakei und ins Generalgouvernement |
| 19. — 23. Juni 1941 | Vormarsch zum San |
| 24. — 25. Juni 1941 | Säuberungskämpfe ostwärts des San |
| 28. Juni 1941 | Durchbruch durch die Seenenge nördlich von Grodek |
| 29. Juni 1941 | Verfolgungskämpfe auf Lemberg |
| 30. Juni — 2. Juli 1941 | Verfolgungskämpfe über Bobrka auf Brzezany |
| 3./4. Juli 1941 | Abwehrkämpfe bei Brzezany |
| 4. — 14. Juli 1941 | Verfolgung über Trembowla und Satanow zur Stalin-Linie |
| 15. Juli 1941 | Angriff und Durchbruch durch die Stalin-Linie nördlich von Bar |
| 16. — 20. Juli 1941 | Angriffs- und Abwehrkämpfe bei Machnowka und Einnahme von Winniza |
| 20. — 25. Juli 1941 | Verfolgungskämpfe von Winniza auf Gaissin |
| 26. Juli — 2. August 1941 | Verfolgungskämpfe bis Peregonowka |
| 3. — 12. August 1941 | Angriffs- und Abwehrkämpfe bei Kopjenkowata im Rahmen der Umfassungsschlacht von Uman |

| | |
|---|---|
| 13. August — 2. Sept. 1941 | Vormarsch zum Dnjepr |
| 3. — 13. September 1941 | Vormarsch über den Dnjepr bei Berislaw |
| 14. — 20. September 1941 | Verfolgungskämpfe ostwärts des Dnjepr und Säuberung des Dnjepr-Bogens bis Nowo Dnjeprowka |
| 21. — 25. September 1941 | Abwehrkämpfe am Panzerabwehrgraben von Timoschewka bei Balki |
| 26. Sept. — 3. Oktober 1941 | Abwehrschlacht bei Malaja Belosjorka |
| 4. Oktober 1941 | Angriff über den Panzerabwehrgraben bei Balki |
| 5. — 11. Oktober 1941 | Schlacht am Asowschen Meer und Vernichtungsschlacht von Mogila Tokmak |
| 12. — 20. Oktober 1941 | Verfolgungskämpfe in der Ost-Ukraine |
| 20. — 31. Oktober 1941 | Einnahme von Stalino und Verfolgungskämpfe über Stalino, Makejewka, Tschistjakowo zum Mius |
| 1. — 4. November 1941 | Verfolgung über den Mius |
| 5. Nov. — 26. Dez. 1941 | Abwehr in den Brückenkopfstellungen am Mius |
| 27. Dez. 1941 — 12. Juli 1942 | Abwehrkämpfe in der Mius-Stellung ostwärts Sneshnoje |
| 13. — 20. Juli 1942 | Durchbruch durch die feindliche Winterstellung am Mius |
| 21. — 26. Juli 1942 | Vormarsch zum Don bei Rostow und Schlacht von Rostow und Bataisk |
| 27. — 30. Juli 1942 | Verfolgungskämpfe bis zur Jeja |
| 31. Juli — 2. August 1942 | Kämpfe im Brückenkopf Kuschtschewskaja |
| 3. — 10. August 1942 | Vormarschkämpfe im Vorland des Kaukasus und Verfolgung bis zum Kuban |
| 10. — 18. August 1942 | Vorstoß auf die Hochgebirgspässe des Zentralkaukasus |
| 18. August — 10. Sept. 1942 | Hochgebirgskämpfe im Zentralkaukasus |
| 20. — 26. Sept. 1942 | Anmarsch zum Westkaukasus |
| 27. Sept. 1942 — 26. Jan. 1943 | Angriffs- und Abwehrkämpfe im West- oder Waldkaukasus von Teilen der 4. Gebirgs-Division im Rahmen der „Division Lanz", während andere Teile der Division die Hochgebirgsregionen des Zentralkaukasus verteidigen |
| 27. Januar bis 11. Februar 1943 | Absetzen aus dem Kaukasus auf den unteren Kuban |
| 12. Februar — 16. April 1943 | Abwehrkämpfe am Kuban |
| 17. April — 15. Sept. 1943 | Angriffs- und Abwehrkämpfe im Landekopf von Noworossijsk |
| 16. Sept. — 8. Okt. 1943 | Absetzkämpfe aus dem Kuban-Brückenkopf |
| 9. — 24. Oktober 1943 | Sicherung der Halbinsel Krim |

| | |
|---|---|
| 25. Okt. — 2. Nov. 1943 | Abwehrkämpfe westlich von Melitopol Rückzugskämpfe durch die Nogaische Steppe und Sprengung des Kessels nördlich von Tschaplinka |
| 3. Nov. — 19. Dez. 1943 | Abwehrkämpfe im Chersson-Brückenkopf |
| 20. — 31. Dezember 1943 | Verteidigung des Dnjepr bei Chersson |
| 4. Januar — 15. Febr. 1944 | Angriffs- und Abwehrkämpfe ostwärts von Winniza |
| 21. Februar — 4. März 1944 | Angriffs- und Abwehrkämpfe zwischen Uman und Kirowograd |
| 5. — 26. März 1944 | Rückzugskämpfe zum Dnjestr |
| 1. April — 27. Juli 1944 | Abwehrkämpfe in der Dnjestr-Stellung ostwärts von Kischinew |
| 5. — 22. August 1944 | Angriffs- und Abwehrkämpfe in den Waldkarpaten |
| 1. Sept. — Ende Okt. 1944 | Abwehrkämpfe in den Südkarpaten und Rückzugskämpfe aus dem Szekler Zipfel |
| Anf. Nov. — 12. Dez. 1944 | Abwehrkämpfe im Raum Ungvar |
| 13. Dez. 1944 — Jan. 1945 | Abwehrschlacht im Raume Pelsöc-Rosenau |
| 25. Jan. — 10. April 1945 | Abwehrkämpfe in der Hohen Tatra und in Oberschlesien |
| 12. — 28. April 1945 | Schlacht um Troppau |
| 29. April — 9. Mai 1945 | Rückzugskämpfe hinter die March und Kapitulation in Böhmen und Mähren |

* Zusammengestellt nach Braun: Enzian und Edelweiß, S. 246 f., Deutsches Rotes Kreuz: Suchdienst, Divisionsschicksale, Band I, München 1958—1960, S. 29 f. sowie nach Unterlagen von Landrat Müller-Hahl/Landsberg am Lech.

# Quellen- und Literaturverzeichnis

Kriegstagebücher der 4. Gebirgs-Division befinden sich im Bundesarchiv Militärarchiv Freiburg i. Br. Der Bestand RH 28—4 (4. Geb.-Div.) umfaßt die Bände 1 bis 104. Das Kriegstagebuch Ia (Führungsabteilung) reicht vom 25. Oktober 1940 bis 30. Juni 1943. Es enthält ferner Berichte über die Kämpfe der 4. Gebirgs-Division sowie Auszüge aus dem KTB (wenn auch mit starken Lücken) vom 23. Oktober 1943 bis 28. Januar 1944. Das Kriegstagebuch Ic reicht vom 25. Oktober 1940 bis 30. Juni 1943 (teilweise lückenhaft). Das Kriegstagebuch IIa reicht vom 23. Oktober 1940 bis 15. Januar 1943 (mit Lücken). Ebenfalls lückenhaft ist das Kriegstagebuch Ib (Quartiermeister-Abteilung), das vom 28. Oktober 1940 bis 30. Juni 1943 reicht. Aus späterer Zeit können noch die Kriegstagebücher der vorgesetzten Kommandobehörden (z. B. Armeekorps oder Armeen) herangezogen werden. Hinweise auf Akten und Kriegstagebücher von Einheiten der 4. Gebirgs-Division befinden sich darüber hinaus noch bei den Sammelbeständen RH 37 ff. Leider mußten, so Kommerzialrat Ernst Juen in seinem Antwortschreiben vom 30. November 1981 an den Verfasser, wichtige Akten und Kriegstagebücher der Division in den letzten Stunden des 8. Mai 1945 verbrannt werden.

Neben zahlreichen unveröffentlichten Manuskripten über die 4. Gebirgs-Division und der Auswertung diverser schriftlicher und mündlicher Auskünfte, die die 4. Gebirgs-Division und ihre Regimenter, Bataillone und Abteilungen betrafen, wurde neben einigen Vorschriften der Deutschen Wehrmacht u. a. folgende Literatur verarbeitet:

## Monographien und Sammelwerke

Alvensleben, Udo von: Lauter Abschiede. Tagebuch im Kriege. Hrsg. v. Koenigswald. Frankfurt/M., Berlin: Ullstein Propyläen 1971.

Bamm, Peter: Die unsichtbare Flagge. Ein Bericht. München: Kösel 1952.

Bauer, Josef Martin: Unternehmen „Elbrus". Das kaukasische Abenteuer 1942. München, Wien: Herbig 1976.

Beer, Albert: Der Fall Barbarossa. Untersuchungen zur Geschichte der Vorbereitungen des deutschen Feldzuges gegen die Union der Sozialistischen Sowjetrepubliken im Jahre 1941. Inaugural-Dissertation ... der Westfälischen Wilhelms-Universität zu Münster (Westf.) 1978.

Bernhardt, Walter: Die deutsche Aufrüstung 1934—1939. Militärische und politische Konzeptionen und ihre Einschätzung durch die Alliierten. Frankfurt a. M.: Bernard u. Graefe 1969.

Braun, Julius: Enzian und Edelweiß. Die 4. Gebirgs-Division 1940—1945. Bad Nauheim: Podzun 1955.

Brockhaus: Enzyklopädie in zwanzig Bänden. 17. Aufl. Bd. 10. Wiesbaden: Brockhaus 1970.

Buchner, Alex: Der Bergkrieg im Kaukasus. Die Gebirgstruppe 1942. Friedberg: Podzun-Pallas 1977.

Carell, Paul: Unternehmen Barbarossa. Der Marsch nach Rußland. Frankfurt/M. und Berlin: Ullstein 1975.

Carell, Paul: Verbrannte Erde. Schlacht zwischen Wolga und Weichsel. Frankfurt/M., Berlin: Ullstein 1975.

Churchill, Winston S.: Der Zweite Weltkrieg. Mit einem Epilog über die Nachkriegsjahre. Bern, Stuttgart: Scherz 1954.

Das deutsche Heer 1939. Gliederung, Standorte, Stellenbesetzung und Verzeichnis sämtlicher Offiziere mit Rangdienstalter. Stand 3. Januar 1939. Hrsg. Hans-Henning Podzun. Bad Nauheim: Podzun 1953.

Das Dritte Reich. Seine Geschichte in Texten, Bildern und Dokumenten. Hrsg. v. Heinz Huber und Artur Müller. Bd. 1—6. München, Wien, Basel: Desch 1969.

Domarus, Max: Hitler. Reden und Proklamationen. 1932—1945. Kommentiert von einem deutschen Zeitgenossen. Bd. 1—2. Wiesbaden: Löwit 1973.

Frank, Hermann: Landser, Karst und Skipetaren. Heidelberg: Vowinckel 1957.

Friessner, Hans: Verratene Schlachten. Die Tragödie der deutschen Wehrmacht in Rumänien und Ungarn. Hamburg: Holsten 1960.

Gebirgsjäger erleben Serbien und die Ukraine. Hrsg. von Ic der Enzian-Division. München: Bruckmann 1942.

Gehring, Egid: Unterm Edelweiß in Jugoslawien. Hrsg. im Auftrag d. Gen.-Kdo. VII. A. K. München: Eher o. J.

Der große Atlas zum II. Weltkrieg. Mit 247 Karten und 262 Dokumentarfotos. Deutsche Bearb. Christian Zentner. Hrsg. Peter Young. 2. Aufl. München: Südwest Verl. 1974.

Guderian, Heinz: Erinnerungen eines Soldaten. 11. Aufl. Stuttgart: Motorbuch 1979.

Halder, Franz: Hitler als Feldherr. München 1949.

Halder, Franz: Kriegstagebuch. Bd. 1—2. Bearb. von Hans-Adolf Jacobsen in Verbindung mit Alfred Philippi. Stuttgart 1962—1963.

Hart, Liddell: Deutsche Generale des Zweiten Weltkrieges. Aussagen, Aufzeichnungen und Gespräche. München: Heyne 1965.

Hart, Liddell: Geschichte des Zweiten Weltkrieges. Wiesbaden: Fourier o. J.

Hatzfeld, Lutz: Vormarsch Anno 41. T. 1—3. Düsseldorf: Selbstverl. 1974—1976.

Haupt, Werner: Heeresgruppe Mitte. 1941—1945. Dorheim: Podzun 1968.

Hillgruber, Andreas: Hitlers Strategie. Politik und Kriegführung 1940/41. Frankfurt/M. 1969.

Hillgruber, Andreas: Der 2. Weltkrieg. Kriegsziele und Strategien der großen Mächte. Stuttgart: Kohlhammer 1982.

Hillgruber, Andreas und Gerhard Hümmelchen: Chronik des Zweiten Weltkrieges. Hrsg. vom Arbeitskreis für Wehrforschung. Frankfurt a. M.: Bernard u. Graefe 1966.

Hitlers Weisungen für die Kriegsführung 1939—1945. Dokumente des Oberkommandos der Wehrmacht. Hrsg. von Walther Hubatsch. Frankfurt a. M.: Bernard u. Graefe 1962.

Irving, David: Hitler und seine Feldherren. Frankfurt/M. Berlin: Ullstein 1975.

Kaltenegger, Roland: Das Buch der Gebirgsjäger. Die 1. Gebirgsdivision der Bundeswehr. Stuttgart: Motorbuch 1980.

Kaltenegger, Roland: Deutsche Gebirgsjäger im Zweiten Weltkrieg. Stuttgart: Motorbuch 1977.

Kaltenegger, Roland: Die Geschichte der deutschen Gebirgstruppe 1915 bis heute. Vom Deutschen Alpenkorps des Ersten Weltkrieges zur 1. Gebirgsdivision der Bundeswehr. Stuttgart: Motorbuch 1980.

Kaltenegger, Roland: Die Stammdivision der deutschen Gebirgstruppe. Weg und Kampf der 1. Gebirgs-Division 1939—1945. Graz, Stuttgart: Stocker 1981.

Keilig, Wolf: Das deutsche Heer 1939—1945. Gliederung, Einsatz, Stellenbesetzung. Bd. 1—3. Bad Nauheim: Podzun 1956.

Kissel, Hans: Vom Dnjepr zum Dnjestr. Rückzugskämpfe . . . 9. März bis 12. April 1944. Freiburg i. Br.: Rombach 1970.

Klatt, Paul: Die 3. Gebirgs-Division 1939—1945. Bad Nauheim: Podzun o. J.

Kleist, Peter: Aufbruch und Sturz des Dritten Reiches. Auch Du warst dabei. Göttingen: Schütz 1968.

Kollatz, Karl: Nächte am Mius. Rastatt: Pabel 1959.

Konrad, Rudolf: Kampf um den Kaukasus. München: Copress o. J.

Kreppel, Hans: Gebirgsartillerie im Kampf. Geschichte des Gebirgs-Artillerie-Regiments 112. 1938—1945. Neugerming b. München: Selbstverl. 1960.

Kriegstagebuch des Oberkommandos der Wehrmacht (Wehrmachtführungsstab) 1940—1945. Geführt von Helmuth Greiner und Percy Ernst Schramm. Im Auftrage des Arbeitskreises für Wehrforschung hrsg. v. Percy Ernst Schramm. Bd. I—IV. Frankfurt a. M.: Bernard u. Graefe 1963—1969.

Lanz, Hubert: Gebirgsjäger. Die 1. Gebirgs-Division 1935—1945. Bad Nauheim: Podzun 1954.

Lanz, Hubert: Wie es zum Rußlandfeldzug kam — und warum wir ihn verloren haben. München: Selbstverl. Kameradenkreis der ehem. Gebirgstruppe o. J.

Manstein, Erich von: Verlorene Siege. Bonn: Athenäum 1955.

Müller-Hahl, Bernhard: Die Geschichte der 4. Gebirgs-Division. Landsberg/L.: Landsberger Verlagsanstalt o. J.

Murawski, Erich: Der deutsche Wehrmachtsbericht 1939—1945. Boppard/Rhein: Boldt 1962.

Olshausen, Klaus: Zwischenspiel auf dem Balkan. Die deutsche Politik gegenüber Jugoslawien und Griechenland von März bis Juli 1941. Stuttgart: Deutsche Verlags-Anstalt 1973.

Ott, Ernst: Jäger am Feind. Geschichte und Opfergang der 97. Jäger-Division 1940—1945. München: Selbstverl. Kameradschaft der Spielhahnjäger 1966.

Panzer am Balkan. Berlin: Limpert o. J.

Philippi, Alfred und Heim, Ferdinand: Der Feldzug gegen Sowjetrußland. 1941 bis 1945. Ein operativer Überblick. Stuttgart: Kohlhammer 1962.

Pickert, Wolfgang: Vom Kuban-Brückenkopf bis Sewastopol. Flakartillerie im Verband der 17. Armee. Neckargemünd: Vowinckel 1955.

Rendulic, Lothar: Soldat in stürzenden Reichen. München: Damm 1965.

Ruef, Karl: Gebirgsjäger zwischen Kreta und Murmansk. Die Schicksale der 6. Gebirgsdivision. 3. Auflage. Graz: Stocker o. J.

Ruef, Karl: Odyssee einer Gebirgsdivision. Die 3. Gebirgsdivision im Einsatz. Graz: Stocker 1976.

Sawjalow, A. S. und Kaljadin, T. J.: Die Schlacht um den Kaukasus 1942—1943. Berlin: Verl. d. Ministeriums f. Nationalverteidigung 1959.

Schall-Riaucour, Heidemarie: Aufstand und Gehorsam. Offizierstum und Generalstab im Umbruch. Leben und Wirken von Generaloberst Franz Halder. Generalstabschef 1938—1942. Wiesbaden: Limes 1972.

Seaton, Albert: Der russisch-deutsche Krieg 1941—1945. Hrsg. und eingeleitet von Andreas Hillgruber. Frankfurt/M.: Bernard und Graefe 1973.

Seemen, Gerhard von: Die Ritterkreuzträger. 1939—1945. Die Ritterkreuzträger sämtlicher Wehrmachtteile … Friedberg: Podzun-Pallas 1976.

Sethe, Paul: Das machte Geschichte. Panoramen aus einem Jahrhundert. Frankfurt a. M.: Scheffler 1969.

Speer, Albert: Erinnerungen. 6. Aufl. Frankfurt/M., Berlin: Ullstein Propyläen 1970.

Speer, Albert: Spandauer Tagebücher. 3. Auflage Frankfurt/M., Berlin: Ullstein Propyläen 1975.

Steets, Hans: Gebirgsjäger bei Uman. Die Korpsschlacht des XXXXIX. Gebirgs-Armeekorps bei Podwyssokoje 1941. Heidelberg: Vowinckel 1955.

Steets, Hans: Gebirgsjäger in der Nogaischen Steppe. Vom Dnjepr zum Asowschen Meer. August bis Oktober 1941. Heidelberg: Vowinckel 1956.

Steets, Hans: Gebirgsjäger zwischen Dnjepr und Don. Vom Tschernigowka zum Mius. Oktober bis Dezember 1941. Heidelberg: Vowinckel 1957.

Telpuchowski, Boris Semenowitsch: Die sowjetische Geschichte des Großen Vaterländischen Krieges 1941—1945. Frankfurt a. M.: Bernard und Graefe 1961.

Tessin, Georg: Verbände und Truppen der deutschen Wehrmacht und Waffen-SS im Zweiten Weltkrieg 1939—1945. Bd. 1—13. Frankfurt a. M.: Mittler, bzw. Osnabrück: Biblio 1966—1977.

Thorwald, Jürgen: Das Ende an der Elbe. München, Zürich: Droemer Knaur 1972.

Tieke, Wilhelm: Kampf um die Krim 1941—1944. Der deutsche Bericht über die Eroberung der Krim durch die 11. Armee und die Verteidigung durch die 17. Armee bis zum bitteren Ende. München: Damm o. J.

Tieke, Wilhelm: Der Kaukasus und das Öl. Der deutsch-sowjetische Krieg in Kaukasien 1942/43. Osnabrück: Munin 1970.

Unterm Edelweiß in Jugoslawien. Aus den Erlebnissen einer Gebirgsdivision. München: Eher 1941.

Wagener, Carl: Heeresgruppe Süd. Der Kampf im Süden der Ostfront 1941—1945. Bad Nauheim: Podzun o. J.

Warlimont, Walter: Im Hauptquartier der deutschen Wehrmacht 1939—1945. Grundlagen — Formen — Gestalten. Frankfurt a. M.: Bernard und Graefe 1962.

Weltkrieg 1939—1945. Ehrenbuch der Deutschen Wehrmacht. Stuttgart: Buch- und Zeitschriften-Verlag Riegler 1954.

Das zwanzigste Jahrhundert. 1918—1945. Frankfurt a. M.: Fischer 1975. (= Fischer Weltgeschichte. Bd. 34).

## Zeitschriften, Zeitungen und Jahrbücher


Die Deutsche Wehrmacht. Hrsg. vom Oberkommando der Wehrmacht. Bd. 1 ff. 1939 ff.

Deutscher Soldatenkalender. Hrsg. Helmut Damerau. Jg. 1—10. München-Lochhausen: Schild 1953—1962.

Deutsches Soldatenjahrbuch. Hrsg. Helmut Damerau. Jg. 11 ff. München-Lochhausen: Schild 1963 ff.

Die Gebirgstruppe. Mitteilungsblatt des Kameradenkreises der ehem. Gebirgstruppe. Jg. 1 ff. München 1952 ff.

Heeres-Verordnungsblatt. Hrsg. vom Oberkommando des Heeres. Jg. 1 ff. Berlin: 1933—1945.

Militärgeschichtliche Mitteilungen. Hrsg. vom Militärgeschichtlichen Forschungsamt. Nr. 1 ff. Freiburg i. Br.: Rombach 1967 ff.

Völkischer Beobachter, Sondernummern.

Wehrkunde. Zeitschrift für alle Fragen. Organ der Gesellschaft für Wehrkunde München. Jg. 1 ff. München: Walther de Bouché (später) Verl. Europäische Wehrkunde 1952 ff.

13er-Post. Hrsg. Ludwig Kainz. Nr. 1 ff. Ludwigsburg 1952 ff.

# Inhaltsverzeichnis

**Vierter Teil: Kriegjahr 1943**



**Fünfter Teil: Kriegsjahr 1944**



**Sechster Teil: Kriegsjahr 1945**

10.800 km Marsch zu Siegen Nie
Kilometer
Das ist die erschütternde Bilanz am I
Divi

In starkem Kontrast hierzu steht die fast heiter anmutende „Kurzchronik“ auf beiden Bildbändern.